"十三五"国家重点图书出版规划项目

·盾构隧道建养丛书·

城市地下空间出版工程

盾构法隧道建养技术

王如路 张冬梅 闫静雅 管攀峰 ○ 编著

Construction and Maintenance of Shield Tunnel

同济大学 出版社
TONGJI UNIVERSITY PRESS
·上海·

图书在版编目(CIP)数据

盾构法隧道建养技术 / 王如路等编著. —上海：同济大学出版社，2022.12
（城市地下空间出版工程 / 王如路总主编. 盾构隧道建养丛书）
"十三五"国家重点图书出版规划项目
ISBN 978-7-5765-0471-2

Ⅰ.①盾… Ⅱ.①王… Ⅲ.①隧道施工—盾构法 Ⅳ.①U455.43

中国版本图书馆 CIP 数据核字(2022)第 224475 号

盾构法隧道建养技术

王如路　张冬梅　闫静雅　管攀峰　编著

策划编辑：吕　炜　马继兰
责任编辑：胡晗欣
责任校对：徐春莲
封面设计：唐思雯

出版发行	同济大学出版社　www.tongjipress.com.cn （地址：上海市四平路 1239 号　邮编：200092　电话：021-65985622）
经　　销	全国各地新华书店、建筑书店、网络书店
排版制作	南京文脉图文设计制作有限公司
印　　刷	上海安枫印务有限公司
开　　本	787mm×1092mm　1/16
印　　张	35.25
字　　数	880 000
版　　次	2022 年 12 月第 1 版
印　　次	2022 年 12 月第 1 次印刷
书　　号	ISBN 978-7-5765-0471-2
定　　价	298.00 元

版权所有　侵权必究　印装问题　负责调换

内 容 提 要

本书在综述国内外盾构工程案例的基础上阐述了盾构的发展趋势,结合上海地铁的工程实践,对盾构机的选型、隧道衬砌及隧道的结构设计、施工风险控制技术要点进行总结,并结合地层移动和隧道横向变形机理,形成了隧道养护与病害治理技术,旨在分享盾构隧道的养护维修与病害治理等方面的经验与教训,为大规模建设后期长期运营与养护维修工作做些探究性工作。

本书的读者群体是土木工程及隧道工程相关院校学生,从事土木工程专业的设计、施工、检修、治理及运维管理的工程技术人员和科研人员。

"盾构隧道建养丛书"编委会

编委会主任

钱七虎

总 主 编

王如路

编 委

贾 坚　　廖少明　　郭春生　　张冬梅
闫静雅　　褚伟洪　　陈丽蓉　　杨 科
王鲁杰　　刘孟波　　李家平

总序
PREFACE

自20世纪70年代末改革开放以来,我国城市化进程加快,城市化率至今已经达60%。随着城市规模迅速扩张,城市人口急速膨胀,产生了诸如地面交通拥挤严重、大气污染等一系列问题,使城市运行效率大为下降。为解决或缓解交通矛盾,许多大城市都着手建立与城市发展相适应的城市快速公共交通体系,大力发展以轨道交通为骨干的城市快速交通网络。截至2020年6月底,全国开通运营轨道交通的城市有41座,运营里程达6 917.62 km,城市轨道交通客流占比逐年攀升,城市轨道交通在城市及城镇化区域交通中正发挥着不可或缺的作用。与此同时,城市内部的公路隧道和各类市政管道建设更是如火如荼,城市间的交通通道建设蓬勃兴起,而盾构隧道建设成为这些重大基础设施的重要支撑。

近30年来,上海在地铁建设、运维领域积累了较为丰富的技术理论和实践经验,而全国各地介绍盾构隧道设计施工、装备制造等方面的书籍、标准、规范和论文文献虽如雨后春笋般涌现,但目前系统介绍地铁隧道建设运维的相关书籍仍较为欠缺,基于这样的背景,"盾构隧道建养丛书"应运而生。

丛书以城市地铁为对象,结合编写团队在地铁建设及运营维护领域近30年的研究成果,围绕软土地铁盾构隧道建设、运维一体化理念,从多个方面组织策划,内容涉及地下工程建设运维监测检测关键技术、盾构隧道建养关键技术、软土盾构近距离穿越地铁运营隧道关键技术及高风险基坑工程对地铁安全的影响与保护技术等,为地铁运维的关键技术和决策提供理论与实践支持。

"盾构隧道建养丛书"的理论成果来自于国家重点研发计划"地下基础设施智慧集成平台构建及应用示范"、科技部973基础研究计划"城市轨道交通地下结构性能演化与感控基础理论"及上海市科学技术委员会科研计划"基于多源数据提取与挖掘的地下工程全过程精细化管控技术"等科研项目。

此次编写的"盾构隧道建养丛书"无论是对建设过程中的理论应用和技术装备选取,还是运营过程中的智能化的"测/查—评(估)—(维)修—救(治)—治(理)",均给出比较全面和系统的阐述,无论是从学术上,还是从技术上,于产、学、研、用全方位都具有重大的现实意义,对推动城市轨道交通的发展具有重大作用。希望本丛书可以对行业专家、学者有所帮助,更好地推进城市基础设施的建设和发展。是以为序。

2020 年 11 月 24 日

序
PREFACE

20世纪50年代初,中国就已经开始尝试采用盾构法修建隧道的探索,直到60年代中期上海开始建设衡山路地铁隧道试验段和打浦路过黄浦江隧道,才标志着我国盾构法隧道技术取得重大突破,这期间走过了一段漫长而艰辛探索的路程。进入21世纪以来,随着我国整体交通的快速发展,城市轨道交通建设成就斐然,城市建设日新月异,城市更新也渐渐驶入快车道,这使盾构法隧道得到快速发展和广泛应用。以城市轨道交通的盾构法隧道为例,"十三五"之初,轨道交通在建城市41个,在建里程约4 500 km,运营城市26个,运营里程约3 600 km,到2020年末,轨道交通在建城市超60个,在建里程超7 000 km,运营城市达到46座,运营里程接近8 000 km,北京、上海、广州、成都、武汉、深圳等城市的运营里程都超过300 km。此外,随着国家的重点建设项目如跨越水域的铁路交通、西气东输、南水北调工程不断推进,城市公路交通、水下交通、市政、供水、供电、供气、防洪等工程大都采用盾构法隧道技术施工,特别是跨越长江、黄河、珠江等一大批长距离、超大直径隧道的建设,创造了中国乃至世界盾构法隧道发展史上的高潮。特别是最近20年盾构法隧道的高速发展已使中国成为世界上盾构法隧道建设规模最大的国家,中国无论是在盾构制造还是在隧道设计施工等方面均取得了飞跃,形成了较为完整的设计施工体系,建造了数以千计的盾构法隧道。从城市轨道交通隧道到跨越江海交通隧道,都取得了令世人瞩目的成就,超过一半的超大直径盾构法隧道都建造在中国。

大量盾构法隧道工程业绩极大地丰富了我国盾构法隧道建造的技术内涵,但如何对隧道进行高质量的运行维护,还缺乏相应的技术经验,介绍运营维修方面的书籍更是罕见。近30年来,上海在地铁建设和运维领域积累了较为丰富的技术理论和实践经验,本书编撰团队基于对盾构法隧道的实践,从盾构隧道的设计、施工及运维等不同角度对盾构法隧道进行了深入介绍,并将其最新研究成果公诸于世,这对于运营养护经验缺乏的从业者无疑是一大臂助。基于这样的背景,本书编撰团队结合轨道交通工程建设和运维实践进行全面总结,形成《盾构法隧道建养技术》一书,全书从盾构法隧道建养一体化的角度阐述了前期设计、施工对日后长期运营维护的影响,对大规模隧道网络建设和长期运营维修养护工作具有很好的指导意义。

本书编撰团队成员均从事地铁建设、运维20余年,积累了丰富的实践经验,深入浅出地结合盾构隧道的发展对盾构与选型、衬砌与构造、施工及风险进行科普式讲解,并将极具前瞻性的关于结构变形演化机理、检修作业及结构耐久性的相关研究成果进行分享。希望本书可以成为地下工程相关参与人员的工具书，也希望本书的出版可以引起行业专家、学者的关注，对盾构法隧道的建造技术、施工管理技术及运营维护技术进行完善和提高，为推动整个行业的发展发挥更大的作用。

2022 年 6 月 16 日

前言
FOREWORD

当下大城市和特大城市人口密集、交通拥挤，催生了大量隧道的建造。如在城市中心建筑下和管线密集的环境下开挖建造埋设深度很大的隧道，不仅建设时日长，会对交通产生严重干扰，而且还要面临深基坑施工风险。在大深度、宽阔的江河湖海等水下建造隧道或在地形起伏较大的地区建造隧道，这在20世纪70年代之前是一件十分不易的事情，所幸盾构法成为解决这一难题的最合适选择。

自1825年在伦敦泰晤士河下开始采用盾构法修建世界上第一条盾构法隧道以来，盾构法隧道施工已走过了200年历史，使用盾构法建成的各类隧道超过1万条，目前在建和已投运的直径超14 m的超大直径盾构法隧道超过50条。

自20世纪50年代初期起，我国开始尝试采用盾构法建造隧道，盾构法在我国已经走过了70年历程。受限于当时的经济技术及社会发展，直到1990年盾构法隧道在我国的工程业绩屈指可数。但最近30年，随着城市化进程加快，国家经济快速发展，工业技术不断进步，对各类隧道的需求得到快速释放，盾构法隧道在城市轨道交通、城市公路交通、市政管道、管廊、电力通信及取排水隧道等领域迅速普及。近年来，我国年生产盾构约1 000台，每年建造里程在500~1 000 km，近千台盾构在地下繁忙推进。"十四五"期间，轨道交通建设的强度更高，各地纷纷出台建设规划，盾构施工里程将远超"十三五"期间的业绩。

我国盾构机械制造水平不断提高，积累了大量工程施工技术经验，适用于不同地层条件的盾构设备正源源不断地被制造出来并应用到工程中。最近20年间，用于指导各类盾构隧道规划设计施工的指导用书、著作和论文等大量文献被出版、发表，极大丰富了我国盾构法隧道的成果，但罕见盾构法隧道安全评估、养护及结构治理等方面的书籍，尤其是针对隧道结构的日常检查、维修养护及病害治理的专业书籍少之又少。从过去国内外大量隧道施工经验和长期运维实践中，作者认识到盾构法隧道发生的渗漏水、结构开裂损伤、纵向不均匀沉降和横向收敛变形等都是关系到隧道安危的重大问题。国外曾经有一段地铁隧道在运营20年后因大量涌水涌砂最终导致坍塌报废而成为惊人的教训。国内外在建盾构法隧道发生事故和险情的非常多，运营隧道发生各类病害影响隧道使用的事件更是屡见不鲜。诚然，一条隧道的长期安全与否取决于多种因素，有规划选线选址方面的因素，有设计施工方面的因素，有地质条件和环境条件因素，也有维修养护管理方面的因素，是多种不利因素叠加的结果。目前，我国盾构法隧道的建设强度是前所未有的，但由于设计、施工及施工管理等力量相对薄弱，严重缺乏对盾构法隧道的认识和使用经验，因此在隧道建设和运维过程中发生了大量的险情甚至事故。高强度隧道建设往往伴随着隧道质量瑕疵与长期安全隐患，很多城市管理者对此认识不足。国外在这方面曾经有着很多深刻的经验教训，并在运营后期投入大量的费用用于维护。为重视并汲取这方面的经验教训，特将相关问题和教训在本书中梳理出来，希望得到相关管理者的重视，避免犯同样的错误。

本书由王如路、张冬梅、闫静雅、管攀峰负责编写，其中：第1,2章由王如路编写，第3章由王如路、管攀峰编写，第4章由张冬梅、管攀峰编写，第5章由王鲁杰编写，第6章由王如路、李刚编写，第7,8章由张冬梅编写，第9章由闫静雅编写，第10章由王如路、王鲁杰编写，全文由王如路校核。

在2013年开始着手本书准备时，得到了刘建航院士的亲自关心和殷切关怀，刘院士在成书过程中给予多次指导并对章节内容进行深入讨论，本书的出版寄托着对刘院士深深的怀念。上海隧道工程设计研究院的朱祖熹、杨志豪、叶蓉、曹伟飚等同志给予了大力帮助，上海隧道工程股份有限公司的吴慧明、徐志玲、何小玲、李芹峰等同志提供了宝贵的工程资料，上海基础公司的朱建明、李耀良、汲亮等同志提供了许多帮助；本书还引用了申通地铁、基础公司、隧道公司和其他兄弟城市的大量设计、施工、科研研究成果及工程实测成果，引用了地下工程和隧道方面的专业会议及论文数据；同济大学出版社的编辑在本书的出版过程中给予了大量帮助，在此一一表示感谢。衷心感谢白廷辉主任百忙之中作序。

成稿虽历经8年多时间，但限于作者水平，书中难免存有欠妥之处，真诚欢迎读者提出批评意见和建议。

编著者
2022年7月28日

目录
CONTENTS

总序
序
前言

1 盾构法隧道概论 ··· 1
  1.1 盾构法隧道概述 ·· 2
    1.1.1 盾构法基本概念 ·· 2
    1.1.2 盾构法隧道施工原理、工序及内容 ·············· 4
    1.1.3 盾构法隧道辅助施工技术 ························ 5
  1.2 盾构法隧道施工的主要优缺点和隧道自身特点 ········· 6
    1.2.1 盾构法隧道施工的主要优点 ······················ 6
    1.2.2 盾构法隧道施工的主要缺点 ······················ 7
    1.2.3 盾构法隧道施工的难点 ····························· 7
    1.2.4 盾构法隧道自身特点 ································· 8
  1.3 盾构法隧道发展趋势 ······································· 9
    1.3.1 盾构法隧道发展新成就 ····························· 9
    1.3.2 盾构法隧道新需求 ·································· 10

2 盾构法隧道发展简史 ·· 15
  2.1 国外盾构法隧道发展简史 ······························· 16
  2.2 中国盾构法隧道发展简史 ······························· 41

3 盾构机设备与选型 ·· 79
  3.1 盾构分类 ·· 80
    3.1.1 按开挖出土方式分类 ······························· 81
    3.1.2 按开挖面敞开程度分类 ··························· 85
    3.1.3 按工作面支护地层形式分类 ···················· 88
    3.1.4 按稳定工作面的加压方式分类 ················ 90
    3.1.5 按盾构断面形状分类 ······························· 91

3.1.6　按盾构横截面尺寸分类 ································· 93
　3.2　盾构设计基本原则 ·· 93
　　　3.2.1　盾构设计 ·· 93
　　　3.2.2　设计基本原则 ·· 94
　3.3　盾构结构和构造 ·· 95
　　　3.3.1　盾体结构与构造 ······································ 96
　　　3.3.2　开挖结构装置 ······································· 106
　　　3.3.3　盾构驱动装置 ······································· 117
　　　3.3.4　管片拼装装置 ······································· 122
　3.4　盾构形式 ·· 128
　　　3.4.1　土压平衡式盾构 ····································· 128
　　　3.4.2　泥水加压式盾构 ····································· 132
　　　3.4.3　复合土压盾构 ······································· 136
　　　3.4.4　特殊形式盾构的构造特征 ····························· 139
　3.5　盾构选型 ·· 146
　　　3.5.1　盾构选型依据 ······································· 146
　　　3.5.2　盾构选型中的地质资料 ······························· 147
　　　3.5.3　盾构选型的原则和一般程序 ··························· 149

4　衬砌结构与构造 ·· 153
　4.1　衬砌作用与构成 ·· 154
　　　4.1.1　衬砌作用 ··· 154
　　　4.1.2　衬砌构成 ··· 155
　4.2　衬砌结构方案选择 ·· 159
　　　4.2.1　衬砌断面形式与选择 ································· 159
　　　4.2.2　衬砌的分类与选型 ··································· 163
　4.3　衬砌结构尺寸参数的确定 ···································· 173
　　　4.3.1　衬砌尺寸参数的确定 ································· 173
　　　4.3.2　衬砌管片几何参数的确定 ····························· 175
　4.4　衬砌环的构造 ·· 182
　　　4.4.1　衬砌环分块原则 ····································· 182
　　　4.4.2　衬砌环分块方式 ····································· 182
　　　4.4.3　封顶块设置与施工方式 ······························· 184
　　　4.4.4　衬砌环分块位置的确定 ······························· 185
　　　4.4.5　改变衬砌环刚度的措施 ······························· 185
　4.5　衬砌材料 ·· 186

	4.5.1 钢筋混凝土管片材料	186
	4.5.2 连接件、预埋件	186
4.6	钢筋混凝土衬砌及工程案例	189
	4.6.1 箱形衬砌管片工程案例	189
	4.6.2 平板形衬砌管片工程案例	192
4.7	衬砌拼装方式分析	196
	4.7.1 衬砌环拼装方式	196
	4.7.2 衬砌环收敛变形特征	199
	4.7.3 收敛变形机理分析	201
	4.7.4 设缝数量与位置	202
	4.7.5 通、错缝拼装方式的认识	205
4.8	接头的结构与构造	207
	4.8.1 衬砌的接头功能	208
	4.8.2 接头形式	208
	4.8.3 接头构造	212
	4.8.4 接头刚度	213
	4.8.5 接头螺栓配置	213
4.9	衬砌接缝防水	214
	4.9.1 密封垫	214
	4.9.2 工程应用案例	216
4.10	管片制作	218
	4.10.1 高精度模具	218
	4.10.2 钢筋笼制作	219

5 隧道结构设计及地面沉降的预测 ... 221

5.1	隧道结构设计	222
	5.1.1 设计内容与设计流程	222
	5.1.2 自由变形法	227
	5.1.3 弹性抗力法	228
	5.1.4 弹性铰法	231
5.2	设计、施工中的土工问题	235
	5.2.1 工程勘察的目的与要求	235
	5.2.2 衬砌设计中的土工问题	240
	5.2.3 盾构施工过程中的土工问题	247
5.3	地面沉降的预测和控制对策	252
	5.3.1 地面沉降的原因	252

5.3.2 地面沉降预测方法·································253
　　5.3.3 地面沉降及环境控制措施·························260
　　5.3.4 施工监测···263

6 盾构隧道施工···265
6.1 盾构隧道施工流程···266
6.2 工作井···267
　　6.2.1 竖井功能分类···268
　　6.2.2 竖井结构平面形式·····································270
　　6.2.3 竖井深基坑施工方法···································272
6.3 盾构始发接收地基加固·····································272
　　6.3.1 地基加固··273
　　6.3.2 水泥系加固···274
　　6.3.3 冻结法加固···277
　　6.3.4 降水法加固···283
6.4 盾构机安装调试···283
6.5 盾构机始发接收···284
　　6.5.1 始发接收止水装置·······································284
　　6.5.2 盾构始发··286
　　6.5.3 盾构接收（进洞）··293
6.6 盾构正常掘进施工··301
　　6.6.1 初期推进施工···301
　　6.6.2 正常推进施工···302
6.7 盾构开挖面稳定···304
　　6.7.1 土压平衡式盾构开挖面稳定····························305
　　6.7.2 泥水加压式盾构开挖面稳定····························308
6.8 管片拼装···310
　　6.8.1 一次衬砌的施工··310
　　6.8.2 保持管片拼装形状·······································311
　　6.8.3 管片的自动组装··311
　　6.8.4 管片拼装质量要求·······································311
6.9 壁后注浆···312
　　6.9.1 同步注浆设备···312
　　6.9.2 注浆方法与注浆时间····································313
　　6.9.3 注浆材料选择···313
　　6.9.4 注浆压力与注浆量控制·································314

　　　　6.9.5　严防盾尾漏浆 316
　　　　6.9.6　二次注浆 316
　　　　6.9.7　质量控制标准 317
　　　　6.9.8　小半径施工和壁后注浆 317
　　6.10　盾构施工测量与监测 317
　　　　6.10.1　施工控制测量 318
　　　　6.10.2　掘进施工测量 323
　　　　6.10.3　盾构施工监测 326
　　6.11　各种特殊条件下的施工 330
　　　　6.11.1　浅覆土层施工 330
　　　　6.11.2　大覆土层施工 331
　　　　6.11.3　小半径曲线施工 332
　　　　6.11.4　陡坡施工 333
　　　　6.11.5　长距离施工 334
　　　　6.11.6　高速施工 334
　　　　6.11.7　地下障碍物清障施工 335
　　　　6.11.8　穿越地下管线施工 336
　　　　6.11.9　穿越运营隧道施工 336
　　　　6.11.10　近距离穿越建(构)筑物施工 336
　　　　6.11.11　平行盾构隧道施工 338
　　　　6.11.12　复杂地质条件下盾构隧道施工 338
　　6.12　连通通道施工 339
　　　　6.12.1　连通通道冻结法设计 341
　　　　6.12.2　连通通道冻结施工工艺要点 343

7　盾构施工重点风险管控 345
　　7.1　盾构施工重点风险分析 346
　　　　7.1.1　盾构施工常见风险 346
　　　　7.1.2　风险防治指导原则 346
　　7.2　盾构始发接收重要施工风险及防治 347
　　　　7.2.1　盾构始发接收重要施工风险 347
　　　　7.2.2　盾构始发接收重要施工风险防治措施 351
　　7.3　盾构正常掘进重要施工风险及防治 358
　　　　7.3.1　盾构正常掘进重要施工风险 358
　　　　7.3.2　盾构正常掘进重要施工风险防治措施 360
　　7.4　连通通道重要施工风险及防治 361

7.4.1	连通通道施工风险	361
7.4.2	连通通道重要施工风险防治措施	363

7.5 盾构施工管理 ··· 373
- 7.5.1 盾构施工管控平台 ··· 374
- 7.5.2 盾构施工管控平台的数字化管理 ··· 374
- 7.5.3 盾构施工管控平台的特点 ··· 376
- 7.5.4 盾构施工管控平台的功能 ··· 381
- 7.5.5 新技术展望 ··· 383

8 隧道横向和纵向变形及控制技术机理 ··· 385

8.1 隧道横向变形机理与特点 ··· 386
- 8.1.1 隧道横向变形影响因素 ··· 386
- 8.1.2 隧道横向变形的特点 ··· 387
- 8.1.3 横向变形与隧道结构安全 ··· 389

8.2 隧道纵向变形机理与特点 ··· 393
- 8.2.1 隧道纵向变形影响因素 ··· 393
- 8.2.2 隧道纵向变形的特点 ··· 396
- 8.2.3 隧道纵向不均匀沉降对结构安全的影响 ··· 403

8.3 隧道变形控制技术与机理 ··· 410
- 8.3.1 变形控制方法与技术概述 ··· 410
- 8.3.2 注浆加固变形控制机理 ··· 412
- 8.3.3 芳纶布加固变形控制机理 ··· 421

9 隧道病害的运维管理 ··· 427

9.1 隧道病害分类、特征及产生原因 ··· 428
- 9.1.1 渗漏水 ··· 428
- 9.1.2 结构损伤 ··· 431
- 9.1.3 结构变形 ··· 433
- 9.1.4 其他病害 ··· 437

9.2 隧道病害的检查与监测 ··· 442
- 9.2.1 隧道渗漏水及结构损伤检查 ··· 442
- 9.2.2 隧道变形监测 ··· 452

9.3 隧道病害的安全状态评估 ··· 463
- 9.3.1 国内外隧道病害评估指标现状 ··· 463
- 9.3.2 上海地铁隧道的病害控制指标 ··· 469

9.4 隧道病害的分级检修 ··· 475

         9.4.1 隧道的日常维养 475
         9.4.2 隧道病害的大修整治 478
    9.5 隧道重大病害的治理技术 480
         9.5.1 双液微扰动注浆技术 480
         9.5.2 内张钢圈衬砌加固技术 486
         9.5.3 渗漏水注浆堵漏技术 490
    9.6 隧道病害治理案例 494
         9.6.1 不均匀沉降治理 494
         9.6.2 收敛大变形治理 504
         9.6.3 其他病害治理 512

10 上海地铁盾构隧道结构耐久性及其防治技术 515
   10.1 盾构隧道结构耐久性影响因素 516
        10.1.1 环境因素 516
        10.1.2 材料因素 518
        10.1.3 结构本体 518
        10.1.4 运营维修 519
   10.2 上海地铁盾构隧道使用环境 520
        10.2.1 大气环境 520
        10.2.2 地下水环境 522
        10.2.3 盐类离子 524
        10.2.4 杂散电流 526
   10.3 上海地铁盾构隧道结构耐久性评估 527
        10.3.1 混凝土性能检测与评估标准 527
        10.3.2 盾构隧道管片性能检测与评估标准 530
        10.3.3 隧道病害的检测与评估 536
   10.4 上海地铁维护与保障技术对策 541
        10.4.1 混凝土耐久性维护与保障技术对策 541
        10.4.2 构件耐久性维护与保障技术对策 541
        10.4.3 地铁盾构隧道结构耐久性维护与保障技术对策 542

参考文献 544

1 盾构法隧道概论

1.1 盾构法隧道概述
1.2 盾构法隧道施工的主要优缺点和隧道自身特点
1.3 盾构法隧道发展趋势

根据国家统计局2019年的数据,1949年至1978年,我国城镇化进程较缓慢,城镇人口占总人口比重从10.64%增长到17.92%,30年间城镇化率仅增加了约8%,年平均增长率不到0.3%。但自1978年实行改革开放以来,城镇化进程持续加快,2019年城镇化率已达60.6%,以每年近1.0%的速度递增,城镇常住人口也从当时的1.73亿人增加到了8.48亿人,超过100万人口的城市已从改革开放之初的29座增加到了130余座。目前,我国仍处在城镇化发展较快阶段,城镇化动力依然强劲。

随着城镇化进程加快,城镇人口急速膨胀,交通流量激增,城镇规模迅速扩大,地面空间被充分利用,建筑越来越高,密度也越来越大,产生了诸如交通拥挤、大气污染和出行效率急剧降低等一系列大城市病,严重制约城市发展。而解决这一系列问题的重要途径之一就是建立与城市发展相适应的地下快速通道,加大对城市地下空间的利用,修建隧道就是其中最好的解决方案之一。

在市区地面建筑和地下管线密集区域建设地下通道,以盾构法隧道为主,原因就在于盾构法施工对地面交通影响小、施工效率高、对环境保护有利,在深埋空间中和宽大水体下施工,盾构法隧道更具优势。因此,盾构法隧道在城市轨道交通、公路、铁路、公铁联合交通、大直径管廊建设中越来越凸显其重要性,也有越来越多的上下水、信息电力、煤气管道以及各类地下管线、共同沟等开始采用盾构法隧道施工。

1.1 盾构法隧道概述

1.1.1 盾构法基本概念

盾构法(Shield Method)是以盾构机械为核心的一套完整的隧道施工方法,属于暗挖法修建隧道的一种。在防止开挖面坍塌和保持开挖面稳定的前提下,使用盾构机械设备在地下掘进,同时在盾构机内进行安全的开挖和衬砌作业,从而构筑成隧道(图1-1)。

世界上最早的盾构法隧道就是专为穿越泰晤士河而设计修建的。随着封闭式盾构机的研制成功,盾构法因其施工安全、掘进速度快、施工效率高、劳动强度低、环境保护好、适应多种复杂地层及地表沉降小等优点,已成为当今城市隧道工程的主要施工方法。

当今大中城市市区新老建筑物密集,公用设施密布,地下管线纵横交错且其状态往往不明,除地下构筑物复杂外,道路交通及公用设施也较繁忙,如果在这样的地段采用明挖法隧道施工,不仅会对城市交通和百姓日常生活产生严重干扰,而且建造成本也将远超财政承受能力,特别是对于埋深较大、周围环境要求(施工要求和运行使用要求)苛刻和地质条件复杂的隧道工程,采用盾构法建造地下隧道具有不可替代的优势。在穿越江河湖海等水域、沼泽地和地面起伏较大的地区、大范围山区或居民居住密集地区建造公路、铁路或水工隧道,采用盾构法修建则更具其独特优势。盾构法因其在特定条件下的经济合理性、快速高效、安全可靠性而广泛应用于市区地下公路隧道、水底铁(公)路隧道、地铁隧道、上下水管道、供热管道、电力通信信息管道、公共管线隧道、地下空间开发、地下物流通道、人行隧道、铁路隧道、市政公用设施及其他城市共同沟等方面的施工。出于防汛防涝等目的,国内外数座大城市建造了深部隧道蓄排水系统,如巴黎、东京、伦敦、广州和上海等,可将短时间内来不及排走的大暴雨的水汇集到地下深部隧道中,用于蓄水和防汛防涝,从而提高地面防淹等级。

图1-1　盾构法隧道施工流程

目前,已成功开发了地面极浅覆土甚至无覆土的盾构设备和工法——地面出入式盾构法隧道技术(Ground Penetrating Shield Technology,GPST),简称GPST工法。它只需在隧道轴线地面上堆积一定厚度的土层即可进行盾构推进施工,而无需开挖较深竖井,进出洞仅需设置一个较浅的基坑,从而实现浅坑推进施工,大大降低盾构进出洞施工风险,当然这种工法的实施也受到施工环境条件的限制。该类盾构所实施的隧道外径从6.2 m至13.4 m不等,施工平剖面图及工法示意如图1-2所示。2013年4月,上海隧道股份作为主体研发应用的国内首条采用GPST工法施工的隧道顺利贯通。

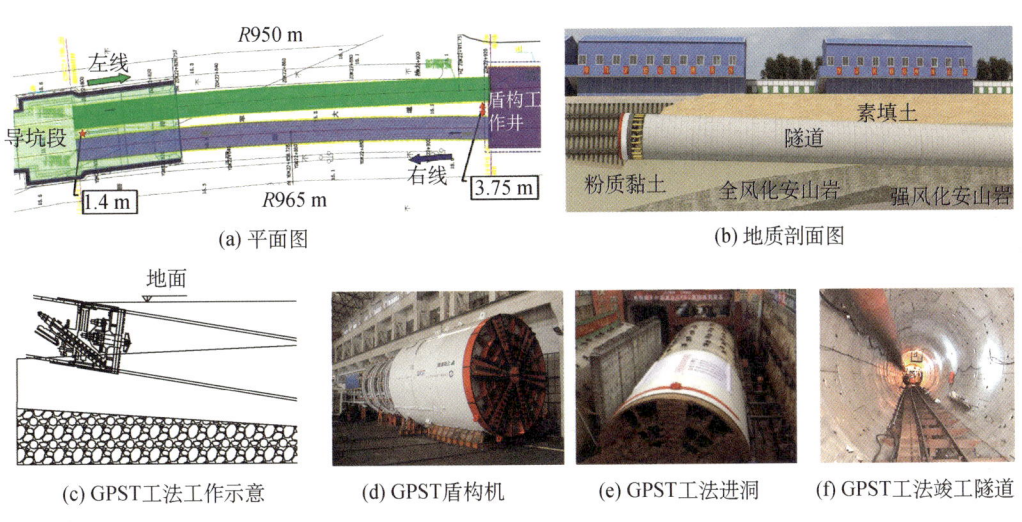

图1-2　地面出入式盾构法施工

此外,为了缓解停车困难,各国采用盾构法在城市建筑密集区建造了60余座地下竖向停车场。近年来,国内也开始尝试这一工法施工,2021年5月在南京已建成首座68 m深的采用VSM工法(即垂直竖井沉降掘进工法)施工的地下竖直停车场,杭州等城市也有竖向停车场正在建设中,如图1-3所示。

图 1-3 地下竖向停车场

1.1.2 盾构法隧道施工原理、工序及内容

1.1.2.1 盾构法隧道施工原理

盾构机沿着隧道设计轴线掘进,盾构外壳支承盾构周围地层和内部各类荷载,切削装置进行土体开挖,依靠油压千斤顶顶进而推进,通过出土机械或水力运输将切削下来的土体运出洞外,当盾构推进到一定长度后,在盾尾内拼装管片衬砌环,盾构边向前推进开挖前方土体边进行出土,同时向地层与管片之间的建筑空隙处实施同步注浆,从而降低施工对周围地层的扰动,以控制隧道自身沉降变形和地层沉降。

1.1.2.2 盾构法隧道施工工序及内容

从盾构施工时间顺序上讲,盾构法隧道施工工序及内容大致由以下 8 个步骤构成。

(1) 工程施工准备。包括施工环境调查与补充勘察、场地移交、临时施工设施的建设、控导网复测及测点布置、盾构机设计与制造,以及管片模具设计与制造等,都是工程安全顺利施工的前提和基础。

(2) 工作井施工。端头井围护结构常采用地下墙结构、钻孔桩外加止水等形式,基坑施工方法常采用明挖顺作、逆作或半逆作、盖挖顺作或是由它们组合的方法,也有采用沉井或沉箱施工的。

(3) 进出洞地基加固。在始发工作井和接收井施工完成后,需对端头井外的地层进行加固,以保证进出洞安全。常用地基加固方法如下:

① 旋喷加固类,包括高压旋喷桩、RJP 双高压旋喷桩、MJS 旋喷桩和 N-jet 高压旋喷桩等。

② 搅拌桩加固类,包括双轴搅拌桩、SMW[①] 工法桩(三轴搅拌桩、五轴桩)、TRD[②] 搅拌桩和 CSM[③] 铣轮搅拌桩。

---

① SMW:Soil-Mixing Wall,新型水泥土搅拌桩墙。
② TRD:Trench Cutting Re-mixing Deep Wall Method,等厚水泥土连续搅拌墙工法。
③ CSM:Cutter Soil Mixing,铣削深层搅拌技术。

③ 冻结工法加固。

④ 在环境允许条件下也可考虑采用降水疏干土体。

⑤ 注浆加固。

(4) 盾构始发准备。包括竖井内洞门密封、反力架架设、始发台架等主要装备制作和安装施工,盾构机吊装、组装调试及验收。

(5) 洞门凿除及质量验收准备。洞门外土体加固质量确认,通过取芯、P-S 试验、标贯试验等方法验证垂直、水平、斜向的加固土体质量,以确保盾构进出洞及洞门封闭期间的安全。

(6) 洞门防水装置安装及盾构出洞施工。洞门不漏水是盾构始发的前提,在相关准备工作完成后就可按照施工流程和技术要求谨慎地出洞施工了。

(7) 盾构正常掘进。推进、出土、管片拼装与同步注浆是盾构正常掘进施工的主要内容,盾构掘进施工必须始终关注稳定开挖面、挖掘及排土、衬砌与壁后注浆这三大平衡问题:

① 土体开挖与开挖面支护。土压平衡式盾构在施工过程中,通过刀盘切削前方土体,挖土量的多少由刀盘的转速、切削扭矩及千斤顶推力来决定,排土量的多少则是通过螺旋排土器的转速来调节。借助土压舱内的土体压力来平衡开挖面的水土压力,为控制土压舱压力波动,需经常调节螺旋排土器的转速和千斤顶的推进速度,以保持挖土量和排土量平衡。对于泥水加压式盾构施工而言,通过刀盘切削前方的土体进入泥水舱,把土、水及添加剂等混合制成泥水,当加压的泥水充满泥水舱后,就可以来平衡开挖面的水土压力,通过加压作用和压力保持机构来保持开挖面的稳定。

② 推进与衬砌拼装。盾构依靠千斤顶推力向前推进,在盾构推进过程中需要克服开挖面土体压力、摩擦阻力和内部机械设备阻力,推力过大会使盾构正面土体发生挤压而前移并产生隆起,而推力过小不但会影响推进速度还会导致盾构前方土体产生沉降。当千斤顶推动盾构前进一环的距离后,依次收缩千斤顶,然后在盾构内部对应位置依次进行管片拼装衬砌,直至完成整环管片拼装。

③ 盾尾空隙与壁后注浆。千斤顶推动盾构机向前推进到一定距离时,原本位于盾构壳内部的拼装衬砌环脱出盾尾,这样在衬砌外围与土层之间会产生明显的建筑空隙,如不采取补救措施则会引起很大的地层位移和地面沉降。地层位移的大小与地层性质、隧道尺寸、盾构设备及施工扰动程度等密切相关,同步注浆则是对盾尾形成的施工空隙进行及时填充,以减小因盾尾空隙而发生的地基应力释放和地层变形,是盾构施工过程保护环境和控制隧道自身变形的重要环节之一。

(8) 盾构到达接收。包括接收准备、开洞验收、洞门处理、到达端掘进、盾构机掉头或吊出和封闭洞门。

此外,还必须考虑盾构施工过程中如遇异常或意外情况下的应急处置措施。

1.1.3 盾构法隧道辅助施工技术

采用盾构法修建隧道时,通常需要根据地层的工程地质、水文地质特点以及施工环境条

件,辅以其他施工技术措施,以降低工程施工风险或降低工程费用。其他施工技术措施主要有:

(1) 疏干或降低掘进土层中地下水的措施。

(2) 稳定地层、防止隧道及地面沉陷的地基加固等减少对周围环境影响的措施。

(3) 进出洞加固措施(搅拌类桩、旋喷类桩或冻结法),既能确保盾构进出洞安全,又能对不同基础刚度起到过渡作用。

(4) 隧道衬砌的防水堵漏技术。

(5) 对盾构施工、地表沉降和衬砌环进行监测监控技术。

(6) 气压施工中劳动防护措施。

(7) 便于土压舱内土体改良的泡沫添加等措施。

(8) 开挖土方的运输及处理措施等。

(9) 长距离盾构法隧道的通风措施。

(10) 地层中有害气体的监测、释放及控制措施,常遇甲烷(CH_4)气体和硫化氢(H_2S)气体。

(11) 泥水盾构施工过程中的泥浆处理措施。

(12) 盾构施工监控平台,可监控几十台乃至百台以上盾构施工。

(13) 周围地层及地面的自动量测系统。

(14) 施工应急措施。

1.2 盾构法隧道施工的主要优缺点和隧道自身特点

1.2.1 盾构法隧道施工的主要优点

盾构法不仅适用于软土地层,也适用于较硬的硬质土层甚至是硬岩,同样也适用于不均匀地层。盾构法隧道施工主要有如下优点:

(1) 占地面积小、征地成本低。除竖井施工期间外,盾构法隧道大多位于地面以下较深的土层,节省了大量工程施工占地和永久性征地费用,与明挖法施工相比,盾构法隧道施工出土量相对较少,有利于降低工程成本。

(2) 施工对环境影响小。除竖井施工,盾构法隧道施工的其他作业均在地下完成,既不影响地面交通,也无需切断或搬迁地面以下浅部管线等各种地下公共设施,施工过程不会对附近居民造成空气污染、噪声和振动影响,对周围居民生活和出行影响也较小。正常情况下,施工对附近地层扰动小,能够更好地控制地面沉降和变形。

(3) 施工安全。盾构始终在盾壳保护下作业,只要操作得当,基本避免了高压涌水和软土塌陷等重大施工灾难的发生。

(4) 施工限制少。盾构法隧道施工不受地形地貌、江河水域等地表环境条件的限制,穿越河道时不影响航运,特别是在地形起伏较大的地段采用盾构法施工具有无可比拟的优越性。此外,盾构法隧道施工几乎不受恶劣天气状况和气候条件变化的影响。

（5）机械化程度高、施工效率高和劳动强度低。盾构推进、出土和管片拼装等主要工序均可实现自动化循环作业，后续工序也可实现平行作业，施工易于管理，施工人员较少，劳动强度低，生产效率高，有甚者完全实现了自动化拼装。

（6）施工质量高。管片等主要构件都是在工厂内加工制造的，相对其他工法，拼装完成后渗漏少、变形小、结构受损少。

（7）盾构法隧道施工几乎不受覆土深度的影响，在土质差、水位高的地方建设埋设较深的隧道，盾构法有较好的技术经济优越性。

（8）盾构法隧道适用地层范围宽泛。不仅可广泛适用于软黏土饱和含水地层、砂卵石，而且适用于软岩直至硬岩甚至复杂的不均匀复合地层条件。

（9）在"深、长、高"的环境条件下更显优势。盾构法施工更适合隧道上部覆土埋深大、施工距离长和高水头等特殊条件下的施工，工程安全和费用可控性好。与明挖法相比，只要设法保持盾构开挖面的稳定，则隧道越深、土质情况越差、地表以下埋设物越多，盾构法施工在经济上、施工进度上、安全上越有利。

（10）在穿越江、河、湖、海及山川条件下，采用盾构法施工更具优越性。

（11）盾构法隧道接缝多，相对整体浇筑的隧道来讲，其环向和纵向刚度在接缝处有变化或过渡，在一定程度上环缝的均匀设置更适应软土地层发生的纵向不均匀沉降。

1.2.2 盾构法隧道施工的主要缺点

（1）当隧道曲线半径过小时，盾构法施工有时会存在施工困难，尤其在锐角变向时。

（2）在陆地采用盾构法施工时，如覆土太浅，则盾构法施工会造成一定困难，有时需要采取压载或配重等辅助措施；而在水下时，如覆土太浅，则盾构法施工安全性有所降低，需要确保在隧道上部有一定厚度的覆土。

（3）施工期间，竖井附近存在一定的噪声和振动。

（4）施工中会对盾构一定范围内的地层产生扰动，隧道上方一定范围内的地表沉降尚难以完全消除，特别是对于饱和含水松软地层而言，施工中应采取严密的技术措施将沉降控制在设计要求范围内，目前还不能完全防止盾构正上方土层的地表沉降，尤其在近距离穿越建筑密集的居民区或保护等级极高的建（构）筑物或设施时，需要特别谨慎。

1.2.3 盾构法隧道施工的难点

（1）当在推进轴线上遭遇到未知的混凝土桩基、钢筋混凝土地下墙或其他不明地下障碍物时，处置较困难，而处置不当有时会给施工本身和环境带来较大风险。对较为明确的地下障碍物，可预先配置相应的切削刀具和刀盘，直接切削穿越。

（2）在长距离的盾构法施工过程中，工作面通风困难。在超长大隧道施工过程中，工作面上的环境、材料物资运输能力都是需要认真对待的问题，各类材料物资的运输问题基本决定了施工效率。

（3）盾构法施工中采用全气压方法疏干和稳定地层时，必须采取相应的办法预防周围发生缺氧和枯井的风险,对劳动保护要求较高,施工条件差。

(4) 施工中遇有含有甲烷等易燃气体的地层时,需要谨慎处理。

(5) 在饱和含水地层中,盾构法施工所用的拼装衬砌对整体结构防水性技术要求较高。

(6) 在高水压、长距离、大断面或极不均匀的地层中进行盾构施工时,需要特别注意设备磨损问题,尤其是盾尾密封、盾壳及刀盘刀具的磨损。

(7) 在长距离极不均匀地层推进时,可能发生因开口或刀具布置导致盾构刀盘结泥饼,造成盾构推进困难,效率低下,对环境影响也很大。

(8) 当隧道埋深很大时,隧道防水要求特别高,遇有渗漏水时处置困难且风险大。

1.2.4 盾构法隧道自身特点

(1) 由于隧道处于地下,其使用不受恶劣天气影响。

(2) 与桥梁等交通通道相比,隧道隐蔽性能相对较好,在必要时稍加改造就可作为临时避难所。

(3) 隧道在土层中处于三维受力状态,结构受力和抗震性能更好。

(4) 埋深较深的隧道,其防水性能(管片和接头处)需求越来越重要。

(5) 与其他地下空间相比,隧道出口单一,对于超长大隧道来讲,其运营期间的防火、防水、防灾要求更高。

(6) 隧道接缝多,拼缝部位潜在结构病害多。与矿山法和沉管法隧道相比,盾构法的显著特点是结构存在大量接缝。就城市中等直径的地铁隧道而言,一条外径为6.2 m、环宽为1 m的单圆盾构隧道,其接缝总长度是隧道自身长度的20余倍。大直径隧道每延米的拼缝长度会更大,绝对分块数越多、环宽越大,拼缝长度则越大,有的甚至超延米长度的30倍。

(7) 隧道纵向刚度变化大。因施工所限,沿隧道纵向(或轴向)结构基本是一环一环的拼装结构,环宽较小,在环面上一般靠凹凸榫和螺栓连接或其他连接件连接,偶有设剪力棒,环缝部位的刚度与管片相比存在一定的降低和折减。纵向上一般属于柔性衬砌结构,因此尤其适合于纵向变形较大的软土地层。

(8) 隧道环向刚度不均匀。因管片环存在较多接缝,因此沿环向其刚度也是变化的,在接缝处有一定降低和折减。接缝处不仅是隧道变形发生最明显的部位,同时也是隧道病害高发部位。

(9) 隧道结构病害与分布。常见隧道结构病害包括渗漏水、管片破损、隧道变形等,在接缝部位表现尤其明显。拼装施工引起的(拼装或千斤顶顶裂)管片开裂亦主要分布在拼缝周围,一般封顶块及两侧最严重。渗漏水基本沿着拼缝发生,根据对上海地铁盾构法隧道结构病害的调查统计分析,渗漏水总数量的90%以上是拼缝处漏水,防止隧道衬砌渗漏水的核心就是围绕拼缝进行的。从一定程度上来讲,拼缝渗漏水解决好了,盾构法隧道的渗漏水就基本解决了。

1.3 盾构法隧道发展趋势

1.3.1 盾构法隧道发展新成就

盾构法隧道的发展主要是依靠社会地下工程需求、基础工业的技术、盾构机制造装备、材料科学及与此相匹配的设计施工技术等发展推动的,盾构机的发展还与现代科学技术发展密切相关。现代盾构隧道技术是机械制造、液压、机电控制、测控、计算机、人工智能、专家系统、自动化及材料技术等众多高新技术水平的集成体现,盾构掘进技术一直伴随这些技术的发展而不断完善,这些高新技术的综合应用使得盾构在掘进过程中的水土压力平衡、地面沉降控制、施工效率提升、轴线控制与精密测控导向以及自动衬砌等实现得越来越容易。

长期以来,盾构设计制造及施工关键技术都被少数几个发达国家掌控着,对应的工程盾构一般都是定制化,加之盾构制造和隧道建造费用颇高,因此盾构法隧道工程业绩也大多在发达国家。如19世纪的盾构法隧道业绩基本被英国、德国和美国垄断,20世纪的盾构制造和工程业绩基本在日本、德国、法国和美国等国家,特别是20世纪70年代以来,日本的盾构制造及工程业绩呈爆发式增长。

近30年来,世界盾构设计制造水平、施工技术和工程业绩都有了突破性进展。在盾构设计制造方面,日本、德国及美国仍处于领先地位,如德国的海瑞克公司、维尔特公司,美国的罗宾斯公司(TBM盾构),日本的川崎重工、三菱重工、石川岛播磨重工业株式会社和小松制作所等,其制造的盾构数量之多、生产能力与工艺装备水平之高仍居世界前列。最近20年,中国盾构制造、施工技术及工程业绩正迅速赶上或超越。旺盛的社会需求给盾构行业发展带来前所未有的机遇,涌现出上海隧道工程有限公司、中铁工程装备集团有限公司、中国铁建重工集团股份有限公司等一批盾构制造企业,以及上海隧道工程股份有限公司、中铁十四局集团有限公司、中铁隧道局集团有限公司、中交隧道工程局有限公司等施工单位,它们承建了国内几乎所有的超大型盾构法隧道。随着土压平衡、泥水平衡、复合盾构、管片制造与隧道防水等一系列技术难题的解决,盾构法隧道技术整体上有了更快更好的发展,现在可根据不同的地质条件、不同工程对象以及使用单位的具体要求,设计制造出不同直径、不同形状和不同类型的盾构机。

社会经济高速发展,整体需求旺盛促进了盾构制造业的发展。盾构制造和设计施工朝着"深(大埋深、高水压)、大(断面)、长(距离)、异(异形断面或多圆)、高(施工效率)"的方向发展,尤其是针对地下空间开发高效利用,在超大断面盾构、多圆盾构、异形断面盾构和微小型盾构等方面体现得淋漓尽致。归纳起来,近年来盾构法隧道有以下几个方面的成就:

(1) 盾构机大型化趋势明显。因受地下空间限制、工期要求或其他综合要求,大多数盾构设备直径已经从100年前的4~6 m发展到目前的14~17 m甚至更大,尤其在长距离穿越江河湖海的大水体跨越通道时采用大直径盾构的趋势明显,除了设置公路交通通道外,可同时敷设轨道交通通道和众多管线通道。目前世界上最大直径的盾构是由德国海瑞克生产的直径为17.6 m的泥水加压平衡盾构,正用于香港屯门—赤鱲角隧道工程,排名第二的是由日本三菱公司制造的外径为17.45 m的土压平衡式盾构,用于美国西雅图SR99隧道施工,它们都是采用单一大刀盘盾构形式。

(2)盾构设备断面形状多样化。盾构形状随制造技术进步、工程环境条件和需求各异,已经从初期的单一圆形盾构逐步发展到双圆、三圆、椭圆形、马蹄形、矩形及类矩形等盾构形状,一些新形式的盾构施工技术正在特殊条件下得到应用。刀盘形式从单一平面的单一刀盘发展到多平面、变尺寸、多刀盘形式,刀盘切削方式也从以往的单一旋转方式发展到摇动、摆动掘削方式。

(3)盾构机功能更加强大,隧道用途更加宽泛。已开发研制了球体盾构、母子盾构、扩径盾构、变径盾构及分岔盾构等多种形式、多种功能的盾构,其用途越来越宽泛,从早期建造铁路、公路、地铁、通信、电力及各类管线,发展到目前修建共同沟、地下垂直停车库、深部排水系统及地下物流系统等方面。

(4)施工自动化程度大幅提高,实现自动化拼装。管片供给、运送、组装实现了自动化,掘进中的盾构方向与姿态自动控制系统、自动化的管理系统和施工故障自动诊断系统,这些方面的重大进展和技术突破向高效便捷施工迈出了坚实步伐,并且已经实现了推进途中换刀、障碍物直接切除等强大功能。

(5)人工智能制造与智能化远程监控平台。人工智能广泛应用于盾构装备和施工,可快速感知地层、设备及施工情况,在集成前人经验的基础上为工程提供更好的施工指导。对于分布地域广、地质条件和施工环境复杂的工程,可实时监控设备施工状态和施工质量。

(6)新型管片与防水材料不断涌现。一百多年来,管片形式基本沿用曲边四边形,环面平整,现已发展到六边形,管片强度不断提高。管片连接接头形式多样化,螺栓形式也由相对单一的长短螺栓发展到承插式的快速接头形式,以适应高速施工并提高隧道施工质量。新的防水理念、防水设计和防水材料工艺不断出现,材料耐久性和防水效果明显提高,为特殊困难条件下的隧道施工奠定基础。

(7)施工水平和环境控制效果显著提高。在硬岩、软弱含水地层或软硬变化的地层,针对盾构法施工引起的风险控制和地表沉降问题,研制了各种新型衬砌和防水技术,发展了局部气压式、泥水加压式、土压平衡式和复合式等新型盾构及相应的工艺和配套设备,施工的隧道质量也越来越高。

1.3.2 盾构法隧道新需求

地层与环境控制、隧道施工质量与效率、财务成本是选择盾构法隧道必须面对的三个主要问题。实际工程中会遇到超大埋深、超高水压、超大断面、特长距离以及复杂多变的地质条件和施工环境等难题。如超大断面盾构法施工难度与风险为业界公认,需要解决开挖面稳定和施工中管片抗浮问题;长距离施工需要解决轴线控制、设备保障与效率问题等。这都需要在盾构机装备与辅助设备、施工技术、隧道材料等方面取得新突破。需突破的问题具体分解如下:

(1)超大直径盾构的设计与设备制造技术。盾构已有最大直径达到17.45 m和17.6 m,

将来会对更大直径甚至超过18 m的盾构有需求。更大直径盾构的设计与制造成为一道亟待突破的难题,盾构直径越大,对盾构自身的结构刚度和强度及推进稳定性的要求越高,对拆卸、安装运输、分块加工精度与连接、便利等要求更高,对起吊、运输、安装、推力设计、大功率、大扭矩、高性能、节能、环保型变频驱动技术和设备等诸多方面的难题,都需要突破。目前大型盾构基本上都是采用单一刀盘形式,其利弊也很明显,更大直径的盾构是否一直沿用单一刀盘还有待研究。

(2) 超深覆土和超高水压下的盾构机的设计制造与施工。超深覆土和超高水压,给盾构自身的制造技术带来挑战,在盾壳强度和刚度、盾构自身和衬砌结构防水等方面需要研究新材料、新技术。盾构自身密封包括主轴承密封、铰接密封和盾尾密封等,需要研究多道防水,以确保施工安全。衬砌防水在水压超1.0 MPa的情况下往往会产生很大风险,既有防水技术难以适应在如此高的水压下长距离施工,一旦防水失效,其后果往往是致命的。此外,还会涉及换刀技术,现有技术一般用于水压低于0.5 MPa的工程居多,超出此范围时必须考虑超高压条件下的快速换刀问题。超深埋隧道衬砌结构自身防水性研究涉及适应效果好、耐久性好的高性能防水材料的研制,以及防水材料的更换或替代技术的研究。

(3) 超长距离隧道施工技术。需突破的问题包括:难以更换的设备部件的耐磨性能、刀具使用寿命以及在密封条件下的刀具更换;高效掘进、长寿命刀具制造及安全便捷更换技术;设备的维护修理;深层地层中施工对接问题;地层中对接技术与装备;更快速的施工技术;耐磨材料在刀具、盾壳中的应用。此外,还要研究在复杂多变的地质条件下复合盾构制造及施工技术。

(4) 适应不同用途下的异形盾构设计制造和施工技术,如空间狭小的盾构形状设置问题。

(5) 在盾构设计制造方面,性能更优越的盾构装备不但要求盾构设备能适应各类地层和施工环境,更需要考虑降低人为操作频率和人员劳动强度,使用大功率、高性能、节能环保型的变频驱动技术。盾构的自动化、智能化施工技术研究势在必行,包括对地层超前探测、对设备状态的感知和预测报警、对施工质量的实时监控,以提高盾构施工效率,实现智能化控制和操作。

(6) 数字盾构、智能化掘进施工、无人驾驶自动掘进、自动巡航施工技术的应用。随着电子及信息技术的不断提高和发展,自动控制、大数据应用、人工智能等前沿技术的迅猛发展,这些学科技术的应用使盾构机自身的性能获得了很大的提升,使得现在盾构机在可靠性、适应能力和智能化等方面与过去相比都有了飞跃式的进步。通过大量工程经验和技术的积累,实现整个盾构掘进装备高度的数字化、自动化、智能化,最终实现智能掘进将是盾构技术发展的必然趋势,无人驾驶的自动掘进施工也必将实现。

(7) 高速掘进施工技术的研究。更快的掘进速度是将来施工必须考虑解决的难题,比目前施工效率高3~5倍甚至更高的施工效率是亟待研究突破的难题。除了盾构装备自身高性能配置外,与之相适应的施工技术、注浆等系统都必须改进,包括各种材料的运输等。

(8) 人工智能技术和多台盾构同时施工的监控平台技术研究。上海隧道工程有限公司已经建立了对分布在上海及全国施工的百余台盾构的监控,可对各类工程进行综合分析研究,借鉴施工经验,也可随时下发工作指令,优化施工参数,保证施工安全。

(9) 一隧多用及监控研究。隧道断面呈现单层或多层结构形式,集多种功能于一体的隧道越来越多,多功能综合对灾害监控方面有更高的要求。

(10) 智能化监测与控制技术。从设计时就应考虑隧道全生命周期的隧道状态监控、建养一体化需求、长寿命的监控设备等,传感器装置需要在制造期间和施工过程中予以预留,并加强对隧道耐久性和易维护性的研究。

(11) 结构状态大数据平台及智能化养护维修技术。建立包括地质条件、敷设环境、地面情况、结构状态在线监测检测及安全状态评估等在内的隧道养护数字化体系。

(12) 新型防水材料研究。针对大埋深、长距离盾构隧道的运营安全,隧道的防水及防火要求越来越高,需要研究适应高水头压力和较大隧道变形的防水密封垫。

(13) 成片隧道防水失效的快速处置。当隧道位于富水地层或含承压水地层中,一旦隧道发生漏水将带来致命后果,需要研究快速止水的材料及工装设备。

(14) 环境保护方面的技术研究。泥水盾构、土压盾构仍是当前施工的主流设备,许多技术尚待完善和改进,如自适应环境的开挖面平衡、更加环保的添加材料研究,施工参数优化、排出泥水分离处理、排出废泥的前处理及利用等技术研究。

从全球工程建设业绩上进行分析,全世界已经生产了各类盾构超过1万台,创造了上万条、段的隧道。最近30年的盾构法隧道成就更为耀眼,特别是在大规模城市轨道交通和跨越江海交通的建设领域都取得了令人瞩目的成就。"深、大、长"盾构法隧道屡屡创造新纪录,其中最具代表性的当属英吉利海峡隧道、日本东京湾水隧道、德国汉堡易北河第四隧道、荷兰绿心隧道、美国西雅图SR99隧道以及中国香港屯门—赤鱲角隧道等,都是划时代标志。中国大直径隧道的建设成就斐然,世界上直径超过14 m的50余条隧道中有2/3以上是在中国建造的,这主要得益于我国经济快速增长、基础工业和盾构制造技术的快速提升,这种趋势将会在未来相当长的时间里一直持续。表1-1列出了国内外直径超14 m的大直径隧道。

表1-1　　　　　　　　　国内外大直径隧道(直径超14 m)

序号	盾构法隧道名称	隧道总长/km	盾构外径/m
1	日本东京湾水隧道	9.4×2	14.14
2	东京营团地铁7号线麻布站工程	1.1	14.18/9.7
3	德国汉堡易北河第四隧道	2.561	14.2
4	俄罗斯莫斯科Lefortovo隧道	6.9	14.2
5	俄罗斯银松森林(Silberwald)隧道	3.01	14.2
6	荷兰绿心隧道	7.2	14.87
7	西班牙马德里M30隧道	3.67+3.65	15.2
8	意大利A1高速公路Galleria Sparvo北线隧道	5.16	15.55
9	美国尼亚加拉隧道(TBM盾构)	10.4	14.4

续表

序号	盾构法隧道名称	隧道总长/km	盾构外径/m
10	新西兰沃特维尔连接隧道	2.4×2	14.46
11	美国西雅图 SR99 隧道	2.8	17.45
12	意大利卡尔塔尼塞塔隧道(在建)	3.9	15.08
13	日本东京外环公路外环线"关越—东名"段(在建)	16.2	16.1
14	意大利圣塔·露琪亚隧道(Santa Lucia)(在建)	7.5	15.87
15	墨尔本的西门隧道(在建)	2.8+4	15.6
16	西班牙塞维利亚公路隧道(在建)	4.08	14
17	上海上中路双层隧道工程	1.25×2	14.87
18	南京纬七路长江隧道	2.895	14.93
19	上海外滩隧道	1.09	14.27
20	上海迎宾三路隧道	1.86	14.27
21	上海周家嘴路隧道	2.572	14.89
22	塞尔维亚 SE-40 公路隧道	—	14
23	西西里岛 Caltanissetta 隧道	4	15.08
24	上海虹梅南路隧道	3.39×2	14.93
25	南京纬三路隧道	4.135+3+0.557	14.93
26	上海长江西路隧道	1.5×2	15.43
27	香港屯门—赤鱲角隧道	4.2	17.6
28	上海北横通道(西段)	6.4	15.56
29	上海市沿江通道工程	5.2	15.43
30	珠海横琴马骝州隧道(横琴第三通道)	1.08×2	14.93
31	上海诸光路隧道	1.39	14.27
32	深圳春风隧道	4.82	15.76
33	武汉三阳路隧道	2.59×2	15.76
34	温州瓯江北口隧道	2.664	14.93
35	东京外环道路	16.2	16.1
36	扬州瘦西湖隧道	1.28	14.93
37	杭州钱江隧道	6.49	15.43
38	上海 A30 沿江隧道(在建)	10.18	15.43
39	香港莲塘公路隧道	4.8	14.1
40	汕头海湾(苏埃)隧道	6.096	15.03

续表

序号	盾构法隧道名称	隧道总长/km	盾构外径/m
41	芜湖城南隧道	7.7	14.93
42	济南(济泺路)穿黄隧道	5	15.76
43	温州市域铁路S2线一期工程	4.63(地下段)	14.93
44	武汉和平大道南延隧道	1.39/16.3	15.92
45	南京梅子洲过江通道	3.6	15.46
46	南京和燕路过江通道	5.94	15.03
47	杭州艮山东路隧道	3.21	15.06
48	杭州下沙隧道	1.612	15.08
49	深圳妈湾跨海通道	2.06	15.56
50	上海机场联络线JCXSG-7标	4.67/4.55	14.07
51	上海银都路隧道	—	15.43
52	汕头湾海底隧道	2.169	14.57
53	北京东六环改造工程	7.338	16.07

在国外,穿越大跨度江河湖海的知名海峡的通道工程技术研究或工程进展信息被披露在媒体上,包括连接俄罗斯与美国的"白令海峡"通道,连接日本与韩国的"对马海峡"隧道,连接西班牙与摩洛哥的"直布罗陀海峡"隧道等。这些跨越海峡通道的距离一般都超过100 km,投资也高达几百乃至上千亿美元,但由于受地缘政治、经济发展、技术限制等多方面复杂因素的影响,目前多处海峡通道工程尚处在概念性阶段。国内已经成功实施了对黄河和长江大水域的多次盾构穿越,据不完全统计,在未来数十年,我国将有数十座大型水下隧道开工建设,地域分布覆盖长江流域、珠江流域的近海城市以及黄河流域、淮河流域和松花江流域等内陆或近海城市,功能遍及铁路水下隧道、公路水下隧道、都市快轨水下隧道、城际专线水下隧道、磁浮交通水下隧道以及公铁合用水下隧道等。跨越渤海湾通道、台湾海峡通道、琼州海峡通道的可行性研究热情高涨,但受制于投资过高、设备制造和施工技术等难题,虽常见于报端,但也多属于概念性设计方案,还缺乏深入细致研究,加之尚无类似的工程案例可供参考,实施难度极大。但随着经济发展需求的不断增加,盾构制造技术与装备水平的不断提升,施工技术及相关材料的持续突破,建设效率的不断提高,建设成本的持续下降,预计未来20年这些跨海过江通道工程将会取得重大进展。

随着社会经济不断发展,盾构法隧道的应用将更加宽广,适用隧道形状将多样化,包括大量的竖向盾构施工,盾构尺寸也将根据工程条件和功能安全需求更加灵活多变,盾构法隧道的使用功能也将越来越具有综合性,在空间布置上将更加灵活置于不同建筑管线之中,在环境保护方面将更加注重,在效率和经济方面更加合理高效。

2

盾构法隧道发展简史

2.1 国外盾构法隧道发展简史
2.2 中国盾构法隧道发展简史

2.1 国外盾构法隧道发展简史

18世纪末,英国人提出在伦敦地下修建横跨泰晤士河隧道(Thames Tunnel)的构想,并对具体的掘削工法和使用设备等问题做了讨论,从1798年开始着手工作,但由于竖井挖掘不到预期深度而致使计划受挫。4年后,Torevix决定在另一地点建造穿越泰晤士河的隧道,随后开始工程施工,但在施工过程中遇重重困难,当掘进到最后30 m时,开挖面发生急剧涌水,隧道被淹没而不得不停工。从开工到停工用了5年时间,下穿泰晤士河的计划在以后的10年内未见任何显著进展。

19世纪初(1806年),法国工程师布鲁诺尔(Marc Isambard Brunel)观察到蛀虫吞噬船身木材时将分泌物涂在孔壁四周而形成的壳体可以防止孔壁周围的木材塌陷,他从这一现象中得到启示,从而发现了盾构掘进隧道的原理。当时俄罗斯圣彼得堡(Saint Pertersburg)正在规划一项跨越涅瓦河(Neva)的工程,布鲁诺尔参与了此项目的设计研究,每年他都看到桥墩遭受拉多加湖(Ladozhskoye Lake)上漂流的大冰块撞击破坏,就曾提议采用盾构法挖掘修建一条隧道。

同时期,英国政府迫切想建设一条隧道将伦敦泰晤士河南、北两岸已经扩大的码头连接起来。1818年,布鲁诺尔和托马斯·科克兰(Thomas Cochrane)最早提出一项修建隧道的革命性新技术,称之为盾构,并取得专利。布鲁诺尔设计的盾构机械内部结构由很多"小舱"组成,所有小舱都牢靠地安装在盾壳上,每一个小舱可容纳一名工人独立工作。这台盾构为11.3 m×6.7 m的矩形断面,盾构框架由三层组成,每一层由12个相互紧邻而又可以相互独立移动的框架组成,整个盾构共分为36个小舱或框架,借助螺杆将框架压入前面的土体中,再撤除隧道工作面上的木料并掘土约6英寸(1 英寸=2.54 cm),然后再施工衬砌,如图2-1所示。当时设计了两种推进施工方法:一种方法是整个盾壳由千斤顶借助后靠向前推进,另一种方法是每一个框架(小舱)都能单独向前推进。第一种施工方法的整体性好,后来被推广应用并演变为现今的盾构法,目前所有的封闭式盾构都是基于这种方法。

泰晤士河隧道全长365 m,是一个双孔结构,它是世界上第一条使用矩形盾构修建的隧道,沿隧道纵向设置了64个中间拱门作为两孔之间的联系通道,每个拱门的衬砌由环状结构砌砖构成。

泰晤士河隧道于1825年2月开始建设,首先在南岸的罗瑟希德(Rotherhithe)处建造一个工作井,数年后又在北岸的沃平(Wapping)建造另外一处工作井,由于施工初期未能掌握控制泥水涌入隧道的方法,致使隧道在施工时遭遇2次被淹,并经历了5次以上特大洪水,也曾发生过人员伤亡的灾害,就连布鲁诺尔的儿子伊桑巴德(Isambard Kingdom Brunel)也差点被淹而危及生命,后来在与东伦敦地下铁道公司的合作下,经过对盾构施工的改进,用气压辅助施工,隧道终于在1841年完成。之后又用了2年时间安装照明、修建道路和螺旋楼梯,终于在1843年向公众开放,被作为人行通道和交易市场。自布鲁诺尔开始向泰晤士

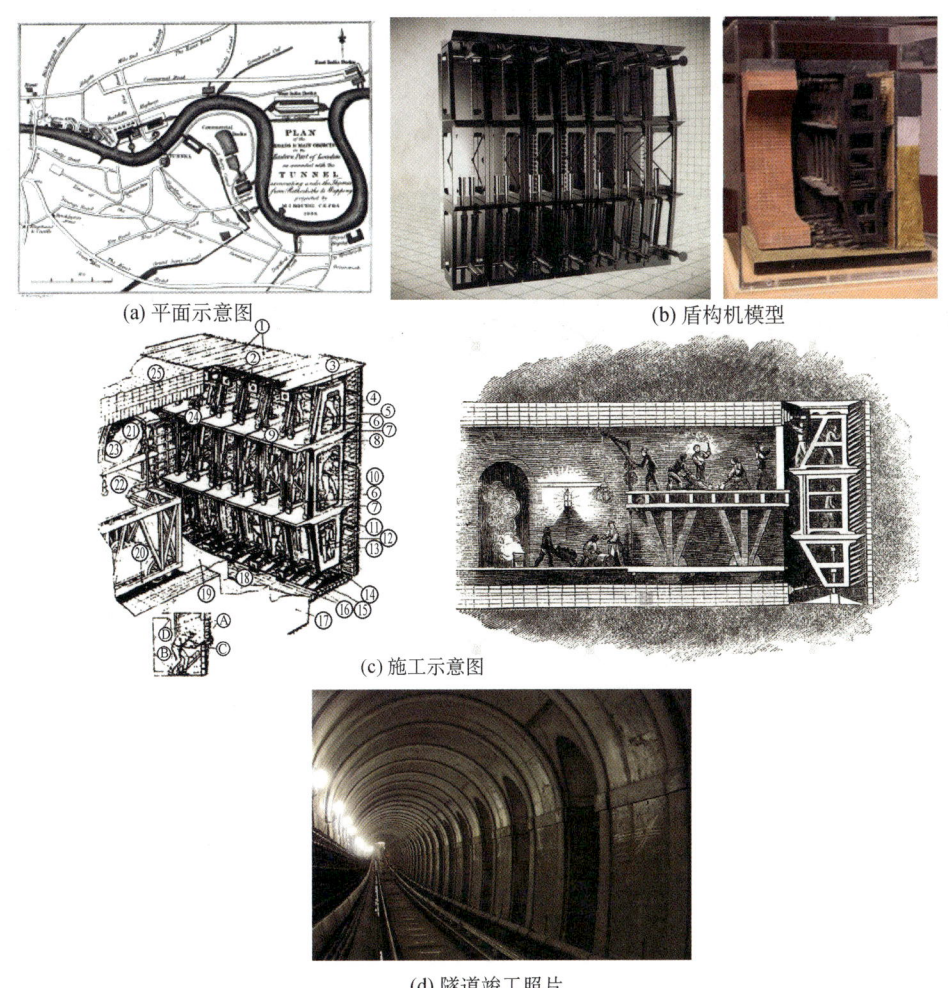

(a) 平面示意图　　(b) 盾构机模型

(c) 施工示意图

(d) 隧道竣工照片

图 2-1　布鲁诺尔(Brunel)隧道工程

河隧道发出挑战到隧道建成,前后共经历了 18 年,经过父子持续不懈的努力,他们克服重重困难,终于完成了世界首条盾构法隧道,这就是后人一致评价布鲁诺尔对盾构法的贡献极为卓著的根本原因。

1865 年该隧道被东伦敦铁路公司收购,1869 年第一列列车通过隧道,1884 年建设隧道的两处竖井被改造成车站,直至 1962 年这段隧道一直是伦敦地铁最古老的一段线路。由于隧道破损比较严重,1995 年伦敦地铁管理当局宣布该段隧道需要关闭进行维修。当时在隧道内增设型钢和钢筋,然后采用喷射混凝土技术对隧道进行修复,只留下隧道端部很短的一部分不进行处理,仍可以看到当年砖砌结构的原貌,隧道于 2010 年 6 月再次投入使用。隧道大修前、后的模样如图 2-2 所示。

1830 年,托马斯·科克兰(Thomas Cochrane)为解决盾构穿越饱和含水地层的涌水问题,发明了施加压缩空气阻止涌水的气压盾构。

(a) 修复前　　　　　　　　　(b) 修复后

图 2-2　布鲁诺尔(Brunel)隧道投用历程

1865 年,英国的巴劳(B. W. Barlow)首次采用圆形盾构,并用铸铁管片作为初次隧道衬砌。1866 年,莫尔顿申请"盾构"专利,盾构最初称为小筒(cell)或圆筒(cylinder),在莫尔顿专利中第一次使用了"盾构(shield)"这一术语,1869 年盾构技术得到持续改进,巴劳和工程师詹尼斯·亨利·格瑞海德(Janes Heary Greathead)采用气压式圆形盾构在泰晤士河底下建成了第二条隧道,这是首次采用外径为 2.2 m 的圆形断面隧道,隧道长 403 m。隧道基本是在不透水的黏土层中掘进,所以在地下水控制方面没有遇到什么困难,格瑞海德的圆形盾构成为后来大多数盾构的模型。格瑞海德综合了以往所有盾构施工和气压法的技术特点,较完整地创造出了用压缩空气来防水的气压盾构施工工艺,使水底隧道施工有了惊人的发展,并为现代化盾构奠定了基础。

1874 年,在英国伦敦地铁南线的隧道建设中,盾构穿越的地层主要为黏土和含水砂砾地层。格瑞海德发现在渗透性很大的地层中很难再用压缩空气的方法支撑隧道工作面的稳定,于是又开发了用流体支撑开挖面的盾构,并首创了在盾尾后面的衬砌外围环形空隙中压浆的施工方法,开挖出的弃土以泥水的方式排出,这对盾构法发展起到了重大的推动作用。1876 年,第一台机械化盾构的专利出现,由约翰·迪克逊·布伦敦(John Dickinson Brunton)和乔治·布伦敦(George Brunton)申请,用机械开挖替代人工开挖,这是自布鲁诺尔发明盾构法之后的又一重大进步。设想机械化盾构应由几块板构成的半球状刀盘旋转切削土体,然后靠径向转动的土斗将切削下来的土体运到皮带输送机上,再将它转到后面从盾构中运出,这一构想后来被用于修建地铁隧道。

1886 年,格瑞海德在南伦敦地下铁道工程中使用了盾构和气压组合工法并获得成功,在压缩空气条件下施工,标志着在承压水地层中掘进隧道的一个重大进步,并使得世界范围内采用盾构掘进隧道的数目有了很大增加,20 世纪初大多数隧道都是采用格瑞海德盾构法修建的。从起初 Torevix 建造隧道时所遭受的反复失败和挫折,到布鲁诺尔建成第一条盾构法隧道,再发展到将其改进成为格瑞海德盾构法,前后经历了 80 年的漫长岁月,可见这一种技术的进步和完善所历经的艰辛。

1880—1890 年,在美国和加拿大之间的圣克莱尔河(Saint Clair River)下用盾构法建成了一条直径 6.4 m、长 1.8 km 的水底铁路隧道。1891 年，圣克莱尔河隧道通车，该隧道采用气压盾构施工，隧道衬砌采用直径为 6.08 m 的铸铁管片，水下隧道全长约 1.8 km，该隧道至今仍在使用。

1892 年，美国最先开发了封闭式盾构，同年法国巴黎使用混凝土管片建造水下隧道。1896 年，普莱斯（Price）申请了以他自己名字命名的盾构，这台盾构于 1897 年成功应用于伦敦黏土地层中，第一次将格瑞海德盾构与刀盘组合在一起切削土层。同年，哈姬（Haag）在柏林为第一台德国泥水式盾构申请了专利，形成了现代泥水式盾构的雏形，推动了盾构施工技术的发展。1896—1899 年，德国使用钢管片建造了柏林隧道。

19 世纪末到 20 世纪初，盾构法相继传入美国、法国、德国、日本和苏联等国家，并得到不同程度的发展。自第一条盾构法隧道诞生后的半个多世纪，欧洲和北美地区建成了十几条隧道，统计简况如表 2-1 所示。早期的盾构施工效率还是非常低下的，日进尺仅在 1~2 m。

表 2-1 早期典型盾构法隧道（1825—1911 年）

序号	施工时间	工程名称	长度/m	直径/m	日进尺/m	附注	衬砌材料
1	1825—1843 年	Thames Tunnel，伦敦	460	11.3×6.7（矩形断面）	1.5	Brunel 盾构	砖砌
2	1869—1870 年	Broadway，纽约	90	2.85		Breach 盾构	砖砌
3	1869 年	Tower Subway，伦敦	403	2.2	2.6	圆形盾构，压气	铸铁衬砌
4	1886—1890 年	City South Subway，伦敦	1 020	3.10~3.45	4	初期用压缩空气	铸铁衬砌
5	1890—1893 年	Glasgow Harbour Road，伦敦	580	5.2	1	压缩空气	铸铁衬砌
6	1892—1894 年	Sewer Gallery，克利希	465	2.5	2~3	压缩空气	铸铁衬砌
7	1892—1897 年	Blackwall，伦敦	950	8.435			
8	1896—1899 年	Spree Road Tunnel，柏林	375	4	1.4	压缩空气	轧制钢
9	1898 年	Orleans Railway，巴黎	1 230	9.75		管片盾构	砖砌
10	1899—1904 年	Sewer Tunnel，汉堡	2 150	3.05	1.3	压缩空气	砖砌
11	1904—1908 年	Rothenhith，伦敦	1 448	9.1			
12	1907—1911 年	Elb Tunnel，克利希	920	5.95	1.7	压缩空气	钢与混凝土

1907—1911年,德国决定在汉堡建设易北河隧道,1913年,德国建造了断面为马蹄形的易北河隧道。1914年,在美国克利夫兰市使用钢筋混凝土管片获得成功。1917年,日本引进盾构施工技术,在日本国铁羽越线的折渡隧道(长4 719 m)的一段曾采用盾构法施工,但由于地质条件差而被迫中途停工。1931年,莫斯科地铁使用盾构建造地铁。

1939年,日本首次采用手掘式盾构施工关门隧道的海底隧道部分(隧道外径7.182 m,长725.8 m)。1942年6月完成下行线隧道,这也是世界上第一条海峡隧道,两年后完成上行线隧道。由于战争及战后困难的缘故,在相当长时间内盾构法施工技术一直没有在日本得到发展,直到1957年东京丸之内地铁线采用盾构法修建了一段区间隧道。1961年,名古屋地铁采用盾构法修建了觉王山区间隧道并取得圆满成功后,盾构法施工技术才在日本有了飞速发展。

1930—1940年,欧美国家和地区已成功使用盾构并相继建成了内径3.0~9.5 m的多条铁路、上下水道、地下铁道、过河公路隧道以及其他市政公用设施管道等工程,仅在美国纽约就采用气压法建成了19条重要的水底隧道。

1940年代初,苏联开始用直径为6.0~9.5 m的盾构,先后在莫斯科和列宁格勒(今圣彼得堡)等市修建地下铁道的区间隧道及车站,1948年地铁施工使用机械盾构。

1953年,日本在关门道路隧道中采用半圆盾构。

1959年,用液体泥水支撑隧道工作面的想法由卡登纳(Elmer C. Cardner)成功地试用于一条直径为3.35 m的排污隧道。

1960年,英国伦敦开始采用滚筒式挖掘机,同年美国最先使用油压千斤顶盾构,也是同年斯内德瑞特(Schneidereit)提出了用膨润土悬浮液作为活动工作面支撑。之后,罗瑞兹(H. Lorenz)申请了用加压膨润土泥浆来稳定隧道工作面的专利。

1961年,墨西哥城第一台盾构(外径4 m)应用于软黏土地层的排水隧道施工。

1963年,土压平衡盾构首先由日本Sato Kogyo公司研发。

1964年,英国摩特·亥(Mott Hay)、安德森(Anderson)及约翰·巴勒特(John Bartlett)申请了泥水加压平衡盾构掘进机原理专利。同年,日本大阪市地下铁道2号线古町工业园区一段447 m区间采用隧道外径为6.97 m的大断面盾构。日本最先使用了泥水盾构。

1967年,日本难波线(近铁难波—上本町)1 488 m区间隧道采用了外径为10.04 m的机械式盾构,与此同时,第一台用切削轮和水力出土的泥水盾构在日本投入使用,其直径为3.1 m。同年,德国第一台用膨润土泥浆支撑隧道工作面的盾构开始应用。

1969年,日本首次实施泥水加压盾构施工。1970年,日本铁道建设公司在京叶线森崎运河下的羽田隧道工程中采用直径为7.29 m的泥水加压盾构施工,是当时最大直径的泥水加压平衡盾构,施工了两条865 m的隧道。

1970年代—1990年代的20年间,以日本为代表的盾构技术有了长足发展。不论是装备研发、设备制造、工程数量,还是申请专利、学术论文等都呈现爆发性增长。1972年日本开发土压平衡盾构,1974年由日本制造商IHI(当时称"石川岛播磨重工业")设计的第一台外径为 3.72 m 的土压平衡盾构在东京被采用。1975 年日本研发出泥土加压盾构,1978 年开发出高浓度泥水盾构,1988 年开发出泥水式双圆搭接盾构,1989 年开发出 HV(Horizontal Vaniation)盾构工法。

1978 年,德国菲力普霍尔兹曼公司研发了泥水加压盾构机(Thixshield),与其他泥水盾构机的根本区别在于切削装置,这是装在一个伸缩管顶部的旋转切削头,利用电动液压推进,并且装有计算机,从而使切削作业实现了全自动化。

1980 年,在比利时安特卫普的地铁工程中采用了泥水盾构建造直径为 6.4 m 的隧道。同年,穿越苏伊士运河的阿哈默德—哈姆迪隧道完成。它是最早在人工河之下采用盾构法施工的较大直径的隧道之一。隧道水下段长 1 640 m,隧道外径 11.6 m、内径 10.4 m,衬砌厚度 0.6 m,环宽 1.2 m,衬砌环由 16 块楔形管片构成,其中标准块 13 块、邻接块 2 块、封顶块 1 块,每块管片重约 3.25 t,如图 2-3 所示。

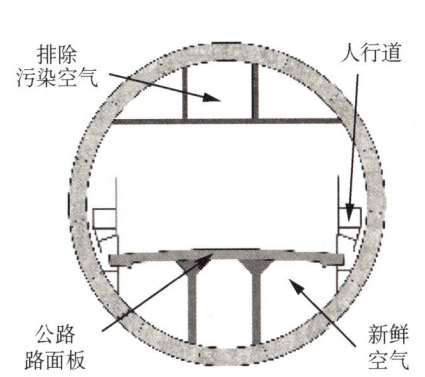

图 2-3 苏伊士运河阿哈默德—哈姆迪隧道工程

1981 年气泡盾构被开发,1985 年 Wayss&Freytag 公司和 Herrenknecht 公司申请了名为"混合盾构"的组合盾构专利,可以转换到土压平衡模式或压缩空气模式。

1986 年,世界上第一台双圆泥水加压式盾构(简称双圆盾构,Double-O-Tube,DOT)在日本诞生,应用于日本东京市京叶线的京桥隧道工程中。工程于 1986 年 4 月—1989 年 4 月施工,双圆隧道全长约 619 m,盾构断面为外径 7.42 m×宽 12.19 m,盾构穿越洪积砂层、粉砂层和砂砾层等地层,覆土厚度为 23~26.6 m,最小曲线半径为 400 m,如图 2-4 所示。之后,DOT 呈快速增长势头。

名古屋市地铁 4 号线 9 个区间中的 7 个均采用 DOT 施工,盾构断面为外径 6.52 m×宽 11.12 m,衬砌断面为外径 6.3 m×宽 10.9 m,衬砌厚度 0.3 m,环宽 1.2 m,最小曲线半径为 500 m,施工长度 1 007.3 m。覆土厚度为 11.5~32.1 m,为洪积砂质土层($N=30~50$)、黏性土层($N=10~30$),如图 2-5 所示。

有明北地区共同沟工程采用泥土加压盾构工法施工,连接有明北地区和南地区,盾构断面为外径 9.35 m×宽 15.86 m,衬砌厚度 0.4 m,环宽 1.2 m,隧道长度为 249 m。盾构从 1993 年 9 月开始初期掘进,1994 年 2 月进洞,如图 2-6 所示。

图 2-4 东京京桥隧道

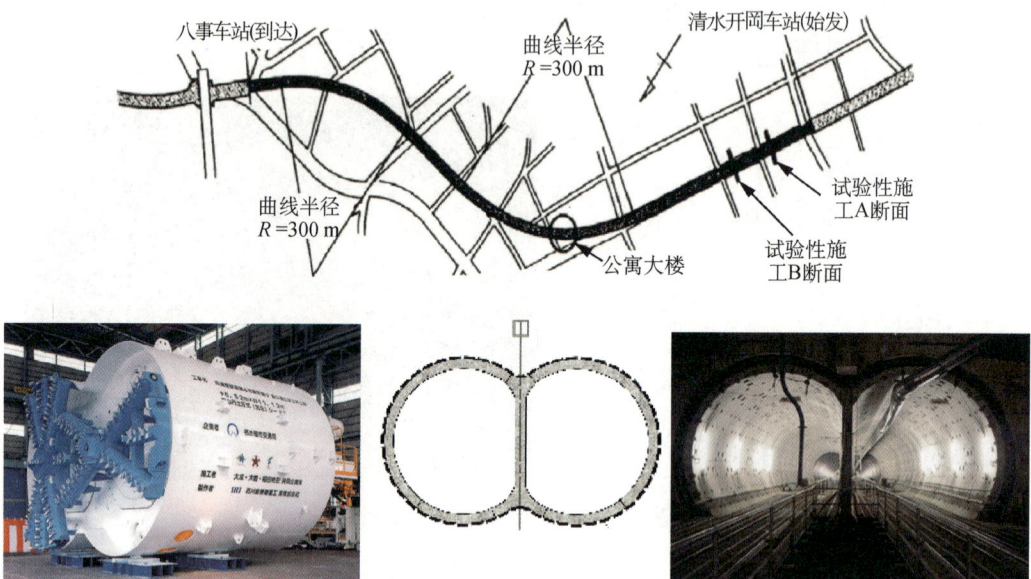

图 2-5 名古屋市高速铁道 4 号线茶屋坂公园工程

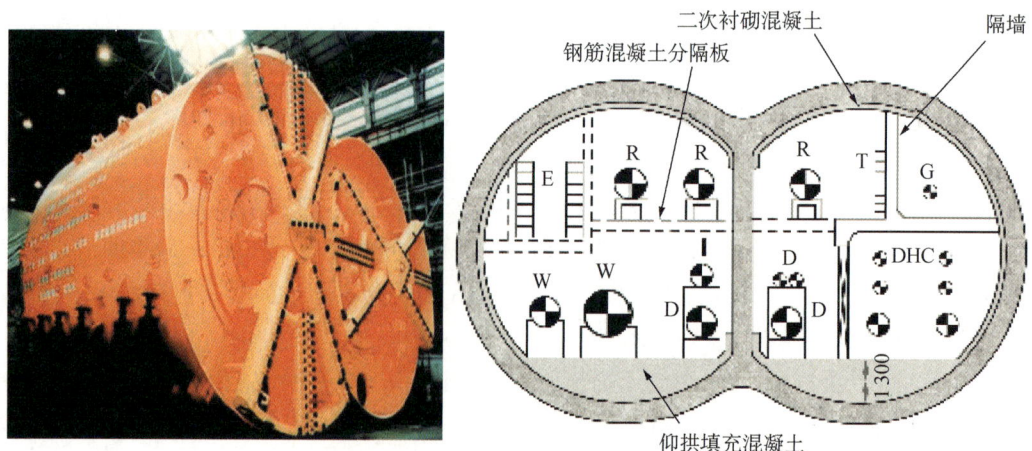

图 2-6 有明北地区共同沟工程

该期间的DOT隧道断面尺寸大都为直径(6.5～7.42)m×宽(12.19～15.86)m,适合地铁和共同沟的使用。DOT隧道工程实例统计如表2-2所列。

表2-2　　　　　　　　　　　　　DOT隧道工程实例

序号	工程名称	工　　期	工程长度/m	盾构断面(外径×宽)/m²
1	54号国道系统盾构工程	1989年10月—1994年5月	850	6.09×10.69
2	干线管道建设	1990年11月—1994年2月	703	4.55×7.65
3	有明北地区供给管线建设工程	1990年11月—1995年8月	249	9.36×15.96
4	高速铁路停车场及地下管线工程	1995年7月—1999年11月	304	5.48×9.76
5	高速铁路4号线爱知县名古屋市砂田桥东工区	1999年2月—2002年6月	752	6.52×11.12
6	高速铁路4号线爱知县名古屋市茶屋坂公园工区	1999年2月—2002年8月	1 007	6.52×11.12
7	高速铁路4号线爱知县名古屋市本山北工区	1999年2月—2002年6月	1 238	6.52×11.12
8	高速铁路4号线爱知县名古屋市大学南工区	1999年2月—2002年6月	876	6.52×11.12
9	高速铁路4号线爱知县名古屋市八事北工区	1999年2月—2002年12月	782	6.52×11.12
10	高速铁路4号线爱知县名古屋市山下通南工区	1999年8月—2003年3月	975	6.52×11.12
11	高速铁路4号线爱知县名古屋市八事南工区	1999年8月—2003年3月	1 025	6.52×11.12
12	道路新设施改良及东邮丘陵线建设工程	2002年3月	904	6.73×11.43

1987年5月,英法英吉利海峡隧道工程开始施工,1993年6月建成通车(图2-9)。工程西起英国东南部城市多佛尔附近的福克斯顿,东至法国的加莱,隧道全长50.5 km,隧道最大深度100 m,水下隧道长度38 km,由直径4.8 m的中间服务隧道和两侧隧道(外径8.36 m、内径7.6 m)的铁路隧道组成,全部采用盾构法施工。中间隧道于1990年12月结构贯通,两侧主隧道于1991年5月结构贯通。工程一共使用了11台盾构机掘进施工,英国一侧6台,法国一侧5台。3台施工岸边段,3台施工海底段,施工海底段的盾构向海峡中单向推进21.2 km,与法国方向推来的盾构对接。工程施工中利用卫星和红外线等高新技术手段对两端开挖准直度进行监控,确保结构精确贯通。主隧道施工的盾构外径为8.78 m,盾构机长为11～14.11 m。盾构穿越地层由上向下依次为白垩沉积层、黏土、粗砂和白垩泥灰

岩,隧道线路选在平均厚度为 20～25 m 的细泥灰岩层。

英国一侧衬砌由 9 块管片"8+1"组成,最大块重 77 kN,封顶块重 18 kN,6 块重 54 kN,2 块重 18 kN。管片厚度不等,海底管片厚度为 0.36 m,陆地管片厚度为 0.54 m。中间服务隧道的衬砌宽度为 1.5 m,由 6 块砌块组成,其中 3 块为标准块,2 块为邻接块,1 块为封顶块,海岸段衬砌厚度为 0.41 m,海底段衬砌厚度为 0.27 m。

(a) 隧道纵向剖面

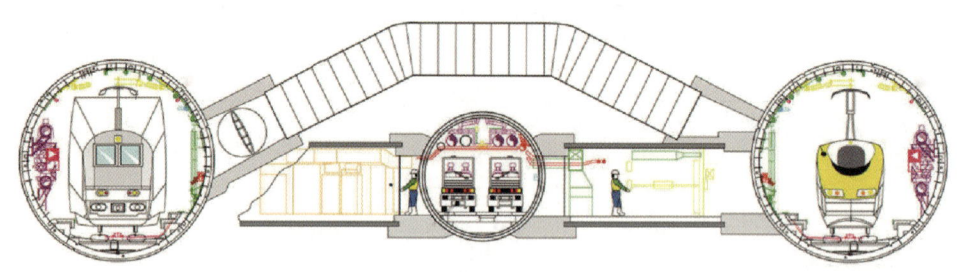

(b) 隧道横截面

(c) 盾构　　　　　　　　　　　　　　　(d) 运营隧道

图 2-9　英法英吉利海峡隧道工程

1989 年,日本东京湾高速路工程开工建设,1997 年底建成运营。工程采用桥隧结合方式跨越东京湾,隧道部分是单层双向 4 车道的跨海公路隧道,横跨东京湾连接东京都与千叶县,海上部分由 3 段组成:①水上最深、最繁忙航道段约 9.1 km,采用海底盾构隧道形式穿越川崎侧;②水较浅的木更津侧 4.4 km,采用海上桥梁形式跨越;③引桥部分 1.2 km,为连接海底隧道和跨海大桥以及陆地部分。施工采用 8 台直径为 14.14 m 的大型泥水平衡式盾构,也是世界上第一个直径大于 14 m 的超大直径盾构施工,单机最大掘进距离为 2.85 km。为能承受海底 50～60 m 深的水压,盾构外壳使用 8 cm 厚的钢板,盾构机长度为 13.5 m,自重为 32 MN,

最大推力为 $2.4×10^5$ kN,最大推速为 4.5 cm/min,刀盘最大扭矩为 31 810 kN·m,刀盘驱动为 1 260 kW(14 台),转速为 0.39 r/min,开口率为 30%。盾构穿越地层为软弱的冲积、洪积性土层及洪积砂层。工程施工采用了许多新的盾构技术、隧道结构与防水技术以及辅助施工技术,相向推进的盾构在海底处在对地层实施冻结条件下实现对接,施工中采用管片全自动拼装系统。

隧道衬砌环由 11 块管片组成,采用错缝拼装方式,管片外径 13.9 m、内径 12.6 m,环宽为 1.5 m,厚度为 0.65 m,每块管片重 95 kN,每环重 1 050 kN。内部浇筑二次衬砌,厚度为 0.35 m,其作用是增加整个衬砌环的自重,以满足抗浮所需,此外还有利于防灾。隧道情况如图 2-10 所示。

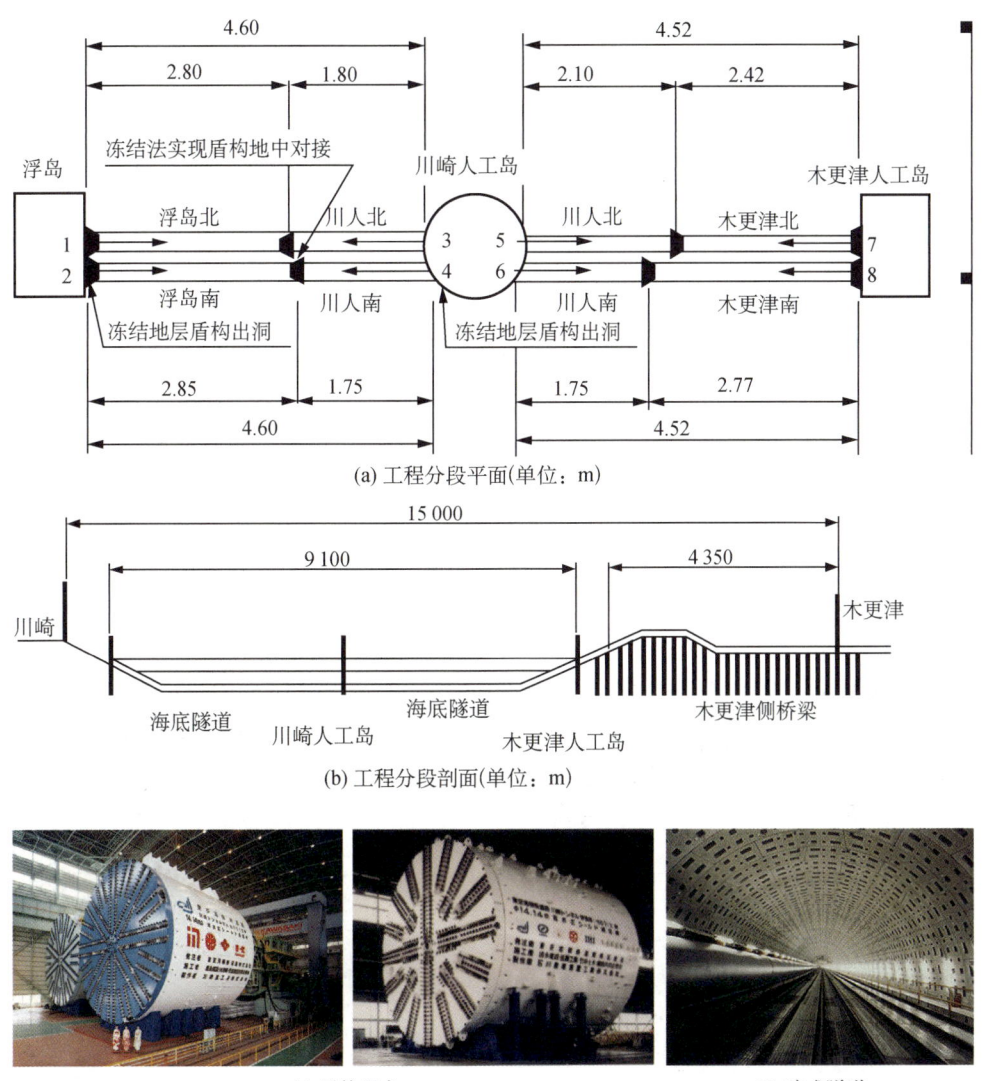

图 2-10 日本东京湾水隧道工程

1992年,日本成功研制出世界上第一台三圆泥水加压式盾构,用于大阪市地铁7号线"商务公园"车站工程施工,如图2-11所示。

(a) 三圆盾构　　　　　(b) 施工中的车站　　　　　(c) 运营车站

图2-11　三圆盾构及"商务公园"车站

1994年3月—1998年6月,东京帝都高速交通7号线白金台二工区实施双圆和三圆盾构施工,工程长度分别为418 m和120 m。盾构断面为外径15.84 m×宽10.04 m,覆土厚度为12~22 m,盾构穿越地层为东京砾石层、东京黏土地层。

1994年6月,德国杜伊斯堡地铁工程首次从泥浆支撑转换到土压平衡支撑。杜伊斯堡地铁的TA7标段(鲁尔河下)和TABa标段(南Meiderich),相应运行模式下所需要的部件在基坑里安装。此外,在土压平衡模式中首次使用了德国的泡沫作为处理材料。

1997年6月,日本东京营团地铁7号线麻布站工程采用1台外径为14.18 m的母子式泥水盾构施工,掘进了一条364 m长的地铁隧道后进入通风井,然后从大盾构中推出外径为9.7 m的盾构掘进777 m的双线隧道,1999年完工,隧道最大埋深42 m,如图2-12所示。这是世界上第一台大直径的母子式盾构。此后,在大阪府、东京都、福冈县、千叶县、神奈川县等地,母子盾构相继十余次掘进上下水道、地铁、电力隧道、共同沟和煤气导管,掘进总长度超过20 km。除东京营团地铁采用大直径的母子盾构外,其他工程多为下水道、地铁及共同沟,使用的盾构外径相对较小,盾构母机外径多为3~7 m,子机多为2~3 m(表2-3)。

图2-12　日本大直径母子式盾构机及东京营团地铁7号线麻布站工程

表 2-3　　母子盾构统计

使用目的	施工场所	盾构机形式	盾构机外径/mm 母机	盾构机外径/mm 子机	掘进长度/m 母机	掘进长度/m 子机	最小曲率半径/m 母机	最小曲率半径/m 子机	最陡坡度/% 母机	最陡坡度/% 子机
下水道	大阪府高槻市	泥土	4 930	3 930	86	1 464	直线	40	0.16	0.2
下水道	神奈川县	泥土	4 930	3 930	991	1 142	60		—	
下水道	千叶县	泥土	3 260	2 680	649	780	150	100	0.1	0.1
煤气导管	滋贺县	泥水气泡	2 930	2 730	186	2 612	60		1.95	
下水道	大阪府	气泡	3 930	2 170	1 025	746	20		0.14	
下水道	福冈县	泥土	2 872	1 922	480	218	25	50	0.08	0.1
下水道	东京	泥土	5 890	4 390	988	757	200	120	0.075	0.075
地铁	东京	泥水	14 180	9 700	364	777	405	453	0.5	0.7
电力隧道	东京	泥水	7 270	5 000	1 736	958	100	150	5	5
下水道	东京	泥土	2 890	2 490	462	529	20	15	1.4	1.4
下水道	大阪府	泥土	4 180	3 480	448	794	60		0.07	
铁道	东京	泥水	7 260		224	237	250		3.3	

1997年10月，德国汉堡易北河第四隧道开工建设，2000年3月隧道结构贯通，2001年1月建成通车。隧道长 2 561 m，设计为双向4车道公路隧道，采用1台直径为 14.2 m 的海瑞克复合型泥水加压盾构施工(图 2-13)。盾构机总重约为 2 600 t，其中刀盘重 400 t，刀盘的可变转速为 0~2.5 r/min，安装了总共30个直径为 431.8 mm 的圆盘滚刀和120个刮刀。盾构设48个推进油缸，总推力达 1.2×10^5 kN，盾构平均速率4 h 可达 2 m，衬砌安装1 h，最快掘进速率1天达7环。盾构机中心设有一个直径为 3 m 的独立先行小刀盘，可在主切削轮前掘进 600 mm，泥水舱下部设有直径大至 1.2 m 的可破碎巨砾的破碎机，盾构端部配有42个超前钻机，可钻探 20~25 m 深的地层，并可利用它们在盾构前方土层注浆。除先进的盾构机外，另一项新技术是声波软土测探系统 SSP，可在整条隧道推进过程中采集数据，并提供盾构前 20~30 m 的三维反射图像，这台盾构还设计了在常态下的刀盘更换设施。超前

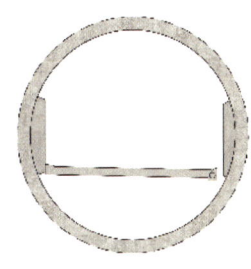
(a) 隧道横剖面

(b) 盾构设备

(c) 盾构进洞

图 2-13　德国汉堡易北河第四隧道工程

地层探测系统、大气压下的刀盘更换技术都代表了当时最先进的技术。盾构穿越地层为密实的黏性土层、透水系数较大的松散至致密的砂(砾)石层、冰山泥灰岩,含水丰富,透水系数大,掘进十分困难。河底最小覆土仅 7.0 m(小于 0.5D,D 为隧道直径),隧道最大埋深42 m。

单环隧道衬砌环由 9 块管片构成,其中 8 块为标准管片,1 块为封顶管片,环宽为 2 m,管片厚度为 0.7 m,每块自重 200 kN。

这台复合型泥水盾构经维修保养后于 2003 年 6 月用于莫斯科 Lefortovo 地下公路隧道工程。施工隧道长 2.22 km,设计分两层结构,为单洞 3 车道,盾构机需要穿过市中心以及 Jausa 河。之后该盾构于 2004 年在莫斯科西北部的银松森林掘进了 3.01 km 的 Silberwald 隧道。这台大型盾构共掘进了 4 条隧道,累计施工长度达 9.5 km。

1999 年 6 月,荷兰穿越 Westerschelde 河的隧道开工建设,工程由 2 条 6.6 km 长的平行隧道构成,2001 年结构贯通。盾构外径为 11.33 m,隧道外径为 11.0 m、内径为 10.1 m,衬砌环由 8 块管片组装而成,管片厚度为 0.45 m,隧道最大埋深 60 m。

1999 年 11 月,荷兰绿心隧道开工建设,2001 年 11 月盾构始发,2004 年结构贯通,2005 年建成通车。绿心隧道是阿姆斯特丹至布鲁塞尔高速铁路工程的一部分,全长 7 156 m,为双线铁路隧道,区间设 3 座竖井,分成 4 个区间,最长区间 2 200 m。采用 1 台由法国 NFM 公司制造的外径为 14.87 m 的泥水气平衡式盾构施工(图 2-14)。盾构穿越地层为软黏土、泥煤层、细砂及含水中砂层,掘进施工相当顺利。在盾构掘进机、隧道衬砌、掘进施工等方面成功应用了许多新技术,日掘进速度达 10 m。

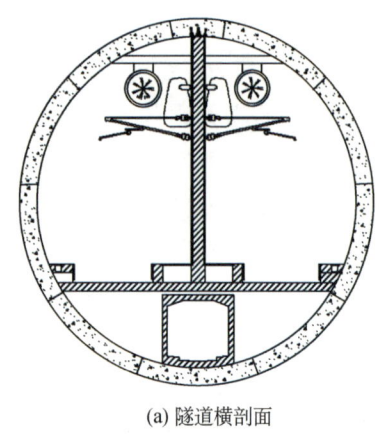
(a) 隧道横剖面

(b) 盾构机设备

图 2-14 荷兰绿心隧道工程

隧道衬砌外径为 14.5 m,内径为 13.3 m,管片厚度为 0.6 m,环宽为 2.0 m,衬砌环由 10 块管片组成,整个隧道共使用了 3 587 环管片。盾构重约 1 900 t,盾构长 12.4 m,刀盘扭矩为 1.36×10^5 kN·m,刀盘功率为 3 500 kW,总顶进压力 1.84×10^5 kN,刀盘转速 0~1.4 r/min。

2000 年 5 月,日本地下铁道——未来港 21 线本街盾构在建设中首次采用偏心多轴式(DPLEX)的泥土加压盾构,隧道全长 450 m。

2000 年,瑞士哥达基线铁路隧道(Gotthard Base Tunnel,GBT)开工建设。哥达基线铁路隧道建成后成为世界上最长、最深的隧道。这条隧道包括两段各长 57 km 的从巴塞尔 (Basel)到米兰(Milan)的铁路线路,整个工程隧道长 153.5 km。该项目穿越了各种不同的具有挑战性的地质状况:覆土深度深达 2 000 m,岩石温度高达 50℃。其中最关键的挑战是坐落在 Faido 和 Sedrun 之间的南部隧段的 Piora 盆地。在这个长为 150 m 的断层区域,不得不考虑不稳定岩石以及可能遭遇高水压的情况。2010 年隧道结构贯通,2013 年部分隧道开工试运行,2016 年 6 月建成通车,列车最大运行速度 250 km/h。圣哥达山下两条主隧洞采用了由海瑞克制造的撑靴式硬岩掘进机进行机械化掘进,为这条新铁路隧道开挖了 85 km,如图 2-15 所示。

图 2-15 瑞士哥达基线铁路隧道工程

2002 年 3 月,日本东京地铁采用三重圆形盾构掘进 12 号线地下车站 Iidahashi,该车站位于东京饭田桥大久保大街、护城大街和目白大街交叉处,交通十分繁忙,地面是高速公路、神田川分水渠道,地下有地铁东西线、乐町线、南北线及东电隧道等重要构筑物,车站埋深 30 m。该盾构为单铰接、三个切削面构型,两个外侧面直径为 8.14 m,中心面直径为 8.846 m,总长 11.020 m(图 2-16)。

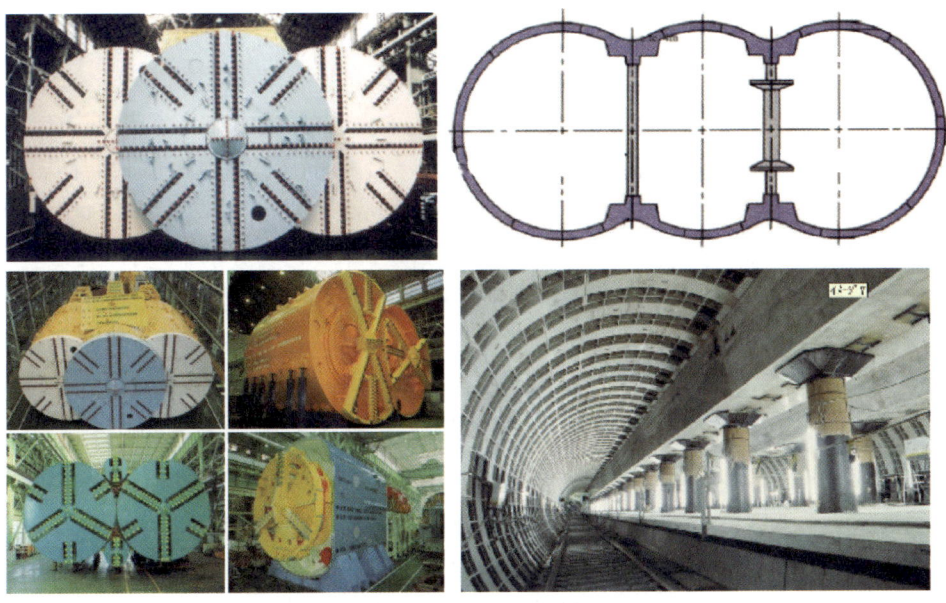

图 2-16 东京地铁 12 号线 Iidahashi 车站工程

2003年11月,吉隆坡SMART(Stormwater Management and Road Tunnel)隧道工程开工,2007年5月公路隧道投入运营。隧道工程长9.7 km,隧道中间段3 km是兼有排洪与交通的多功能隧道,该隧道工程分为三层,最下一层是全时间段的污水隧道,上面两层是双车道道路,每一层都是单向交通道路。如在雨季,大雨和超负荷排污系统会引起洪水泛滥,这时可将隧道的道路层关闭,用以蓄水和排洪,如图2-17所示。工程采用2台德国海瑞克制造的泥水气压平衡盾构施工,盾构穿越十分复杂的地质地形条件,盾构大部分都在石灰岩地层中掘进,部分区段会碰到溶洞或岩石露头的突变情况,盾构刀盘的配置必须具有在复合地层中掘进的能力。盾构外径为13.21 m,盾构长度为12.0 m,盾构重1 500 t,最小转弯半径为250 m,配置16组(3只一组)行程2.5 m的千斤顶,盾构总顶力为$1.01×10^5$ kN。

隧道衬砌外径为12.83、内径为11.83 m,环宽为1.7 m,管片厚度为0.5 m,由9块管片("6+2+1")组成,单块质量10.3 t,单环质量82 t,采用通用C50混凝土管片(含钢量为90 kg/m^3),最大楔形量110 mm,纵环向使用42根M25高强度螺栓连接,衬砌环内、外排各设11根M25螺栓,纵向设21根M25螺栓,设一道防水,内侧预留注浆孔。

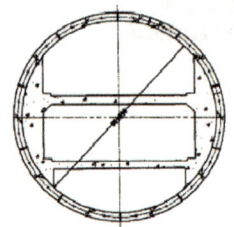

图2-17 吉隆坡SMART隧道工程

2004年,西班牙马德里M30隧道开工建设,北线隧道盾构于2005年11月始发,南线隧道盾构于2006年3月始发,2006年10月底实现结构贯通,2007年3月北隧道建成通车。马德里M30环线计划修建地下道路隧道26 km,东环和西环隧道各长约3.5 km,南环和北环隧道各长约4 km,设计均为3来3去6车道,采用6台外径为15.2 m的大型土压平衡盾构施工,另一段5 km设2车道,隧道采用1台外径为11 m的盾构施工。工程一期南线隧道长3.67 km,北线隧道长3.65 km,隧道覆土为15~60 m。地层十分复杂,盾构穿越地层为坚硬、有裂隙的灰色或绿色泥灰岩质黏土、石膏块地层。南、北线分别采用日本三菱重工和德国海瑞克制造的直径为15.2 m的土压平衡盾构进行施工,如图2-18所示。

隧道衬砌外径为14.65 m、内径为13.45 m,环宽为2.0 m,管片厚度为0.6 m,由10块管片("7+2+1")组成。

2006年,美国迈阿密港口水下公路隧道工程开始招标建设(也称佛罗里达887号州际公路)。迈阿密港口水下公路隧道工程位于美国佛罗里达州东南角比斯坎湾、佛罗里达大沼泽地和大西洋之间,连接沃森岛的麦克阿瑟堤道与道奇岛上的迈阿密港口。隧道长度为1.281 km,设双管单层双向4车道,最小曲线半径305 m,最大纵坡5%,采用一台外径为12.86 m的混合式盾构施工,盾构采用土压平衡和泥水平衡两种模式。2011年11月盾构始

图 2-18 西班牙马德里 M30 隧道工程

发掘进,2012 年 7 月底完成西线,随后盾构调头于 2012 年 10 月底掘进东线,2013 年 5 月东线隧道结构贯通,2014 年 8 月隧道开通运营(图 2-19)。盾构穿越地层为杂填土、淤泥质沉积土、迈阿密石灰岩、砂等过渡层和石灰岩等。

图 2-19 美国迈阿密港口水下公路隧道工程

隧道衬砌外径为 12.5 m、内径为 11.28 m、环宽为 2.1 m,管片厚度为 0.6 m,单块管片最重达 12 t,衬砌环由 9 块管片("8+1")组成,采用通用的楔形管片拼装。

2008 年,明治神宫站至涩谷站区间隧道采用第一台断面尺寸为 9.96 m×8.66 m 的矩形盾构(复合圆形)施工。该盾构最大推力为 $8×10^4$ kN,刀盘采用 6 根辐条结构,辐条端部可伸缩,最大扭矩为 18 742 kN·m,采用环宽为 1.6 m、厚度为 0.4 m 的 8 块钢筋混凝土管片拼装,管片接头在块间采用插入式高刚度接头,环间采用 DUET 接头。

同年,日本京都地铁东西线醍醐至六地藏延伸工程采用摆动式刀盘矩形盾构机,成功建成了断面尺寸为 9.9 m×6.5 m、长 753.2 m 的矩形隧道。

2009 年 4 月,日本东京地铁东京东横线涩谷至代官山区间施工,采用了矩形盾构,其尺寸为长 8.95 m×高 7.44 m×宽 10.64 m,掘削机构采用阿波罗刀盘工法,2010 年 1 月实现结构贯通。隧道高 7.1 m、宽 10.3 m,管片厚度为 0.4 m,环宽为 1.1 m,每环由 10 块管片组成,中间设钢筋混凝土立柱。

2009 年,英国泰晤士河 LEE 溢流污水隧道开工建设,2010 年 9 月开始推进,2014 年 1 月结构贯通,2015 年 7 月完成二次内衬。LEE 溢流污水隧道是泰晤士污水隧道的一部分,隧道位于英国伦敦地下 75 m 深处,隧道长 6.9 km,隧道埋深 75 m。隧道掘进后采用钢纤维混凝土进行二次衬砌,衬砌厚度为 300 mm,衬砌后隧道的内径由 7.8 m 缩小为 7.2 m。隧道将始建于维多利亚时期已经使用了超过 150 年的 35 处污染最为严重的下水道井点的污水全部收集起来,并将其从伦敦最大的 Abbey Mills 合流泵站运送至 Beckton 污水处理厂。隧道采用直径 8.85 m 的"Busy Lizzie 号"泥水平衡盾构掘进,使用混凝土管片作为隧道衬砌,如图 2-20 所示。

图 2-20　英国泰晤士河 LEE 溢流污水隧道工程

2009 年,西班牙 Seville SE-40 高速公路隧道开始建设,其中一段穿越 Guadalquivir River 的隧道采用 2 台由法国法玛通(NFM)公司制造的外径为 14.0 m 的土压平衡盾构施工,盾构隧道长度分别为 1 900 m 和 2 180 m,盾构需要穿越砂、砾石地层和泥灰岩等地质。隧道内径 12.6 m。

2010 年,俄罗斯索契为服务 2014 年冬季奥运会,采用 2 台由海瑞克制造的盾构机扩建了公路和铁路基础设施(图 2-21),将城市中心和山上的奥林匹克赛场连接起来。一台是

图 2-21　俄罗斯索契公路和铁路盾构隧道扩建工程

采用直径为 10.63 m 的土压平衡式盾构,在 2010 年 4 月到 2011 年 2 月期间掘进了超过 2.8 km 的 5 号铁路隧道,另外一台是直径为 13.21 m 的单护盾硬岩掘进机,掘进了 3.1 km 的公路隧道,2012 年 2 月实现结构贯通。

2010 年,日本横滨环状北线开工建设。外圈隧道盾构于 2010 年 12 月始发,2013 年结构贯通;内圈隧道盾构于 2011 年 1 月始发,2014 年 3 月结构贯通;2017 年 3 月环状北线正式通车。该工程全长 8.2 km,由高架、地面和地下隧道组成,隧道段长 5.9 km,其中盾构段长 5.5 km,设计为双向 4 车道,采用 2 台盾构同向推进。工程采用直径为 12.49 m 的泥水平衡式盾构施工,重达 1 800 t,最大深度约 60 m。工程最大亮点即马场出入口 4 条匝道的施工技术,扩挖段使用"盾构+管幕法+冻结法"结合施工,而匝道出入口则采用盾构机施工并与扩挖段接续,如图 2-22 所示。

图 2-22 日本横滨环状北线工程

2011 年东京相模纵贯川尻隧道工程使用了断面尺寸为 8.24 m×11.96 m 的敞开式矩形盾构机。截至 2013 年,日本已有 15 项矩形盾构隧道的实例,断面尺寸已从 2.1 m×2.1 m 发展到 8.24 m×11.96 m,且盾构机形式多样化,在已经实施的项目中,地表控制水平与单圆盾构工程相当。

2011 年,意大利 A1 高速公路的 Galleria Sparvo 北线隧道盾构开工。北线隧道盾构于 2011 年 8 月始发,2012 年 7 月结构贯通;盾构调头后进行南线隧道施工,2013 年 8 月南线盾构隧道结构贯通,2015 年通车。Sparvo 隧道是连接佛罗伦萨(Florence)和博洛尼亚(Bologna)之间的一条复线公路工程,分南、北 2 条隧道,均为单向 3 车道,采用盾构法施工的隧道长度分别为 2 600 m 和 2 564 m。工程采用 1 台由海瑞克制造的外径为 15.55 m 的土压平衡盾构施工,这是当时世界上最大直径的盾构掘进机,如图 2-23 所示。盾构主体质量为 2 700 t(整机质量 4 500 t),盾构推力 $3.15×10^5$ kN,最大推力 $4.948\,5×10^5$ kN,正常工作扭矩 $9.48×10^4$ kN·m,最大扭矩 $1.25×10^5$ kN·m,刀盘最大转速 2.16 r/min。刀盘驱动功率 12 000 kW(12 台 1 000 kW 电机),总装功率 16 800 kW。刀盘配置了 76 把盘形滚刀、216 把切刀、1 把中心刀和 24 把周边刀。盾构沿线的地层条件十分复杂,穿越黏土岩、膨胀土、中等破碎砂岩、石灰岩和蛇绿岩等,更为艰巨的是部分区段存在大量硝酸甘油和甲烷等易燃易爆气体。

衬砌外径为 15.0 m、内径为 13.6 m,环宽为 2 m,采用错缝拼装,纵向采用 38 个销钉连接,环向采用 20 根螺栓连接。隧道衬砌采用通用型钢筋混凝土管片,由 9 块标准块和 1 块封顶块组成,采用 2 种混凝土强度的管片,分别为 1 型 C40/C50(钢筋含量 110 kg/m³)、2 型 C45/C35(钢筋含量 90 kg/m³),标准块质量为 16.55 t,封顶块质量为 8.27 t,整环质量为 157.22 t。

图 2-23 意大利 A1 高速公路的 Galleria Sparvo 北线隧道工程

2011 年 3 月,美国尼亚加拉隧道项目开工,2013 年投入使用。工程采用直径为 14.4 m 的主梁式硬岩掘进机推进,该盾构机重 4 000 t,推进长度为 10.4 km,实现了直径超过 11 m 硬岩地层掘进的世界纪录,月进尺 468 m,周进尺 153 m。隧洞施工全程喷混凝土,最终内径介于 12.28～12.78 m,如图 2-24 所示。

图 2-24 美国尼亚加拉隧道项目

2012 年 6 月,新西兰沃特维尔连接线(Waterview Connection)开工建设,整个工程于 2017 年 7 月建成通车。沃特维尔连接线工程是新西兰目前最长的公路隧道。沃特维尔隧道分南向和北向隧道,长度分别为 2.406 km 和 2.422 km,设双洞双层双向 6 车道,平面最小曲线半径 1 434.75 m,最大纵坡 5%,最小覆土 7.72 m,设 16 条中间联络线。采用 1 台由海瑞克设计、广州制造的土压平衡盾构"爱丽丝号"先南向后北向施工(图 2-25)。南向隧道于 2013 年 10 月 31 日盾构始发,2014 年 9 月 29 日结构贯通。然后原地掉头,北向隧道于

2015年1月盾构始发,2015年10月19日结构贯通。盾构外径为14.46 m,盾构质量为2 400 t,盾构机长12.425 m,采用星形刀盘,配置56个千斤顶,总推力为$1.995×10^5$ kN。盾构施工需要穿越残积土、砂岩的混合地质地层。

隧道衬砌外径为14.1 m、内径为13.1 m,管片环宽2 m,管片厚度0.5 m,10块等分管片("7+2+1"),采用楔形管片。

图 2-25 新西兰沃特维尔连接线隧道工程

2012年,意大利卡尔塔尼塞塔(Caltanissetta)隧道工程开工,卡尔塔尼塞塔公路连接西西里岛的波尔托恩佩多克莱和卡尔塔尼塞塔两座城市。2014年6月盾构始发,2015年10月第一条隧道结构贯通,2016年4月盾构经检修后重新始发,2017年6月第二条隧道结构贯通。工程采用一台由法国法玛通(NFM)公司制造的直径为15.08 m的土压平衡盾构施工。预计隧道掘进机质量约3 200 t,长度超过100 m,2条隧道长均约3 878 m(图2-26)。隧道外径为14.65 m、内径为13.45 m,衬砌环由9块管片("8+1")组成,管片厚度为0.6 m,重约16 t。

图 2-26 意大利卡尔塔尼塞塔隧道工程

2012年,美国西雅图SR99隧道工程开工建设。隧道采用外径为17.45 m的"Bertha号"土压平衡盾构施工,它是当时世界上最大直径的土压平衡盾构,是深受世人关注的超级工程(图2-27)。盾构于2013年6月始发,2013年12月推进至313 m处停推,进行设备维修、更换受损的密封件系统以及调换盾构主轴承等工作,这些工作需要在专门的敞开工作井内进行,因此又设计施工了一个新的基坑,2015年3月下旬盾构恢复掘进,几经波折于2017年实现结构贯通,2019年2月通车。隧道长2.804 km,为单洞双层结构,设2来2去共计4车道,最大顶覆土65.2 m,盾构穿越不同的填方沉积区、冰渍堆沉积区、非黏性土和细砂、黏土和细砂以及冰渍状沉积物等复杂地层。

图 2-27 美国西雅图 SR99 隧道工程

隧道衬砌外径为17.07 m、内径为15.85 m,管片厚度为0.6 m,环宽为1.98 m,单环隧道由10块钢筋混凝土管片组成,为"7+2+1"形式,纵向螺栓为斜螺栓,环向块与块之间设3根25 mm的螺栓加剪力销连接,采用通用楔形管片,采用44 mm的三元乙丙橡胶密封材料防水。

2013年,土耳其伊斯坦布尔海峡公路隧道工程(Avrasya)开工建设,这是一条横跨欧亚大陆的大直径公路隧道(图2-28)。2014年4月盾构始发,2015年8月隧道结构贯通,盾构掘进历时16个月,2017年4月开通使用。工程位于土耳其伊斯坦布尔市,在伊斯坦布尔欧洲区的Kazlicesme和亚洲区的Goztepe之间,穿过博斯普鲁斯海峡,位于已建成的马尔马雷沉管隧道(Marmaray Tunnel)南方1 km处。工程线路长14.6 km,隧道总长5.4 km,其中有3.34 km隧道位于博斯普鲁斯海峡的下方,最深处达106 m,隧道最大纵坡5%。设计为单洞双层双向各两车道,每隔300 m设置一条上下层连接通道,采用外径为13.66 m的海瑞克混合式加气泥水盾构施工。盾构长13 m,质量为5 000 t,可允许工作人员在5 bar(1 bar=100 kPa)的加压情况下进入作业。盾构穿越土层为非匀质土层,含黏土、淤泥、带砂砾的砂和巨砾,还需克服高水压和换刀难题。隧道衬砌外径为13.2 m,内径为12 m,衬砌厚度为60 cm,衬砌由9块管片组成,环宽为2.0 m,管片长度为4.2 m,质量为14 t,因水压很高,故设置2道防水。

图 2-28 土耳其伊斯坦布尔海峡公路隧道工程(Avrasya)

2014年12月,媒体公布了日本东京外环公路主线隧道4台盾构制造商的名单,标志着外环线"关越—东名"段工程开工建设(图2-29)。日本东京外环线由四部分组成:"大泉—三乡"段已于2005年建成通车,"三乡南—高谷"段正在建设,"关越—东名"段刚开工,以及设计规划阶段的"东名—湾岸"道路。"关越—东名"段全长约16.2 km,由4台直径为16 m级的土压盾构分别从东名侧和大泉侧始发,并在地下对接完成该段隧道的施工,由三菱重工、IHI公司和JFE公司合资制造。2017年2月,2台直径为16.1 m的盾构由东名JCT始发掘进。

2015年2月,土耳其官方宣布将修建第三条海底亚欧通道——"大伊斯坦布尔三层隧道"穿越博斯普鲁斯海峡的建设计划(图2-30)。设计隧道长度6.5 km,其中盾构隧道段长4.3 km,位于水下110 m,设想为三层结构,也是世界上第一条三层海底隧道。公布的最新优化设计方案:隧道外径为16.8 m,其中上、中两层各为2车道公路,底层布置轨道交通,盾构将承受1.3 MPa的水压,穿越砂层、淤泥、粉砂岩、泥岩、页岩与砂砾岩组成的Trakya地层。将采用0.65 m厚的管片,采用"10+1"形式分块,该工程预计于2023年完成建设工作。

图2-29 东京外环公路外环线"关越—东名"段隧道

图2-30 大伊斯坦布尔三层隧道概念

2016年9月,意大利圣塔·露琪亚(Santa Lucia)隧道始发推进,2020年6月实现结构贯通(图2-31)。隧道长7.587 km,盾构隧道3 200环,使用1台外径为15.87 m的由海瑞克生产

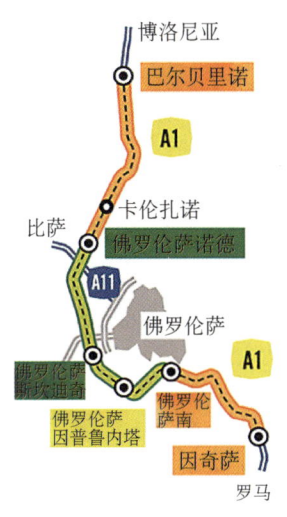

图2-31 意大利圣塔·露琪亚隧道工程

的"泰坦尼克号"土压平衡盾构机施工,是当时欧洲最大直径的土压盾构。这台重达 4 800 t 的巨型盾构机驱动功率 8 750 kW,扭矩 $1.01×10^5$ kN·m,刀盘设计可以适应不同地层。

隧道衬砌环外径为 15.4 m、内径为 14.2 m,衬砌厚度为 0.6 m,衬砌由 10 块管片组成,管片环宽为 2.0 m。

2017 年,墨尔本的西门隧道(West Gate Tunnel)工程开工建设,工程采用 2 台外径为 15.6 m 的掘进机施工 2 条 3 车道的隧道,东向的北侧隧道长 2.8 km,西向的南侧隧道长 4 km。2019 年初,2 台外径为 5.6 m 的盾构制作完成,8 月完成井内安装。但由于土体污染问题,2 台盾构组装完成后一直并未始发。工程原计划于 2022 年建成开通,目前估计开通时间将推迟到 2023 年。

2017 年 5 月,在美国洛杉矶大都会交通管理局的会议上,一条单管双层的盾构法隧道方案从多个备选方案中脱颖而出,成为洛杉矶 SR710 高速公路工程的最佳方案。该方案为建设一条长 6.57 km,衬砌外径 17.8 m,内径 16.3 m 的单管双层 4 车道的隧道,隧道位于地下 12~76 m 深处,以填补 SR710 高速公路工程总计约 10 km 的高速通道的空缺。因工程预算遭削减,目前方案还在调整完善中,建设工期预计 4~5 年。隧道尺寸如图 2-32 所示。

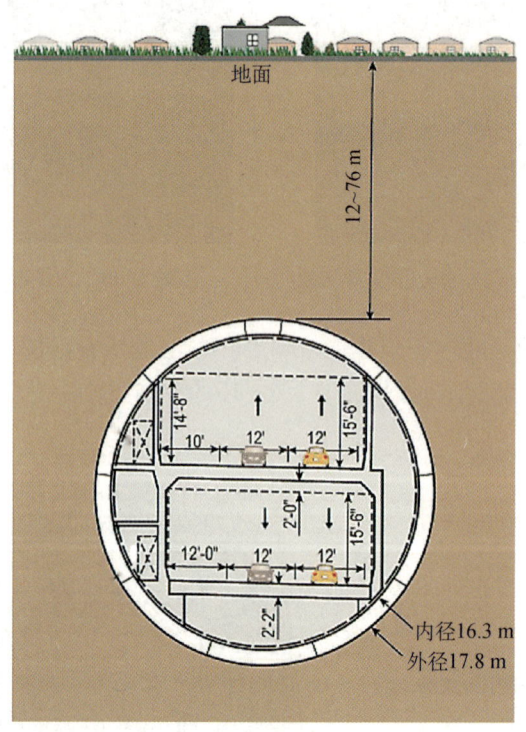

图 2-32 美国洛杉矶 SR710 高速公路隧道尺寸(1′=0.317 5 cm,1″=8×1′)

2020 年 2 月,日本东海铁路公司表示将在 2021 年内开展磁悬浮中央新干线(东京品川—名古屋)第一首都圈隧道的盾构掘进工作。第一首都圈隧道全长约 36.9 km,始于东京品川,终于名古屋,其中有 33 km 的区间采用盾构掘进。计划从位于东京都港区品川站往南约 1 km 处竖井始发的盾构机已顺利下线,在 2020 年 4 月下井组装,并在秋季进行始发前准备工作。该工程为磁悬浮中央新干线主体的首项盾构掘进施工,最大覆土厚度达 90 m。该盾构机为土压盾构,由日本 JIMT 公司制造,外径为 14.04 m,机身长度为 14.53 m,如图 2-33 所示。

图 2-33 第一首都圈隧道采用的盾构

近年来,世界各地的超大直径盾构隧道工程开工如火如荼。在国外,每年都有大量的直径在 10 m 以上的公路隧道在建设中。

热议中的白令海峡海底隧道长 103 km,从俄罗斯的西伯利亚连接美国的阿拉斯加。白令海峡长约 60 km,宽 35~86 km,平均水深为 42 m,最大水深为 52 m。海底隧道包括一条高速铁路、一条高速公路和多条输油管道,将由俄罗斯、美国和加拿大共同修建,拟采用直径为 19.2 m 的盾构掘进机施工。隧道建成后将形成从伦敦到纽约跨越 3/4 个地球的终极铁路。

近 30 年来,国外先后实施了数十条长大直径隧道,过江过海大直径盾构隧道已经成为隧道发展趋势。建成和在建的典型隧道工程如表 2-5 所示。

表 2-5　　　　世界已建成和在建典型盾构隧道

序号	盾构隧道名称	建设施工时间	隧道总长 /km	盾构外径 /m	隧道外径 /m	隧道内径 /m	管片厚度 /cm	管片块数
1	英吉利海峡隧道	1987—1991 年	50.5	8.78	8.6	7.6	26.92,54.10	8+1
2	日本东京湾水隧道	1989—1996 年	9.4×2	14.14	13.9	12.6	65	11
3	丹麦大海峡隧道	1990—1994 年	7.917	8.75	8.5	7.7	40	6+1
4	日本东京营团地铁 7 号线麻布站工程	1997—1999 年	1.1	14.18/9.7	—	—	62	11
5	德国汉堡易北河第四隧道	1997—2000 年	2.561	14.2	13.75	12.35	70	8+1
6	俄罗斯莫斯科 Lefortovo 隧道	2003—2004 年	6.9	14.2	13.75	12.35	70	8+1

续表

序号	盾构隧道名称	建设施工时间	隧道总长/km	盾构外径/m	隧道外径/m	隧道内径/m	管片厚度/cm	管片块数
7	俄罗斯银松森林(Silberwald)隧道	2004—2007年	3.01	14.2	13.75	12.35	70	8+1
8	荷兰穿越Westerschelde河的隧道	1999—2001年	6.6×2	11.33	11.0	10.1	45	8
9	荷兰绿心隧道	1999—2004年	7.2	14.87	14.5	13.3	60	10
10	西班牙马德里M30隧道	2004—2007年	3.67+3.65	15.2	14.65	13.45	60	10
11	吉隆坡SMART隧道	2003—2007年	9.7	13.21	12.83	11.83	50	6+2+1
12	美国迈阿密港口水下公路隧道	2006—2014年	9.7	12.86	12.5	11.28	60	8+1
13	英国泰晤士河LEE溢流污水隧道	2009—2015年	6.9	8.85	—	7.2	30	—
14	俄罗斯索契公路和铁路盾构隧道扩建工程	2010—2012年	2.8/3.1	10.63/13.21	—	—	—	—
15	日本横滨环状北线工程	2010—2017年	5.5	12.49	—	—	—	—
16	意大利A1高速公路Galleria Sparvo北线隧道	2011—2015年	5.16	15.55	15	13.6	70	9+1
17	尼亚加拉隧道(TBM盾构)	2011—2013年	10.4	14.4	—	12.28~12.78	60	混凝土现浇
18	新西兰沃特维尔连接线(Waterview Connection)隧道	2012—2017年	2.4×2	14.46	14.1	13.1	50	7+2+1
19	美国西雅图SR99隧道	2013—2018年	2.8	17.45	17.07	15.85	60	7+2+1
20	土耳其伊斯坦布尔海峡公路隧道工程(Avrasya)	2013—2017年	5.4	13.66	13.2	12	60	8+1
21	意大利卡尔塔尼塞塔隧道(在建)	2012—2017年	3.9	15.08	14.65	15.85	60	8+1
22	瑞士哥达基线铁路隧道(Gotthard Base Tunnel, GBT)	2000—2016年	57×2	9.58	—	—	—	—
23	意大利圣塔·露琪亚隧道(Santa Lucia)	2016—2020年	7.5	15.87	15.4	14.2	60	10

续表

序号	盾构隧道名称	建设施工时间	隧道总长/km	盾构外径/m	隧道外径/m	隧道内径/m	管片厚度/cm	管片块数
24	日本东京外环公路外环线"关越—东名"段(在建)	2017年—	16.2	16.1	—	—	—	—
25	墨尔本的西门隧道(在建)	2017年—	2.8+4	15.6	—	—	—	—
26	磁悬浮中央新干线(东京品川—名古屋)(在建)	2021年—	33	14.04	—	—	—	—
27	俄罗斯圣彼得堡奥洛夫斯基隧道(在建)	2013年—	7.5	19.25	18.7	—	—	—

2.2 中国盾构法隧道发展简史

1952年,阜新煤矿使用直径为2.6 m的手掘盾构及小型混凝土预制块修建圆形疏水巷道,成为中国首条盾构施工隧道,1957年北京采用手掘盾构建造了直径为2.0 m和2.6 m的下水道工程。

1958年,上海市城建局隧道处开始在塘桥试验隧道工程,采用直径为4.16 m的一台普通敞胸式手掘盾构在两种典型粉砂层及软黏土地层中进行掘进试验,盾构有16个推进千斤顶,总推力为$1.96×10^4$ kN,并备有正面支撑千斤顶。在经过反复的论证和地面试验之后,选用由螺栓连接的单层钢筋混凝土肋形管片作为隧道衬砌,试验中采用了降水法和气压法两种疏干地层的辅助施工措施,采用环氧煤焦油作为接缝防水材料,这些施工工艺及衬砌防水均告成功,试验采集了大量盾构法隧道数据的第一手资料。1964年采用同一盾构和同样的衬砌及防水材料,在覆土约12 m的饱和含水淤泥质黏土层中进行盾构推进试验,这次试验根据软黏土中适宜用钢板网格切土和支撑的特点,将盾构胸板改装为开孔面积可由活动挡板调节的网格,这便是以后常在上海采用的网格式盾构。进行了降水法全出土、无气压全出土、加气压全出土和全闭胸挤压的推进试验,结果不仅建成了隧道,还取得了丰硕的研究成果,掌握了衬砌外荷载变化和隧道地面沉降的初步资料,肯定了在软弱黏性土中使用网格式盾构辅以一定气压,可以用单层钢筋混凝土管片建成较好防水性能的隧道,并可将地面沉降控制在较小限度内。

1965年,上海采用2个直径为5.8 m的网格气压盾构,在覆土约12 m的淤泥质黏土层中进行试验,建成了2条长为660 m的试验隧道。盾构总推力为$3.724×10^4$ kN,隧道衬砌采用5块预制平板式单层防水钢筋混凝土砌块,盾构推进中除在进出洞时采用降水法外,其余均采用气压法,气压值为$8.82×10^4$~$11.76×10^4$ Pa。盾构在上下水道、煤气管道以及数幢楼房底下穿越,均未影响它们的使用。

1965年6月,上海第一条穿越黄浦江的公路隧道"打浦路隧道"开工建设。1967年3月盾构始发,1970年4月结构贯通,1971年6月建成通车。这是中国第一条穿越水下的大直径隧道,也是第一条采用盾构法施工的公路隧道。隧道全长 2 761 m,其中盾构隧道长 1 332 m,为单洞单层两车道,采用一台外径为 10.224 m 的开挖和闭胸挤压两用盾构(辅助气压)施工,在国内属于首次采用大型网格盾构施工。隧道外径为 10 m、内径为 8.8 m,单环由 8 块预制管片组装而成,环宽为 0.9 m,管片厚度 0.6 m,环向接头为双排钢螺栓连接,衬砌接缝防水材料采用环氧树脂,如图 2-34 所示。

图 2-34 上海打浦路隧道工程

盾构推进系统由高压油泵和 40 台千斤顶组成,盾构总推力为 7.84×10^4 kN,采用气压辅助施工方法稳定开挖面土体。在浦西设 1 号、2 号竖井,在浦东设 3 号、4 号竖井,盾构由浦西向浦东推进。1966 年 8 月盾构制造完成并运抵现场总装,1967 年 3 月盾构由 1 号井向 2 号井推进,隧道长度约 262 m,为淤泥质土层,采用网格附加气压施工。1968 年 2 月盾构开始由 2 号井向 3 号井推进过江段,推进长度约 670 m,为淤泥质土层,江底最小覆土深度 7 m,盾构推进以附加低气压闭胸挤压为主,逐渐过渡到不加气压全闭胸推进。当盾构推进距离浦东 3 号井进洞前 60 m 时发生盾尾漏砂,采取气压法和降水法以稳定土层,终于使盾构安全进入 3 号井。自 3 号井向 4 号井推进要穿过约 400 m 的粉砂土层,采用降水法稳定土层,在盾构工作面改用水枪冲土开挖和水力排泥,以每日 1 环的速度推进。1970 年 4 月盾构进入 4 号井,实现结构贯通。盾构穿越地层为淤泥质黏土层和粉砂层,在岸边采用降水法和加气辅助施工工法,在江中段采用全气压局部挤压出土施工。盾构 3 出 3 进竖井门洞,克服了施工经验不足、盾构旋转、盾尾密封、盾构后退、轴线控制、流砂威胁和在大厚度砂性土层推进等一系列前所未有的难题。打浦路隧道复线工程于 2007 年 9 月施工,采用外径为 11.22 m 的国产"863"大型泥水平衡盾构施工,2010 年 2 月建成通车。隧道外径为 11 m、内径为 10.04 m,环宽为 1.5 m,建设规模为单洞双车道。

1973 年,上海金山石油化工总厂 4 号出水口排水隧道采用直径为 3.6 m 的水力机械化出土网格挤压盾构施工。掘进长度为 928.8 m,隧道衬砌采用无螺栓连接管片,相邻两环砌块采用错缝拼装,首次采用垂直顶升法建造隧道的新工艺。在 1970 年代,又使用网格挤压盾构施工了引水隧道,隧道直径为 4.3 m,如图 2-35 所示。

在此之后的近 20 年里,我国主要以开发中小直径的网格式盾构为主,偶尔使用土压盾构,但因技术装备水平不高,加之需求有限,这期间的盾构隧道发展极为缓慢。

1980 年,上海开始采用盾构法在漕河泾进行地铁隧道试验工程,采用直径为 6.412 m 的网格式机械出土盾构施工。掘进长度为 565 m,采用泥水加压和局部气压施工。1980 年 11 月开始地铁试验一期、二期盾构推进,1982 年 12 月推进结束,1983 年 6 月开始地铁试验

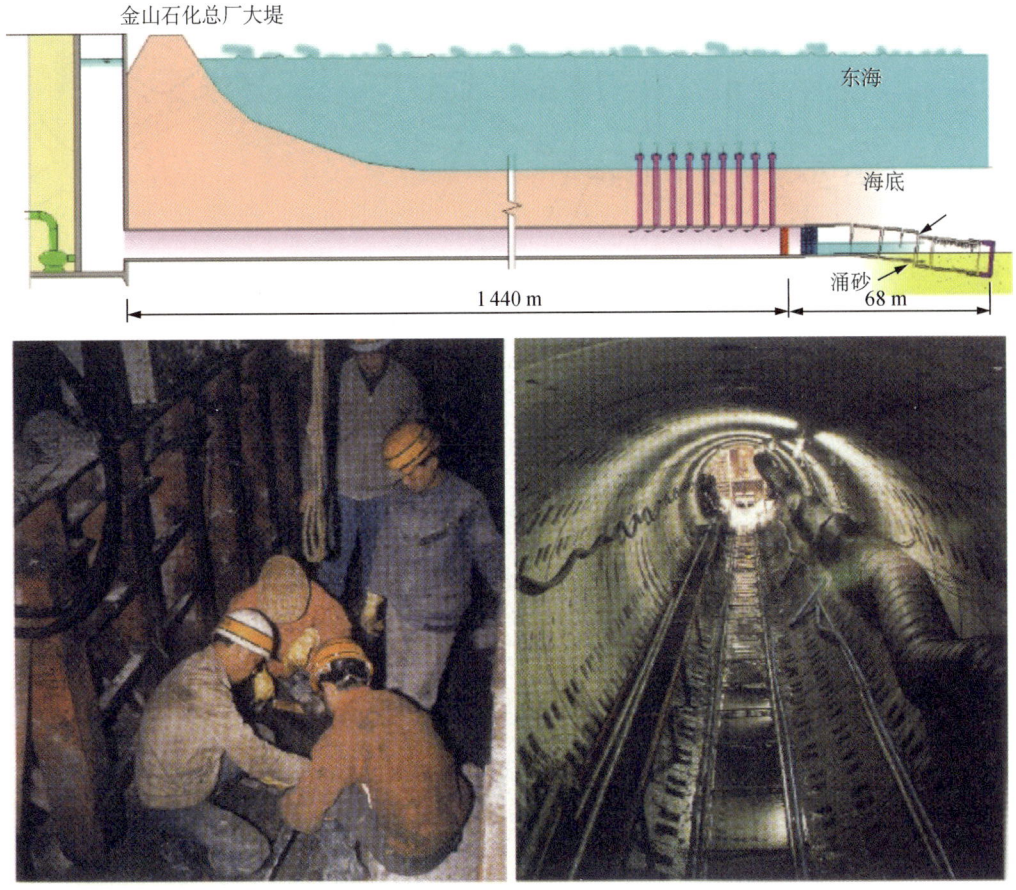

图 2-35 金山引水隧道工程

三期盾构推进,1984年10月推进结束,隧道总长1 130 m,这条隧道后来被改造成地铁1号线的一部分。

1982年,上海开始着手建造第二条黄浦江水底公路隧道——延安东路隧道北线工程,盾构于1984年12月开始推进,1987年10月贯通,1988年12月试通车,工程规模为单管双向两车道(图2-36)。隧道全长2 261 m,其中盾构隧道长1 452.25 m,最小曲线半径为500 m,隧道外径为11 m、内径为9.9 m,衬砌环由8块管片构成,环宽为1.0 m,管片厚度0.55 m,采用钢筋混凝土平板形管片,通缝拼装,用氯丁橡胶防水条防水。隧道采用由上海隧道工程股份有限公司设计和江南造船(集团)有限责任公司制造的直径为11.32 m的超大型网格盾构施工,盾构最大推力为1.08×10^5 kN,采用水力机械出土盾构掘进机施工,这也是中国第一台网格式水力出土盾构。在密封舱内采用高压水枪冲切掘削面,将挤压进网格的土体搅拌成泥浆后通过泥浆泵接力输送,实现了掘进、出土运输的自动化。

1985年,上海芙蓉江路排水隧道工程引进日本川崎重工制造的直径为4.33 m的小刀盘土压盾构,掘进长度1 500 m。该盾构具有机械化切削和螺旋机出土功能,施工效率高,对地面影响小。1987年,上海南站过江电缆隧道工程成功使用了国内第一台直径为4.35 m

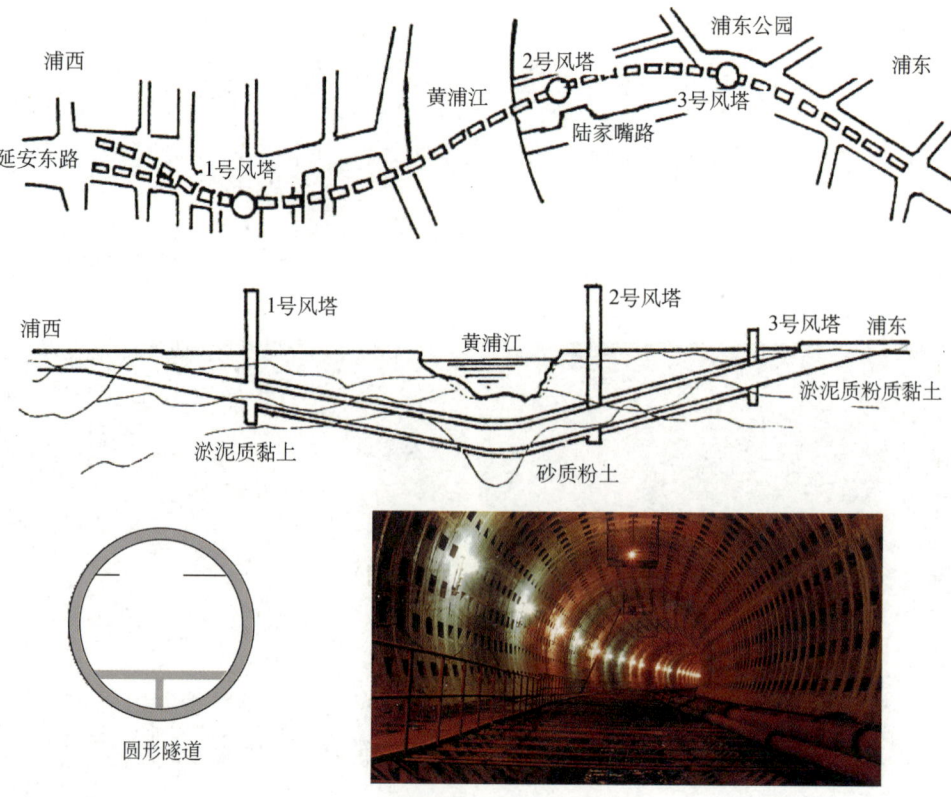

图 2-36 延安东路隧道北线工程

的加泥式土压平衡盾构掘进机,不仅能控制正面土压平衡和减少地面沉降,而且施工速度快,掘进长度达 583 m。此后,上海隧道工程股份有限公司和中铁隧道局集团有限公司等国内公司先后研制成功 40 多台不同直径(3.8~6.34 m)的盾构机。

1986 年,上海开始实施城市发展战略规划,地铁隧道、污水排放隧道、过江隧道及公用事业等各种用途的隧道接踵而来,之前的半机械化简易网格盾构不能完全适应建设需求,迫切需要盾构隧道技术的突破。1988 年 1 月,首次采用加泥式盾构(图 2-37)推进黄浦江电缆隧道工程,盾构外径为 4.35 m,长为 6.9 m,配置 16 台千斤顶,总推力为 2 400 t,推进隧道长度为 534.7 m,由浦西龙华路向浦东上钢三厂推进,轴线坡度为 3‰,最浅覆土 5 m,衬砌外径为 4.2 m,内径为 3.6 m,环宽为 0.7 m,单环设 4 块管片。之后,此类盾构又应用于福州路电缆隧道工程中,这标志着我国加泥式盾构取得了新突破。1992 年采用外径为 3.8 m 的加泥式土压平衡盾构施工合流污水工程,如图 2-38 所示。

1988 年,上海市隧道工程公司自主开发研制了我国最大直径的新一代土压平衡盾构,用于上海吴泾电厂排水隧道施工,隧道全长 658 m。盾构外径为 5.65 m、内径为 5.56 m、长度为 6.921 m,灵敏度为 1.23,自重 155 t,总推力为 35 280 kN,配置长程千斤顶 8 台、短程千斤顶 16 台。隧道外径为 5.5 m,内径为 4.84 m,环宽 0.9 m,盾尾间隙 2×30 mm。

 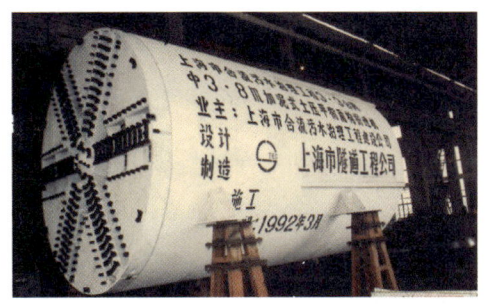

图 2-37　黄浦江过江电缆盾构隧道　　　图 2-38　1992 年直径 3.8 m 的加泥式土压平衡盾构

1990 年，上海地铁 1 号线一期工程开工。先后共采用 7 台法国 FCB 制造的直径为 6.34 m 的土压平衡盾构机，施工了单线 17.317 km 的圆形区间隧道，盾构掘进机长 6.54 m，最早于 1991 年 6 月从徐家汇漕河泾试验段 151 号井出发开始推进，全线于 1994 年 5 月结构贯通，日掘进速度为 4~8 m，1995 年 4 月一期工程开通运营。衬砌结构环由 6 块外径为 6.2 m 的管片组成，环向螺栓 12 根，纵向螺栓 17 根，通缝拼装。盾构机进出洞施工如图 2-39 所示。

图 2-39　上海地铁 1 号线盾构隧道工程

1994 年 5 月，上海延安东路南线隧道工程（即复线）开工建设，于 1996 年 11 月 29 日结构贯通，1997 年 1 月正式通车。隧道位于北线南侧 60~100 m 处，全长 2 207.498 m，盾构隧道南线长 1 292 m，隧道外径 11.0 m、内径 9.9 m，环宽 1.0 m，工程规模为单管单层双车道，如图 2-40 所示。为缩短工期和保护隧道沿线建筑的需求，引进日本三菱重工制造的外径为 11.22 m 的泥水加压平衡盾构，盾构总推力为 1.12×10^5 kN，刀盘扭矩为 4 635 kN·m，最大掘进速度为 46 mm/min。

图 2-40 上海延安东路南线隧道工程

1995年,上海地铁2号线工程开工建设,采用10台直径为6.34 m的土压平衡盾构施工,单线推进里程24.12 km,一期工程于2000年6月11日开通试运营,如图2-41所示。

图 2-41 上海地铁2号线及西延伸工程

1996—1998年,广州引进日本1台直径为6.14 m的土压平衡盾构和2台直径为6.14 m的泥水加压盾构,完成地铁1号线8.8 km区间隧道掘进施工,如图2-42所示。

图 2-42 广州地铁1号线盾构隧道工程

1998年12月，上海外滩黄浦江观光隧道施工。上海外滩观光隧道长646.7 m，采用外径为7.65 m的铰接式土压平衡盾构施工，在浦西段从地铁2号线隧道上方近距离穿过（与上、下行最小距离分别为1.57 m和2.18 m）。2000年10月投入运营。观光隧道外径为7.48 m、内径为6.76 m，衬砌环分6块，管片宽度为1.2 m，如图2-43所示。

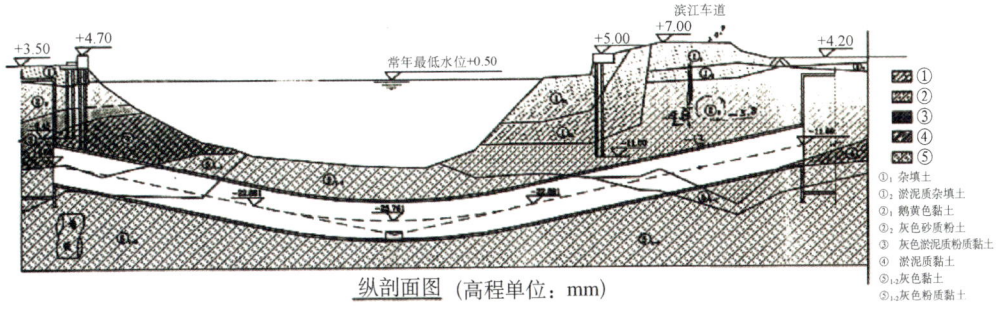

图2-43　上海外滩黄浦江观光隧道工程

1999年5月，上海隧道工程股份有限公司研制成功国内第一台3.8 m×3.8 m矩形组合刀盘式土压平衡顶管机，在浦东陆家嘴地铁车站掘进120 m，作为5号出入口过街人行地道，盾构机如图2-44所示。

图2-44　3.8 m×3.8 m矩形组合刀盘式土压平衡顶管机及地铁2号线5号口矩形顶管隧道

2000年2月，广州地铁2号线海珠广场至江南新村区间隧道采用上海隧道工程股份有限公司改制的两台直径为 6.14 m 的复合型土压平衡盾构,在珠江底风化岩地层中掘进,为我国在复合地层中盾构施工积累了宝贵经验。

至 2000 年,中国盾构的发展花了近 50 年时间,实现了"从无到有"的过程,致力于盾构制造技术的国产化,初步掌握了盾构机的制造与研发技术,盾构机技术也经历了手掘式、网格式和土压式等几个阶段。总的来讲,这一阶段的盾构设备技术还比较落后,装备相对简单,主要技术和工程案例也多集中在上海、广州等几个大城市或地区。该时期使用的盾构和隧道工程如表 2-6 所列。

表 2-6　　　　　　中国盾构工法隧道工程业绩(1952—2000 年)

序号	工程名称	隧道直径(管片厚度)/m	建设时间/年	备注
1	阜新煤矿输水巷道	2.6	1952	手掘盾构
2	北京下水道	2.0,2.6	1957	手掘盾构
3	上海盾构试验工程	4.2	1958	手掘盾构
4	上海地铁区间隧道	5.8	1965	网格挤压盾构
5	上海打浦路越江隧道	10.22(0.6)	1966	网格挤压盾构
6	上海金山石化总厂排污隧道	3.6	1970	网格挤压盾构
7	安徽大屯煤矿	5	1971	手掘盾构
8	上海金山石化总厂引水隧道	4.3	1973	网格挤压盾构
9	上海长宁区人防隧道	2.9	1976	挤压式盾构
10	厦门引水隧道	4.33	1976	网格式盾构
11	上海地铁 1 号线试验段	6.41	1980	网格挤压盾构
12	上海宝钢厂区 1# 隧道	4.36	1981	网格式盾构
13	上海延安东路隧道北线越江隧道	11.0	1982	网格挤压、水力出土
14	上海芙蓉江路排水隧道	4.33	1985	土压平衡盾构
15	上海鲁班路隧道	4.35	1985	土压平衡盾构
16	上海金山二期	4.4	1985	网格式盾构
17	上海石洞口电厂一厂	5.64	1986	气压网格,水力出土
18	上海南站过江电缆隧道	4.35	1987	土压平衡盾构
19	上海吴泾热电厂排水隧道	5.64	1988	土压平衡盾构

续表

序号	工程名称	隧道直径(管片厚度)/m	建设时间/年	备注
20	宁波北仑电厂	5.84	1988	网格式盾构
21	上海地铁1号线工程	6.2(0.35)	1990	土压平衡盾构
22	上海合流9.1标	5.07	1991	钻吸式盾构
23	上海合流6.1标	5.17	1991	土压平衡盾构
24	上海福州路隧道	4.35	1991	土压平衡盾构
25	上海合流3.3标	3.8(4.35)	1992	土压平衡盾构
26	上海滨海地区排雨水	3.8	1994	土压平衡盾构
27	上海临江上游引水	5.17	1994	土压平衡盾构
28	上海外高桥电厂	4.93	1994	网格挤压、水力出土
29	南京秦淮河整治输水	6.34	1994	土压平衡盾构
30	上海(威海路—南京路—北京路—苏州路)	3.8(4.2)	1994	土压平衡盾构
31	上海地铁2号线工程	6.2(0.35)	1996	土压平衡盾构
32	上海延安东路南线隧道	11.0(0.55)	1996	泥水加压盾构
33	广州地铁1号线工程	6.0(0.3)	1996	土压平衡盾构
34	上海黄浦江观光隧道	7.48(0.36)	1998	土压平衡盾构
35	上海陆家嘴过街人行道	3.8×3.8①	1999	土压平衡顶管
36	北京亮马河排水隧道	3.6	1999	土压平衡盾构
37	广州地铁2号线区间隧道	6.0/0.3	2000	复合型盾构

注：1. ①为矩形隧道，隧道断面尺寸为3.8 m×3.8 m。
2. "( )"中的数据为管片厚度，单位为 m。

2001年5月，上海大连路隧道工程开工建设，盾构于2002年3月和6月分别始发推进西线和东线隧道，并分别于2002年9月和12月结构贯通，2003年9月建成通车。隧道设计为两洞双向4车道，隧道全长2 526.88 m，其中圆形隧道长1 279.76 m，线路平面呈S形，最小曲线半径为500 m，最大纵坡浦东、浦西分别为4%和4.24%，沿隧道纵向每隔400 m，两隧道之间设置1条连通通道。工程采用2台由日本三菱公司设计制造的外径为11.22 m的泥水加压盾构同向推进，盾构机长12.045 m，盾构总推力为$1.12×10^5$ kN，盾尾设三道密封。

隧道外径为 11.0 m、内径为 10.04 m,环宽 1.5 m,管片厚度 0.48 m,在管片环面中部设一对圆弧形凹凸剪切键,以提高环间抗剪能力,控制环间踏步。衬砌环采用 8 块平板式楔形管片拼装而成,其中 5 块为标准块、2 块为邻接块、1 块为封顶块。环与环之间采用 32 根 M30 的纵向螺栓,块与块之间设 3 根 M36 的弯螺栓连接(1 环共计 24 根环向螺栓),所有螺栓都采用锌基铬酸盐土层作防腐处理,纵缝槽内设凹凸榫槽,内弧面设嵌缝槽,采用错缝拼装方式,大封顶块,环间错缝 11.25°。

2001 年,北京地铁 5 号线从德国海瑞克公司引进一台直径为 6.20 m 土压平衡盾构用于"雍和宫—北新桥站"区间隧道施工。2001 年 6 月,南京地铁 1 号线引进 4 台直径为 6.34 m 的土压平衡盾构用于区间隧道掘进施工。2001 年 7 月,深圳地铁 1 号线先后引进 4 台直径为 6.14 m 的复合型土压盾构用于区间掘进施工。2002 年,宁波使用偏心多轴刀盘式矩形土压平衡顶管机完成了 6.0 m×4.0 m 的过街通道。

2002 年,上海复兴路隧道工程开工,2004 年 9 月建成通车。该隧道是穿越黄浦江连接浦东、浦西的道路隧道工程,隧道全长 2 785 m,盾构隧道长度 1 215 m,建设规模为两洞两层双向计 6 车道,也是我国第一条双层隧道(上层 2 车道、下层 1 车道),2 条隧道之间共设 4 条上下层连通通道,设 2 座江中外置式泵站。采用 2 台外径为 11.22 m 的泥水加压大型盾构施工,盾构一先一后同向推进,分别于 2003 年 2 月和 5 月始发,并于 2003 年 11 月实现隧道结构贯通。

隧道外径为 11 m、内径为 10.04 m,管片厚度 0.48 m,隧道衬砌与大连路隧道相同,但腰部的管片带有牛腿,可用于安装车道板。单洞上层设单向 2 车道小车专用道,下层设 1 条大车道,如图 2-45 所示。

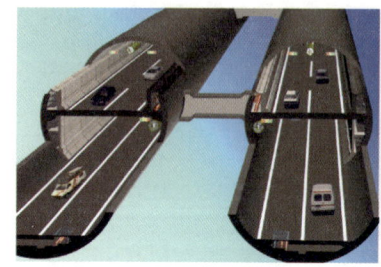

图 2-45 复兴路双层隧道工程

2003 年上海引进由日本石川岛(IHI)和三菱重工制造的双圆盾构,用于上海地铁 8 号线"开鲁路站—黄兴路站"区间隧道施工,采用两台外径 6 520 mm×宽 11 120 mm 双圆形加泥式土压平衡盾构建造了 2 688 m 长的隧道,盾构最大推力为 6.86×10^4 kN,最大扭矩为 5 766 kN·m,刀盘转速为 0~1 r/min,如图 2-46 所示。先后在 8 号线、6 号线、10 号线和 2 号线东延伸等线路实施了双圆盾构施工,累计区间 13 个,里程超过 12 km。隧道外观尺寸为外径 6.3 m×宽 10.9 m,管片厚度 0.3 m,中间设立柱。

2003 年 6 月,上海翔殷路隧道开工,隧道南线、北线分别于 2004 年 5 月和 7 月始发,并分别于 2004 年 12 月和 2005 年 3 月结构贯通,2005 年 12 月工程建成通车。工程规模为双管单层双向4车道,隧道总长约2287 m,盾构施工段长1523.22 m,采用2台由日本三菱重工设计制造的直径为11.58 m的大型泥水平衡盾构施工。盾构外径11.58 m、内径11.44 m,盾构长10.945 m,总推力1.19×10^5 kN,盾尾设4道钢丝刷和1道钢板刷。盾构穿越②$_3$层灰色黏质粉土层、④层灰色淤泥质黏土层、⑤$_1$灰色黏土层、⑥暗绿色～草黄色黏土层以及⑦$_2$层粉砂层,如图2-47所示。

隧道外径11.36 m,内径10.4 m,采用8块("5+2+1")环宽1.5 m,厚度0.48 m的C50混凝土管片拼装而成,采用一道弹性密封垫和遇水膨胀橡胶防水,纵缝间设传力垫。

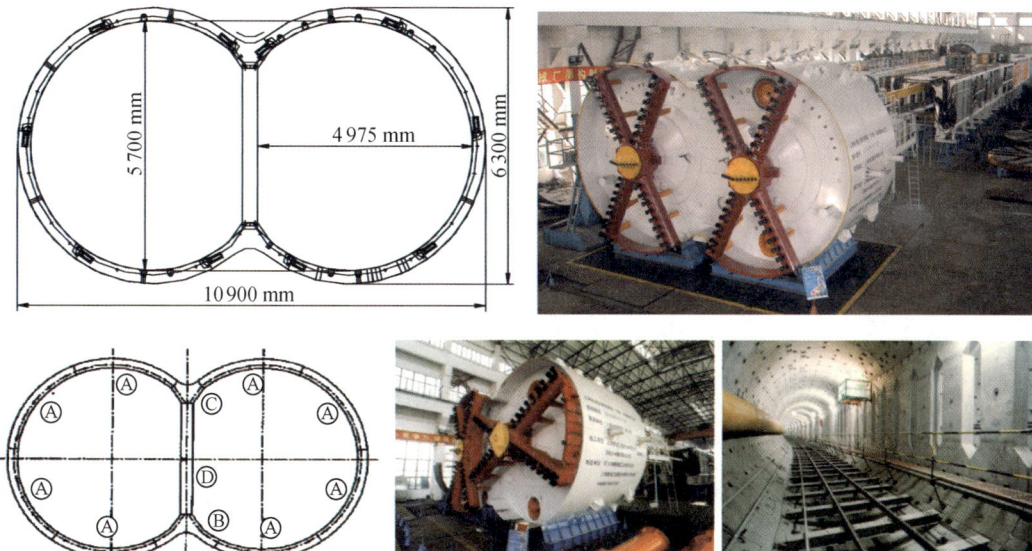

图2-46 双圆盾构机隧道工程

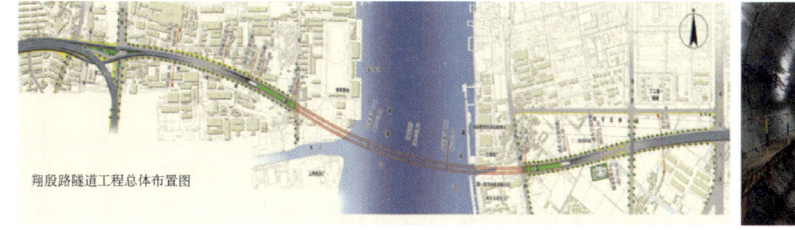

图2-47 翔殷路隧道工程

2004年1月,上海上中路隧道开工建设。上中路隧道是中环线南段工程的一部分,隧道全长2.8 km,其中1.25 km长的圆形隧道,其工程规模为双洞双层双向8车道,隧道最大埋深45 m,江中最浅覆土8.6 m,隧道纵坡4.5%,采用1台外径为14.87 m的大直径泥水盾构施工。盾构于2005年9月始发推进,2006年3月完成南线结构贯通,然后盾构调头掘进北线隧道,2008年4月隧道结构贯通,2009年1月建成通车,如图2-48所示。

盾构外径为14.87 m,长度为11.65 m,盾构质量为1900 t,后挂质量1420 t,总质量为

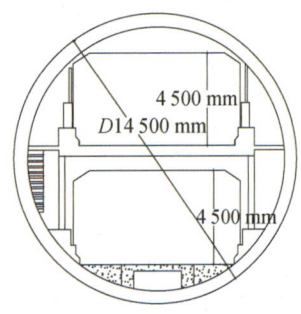  

图 2-48 上海上中路隧道工程

3 320 t,总长 120 m,配置 19 组千斤顶,总推力为 1.843×10^5 kN,推进速度为 0~40 mm/min,刀盘额定扭矩为 36 000 kN·m,最大扭矩为 43 200 kN·m,刀盘转速为 0~1.4 r/min,功率为 3 500 kW(250 kW×14 台),这也是我国首次采用直径超过 14 m 的盾构机进行软土地层施工。盾构穿越④灰色淤泥质土、⑤$_1$ 灰色砂质粉土、⑤$_2$ 灰色砂质粉土、⑤$_2$ 灰色粉质黏土、⑤$_4$ 灰绿色粉质黏土、⑥暗绿色黏土、⑦$_{1-1}$ 草黄~灰色黏质粉土以及⑦$_{1-2}$ 草黄色粉细砂地层。

隧道的下层车道板结构采用预制构件和现浇钢筋混凝土相结合的形式。隧道外径 14.5 m、内径 13.3 m,管片厚度 0.6 m,环宽 2 m,抗渗等级 1.2 MPa。衬砌环采用单层衬砌错缝拼装方式,采用通用楔形管片,由 10 块 C60 钢筋混凝土管片拼装成,7 块为标准块、2 块为邻接块、1 块为封顶块。纵向环向共使用 58 根斜螺栓连接,环向设 20 根 M36 斜螺栓,纵向设 38 根 M27 斜螺栓,错缝拼装,管片楔形量 40 mm,螺栓接头采用了斜螺栓与预埋螺母相接的形式,以尽可能减少手工开孔尺寸。

该泥水加压盾构曾在荷兰绿心隧道工程中掘进了 7.15 km,后经维修改造引进到本工程中。该盾构还用于上海中环线军工路隧道推进,掘进了 1 525 m,军工路隧道于 2010 年建成通车。

2004 年 11 月,武汉长江越江隧道开工建设,工程规模为两洞双向 4 车道,隧道全长 3.64 km,为双向 4 车道,其中盾构段左线长 2 550 m、右线长 2 500 m,设 3 条连通通道。2006 年 3 月首台盾构始发,2008 年 12 月建成通车。隧道最小曲线半径为 850 m,最大纵坡为 4.5%,最大覆土为 37 m,江底最小覆土为 10.2 m,采用中铁隧道与 NFM 联合设计的外径为 11.38 m 的泥水加压盾构施工,盾构采用复合式刀盘,运用了泥水压力和空气压力的双通模式,最大推力为 1.2×10^5 kN,最大扭矩为 13 650 kN·m,如图 2-49 所示。盾构穿越地层为黏土、粉土、粉质黏土、淤泥质黏土、中粗砂和卵石土层,长距离穿越中密和致密粉细砂层,最大水压 0.57 MPa,且遇到上软下硬的地层,穿越地层具有复杂多变、敏感性高、富含承压水等特点,沿线遇到众多保护要求极高的文物、建筑和设施,施工风险高、难度大。

隧道采用钢筋混凝土通用楔形管片(楔形量 55 mm),隧道外径 11.2 m、内径 10.2 m,管片厚度 0.5 m,环宽 2 m,衬砌环由等分的 9 块管片("6+2+1")错缝拼装。全部采用直螺栓连接,共设 72 根高强度直螺栓,管片之间设 4 根 8.8 级钢的 M45 环向直螺栓,环间设 36 根纵向 M40 螺栓,设两道弹性密封垫防水,内侧预留嵌缝槽,环面上设凹凸榫槽。

图 2-49 武汉长江越江隧道工程

2004年12月,上海长江越江通道工程开工建设。2006年9月东线盾构始发推进,2008年8月结构贯通,2009年11月建成通车。工程设计方案为南隧北桥方式,南港设隧道全长9 km,其中上、下行线盾构隧道分别为7 471.65 m和7 469.36 m,工程为双洞双层双向6车道,上层为单向3车道,下层为轨道交通预留了口子件结构(外包尺寸为4.5 m×4.3 m×2 m),设8条逃生通道(每隔830 m设置一条),且在上、下层间设有疏散楼梯。隧道最大纵坡2.9%,最小曲线半径4 000 m,江底最浅覆土14.0 m(<1.0D),最大覆土29.0 m,如图2-50所示。盾构隧道采用2台由德国海瑞克公司制造的泥水气压平衡盾构施工,这是当时世界上盾构一次连续施工最长的工程之一,均由浦东五号沟向长兴岛方向同向推进。盾构外径为15.43 m,最大推力为$2.03×10^5$ kN,最大推进速度为45 mm/min,盾构日均推进距离为12 m,最大日推进距离为26 m,盾尾采用4道密封钢刷。盾构穿越以下地层:③$_1$、③$_2$层粉性土、④$_1$、④$_2$、⑤$_{1-1}$、⑤$_{1-2}$层黏性土、⑤$_2$层粉性土、⑦$_{1-1}$以及⑦$_{1-2}$层砂性土,部分地段遇⑤$_{1t}$层灰色黏质粉土透镜体。设计施工在超大断面盾构衬砌结构设计、开挖面稳定、隧道抗浮、管片制作与拼装、大长度一次性推进施工、结构内部施工及建养一体化管理等方面克服了一系列困难,获得了一系列技术创新成果。

隧道衬砌外径15.0 m,内径13.7 m,单环隧道由10块钢筋混凝土管片组成,管片厚度 0.65 m,环宽 2 m,采用通用楔形管片错缝拼装,单块最大质量 16 t,设 38 根纵向斜螺栓,混凝土强度等级 C60,抗渗等级 S12,环向块与块之间设 3 根螺栓,采用压缩永久性变形小、应力松弛小、耐老化性能佳的三元乙丙橡胶与遇水膨胀橡胶条组成两道防水。

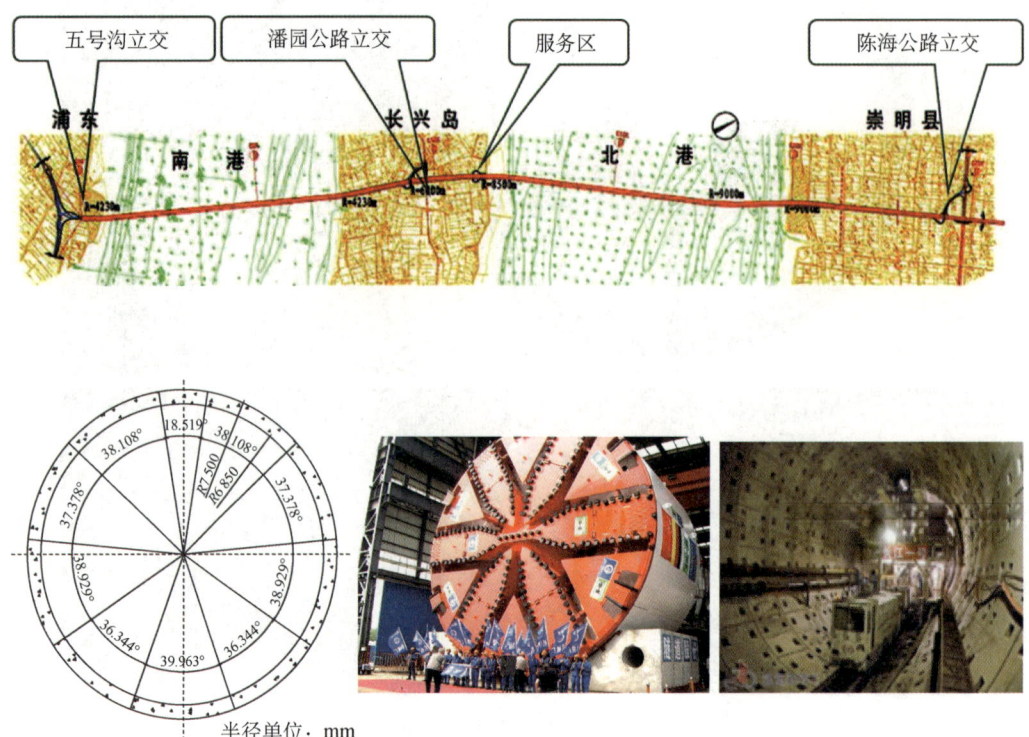

图 2-50　上海长江越江通道工程

上海长江越江通道工程结束后,2 台盾构又分别用于浙江的钱江隧道工程和上海长江西路隧道工程。钱江隧道工程于 2008 年 1 月开工,盾构隧道长度 3.2 km,2014 年 6 月通车;长江西路盾构掘进 1.5 km,于 2008 年开工,2015 年 9 月建成通车。

2005 年,上海西藏南路隧道开始施工,2009 年开通运营。单环隧道由 8 块钢筋混凝土管片组成,管片厚度 0.5 m,环宽 1.5 m,成功实现两次近距离下穿已建成的地铁 8 号线,穿越距离仅为 2.68 m。采用外径为 11.58 m 的盾构施工。之后,该盾构又连续完成长江西路、新建路、人民路、耀华路等隧道的掘进。

2005 年 3 月,南京越江通道工程(纬七路)开工建设。2007 年 12 月盾构始发,分别于 2009 年 5 月和 11 月实现结构贯通,2010 年 5 月通车。工程北起江北浦口新市的浦珠路,经梅子洲跨越长江后向南与河西新城的纬七路相连,工程采用左汊盾构隧道、右汊桥梁的设计方案,总长度为 6.2 km,盾构隧道长 3 835 m,隧道工程采用两洞单层双向 6 车道,最小平面曲线半径为 2 000 m,最大纵坡为 4.5%,隧道最大埋深为 50 m,最大水压达 0.75 MPa,最小覆土厚度为 10.5 m,采用 2 台由法国法迈通公司制造的外径为 14.93 m 的泥水盾构施工,水中进洞,如图 2-51 所示。

该盾构曾用于荷兰绿心隧道施工,盾构长 11.65 m,盾构质量为 1 900 t,推力为 1.843×10^5 kN,扭矩为 43 200 kN·m,对其进行适当改造后应用于本工程。盾构穿越以下地层:上部为沉积松散粉细砂,中部为中密～密实分细砂,下部为砾砂、圆砾等组成,下浮基岩为钙质泥岩、夹钙质细砂岩。

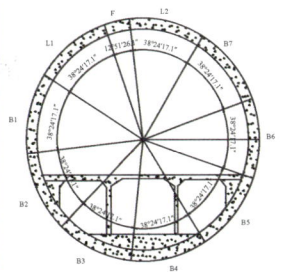

图 2-51 南京越江通道工程

隧道外径 14.5 m、内径 13.3 m,环宽 2 m,管片厚度 0.6 m,管片为 C60 混凝土,由 10 块管片("7+2+1")组成,采用小封顶块,单块最大质量 15 t,采用通用环楔形管片,错缝拼装。环缝、纵缝均设斜螺栓 78 根,环与环之间设 38 根 M30 纵向螺栓,块与块之间设 3 根 M36 螺栓(整环 30 根环向螺栓),设一道三元乙丙高弹性橡胶密封垫止水,纵缝面上设凹凸榫槽,环缝面上不设凹凸榫槽,环缝上设传力垫。工程完成后,该盾构于 2011 年用于扬州瘦西湖隧道工程施工。

2005 年,南水北调中线穿越黄河的隧道动工。隧道长 4 300 m,采用双层衬砌,一次衬砌为钢筋混凝土管片,内衬为钢筋混凝土,一次衬砌外径 8.7 m、内径 7.9 m,二次衬砌完成后内径为 7.0 m。盾构机有 14 组千斤顶,总推力为 60 340 kN。2009 年 12 月"穿越号"盾构机进洞,中线穿黄工程首条隧洞贯通。

2006 年 9 月 26 日,上海新建路隧道开工建设,2009 年 11 月 20 日结构贯通,2010 年 3 月 26 日建成通车。工程规模为双洞双向 4 车道,隧道全线长为 2 235 m(东线),其中圆形隧道长为 1 038 m,隧道外径 11.36 m、内径 10.4 m,环宽 1.5 m,西线采用直径为 11.66 m 的泥水平衡盾构施工,东线采用直径为 11.58 m 的盾构施工。

2006 年 12 月,上海军工路穿越黄浦江隧道开始施工。2011 年 6 月双线结构贯通,2011 年 1 月建成通车。工程为双洞双层双向 8 车道,单线掘进长度 1 525 m,全长 3 050 m,其中圆形隧道长 1 499 m。采用 1 台外径为 14.87 m 的泥水盾构(之前用于上中路隧道)施工。盾构长度为 11.65 m,盾构质量 1 900 t,配置了 19 组千斤顶,总推力为 1.843×10^5 kN。

隧道外径 14.5 m、内径 13.3 m,管片厚度 0.6 m,环宽 2 m,抗渗等级 1.2 MPa。衬砌环采用通用楔形管片,由 10 块 C60 钢筋混凝土管片拼装成,7 块为标准块,2 块为邻接块、1 块为封顶块。纵环向共采用 58 根斜螺栓连接,环向设 20 根 M36 斜螺栓,纵向设 38 根 M27 斜螺栓,错缝拼装,楔形量 40 mm,隧道情况如图 2-52 所示。

2007 年 8 月,上海外滩通道开工建设。工程北起吴淞路海宁路,沿中山东一路、中山东二路至中山南路老太平弄,全长 3.3 km,盾构隧道长 1 098 m,为单洞双层双向 6 车道,使用

图 2-52 上海军工路穿越黄浦江隧道工程

一台外径为 14.27 m 的土压平衡盾构施工。2009 年 1 月盾构始发,2009 年 8 月结构贯通,2010 年 3 月 28 日建成通车。隧道主线最大纵坡为 5%,隧道最小覆土为 8.52 m,覆土深度小于 0.5D。盾构总推力为 $1.768×10^5$ kN,总功率为 2 640 kW,刀盘扭矩为 69 481 kN·m,推进速度为 36 mm/min,刀盘转速为 0.8 r/min,开口率为 38%。盾构穿越城市密集建筑群工程,近距离穿越浦江饭店(隧道边线距离浦江饭店最近 1.7 m)、33 栋外滩百年历史保护建筑群、北京东路、南京东路地道,上穿运营地铁 2 号线双线隧道(距离隧道顶部 1.46 m)等,如图 2-53 所示。

隧道衬砌外径 13.95 m,内径 12.75 mm,管片厚度 0.6 m,环宽 2 m,衬砌环分为 9 块管片("6+2+1")。采用由日本三菱公司制造的外径为 14.27 m 的土压平衡盾构施工,也是国内第一条采用超大直径(大于 14 m)土压平衡盾构施工的隧道。

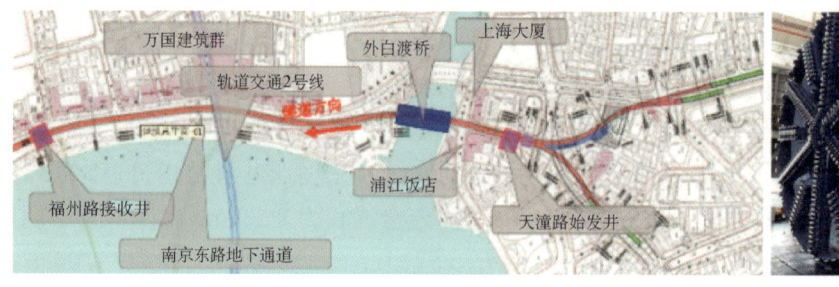

图 2-53 上海外滩通道工程

2007 年 11 月,广深高速铁路狮子洋隧道开工建设,2011 年 12 月建成通车。它是我国第一条水下特长盾构铁路隧道,狮子洋隧道左线长 5.55 km,右线长 5.25 km,采用 4 台直径为 11.182 m 的泥水加压平衡盾构机各施工 4.89 km 和 4.69 km(图 2-54)。2008 年 3 月盾构始发,2010 年 12 月狮子洋隧道左线掘进 4.14 km 后,率先实现盾构机江中对接,此后用了 70 d 时间将盾构机成功进行了江底解体。2011 年 3 月,狮子洋隧道右线再次实现盾构机江中对接,用了 45 d 时间就将另一台同样的盾构机在江底解体。这是全线施工难度最大的标段,施工 3 次穿越海洋水系,水下工程占总量的 70%以上,并且全部是软硬交错的复合地层,既有淤泥质土、粉质黏土、粉细砂,又有中粗砂、全风化~弱风化泥质粉砂岩、粉砂岩、细砂岩、砂砾岩。实现"相向掘进、水下带压换刀、地中对接、洞内解体"。

隧道衬砌环外径10.8 m、内径9.8 m，一次内衬衬砌厚度为0.5 m，二次内衬厚度为0.3 m。管片宽度2 m，管片采用"7+1"分块模式，错缝拼装。

图2-54 广深高速铁路狮子洋隧道工程

2008年12月，杭州钱江盾构隧道开工建设。隧道全长约4.45 km，规模为双洞单层双向6车道，其中盾构隧道部分长3.245 km，采用1台外径为15.43 m的泥水平衡盾构施工（图2-55）。2010年4月钱江隧道西线盾构始发，2011年5月贯通，西线隧道由南向北推进，盾构在江北工作井内整体平移后再调头，东线隧道由北向南推进。东线于2011年12月始发，2013年1月贯通，2014年4月建成开通。

隧道外径15 m、内径13.7 m，管片厚度0.65 m，环宽2 m，采用10块管片错缝连接成环，纵向设38根M30螺栓，环向设20根M39螺栓。

图2-55 杭州钱江盾构隧道工程

2009年3月，上海虹桥综合交通枢纽迎宾三路隧道工程开工建设。2010年盾构始发，2011年3月结构贯通，2011年11月建成通车。工程全长3.166 km，设计规模为单洞双层双向4车道，隧道全长2.86 km，盾构隧道部分长1.862 km，最大纵坡5.5%，最小曲线半径700 m。采用外径为14.27 m的土压盾构施工。盾构总推力为1.768×10^5 kN，最大扭矩为63 436 kN·m，采用辐条式刀盘、中间支撑方式。盾构穿越沿线的地层特殊而复杂，需穿越高架、机场滑行区、机场跑道、机场航油管、停机坪、铁路及历史保护建筑等，施工环境复杂，保护要求极为严格，如图2-56所示。

隧道衬砌外径13.95 m、内径12.75 m,管片厚度0.6 m,环宽2 m,采用混凝土管片,混凝土强度为C60,抗渗等级P12。一环由9块管片("6+2+1")组成,采用小封顶块,管片块间采用斜螺栓连接,通用环错缝拼装,双面楔形,楔形量80 mm。

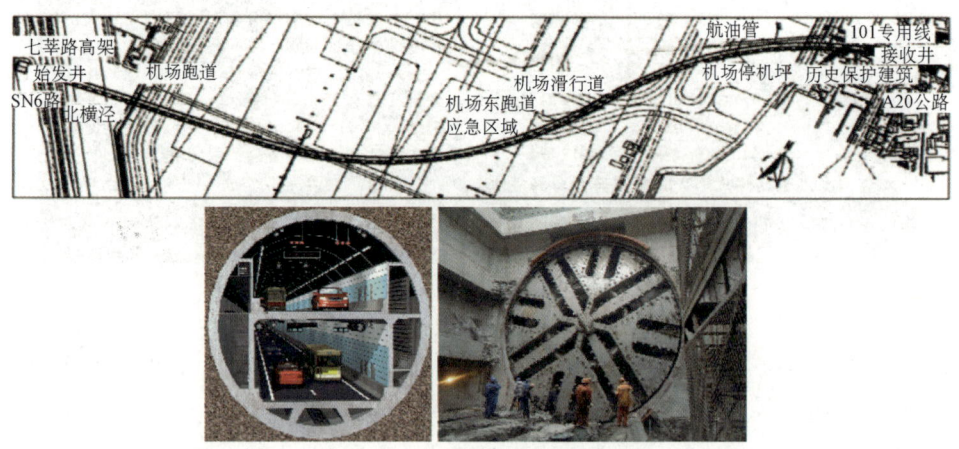

图 2-56 上海迎宾三路隧道工程

2009年12月,上海长江西路越江公路隧道开工建设。工程规模为双洞单层双向6车道,隧道东起港城路双江路,西接长江路郝家港桥。工程全长4.795 km,其中盾构段长1.545 km,分南线隧道和北线隧道,长度分别为1.538 km(772环)和1.545 km(775环),采用1台外径为15.43 m的泥水气压平衡盾构(曾用于长江隧道)施工(图2-57)。南线盾构于2011年始发,2012年4月底结构贯通,北线盾构于2012年11月下旬始发,2013年结构贯通,2016年9月10日建成通车。隧道最大埋深55 m,盾构穿越地层软弱,施工环境复杂,盾构近距离穿越地铁3号线高架桥基础(水平距离约1 m)和逸仙路高架等,保护要求高。

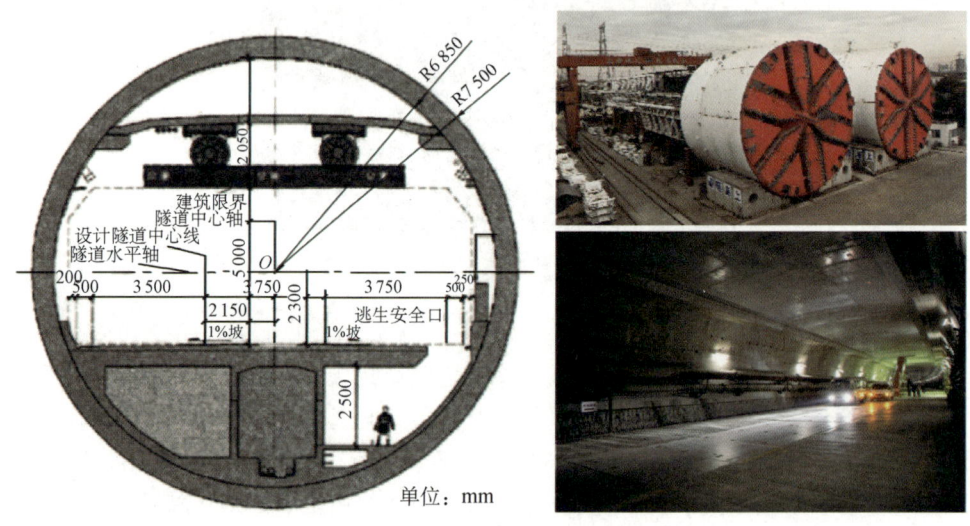

图 2-57 上海长江西路隧道工程

衬砌环由10块管片组成,采用通用环管片,楔形环,错缝拼装,衬砌外径15.0 m、内径13.7 m,标准环宽2.0 m,管片厚度0.65 m,单块管片最大质量为16 t。采用斜插螺栓,预埋工程塑料螺母,纵缝采用橡胶定位棒,环缝设凹凸榫,管片采用真空吸盘夹持拼装。

2010年7月,上海虹梅南路越江隧道开工。2013年盾构始发,2015年2月双线结构贯通,2015年12月底建成通车。设计为双洞单层双向6车道,隧道全长5.26 km,其中盾构段长3.39 km,采用外径为14.93 m的盾构施工(图2-58)。隧道最大埋深59 m,是当时最深的城市越江隧道,盾构最小转弯半径为800 m,19组推进油缸,每3只一组,盾构最大顶力为2×10^5 kN,设4道盾尾密封。

隧道外径14.5 m、内径13.3 m,采用C60高强度混凝土管片,管片厚度0.6 m,环宽2 m,衬砌环由10块管片("7+2+1")构成,单块最大质量为15 t。全部采用直螺栓连接,共设58根直螺栓,纵向设38根M27螺栓,环向设20根M36螺栓。

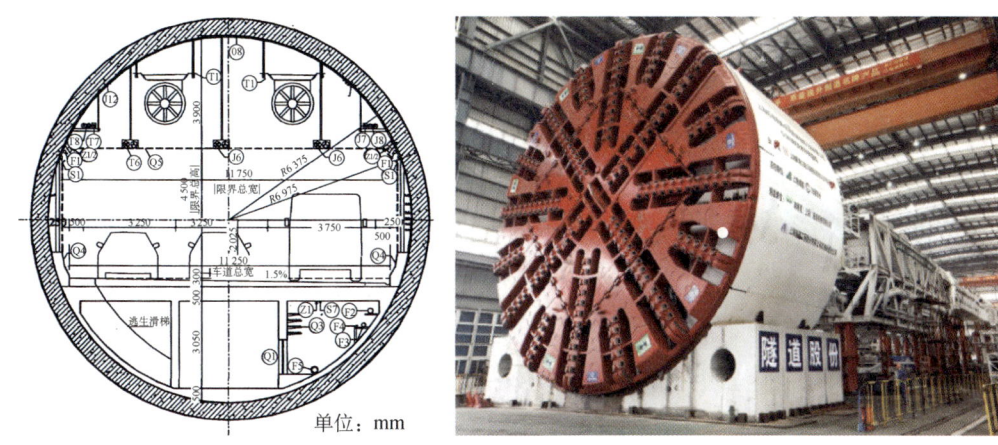

图2-58 上海虹梅南路/金海路穿越黄浦江隧道工程

2010年3月,上海地铁16号线6标开工建设,于2013年8月实现结构贯通。工程为单洞双线形式,隧道外径11.36 m,内径10.4 m,环宽1.5 m,采用外径为11.58 m的泥水平衡盾构施工。

2010年11月,南京纬三路通道开工建设(扬子江隧道)。2012年9月盾构全面掘进施工,2015年7月结构贯通,2016年1月建成通车。工程全线长4 930 m,北、南两线盾构段长度分别为3 557 m和4 125 m,工程采用双洞双层双向8车道。采用中国交通建设股份有限公司制造的外径为14.93 m的盾构机施工,盾构总推力为2.784×10^5 kN,设5道盾尾刷,如图2-59所示。盾构沿线穿越淤泥质黏土层、砂土层、卵石层和粉砂岩层等复杂地质条件,隧道底部最大水压0.74 MPa,施工克服了复合地层、饱和带压换刀等难题。

隧道外径14.5 m、内径13.3 m,环宽2 m,管片厚度0.6 m,管片为C60混凝土,由10块管片("7+2+1")组成,采用小封顶块,单块最大质量为15 t,采用通用环楔形管片错缝拼装,楔形量48 mm。

2010年12月,南京地铁10号线过江隧道正式开工建设。工程采用单洞双线方案,区间

图 2-59 南京扬子江隧道工程

隧道全长 3 600 m,采用 1 台由海瑞克制造的外径为 11.64 m 的泥水平衡式盾构机施工,采用 4 道钢丝刷和 1 道钢板刷进行盾尾密封(图 2-60)。2012 年 5 月盾构始发掘进,2013 年 5 月 10 日过长江段结构贯通。最大埋深位于长江江面以下 58 m,最大水土压力 6.5 bar,穿越卵砾石层长度达 1 780 m。施工面临超大直径、高压、高透水性地层、长距离掘进、常压情况下换刀等难题。

隧道衬砌外径 11.2 m、内径 10.2 m,管片厚度 0.5 m,环宽 2 m,采用通用管片,错缝拼装,纵缝和环缝采用斜螺栓连接,防水耐压 1.2 MPa。隧道下部结构为中间设置口子预制件、两侧现浇的结构形式,双线间设中隔墙,顶部设烟道板。

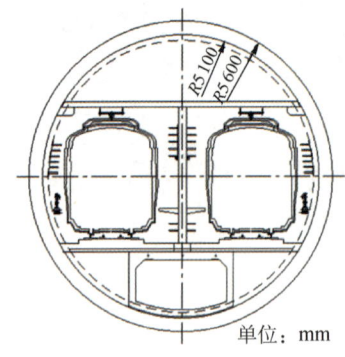

图 2-60 南京 10 号线过长江盾构隧道工程

2010 年 12 月,南京地铁 3 号线 D3-TA04 标区间隧道开工。"柳州东路—上元门路"过江段隧道为单洞双线,隧道长 3 353.945 m,其中江中段 1 800 m,曲线半径 805.2 m。使用直径为 11.57 m 的泥水气压盾构施工,盾构质量为 1 700 t。盾构于 2012 年 5 月始发,2014 年 7 月结构贯通,2015 年 4 月建成通车。盾构穿越段的地层非常复杂,主要为砂性土、砾砂地层,较容易出现液化、涌水及流砂等现象,长距离掘进刀盘易受磨损,并需要在常压下换刀。隧道外径 11.2 m,内径 10.2 m,环宽 2.0 m,采用通用楔形管片错缝拼装。

2011 年 8 月,扬州瘦西湖隧道工程开工。2012 年盾构始发,2013 年 12 月结构贯通,2014 年 9 月通车。瘦西湖隧道工程全长 3.6 km,采用单洞双层结构形式,设双层双向 4 车道,设计最大纵坡 5%。主线隧道长 2.64 km,其中圆形盾构隧道长 1 275 m,采用由海瑞克生产的外径为 14.93 m 的泥水盾构施工(图 2-61)。盾构需要穿越硬塑膨胀性黏土,土层塑性指数大,易黏附于刀盘,导致刀盘结泥饼、堵塞排浆管和筛分设备等后果。

隧道外径 14.5 m、内径 13.3 m,管片厚度 0.6 m,环宽 2.0 m,采用 10 块钢筋混凝土管片拼装成环,其中 7 块为标准块、2 块为邻接块、1 块为封顶块。管片混凝土等级为 C60,迎水面保护层厚度 50 mm,内壁 40 mm。环向设 36 根 M36 螺栓,纵向设 42 根 M30 螺栓,采用错缝拼装方式,EPDM 弹性密封垫止水。

图 2-61 扬州瘦西湖隧道工程

2012 年 11 月,京津城际铁路延伸线解放路隧道工程开工,盾构隧道长 2 248.5 m,单洞设置双线,采用直径为 12.0 m 的泥水平衡盾构施工,2015 年 5 月底结构贯通。

2013 年,郑州中州大道穿越工程开工建设,采用"中州一号"矩形顶管机(7.53 m×10.43 m×6.732 m)顶进施工,为当时最大顶管隧道。2014 年 1 月始发,3 月结构贯通。该顶管机采用 1 个主心大刀盘和 4 个偏心小刀盘的组合方式,多种刀具配置,有效实现了全断面切削。顶管机配置 26 个油缸,总推进力为 110 000 kN,隧道内径尺寸为 6.1 m×9.0 m(图 2-62)。顶管穿越地层为②层粉土、③层粉土、④层粉土、⑤层粉质黏土及⑤$_{-1}$层粉质黏土。

图 2-62 郑州中州大道下穿矩形顶管工程施工

2013 年 12 月,武汉三阳路隧道开工建设。区间全长 2 926 m,工程规模为双洞双层结构,上层为双向 6 车道公路隧道,下层为地铁 7 号线过江通道,其中盾构隧道长 2 590 m,采用 2 台直径为 15.76 m 的超大型复合式泥水气压平衡盾构施工。隧道顶埋深 8.4~39.5 m,江中段隧道覆土 12.5~18.5 m。工作井围护结构的地墙施工于 2015 年 5 月完成,采用铣槽机施工了 48 幅深 59 m、厚度 1.5 m 的地墙,基坑平面尺寸 69 m×49 m,开挖深度为 44.1 m。盾构本体长 14.11 m,全长 167 m,总质量为 4 000 t,最大单体部件质量为 430 t。右线盾构"三阳号"于 2016 年 4 月始发,左线盾构"开泰号"于 2016 年 6 月始发,2018 年 6 月实现结构贯通,2019 年 8 月建成通车。盾构穿越地层主要为中密~密实粉细砂层,局部下切强风化粉砂质泥岩、弱风化粉砂质泥岩以及弱胶结砾岩。武汉三阳路隧道为公铁合建隧道,由于限界及通风等要求,内部结构采用现浇方案,为首次采用全现浇方案施工的超大型盾构内部结构,如图2-63所示。

隧道外径15.2 m、内径13.9 m,管片厚度0.65 m,环宽2 m,采用"9+1"分块设计组装成环,纵向采用28根M30直螺栓,管片环向采用30根M36直螺栓。

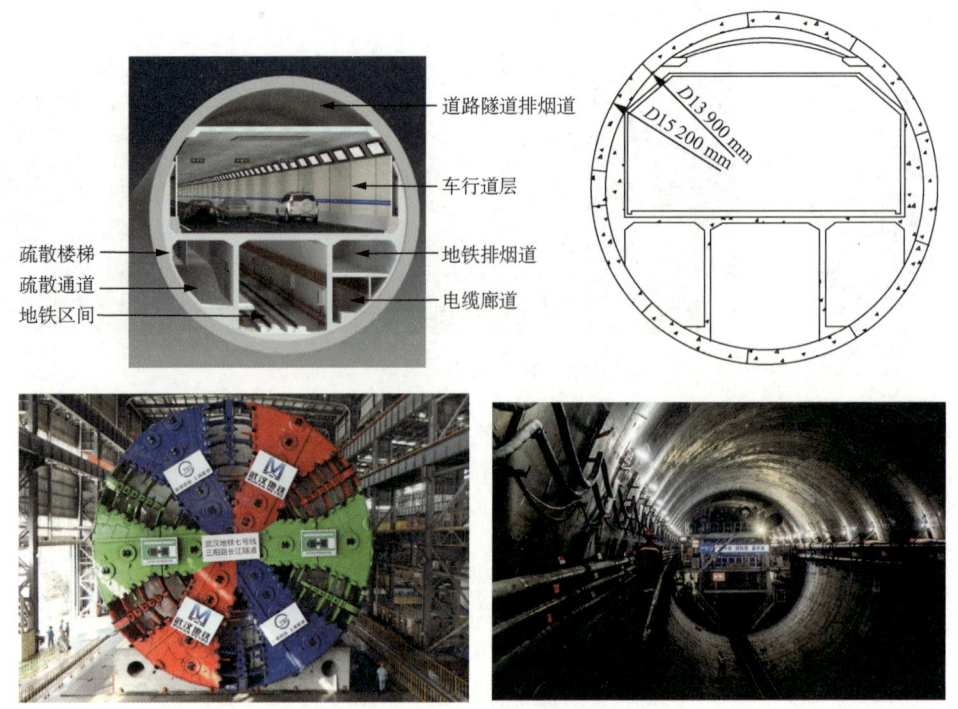

图 2-63 武汉三阳路隧道工程

2013年,香港莲塘公路隧道开工建设,它是香港与深圳之间的第七个陆路口岸,工程全长11 km,其中一段4.8 km长的龙山隧道采用盾构法施工。2015年8月盾构始发,2017年3月南线隧道结构贯通,2018年4月北线隧道结构贯通,2019年5月通车。采用由中国北方重工生产的外径为14.1 m的双模式土压平衡盾构施工,盾构机刀盘直径为14.1 m,最小曲线半径354 m,如图2-64所示。管片衬砌尺寸为2.2 m(宽),使用8块通用管片与封顶块,管片外径13.7 m、内径12.6 m。

图 2-64 香港莲塘公路隧道工程

2014年8月,珠海横琴新区马骝洲交通工程开工建设。工程全长2834.6 m,隧道全长2200 m,盾构隧道段长1081.6 m,设双洞双向6车道。西线隧道的盾构于2016年1月始发,2016年12月隧道结构贯通。东线隧道于2017年4月开始掘进,2017年11月实现全线结构贯通,2018年底开通运行。采用直径为4.93 m的超大直径泥水气压平衡盾构施工。在总结西线施工经验的基础上结合地质条件,对盾构进行了改进,采用重型滚刀,加装了贝壳刀,舱内增设了搅拌棒并设置了换刀加固区。盾构穿越复合地层,包括淤泥、淤泥质黏土、中粗砂层、砾质黏性土、全风化花岗岩、强风化花岗岩和高强度花岗岩等地层。该工程为国内首条海域环境下超大直径盾构法隧道,如图2-65所示。

图2-65 珠海横琴新区马骝洲交通工程

隧道衬砌外径14.5 m、内径13.3 m,管片厚度0.6 m,由10块管片错缝拼装。

2014年,上海虹桥临空11-3地块地下连接通道工程开工。通道连接福泉北路西侧10-3地块与东侧11-3地块地下车库,为国内首条大断面矩形盾构隧道。通道全长约52 m,其中28 m长的通道采用盾构施工,矩形盾构机采用8个小刀盘掘进。隧道结构外尺寸为9.75 m×4.95 m,内净空尺寸为8.65 m(宽)×3.85 m(高),采用6块复合管片,分别为拱顶块(F块)、左上块(LU块)、右上块(RU块)、左下块(LD块)、右下块(RD块)及拱底块(D块),管片厚度0.55 m,环宽1.0 m。采用通缝形式拼装,在拱顶的起拱量约为150 mm,拱腰起拱量约为100 mm,纵向与环向都采用直螺栓连接形式,环间螺栓28根,环向螺栓24根,隧道中间不设立柱。衬砌断面形状如图2-66所示。

2014年12月,上海沿江通道工程隧道动工。沿江通道全长30 km,是第一条跨越黄浦江和长江的隧道,其中越江段盾构圆形隧道长5090 m,工程规模为双洞双向6车道,采用2台外径为5.43 m的泥水盾构施工。分别于2016年7月和12月始发推进,2019年12月建成通车。

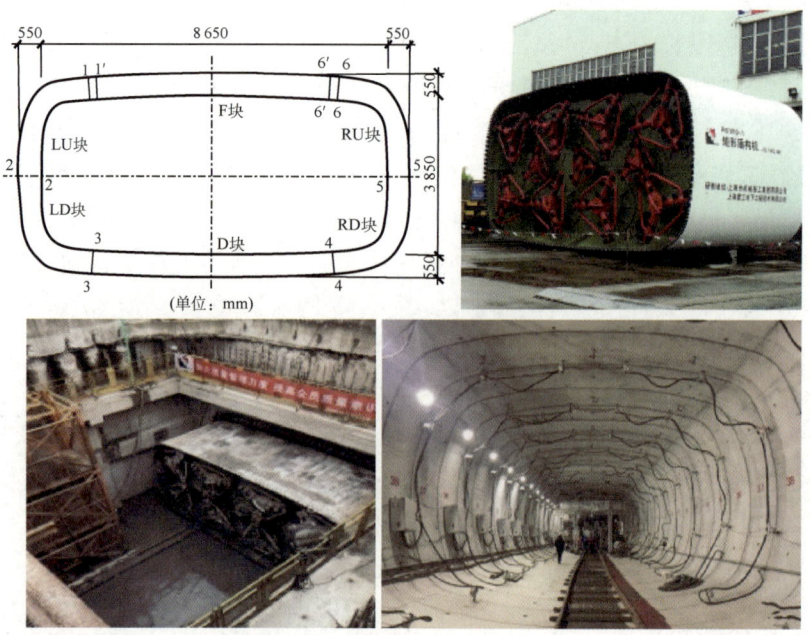

图 2-66 上海虹桥临空矩形盾构

隧道外径 5 m、内径 3.7 m,一环衬砌结构由 10 块管片("7+2+1")构成,环宽 2 m,管片厚度 0.65 m。环与环之间设 38 根 M30 螺栓连接,块与块之间设 2 根 M39 螺栓相连,如图 2-67 所示。

图 2-67 上海沿江通道工程

2014 年 12 月,上海北横通道工程开始施工。北横通道西起中环北虹路,东至周家嘴路越江隧道越江工程,全长 19.4 km,是平行于延安路的一条骨干性道路,由地下、地面及高架三部分组成。全线共设 10.5 km 地下线路,盾构部分长约 6.416 km,平面最小曲线半径 500 m,工程西段和东段盾构掘进长度分别为 2 751 m 和 3 665 m,工程规模为单洞双层双向 6 车道。盾构于 2016 年 12 月始发,西段于 2019 年 10 月实现结构贯通,2021 年 6 月通车。隧道部分采用 1 台外径为 5.56 m 的铰接泥水平衡盾构"纵横号"施工,盾构最大推力 2.0×

10^5 kN,设 3 道盾尾钢丝刷、1 道钢板刷和 1 道防漏挡砂板。盾构穿越地层多为⑤~⑦层土,大规模、近距离连续穿越上海市多种建(构)筑物,包括近百处房屋,穿越正在运营和在建的轨道交通 5 条线,以及沿线各类管线,先后 4 次穿越苏州河并长距离与苏州河"相伴而行",如图 2-68 所示。

图 2-68 上海北横通道工程

隧道衬砌外径 5 m、内径 3.7 m,环宽 2 m,管片厚度 0.65 m,单环隧道由 10 块钢筋混凝土管片("7+2+1")组成,混凝土强度为 C60,抗渗等级 S12,采用通用楔形管片错缝拼装,楔形量为 80 mm 和 40 mm 两种。单块最大质量 16 t,纵向设 38 根斜螺栓,环向块与块之间设 2 根螺栓,单环设 20 根螺栓,拼装时纵向先搭接 750 mm 后径向上推,然后纵向插入。

2014 年 12 月,上海周家嘴路越江隧道工程开工,2019 年底建成通车。工程西起周家嘴路-内江路口,东止浦东东靖路-张扬北路口,工程全长 4.45 km,其中盾构隧道长 2.572 km,设计单洞双层双向 4 车道,最大覆土 44.5 m,采用直径为 4.93 m 的泥水盾构施工,如图 2-69 所示。隧道外径 4.5 m、内径 13.3 m,管片宽 2 m。

2014 年 12 月,杭州文一路地下通道工程开工建设。地下工程规模为双洞单层双向 4 车道,全长 5.12 km,文一路地下通道工程是杭州城市快速路系统中的重要组成部分,工程西

图 2-69 上海周家嘴路越江隧道工程

起紫金港路以西,东至保俶北路,沿文一西路。共设 4 个工作井,分东、中、西明挖段和东西盾构施工段(图 2-70)。采用外径为 1.66 m 的泥水平衡盾构施工。盾构于 2016 年 12 月始发,到达丰潭路之后掉头施工。工程于 2018 年 10 月建成通车。隧道外径 1.3 m、内径 0.3 m,环宽 2 m,采用错缝拼装方式。

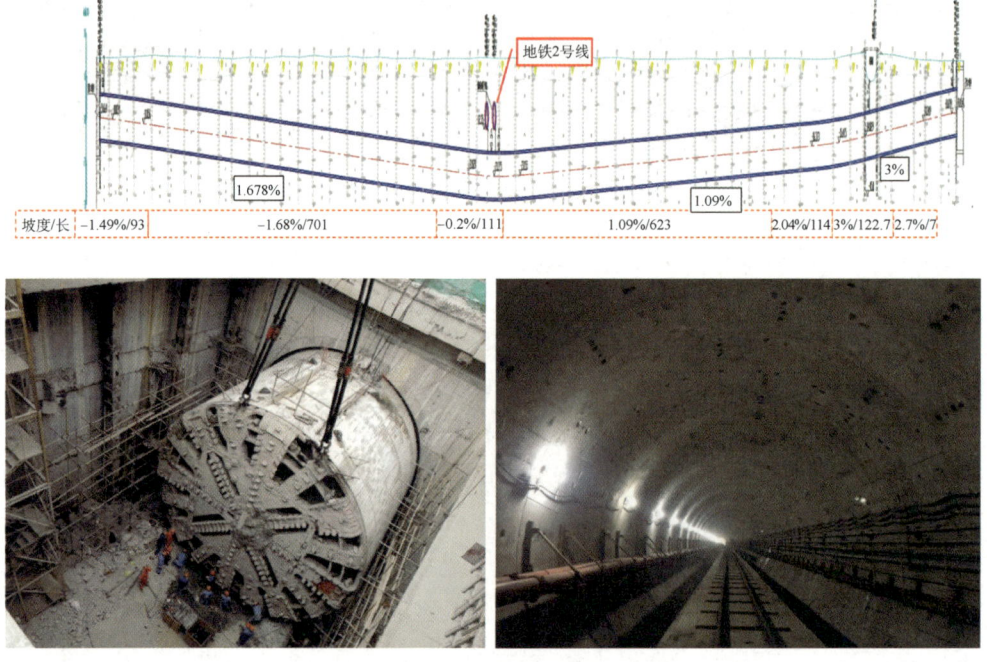

图 2-70 杭州文一路地下通道工程

2015年2月，佛山东莞城际铁路狮子洋隧道开工，2016年9月盾构始发，2019年12月结构贯通。狮子洋隧道全长6.476 km，盾构隧道段长度4.9 km，为单洞双线隧道，采用外径为3.61 m的土压-泥水双模式盾构。盾构需要穿越高水压区域，地质条件复杂，包括全断面土岩复合地层、3处破碎带和2处水下断层等，佛山东莞城际铁路狮子洋隧道是目前国内最大直径的铁路盾构隧道，也是国内最大水头下盾构隧道，也是国内首次采用土压-泥水双模式盾构掘进施工的隧道，如图2-71所示。隧道外径3.1 m、内径2 m，环宽2 m，管片厚度0.55 m，采用双面楔形环，楔形量30 mm，采用9块("6+2+1")钢筋混凝土管片，错缝拼装，设两道防水。

图2-71 佛山东莞城际铁路狮子洋隧道工程

2015年1月，宁波轨道交通3号线一期工程出入段项目开工。2015年11月命名为"阳明号"的类矩形盾构在宁波轨道交通3号线始发，2016年11月实现结构贯通。"阳明号"类矩形土压平衡异形盾构机由上海隧道工程股份有限公司研制，断面尺寸为11.83 m×7.27 m。盾构刀盘由2个同平面相交的X圆形大刀盘和后置偏心多轴刀盘组合而成，通过采用同平面相交双刀盘协调驱动技术、GPS实时映像检测技术、多电机驱动技术、传动系统性能预测及故障预警技术，可实现刀盘互不干涉地交错旋转(图2-72)。在异形多刀盘切削系统、管片拼装系统、推进系统等诸多方面取得突破性创新，这标志着我国在盾构设计制造、管片设计技术、管片受力试验、隧道防水、施工综合技术及注浆与环境保护等方面取得了许多技术突破。采用错缝拼装方式，分块之间设定位棒，块间设直螺栓，环间设斜螺栓，环与环之间设剪力销，隧道中间设立柱，采用三元乙丙橡胶弹性密封垫止水。

隧道外尺寸为11.5 m×6.93 m，内尺寸为10.65 m×6.03 m，每环衬砌设11块管片，管片厚度0.45 m，环宽1.2 m，中间设立柱。

2014年，香港屯门—赤鱲角隧道工程开工建设。屯门—赤鱲角的连接线是珠江三角洲与扩展道路交通的一部分，这条4.2 km长的隧道连接靠近赤鱲角国际机场香港过境设施交通中心和位于九龙的香港北部，为一条双向4车道海底公路隧道。北起屯门西南第40区望后石接连屯门西，经跨海高架及沉管隧道后达到港珠澳大桥香港口岸，再连接赤鱲角。工程分为南连接线和北连接线，北部出入口处的人工填海段采用1台由海瑞克生成的直径为7.6 m的复合盾构机，掘进0.8 km后更换为两台直径为4 m的盾构机(图2-73)。盾构段于

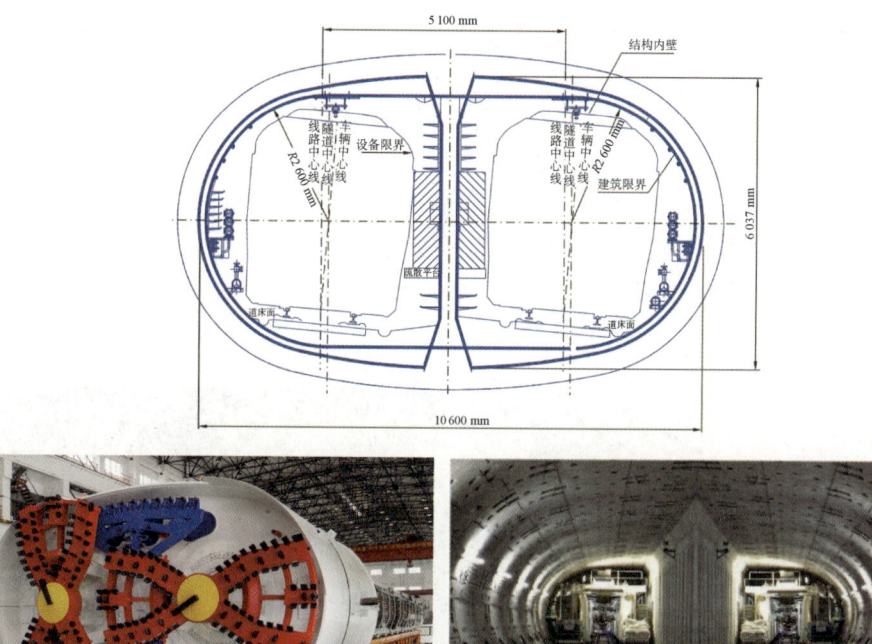

图 2-72 宁波地铁类矩形盾构"阳明号"

2015年6月始发,2019年隧道结构贯通,2020年建成通车。盾构穿越香港所有地质地层,从较硬的花岗岩到软弱的次固结海相沉积岩、透水性强的沉积砂砾层和黏土变质沉积层。由于对地层预估不足,导致掘进速度下降,刀具磨损加剧。

图 2-73 香港屯门—赤鱲角隧道工程

2015年2月,广东汕头海湾隧道(苏埃通道)开工建设。隧道全长6 680 m,盾构段长3 047.5 m,设双向双线6车道。东线盾构和西线盾构分别于2018年4月、10月顺利始发,同向掘进,并分别于2020年5月、8月实现结构贯通。工程采用2台直径为14.96 m的大型泥水盾构施工,盾构具有常(带)压换刀、刀盘伸缩摆动、超前地质预报和超前钻探等功能。盾构穿越地层十分复杂,包括软硬不均地层、极其软弱的淤泥质土层、淤泥混砂、中粗砂、硬石和孤石等,具有软弱不均地层掘进困难、易坍塌、带压作业、高水压等风险,并具有地处高地震烈度区、施工难度大、安全风险等级高等特点,如图2-74所示。

图 2-74 汕头市苏埃通道工程

隧道衬砌外径4.5 m、内径13.3 m,管片厚度0.6 m,衬砌环由10块管片组成,设两道防水。

2015年6月芜湖城南过江隧道工程开工建设。工程全长5.96 km,隧道长5.77 km,盾构隧道段长3.95 km。设双向6车道,采用2台外径为4.93 m的复合气垫式泥水盾构施工,预计工程将于2024年建成通车,如图2-75所示。隧道外径4.5 m、内径13.3 m,环宽2 m,管片厚度0.6 m,管片为C60混凝土,由10块管片("7+2+1")组成,采用小封顶块,单块最大质量15 t,采用通用环楔形管片错缝拼装。

2015年6月,上海诸光路通道工程开工建设。工程地下道路北起北青公路接地点,南至崧泽高架路南侧会展环路接地点,全长约3.5 km,设为单管双层双向4车道,其中盾构隧道段长约1 390 m,采用由海瑞克制造的直径为14.45 m的土压平衡盾构施工。盾构于2017年5月始发,2019年实现结构贯通,2020年建成通车。此盾构曾用在新西兰的

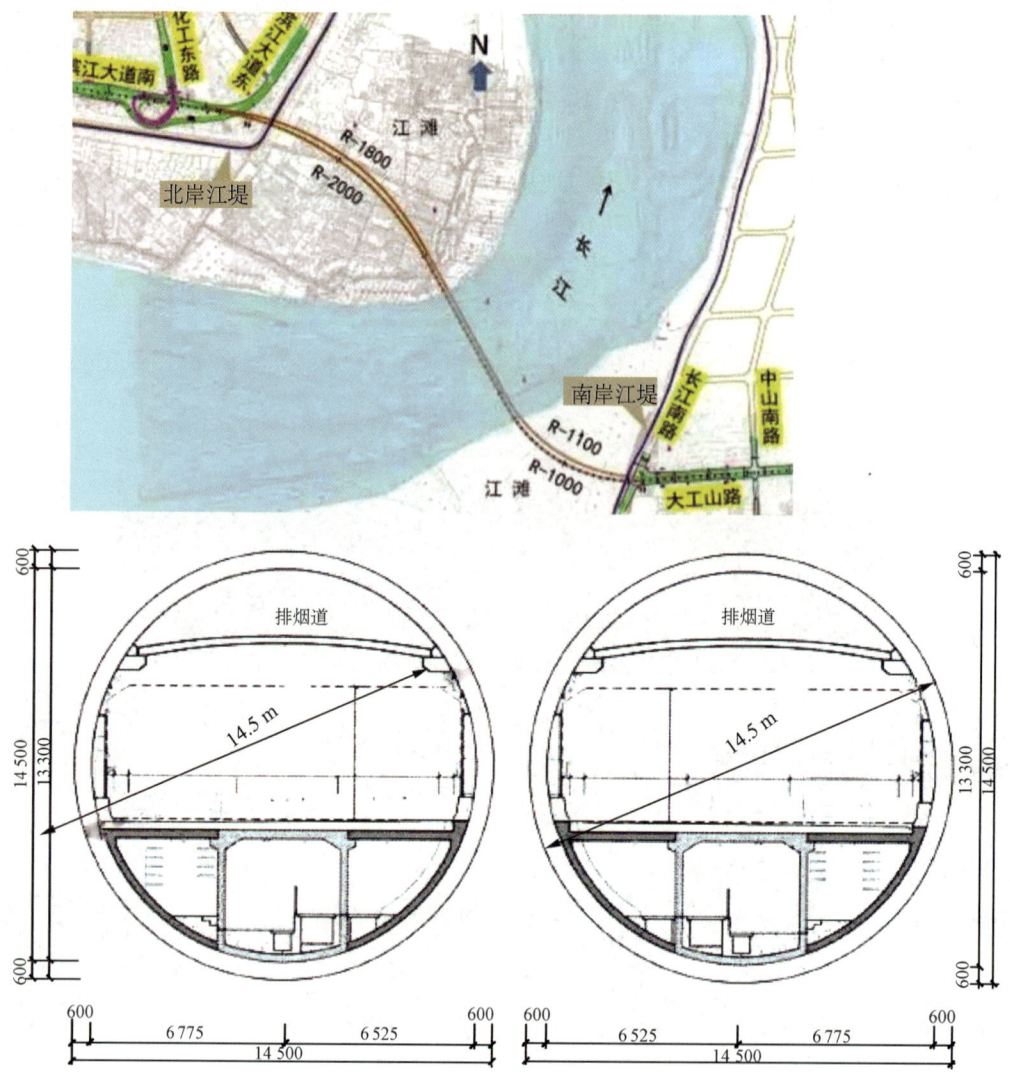

图 2-75 芜湖城南过江隧道工程(单位:mm)

Waterview 隧道项目,后经改造,将原刀盘配置的滚刀改成刮刀和贝壳刀形式,盾构质量为 2 400 t,盾构机长 12.42 m。隧道外径 13.95 m,内径 12.75 m,环宽 2 m,管片厚度 0.6 m,由 10 块管片("7+2+1")组成,采用楔形管片,如图 2-76 所示。

2016 年 9 月,豫机城际铁路工程动工,一标段全长约 11.1 km,隧道部分长 3 800 m,采用直径为 2.81 m 的泥水盾构施工。盾构于 2017 年 1 月始发,2018 年结构贯通,2019 年完成通车。盾构穿越南水北调干渠,解决了高水压、地层软弱不均匀、一次性长距离穿越等难点。

2016 年 10 月,杭州香积寺西延伸工程项目获批,采用直径为 1.3 m 的盾构下穿京杭大运河,隧道段长 2.4 km,设为单洞双层双向 4 车道。

2016 年 11 月,蒙华铁路白城隧道工程开始施工。蒙华铁路隧道为单洞双线铁路隧道,全长 3.345 km,最大埋深 81 m,盾构段长 3.043 6 km,隧道断面形状为马蹄形,采用由中铁

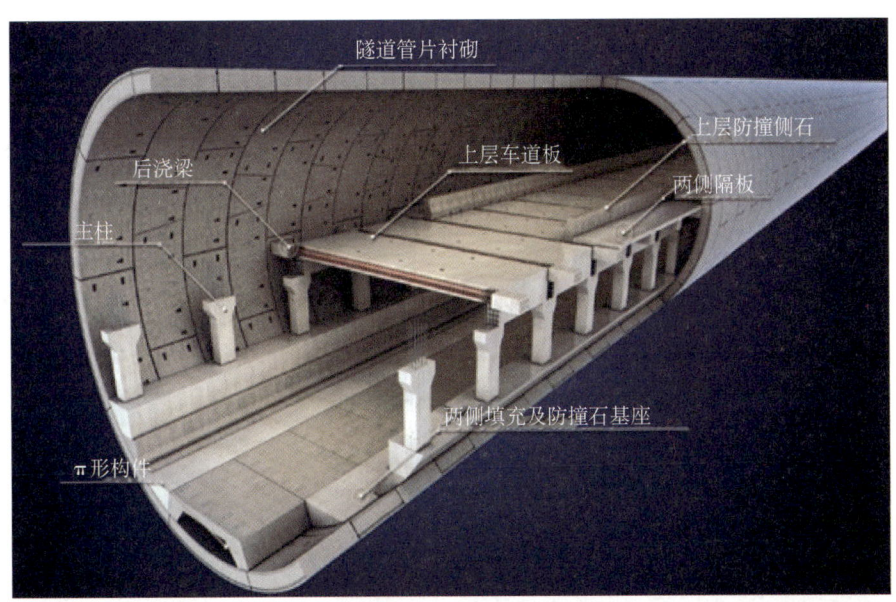

图 2-76 上海诸光路通道工程

工程装备制造的首台超大断面马蹄形土压平衡盾构施工。该马蹄形盾构也称为"蒙华号"盾构,其开挖尺寸为 11.9 m×10.95 m,采用 9 个小刀盘,这 9 个小刀盘既可以同时转动,也可以单独转动、任意组合转动和异向转动,它在最大限度提高隧道空间利用率的同时,较圆形截面减少了 20%~30% 的开挖面积。"蒙华号"盾构先后成功穿越了浅埋层、天然气管道、包茂高速等重大风险源地带,成功规避了安全风险源,隧道于 2018 年 1 月结构贯通。成环结构高 10.589 m,环宽 1.5 m,单块管片最大质量为 10 t,采用 C50 高强混凝土管片错缝拼装,如图 2-77 所示。

2016 年 12 月,太原铁路枢纽西南环线的大直径土压平衡盾构"麒麟号"始发,2018 年 12 月底隧道结构贯通。工程起点是西山支线汾河站,终点是太中银线北六堡站,正线全长为 53.64 km,其中盾构隧道长 4.85 km,设单洞双线结构。"麒麟号"是国内最大直径复合土压平衡盾构机,盾构刀盘直径为 12.14 m,盾构质量为 2 800 t,由中铁装备制造。盾构穿越复杂地层,包括复合地层、全断面大粒径卵石地层、粉土和粉质黏土地层等。

2017 年 2 月,深圳春风隧道工程开工,盾构于 2019 年 9 月始发,计划于 2023 年结构贯

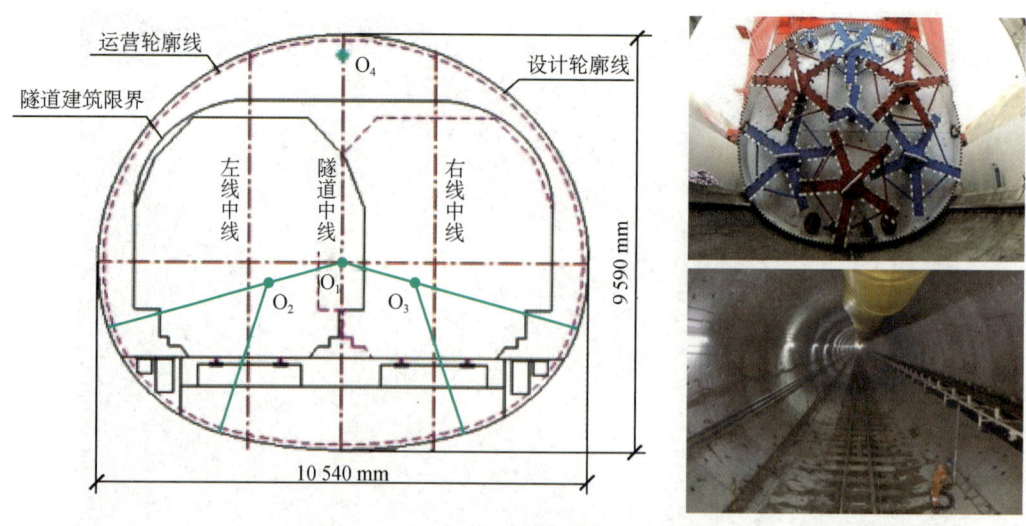

图 2-77 蒙华铁路白城隧道马蹄形盾构

通。深圳春风隧道工程是罗湖区干道交通的重大项目,全长为 5.08 km,隧道长度为 4.82 km,其中盾构隧道部分长 3 583 m,盾构隧道区间覆土厚度为 6.1～46.2 m,采用单洞双层结构形式,采用直径为 5.76 m 的泥水盾构施工。隧道外径 15.2 m、内径 13.9 m,如图 2-78 所示。

图 2-78 深圳春风隧道工程

2017 年 2 月,温州市域铁路 S2 线一期工程控制性工程节点"瓯江北口过江隧道"动工,它是温州首条大直径过江隧道。S2 线一期工程总长 63.6 km,建成后将承担市区范围内沿海地带南北快速交通联系。工程规模为单洞双线,隧道全长 4 883.53 m,其中盾构段长 2 664.6 m,采用 1 台外径为 4.93 m 的泥水平衡盾构施工。盾构已于 2020 年 3 月始发,结构于 2021 年贯通。盾构要穿越地质条件复杂的瓯江,还要面临超浅覆土,穿越两岸大堤和沼气区域,施工难度较大。隧道外径 4.5 m、内径 13.3 m,管片厚度 0.6 m,环宽 2 m,由 10 块钢筋混凝土管片错缝拼装而成,如图 2-79 所示。

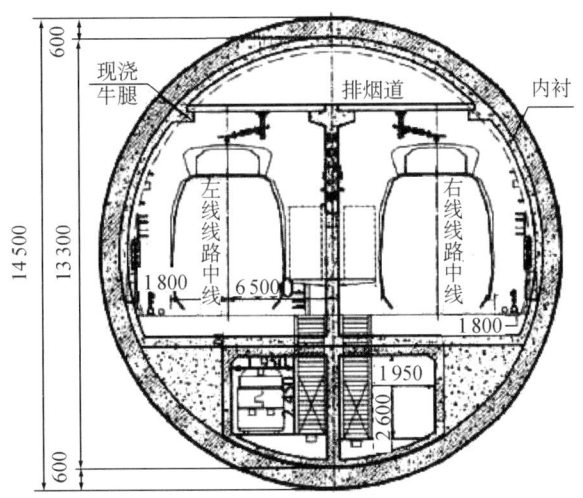

图 2-79 温州瓯江北口过江隧道断面尺寸(单位:mm)

2017年4月,杭州博奥隧道正式开工建设。工程位于钱江三桥和庆春路过江隧道之间,北起钱江新城与富春路交叉口,南至钱江世纪城博奥路与平澜路交叉口,全长约2.8 km,设双向4车道,东线盾构段长1 679 m,西线盾构段长1 679.9 m,隧道外径11.3 m,于2021年中开通。

2017年4月,南京长江第五大桥夹江隧道开工建设。该隧道作为南京第七条道路过江通道,是连接主城区与江北新区的重要纽带,同时也是南京"高快速路系统"中绕城公路的重要组成部分,是连接主城与江北新区的重要枢纽。夹江隧道盾构段长1.16 km,采用外径为15.46 m的"新时代号"泥水盾构机施工,隧道外径15.0 m,内径13.7 m。2018年12月右线盾构始发,2019年10月结构贯通,2020年初左线盾构始发,2020年8月结构贯通,2020年底建成通车。

2017年9月,武汉和平大道隧道开工建设。隧道设计为单洞双层双向6车道。盾构隧道长1 390 m,采用外径为15.92 m的"和平号"海瑞克混合式泥水平衡盾构机施工。盾构机于2019年11月底下线,2020年4月始发。隧道外径15.4 m、内径14.2 m,管片厚度0.6 m,是目前内陆地区直径最大的盾构隧道。盾构机将穿越泥岩、页岩等17种地层,地层转换频繁,岩层最大强度高达200 MPa,同时又是岩溶强发育地层,并下穿武昌古城区,连续穿越民房、京广铁路、黄鹤楼等景区核心地带,对地面沉降控制要求极高,施工风险大。

2017年11月,南京和燕路过江通道开工建设。隧道全长2 964.957 m,双管双层双向各6车道。采用外径为15.07 m的混合式盾构机施工。左、右线隧道盾构机分别于2019年10月底和12月底始发,整个工程于2022年建成通车。盾构穿越断面地质复杂,主要有粉质黏土、粉细砂层、中粗砂、强风化角砾岩、中风化角砾岩、全断面硬岩、软硬不均地层和长距离岩溶区。隧道最大埋深 65 m,最大水土压力 7.9 bar。管片外径 14.5 m、内径 13.3 m,环宽 2 m。

2017 年 11 月,济南黄河隧道开工建设,于 2021 年 10 月通车。2019 年 9 月,西线"黄河号"盾构机始发,2021 年 1 月西线贯通,东线于 2019 年 12 月盾构进洞,2020 年 10 月贯通。这是黄河上第一条公路地铁合建的隧道,隧道全长 3 700 m,其中盾构段长 2 519 m,设计为双洞双层,上层为双向 6 车道公路,下层为济南轨道交通 M2 线。采用由海瑞克制造的直径为 15.71 m 的超大直径泥水平衡盾构机施工,盾构机总长 166 m,总质量为 4 000 t,装机总功率为 8 688 kW,最大推力为 199 504 kN。管片外径 15.2 m、内径 13.9 m,管片厚度 65 cm。

2017 年 12 月,济南济泺路穿黄隧道正式开工,黄河隧道及南北线道路全长 4.76 km,其中盾构隧道段长 2 519 m,将采用 2 台大型泥水盾构施工,隧道设计为双管双层,上层为地铁 3 车道公路,下层为地铁 5 号线。隧道外径 15.2 m、内径 13.9 m,盾构最小覆土 11.2 m,最大覆土 32 m,第一台盾构于 2019 年 9 月始发,于 2021 年建成通车。

2018 年,安徽芜湖城南过江隧道开工建设,工程计划于 2024 年开通。采用盾构施工,左线盾构隧道长度 4 936 m,右线盾构隧道长度 4 945 m。采用 2 台国产泥水复合盾构机施工,分别为"皖江奋斗号"和"皖江复兴号"盾构,于 2021 年 9 月和 2022 年 4 月分别始发推进,该盾构直径达 15.07 m。

2018 年 11 月,南京建宁西路过江通道开工建设,预计于 2024 年通车。建宁西路过江通道起自江北新区兴浦路与江北快速大道交叉处,沿兴浦路东侧向南跨越津浦铁路后,以隧道方案穿越长江,沿现状建宁西路以明挖隧道至近静海寺处,隧道外径为 14.5 m。全长约 6.8 km,其中隧道盾构段双线长 2 380 m。2021 年采用 2 台 15 m 级的盾构先后完成始发,有望于 2023 年结构贯通。

2019 年 1 月,杭州艮山东路隧道段和下沙隧道招标开工建设。艮山段盾构隧道长 3 210 m,下沙段长 1 490 m,均采用直径为 14.5 m 的盾构施工,盾构于 2020 年上半年始发,整个工程于 2022 年建成通车。

2019 年 2 月,深圳妈湾跨海通道工程开工建设。妈湾跨海通道建成后,将承担南山港区疏港功能,将南山港区货运交通从前海外围疏散,实现前海货运与客运相分离,缓解疏港货运交通给前海路网带来的巨大交通压力。路线全长约 8.05 km,其中盾构段长 2 060 m,采用 15.56 m 超大直径气垫式泥水平衡盾构施工,盾构要穿越海底复杂地形。2019 年 12 月底已经完成盾构始发井的地下墙施工,2021 年 7 月盾构始发,计划于 2023 年完工。

2019 年 3 月,长沙湘雅路过江通道工程开工建设。线路全长 4.18 km,设计为双洞双层双向各 6 车道,过江段长 1 399 m,采用直径为 14.5 m 的盾构施工,工程计划于 2023 年完成。管片外径 14.5 m、内径 13.3 m。

2019 年,北京东六环改造工程启动。线路长度 16 km,主线隧道 2 座,盾构隧道长度

7 338 m,采用 2 台由中铁建重工集团股份有限公司研制的外径为 16.07 m 的盾构施工。

2019 年,杭州之江路提升改造工程开工建设,隧道段采用 14 m 级的盾构施工,于 2022 年 7 月顺利贯通。

2019 年,广东珠海十字门隧道动工建设,计划于 2023 年建成通车。隧道全长 2.8 km,其中盾构隧道长 940 m,分上、下两层布置,采用外径为 15.2 m 的盾构施工隧道。

2019 年,浙江富阳秦望过江隧道开工建设,计划于 2023 年建成通车。隧道长度为 1 258 m,双管隧道,采用外径为 15.2 m 的盾构施工隧道。

2019 年,苏州桐泾路北延伸工程开工建设,计划于 2023 年建成通车。2020 年 10 月盾构始发,线路长度 1 630 m,其中盾构部分长 490 m,隧道采用外径为 13.67 m 的盾构施工。

2019 年,上海机场线开工建设,采用外径为 14.06 m 的盾构施工,设计为一洞双线,衬砌环外径为 13.6 m。

2020 年 3 月,广东汕汕铁路海底隧道开工建设,计划于 2023 年建成通车。线路全长 9 781 m,为单洞双线隧道,其中有 2 169 m 长的一段隧道采用超大直径盾构施工,盾构外径为 14.57 m,管片环外径为 14 m、内径为 12.8 m。盾构穿越汕头湾海底复杂地层,长距离穿越全断面花岗岩段和多处断裂带,地层呈上软下硬,隧道最大埋深 67 m。

2020 年 6 月,珠海隧道获批建设,同年 12 月底正式动工,工程计划于 2025 年建成通车。工程全长约 5.0 km,其中隧道长 4.48 km,盾构段长约 2 930 m。采用 2 台外径为 15.1 m 的盾构施工,盾构于 2022 年上半年始发。

2020 年,广湛高铁海底隧道开工建设,工程计划于 2024 年建成通车。隧道全长 9 640 m,为单洞双线隧道,采用外径为 14.33 m 的超大盾构施工。衬砌环外径 13.8 m、内径 12.6 m。

2020 年 8 月,上海银都路越江隧道开工建设。银都路隧道工程西起徐汇区规划景东路-银都路路口,东至闵行区浦锦路-芦恒路交叉口,线路全长约 3.8 km,隧道段长 2.7 km,拟采用两条外径为 15.43 m 的盾构施工,盾构于 2021 年始发,计划于 2024 年建成通车。

2020 年,江阴靖江长江隧道开工建设,工程计划于 2024 年完工。线路总长 4 952 m,盾构隧道部分长 2 690 m,采用一台外径为 16.06 m 的盾构施工。

2020 年 12 月,海珠湾隧道开工建设,工程计划于 2024 年完工。海珠湾隧道长 4.35 km,其中盾构部分长 2 077 m,双洞双向 6 车道,采用外径为 15.05 m 的超大盾构施工,隧道管片外径 14.5 m。

另外,上海隆昌路隧道、嫩江路隧道、殷行路隧道和闸殷路隧道等都在规划内,将于近期依次实施。

21 世纪以来,中国盾构隧道得到长足发展,相继建设了 20 多条超大直径的盾构隧道,除个别项目位于华南外,多数隧道沿长江分布,尤其分布在长江三角洲地区,统计情况如表 2-7 所列。

表 2-7　　我国大型盾构工法应用工程统计（2000—2020 年）

序号	盾构隧道名称	建设—竣工时间	总长/km	盾构机外径/m	隧道外径/m	隧道内径/m	管片厚度/mm	管片块数
1	上海上中路隧道	2004—2009 年	2.5	14.87	14.5	13.3	600	10
2	上海长江隧道	2004—2009 年	14.94	15.43	15	13.7	650	10
3	上海外滩隧道	2007—2010 年	1.098	14.27	13.95	12.75	600	9
4	南京纬七路长江隧道	2005—2010 年	6.04	14.93	14.5	13.3	600	10
5	上海军工路隧道	2008—2011 年	2.98	14.87	14.5	13.3	600	10
6	上海迎宾三路隧道	2009—2011 年	1.86	14.27	13.95	12.75	600	9
7	扬州瘦西湖隧道	2011—2013 年	1.28	14.93	14.5	13.3	600	10
8	杭州钱江隧道	2008—2014 年	6.49	15.43	15	13.7	650	10
9	广深港客运专线益田路隧道	2008—2014 年	2.444	13.17	12.8	11.7	550	9
10	上海虹梅南路隧道	2010—2015 年	6.78	14.93	14.5	13.3	600	10
11	南京纬三路过江隧道	2010—2015 年	4.135、3.557	14.93	14.5	13.3	600	10
12	上海长江西路隧道	2011—2015 年	4.91(1.5×2)	15.43	15.0	13.7	650	10
13	上海 A30 沿江隧道（在建）	2014 年—	10.18	15.43	15.0	13.7	650	10
14	上海北横通道	2014—2021 年	6.4	15.56	15.0	13.7	650	10
15	珠海横琴区马骝洲隧道（即珠海横琴第三通道）	2014 年—	2.16	14.93	14.5	13.3	600	10
16	上海虹桥临空 11-3 地块地下连接通道（矩形盾构）	2014—2015 年	0.028	10.1×5.3	9.75×4.95	8.65×3.85	550	6
17	上海周家嘴路隧道	2015—2019 年	2.572	14.93	14.5	13.3	600	10
18	上海诸光路隧道	2015—2019 年	1.39	14.45	14	12.75	600	
19	佛山东莞城际铁路狮子洋隧道	2015—2019 年	4.9	13.61	13.1	12	550	9

续表

序号	盾构隧道名称	建设—竣工时间	总长/km	盾构机外径/m	隧道外径/m	隧道内径/m	管片厚度/mm	管片块数
20	宁波地铁 3 号线矩形盾构段	2015—2016 年	0.39	11.83×7.27	11.5×6.93	10.65×6.03	450	11
21	香港莲塘公路隧道	2015—2019 年	4.8	14.1	—	12.6	—	8
22	汕头海湾(苏埃)隧道	2016—2020 年	6.096	15.03	14.5	13.3	600	10
23	武汉三阳路隧道	2015 年—	5.18	15.76	15.2	13.9	650	10
24	芜湖城南隧道	2015—2017 年	7.7	14.93	14.5	13.3	600	10
25	蒙华铁路白城隧道(马蹄形)	2016 年—	3.043 6	11.9×10.95	10.589×11.54	—	500	8
26	深圳春风隧道	2016 年	4.82	15.76	15.2	13.9	650	10
27	温州瓯江北口过江隧道	2017 年	2.664	14.93	14.5	13.3	600	10
28	香港屯门—赤鱲角隧道	2014—2018 年	0.8/4.2	17.6/14	—	—	—	—
29	杭州博奥隧道	2017—2019 年	2.8	11.7	—	—	—	—
30	汕头海湾(苏埃)隧道工程东线	2018—2020 年	6.68	15.01/15.03	14.5	13.3	600	10
31	济南(济泺路)穿黄隧道	2017—2021 年	5	15.76	15.2	13.9	650	10
32	温州市域铁路 S2 线一期工程	2019 年—	4.63(地下段总长)	14.93	14.5	13.3	600	10
33	武汉和平大道南延隧道	2017 年—	1.39/16.3	15.92	15.4	14.2	600	10
34	南京梅子洲过江通道	2017—2020 年	3.6	15.46	15	13.7	—	—
35	南京和燕路过江通道	2018 年—	5.94	15.03	14.5	13.3	600	10
36	杭州艮山东路隧道	2018 年	3.21	15.06	14.5	13.3	600	10
37	杭州下沙隧道	2018 年	1.612	15.08	14.5	13.3	600	10
38	深圳妈湾跨海通道	2019 年	2.06	15.56	15.0	13.7	650	10
39	上海机场联络线 JCXSG-7 标等	2019—2024 年	4.67/4.55	14.13	13.6	12.5	550	9

续表

序号	盾构隧道名称	建设—竣工时间	总长/km	盾构机外径/m	隧道外径/m	隧道内径/m	管片厚度/mm	管片块数
40	上海郊环隧道	2019 年—	5.09	15.43	15	13.7	—	—
41	上海银都路隧道	2020 年	—	15.43	15.0	13.7	650	10
42	汕头湾海底隧道	2019—2023 年	2.169	14.57				
43	武汉两湖隧道（东湖段）	2020 年—	11.43	—				
44	北京东六环改造工程	2019 年—	7.338	16.07				

  中国的盾构法隧道大规模建设是从 21 世纪开始的。随着城市化进程加快、经济实力的提升及技术的进步，对基础设施现状改善的需求愈加强烈，城市轨道交通高强度建设、大量公路隧道需求、大中城市大直径地下管廊的规划建设，极大地促进了盾构隧道行业的发展。与国外相比，我国现代盾构机的研制在适应性设计、系统集成技术和关键器部件的生产制造、模型试验与系统仿真等方面虽仍存在着一定差距，但差距目前正在快速缩短。国内已有诸如上海隧道工程股份有限公司、中铁工程装备集团有限公司、中国铁建重工集团股份有限公司、北方重工集团有限公司、中交天和机械设备制造有限公司等单位相继开展了盾构设备的研制和相关技术的开发，中大直径盾构机的部分产品已初具相当优势，正向超大直径盾构制造迈进。

  目前，全国各地正进行着高强度轨道交通和公路通道的建设，轨道交通运营城市已达 46 座，新一轮建设高潮正在多地展开，根据各地已经发布的规划和在建计划，年掘进里程超过 300 km，保守估计在"十三五"期间每年有超 300 台盾构同时施工。全国公路和铁路网络化大发展，城际间、地区间快捷联系的密切要求，跨越江河湖海及山岭地段连接通道为盾构法隧道施工提供了广阔平台。可以预计在今后相当长的时间里，在盾构使用数量、工程建设强度和工程业绩等方面，中国都将稳占世界第一。截至 2019 年 10 月，全世界在建和投运直径超过 14 m 的盾构隧道有 52 条，其中国外 16 条，中国内地 34 条、香港 2 条，香港以 17.6 m 直径的盾构隧道成为当下世界上最大直径的隧道。

3 盾构机设备与选型

3.1 盾构分类
3.2 盾构设计基本原则
3.3 盾构结构和构造
3.4 盾构形式
3.5 盾构选型

盾构机作为建造隧道的专用装备,由金属壳体和壳体内功能齐全的整机装备与辅助设备等构成。它必须能够承受围岩压力和内外部各种荷载作用,完成推进、土体开挖、出土或排泥、衬砌拼装与注浆等一系列作业,从而实现安全经济地按计划进行隧道掘进作业。

在施工过程中会遇到各种地质条件和复杂多变的环境情况,必须根据地层围岩条件、施工环境情况、隧道断面形状和施工方法等条件进行详细调查并研究,选用合适的盾构机,盾构机自身的结构强度和刚度足以适应这些条件变化。此外,盾构机还必须具有良好的耐久性、施工便利性,满足工程的安全性、经济性和工期要求。

近30年来,世界各地涌现出大量的异形断面盾构隧道,如双圆形、三圆形、四圆形、椭圆形、矩形和类矩形等,根据对已建隧道断面形状的统计,绝大多数隧道采用闭胸式盾构施工,且采用单圆断面形状的隧道占比仍呈压倒性优势。世界上已建、在建的50余条超大直径(外径≥14 m)盾构隧道无一不是采用单圆闭胸式盾构机建造的,采用的泥水盾构占比多于土压盾构。因此,本章分析的重点是单圆闭胸式盾构,其他异形断面盾构可对照单圆形盾构进行适应性分析。

3.1 盾构分类

自20世纪70年代以来,盾构制造数量呈爆发式增长,最近20年由于中国大量的隧道工程建设需要,其数量增加更是惊人。据不完全统计,截至2020年,全世界生产的盾构已超过10 000台。盾构机的种类繁多,其命名及分类也比较繁杂,常见盾构分类如表3-1所示。

表3-1 盾构分类

序号	分类依据	盾构命名	
1	按开挖出土方式	手掘式、半机械式、机械式	
2	按开挖面敞开程度或挡土方式	全敞开式(分为手掘式、半机械式、机械式)、部分敞开式(又称挤压式或网格式)、封闭式或称闭胸式(泥水式和土压式)	
3	按工作面支护地层的形式	自然支护式、机械支护式、压缩空气支护式、泥浆支护式、土压平衡式	
4	按稳定工作面的加压平衡方式	气压式、泥水加压式、削土加压式、加水式、高浓度泥浆加压式、加泥式	
5	按盾构断面形状	圆形	半圆形
			单圆形
			双圆形
			三圆形
		非圆形	矩形和类矩形
			马蹄形
			椭圆形

续表

序号	分类依据	盾构命名	
5	按盾构断面形状	特殊形状	多圆形
			母子形
			球形
			异形多头
			框架式
			自由断面
6	按盾构横截面尺寸	超小型、小型、中型、大型、特大型、超特大型	
7	按施工方法	二次衬砌盾构工法、一次衬砌盾构工法、现浇混凝土（ECL 工法）	
8	按适用土质情况	软土盾构、硬土层、岩层盾构、复合盾构	

注：ECL 工法是指现场浇筑混凝土衬砌。

除表中常见分类之外，还有一些分类方法并不常见，如有按刀盘的动作模式分类的，也有按盾构机特殊构造分类的，还有按照盾构机的某一功能和用途分类的，这里不再一一赘述。

3.1.1 按开挖出土方式分类

按盾构的开挖出土方式或机械化程度可将盾构分为手掘式、半机械式和机械式三种。由于手掘式盾构施工效率低、劳动强度大、拼装质量较差，现已基本不用。半机械式盾构在地下水位较低的地区还在大量应用，在地下水位高或软黏土地层一般只能采用机械式盾构。

3.1.1.1 手掘式盾构

手掘式盾构的开挖面是敞开的，开挖和出土等作业均依靠人工来完成。每一环的土体开挖方式都是"自上而下"逐层开挖，在竖向上每隔 2～3 m 设一道工作平台供施工人员和设备站立，开挖的泥土从盾构下部通过皮带设备输送到后面的台车里，然后运送至地面。

根据地质条件，开挖面可以是全部敞开，也可采用正面支撑。通常在盾构机前顶部设有防止开挖面顶端坍塌的活动前檐和防止开挖面坍塌的可伸缩挡土千斤顶，前檐长度一般为 300～500 mm，具体值应根据盾构直径大小适当选取，每条挡土千斤顶的推力根据支撑范围设定为 200～600 kN，挡土千斤顶行程比盾构推进千斤顶的行程略大一些，按盾构开挖要求来调控正面支承千斤顶伸缩，以保持工作面的稳定。

手掘式盾构配置的掘削工具一般比较简单，多配置鹤嘴锄、镐头、风铲、铁锹和碎石机等，如图 3-1 所示。这是最原始的一类盾构，其结构构造最简单，配备设备少，故造价低、制造工期短。

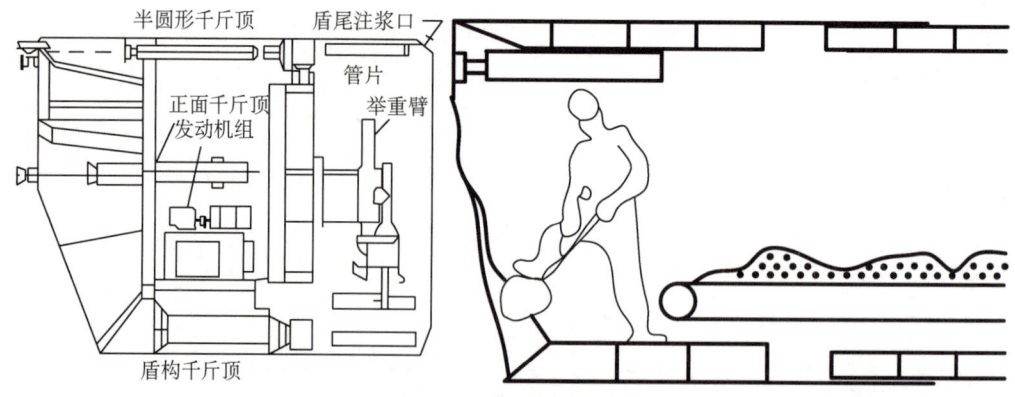

(a) 手掘式盾构剖面示意

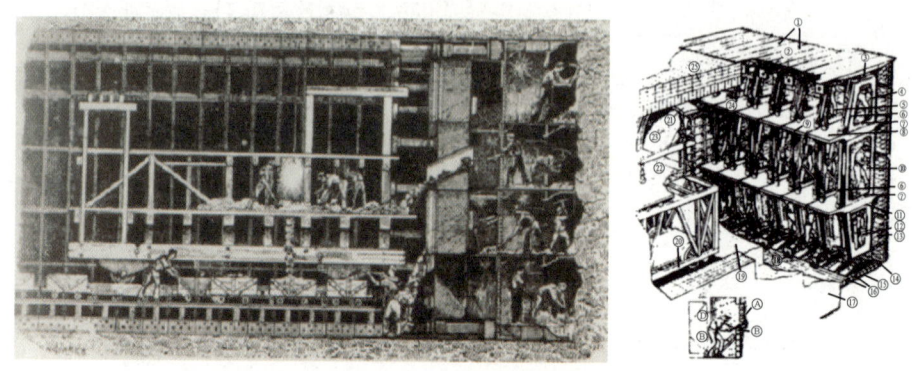

(b) 用于泰晤士河底隧道的M.I.B盾构施工示意

(c) 日本手掘式盾构　　(d) 早期上海手掘式盾构

图 3-1　手掘式盾构

1. 手掘式盾构的主要优缺点

（1）盾构正面是敞开的，可随时观测地层变化情况，易于发现问题，及时采取应对措施。

（2）在掘进中如遇到桩基、孤石等及其他地下障碍物时，比较容易处理。

（3）可根据需要适当向某一方向超挖，盾构容易进行纠偏，便于曲线施工。

（4）设备结构简单，易制造，造价相对低，制造工期短。

（5）由于该类型盾构是采用人工开挖，隧道工作面开挖精确度一般比较低，时常发生超挖现象。

（6）该类型盾构一般只应用于地下水位较低的地层中，当在含水地层中施工时，如遇开挖面发生渗水或流砂情况，必须辅以降水降压等措施才能施工，而降水施工往往会对环境带来较大影响。

（7）因开挖工作面是敞开的，如工作面突发涌水或塌方，易危及人身安全和设备安全，甚至酿成工程安全事故。

（8）人工开挖方法劳动强度大、效率低、进度慢、工作环境恶劣，在直径稍大一些的工程施工中表现得更为突出。

2. 手掘式盾构的适用性

由于手掘式盾构头部敞开，有利于处理地下障碍物，可适应各种复杂地层，对于硬软间杂的开挖面以及砾石、卵石等地层比较适用，对于洪积形成的砂砾、砂、固结粉砂、黏土地层最为适用。但该类型的盾构是以开挖面能够长时间自立稳定为前提的，对于冲积形成的松散砂砾、砂、固结粉土及黏土，需要采用气压、化学注浆或降水等其他辅助措施以保持工作面的稳定性，但降水降压和注浆加固地层可能会对周围环境带来危害。

尽管手掘式盾构有不少缺点，但由于其简单易行、成本低、灵活性好以及便于移除地下障碍物，是其他方法无法比拟的，因此在20世纪70年代末仍在许多地区得到广泛应用。此后，这类盾构由于自身具有重大缺陷才被闭胸式盾构快速替代，现工程应用中已极其罕见。

实际上，这种盾构只适用于地下水位较低、隧道长度较短和直径较小的隧道，以及对环境和设备标准要求不高地区的隧道中。

3.1.1.2 半机械式盾构

半机械式盾构是在手掘式盾构的基础安装了挖土设备和出土装置，大部分开挖和出土作业是由机械装置完成的，因此，它的生产效率较手掘式盾构有极大提高，人工劳动强度大为降低。为防止开挖面顶面坍塌，与手掘式盾构类似，半机械式盾构的前顶部装有可活动的前檐和半月形的千斤顶，带有液压伸进的胸板，机械式活动工作面支撑与机械部分断面开挖结合使用。

1. 半机械式盾构装置

半机械式盾构装备的开挖装置主要有铲斗、掘削头及二者兼备的混合式三种，如图3-2所示。铲斗、掘削头或破碎锤等机械装置的选择配置和安装位置可根据土质状况、开挖面自立程度、保证人员安全条件等因素综合确定。

半机械式盾构除了适用于开挖圆形断面的隧道以外，还可用于掘进非圆形断面的隧道。对于较大直径的盾构，也可以采用挖掘机开挖，应视断面情况同时配置数台小型挖掘机或在设备中间配置平台，但对于较小直径的盾构，因空间较小，需要配置特殊的切削臂。

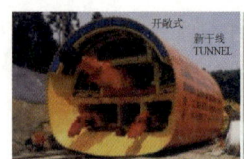

(a) 反铲挖掘盾构

(b) 掘削头

图 3-2 半机械式盾构装置

2. 半机械式盾构的适用地层

一般来说,半机械式盾构适用的地层与手掘式盾构适用的地层基本类似,配置铲斗式盾构适合黏土和砂砾混合土层,带有旋挖切削头的盾构适用于硬黏土和硬砂土层,混合式盾构适用于自立性较好的土层,如遇土质坚硬的土层可安装软岩掘进机的切削头。建造成的隧道直径为 2.0~6.0 m 不等。

需要注意的是,由于盾构正面安装了开挖装置,正面就很难再设置挡土千斤顶等设备,当开挖面敞开很大时,需要对开挖面的稳定条件进行研究。

3.1.1.3 机械式盾构

机械式盾构的开挖和出土作业均由机械装置完成(图 3-3),机械式盾构分为敞开式和封闭式两类。敞开式机械盾构在前部安装与盾构直径大小相仿的旋转切削刀盘,可以连续使用机械进行全断面开挖作业,刀盘可起到挡土作用。封闭式机械盾构在切口环和支承环之间设有一道隔墙,并在隔墙与作业面之间形成密封舱,保持充满泥砂或泥浆的压力舱的压力,以保持开挖面的稳定性,根据开挖面稳定机理可以将其分为土压平衡盾构和泥水加压盾构。

机械式盾构因装备了刀盘,可进行全断面开挖,比半机械式施工效率更高,不仅显著提升了盾构的掘进能力,而且实现了开挖和排土的连续作业,极大提高了推进速度和施工效率,改善了作业环境,降低了工人劳动强度。

1. 机械式盾构的优缺点

(1) 与手掘式盾构和半机械式盾构相比,机械式盾构的设备位置及开挖范围相对固定,开挖的隧道断面精确。

(2) 工作面形式可根据其稳定性进行优化,特别是在土层需要支撑的情况下。

(3) 封闭式机械盾构适用土层宽泛,开挖深度更大。

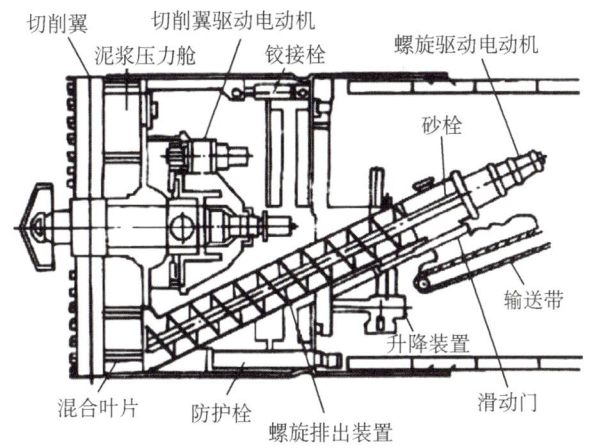

图 3-3 机械式盾构基本结构

(4) 作业环境大为改善,劳动强度低,施工效率高。
(5) 设备复杂,后续配套设备多,盾构造价高。
(6) 对盾构前方地层情况的了解没有手掘式盾构和敞开式盾构直接。

2. 机械式盾构的适用地层

敞开式机械盾构主要应用于开挖面可以自立的洪积地层中,如地层土质差、开挖面不易自立稳定的冲积地层,则应视具体情况(结合压气施工、降低地下水位或化学注浆加固等辅助措施)而使用。封闭式机械盾构的适用地层较宽泛,几乎涵盖了所有地层。

3.1.2 按开挖面敞开程度分类

按开挖面敞开程度可以把盾构分为全敞开式(分为手掘式、半机械式、机械式)、部分敞开式(又称挤压式或网格式)及封闭式(又称闭胸式,包括泥水式和土压式)3 种类型。

3.1.2.1 全敞开式盾构

全敞开式盾构的工作面是完全敞开暴露的,在盾尾可以直接观察到开挖工作面情况,在遇有孤石、地下障碍物时,处置均比其他开挖方式容易。全敞开式盾构的结构和构造一般相对简单,如图 3-4 所示。根据盾构配置机械化程度的差异,切削土体又可分为手掘式、半机械式及机械式 3 种形式,详见本章第 3.1.1 节内容。

 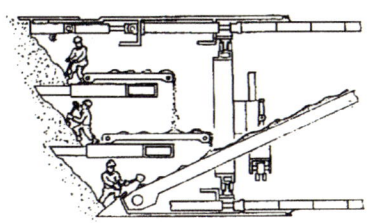 

图 3-4 早期全敞开式盾构隧道施工示意

对全敞开式或半敞开式盾构来讲,切口环前端常制作成锐角,便于切入地层时减少顶进阻力。一般都将切口环上顶做成前凸形帽檐状,防止土体塌方,以保护其下的作业空间。帽檐凸出的长度因地层不同而异,一般设置为300～1 000 mm,对自立性较好的地层来说,凸出长度可以设得短一些,对于自立性差或无自立性的地层而言,凸出长度要设得长一些,但帽檐过长会增加盾构推进阻力,易使盾构失去平衡,导致盾构发生蛇行扭曲。

全敞开式盾构适合开挖面自稳定性好的地层,如洪积层、砂砾、固结粉砂及黏土,以及地下水位较低和环境保护要求不高的情况,但对于自稳定性很差的冲积地层(冲积地层的砂层、粉砂层及$N<5$的黏土层),由于其土体塑性较大,往往会发生土体从掘进面流入盾构内舱的情况,引起开挖面坍塌,导致无法正常施工,甚至危及人员设备及环境安全,应辅以压气、降水、注浆加固等措施,以稳定掘削面。

3.1.2.2 部分敞开式盾构

部分敞开式盾构,又称网格盾构或挤压盾构,是将闭胸式盾构的刀盘设计成网格状,从正前方看上去有许多网格,这就是网格盾构名称的由来,又因土体是在盾构推进的过程中从网格口被挤入盾构的,因此又称挤压式盾构。

在盾构刀盘上装有可调节大小的网格开口,当部分敞开式盾构向前推进时,前方的土体因受到挤压而发生塑性流动,土体从网格开口处被挤入盾构内。调整开口大小就可以调节土体进入盾构内的多少,通过调节开口大小、千斤顶推力和开挖面土压力3个方面的施工参数以实现开挖面稳定。网格的闸门开启大小主要取决于土质条件和盾构切削推进速度,在推进速度一定的条件下,调节闸门的开度就可以维持掘削面的稳定,闸门开度过大会引起周围地层沉降,开度过小则会引起地层隆起。由于开口可将人员与土体隔离开来,人员设备更安全可靠,人工劳动强度也比手掘式盾构大为改善,施工效率也成倍提高。当盾构停止推进时,网格能起到一定的挡土作用,可有效防止开挖面坍塌,如将部分敞开式盾构的开挖面用胸板全部封闭起来推进时,此时部分敞开式盾构就变成全挤压盾构,但全挤压盾构的全排土施工方式是将等量体积的土体挤入周围地层中,因此对周围环境挤压影响很大。

1962年在上海塘桥进行了直径为4.16 m的部分敞开式盾构试验[图3-5(a)];1965年采用两台直径为5.8 m的盾构推进了660 m长的试验段隧道;1967年采用直径为10.22 m的大型部分敞开式盾构建造了上海打浦路隧道,并于1984年建造了上海延安东路隧道北线隧道[图3-5(b)]。

该类盾构最适用于冲积形成的粉质砂土层,一般用在流塑性高($N<10$)、无自立性的软黏土和粉砂土,含砂量一般在20%以下,黏聚力小于50 kPa,液性指数在0.8以上,土砂排放开口度一般设在2%～8%。由于砂土是从开口部位挤入的,不太适应硬质地层和含砂率高的地层,如土层中砂粒含量过高,就容易发生土砂压缩而造成堵塞,导致渣土排放不畅。相反,如果地层的液性指数太大或流动性过大,则很难控制土砂的流入,易发生过量取土现象。部分敞开式盾构对地层的适用性如图3-6所示。

(a) 1962年上海塘桥直径4.16 m试验盾构

(b) 1984年上海延安东路隧道北线盾构及隧道

(c) 日本三菱部分敞开式盾构

图 3-5　部分敞开式(或网格式)盾构及隧道

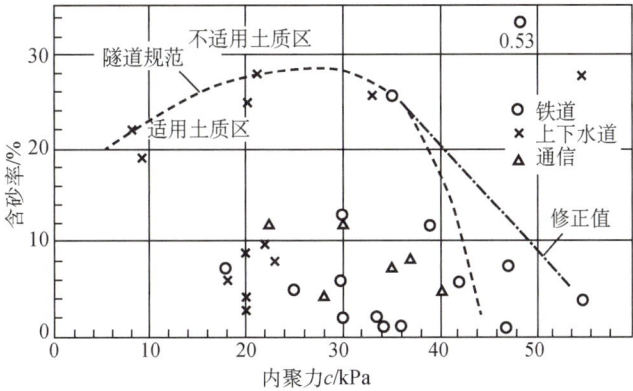

图 3-6　部分敞开式盾构适应地层

因部分敞开式盾构的推进经常对地层的扰动较大,地面易产生隆起和沉降,因此该类型盾构仅适用于松软可塑的黏性土层及对环境保护要求相对较低的地段。在决定选用部分敞开式盾构施工时,盾构轴线应避开地面建筑物和重要管线。部分敞开式盾构的显著优点是盾构机械构造相对简单、造价较低;其最大缺点是施工对周围环境影响很大,控制地层的扰动和沉降问题比较困难。

3.1.2.3 封闭式盾构

封闭式盾构又称闭胸式盾构,包括泥水式盾构和土压式盾构,也是当前使用最多的盾构机型,是盾构发展的主流方向,其适用地层非常宽泛,几乎适应所有地层。

3.1.3 按工作面支护地层形式分类

在盾构施工中,开挖面往往依靠一定的支撑措施才能保证其稳定性,尤其在土层软弱、地下水丰富的地层中。按支撑稳定工作面的方法,盾构类型大致分为自然支护式、机械支护式、压缩空气支护式、泥浆支护式和土压平衡式5种。

3.1.3.1 自然支护式

自然支护式,即隧道工作面的稳定是借助土层自身固有的稳定性或借助搁架上的土层形成的临时坡度来维持稳定的,由于自然支护式不适用于抵御地下水压力,只适用于地下水位较低的干燥地层或排干的地层,或地下水比较低和土层较稳定的地区。

3.1.3.2 机械支护式

机械支护式有板条支撑、活动工作面支撑及封闭切削轮支撑3种。

(1) 板条支撑。人工自上而下开挖土体,同时把支撑设置在新的水平上,然而采用这种支撑方式进度太慢,且不易于使用机械掘进系统。由于这种支撑方法掘进速率低、劳动强度大、劳务成本高,因此只在早期的隧道工程中或在特殊情况下使用。

(2) 活动工作面支撑。采用活动的工作面支撑较板条支撑更灵活且更为有效,用液压胸板推顶工作面,这种支撑方式适于机械部分断面开挖,在较短隧道推进和混合地层中有效。

(3) 封闭切削轮支撑。板条支撑和活动工作面支撑方式不适于机械全断面开挖,封闭切削轮支撑可用于全断面机械开挖。在排干的黏性或暂时稳定的地层中,采用这种支撑方式通常可抵御工作面上应力的变化,用切削轮支撑工作面只适于低渗透性地层。

以上这3种工作面支撑方式一般只适于抵御土压,而不适应于高水位情况下的施工,如果是地下水位以下或透水性强的土层,机械工作面支撑还必须采取其他辅助措施,防止地下水的侵入。

3.1.3.3 压缩空气支护式

压缩空气支护式是通过向开挖工作面施加压缩空气来稳定正面土体的方法,代替了在隧道内加气压的全气压施工方法,这种盾构由切口环部分和开挖面形成的土体密封舱组成,向密封舱中输入压缩空气,以平衡开挖面上的水土压力,保证开挖面土体稳定。

与全气压施工相比,局部气压盾构具有很大的优越性,其他部位的施工人员可以不在带有气压的条件下工作,极大地改善了作业环境。但局部气压盾构的漏气和压力舱内压力波动控制这两个问题一直未得到很好解决,遇到异常情况时仍需工作人员进入压力舱,当气压过大,会直接威胁工作人员身体健康。

保持开挖面的压力平衡十分重要,特别是当土层的渗透系数较大(大于 10^{-4} cm/s)或隧道上覆土层较浅时,往往会面临因压力过高发生"漏气"而酿成工程事故的风险。目前该类盾构已不多见,多被泥水盾构或泥水加压加气盾构所替代。

3.1.3.4 泥浆支护式

在富含地下水的松散砂或砾石中,采用局部气压式盾构施工会存在连续出土与压缩空气泄漏的难题。有研究表明,在地层压力差及土质相同的条件下,局部气压式盾构施工的漏气量要比漏水量大 80 余倍,而采用泥浆支护方式恰好可以解决这一难题。使用泥浆来代替密封舱内的压缩空气(如泥水式盾构、泥水加压平衡式盾构),既可以利用泥浆压力来支撑开挖面土体,又可以大大减少泥浆泄漏量。

泥水加压盾构是在机械盾构的基础上发展而来的。在刀盘后侧设置一道封闭隔板,刀盘与隔墙之间的空间定义为泥水舱(室),刀盘切削下来的泥土进入泥水舱,经搅拌后形成带压的高浓度泥浆(泥浆容重保持在 $1.1 \sim 1.2$ N/m³)充满整个泥水室,以保证开挖面的稳定。高浓度的泥浆先由泥浆泵泵送至地面,然后由泥水分离系统进行泥砂分离,最后把分离后的泥水重新制作成新鲜浆液,再泵送回泥水室循环使用。通过不断地"推进—切削搅拌—排土"循环,直至完成整条隧道的建造。泥水加压盾构基本原理与基本结构如图 3-7 所示。

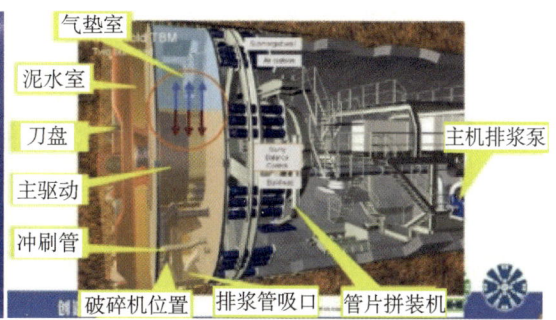

(a) 泥水加压盾构的基本原理　　　　(b) 泥水加压盾构的基本结构

图 3-7　泥水加压盾构的基本原理与结构

与机械或压缩空气支撑相比,泥水加压盾构需要配备许多专门的设备,如自动控制、泥水输送系统、泥水处理系统和处理场地等。因泥水分离设备需占用一定的地面用地,在市中心城区施工时场地可能会比较紧张,设备系统造价较高。在泥水盾构中,泥水管理占有至关重要的地位,泥水的作用主要有两个:一是快速形成泥膜以稳定开挖面,二是输送切削砂土。目前,世界上该种类型盾构的直径已超过17 m。

泥水加压盾构适用的地层非常宽泛,不仅可用于洪积形成的砂砾、砂、粉砂、黏土层、黏土层与砂层互层地基以及高含水量、开挖面不稳定的地层,也可用于冲积形成的砂砾、砂、粉砂、黏土层及高含水量、固结松散、易发生涌水破坏的地层,还适合在河底、海底等高水压力条件下的隧道施工,但对于难以维持开挖面稳定的高透水性地层和砾石地层,有时也需要考虑采用辅助施工方法才能施工。

3.1.3.5 土压平衡式

土压平衡盾构是在泥水加压盾构的基础上发展起来的。土压盾构与泥水盾构稳定开挖面的基本原理是一致的,二者之间的最大差异是密封舱内的承压介质不同,土压盾构的承压介质是泥土,它将刀盘切削下来的土体直接用作支护介质,有时会向切削下来的土体中添加某些材料并搅拌使其泥浆化,经加压后可以使泥浆充满整个密封舱,以平衡开挖面上的土压力,保证开挖面稳定。

土压平衡盾构最前端设有一个全断面切削刀盘,由盾壳、隔墙及开挖面形成一个密封舱,当盾构推进时,其前端刀盘旋转切削地层,切削下来的土体通过刀盘上的开口进入密封舱内,经过搅拌和渣土改良后(添加材料主要有水、膨润土或黏土、化学添加剂等制成的浆液或泡沫等)成为可排出的流塑性支护介质,在盾构推进时通过渣土将压力传递给开挖面,以平衡开挖面处的地下水土压力,维持开挖面稳定。

螺旋机的进土口从隔墙中心或下部的开孔伸入土压舱中,其出口在密封舱外。在盾构推进时必须保证密封舱内充满并保持适当施加在开挖面上的泥土压力,这就要求切削速度与出土速度保持平衡,只有盾构千斤顶推力、推进速度、螺旋输送机的速度达到良好匹配,才可能持续保持开挖面的土压力平衡。根据是否使用添加材料又将其分为土压式盾构和泥土压盾构。

(1)土压式盾构。使用转动刀盘切削地层,并使开挖面和隔墙之间充满经过搅拌的泥土。该施工方式是通过盾构的推进力对切削下来的泥土加压,并使其作用于开挖面上,整体获取开挖面的稳定性,同时通过螺旋输送机进行排土。

(2)泥土压盾构。一边注入添加材料一边转动刀盘,强制性地搅拌切削土砂和添加材料使其成为塑性流动状态,以利于连续出土。与土压式盾构一样,该类型盾构一边保持作业面的稳定一边通过螺旋输送器进行排土,前者不需要添加材料。

3.1.4 按稳定工作面的加压方式分类

对封闭式盾构来讲,按稳定切削面的加压方式可以将其分为气压式、泥水加压式、削土加压式、加水式、泥浆式和加泥式6种。

(1)气压式盾构,即通过向开挖面施加压缩空气的方式来稳定掘削面(见前述)。

(2) 泥水加压式盾构，即使用外加泥水的方式向开挖面加压以稳定掘削面（见前述）。

(3) 削土加压式盾构（也称土压平衡式盾构），即用切削下来的土体的土压稳定掘削面（见前述）。

(4) 加水式盾构，即通过向切削面注入高压水以稳定掘削面。

(5) 加泥浆式盾构，即向切削面注入高浓度泥浆（$\rho = 1.4\,\text{g/cm}^3$）以稳定掘削面。

(6) 加泥式盾构，即向切削面注入润滑性泥土，使之与掘削下来的砂卵石混合，由该混合泥土对掘削面加压以稳定掘削面。

3.1.5 按盾构断面形状分类

按照盾构断面形状，可将其分为圆形和非圆形两大类，圆形又分为半圆形、单圆形、双圆形（横双圆形和竖双圆形）、三圆形和多圆形；非圆形又分为马蹄形、椭圆形、矩形（长方形、正方形）和类矩形等，此外，还有一些特殊断面形状的盾构。不同断面形状的盾构如图 3-8 所示。

(a) 双圆形盾构

(b) 三圆形盾构

(c) 多圆(H&V)盾构　　　　　　(d) 母子盾构

(e) 类矩形盾构　　(f) 椭圆形盾构
(g) 球形盾构　　(h) 异形多头盾构
(i) 转向盾构　　(j) 偏心多轴盾构　　(k) 自由断面盾构
(l) 框架式盾构
(m) 矩形盾构　　(n) 马蹄形盾构

图 3-8　不同断面形状的盾构

3.1.6 按盾构横截面尺寸分类

断面为圆形的盾构按直径(D)尺寸大致可分为超小型($D<3.5$ m)、小型(3.5 m$\leqslant D<6.0$ m)、中型(6.0 m$\leqslant D\leqslant 10.0$ m)、大型(10.0 m$<D\leqslant 14.0$ m)、超大型(14.0 m$<D\leqslant 18.0$ m)、特大型($D\geqslant 18.0$ m)六大类,外径超过 18 m 的盾构设计制造还在研究之中。

直径超 1.5 m 的盾构最为常见,盾构直径越小,人员在其内操作越困难,适用于短距离穿越施工。直径在 3.5 m 以下的小型盾构在市政工程、电力管线、共同沟等应用最多,直径为 6～7 m 的盾构在地铁隧道工程中应用最多,直径在 10 m 及以上的盾构多在公路、铁路、地铁双线或公铁联合工程中应用。全世界在建和建成的直径超 14 m 的盾构隧道超过 50 条,主要用于公路隧道和铁路隧道,也有公路与地铁合用的,其中中国在建和建成数量占总数量的一半以上。直径超过 17 m 的盾构隧道现在只有 2 条,分别是中国香港屯门—赤鱲角隧道和美国西雅图 SR99 隧道。

从盾构发展趋势来看,直径最大的隧道用途一般是公路,次之就是铁路或公路与地铁的联合,也可综合利用其内部空间,节省一次性建造成本和时间。

3.2 盾构设计基本原则

3.2.1 盾构设计

与其他地下工程施工一样,盾构在地下施工期间总会遇到各种复杂多变的地质条件和不明情况,因此,施工具有较大的隐蔽性和不可预见性,但无论怎样盾构都必须能够承受围岩的水土压力,能够安全、经济地建造隧道。在盾构设计时,一方面,要求盾构机各组成装置满足结构强度、刚度、耐久性、施工便利性和安全性要求;另一方面,盾构施工还应满足经济性及工期要求。因此,在设计盾构配置时一般需考虑以下几方面因素:

(1)围岩条件。一般情况下,围岩条件对隧道工程的施工难易程度起到决定性作用。因此,首先必须弄清楚地层的土质、土压、水压等围岩条件,然后根据这些条件研究开挖面稳定性,还必须考虑盾构施工过程中的磨损(刀盘、外壳及系统设备的磨损)及施工方便性问题。在设计盾构配置时需要考虑的地层和土质条件以及需要注意的施工事项见表 3-2。

表 3-2　　　　　　　　土层和土质条件在设计盾构配置时的注意事项

地层和土质条件		设计配置注意事项
砂质土和砾砂土	松散土质	开口缝宽度,开口率
	含巨石、粗石的土层	切削刀头配置(种类、配置、安装方法),切削刀头形状,开口尺寸,切削刀头扭矩,切削刀头转动速度,超挖装置,排泥管径,最大可排出砾石的螺旋排土器,各部分的磨损措施(材质、硬化堆焊等)
	透水性高的土层	混合装置,添加剂注入口(位置、口径、数量)

续表

地层和土质条件		设计配置注意事项
砂质土和砾砂土	有含水层的土层	混合装置,添加剂注入口(位置、口径、数量),排土装置防喷措施
	粒径均匀的土层	刀盘宽度,开口率
黏性土和高有机质土	灵敏度高的软弱土层	刀盘宽度,开口率
其他	预计有朽木和其他夹杂物的土层	刀具装备(种类、配置、取出办法),是否需要撤除作业装备
	软、硬不均土质的土层	刀具装备(种类、配置、取出办法),刀具扭矩,刀具转速
	含可燃性气体的土层	是否考虑电气设备、电气机器的防爆等,预报装置

(1)隧道埋设深度。隧道设计埋设深度对盾构选型影响很大,当隧道埋设深度很大时,盾构在高水压、高土压的受力状态下施工,这对盾构各个部位的结构强度、刚度、密封性及耐久性都是很大的考验。

(2)隧道线路。受环境条件制约,隧道线路的线形会存在曲线甚至是小半径曲线。如果隧道线路是急曲线施工,就需研究和论证辅助施工的方法和措施,包括使用超挖刀、减小管片宽度、开启铰接装置等,还必须考虑来自围岩的反力,充分研究盾构各部位的强度和刚度等。

(3)隧道施工长度。当进行长距离推进施工时,必须对盾构机的钢板盾壳、刀盘与切削刀具、刀具轴承与轴封、盾尾密封、电机寿命等关键设备和部件的耐久性进行认真研究,同时还必须考虑刀具更换等的维护措施,并考虑备用设备的必要性。

(4)处理地下障碍物的措施。为了从封闭式盾构内清除和运出地下障碍物,必须对出入闸、人孔、刀盘孔、开挖面、注浆管等的配置以及作业空间位置、大小、形状等进行研究,为处理泥饼、碎石等工作提供装备和工具支撑。

(5)其他便于施工的装备和预留。如超前探测装备、施工设备。

对于一些特殊施工,如实施地下对接等应提早进行统筹研究,在设备制造中应予以充分考虑和预留。

3.2.2 设计基本原则

盾构设计基本原则主要包括荷载设计、结构设计和盾构重量等取值需注意事项。

3.2.2.1 荷载设计

盾构设计所考虑的荷载一般是参照隧道衬砌的设计进行的。作用于盾构机上的荷载主要包括垂直和水平土压力、水压力、自重、上覆荷载、变形荷载、开挖正面压力,以及各种千斤顶反推力和机内各种内部荷载等。

惯用计算法中变形荷载及其计算如图3-9所示。

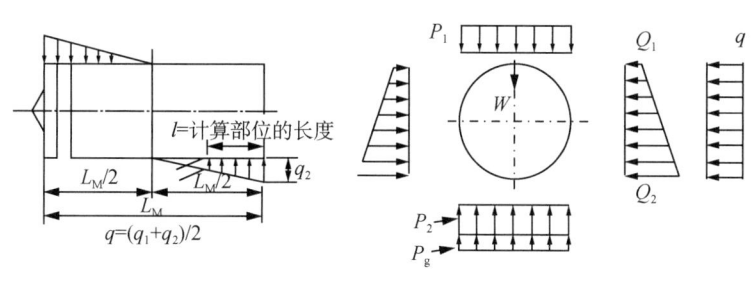

图 3-9 变形荷载计算

3.2.2.2 结构设计

结构设计必须保证盾构在各种荷载和组合荷载作用下，各结构都能够安全可靠地发挥其功能。在进行盾构结构设计时，一般都假设截面内力的最大值作用于盾构的四周，并按照以下原则和假设进行设计：

（1）一般考虑用支承环承受盾构上的全部荷载。

（2）切口环一端固定于支承环上，沿隧道纵向的悬臂梁进行设计。隔墙对切口环有加固作用，但需要充分注意，一旦切口环发生变形或损坏，对其修理是极其困难的。

（3）切口环和盾尾都是假定支承环有足够刚性来设计的，在设计支承环时，一般将支承环的前部和后部均设置成环状的高刚度结构件。在大中断面盾构上，大多采用梁和柱进行加固，将支承环设计成刚性很好的圆形结构，以承受来自地层的压力和各种施工荷载。

（4）盾尾有按圆环结构进行设计的，也有按一端固定的圆筒壳设计的。盾尾密封不是强度构件，是密封止水装置，应对其抵抗最大水压的能力进行计算。

（5）盾壳和加固件等承受长期荷载的结构应以钢质材料的容许应力为标准；对于变形荷载等短时期的荷载应在容许应力值上有所提高；承受反复循环荷载和冲击荷载的构件，应另行研究。

3.2.2.3 盾构重量

盾构重量对盾构性能影响很大，包括主体结构的一切装置的重量，其重心位置对于推进期间的施工性能稳定发挥有重要影响。

3.3 盾构结构和构造

闭胸式盾构机由通用机构、专用机构和附属机构组成。通用机构主要包括盾体结构、刀盘结构、推进装置、铰接机构、管片拼装结构和同步注浆装置，其他方面一般还包括保压人舱、人闸舱、控制与导向系统、液压系统、电气电力系统和报警系统等。专用机构因盾构机类型不同而异：对于土压平衡盾构而言，螺旋输送机与皮带输送机装置等排土机构、搅拌机构、添加剂注入机构等是其专用机构；而对于泥水平衡盾构而言，送排泥机构和搅拌机构是其专用机构。附属机构主要有姿态测量、姿态控制、后方台车、通风系统和润滑设备等。此外，还有服务于盾构工作要求的后配套设备、运输设备、注浆设备等辅助设备。闭胸土压盾构和泥水盾构的构成如图 3-10 所示。

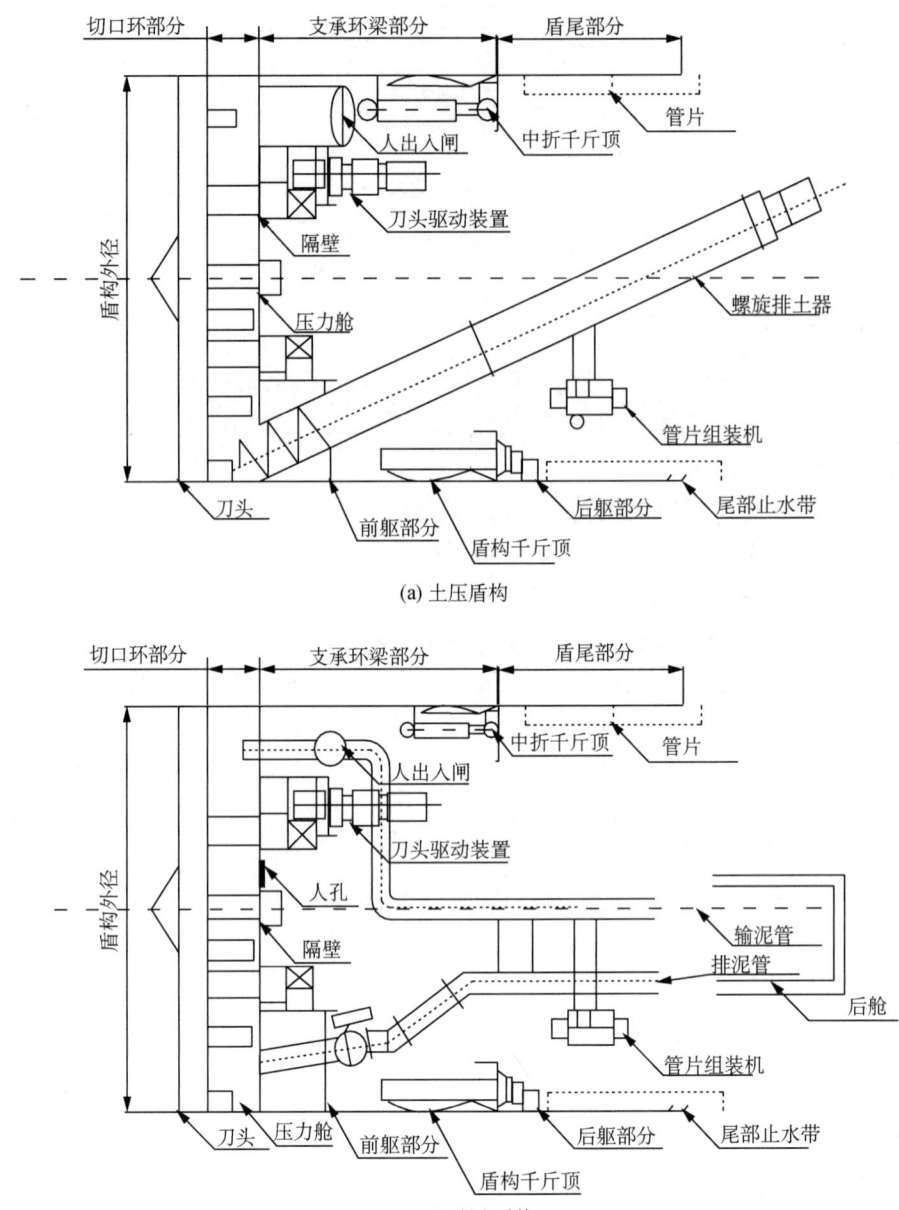

图 3-10 闭胸式盾构机各主要部件和系统

3.3.1 盾体结构与构造

3.3.1.1 盾壳结构

盾壳主要由外壳钢板及其加固部件组成，并用环形梁加固支承，以使其具有足够的刚度来抵御盾构的外部荷载和防止地下水土流入,一般采用综合力学性能良好的 Q345 低碳合金钢。考虑到盾构机从制造到施工阶段其水平运输和垂直吊装,小型直径的盾构可直接吊装进出工作井,而大中型直径盾构因尺寸和质量都较大,需要考虑道路交通运输和现场吊装的实际困难,一般制造成分体式,在运送至现场后在井下进行现场组装。部件之间的连接一般都采用定位销定位、高强度螺栓,最后焊接成形,并在外壳构件可移动接缝处设有防水措施。

盾壳钢结构是根据土压、水压、动荷载及施工荷载而设计的。盾壳部分从前至后均可统一分为切口环、支承环和盾尾 3 个部分,等直径的地铁土压平衡盾构纵向分段如图 3-11 所示。

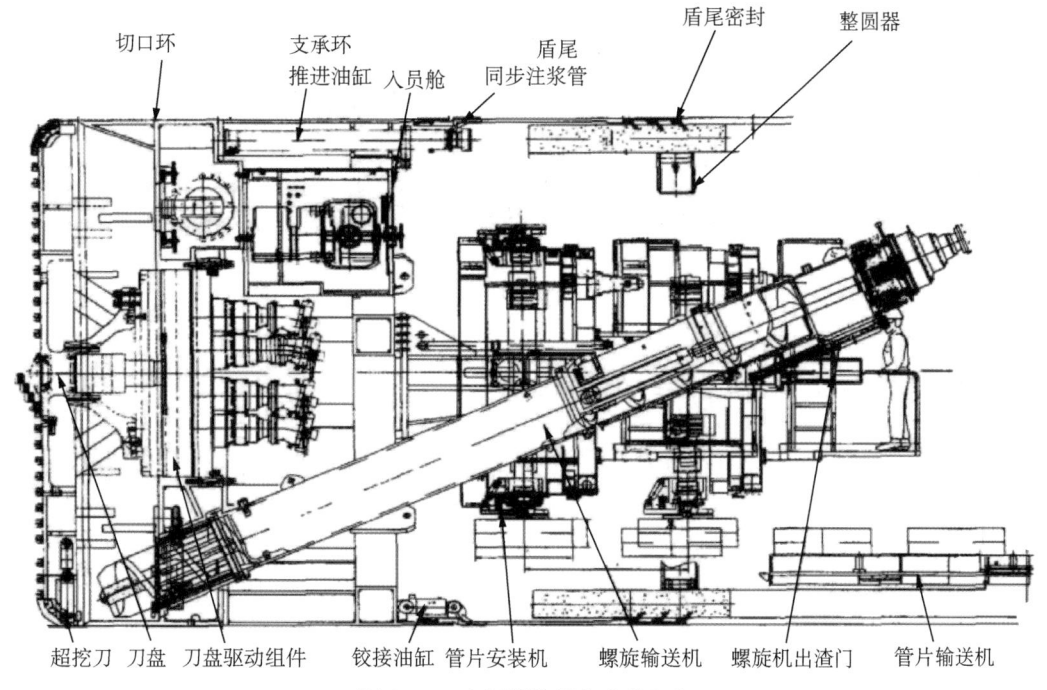

图 3-11 土压盾构纵向分段示意

3.1.1.2 切口环部分

切口环位于盾构钢壳的前端,为盾构的切削和挡土部分,是保持开挖面稳定、将切削下来的泥土砂石向后方移动的通道。切口环是由盾壳、顶端刀盘与隔墙等一起围成的密封舱(或称压力舱、土压舱、泥水舱),如图 3-12 所示。盾构种类与需求不同其内装备的设备也不尽相同,土压平衡式盾构切口环一般由切削刀盘、盾壳、主驱动支承座、隔墙、主驱动连接座、螺栓输送机连接座和连接法兰焊接而成。内部安装搅拌器,土压舱底部或中部设有进入螺旋输送机的排出口,土压舱上部留有添加剂注入口,用于添加材料以改善土体的流动性,隔墙上焊有安装主驱动、螺旋输送机前闸门、人员舱的法兰支座、搅拌棒、土压传感器、观测孔、加水孔和泡沫注浆孔等。泥水加压式盾构则在切口环安装有切削刀盘、搅拌器和吸泥口。局部气压、泥水加压、土压平衡等类型的盾构,因其切口内压力高于隧道内的常压,还需要在切口环处布设人行舱的进出闸门和物料闸门。

切口环长度主要由刀盘厚度、搅拌装置的纵向长度、土压舱(或泥水舱)容量等决定。不同盾构的切口环内安装不同机械设备,而各类机械设备又是由盾构种类和土质条件而定的。对于土压平衡式盾构和泥水加压式盾构,需要根据开挖面的稳定及挖掘下来的土砂的排出状况来决定其形状、尺寸,尤其对于土压平衡式盾构,必须考虑能够充分搅拌挖掘下来的土砂,使其具有流塑性以利排土。对于泥水式盾构,主要安装刀盘、搅拌器、吸泥口及破碎装置;对于土压式盾构,主要安装刀盘、搅拌器及螺旋输送机。外径为 6~7 m 的土压平衡式盾构,切口环长度一般在 1.5~2.0 m。

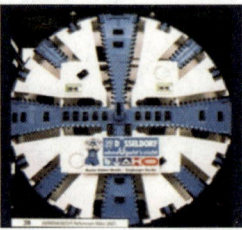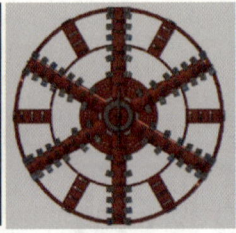

图 3-12　切口环外观示意

3.1.1.3　支承环部分

支承环是指位于盾构的中间部位,前后连接着切口环和盾尾,其内部布置着刀盘的轴承与驱动装置、排土装置、中折装置(铰接千斤顶)、动力设备和操纵控制台等机械构件,如图 3-13 所示。支承环作为盾构的主体结构,在设计时假定其承受了作用于盾构上的内外部所有荷载。因此,切口环和盾尾都是假定支承环有足够刚度来设计的,支承环的前部和后部均设置环状的高刚度结构件,在大中断面盾构上大多采用柱、梁进行加固。支承环前部安装刀盘驱动装置部分,隔墙下方设置有螺旋输送机(或吸泥口),隔墙上方装有人行孔、人行闸、回转节和人行加减压舱,推进千斤顶分组均布在外沿圆周上,可通过有序调整每组千斤顶的不同推力来对盾构进行纠偏和转向。

图 3-13　支承环

支承环的长度取决于盾构千斤顶长度,对于有刀盘的盾构还要考虑安装切削刀盘的轴承装置、驱动装置和排土装置等空间,而盾构千斤顶的长度又取决于衬砌环的宽度 W(包括衬砌量和加宽量)及举重臂支承机构等设备规格,支承环长度是在衬砌环宽度的基础上另外加上 200～300 mm 的富余量,主要考虑到千斤顶的维修因素。

3.1.1.4 盾尾部分与盾尾密封

1. 盾尾构造

盾尾是指盾构机钢壳最后面部分,位于盾构的尾部。它前部连接支承环,内设有管片拼装机和盾尾密封装置,为衬砌作业提供空间,并使之具有防水功能。盾尾构造如图 3-14 所示。

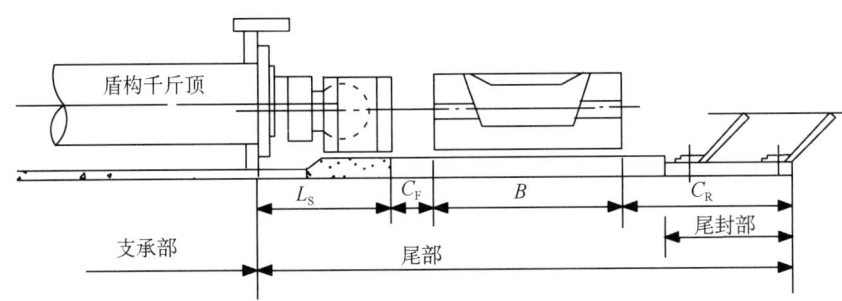

图 3-14 盾尾与盾尾密封构造示意

盾尾长度、盾尾钢壳厚度及空间的确定必须满足以下要求:

(1) 盾尾长度。盾尾部分的长度 L_T 由衬砌拼装环数、宽度、拼装方式、形状和盾尾密封装置长度等决定,但必须考虑衬砌组装后因管片破损而需要更换管片及曲线施工等因素,取值范围一般为管片宽度的 1.5～2.5 倍。

(2) 盾尾钢板厚度。盾尾钢板厚度必须满足盾尾密封装置安装所需的厚度(安装处有局部减薄)和盾壳耐久性要求。当盾尾外壳含壁后注浆管和盾尾润滑油注入管,应考虑包含其在内的厚度。在不产生有害变形影响的前提下,壳板的厚度应尽量薄一些,这样可以减小地层与衬砌之间形成的建筑空隙,减小注浆量,减小整个施工对地层的干扰。

(3) 施工作业所需空间。盾尾内要确保一定的空间以便于管片高效组装、壁后注浆施工以及测量作业。

2. 盾尾密封和铰接密封

盾尾密封的一端安装在盾尾壳板内表面,另一端搭在管片外表面,形成具有一定强度、刚度及致密性的密封装置。盾尾密封可以有效阻断盾构内部空间与外部泥水的直接联系,防止外部泥砂等流入盾构机内。盾尾密封装置要能适应盾尾与衬砌环之间的空隙,且由于在施工过程中的纠偏频次很高,这就要求密封材料具有良好的弹性,结构形式要耐磨、防撕裂、防水。

(1) 盾尾密封一般由多道钢丝刷构成,钢丝刷是集弹簧钢板和不锈钢金属网于一体的结构(也有使用钢板刷的),如图 3-15 所示。盾尾密封装置的形状有刷状和板状,每块刷式密封件均采用搭接拼装,使每块刷式密封件的钢丝能紧密靠贴,具有足够的弹力,最常用的是采用多道可更换的刷式密封。

图 3-15　盾尾钢板或刷

（2）盾尾铰接密封由铰接密封环、盾壳、注浆管和油脂管等组成。盾尾密封装置对保持压力和保证盾构施工安全具有十分重要的作用。在曲线施工过程中，衬砌的拼装未必都能与盾尾成同心圆，一旦密封装置损坏或密封不良，大量的泥水就会迅速涌入盾构内，导致设备损坏，甚至危及人员设备安全和环境安全。

3. 盾尾密封材料

盾尾密封材料不仅富有弹性，能适应施工中频繁纠偏，而且其材料和结构必须有足够的耐压、耐久、耐磨和防撕裂性能，盾尾密封材料包括橡胶、树脂、钢材、不锈钢或是由其中几种材料组合而成。

4. 盾尾密封的设置

盾尾密封的设置须根据隧道埋深、水位高低和推进距离来预先确定。埋深越大、地下水压越高、施工距离总长度越长，则需要设置的道数就越多，一般设 2～4 道。此外，还要考虑有无曲线施工、中途是否需要更换等情况。根据工程经验，盾尾密封设置情况大致如下：

（1）考虑埋深和水压情况。当最大地下水压在 0.2 MPa 以下，一般设 2 道居多；当最大地下水压超过 0.2 MPa 时，一般设 3～4 道；在大深度、大直径盾构施工时有的设置多达 5 道。

（2）考虑推进距离情况。当推进距离在 2 000 m 以内时，设 2 道居多，当推进距离超过 2 000 m 时可设 3 道，现阶段比较常用的盾尾密封装置由 3 道钢丝刷和 1 道弹簧钢板组成。

3.1.1.5　盾构尺寸参数

1. 盾构直径（D）

盾构直径是指盾壳的外径，而超挖刀头、摩擦旋转式刀盘、固定翼、壁后注浆用的配管等突出部分的尺寸均除外，一般记作 D。盾构直径主要受管片外径 D_0、盾尾操作空隙（单侧）x 和盾构钢板厚度 t 的影响，它们之间的空间几何关系如图 3-16 所示。

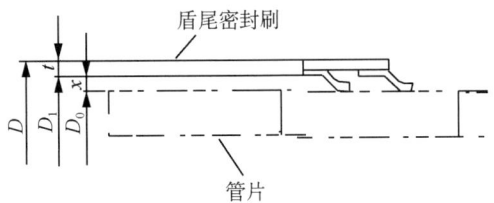

图 3-16 D_0, x, t 三者关系示意

$$D = D_0 + 2(x+t) \quad (3-1)$$
$$D = D_0 + 2\delta \quad (3-2)$$

式中，D 为盾构外径；D_0 为管片外径；δ 为盾尾空隙或建筑空隙，$2\delta = 2x + 2t$ 或 $2\delta = D - D_0$，$2t = D - D_1$；x 为盾尾操作空隙，指盾构内壁与管片外壁之间的空隙，其值大小一般取决于管片形状尺寸、管片拼装富余量、线路曲线施工、蛇行修正必需的富余量、盾密封安装等因素，以及盾构外壳和管片制作误差，盾尾操作空隙大多为 20~45 mm；t 为盾壳钢板厚度。

2. 盾尾空隙（δ）

盾尾空隙（或称盾尾间隙、建筑空隙），是由盾构推进后管片外侧与地层之间留下的空隙，是指单侧管片外表面和土体之间的空隙 $\delta = x + t$，盾尾间隙由下列因素确定：

（1）盾构曲线施工必要的富余量。盾构在曲线上施工和修正蛇行时，进行姿态控制所需要的最小富余量 $b = \delta/2$，详见图 3-17。

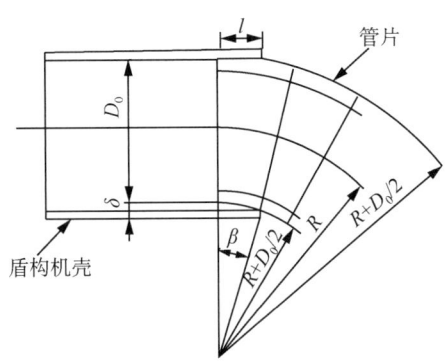

图 3-17 盾尾空隙 δ 与曲线推进关系

曲线施工时，富余量 δ 一般计算如下：

$$\delta = (R - D_0/2) \times (1 - \cos\beta) \approx \frac{l^2}{2\left(R - \dfrac{D_0}{2}\right)} \quad (3-3)$$

式中，R 为隧道曲线半径，$R - D_0/2$、$R + D_0/2$ 为隧道的内、外半径；β 为曲线隧道衬砌管片环切入盾尾盾壳内的夹角，一般 β 比较小；l 为曲线隧道衬砌管片切入盾尾盾壳体内的长度。

因 $R \gg D_0$，一般 R/D 值超过 40（曾有工程的 R/D 值接近 35），因此将式(3-3)简化为

$$\delta \approx \frac{l^2}{2R} \tag{3-4}$$

(2) 管片拼装时的富余量。管片拼装位置未必一定能保证与盾构构成同心圆，所以管片拼装时需要有富余量，这部分富余量必须考虑管片制作精度、管片施工期间的变形和盾壳壳板的变形因素。

(3) 其他。盾尾钢板厚度 t 在不产生有害变形的前提下，从整体结构上考虑应尽量薄，这样可以减小地层与衬砌间形成的建筑空隙，当遇到纠偏及隧道曲线施工时，盾构左右两侧还有一些难以估计的复杂载荷，因此钢板厚度也不能太薄，盾尾厚度应在综合考虑盾壳的耐磨和变形控制要求等因素后确定。

盾尾空隙 δ 过大，容易造成工后地层沉降，故在管片脱出盾尾后的同时立即对该建筑空隙进行适当量的同步注浆充填。理论上，盾构推进每延米产生的建筑空隙为 $\frac{\pi}{4}(D^2-D_0^2)$，钢板越薄，D_0 越接近 D，建筑空隙 δ 也就越小。

根据对已有工程的统计，盾尾操作空隙尺寸约为衬砌厚度的 8‰，实际使用数据多为 20～40 mm。以直径 6 m 左右的盾构为例，其对应的衬砌厚度多为 300～350 mm，盾构内径与衬砌间的空隙为 20～30 mm；直径 10 m 左右的盾构隧道对应的衬砌厚度多为 400～500 mm，衬砌空隙为 30～40 mm；对于直径为 14 m 的盾构而言，衬砌厚度多为 550～650 mm，衬砌两侧的操作空隙为 50～60 mm；对于直径 17 m 的盾构而言，衬砌厚度多为 600～650 mm，衬砌两侧的操作空隙为 55～65 mm。

其实，盾尾建筑空隙的预设不仅与盾构和管片外径直接相关，还与管片厚度、衬砌覆土埋深和隧道环境条件等密切相关。隧道直径越大，盾尾间隙就越大。当盾构直径超过 10 m 时，基本上间隙量与直径成正比，隧道曲线半径越大、衬砌直径越小，间隙就越小，如图 3-18 所示。

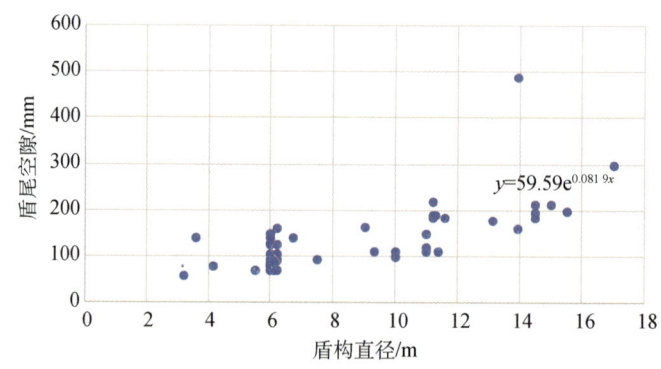

图 3-18 盾尾空隙与盾构直径的关系

3. 盾壳厚度

在进行盾构外壳设计制造时，必须考虑土压、地下水压、上部荷载、自重、变形荷载和盾构千斤顶的反力等。一般来讲，盾壳厚度与盾构直径和埋深成正比，盾构直径越大、隧道埋深越深，盾壳厚度就越大。根据工程统计，盾壳钢板厚度与盾构直径之比（厚径比 ρ）为 $6\%\sim8\%$，一般埋深的中型直径的圆形盾构钢板厚度为 $30\sim40$ mm，大直径盾构的外壳钢板厚度可达 $50\sim100$ mm，直径 14 m 以上的盾构钢板厚度甚至达 $100\sim150$ mm。以上海地铁1号线为例，盾构直径 6.34 m，盾壳钢板厚 40 mm，厚径比为 6.31%；以上海复兴路隧道为例，盾构直径 11.22 m，盾壳钢板厚 70 mm，厚径比为 6.23%；以上海翔殷路隧道为例，盾构直径 11.58 m，盾壳钢板厚 70 mm，厚径比为 6.04%；以上海长江隧道为例，盾构直径 15.43 m，盾壳钢板厚 120 mm，厚径比为 7.77%；以武汉三阳隧道为例，盾构直径 15.76 m，钢板厚度 $120\sim160$ mm，厚径比为 $7.61\%\sim10.15\%$；以上海北横通道为例，盾构直径 15.56 m，钢板厚度 130 mm，厚径比为 8.35%。

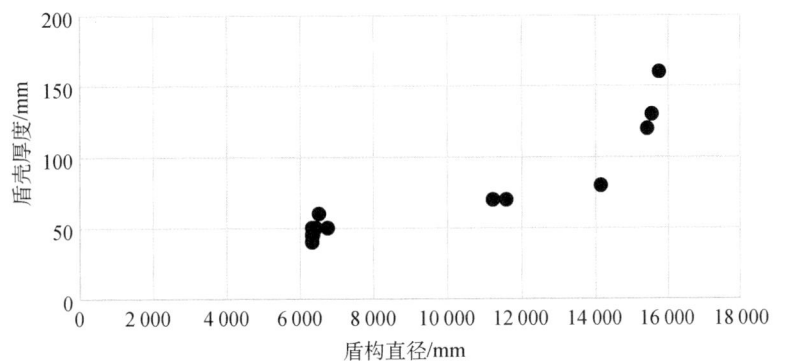

图 3-19 盾构直径与盾壳厚度的关系

4. 盾构长度

盾构长度是指盾构机沿隧道轴向的长度，也称为盾构主体总长度、盾构机长度、盾构总长等，但其含义并不完全相同，土压式盾构和泥水式盾构对盾构长度的定义如图 3-20 所示。

盾构主体总长度 L，对于土压式盾构是指刀盘最前端至螺旋机尾端的总长，对于泥水式盾构是指刀盘最前端至盾尾端面的总长。它通常是由地层条件、隧道线路条件、盾构形式、有无中折装置、管片环宽、封顶块管片的插入形式、盾尾密封止水带的层数，以及开挖方式、出土方式、操作方式等因素确定的。

盾构机长度 L_1，包括刀盘厚度 L_C 和盾壳本体长度 L_M，即 $L_1=L_C+L_M$。因此，有 $L_1>L_M$。

盾构本体长度 L_M，是指切口环长 L_H、支承环长 L_G 和盾尾长 L_T 三者的总和，但不包含刀盘厚度，有 $L_M=L_H+L_G+L_T$。

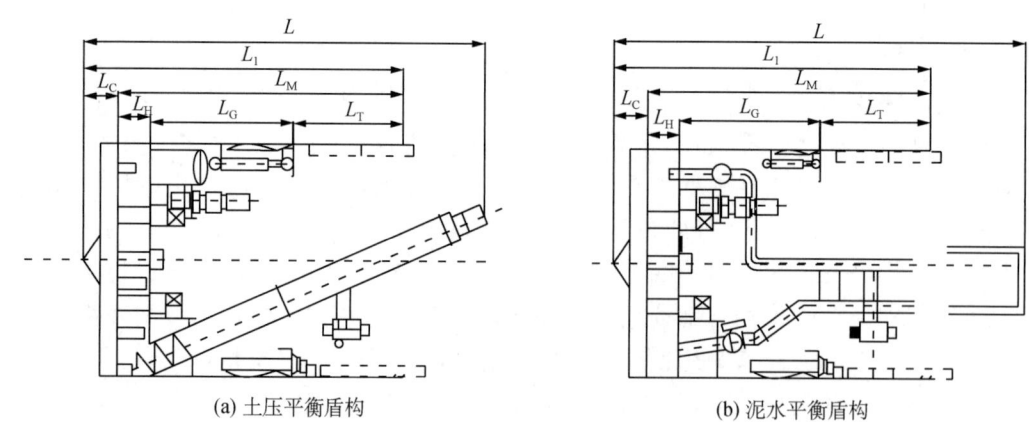

(a) 土压平衡盾构　　　　　　　　　(b) 泥水平衡盾构

图 3-20　盾构长度之间的关系

盾构直径与盾构长度应协调一致,且盾构长度应短一些为好。通常将盾构主体总长度与盾构直径之比 L/D 称为长径比,又称盾构的灵敏度,记作 ξ。ξ 越小,盾构操作越方便。根据对国内外盾构的长径比统计,结果如表 3-3 和图 3-21 所示。根据不完全统计资料,长径比 ξ 有如下特征:

(1) 灵敏度 ξ 随盾构直径 D 增大而减小;

(2) 一般盾构直径 $D=6\sim7$ m 时,灵敏度 ξ 大多为 1.2~1.8;直径超过 10 m 的大型盾构其灵敏度一般小于 1.0,复合地层盾构的灵敏度比软土地层盾构的要稍大些。

上海地铁 1 号线、2 号线盾构长 6.54 m,直径 6.34 m,灵敏度 1.032;上海地铁 2 号线东延段盾构长 8.68 m,直径 6.34 m,灵敏度 1.369;上海地铁 10 号线盾构长 10.15 m,直径 6.34 m,灵敏度 1.601;成都地铁 7 号线火神区间盾构长 10 m,直径 6.28 m,灵敏度 1.592;上海大连路隧道盾构长 12.04 m,直径 11.24 m,灵敏度 1.071;上海翔殷路隧道盾构长 10.945 m,直径 11.58 m,灵敏度 0.945;上海人民路隧道盾构长 11.85 m,直径 11.58 m,灵敏度 1.023;上海西藏南路隧道盾构长 11.245 m,直径 11.58 m,灵敏度 0.971;上海上中路隧道工程盾构长 11.65 m,直径 14.87 m,灵敏度 0.783;上海长江隧道盾构本体长度 13.95 m,直径 15.43 m,灵敏度 0.904;上海北横通道盾构机长度 14.12 m,直径 15.56 m,灵敏度 0.91;武汉长江公铁隧道盾构主机长 14.5 m,直径 15.76 m,灵敏度 0.92。

表 3-3　　　　　　　　　　盾构直径 D 与灵敏度 ξ 的取值参考

D 取值范围	ξ 取值范围	备注
小直径盾构($D<3.0$ m)	1.2~1.5	ξ 一般取值大于 1.5
中小型盾构($D\approx3.5$ m)	0.8~1.2	ξ 一般取值大于 1.0
中型盾构($D=6\sim9$ m)	1.0	ξ 一般取值 1.0 左右
大直径盾构($D>10$ m)	小于 1.0	ξ 一般取值小于 1.0

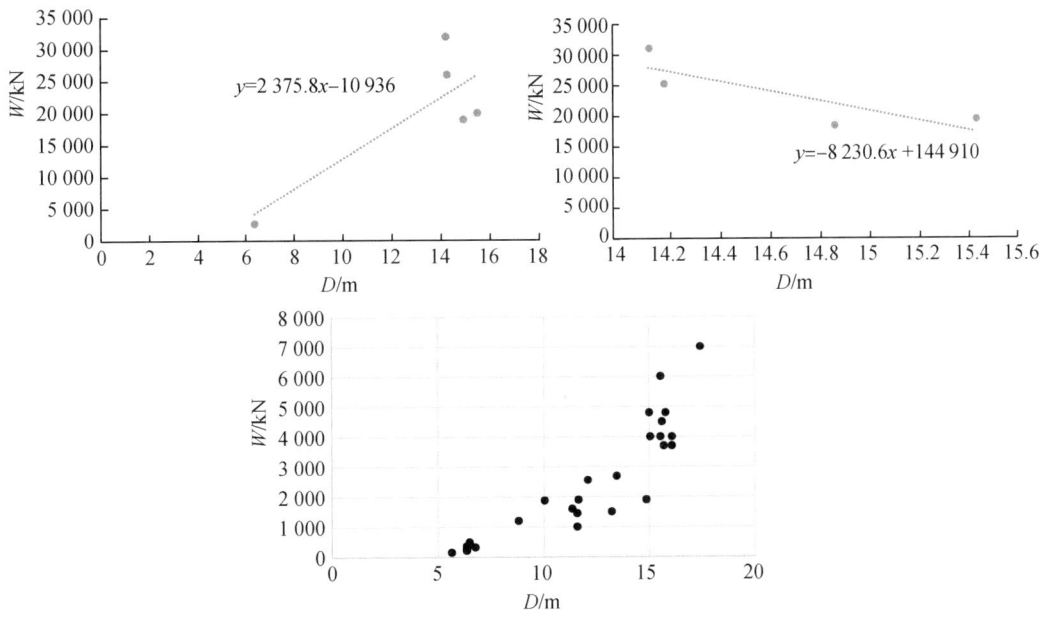

图 3-21 盾构直径与盾构的重量统计关系

5. 盾构重量

盾构重量是包括盾构机躯体、内置的各种设备机构（如千斤顶、举重臂、切削机械）和动力单元等重量的总和，由以下 7 个主要部分构成。

（1）盾构外壳：壳板、支承环、加强肋。
（2）切削机构：切削刀盘和驱动装置。
（3）螺旋排土器或出土口搅拌翼。
（4）千斤顶：中折千斤顶、盾构推进千斤顶。
（5）加固部件：隔板、支柱、横梁。
（6）动力设备（油压泵配管、阀门、动力设备台车）及其他需要配置的装备。
（7）组装机构、真圆保持器。

盾构重量是盾构施工中需要认真考虑的非常重要的因素，它不但对盾构的单件制作、拆装和运输影响较大，更重要的是它对盾构性能发挥和施工操作影响很大。盾构重量越大，安装时对分块、运输、竖井内吊装等筹划的影响也就越大。总的来讲，盾构直径越大，它自身重量就越大。根据对工程的统计分析，盾构重量（W/kN）与盾构直径的平方 D^2（D/m）大致存在如下关系：$W \geqslant K \cdot D^2$，如表 3-4 所示。从统计意义上讲，盾构重量与其直径的平方大致成线性关系，不同类型的盾构略有差异。

表 3-4　　盾构重量与盾构直径之间的关系

盾构类型	系数 K 取值范围/$(kN \cdot m^{-2})$
人工掘削盾构或半机械盾构	25~40
机械掘削盾构	45~55
泥水式盾构	45~65
土压式盾构	55~70

此外,在软黏土地层中推进时,盾构中心位置的设定也极为重要,它会直接影响盾构的运转特性。

3.3.2　开挖结构装置

盾构开挖结构,又称掘削系统或切削系统,但对于闭胸式盾构而言,主要是指刀盘与驱动系统。刀盘设在切口环的前方,其功能是既要切削盾构前方的土体,对切削下来的土体进行搅拌,同时还能对切削面起到一定的支承作用。在刀盘选型时,必须充分考虑围岩条件、隧道长度、线形以及施工条件等因素,以利于发挥其整体效能。刀盘选型和配置内容包括盾构类型、刀盘形式、刀盘支承方式、刀盘装备扭矩、刀盘开口、刀具和装备推力等。

3.3.2.1　刀盘构成与功能要求

刀盘主体结构由面板或轮辐、各类刀具、出土槽口、驱动机构和轴承机构等构成,适当的刀盘开口率及添加材料注入口,可以确保土体进入土压舱及排土的顺畅性,高效开挖,对其功能上的基本要求和考虑如下:

(1) 刀盘可以正反转动,具有良好的脱困功能。

(2) 出渣口的几何设计必须满足容易出渣土的要求,并保证刀盘良好的稳定性。

(3) 不同地层条件应具有不同的刀盘开口率,应考虑使每个旋转方向都有多个渣土出口,大开口率可有效降低对刀具的磨损。

(4) 应考虑对土体的改良措施,以增加渣土流动性,如设置加注泡沫、水、膨润土等辅材的设备、通道、液压管路及搅拌设备。

(5) 刀盘整体性强,应具有足够的强度和刚度,用于保证开挖面稳定,承受掘进中的推力及扭矩。制造刀盘的材料应具有足够的强度、刚度和耐磨性能,制造刀盘的结构材料多为高强度钢材。

(6) 对刀盘上极易磨损部分,需要作特殊耐磨保护,如在外围部分增加硬质堆焊,周围设有耐磨保护环。

3.2.2.2 刀盘形式

在进行刀盘选型时,首先考虑的是对地层围岩条件的适应性,包括切削方式、刀盘结构、刀盘与切口环位置关系等。

1. 切削方式

刀盘被制造成盘状切削器,其切削方式主要有旋转切削式、摆动切削式和行星切削式(图3-22),但一般都使用旋转切削方式,其特点是结构紧凑。

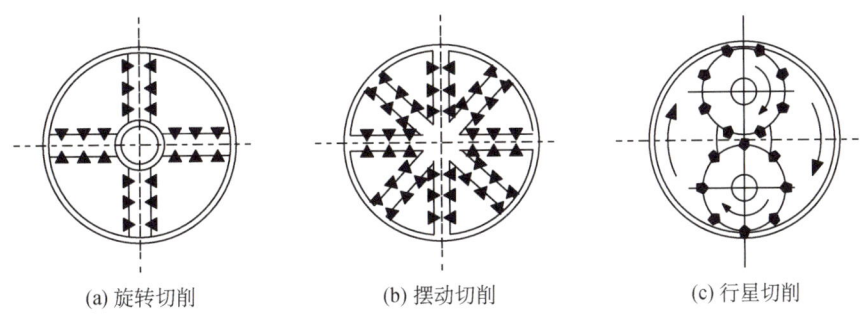

(a) 旋转切削　　　　(b) 摆动切削　　　　(c) 行星切削

图 3-22　刀盘切削方式

2. 刀盘结构

刀盘正面结构分为轮辐式、面板式及二者复合式,如图3-23所示。选择哪种刀盘结构,应根据施工条件、土质条件和结构特点来决定。

(a) 轮辐式刀盘

(b) 面板式刀盘

(c) 复合式刀盘

图 3-23　刀盘正面结构

(1) 轮辐式刀盘。

轮辐式刀盘由辐条及设置在辐条上的刀具构成,如图 3-23(a)所示。刀盘上仅设有几根辐条,刀盘的切削扭矩较小,切削下来的土体直接进入土压舱,土体流动性顺畅,土压舱内土压可有效地作用到切削面上,压力损失小,但对于地下水压大、易坍塌的土质,容易造成喷水喷泥。

当选用轮辐式刀盘时,在辐条后设有搅拌叶片,土压平衡容易控制,因此轮辐式刀盘对砂土等单一软土地层的适应性比面板式刀盘较强,多用于机械式盾构和土压式盾构。

(2) 面板式刀盘。

面板式刀盘由面板、刀具及槽口等组成,如图 3-23(b)所示。其特点是面板直接支承切削面,具有挡土功能,故利于切削面稳定,但切削黏土时易黏附于面板表面,会妨碍刀盘旋转,影响切削质量,同时增大了对前方土体的扰动,需注入添加剂使切削下来的土体经搅拌后具有流变性,多用于闭胸式土压盾构和泥水盾构。

当采用面板式刀盘时,由于泥土流经刀盘面板的开口进入土压舱,土压舱内的土压力与开挖面的土压力之间存在压力降,压力降的大小受面板开口的影响而不易确定,从而使得开挖面的土压力不易控制。面板式刀盘和轮辐式刀盘的特点如表 3-5 所列。

表 3-5　轮辐式、面板式刀盘结构的特点

比较项目	刀盘结构	
	轮辐式	面板式
砂、土适应性($D<15$ cm)	土、砂流动顺畅,不易堵塞	开挖面受面板开口影响明显,渣土进入密封舱不够顺畅,易黏结,易堵塞
砂卵石适应性 (15 cm$<D<30$ cm)	渣土流动性好,二次破碎较弱,加装强度较高的切削刀具,加大螺栓机直径	卵石地层以剥离为主的切削方式,面板式刀盘渣土流动性相对差,滚刀作用不大,刀具会产生二次破碎,刀具易磨损,成本高
硬岩或软硬不均	刀盘结构强度无法满足加装更多滚刀和破岩的需要	硬岩需要滚刀破碎,可装更多的滚刀,适应性强
刀盘扭矩	刀盘扭矩阻力小,设备造价低,适用于淤泥质地层与砂层以及粒径不大的砂卵石地层	刀盘扭矩阻力大,需增加设备能力,造价高,适用于硬土与岩石地层

（3）面板-轮辐复合式刀盘。

复合式刀盘集中了面板式和轮辐式两种刀盘的特点,如图 3-23(c)所示。

3. 刀盘与切口环位置关系

在盾构长度方向上,刀盘与盾构切口环的位置关系形成 3 种断面形状:平板形、中心部分凸出形及全部凸出形,如图 3-24 所示。刀盘断面形状均是由考虑开挖面稳定要求而确定的,刀盘断面形状几乎都取圆形,以利于驱动简单性。刀盘位于切口环内,适用于软弱地层;刀盘外沿凸出切口环,适用于土质范围较宽的情况,应用最多。此外,在刀盘有多级配置时,结构上往往是前后错开配置的,如图 3-25 所示。

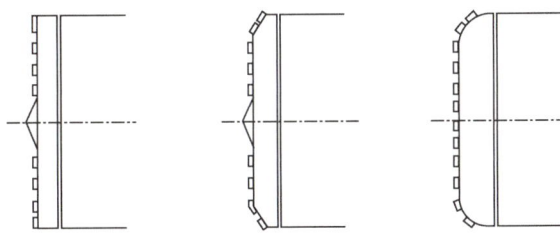

图 3-24　刀盘纵向断面形状

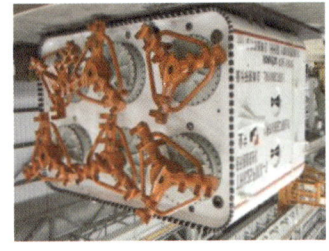  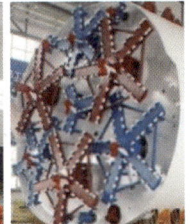

图 3-25　刀盘前后配置

3.3.2.3　刀盘支承方式

刀盘支承机构支承刀盘,并承受刀盘顶进时施加的反作用力。刀盘支承方式大致可分为中心支承式、外周支承式、中间支承式、中央支承式和偏心多轴支承式 5 种,国内常见的有中心支承式、中间支承式和外周支承式 3 种,不同刀盘支承方式,有各自不同性能和特点,如图 3-26 所示。

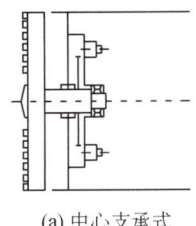 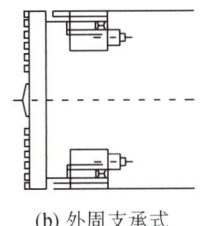 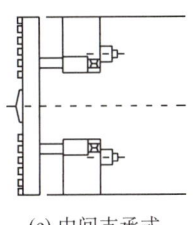 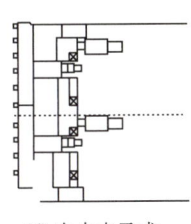 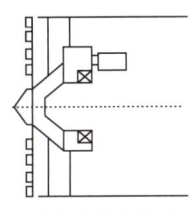

(a) 中心支承式　　(b) 外周支承式　　(c) 中间支承式　　(d) 中央支承式　　(e) 偏心多轴支承式

图 3-26　刀盘支承方式

1. 中心支承方式

中心支承方式,结构简单,多用于中小直径($D \leqslant 7.5$ m)盾构的刀盘支承,对地层条件的适用性较好,易于维修和保养,黏性土附着的可能性小,密封长度短,耐久性好,长距离掘进能力强,制造难度小。此外,当刀盘需要设置错开结构时,与其他方式相比较为容易,不足之处是中心支承方式占据了盾构中心部分,导致机内空间狭小,安装排渣装置困难,处理大块石和卵石等比较困难。

2. 外周支承方式

外周支承方式的特点是径向和轴向荷载分散,盾构中心部分空间大,可保持较大的机内作业空间,对砾石的处理较为容易,切削能力强,主要适用于大直径盾构机。该种支承方式的缺点是由于支承部分与盾壳靠得较近,对轴承的保养、维修困难,长距离掘进能力差,制造难度大,机械磨耗大,效率低。此外,易在刀盘外周黏附砂土,在黏性土地层使用时,应重点研究如何防止刀盘黏附问题。

3. 中间支承方式

中间支承方式兼中心支承和周边支承二者兼用的形式,因此兼具二者的优点。这种支承结构较为均衡,主要用于中大口径盾构机中。径向荷载由中间轴承支承,轴向荷载则由圆周滚子轴承支承,受力较为有利,中间轴承多采用滑动轴承和滚珠轴承,圆周轴承采用滚子和圆柱轴承,切削能力好,机械磨损小,效率高,制作难度小。当用于较大直径盾构时,需要认真考虑砾石处理,并防止黏性土在中心部的附着、出土不畅、阻力增大等问题。

4. 中央支承方式

中央支承方式主要用于中小直径的盾构中,中央部位一起通到机内,所以是一种刀具内的装置维修和刀头更换或从机内进行地基加固等作业极为容易的结构形式。

5. 偏心多轴支承方式

偏心多轴支承方式的驱动部分由多个轴承构成,各自的驱动部分小,机内可有较大的空间。这是一种很容易从机内进行地基加固等作业的结构。

在选择刀盘支承方式时,必须根据不同支承方式的各自性能与适应性特点选定,并考虑与其他设备的空间组合关系等因素。一般应考虑螺旋输送机直径大小(或输送泥浆管直径大小)、适应盾构直径大小、密封效果、切削能力、舱内作业空间、长距离切削能力、机械磨耗和设备制作难度等综合因素。

3.3.2.4 刀盘驱动系统

刀盘驱动系统向刀盘提供必要的旋转扭矩,安装在支承环一侧的隔墙上,主要由液压马达或者电动机驱动掘削刀盘的主轴承来实现刀盘的旋转。可驱使切削刀盘双向旋转,同时还具有脱困功能和自锁保护功能,在紧急时还能自动停机。

刀盘驱动系统通常由密封支承、齿轮箱、主轴承、刀盘安装法兰环、密封接触环、内外密封系统、小齿轮、齿轮马达与轴承、减速机和液压马达(或变频电机或定速电动机)等组成。常用的刀盘驱动方式主要有 3 种:变频电机驱动、定速电机驱动和液压驱动。变频电机驱动效率最高,定速电机驱动次之,液压驱动最差,不同驱动方式的特点如表 3-6 所列。目前大多数盾构机械采用电液混合动力源,随着液压技术的发展,采用全液压为动力的盾构机将会越来越多,目前盾构机所用的液压泵液压压力高达 30~70 MPa。

表 3-6　　　　　　　　　　　　不同驱动方式的特点

性能	驱动方式			备注
	变频电机驱动	定速电机驱动	液压驱动	
驱动部外形尺寸	中	大	小	尺寸比例为(1.5~2):2.5:1.0
效率	较高(0.95%)	0.9%	较低(0.65%)	电机驱动效率高于液压驱动
噪声	小	小	大	液压噪声一般大于电动机系统
启动电流	小	小	小	启动电流都小
启动力矩	大	较小	较大	分别是额定力矩的 120%,80%
启动冲击	小	大	中	冲击小、冲击大、较小
转速控制(微调性)	好	差	好	
后续设备	少	少	较多	液压驱动后续设备多
盾构机内温度	低	较低	较高	液压系统功耗大
维护保养方便性	易	易	较困难	电机养护工作量小

3.3.2.5　刀盘装备扭矩

刀盘装备扭矩由地质条件、盾构形式及盾构结构等因素决定,一般可按如下方法配置。

1. 刀盘扭矩的确定方法

刀盘扭矩都是根据围岩条件、盾构形式、盾构结构和盾构直径等确定的,在确定装备刀盘的设计扭矩时一般要考虑以下 6 个方面的因素。

$$T = T_1 + T_2 + T_3 + T_4 + T_5 + T_6 \tag{3-5}$$

式中,T 为刀盘所需设计扭矩(kN·m);T_1 为切削土阻力扭矩;T_2 为与土摩擦的摩擦阻力扭矩;T_3 为土的搅拌阻力扭矩;T_4 为轴承阻力扭矩;T_5 为轴封摩擦阻力扭矩;T_6 为减速装置的机械损失扭矩。

前三项 T_1, T_2, T_3 都与地层的土体参数相关,而后三项 T_4, T_5, T_6 与盾构机自身的内在磨耗有关。在配置施工所需扭矩时,装备扭矩一般都需预留有一定的富余量。

2. 刀盘装备扭矩实际使用情况

根据已有工程的盾构刀盘扭矩的统计分析,盾构刀盘实际装备扭矩大致可用式(3-8)进行简便计算,扭矩系数 α 与直径 D 形成的散点图如图 3-27 所示。

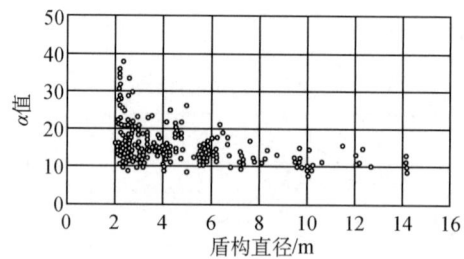

图 3-27 单一刀盘盾构直径 D 与 α 的关系

$$T = \alpha \cdot D^3 \tag{3-7}$$

式中,T 为装备扭矩(kN·m);D 为盾构直径(m);α 为扭矩系数(kN/m²),因盾构直径和土质条件等而异,取值范围如表 3-7 所列。

表 3-7 扭矩系数 α 取值范围

盾构类型	α 参考取值/(kN·m^{-2})	备注
土压平衡式盾构	10~25	砂卵石地层,取大值
泥水加压式盾构	8~20	
敞开式盾构	8~20	

对配置单一刀盘的盾构来讲,直径越小,α 的取值往往越大。不同类型的盾构,其 α 取值也会存在差异,土压盾构最大,泥水盾构次之,敞开式盾构最小。当遇到巨石时,α 的取值往往会超过上述范围。当采用偏心多轴支撑方式时,由于刀具旋转半径小,装备扭矩小,α 取值会更小些,一般取 5~10。

3. 刀盘转速

刀盘转速可根据刀盘最外周的速度,用式(3-7)求出:

$$N = V/(\pi \cdot D) \tag{3-7}$$

式中,N 为刀盘转速(r/min);V 为刀盘外周速度(m/min);D 为刀盘直径(m)。

刀盘转速 N 一般为 1~5 r/min,超大直径盾构刀盘实际转速时常小于 1 r/min。刀盘最外周速度随刀盘直径的增加而增大,当刀盘直径很大时,与刀盘中心部位相比,刀盘最外周的速度较大。

3.3.2.6 刀盘开口

刀盘开口包括刀盘开口形状尺寸和开口率两项重要内容,刀盘开口往往受制于轮辐数量、取入砾石直径大小等因素。

1. 刀盘开口形状和尺寸

刀盘开口的形状、尺寸及配置必须根据地质条件、开挖面的稳定及开挖效率等来决定。刀盘切削下来的土体通过刀盘上的开口槽流往土压舱。刀盘开口槽的形式有两种:一种是从刀盘中心到外缘的宽度等宽,另一种是宽度从中心向外缘逐渐扩大,即楔形结构。槽口宽度一般根据地层中最大砾石的尺寸而确定,一般取值范围为 20～50 cm,如图 3-28 所示。

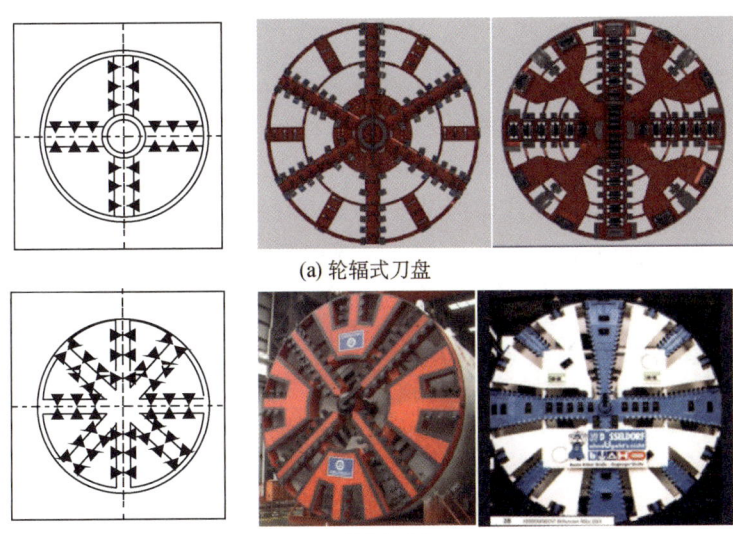

图 3-28 轮辐式与面板式刀盘开口槽形状

刀盘开口位置应尽量靠近刀盘中心,以防止渣土在刀盘的中心部位形成泥饼而发生黏附。同时由于刀盘中心部位的线速度较低,黏土、粉土、膨润土等黏稠土体在中心部位的流动性较差,黏性土容易在中心部位发生黏附和沉积,因此需要适当加大中心部位的开口率。另外一种有效防止黏附的措施是对渣土外加添加材料,也可以采用水力对其冲洗,以改善土压舱内渣土的流塑性。

轮辐式和框架式都是没有刀盘的刀头形式,除安装切削钻头的轮辐和加固部位之外的部位均为开口部,主要使用在土压式盾构上。

面板式刀盘的优点是面板直接支承切削面,具有较好的挡土功能。面板上都装有控制开口大小的装置,以调节土体的排出量,当停止开挖时可关闭开口,防止切削面坍塌。其缺点是在黏性土层掘进时,由于中央附近的线性速度很低,土体容易黏附在中央部位附近的面板表面,发生堵塞,妨碍刀盘旋转,扰动范围大,并影响切削质量,土压舱内外也会形成明显的压差。因此在确定开口尺寸、位置和形状时需要特别注意,对于砾石土地层,一般都按假设围岩上出现的砾石的最大直径决定,但有时也会根据排土设备尺寸设置轮式刀头,让其具有破碎开挖面上砾石的功能,限制刀盘开口尺寸。面板式刀盘对泥水式和土压式盾构均适用。

2. 开口率

刀盘开口率是指刀盘面板开口部分的面积与刀盘面积的比值。它是保持开挖面稳定与连续出土的重要性参数,也是刀盘设计的重要条件之一,合适的刀盘开口率可保证渣土进入土压舱的顺畅性。除开口外,刀盘上还应合理配置添加剂注入口,以保证添加剂均匀地注入开挖面。刀盘开口率可用式(3-8)表示:

$$\omega_0 = \frac{A_s}{A_r} \times 100(\%) \tag{3-8}$$

式中,ω_0 为开口率,一般取 10%~40%;A_s 为面板开口部分的总面积;A_r 为刀盘面积。

刀盘开口率应对地层特性进行研究后再慎重选择,对于导致胶结黏性土层之类的高黏附性土质,宜加大开口率,但对于易坍塌性地层,开口率需慎重选择,开口率过大有可能导致泥砂取入量过多。对于泥水加压式盾构而言,刀盘开口率一般取 10%~30%,土压平衡式盾构的开口率范围更大些,一般 30%~40%,轮辐式开口率一般取 60%~80%,框架式开口率一般取 50%~60%。

3.3.2.7 切削刀具

刀具配置与形状选择在盾构设计中占有非常重要的作用,选择得正确与否会直接影响盾构的切削效果、出土状况和掘进速度。切削刀具的选择主要取决于对工程地质条件的适用情况。

1. 刀具种类

盾构刀具按照切削原理常划分为滚刀和切削刀两种,其余为辅助刀具。

滚刀主要是刀具依靠挤压破岩,适用于岩石隧道的掘进。当穿越松散地层但含有大粒径(粒径大于 400 mm)的砾石且含量达到一定比例时,也可采用滚刀刀具,在隧道地质条件复杂多变、岩石与一般土体(或黏土或砂土)交错频繁出现时,也可采用滚刀,如图 3-29(a)所示。

切削刀是指随刀盘转动而没有自转的刀具,一般是通过相对滑动来切割软岩和土层的,适用于粒径小于 400 mm 的砂卵石、砂土、黏土等松散体地层,有时也作为辅助刀具装在滚刀的后面使用。切削刀由刀体和刀刃两部分组成,一般可分为先行刀、贝壳刀、仿形刀、鱼尾刀和重型割刀等,如图 3-29(b)所示。

(1) 先行刀(亦称超前刀),顾名思义是先行切削土体的刀具,先行刀在设计中主要考虑与切刀组合协同工作。先行刀在切刀切削土体之前先行切削土体,将土体切割分块,为切刀

(a) 滚刀

(b) 切削刀

图 3-29 刀具种类

创造良好的切削条件。先行刀的切削宽度比切刀窄,一般设计为切刀的一半,切削效率较高。

(2) 贝壳刀,实际上也是超前刀,盾构机穿越砂卵石地层,尤其是大粒径砂卵石地层时,若采用滚刀,因土体松散,会在滚刀的挤压下产生较大变形,大大降低滚刀的切削效果和切削破碎能力,此时最好采用贝壳刀,将其布置在刀盘盘圈前端面,专门用于切削砂卵石。

(3) 仿形刀,是为曲线推进、转弯或纠偏而设计的。仿形刀一般安装在刀盘辐条两端,施工时可以根据超挖范围的要求,从辐条两端径向伸出和缩回仿形刀,达到仿形切削的目的。仿形刀通过一个液压系统来控制仿形刀的伸出量,最大伸出量为 80~130 mm,以控制超挖范围。

(4) 鱼尾刀,为改善中心部位的土体的切削和搅拌效果,在刀盘中心部位设计一把尺寸较大的鱼尾刀。鱼尾刀设计与其他刀具不在同一个切削平面上,即鱼尾刀超前切削刀布置,可保证鱼尾刀最先切削土体,并将鱼尾刀根部设计成锥形,使刀盘旋转时随鱼尾刀切削下来的土体在切向和径向运动的基础上又增加一项翻转运动,这样即可解决中心部分土体的流动性,提高盾构整体掘进效果。

2. 刀头形状与刀盘安装

以刀刃角度(前角和后角,一般取 5°~25°)表征刀头的形状,其形状和尺寸完全取决于不同的刀盘安装要求和土质情况,刀体可根据需要也可做成各种形状和尺寸,但要求刀刃必须具有很好的耐磨性、抗冲击韧性及与刀体的可焊性,并采取防止刀片缺损和剥落的措施,如图 3-30 所示。

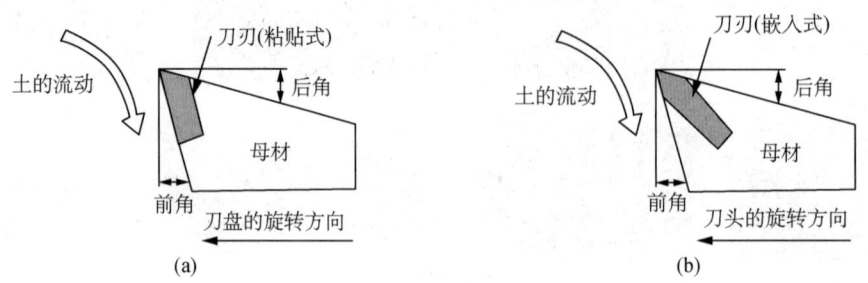

图 3-30 刀刃与刀具

对于黏性土,刀刃的前角 α 和后角 β 要大一些,也就是说刀刃比较尖锐,但也不能过小(一般不能小于 20°),否则会使切削刀磨损过快;对于复合地层,刀刃角度一般不小于 25°;对于砾石土层,刀刃比较钝,前后角度要小,刀刃角度要更大一些。

3. 刀具与刀盘的安装方式

刀具与刀盘的安装一般有螺栓式、插入式和焊接式 3 种方式,如图 3-31 所示。焊接式是将刀具直接焊接在刀盘上,其特点是牢固、不易脱落,但不便更换。螺栓式是用螺栓将刀具安装在刀盘上,其特点是便于更换,但必须有防止螺栓松动、拆卸便利和防磨损的措施。插入式是用圆柱销将刀具安装在刀盘上,刀具能围绕圆柱销作适当转动。当预测到施工过程中需要更换刀具时,最好采用拆卸容易的销或螺栓来进行安装。

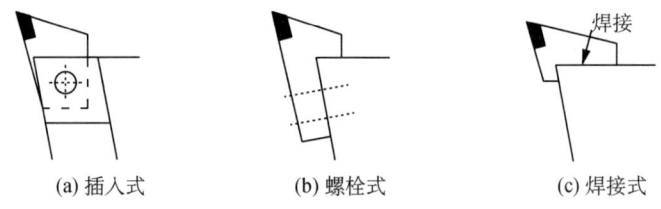

图 3-31 刀具与刀盘的安装方式

4. 刀具材质与刀具选择配置

由于刀具除了主要承受高应力的复杂荷载外,还需承受极大的推压力、冲击力和摩擦力等,一般刀具材料选择具有高强度、高韧性、耐磨性优异的硬质合金,满足掘进磨耗系数 10~20 mm/km 的要求。

在软弱土地层掘进时,一般只需配置切削型刀具;在软土地层或破碎软岩地层掘进时,可选择使用耐磨性好、排渣土好的切刀(或刮刀)刀具;当盾构在砂层和砂卵石地层时,需对刀盘形式、刀具形状及布置方式、加泥加泡沫系统等进行重点统筹考虑;在砂卵石地层中长距离掘进时,应采用超硬重型刀具,提高刀具耐久性;在风化岩及软硬不均地层,除配置切削型刀具外,一般还需配置盘形滚刀,因而刀盘结构相对复杂。在掘进曲线半径小的隧道时,为了保证盾构机的灵活转向,需要有较大的开挖直径,因此刀盘上需配置滚刀型的仿形刀。

3.3.3 盾构驱动装置

3.3.3.1 推进机构

推进机构负责整个盾构向前推进,使盾构沿着设计轴线前进,并以已拼装完成的管片作为支撑点,克服盾构前方土压力及其他阻力。推进机构具有纠偏与姿态调整、满足最小转弯半径要求、适当爬坡能力等主要功能,通过有序调节分组液压千斤顶的推进力和推进行程来实现对盾构方向的控制,操作盾构机直行、转弯、曲线行进、姿态控制及纠偏。

由于盾构承受正面荷载,在管片拼装等停止掘进等非推进情况下,则会出现盾构后退现象。为避免此类现象的发生,需要在液压系统中设置可靠的液压闭锁系统。

推进机构一般由液压千斤顶、液压泵、比例控制阀件和液压管路等组成。液压千斤顶的分布应避开管片拼缝,通过液压控制阀控制千斤顶的伸出速度和顶力,控制室内的操作人员可以看到每组油缸行程和压力的数字显示。盾构推进系统应满足以下 4 个基本功能:

(1)为盾构前进提供足够的动力。

(2)控制盾构的前进速度,并使其与出渣的速度相匹配,实现土压平衡,保持开挖面的稳定。

(3)控制盾构的姿态,实现盾构的纠偏及转向。

(4)适应管片的尺寸及拼装。

推进机构具有大功率、变负载和工作条件恶劣等特点,一般采用液压系统。盾构推进机构设计主要包括确定盾构的推力,油缸的规格参数、外形尺寸和数量的计算,千斤顶的布置与控制等。

盾构的铰接系统:为减少盾构的长径比,使盾构在掘进时能够灵活地调整姿态,尤其能够顺利通过较小的线路弯道施工,常设铰接系统使盾尾和中体相连接。铰接系统中的千斤顶又可分为后部固定和前部固定两种类型,如图 3-32 所示。

(a) 后部固定　　　　　　　　(b) 前部固定

图 3-32　盾构铰接千斤顶设置

3.3.3.2 装备总推力

盾构机的装备总推力与盾构机自身的尺寸、重量、外壳和外部的土质条件、上部覆土厚度、盾构与管片之间的摩擦、管片情况等多种因素密切相关,总推力应根据各种推进阻力总和及其所需富余量决定。主要考虑下列因素:

(1) 盾构壳体外表壁与土体之间的摩擦阻力 F_1 或黏结阻力,摩擦系数一般取 0.2～0.3。

(2) 掘进时刀盘正面推进阻力 F_2。

(3) 变向阻力 F_3(曲线施工、蛇行修正、变向用稳定翼、挡板阻力等)。

(4) 盾壳内部与管片之间的摩擦阻力 F_4。

(5) 后方配套台车的牵引阻力 F_5。

分项计算如下:

$$\sum F_i = F_1 + F_2 + F_3 + F_4 + F_5 \tag{3-9}$$

$$F_1 = \begin{cases} \mu_1 \cdot (\pi D_0 \cdot L_t \cdot P_m + W) & \text{(砂性土)} \\ c \cdot \pi D_0 \cdot L_t & \text{(黏性土)} \end{cases} \tag{3-10a}$$

$$F_2 = P_f \cdot \frac{2\pi}{D^2} \tag{3-10b}$$

$$F_3 = \mu_1 \cdot \frac{q}{2} \cdot D \cdot L_m \tag{3-10c}$$

$$F_4 = \mu_2 \cdot P_m \cdot \pi \cdot D_0 \cdot L_s \tag{3-10d}$$

$$F_5 = \mu_3 \cdot G \tag{3-10e}$$

式中,μ_1,μ_2,μ_3 分别为钢壳外壁与土体之间、盾尾内壁与管片环外壁之间、轮轨之间的摩擦系数;D,D_0 分别为盾构外径、管片环外径;L_m,L_t,L_s 分别为盾构机长度、盾尾安装部位长度、盾尾管片接触长度[L_s 一般取 $(0.3\sim0.4)L_t$];W 为盾构机重量;G 为后方台车重量;P_m 为作用于盾构上的平均土压力,$P_m = \frac{1}{4}(P_1+P_2+Q_1+Q_2)$;$P_f$ 为开挖面前方压力(作用在隔墙上的土压、泥浆压力等);c 为黏聚力;q 为转向荷载。

上述各项阻力总和 $\sum F_i$ 就是设计总推力,在考虑了以上各种推进阻力后,还必须考虑所使用机械形式的各种影响及必要的安全系数(一般取 2.0)。

根据对土压式盾构和泥水式盾构的工程案例的统计分析,开挖工作面上单位面积的装备推力一般为 1 000~1 500 kN,视盾构类型不同而不同。对于人工开挖、半机械式和机械式盾构,K 一般取 700~1 100;而对于封闭式土压和泥水盾构,K 取 1 000~1 500。即有

$$F = K \times \frac{\pi D^2}{4} = (1\,000 \sim 1\,500) \times \frac{\pi D^2}{4} \tag{3-11}$$

式(3-11)表明,装备总推力主要由土质条件、覆土深度和盾构直径等主要因素决定,单位面积的推力 K 并不一定随盾构直径有明显的变化,这为千斤顶配置提供了良好的基础依据。

3.3.3.3 推进千斤顶的选型及配置

在装备总推力确定后,还需考虑千斤顶的选型与配置,选用结构紧凑、高液压、结构简单、直径小、体积小、重量轻、耐久性好的千斤顶,千斤顶所用的油压泵和配管的液压值通常为 30~40 MPa。

1. 千斤顶布置方式

千斤顶布置应本着尽量少占盾构机空间、等距分布原则,并避开管片接缝,使衬砌圆周环面上受力均匀,尽最大可能缩小千斤顶轴心线与管片中心的偏心距(偏离允许值控制在 30~50 mm),使管片小偏心受压,如图 3-33 所示。

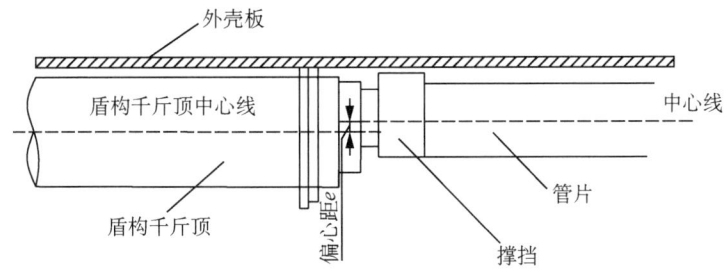

图 3-33 千斤顶与压力垫的偏心示意

2. 千斤顶分组

从理论上讲,千斤顶分组越多越容易调整方向,如果每一个千斤顶都是可调的,则最好。

在实际操作中,各千斤顶之间同步协调性能一定要好,当千斤顶数目较多时,考虑到每个千斤顶单独控制的复杂性和成本因素,一般会将千斤顶分区分组控制,每组单独设置控制机构。当盾构处在推进模式时,系统压力设定较高值,推进千斤顶伸出。当处于管片拼装模式时,系统压力设定在较低值,部分千斤顶缩回,管片拼装好后,千斤顶再伸出顶住管片。盾构机的千斤顶布置形式有两种:四组分区和五组分区。因四组分区形式布置比较简单,节约成本,大部分盾构机都采用这种布置方式,如图 3-34 所示。

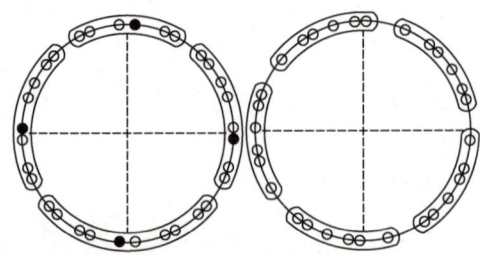

(a) 福州轨道交通4号线工程盾构 ϕ 6.46 m

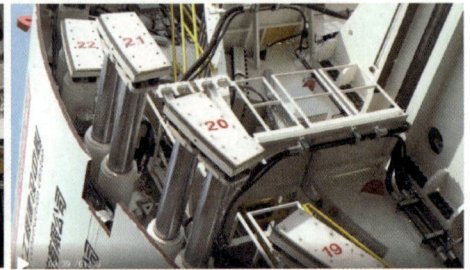

(b) 广州地铁3号线泥水平衡盾构 ϕ 6.26 m

图 3-34 千斤顶分组布置

3. 单台千斤顶的推力与数量

千斤顶数量和单台千斤顶的推力与盾构外径、总推进力、衬砌构造和隧道线形(平面及纵断面形状)等因素相关。在满足总推力的前提下,应尽可能布置更多的千斤顶,防止单台千斤顶推力过大而使管片受损。中小口径盾构选择千斤顶的推力一般在 600~1 500 kN 为好,大直径盾构选择千斤顶的推力一般为 2 000~5 000 kN。根据工程经验公式,千斤顶数量 N 大致可用式(3-12)表示。

$$N = \frac{D}{0.3} + (2 \sim 3) \tag{3-12}$$

式中,D 为盾构外径(m)。

依经验公式(3-12),上海地铁 1 号线外径 6.34 m 的盾构需要配置 23 条千斤顶,实际配置 22 条;武汉地铁 2 号线外径 6.28 m 的盾构需要配置 23 条千斤顶,实际配置 22 条。如按其计算,外径 10 m 的盾构需要配置千斤顶约 36 条,外径 14 m 的盾构需要配置千斤顶 48 条。外径 15.43 m 的上海长江隧道工程从经验上看可设 54 条,实际配置 57 条。对照

表 3-8,式(3-12)的经验计算公式与工程实践吻合较好。

表 3-8　　　　　　　　　盾构机外径与千斤顶数量统计

工程	盾构外径/m	理论计算千斤顶条数	实际采用千斤顶条数
上海地铁 1 号线	6.34	23	22
武汉地铁 2 号线	6.28	23	22
上海复兴路隧道	11.22	40	—
南京长江隧道	14.87	52	—
上海长江隧道	15.43	54	57
日本东京湾水隧道	14.14	50	—
荷兰绿心隧道	14.87	52	—
德国汉堡易北河第四隧道	14.2	50	48
上海北横通道	15.0	52	—
美国西雅图 SR99 隧道工程	17.45	60	—
香港屯门—赤鱲角隧道	17.6	61	—
济南黄河隧道工程	15.76	55	—
北京东六环改造工程	15.97	55	—

4. 千斤顶的行程

千斤顶的行程确定与管片宽度和管片环的拼装方式有关。一般来讲,盾构千斤顶的行程为管片宽度加上 100~200 mm 的必要富余量,也可满足盾构在曲线上的施工要求,但对于轴向插入型 K 管片,千斤顶的行程应根据管片高度、管片弧长、插入角度、管片接头角度,再考虑管片宽度 1/3~1/2 的插入富余量加以确定。当采用楔形管片时,根据楔形管片的端面坡度,有时需要采用较大的行程。在上海地铁 1 号线采用 1.0 m 的环宽,盾构采用单节千斤顶行程为 1.2 m,双节长程千斤顶行程达 1.86 m。

5. 推进速度

千斤顶的推进速度是指盾构所具备的理论推进速度,实际推进速度则主要由地质条件和盾构形式来决定。从理论上讲,盾构正常推进速度为 10~100 mm/min,直线区间速度快而曲线区间慢,直线区间 20~45 mm/min,曲线区间 15~35 mm/min,高速施工可达 60~100 mm/min,推进速度的快慢应根据土质和环境保护要求情况进行调整。从工程实践上看,小型直径盾构的推进速度一般会高于大型直径盾构的推进速度,大直径盾构涉及施工工序协调和后续施工之间的匹配问题,存在排土量大、材料进出多等实际情况。

3.3.4 管片拼装装置

管片拼装装置俗称举重臂,又称拼装机,是在盾尾内把管片按规定形状安全迅速拼装成管片环的设备。拼装机一般装配在支承环后部或者盾构千斤顶撑板附近的盾尾部,也有的装配在后续的台车上,拼装机具有夹持管片、伸缩、前后移动、回转等4种常规动作功能。

3.3.4.1 拼装机的选择

拼装机为油压驱动方式,有环式、空心轴式和齿条齿轮式3种。

1. 回旋装置

拼装机(图3-35)有环式和空心轴式,由于环式是空心圆形旋转,即使在驱动中也可以确保作业空间,同时渣土运输又不受影响,故环式用得最多,但均需在考虑盾构外径、管片形状后加以选择。

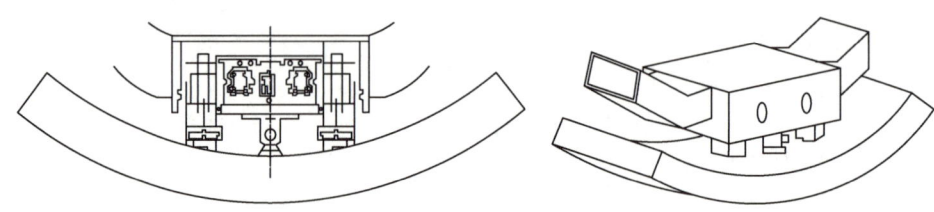

图3-35 管片拼装机

2. 管片夹持装置

该机构随管片形状而异,会影响管片组装效率,要求安全迅速地夹住管片。管片拼装机按抓取管片的方式分为机械抓取式和真空吸盘式(图3-36)。真空吸盘式管片拼装机与机械抓取式管片拼装机的主要区别在于抓取头形式不同,使用真空吸盘吸取管片,在正常工作状态真空度为95%~98%,当真空度低至80%时产生的吸取力仍然大于要求设计的安全系数,即使所有设备单元均出现故障,真空吸盘也可以把持住管片30 min以上。真空吸盘式夹具可靠性主要取决于吸盘密封的状况。

(a) 机械抓取式　　　　　　　　(b) 真空吸盘式

图3-36 管片夹持装置

3. 移动(滑动)装置

为适应封顶块的拼装作业,需让管片沿着隧道轴向移动,因此需要有移动(滑动)装置,包括手动式和液压式装置。

4. 升降装置

升降装置通过液压系统让管片夹持器沿着隧道半径方向移动,夹持器的支臂有双臂式、单臂式、环式等形式。

3.3.4.2 自动拼装机

为提高管片拼装作业的效率、精度及安全性,降低作业的劳动强度,开发了管片自动拼装机。管片自动拼装机主要由管片供给装置、管片夹持装置、管片定位装置及螺栓连接装置构成。圆形断面衬砌的自动拼装机把位于后方的自动供给装置运入的管片夹持到既定位置,并自动完成拼装成环的一系列作业,主要由下列步骤完成。

1. 管片供给

自动供给装置位于自动拼装机后方的下部,装有管片的台车可沿着导架向切削面方向移动,直至夹持管片的位置。

2. 管片夹持

自动拼装机上的传感器确认管片到位后,便开始夹持管片。

3. 管片定位

管片定位由粗定位和微调定位两个阶段完成,粗定位是首先把管片移动到预先计算确定的位置上,微调定位是使得待装管片的螺栓孔与已装管片的螺栓孔精准对齐,然后可以完成旋转、升降、滑移、俯仰、横摇、偏转等各种基本动作,进行最终定位。

管片定位时最重要的是遥感精度和自动组装的驱动装置(油缸)的控制精度。传感器为非接触式的超声波传感器和激光传感器以及接触式传感器的组合体,油缸控制以数字控制为主,为缩短定位时间,一般需在管片上设置凹凸沟槽等方式帮助定位识别。

4. 螺栓连接

螺栓连接装置是在管片定位后操纵螺栓、螺母进行连接的装置,分为环向连接和纵向(或轴向)连接装置,该装置可以实现螺母供给、插入以及螺栓与螺母的连接紧固。

(1) 螺母供给装置。该装置储存了一环管片接触用的所有螺母和垫圈,随着供给操作指令的发出,螺母依次逐个供给螺栓连接装置。

(2) 螺栓推入装置。该装置可把连接螺栓自动推入已对齐的两管片的连接孔中。

(3) 螺栓紧固装置。待一块管片的螺孔全部对齐后,即开始螺栓连接。自动组装机上设有螺栓紧固机,数量与螺栓数相同,故紧固作业是同时按设定的力矩进行的。

这样即可完成一块管片的组装,将该工序重复单环管片块数遍,即完成一环管环组装,如图 3-37 所示。

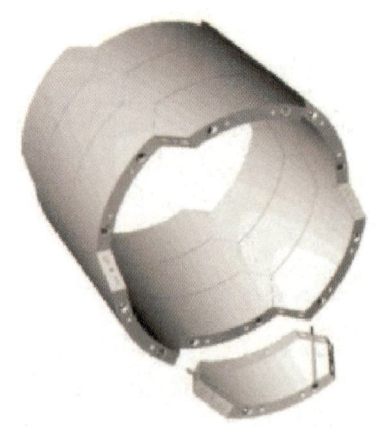

图 3-37 自动拼装机适用的管片及隧道

3.3.4.3 拼装机能力

拼装机的能力是由管片种类、形状、重量、组装顺序和组装工艺等因素决定的,可用下列 9 个方面的指标表示:

(1) 举重力。管片组装时,将夹持的管片推向外侧,或将 K 管片插入其内,将管片拼装到位所需的举重能力称为举重力,一般宜采用一管片环重量以上的力,应是最大管片重量的 5 倍。

(2) 起吊力。起吊力一般取最大管片质量的 1.5~2 倍。

(3) 旋转力。拼装机必须能夹住最大管片,且能在最大行程条件下轻松旋转并能锁定。

(4) 旋转速度。旋转速度一般要有低速和高速两挡,高速挡的旋转速度一般为 250~400 mm/s,低速挡为 10~50 mm/s。

(5) 伸缩速度。伸缩速度是指沿液压缸半径方向伸缩的速度,一般为 50~200 mm/s。

(6) 前后移动距离。前后移动距离指组装管片时使管片沿隧道轴向移动的距离,一般最好取 150~300 mm。如果是轴向插入型 K 管片,移动距离还应考虑插入富余量。

(7) 管片自动拼装机的附加功能。对于管片自动拼装机,根据控制设备和组装方法,有时需要对上述各条的力和速度有自由控制的能力。

(8) 工作油压。拼装机的油压值一般为 10~20 MPa。

(9) 施工效率。一般中小直径盾构一天的掘进和组装速度可达 10 环以上甚至更多,也有报道过一天拼装距离超过 30 m 的记录,大型盾构日均可拼装 3~6 环。在充分发挥施工效率的同时必须注意与之配套的其他系统是否完全匹配问题,如注浆的及时、足量、均匀问题,避免因推进、拼装系统与后续注浆等系统不匹配而给后期隧道自身变形和地面安全带来隐患。

3.3.4.4 管片装配辅助装置

管片装配辅助装置作为施工临时辅助措施，可以起到有效稳固衬砌拼装形状的作用。盾构向前推进时管片会从盾尾脱出，管片受到自重和周围土压的作用而产生变形，发生位移，进而直接影响下一环的拼装精度。如果当前环的管片装配存在拼装精度问题（如衬砌变形过大或拼缝产生较大错台等），势必会造成下一个环管片拼装困难（如螺栓安装、凹凸榫槽配合等困难）。为保证拼装成环的质量，让管片保持临时真圆状态，需要设置临时装配辅助装置——真圆保持器。

根据对工程的长期观察和研究表明，衬砌初始状态的好坏对改善隧道长期渗漏水、变形、受力等至关重要。

总的来讲，真圆保持器使用的情况并不太多，主要原因是使用真圆保持器在一定程度上会影响施工效率。一般在盾构外径为 5~8 m 的直径隧道用得多，小直径和直径 10 m 以上的盾构隧道用之较少。在国外中型直径的隧道施工中采用较为广泛，目前国内用之较少，近年来上海地铁在盾构隧道建设中开始逐步采用真圆保持器。

1. 真圆保持器

真圆保持器，又称真圆器，分上下扩充式和上部扩充式。真圆保持器支柱上装有上下可伸缩的千斤顶，上下装有圆弧的支架，它可在动力车架的挑梁上滑动。当一环管片拼装成环后，就让真圆保持器移到该管片环内，调整支柱上的千斤顶，使支架密贴管片后，盾构就可继续推进，而管片环受力后不会产生有害变形，始终保持着真圆状态，如图 3-38 所示。

(a) 新加坡南阳号　　　　(b) 南京机场线秣陵站—将军站区间工程GPST

图 3-38 使用液压千斤顶的真圆保持器

2. 管片上推装置

作为 K 管片装配时和多圆形盾构上的中柱装配时的辅助装置，有时也会配备管片上推装置（图 3-39）。在我国，采用 K 管片的机会较少，拼装固定完成后不必担心管片向下落的问题。

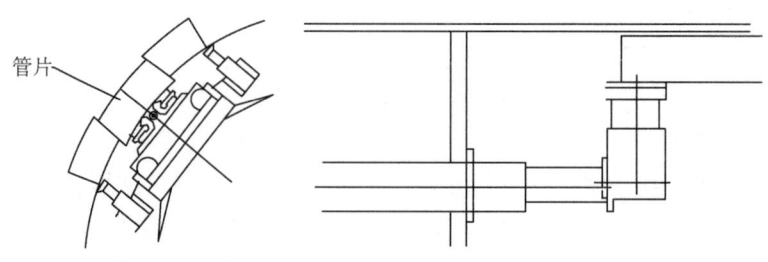

图 3-39 上推装置

除上述管片装配辅助装置外,还有一些其他方法,如在盾尾的内侧设置管片导杆,可防止已经拼装完成的管片下滑,保持衬砌环形状,控制管片变形,并使装配作业易于进行。

3.3.4.5 同步注浆装置

同步注浆是减少和控制施工期间衬砌自身变形、有利于环境保护及施工安全的最重要措施之一。由于盾构机的刀盘和机身直径大于管片外径,在管片拼装完成并脱出盾尾后,衬砌与原状土体之间形成了一个环带形状的建筑间隙。为减少隧道本体沉降与变形,有效控制地表沉降,并改善衬砌接头的密封性,需要在盾构推进的同时连续向建筑空隙处注入足够的浆液。

盾构同步注浆设备主要由注浆泵、注浆管路、贮液罐、拌浆机、注浆控制装置、计量设备、记录装置、注浆材料贮藏设备、清洗泵和阀件等系统构成。注浆管一般设在盾构本体尾部的外壁上,出口在最后一道盾尾刷(板)的后面,如图 3-40 所示。

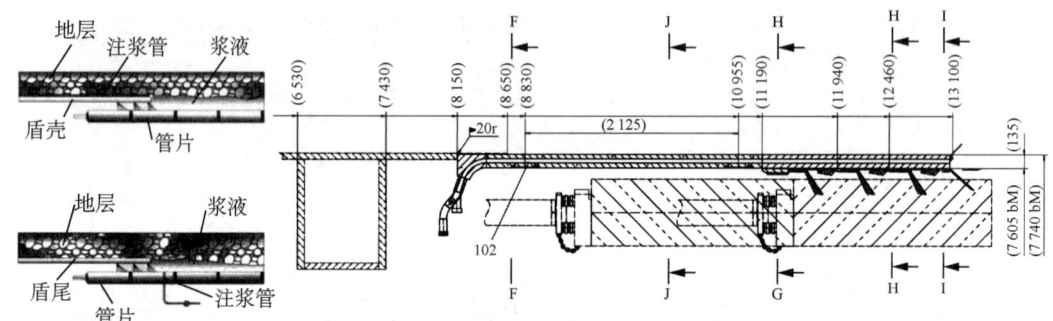

图 3-40 同步注浆装置

浆液的种类一般分为单液浆、双液浆、厚浆及结硬性浆液,但都要求浆液必须具有一定的可流动性,可在一定时间内流动,并限定时间内迅速达到一定的强度。在软土地层中的注浆体的最终强度不应低于原状土的强度。

合适的注浆浆液的选择与研制、浆液精确计量装置及控制系统是保证同步注浆质量的关键。

3.3.4.6 添加材料注入装置(针对土压盾构 EPB)

土压盾构使用开挖出来的土料作为支撑工作面稳定的介质,要求具有流塑性良好、内摩擦角小及渗透率低等特性。一般情况下土料并不完全具备这些特性,需对其改良以达到排土条件。目前认为最适合使用土压盾构法施工的地层是含量小于10%的黏土、10%~60%的粉土和含量小于30%砾石(细砾)的土层,但即使在此范围内的地层,也必须通过土体改良来降低黏性土的黏性或增加砂砾土的塑性。

当盾构在含砂量较高的砂层、砾石层或黏硬土层中推进时,因地层中的细粒成分较少,当含砂量超过一定限度时,切削下来泥土的流塑性会明显变差,土压舱内的土体也会因固结作用而被压密,导致渣土排土困难,很难满足排土装置直接排放条件,此时必须启动土体改良装置,改善渣土的流塑性和抗渗性,直至满足排土装置可以排放的条件。

添加材料注入装置包括注入泵、连接泵至刀盘的输送管、刀盘上的注入口等。为了达到良好的搅拌效果,一般在刀盘上、切口环隔墙上、固定搅拌翼前端、螺旋出土机上按需求设置材料注入口。

合理配置刀盘上的添加剂注入口,以保证添加剂均匀地注入开挖面,添加剂除了改善开挖土体的流塑性外,还具有润滑刀盘和螺旋输送机,减少刀具磨损、降低刀盘扭矩功能,起到保持开挖面稳定、提高开挖土体的止水性作用。注入口的设置数量与盾构直径、刀盘支承方式、刀盘形状等有关,应根据不同土质条件和施工条件设置。直径6 m的盾构通常设4~6个材料注入口,一般中心轴部位设1个,周边设2~3个,盾构直径越大,材料注入口就越多。随着对土质认识的不断加深,盾构制造商也在不断改进泡沫注入系统的技术,以适应复杂多变的地层条件。

添加剂的种类繁多,但常使用的有三大类:天然矿物类材料(水、膨润土、黏土、陶土等),高分子类材料[如树脂类材料(聚合物)、纤维类(CMC)],以及表面活性类特殊发泡剂材料等。不同的改良剂方法适合不同土层。

(1) 高分子聚合物。这是一种长链分子的有机化合物,主要利用聚合物本身的高泌水性,使渣土产生塑性,可单独使用,也可与膨润土、泡沫混合使用。当聚合物与渣土混合时,聚合物分子就会依附在土的颗粒表面,当这些颗粒相互碰到一起时,聚合物的分子就将颗粒黏合在一起,在高压地层中防止水喷涌效果明显。

(2) 膨润土泥浆。膨润土主要成分是蒙脱石,为层状结构,易吸水膨胀,具有润滑性,可在工作面形成低渗透性的泥膜,有利于给工作面传递土压舱的压力,也可提高砂土的塑性,便于出土,减少喷涌。适合于细颗粒含量少的中粗砂土、砂砾土、卵石漂石等地层,如冲击砂砾、砂、黏土、粉土等固结度比较低的软弱地层、洪积地层以及软硬不均匀的地层。膨润土土体改良在土质方面的适用性最广,但高含水膨润土泥浆和开挖土混合后可能会对周围环境土壤带来污染,且价格较高。

(3) 发泡剂。发泡剂的体积小,可分离黏结在一起的黏土矿物颗粒,发泡剂产生的泡沫中90%是空气,余下的10%中有90%~99%是水分,剩下的是发泡剂,泡沫适用于细颗粒土层。它是目前最为先进的土体改良技术,使用范围广,但价格比较高,不同性质的地层,泡沫的注入量也有所差异。泡沫法改良土体具有如下优点:

① 对于砂砾地层而言,气泡的支承作用使开挖土的流动性提高,故压力舱内不会发生堵塞。另外,盾构机刀盘和螺旋排土器的扭矩也会减小,利于稳定掘进。

② 对于硬质黏土容易发生黏附的地层而言,气泡的存在防止了开挖黏附刀盘面板和压力舱内壁,利于正常开挖。

③ 由于气泡可以置换土颗粒间隙中的水,因此开挖土的止水性得以提高,在地下水位高的砂性地层中,"喷涌"现象可被抑制。

④ 气泡具有可压缩性,开挖土改良后的塑性提高,故土压变动小,利于开挖面的稳定,盾构的施工可靠性好。

⑤ 盾构排出的气泡混合土的灭泡时间短。渣土易恢复到注入气泡前的状态,渣土处理容易。

⑥ 气泡制造设备、注入设备规模要小。气泡机和灭泡机均对人身和环境无影响,工作环境良好。因不使用黏土、膨润土,故洞内、洞外均无污染。

图 3-41 为盾构前方喷泡沫试验。

(a) 某复合铰接式土压平衡盾构机喷水试验　　(b) 泡沫注入试验

图 3-41　盾构前方喷泡沫试验

3.4　盾构形式

3.4.1　土压平衡式盾构

土压平衡式盾构除前述通用机构外,还包括推进机械机构、开挖面稳定、添加剂注入、搅拌与排土等装置。

3.4.1.1　土压平衡式盾构配置系统

采用土压平衡式盾构时,必须根据地层条件建立一个具有稳定工作面的设备系统,使开挖推进装置、开挖面稳定装置、添加剂注入装置、搅拌装置及渣土排放装置等设备切实发挥各自功能,保证盾构各功能之间均衡正常作业,且具有适应情况变化的能力。土压平衡式盾构系统由下列机构组成：

（1）开挖推进机构。开挖围岩并将开挖下来的土体与添加剂一起搅拌，将渣土改良成塑性流动性良好的渣土。

（2）添加剂注入装置（泥土式盾构）。

（3）搅拌系统。由刀盘、搅拌翼、固定翼等组成。

（4）开挖面稳定系统。由开挖面、盾壳和隔板围成一个密闭结构，将渣土充满可加压的密封系统，螺旋排土系统按盾构推进量进行连续排土，并使开挖面土压和压力舱内泥土压相平衡的螺旋排土机系统和这些装置的控制系统构成的开挖面稳定系统。为使系统各功能之间均衡高效工作，必须具有适应情况变化的能力，还必须考虑这些系统的管理方法。

在制定土压平衡式盾构配置系统时，由于土压、地下水、土质、最大粒径、颗粒级配、含水量等因素对添加剂的种类、配比、浓度、注入量、注入速度和刀盘扭矩、推进速度、排土装置等诸多因素有极大的影响，它们在一定程度上决定了施工系统的正常运行。因此，在施工前应对这些因素的影响程度进行全面仔细调查，以便选择各种装置、设备、系统及其部件等。

3.4.1.2 土压平衡式盾构的设备构成

土压平衡式盾构的开挖面和盾构隔板之间充满泥土，机械各部件的维修、更换和改造极为困难，所以必须注意其机械结构具有足够的耐久性和防水密封性。在选择各机械装置时需注意如下问题。

1. 刀盘

（1）刀盘形式。应根据围岩条件、开挖面的稳定性、土压舱内是否需要有人进入其内检修、切削刀具是否考虑更换需要等来确定。使用面板刀盘时，需要考虑土质条件（最大砾石直径、围岩黏结力），地层中是否存在障碍物以及处理方法等，刀盘开口的位置、开口宽度和数量等设置，以避免影响开挖土砂的流入。

（2）刀盘扭矩。通常根据盾构外径、土质条件、有无砾石来确定，与泥水加压式盾构相比，切削时的摩擦扭矩和土体的搅拌扭矩都比泥水盾构的情况大，在确定设计扭矩时还应考虑开挖面不能自立时需留有一定的余量。

（3）添加剂的注入口。泥土压力式盾构为了增加开挖土体的塑性流动性，需要在开挖刀盘上设置一些添加材的注入口，必要时通过添加材料的注入以改善渣土的流动性。

2. 刀盘支承

具体采用哪种支承方式，应根据土质条件选择，以充分发挥各自特长。但无论采用哪种支承方式，都需要对支承部位刀盘轴承的寿命和结构构件的刚度进行重点研究和关注。

3. 土压舱

(1) 隔墙。隔墙的强度和密封性能必须能支撑土压舱内泥土压和开挖面水压,故需要根据盾构外径、土质、施工条件来研究隔板上的气压门、人孔、化学注浆装置以及添加剂注入口的设置问题。

(2) 土压计等测量仪器。为准确测量土压舱内的泥土压力,必须选用精度高、耐久性好、优质、可更换的土压计产品,并设置在适当的位置。当盾构外径较大时,应根据需要设置多个土压计,可在盾构上设置土压、排土量、刀盘扭矩、盾构千斤顶推力等计量仪器和开挖面坍塌探测仪,通过实时监测数据判定开挖面的稳定状况。

(3) 螺旋式输送排土器。保证螺旋机具有能顺利输送开挖土砂的能力,需根据最大砾石直径、开挖土量、围岩黏聚力和泥土压力等确定叶片的形状、直径、扭矩和转速。另外,还需要根据围岩条件和施工长度,研究降低磨损措施,必要时考虑设置加注添加材料装置。

(4) 搅拌翼。为了促进开挖土砂和添加材料的混合搅拌,防止开挖土砂的黏附和堆积,需要在刀盘背面设置搅拌翼,也有在隔板上设置搅拌翼的。

(5) 盾尾密封。盾尾密封对于地下水压和壁后注浆压力应有良好的密封性,为达到止水效果,盾尾刷止水层数不能过少。

3.4.1.3 开挖面稳定系统

开挖面稳定系统必须保持土压舱内的泥土压力始终大于地下水土压力,通过螺旋机转速调节排土量以平衡开挖面的水土压力和控制环境变形,使其在推进速度、水土压力、螺旋转速与排土量之间取得一个最佳平衡点,以保证盾构安全正常推进。

开挖面的稳定性可通过土压力计、排土量、盾构负荷(盾构千斤顶推力、刀盘扭矩等)的监测间接掌握其工作状态,对土压和排土量的监测更应关注,土压平衡式盾构开挖面的稳定系统由下列各因素综合作用来共同维持:

(1) 土压舱内的泥土压力平衡开挖面上的土压力和水压力。

(2) 螺旋式排土机可通过转速调节来调整排土量,进而控制土压舱内的压力。

(3) 为保持渣土的适当流动性和止水性,必须根据实际情况来调节添加剂的加入量。

当盾构在砂质土和砂砾地层中推进时,由于土体的摩擦阻力很大,透水性也大,所以难以将刀盘切削下来的土体充满土压舱并保持塑性流动状态,很难满足排土机构直接排放条件,对这样的地层就需要注入添加剂,将其与切削下来的土体搅拌成塑性流动状态良好的渣土,同时提高搅拌土的不透水性,在保持开挖面稳定性的同时又使排土变得更容易。

3.4.1.4 添加剂注入装置

土压平衡式盾构上的添加剂注入装置由添加剂注入泵、设置在刀盘和压力舱内等处的添加剂注入口及管路等组成。注入装置能按照刀盘扭矩的变动、注入材料在地层的渗透、待排出渣土的状态、土压舱内的泥土压等因素,即时调节注入压力和注入量。

注入口的位置、注入口径、注入口数量需根据地层的土质、盾构直径和机械构造进行选择。必须采用防堵结构设计，因注入口一旦被堵塞，其修理和清扫工作都会很困难。

必须具有足够数量的注入口，注入口的数量一般都在刀盘中心和刀盘四周分别设置，中心部位设1个注入口，四周注入口数量根据工程经验一般可按 $|D/2|$ 取整数量设置。

由于地层土质情况、添加剂种类与要求（配合比、浓度、注入量）、刀盘扭矩、推进速度、排土系统等对施工有着极大影响，因此，在选择土压平衡式盾构添加剂注入装置时，事前应周密调查，全面细致掌握这些情况，并根据这些装置和机构的适应性能和特点进行配置，以保证盾构安全高效作业。

3.4.1.5 搅拌装置

就土压盾构而言，搅拌装置的作用就是为了促进开挖下来的土砂和添加材料的充分混合搅拌，以提高其塑流性，防止开挖土砂的共转、黏附和沉淀等现象，易于排土。土压盾构和泥水盾构都需要配置专用设备，一般设置在刀盘背面和隔墙上，还有设在螺旋排土器芯轴上。搅拌设备有以下几种，可单独使用，也可组合使用。

(1) 刀盘，包括刀头、轮辐、中间梁等。
(2) 刀盘背面的搅拌翼。
(3) 设置在隔墙上的固定翼和可动翼。
(4) 设在土压舱内独立驱动的搅拌翼。
(5) 设置在螺旋排土机芯轴上的搅拌翼。

搅拌设备如图3-42所示。

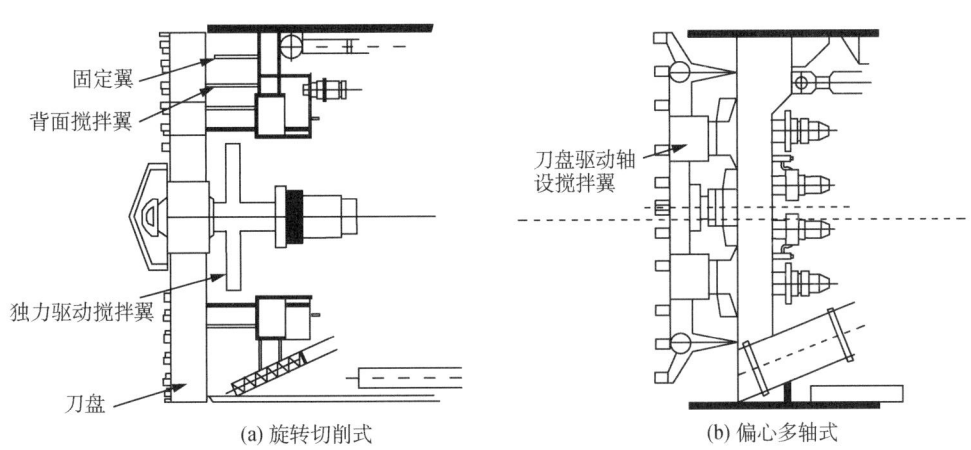

图3-42 搅拌装置

3.4.1.6 排土装置

土压平衡式盾构的排土装置由螺旋输送机构成。一次性排土的螺旋式输送机需要贯通隔墙，进土口设在盾构机切口环中心或下部，出土口在密封舱外，土体经螺旋机从土压舱内

被排出,螺旋输送机可以实现以下三方面功能:

(1) 输送土压舱内的土体。

(2) 按盾构推进量调节排土量,可根据掘进速度调整控制闸门的开启度,通过调节排土量来实现土塞效应,在螺旋输送机内充满切削土体,以形成良好的排土止水效果。

(3) 边开挖边出土,调节土压舱内的土压力,以保证土压平衡功能,使土压舱内的渣土压力能平衡开挖面水土压力。

一次性排土的螺旋式输送机大致可分为有轴螺旋式输送机和无轴带状螺旋式输送机两种形式。

螺旋输送机(图3-43)由螺旋叶片、外壳、排土闸门等部件组成,可变速、可逆转。输送机一般有中心轴螺旋杆式和无中心轴带状螺旋式,前者适用于一般砂性土,后者可用于较大颗粒砾砂及块石运输。螺旋输送机可以实现正反旋转,因而具有伸缩和脱困功能。

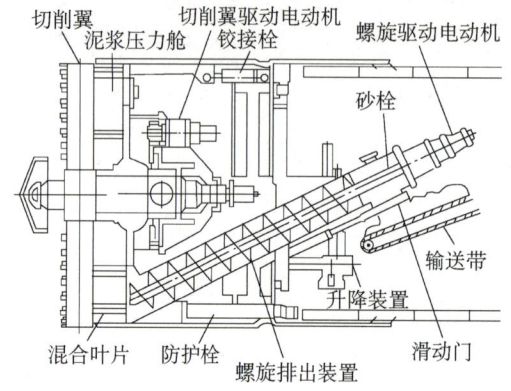

图 3-43 螺旋输送机

在螺旋输送机机体上设有维修门,方便工作人员对螺旋输送机进行维修和障碍物的排除,并在筒体上设有多个注水孔或添加剂注入孔,必要时可以往里注水或添加剂,降低渣土的黏性,减少出土阻力,提高出土效率。上海地铁1号线采用的是由法国制造的FCB盾构螺旋机,直径700 mm,最大扭矩为15 kN·m,出土输送能力约为200 m³/h。海瑞克盾构螺旋输送机直径为900 mm,转动速率为0~22.4 r/min,最大扭矩为215 kN·m,出土输送能力约为300 m³/h。

在配置螺旋机时,首先考虑其具有顺利输送渣土的能力,还需要根据土质、最大砾石直径、开挖土量、围岩黏聚力和泥土压力等确定叶片的形状、叶片的直径、扭矩和转速。通过螺旋输送机的转速控制排土量,在盾构推进速度与密封土压舱中的土压之间建立起平衡,保证隧道开挖面的稳定性和安全性。

3.4.2 泥水加压式盾构

除了通用装置和机构外,与土压平衡式盾构相比,泥水加压式盾构在开挖面平衡、排泥等方面有许多自身独特的特点。泥水加压式盾构推进时,泥水舱内必须充满具有一定压力的泥水来平衡开挖面上的水土压力,保持开挖面的稳定状态。刀盘切削下来的土砂进入泥水舱,经搅拌后成为高浓度泥水,再经过泥浆泵将其送到地表的泥水分离系统,待泥水分离后再把滤除了土砂后的泥浆重新制成新的浆液压送回泥水舱。施工系统如此不断循环,使开挖推进装置与开挖面稳定、砂土输送处理设备等都能均衡协同地发挥各自功能。泥水加压式盾构由以下三个方面的系统构成:

(1) 开挖推进系统。与土压盾构相同,一边推进,一边利用刀盘开挖。

(2) 保持开挖面稳定的泥浆压力系统。可调整泥浆物理性能并将其送至开挖面,以保持开挖面稳定所需泥浆压力系统。除了泥水压力作为保障开挖面稳定的主要因素外,刀盘面板对开挖面上土体的支承作用也是稳定开挖面的一个重要因素。

(3) 送排泥系统。根据盾构掘进量,确保开挖面的稳定并使泥砂顺利排出。

以上三个系统之间的关系互相密切,当有情况发生变化时,各种机构功能应保持相互平衡协调作业,方可保证施工正常运转。当然,地面上的泥水处理设备也是必不可少的。

在选择泥水加压式盾构时,事先必须对地层的土压、地下水压、土质、最大砾径、颗粒分布、含水率等进行周密细致的调查,这些因素对刀盘扭矩、掘进速度、送排泥装置的影响较大。对构成系统的设备按既能均衡发挥其功能又能节约成本的原则选定。

3.4.2.1 泥水加压式盾构的系统设备构成

对于泥水加压式盾构而言,由开挖面、盾壳和隔墙围成的泥水舱里充满着压力泥浆,一旦施工开始将难以进入压力舱内进行检修、更换和改造等方面的工作,因此要求机械各部分结构单元具有良好的耐久性和耐磨损性。泥水盾构系统主要由刀盘、刀盘支承、泥水舱、输排泥水装置及管路等组成,如图3-44所示。各结构单元应考虑的问题如下。

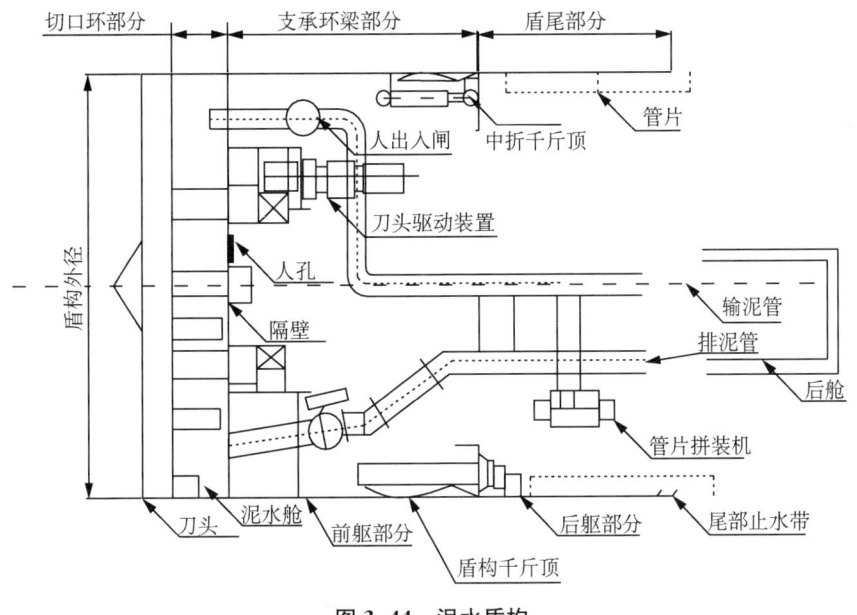

图3-44 泥水盾构

1. 刀盘

（1）刀盘形式和开口率。泥膜是影响泥水加压式盾构施工的最重要因素之一，确定刀盘形式和开口率的前提是保证泥膜形成和开挖面稳定。同时，排泥管径大小和开口宽度应保证开挖面既不发生坍塌又能防止土砂的黏附和土砂流入的方便性。

（2）刀盘扭矩。与土压平衡式盾构相比，泥水盾构切削刀面的摩擦扭矩、土体的搅拌扭矩都要小一些。

2. 刀盘支承

常用刀盘支承方式有 4 种：中心转轴支承方式、中间支承方式、周边支承方式和中央支承方式，可根据盾构直径和土质条件选用，以便充分发挥各自特长，但都需保证刀盘轴承的寿命和构件的刚度。

3. 泥水舱

（1）隔墙。具有足以承受泥浆压力的强度和不透水性能，应根据盾构直径、土质、施工条件，设置气闸、进人孔和化学注浆装置。一旦盾构投入使用，人员很难进入泥水舱。

（2）输排泥管。输泥管口位置一般设在上部，排泥管口设在下部，为防止排泥管堵塞，最好设置备用排泥管。

（3）泥口搅拌器。为防止排泥管的吸泥口发生堵塞，特地把旋转搅拌机设置在泥水舱底部。

4. 水压计

为了精确测量压力舱内的泥水压力，要选择高精度和耐久性好的水压力计，设置在不同位置，以精确测量水压力。

3.4.2.2 开挖面稳定系统与泥浆质量管理

泥水盾构的开挖面稳定系统必须保持一定的泥浆压力，以平衡开挖面的水土压力。泥水加压式盾构的开挖面稳定性由下列 3 个因素综合作用而维持：

（1）用泥浆的压力来平衡地层的土压力和水压力。

（2）在开挖面上快速形成不透水的泥膜，可让泥浆压力有效地发挥作用。

（3）泥浆从开挖面快速渗透到一定范围的地层中，使开挖面地层增加黏聚力。

在开挖面稳定系统中，泥水特性是保持开挖面稳定最为关键的指标，可通过设备对其进行即时监控管理，衡量泥水特性的主要质量指标包括泥水相对密度、黏性、析水性、可渗比、含砂率、pH 等，对每一个指标都有严格规定。

（1）相对密度。泥水的相对密度越大，形成泥膜的速度越快，过剩地下水压越小，切削面变形越小，对土砂的作用效果就越明显。同样，泥水的相对密度越大，泥水流动的摩阻力也就越大,在地表的水土分离也就越困难。不同地层对泥水相对密度的要求不同:洪积地层中的黏土层要求泥水相对密度为 1.05～1.1,冲积地层的黏土层要求泥水相对密度为 1.1,粉砂或砂土层一般要求为 1.15～1.2,砂土层要求 1.2～1.25,砾石土层要求 1.25～1.35。

(2) 黏性。泥水保持一定的黏度可以有效防止泥水的颗粒成分在泥水舱内发生沉淀,防止逸泥,有利于切削土砂的运送。冲积地层粉砂土层要求的漏斗黏度为 25 s,洪积地层粉砂层一般要求 22～25 s,砂地层 25～30 s,砾石地层 35～40 s。

(3) 脱水量。脱水量大,过剩地下水压,对稳定切削面不利。

(4) 可渗比。泥水的粒径累加曲线对能否成膜至关重要,泥水可渗比 $n=G_{15}/G_{85}=10\sim 20$ 时,泥水颗粒可以深入地层形成渗透泥膜,否则不容易形成泥膜。G_{15} 为泥水粒径累加曲线 15% 的粒径(mm),G_{85} 为泥水粒径累计曲线 85% 的粒径(mm),当 $n=15$ 时可形成全渗透型泥膜,对稳定切削面最为有利。

(5) pH。当 pH=7～10 时,说明泥水无正离子污染,超过此范围时说明存在正离子污染,pH 越大,表明污染越严重,泥水的化学稳定性就越差。

泥水构成的主要材料是水、颗粒材料、添加剂。颗粒材料多以黏土、膨润土、陶土、石粉、粉砂和细砂为主。添加剂包括分散剂、增黏剂和中和剂,以化学试剂为主:分散剂主要作用是提高颗粒的分散性、防止阳离子污染;增黏剂主要用来增加泥水的黏性、减少滤水量、提高阳离子污染的抵抗性;中和剂主要是防止壁后注浆等碱性成分混入致使泥水质量劣化。

当盾构停止掘进时间较长时,泥浆中的砂土粒子有可能发生沉降,泥浆有可能劣化,应设置循环泵,让优质泥浆向泥水舱内的管路循环。还需注意在盾尾止水带处设置防逆流装置,防止壁后注浆材料混入或流入泥浆,引起泥浆劣化,并加强对同步注浆的管理。

为了使开挖面保持稳定,必须尽力抑制泥浆压力的波动范围。泥浆压力的波动除由系统构成设备特性引起外,还有由管路堵塞和设备动作等引起的,必须充分注意并设法避免大幅度压力变化。是否存在超挖、开挖面是否稳定,可通过盾构负荷(千斤顶顶力、刀盘扭矩)、计量开挖渣土等间接确认。

3.4.2.3 送排泥装置

顺利地实现泥水舱内的输排泥和泥浆的对流是由输排泥装置完成的,将新鲜泥浆输送到盾构开挖面,新鲜浆液在开挖面与开挖下来的泥砂混合,将混合后的浑浊泥浆从泥水舱输送到专用设备,再输送到地面进行分离,分离后的泥水配置新鲜泥浆,完成一个泥浆输排循环。

泥水盾构机的泥水排放系统主要由泥水输送管、排泥泵、测量装置、中继排泥泵和地表泥水储存池等构成,为防止排泥泵的吸入口堵塞,一般需要在泥水舱内吸入口的前方设置泥水旋转搅拌机构和碎石处理机构。

1. 输排泥管

输泥管的安装位置和安装方向是以不破坏泥水舱内的对流和开挖面稳定为前提的,排泥管位置的设置需要考虑有利于泥砂的取入。输排泥管的管径都是同径者居多,常见输排泥浆管配置见表3-9。设置卵石处理装置时,为了防止黏性土在泥水舱内黏附造成堵塞,往往也会加大排泥管口径,同时利用循环泵加大排泥流量。此外,作为堵塞的预防措施,最好设置备用管道。

表 3-9　　　　　　　　　　　　输排泥管直径

盾构外径/m	排泥管径/mm	输泥管径/mm
2～4 及以下	100～250	100～200
4～6	150～300	150～300
6～8	200～300	200～300
8～10	200～350	200～300
10～14	300～350	300～350

2. 搅拌装置

搅拌装置的转矩管理是掘进时掌握土砂取入情况的重要指标之一,排泥管入口堵塞时搅拌器的转矩会异常上升。为使搅拌装置逆转容易,搅拌器多为油压式,当出现油压缓慢上升时说明泥水舱内掘削土砂可能存在堆积下沉,当油压急剧上升或者停止时,说明很可能有大砾石卡住刀盘,此时应使刀盘逆转解除。

3. 碎石卵石处理装置

在开挖地层中如存有孤石、巨石或卵石时,需要考虑排泥装置(泥浆泵、排泥管)的能力,并设置对卵石和大石块进行破碎的处理装置,以保证泥浆循环的顺畅。卵石处理方法有卵石破碎法和分级法两种。有的位置设在泥水舱底部排浆管吸入口附近,在吸入口处一般设有碎石器和格栅,格栅前有液压操作的碎石器,把大石头破碎至要求的尺寸,也有将其设在后续台车附近。

选择配置时,需要考虑盾构外径、卵石大小、卵石量和卵石处理能力等因素。

3.4.3　复合土压盾构

前述内容均主要针对软土土压盾构机,当此类盾构遇到土体强度差别较大的地层时,如开挖断面内遇到岩层、砂砾、软土互层的地层或围岩强度极不均匀的复杂地层时,则失去了适应性。为适应复杂多变的地层条件,需要在盾构机的刀盘上装设两种或两种以上的刀具,既可以切削软土地层,又可以切削软岩、砂砾和硬岩地层,复合土压盾构如图 3-45 所示。

图 3-45　新加坡地铁 DTL 工程中直径 6.64 m 铰接式复合土压平衡盾构

1. 复合盾构工法特点

因复合盾构适合地层为从软土到硬岩的复合地层,因此与一般的软土盾构工法存在较大差异。复合盾构施工隧道有如下主要特点:

(1) 对于硬岩地层,盾构的刀具配置多以破碎岩层的滚刀为主,面板多为穹形,即使面板最外缘也作滚动切削,以保证外围围岩的破碎。

(2) 对于岩层,千斤顶借助隧道壁上获得推进的反力,可以不做内衬,简单喷射混凝土作为内衬即可。

(3) 对于破碎带和软岩地层,通常采用与软土地层推进施工相同的方法。

(4) 对于岩石地层,采用以滚刀为主的面板,而在砂土层中应采用以 T 形刀具为主的面板,地层变化时应及时更换面板。

2. 稳定开挖面的方式

复合盾构掘进可根据地层情况设定稳定工作面的方式,大致分为土压稳定、气压稳定和不加压稳定三种。

(1) 土压稳定方式。对开挖面不能自立的土层,且地下水丰富,隧道处于不稳定的断裂带或强风化岩层中,工作原理与前述土压平衡式盾构的原理相同。

(2) 气压稳定方式。气压稳定式盾构掘进时,土压舱的下半部分是岩渣,上半部分是压缩空气,依靠该气压平衡掘削面上的水土压力。

(3) 不加压稳定方式。无需在土压舱内建立气压或土压支承开挖面上的水土压力,完全靠切削地层的自立能力确保开挖面的稳定性。这种切削方式的盾构刀盘具有很大的切削和破碎硬岩的能力,切削下来的岩渣通过刀盘上的开口进入土压舱,随后被螺旋输送机送出。

3. 适应地层

复合盾构适应的地层范围是硬岩、软岩、硬土、软土及多种地层组成的复合地层。

4. 施工注意事项

（1）刀具更换。

在岩层施工时，常会遇到盾构刀具受损，需要对土压舱施加气压后，工作人员才能入舱更换刀具，事前需要选择土层自立性好的区段进行。当在软土地层或黏性较高的砾质黏土层中施工时，尽可能不使用滚刀，同时增加刀盘的开口率。当在强度较低的风化岩中施工时，应尽可能安装T形刀具或超前刀。当在强度较高的风化岩中施工时，应及时安装滚刀。

（2）盾构在不同地层交界面施工。

当盾构由软土地层进入全断面岩层时，开挖面稳定由土压平衡向气压或不加气压模式过渡，除应适当降低土压力设定值、增加同步注浆量、调整区域油压差以及改变盾构千斤顶的合理位置外，还应适当降低推进速度。反之，当盾构由全断面岩层推进到软土层时，掘削面稳定由气压或不加气压模式向土压平衡模式过渡，除应适当增加土压力设定值、减少同步注浆量外，还应提高盾构与设计轴线的相对坡度，调整各区域油压差，改变盾构千斤顶的合理位置和方向，提高推进速度。

（3）盾构穿越断裂带施工。

施工前应详细掌握断裂带的分布情况，当盾构切口进入断裂带时应考虑盾构正前方岩土性质的变化，及时调整盾构姿态和出土量等参数机型，以防止盾构机产生下倾或上仰，并及时进行同步注浆。当盾构穿越断裂带后，为保持隧道稳定，必须及时向隧道外围的断裂带进行注浆，严格控制螺旋机闸门开度，避免喷涌造成地层沉降。

（4）盾构在岩石中推进。

当盾构在岩石中施工时，必须合理利用超挖刀和中折千斤顶，以保证纠偏效果和控制盾构机的姿态。此外，当遇到孤石时，应立即停止推进并锁定千斤顶，视盾构前方土体的自立性情况采用气压平衡下作业人员入舱处理或对土体加固后工作人员再入舱处理。

（5）刀盘泥饼的形成与防治。

当盾构在裂隙水丰富且塑性较大的风化岩中掘进时，如盾构土压舱设定压力过高，掘削后的风化岩与裂隙水混合，经刀盘碾压后极易在刀盘正面和土压舱内壁上形成黏附的泥饼，从而导致刀盘的切削效率下降、刀盘扭矩增加、推力增大等。通常采取如下措施加以解决：

① 土压舱内水、土、气等压力不宜过高，并设法减少刀盘与正面岩土的挤压应力。

② 使用发泡剂等阻断地层中裂隙水的通道。

③ 合理布置刀盘上的刀具，遇到塑性大、裂隙水丰富的风化岩土时，应及时拆除滚刀。

④ 向刀盘正面压注一定量的发泡剂，或润滑水，或喷射高压水，减少刀盘与正面土体的碾磨力，增加破碎土的流动性。

⑤ 适当降低土压舱内土压、增加气压，可提高螺旋机的排土能力。

用于硬岩施工的盾构亦称为TBM掘进机，如图3-46所示，非圆形TBM掘进机如图3-47所示。

图 3-46 硬岩隧道掘进机(TBM)

图 3-47 非圆形 TBM 掘进机

3.4.4 特殊形式盾构的构造特征

近年来,不但对大断面和异形断面隧道的需求不断增加,同时对小半径曲线、大坡度区间、长距离、大深度覆土、地中接合或高速的盾构施工的需求日渐增多,这对盾构设计制造、施工技术、隧道材料性能及相关辅助设备材料等提出了更高要求。在盾构设计和制造时,必须对盾构各设备机构及相关事项进行有别于常规圆形盾构的考虑。

1. 大断面盾构的构造特征

近年来,大断面直径的盾构隧道工程建设快速增多,以适应综合交通或管线穿越江河湖海。大断面直径的盾构需要考虑如下问题:

(1)盾构类型选择。当今已经投运和在建的大型盾构隧道中,采用泥水盾构和土压盾构的都有,泥水盾构占多数,但选择泥水盾构还是土压盾构的关键是看地层地质条件。

(2)刀盘选择。当刀盘过大时就会发生内、外侧线速度差异大的问题,应考虑从刀盘构造上采取措施来防止。刀盘的外侧形状应考虑以挡土为主,尽可能采用面板式刀盘;刀盘内侧的形状应考虑减少黏性土的黏附作用和减小土压等方面,可选用辐条形。也可考虑选择多个小直径刀盘,设置多个刀盘形式,可能更有利于克服前述问题。

(3)改善土压舱内土体的流塑性。一个断面内存在多种性质截然不同的地层,需要严密注意舱内中央部位渣土的密实问题,为改善其流动性,应设置搅拌装置和添加剂注入装置。

(4) 千斤顶系统。因盾构截面大、千斤顶数量多,对液压系统的控制要求更高,电动机和液压机械设备也应适应大断面要求,具有机械设备的大容量和高压性。

(5) 盾构设备的拆分与地面运输。因断面大、设备重量大、分块数多,要求分块加工的精度高。

(6) 同步注浆要求。因断面大,隧道顶、底部存在明显的压差,同步注浆泵的配置、注浆和推进速度应及时匹配,采用"多泵多点注浆"是解决隧道顶、底部明显压差的良好方案。

(7) 土质不均匀性考虑。在大断面上,推进断面会存在多个不同土质的土层,其性能各异,在均匀性推进和出土方面也需要加以研究。

(8) 管片设计制造方面。因盾构断面大,在推进拼装过程中管片容易不均匀受力从而使其受损。

(9) 设备受力特点。因断面大,断面的上、下部设置的设备受力差异明显,配置设备装备时应予以关注。

2. 长距离施工盾构的构造特征

(1) 设备耐久性能要求高。因长距离掘进,对盾构各方面的耐久性要求高,特别是刀盘、刀具、面板、盾壳、盾尾密封、输泥管、压泥泵等部件和装置都必须具有很好的耐磨性,而且须考虑施工中途可更换的预留措施。

(2) 设备发热散热问题。因长距离施工,刀盘、刀具等磨损严重,在推进过程中常常会引起机内设备发热问题,影响设备性能发挥和效率,需要同步考虑设置冷却装置对易发热设备进行适当冷却,以保持设备性能。

(3) 刀具配置。因长距离推进,应考虑可能遇到的各种工况不同地层的土质问题,且必须考虑在整个断面存在多种土体类型以及在不同区段存在不同土体类型等问题,并考虑中途可更换刀具的可能。

(4) 贯通精度。长距离隧道贯通,对轴线的控制精度是测量重点,必须设法提高精度,采用多种手段相互交叉印证以保证精度。

(5) 运输问题。需要研究长距离施工时人员和各类材料、设备和管片的快速运输方式,同时还需研究隧道内不同工序之间的平行施工和交叉施工问题,以期缩短工程工期。

(6) 长距离的施工通风问题。长距离施工时隧道内选择合适的通风和环境保护不仅对设备来讲是重要的,而且对施工人员的职业健康更为重要,尤其是大跨度的穿越江河湖海的隧道。

(7) 采用盾构地中对接方案,也许是长距离施工良好的解决方案之一。

(8) 长距离带来的问题和风险较高,需系统性研究高速施工。

3. 大深度覆土盾构的构造特征

大深度覆土对盾构自身钢壳的变形要求很高,还会遇到高水压问题,整体上对盾构机的抗压、刚度、防水性能的要求高,需要系统性研究高水压下的设备全过程防水问题。目前,盾构施工的上覆土已经达到 106 m 甚至更深,这对盾构本身的强度和刚度都带来极大的挑战。

4. 特殊截面盾构的构造特征

将圆形截面以外的盾构均称为"特殊盾构",包括特殊截面的异形盾构、地下连接盾构、母子盾构、掘进装配同时进行的盾构、直角连续掘进盾构、就地浇筑衬砌盾构、分岔盾构、局部扩径盾构、支线盾构和开口式盾构等,如图 3-48 所示。

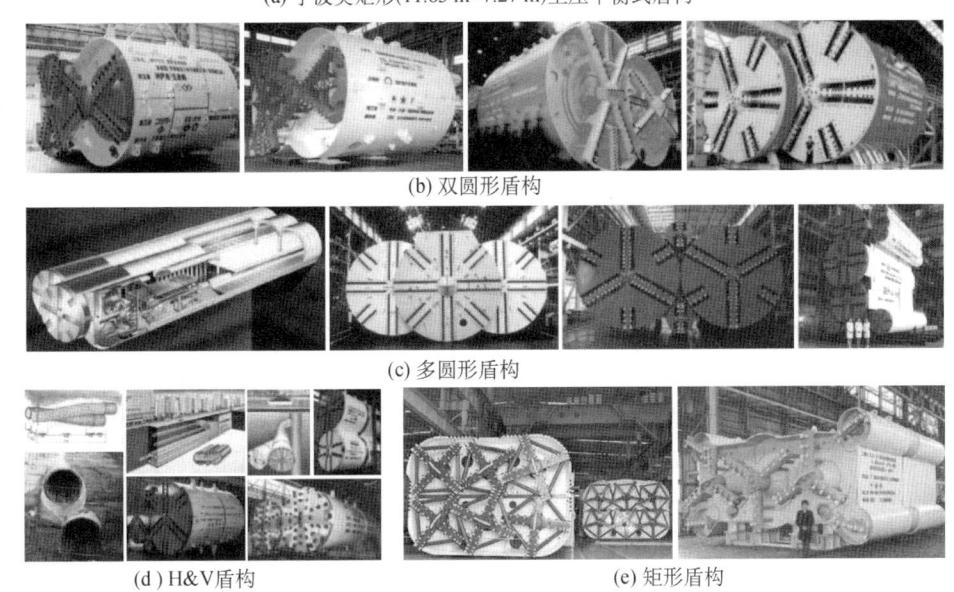

(a) 宁波类矩形(11.83 m×7.27 m)土压平衡式盾构

(b) 双圆形盾构

(c) 多圆形盾构

(d) H&V 盾构　　　　　　　　(e) 矩形盾构

图 3-48　特殊断面盾构

(1) 多圆形盾构。多圆形盾构的基本结构为多个圆形盾构的组合结构,常见的有双圆形和三圆形,而且还可分为多个刀盘前后配置型(开挖面前后型)和多个刀头同一平面配置型(开挖面同一平面型),这两种类型都有广泛应用。

① 刀盘前后配置型:可让各刀头单独旋转,开挖面上刀盘不在同一个竖向平面上,由于开挖面会出现台阶高差,所以对于防止开挖面的坍塌需要特别注意。

② 刀盘同一平面配置型:有两种方式,一种方式是让刀头相互间产生间隙,以便能使各

个头单独旋转;另一种方式是对相邻的辐式刀头进行同步控制,使其能反方向旋转,防止刀头相互接触。前者在刀头的交接处会产生未开挖的部位,所以需要根据土质情况配置超挖装置和辅助刀具等;而后者需要配备用以同步控制刀头的电气设备。盾构主体则是一种圆和圆交叠形成的多圆形截面,因此与单圆形盾构相比,多圆形盾构需要提高切口环部分和盾尾部分的刚度和强度。

(2) 矩形盾构。对用于挖掘矩形截面的盾构,其切削刀盘需要按挖掘机制,研究其形状、配置及数量,一般多按照"大少小多"进行配置刀盘。

5. 高速施工盾构的构造特征

为适应高速施工,应研究适当提高千斤顶的速度,设置制冷装置,扩大刀盘开口率,提高管片拼装速度和同步注浆速度,每一装置的动作速度都要体现在"快"上。

此外,如采用泥水盾构时,可考虑提高输排泥浆的速度和处理能力,如提高泥浆输排速度可采用双线路排泥系统(以强化输排速度)、防止砂土黏附密封舱内壁的措施,还应研究物流快速供应及与施工间匹配的施工管理系统。

长距离快速施工将成为今后需重点研究并突破的方向。

6. 地中对接盾构的构造特征

对于机械式地中对接盾构而言,刀盘与外壳可以具有脱解和后退的功能。盾构机上应配置电磁阀定位装置、种子探查装置、水平钻孔装置和冷冻装置,按连接方式可分为正面连接盾构和侧面连接盾构。

(1) 正面连接盾构[图 3-49(a)]。正面连接是形成一条隧道,采用 2 台盾构挖掘同一条面对面施工的隧道,以面对面的形式到达后,盾构相互之间可直接在地下进行机械上的连接。理论上,连接方法虽有多种方式,但基本上采用一种使盾构的切口环直接贯入另一个盾构的切口环内的方式。连接时由于刀头会发生干扰,所以在机械装置上,通过收缩刀具轮辐,使刀头的外径小于切口环部位的内径。如采用正面对接时,对于两台盾构的切口环、刀头、连接部分止水性需作认真研究。正面连接盾构的特点是两条隧道的外径也应大致相等或相当。

(2) 侧面连接盾构[图 3-49(b)]。侧面连接是形成两条不同的隧道,系指与现有盾构以T字形相连接的盾构,切口环必须有能力切削已建隧道,并拥有能确保在连接时防止围岩坍塌和确保截水性的功能。

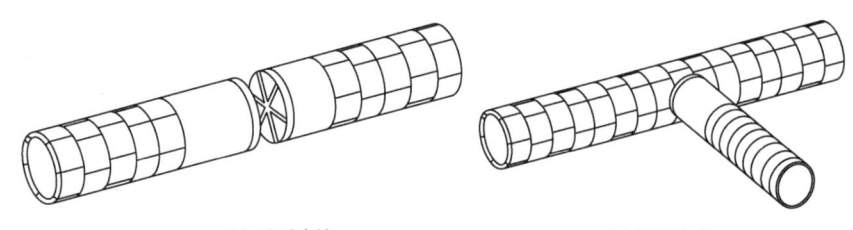

(a) 正面连接　　　　　　　(b) 侧面连接

图 3-49　地中对接盾构

此外,也有没有切削能力的切口环部分从盾构前部被推出,与已建隧道连接的情况,这种情况下一般后推隧道直径小于之前的直径。

7. 母子盾构的构造特征

事先将小盾构(子机)以同心圆的形式装入大盾构(母机)内,在用大盾构进行隧道施工的中途,或在地下或在中间竖井将小盾构分离,开始小直径隧道(缩径)推进。另外,在中间竖井内,有时在小盾构的外侧安装大盾构的外壳和刀头等器件(扩径),以便扩大隧道直径。目前,使用这种盾构建造的隧道工程并不多见。

大盾构和小盾构的基本结构应是一样的,同为圆形盾构。在大、小盾构之间的主体和刀头的连接部位,应是一种能传递推力和切削头转矩的结构。而且在地下缩径时,需要在结构上和功能上确保铰接部位的止水性,且能很容易地分离这些连接部位。母子型泥水加压盾构如图 3-50 所示。

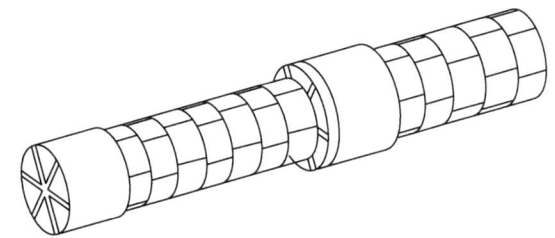

图 3-50 母子泥水加压盾构(ϕ14.16 m)

8. 掘进装配同时进行的盾构的构造特征

此种盾构是指能边开挖掘进边进行管片装配的盾构,大致可分为下列两种方式:

(1) 长千斤顶方式。盾构千斤顶的行程取管片 2 环宽度以上,便可使掘进和装配同时施工,通过采用特殊形状的管片,也可将盾构千斤顶的行程控制在管片 1.5 环左右,管片组装机能进行前后一定范围的滑动,盾构机的长度比通常盾构长出 2 环左右。

(2) 双千斤顶方式。前筒体和后筒体用推力千斤顶铰接,前筒体相对于后筒体可向前伸出 0.5~1.0 环。在使用设置在后筒体上的管片组装机装配管片的过程中,通过延伸推力千斤顶,将前筒体向前推出,进行掘进。掘进装配结束后,在收缩推力千斤顶的同时,伸长盾构千斤顶,使后筒体前进 1 环,结束一个工序。因涉及盾壳防水问题,此法操作起来实属不易。

9. 直角连续掘进盾构的构造特征

此种盾构是指将子机内装在母机的球体部分,在母机掘进到指定位置后,让球体部分旋转 90°,然后使子机发动发车的盾构。母机挖掘时,兼用子机上配备的切削刀驱动装置。直角连续掘进盾构大致可分为下列两种类型。

(1) 纵横连续掘进盾构[图 3-51(a)]。纵横连续掘进盾构是指用 1 台盾构从地面上连续掘进竖井及与其垂直的水平坑道(隧道)的盾构。关于竖井部分的掘进,必须研究盾构等的自重和浮力、推进反力的平衡，以便能安全施工。竖井挖掘结束后，将水平坑道用的盾构朝向转 90°的球体部位的密封结构必须能防止泥砂和地下水流入隧道内。

（2）横横连续掘进盾构[图 3-51(b)]。横横连续掘进盾构是指用一台盾构，不设置旋转竖井而沿着水平垂直方向连续掘进的盾构。横横连续掘进盾构的母机的钻孔扭矩，与纵横连续掘进盾构的母机的钻孔扭矩相比要大，所以需要研究母机能否以子机上配置的切削头的转矩进行掘进。

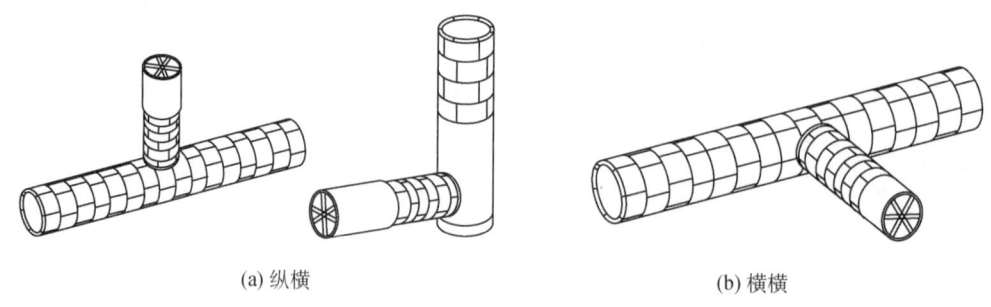

(a) 纵横 (b) 横横

图 3-51 直角连续掘进盾构

10. 就地浇筑衬砌盾构的构造特征

此种盾构是指向盾尾部分浇灌混凝土，并通过混凝土加压千斤顶的加压压力、修建衬砌（就地浇灌衬砌施工法）的盾构。就地浇灌衬砌盾构的挖掘机械装置和盾构各部分的结构基本上与通常的盾构一样，但混凝土加压机械装置、内模板以及钢筋的装配机械装置有其自身的特色。

（1）混凝土加压机械装置。混凝土加压机械装置是用于对在围岩和模板之间浇灌的混凝土进行加压的装置，由混凝土加压千斤顶和边模板构成，有防止混凝土泄漏和调整压力的功能。这些构成部件必须有足够的强度。混凝土加压千斤顶为了确保混凝土的流动性和填充性，需要与掘进速度联动加以控制。

（2）推进机械装置。选择和配置盾构千斤顶应考虑盾构的操作性、内模板的结构和装配的施工性等因素而加以确定。

（3）装配机械装置。内模板和钢筋的架立机械装置有两种形式：装备在盾构上的形式和与盾构分离、可移动的形式。可移动的形式兼有内模板的拆模功能。需要考虑精加工内径、内模板结构、重量、长度和施工顺序等因素，对装配机械装置进行研究。

混凝土初凝时间和一个循环施工时间内混凝土所能达到的强度、地下水的情况等都会对该工法产生重大影响。

11. 局部扩径盾构的构造特征

此种盾构是指需要对现有盾构隧道的部分区间进行扩径（而从地面上难以施工）施工的盾构，如图 3-52 所示。对局部扩径盾构施工需要注意盾构机长、分段数、开挖面作业空间、管片装配和拆卸机械装置。

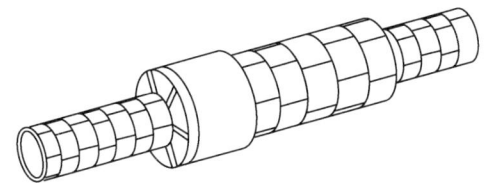

图 3-52 局部扩径盾构

12. 支线盾构的构造特征

此种盾构是指与干线盾构剩余部分分开的、在与干线盾构行进方向不同的方向上发动发车的盾构,如图 3-53 所示。就基本结构而言,干线盾构与支线盾构均与通常的圆形盾构无区别,干线盾构在结构上必须能包容支线盾构的推力,而且在让支线盾构发动发车时,需要有确保止水密封性的结构和功能。

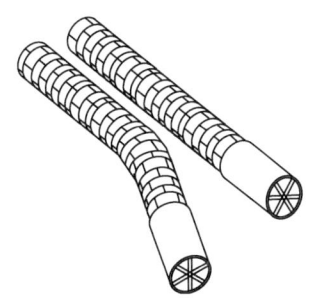

图 3-53 支线盾构

13. 开口式盾构(人工挖掘式、半机械挖掘式、机械式盾构)的构造特征

由于要敞开开挖面进行挖掘,所以开口式盾构适用于开挖面自立性好的地基或用辅助施工法等进行过改良的地基。

人工挖掘式盾构和半机械挖掘式盾构必须在切口环部分配备挡土装置,必须采用能确保作业空间的结构,以便能在开挖面上进行充分的挖掘作业,尤其在半机械挖掘式盾构上设置装载机械时,必须确保施工作业人员、操作工的安全。挡土装置用于防止开挖面坍塌和挤压位移,最好能有压力与盾构千斤顶的伸长保持同步调整的功能。

机械挖掘式盾构的挖掘装载装置使用切削刀头上装备的转斗和独立驱动的转斗,将开挖泥砂通过导槽、料斗传送到输送带上。

14. 小半径曲线施工盾构的构造特征

小半径曲线施工要求盾构机长度要短,需要设置修边刮刀、中折机构、刀盘偏心机构和刀盘弯曲机构,采用楔形管片、缩短环宽等综合性措施。

15. 大坡度施工盾构的构造特征

当盾构进行大坡度施工时,需要研究提高输送管片、材料及施工设备等台车运送装置的容量,提高运输设备的功率,此外,设备的稳定和安全措施是关键。

3.5 盾构选型

盾构选型就是在盾构制造前对设计专项进行深入研究并做出选择的过程。正因为盾构选型合理与否对施工影响重大,所以盾构选型一般都是根据地质条件(工程地质、水文地质)、隧道工程设计(盾构截面尺寸、掘进距离、覆土深度、线路曲线半径、线路坡度)和工期计划要求,结合工程施工环境条件[地形地貌、地面建(构)筑物及地下管线]、基地面积和沿线环境保护等具体要求"量身定制"的,对其各组成部分的技术指标和整体性能提出明确要求,在盾构制造中予以实现和重点考虑,使盾构机安全、经济、按时地建造隧道。

盾构机不同于常规设备,其核心技术不仅仅局限于设备本身的机电设计,而且还在于如何运用设备适应各类工程地质条件。在一定意义上可以说盾构施工的成功率主要取决于盾构选型,决定于盾构机是否适应多变的施工环境。盾构选型对施工单位的技术水平和经验积累提出很高的要求,因缺乏技术和施工经验以及信息不对称,造成盾构选型不当而导致工程施工困难,甚至产生施工风险的工程案例不在少数。

3.5.1 盾构选型依据

根据以往工程案例经验,对盾构选型有重要影响的因素参见表3-11。

表3-11 影响盾构选型的重要因素

序号	重要因素	具体内容
1	工程地质和水文地质条件	工程地质条件、水文条件、岩土颗粒级配等都是十分重要的因素,各土层土体的特性指标和物理力学参数,地表水体地下水位及明暗浜分布等
2	沿线环境	施工场地条件、地形地貌、沿线附近管线敷设情况,是否存在地下障碍物,沿线一定范围内的建(构)筑物及其结构特性
3	设计路线	隧道长度、埋设深度、平面线形、线路纵向坡度、曲线情况、断面形状与尺寸、地下水位高度,管片类型、分块形式、内外径、宽度、厚度、单块管片的最大尺寸和最大重量等
4	施工条件	运输路径、施工场地规模、用水用电条件、渣土排放条件等
5	工程工期要求	工期紧迫程度
6	造价因素	成本高低
7	需要配套使用的辅助工法	需要配套的压气法、降水法、注浆加固法、冻结法等

地层渗透系数、土层的颗粒级配和地下水条件等都对盾构选型有着重要影响,地层渗透系数与盾构选择机型的经验关系如图3-54所示。

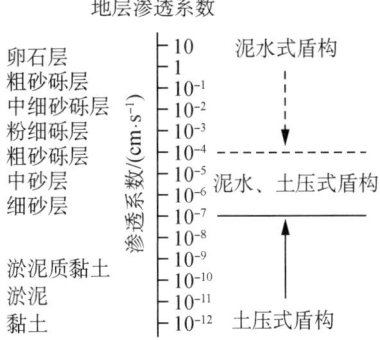

图 3-54 地层渗透系数与盾构选型

根据以往工程经验,土压平衡式盾构一般适用于黏土、淤泥质土以及改良后的粗砂、细砂土等地层,而泥水平衡式盾构则适用于砾石、粗砂土、粗砂和细砂土等地层。当地层渗透系数小于 10^{-7} cm/s 时,宜选择土压平衡式盾构;当地层渗透系数介于 $10^{-7} \sim 10^{-4}$ cm/s 时,既可选用土压平衡式盾构也可选泥水平衡式盾构;当渗透系数大于 10^{-4} cm/s 时,宜选用泥水平衡式盾构。

一般来讲,细粒含量较多,渣土容易形成不透水的流塑体,从而充满整个土压舱,以很好地平衡开挖面上的水土压力。即当地层中的黏粒和粉粒的总量达到 40% 以上时,通常选择土压平衡式盾构。当地层富含水时,土压平衡式盾构对高水压的地层适应性变差,螺旋机难以形成有效土塞效应,排渣口容易发生喷涌现象,引起土压舱内压力急剧下降,导致开挖面塌陷。

3.5.2 盾构选型中的地质资料

地质资料无疑是盾构选型中最重要的依据之一,主要包括以下内容。

(1) 地质纵剖面图。

根据足够数量的地质柱状图绘制的地质纵剖面图,可以最大程度地了解盾构施工典型的地质条件、最困难区段的地层工程特性以及各种地下障碍物,具体内容如下:

① 隧道沿线地下各土层的分类、分布,各类土的工程特性,各土层在垂直方向及水平方向的分布,以及土层含沼气或其他有害气体状况。

② 穿越地层的地下水位高度,穿越透水层和含水砂砾透镜体的水压力、土壤渗透系数,以及土壤在动水压力作用下的流动性。

③ 盾构施工过程中可能碰到的各种各样的障碍物,需将其里程位置以及盾构穿越的各种地下管线和地上地下建筑物情况标注清楚。

④ 盾构穿越河道的覆土层厚度,包括最大、最小覆土厚度。

(2) 土质参数。

用于盾构选型的土质参数主要包括以下几方面:

① 表示土的固有特性的参数,如土体颗粒级配、最大土粒粒径、d_{50}、d_{10}、不均匀系数 u、液限 w_L、塑限 w_P 和塑性指数 I_P 等。

② 表示土的状态的参数,如含水率 ω、饱和度 S_r、液性指数 I_L、孔隙比 e、渗透系数 K_H 和 K_v 以及湿土重度 γ_e 等。

③ 表示土的强度和变形特性的参数,如不排水抗剪强度 S_u、黏结力 c、内摩擦角 φ、标准贯入度 N、灵敏度 S_t、压缩系数 a 和压缩模量 E_s 等。

④ 岩层的参数,如无侧限抗压强度 q_u 和 RQD 等。

另外,在地层中地下水作用以及隧道覆土厚度都是影响开挖面土体工程特性的重要参数,应与上述土层参数一起考虑作为盾构选型的重要参数。

(3) 土层工程特性。

在应用上述土层参数进行盾构选型时,应注意分析土层的工程特性,具体内容如下:

① 颗粒级配、d_{50}、d_{10}、u、w_L、w_P、I_P 等参数,可用于鉴别土层属于哪类土以及土的基本性质。

② d_{10},K 等参数是估计土层的渗透性、黏结性以及预计用气压及降水疏干土层效应的重要参数,它对于在含水土层中选定盾构以及控制地下水的技术方案具有重要意义。

③ 在砂性土层中,由于孔隙比和渗透系数越大,不均匀系数越小,土层越易液化。对于易发生严重流砂的地层,宜采用泥水平衡式盾构或在盾构正面加高密度泥浆的土压平衡式盾构。

④ w_L,w_P,I_P,I_L,N 等参数,可用于分析黏性土的稠度状态,然后根据黏性土的软硬程度,考虑盾构正面支撑和开挖装置的选型设计。

⑤ γ_e,S_u,C,φ 等参数用于了解黏性土开挖面土体稳定系数 N。

⑥ 当 $N_t \geqslant 6$ 时,因正面土体流动性较大,故需采用机械式闭胸盾构(泥水平衡式盾构、局部气压式盾构、土压平衡式盾构)。

(4) 闭胸式盾构适用的地层特性。

① 土粒组成:含砂 20% 以下,含粉土 20% 以上,含黏土 20% 以上。

② 粒径:有效粒径 d_{10} 为 0.000 1 mm 以下,60% 粒径 d_{60} 为 0.03 mm 以下。

③ 天然含水率:ω 为 40%~60%。

④ 天然含水率/液限:ω/w_p 为 0.1 以上。

⑤ 摩擦角(三轴):φ 为 12° 以下。

⑥ 黏聚力(三轴):c 为 20 kPa 以下。

⑦ 侧限抗压强度:q_u 为 60 kPa 以下。

(5) 水文地质资料。

在饱和含水软土层中,特别在含水砂层或复杂困难的地层中,妥善处理开挖面的地下水是盾构选型的一个关键因素,在盾构选型中要充分掌握水文地质资料,具体内容如下:

① 地层中透水层分布及层相。

② 以连续性的勘探查清透镜体。

③ 查明地下水位及各层土的水压力。

④ 观测渗透系数的变化。

⑤ 观测查明地下水的流动速度。

3.5.3 盾构选型的原则和一般程序

3.5.3.1 盾构选型的原则

盾构选型的正确与否往往决定了工程施工的成败。除机型必须与地质条件紧密结合外，还必须考虑经济合理性，以充分发挥盾构施工的安全、质量和效率。盾构选型主要遵循下列原则：

(1) 盾构对工程地质、水文地质条件的适应性，确保施工安全。

(2) 盾构性能应满足隧道设计要求，还包括场地条件、周围环境要求等。

(3) 盾构的掘进能力与后续设备和始发基地等施工设备的匹配，应保有一定的冗余度。

确保掘进工作面稳定和施工安全的机型是必须的。在对不同机型及主要技术参数进行深入分析的前提下，应兼顾技术先进和经济合理性，以保证选择最佳的盾构机。因此，盾构机型的选择是一项慎之又慎的工作。

3.5.3.2 盾构选型的一般程序

盾构选型一般应根据隧道特征（长度、埋深、断面）、地层土质条件（工程地质与水文地质条件、地形地貌和地下水情况等）、环境保护条件（建筑物、障碍物、邻近结构物、地下管线、地上交通和周围环境等），以及对地层变形的控制要求，结合掘进、衬砌、施工安全、经济和工期等因素，经综合分析后确定（图 3-55）。具体内容大致如下：

(1) 首先，看选定的盾构机类型是否有利于开挖面稳定。在对工程地质与水文地质条件、周围环境、工期需求以及经济性等进行充分研究后，选定盾构类型，并对选用敞开式还是闭胸式盾构进行比选。

对于砂质土类等自立性比较差的地层，应尽量选择闭胸式盾构。若是地下水丰富且透水性较好的砂质土，则考虑使用泥水平衡式盾构。若是黏性土，则可首先考虑土压平衡式盾构。若是砂砾和软岩等强度较高的地层，则其自立性较好，可考虑半机械式或敞开式盾构。如表 3-12 所示。

针对地下水位较高的地层，若压力超过 0.1 MPa，就应优先选择封闭式盾构，以保证工程和人员安全，条件许可时也可考虑采用辅助降水或气压辅助方法。

对于粒径较大的地层，除自立性能较好时可考虑采用手掘式或半机械式盾构外，一般使用土压平衡式盾构，若需要采用泥水盾构，就必须在泥浆进口前端增加一台碎石机来粉碎大块石头。

(2) 其次，根据隧道设计断面参数对土压平衡式盾构和泥水式盾构进行初选。如选用闭胸式盾构后，需要从环境、工期、造价等限制因素以及地层的渗透系数、颗粒级配、地下水压、环境保护要求、辅助施工方法、施工环境、安全等方面进行论证必选。

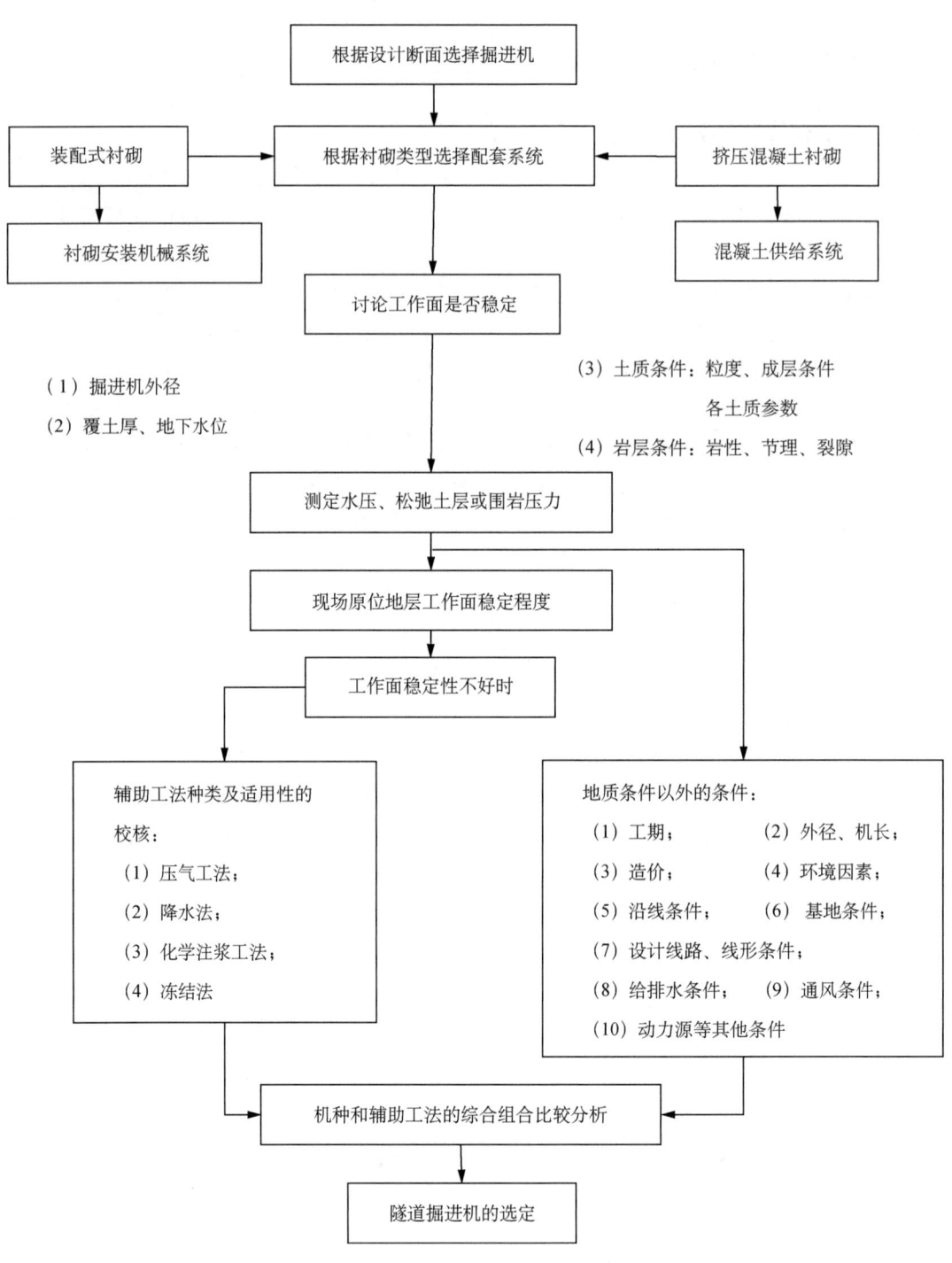

图 3-55 盾构选型程序

表3-12 盾构机与适用土质、辅助工法的关系

分类	土质	N值	含水率/%	手掘式盾构 无	手掘式盾构 有	手掘式盾构 种类	半机械掘削式盾构 无	半机械掘削式盾构 有	半机械掘削式盾构 种类	机械掘削式盾构 无	机械掘削式盾构 有	机械掘削式盾构 种类	网格式盾构 无	网格式盾构 有	网格式盾构 种类	泥水式盾构 无	泥水式盾构 有	泥水式盾构 种类	土压盾构 无	土压盾构 有	土压盾构 种类	泥土盾构 无	泥土盾构 有	泥土盾构 种类
冲积性黏土	腐殖土	0	>300	×	×		×	×		×	×		×	△	A	×	○	A	×	△	A	×	○	A
	淤泥、黏土	0~2	100~300	×	△	A	×	×		×	×		○	—		○	—		○	—		○	—	
	砂质淤泥黏土	0~5	>80	×	△	A	×	×		×	×		○	—		○	—		○	—		○	—	
	砂质淤泥黏土	5~10	>50	○	△	A	○	△	A	○	△	A	△	—		○	—		○	—		○	—	
洪积性黏土	护姆黏土	10~20	>50	○	—		○	—		△	—		×	×		○	—		○	—		○	—	
	砂质护姆黏土	15~25	>50	△	—		△	—		○	—		×	×		△	—		△	—		△	—	
	砂质护姆黏土	>20	>50	×	—		○	—		○	—		×	×		△	—		△	—		△	—	
软岩	风化页岩、泥岩	>50	<20	△	△	A	△	△	A	△	△	A	×	×		△	○	A	△	△	A	○	△	A
砂质土	混杂淤泥黏土的砂	10~50	<20	×	△	A,B	×	△	A,B	×	×	A,B	×	×		△	—		×	△	A	○	△	A
	松散砂	10~30		△	○	A,B	△	○	A,B	△	○	A,B	×	×		△	○	A	△	△	A	○	△	A
	密实砂	>30		×	△	A,B	△	△	A,B	△	△	A,B	×	×		○	—		△	△	A	○	△	A
砂砾	松散砂砾	10~40		△	○	A,B	△	△	A,B	△	△	A,B	×	×		△	○	A	△	△	A	○	△	A
	固结砂			×	△	A,B	×	△	A,B	△	△	A,B	×	×		△	○	A	△	△	A	○	△	A
大卵石	混有大卵石的砂砾	>40		△	△	A,B	△	△	A,B	△	△	A,B	×	×		△	△	A	△	△	A	○	△	A
	大卵石层			×	△	A,B	×	△	A,B	×	△	A,B	×	×		△	△	A	△	△	A	○	△	A

注：1. 手掘式盾构、半机械掘削式盾构、机械掘削式盾构、网格式盾构，原则上采用气压功法。

无：不使用辅助功法；
有：使用辅助功法；
○：原则上适合条件；
△：使用时须加以讨论；
×：原则上不适合条件；
—：特殊情况下可以使用；
A：化学注浆工法；
B：降水法。

2. ○表示希望选定的工法，也包括部分图纸不适合，不得不采用的情况。

3　盾构机设备与选型

（3）最后,根据衬砌类型选择盾构机配套系统。对盾构主要功能机构和装置及部件等进行选择设计,确定盾构机的主要技术参数和与之相匹配的工法和设备。盾构的主要技术参数包括刀盘直径、刀盘开口率、刀盘转速、刀盘扭矩、刀盘驱动功率、推力、掘进速度、螺旋输送机功率、盾构直径、盾构长度、输排泥管直径、输排泥泵功率和扬程等。

总之,盾构选型和装置、机构及系统的配置在盾构施工过程中都是十分重要的工作。一旦选定盾构,施工过程中途难以进行大的改变,应事先查明相关地质条件、开挖面稳定性(土体改良是否需要)、掘进距离(土压和泥水盾构的工法限制)、地面设备条件(工法本身的占地量大小以及地面是否能够满足)、环境条件(轴线穿越的敏感建筑和重大管线等)、施工效率、施工成本、工期要求和施工风险等,也可参照类似工程条件下的其他成功选型经验,在综合考虑各种因素后,再审慎选择确定。

4

衬砌结构与构造

4.1 衬砌作用与构成
4.2 衬砌结构方案选择
4.3 衬砌结构尺寸参数的确定
4.4 衬砌环的构造
4.5 衬砌材料
4.6 钢筋混凝土衬砌及工程案例
4.7 衬砌拼装方式分析
4.8 接头的结构与构造
4.9 衬砌接缝防水
4.10 管片制作

一条盾构法隧道是由数以千计的管片拼装而成的衬砌环组成的。衬砌结构是指利用环向和纵向接头将管片连接起来的筒状结构物,它是施工和使用阶段所有设施设备依附的基础,承受隧道周围的水土压力和内部各种荷载,并始终保持着隧道净空,不发生危及结构安全的变形。

衬砌结构一般由一次衬砌和二次衬砌构成。一次衬砌结构是指在工厂里由钢筋混凝土或钢质材料制成的四边形或六边形弧形管片,在特殊情况下也采用现场直接灌注混凝土形成一次衬砌结构的方法,通常所说的衬砌施工就是把这些管片拼装成环的作业过程;二次衬砌结构是在一次衬砌结构内侧面现场浇筑的钢筋混凝土或混凝土结构,盾构法隧道衬砌结构如图 4-1 所示。

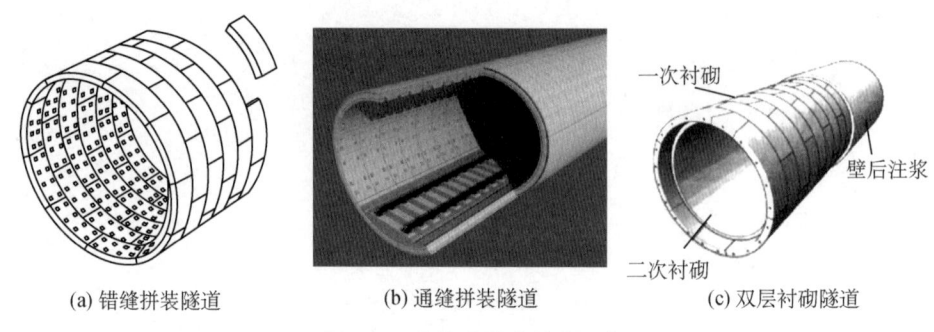

(a) 错缝拼装隧道　　(b) 通缝拼装隧道　　(c) 双层衬砌隧道

图 4-1　盾构法隧道衬砌示意

4.1 衬砌作用与构成

4.1.1 衬砌作用

衬砌是永久性支承结构物,衬砌结构应具备以下 5 个方面的主要功能:

(1) 能安全地承受作用在隧道上的各类荷载。如水土压力、衬砌自重、地面设施荷载和地基抗力等,仅允许发生少许结构变形,不允许发生有害变形,必须确保隧道内部限界空间尺寸。

(2) 具有与隧道用途相适应的长期安全使用功能和耐久性能。

(3) 具有满足隧道施工条件的结构性能。如施工期间的千斤顶推力、壁后注浆压力等施工荷载。

(4) 施工和使用期间具有良好的防水性能。

(5) 使用期间具有良好的可维修性。

关于第(1)条,大多数情况下是将一次衬砌作为主要结构,只靠一次衬砌来承受所有荷载,并将结构变形控制在允许范围内。但也有把一次衬砌和二次衬砌结合在一起作为主体结构的,由二次衬砌承受部分荷载,但一、二次衬砌的荷载分担比例难以精准确定。

关于第(2)条,主要是隧道投入使用后必须具有的功能,早期主要是靠二次衬砌来确保隧道的耐久性，但近年来的工程（包括供、排水隧道）不设二次衬砌，通过加强一次衬砌构造措施也能满足耐久性要求，采取此类做法的工程案例越来越多，尤其是大直径公路和铁路隧道更是如此。

第(1)条、第(2)条是对一般使用条件下隧道衬砌的基本要求，水工隧道及通风隧道要求隧道内壁达到一定的光滑度和抗腐蚀能力，有时会提出更高的要求。过去多采用在外层装配式衬砌结构内侧浇筑钢筋混凝土形成二次衬砌的方式，改善隧道防水、防腐蚀、加固、修正隧道施工误差以及减少内壁粗糙等。如果两层衬砌间的连接措施合理，则双层衬砌可视作一个整体式结构，共同抵抗外部荷载。但由于双层衬砌结构作用机理的复杂性，目前尚难以完全准确地确定一次衬砌和二次衬砌对荷载的分配。随着新型管片接头形式的出现，螺栓手孔可以很小甚至取消，也有利于提高隧道内壁的光滑度和耐腐蚀性。

关于第(3)条，这是一次衬砌在盾构施工中所必须具备的。在盾构机内部拼装完成后的管片环为盾构的掘进提供反力，当管片环脱出盾尾后还要承受壁后注浆压力的作用，因此在设计过程中就需要合理地评价拼装施工过程中作用在衬砌上的荷载，并将这些施工荷载与永久荷载进行组合。

第(4)条、第(5)条是针对隧道使用期间提出的要求。隧道是为运营需求服务的，衬砌必须具有较好的防水性能和可维修性，才能保证其在设计寿命周期内安全使用。

在衬砌设计阶段，不仅要考虑地层荷载，还要考虑隧道的断面形状、结构及施工方法等对衬砌受力的影响，但要正确地评价这些荷载还存在着较多问题。一次衬砌是通过管片接头将管片连接起来的，所以在其结构计算中还必须合理地评价接头的作用，目前还无法精准合理地评价衬砌材料的劣化程度与衬砌安全性之间的关系。

在盾构施工阶段，衬砌作为隧道施工的支护结构，防止开挖面土体变形或坍塌，防止地层中的泥水渗入，保护盾构施工人员安全，使地层尽量少地受到施工扰动进而最大程度地降低施工对周围环境的影响，衬砌同时承受盾构推进时千斤顶顶力以及其他内外部施工荷载，还需承受同步注浆或二次注浆产生的注浆压力等，满足施工期间各项施工要求，衬砌至少必须满足第一、二、三条功能。

在衬砌使用阶段，一次衬砌单独或与二次衬砌一起作为隧道永久性支承结构，同时支承衬砌结构周围的水土压力以及使用阶段某些特殊需要的荷载，以满足衬砌结构的预期使用功能。

4.1.2 衬砌构成

4.1.2.1 隧道组成

一条完整的隧道沿轴线方向主要分为盾构始发竖井、接收竖井、区间隧道、暗埋段、U形槽段以及连通通道等（图4-2），由于安全、排水、通风及紧急疏散需要，长距离隧道会在区间内设置紧急疏散通道，或与通道结合设置区间排水泵站，也有根据工艺需要设置中间通风井或盾构转向井等。

（a）端头井　　　　　　（b）区间隧道　　　　　　（c）U形槽　　　　　　（d）连通通道

图 4-2　隧道构成

4.1.2.2　衬砌构件

构成隧道衬砌的构件相对简单，三个基本构件分别是管片、连接件和防水密封垫。在地层良好、地下水位低的地区也有取消连接件的工程案例。有时因施工、受力、防水或特殊使用要求等原因，采用其他辅助构件：有在纵缝接头面上设置定位棒以便于快速定位施工；有在环间设剪力销以提高环间接缝抗剪力；或将管片环接头设计成凹凸榫以增加隧道的纵向刚度；也有在密封垫外侧加设挡水条或在隧道内壁加设一道嵌缝条，以提高隧道防水效果；如图 4-3 所示。近年来上海还使用新型承插式接头作为连接件，管片内壁无手孔，提高衬砌拼装精度和接头刚度，改善圆环受力变形性能。

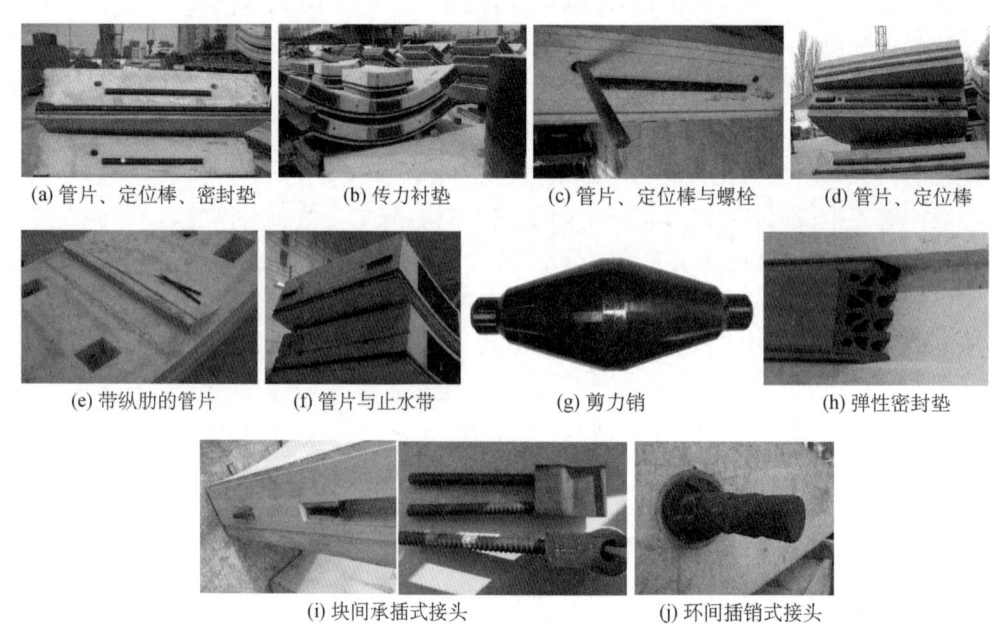

图 4-3　衬砌构件

管片、连接件、防水密封垫等都是在工厂内加工制作的，与现浇衬砌结构相比，质量稳定，预制管片拼装衬砌还具有如下显著特点：

（1）管片等主要构件是在工厂内预制的，易实现标准化制造，制作精度高，管片质量稳定。

（2）预制管片强度高，养护条件好，拼装成圆后能立即承受内外部荷载。

（3）工厂制作容易实现机械化、自动化，作业效率高，人工劳动强度低，作业现场废弃物少。

(4) 与明挖隧道、沉管隧道相比,盾构隧道衬砌结构的拼装缝多,与均质圆环相比在接缝处的刚度存在较明显的变化。

(5) 隧道经常发生的结构病害也往往集中在衬砌拼缝及附近部位。

4.1.2.3 衬砌环构成

衬砌环一般都由标准块、邻接块和封顶块三种类型的管片拼装而成,在日本常称为A、B和K管片。

一环衬砌环至少应由3块管片构成,以4~10块管片最为常见,早期衬砌环最多有使用27块管片的工程案例。下面介绍几种典型工程的衬砌环分块情况。

(1) 上海地铁1号、2号、4号、6号、7号、8号、9号、10号、11号、12号、13号线的单圆单线隧道普遍采用外径6.2 m、内径5.5 m的衬砌环,地铁14号、15号、17号、18号线采用外径6.6 m、内径5.9 m的衬砌环,衬砌环均采用1块84°的大拱底块、1块16°的小封顶块和2块65°的邻接块和2块65°的标准块通缝拼装而成,如图4-4(a)所示。

北京、南京、广州、杭州、苏州、宁波、深圳、郑州、天津、哈尔滨、济南、青岛等城市的地铁也多采用单圆单线隧道,衬砌环外径6~7 m,均由6块管片组成,采用错缝拼装方式。

(2) 上海地铁8号线北段、6号线、10号线、2号线东延伸段的部分区间采用双圆双线隧道衬砌,1环衬砌环由10块管片拼装而成,其中2块为海鸥块、8块为标准块,衬砌中间设1根竖向立柱,如图4-4(b)所示。

(3) 上海地铁16号线采用单圆双线隧道,衬砌外径为11.36 m,由8块管片组成,衬砌下部设口子件,口子件上设立中隔墙,如图4-4(c)所示。

(4) 如果将上海的双圆双线隧道中间内凹部分变成外凸,就转变为类矩形隧道,宁波地铁3号线、4号线的部分区间采用类矩形隧道,衬砌环断面外包尺寸为11.5 m×6.937 m,由10块管片组成,中间设竖向立柱,如图4-4(d)所示。

(5) 1971年建成的上海打浦路隧道衬砌由8块箱形管片组成,如图4-4(e)所示。延安东路南北线隧道衬砌也由8块箱形管片组成,如图4-4(f)所示。

(6) 衬砌环分块变化历程。早期隧道工程因装备制造和施工技术原因,衬砌环的管片分块数量较多,中等直径的衬砌环(直径6~7 m)分成10~15块管片甚至更多。但根据近30年已建、在建的国内外隧道工程的统计数据,大直径隧道(直径大于10 m)现在多由8~10块管片组成。武汉长江隧道(外径11.2 m)、德国汉堡易北河第四隧道(外径13.75 m)的衬砌环均由9块管片组成;上海长江隧道(外径15.0 m)、南京长江隧道(外径14.5 m)、荷兰绿心隧道(外径14.5 m)的衬砌环均由10块管片组成;超大直径的隧道,诸如美国西雅图SR99隧道(外径17.07 m)、中国香港屯门—赤鱲角隧道(外径17.2 m)也只分成10块管片。衬砌环管片分块数并不随隧道直径变大而增加,大直径隧道衬砌环的管片分块数量有滞涨趋向。

目前工程上应用最多的管片形式绝大多数为曲边四边形,这主要是由于它在工厂内方便制作、工艺成熟、拼装施工效率高,但也有少数采用其他形状的管片,其内弧面为多边形,如图 4-4(b)中的大、小海鸥管片和(g)中的六边形管片。

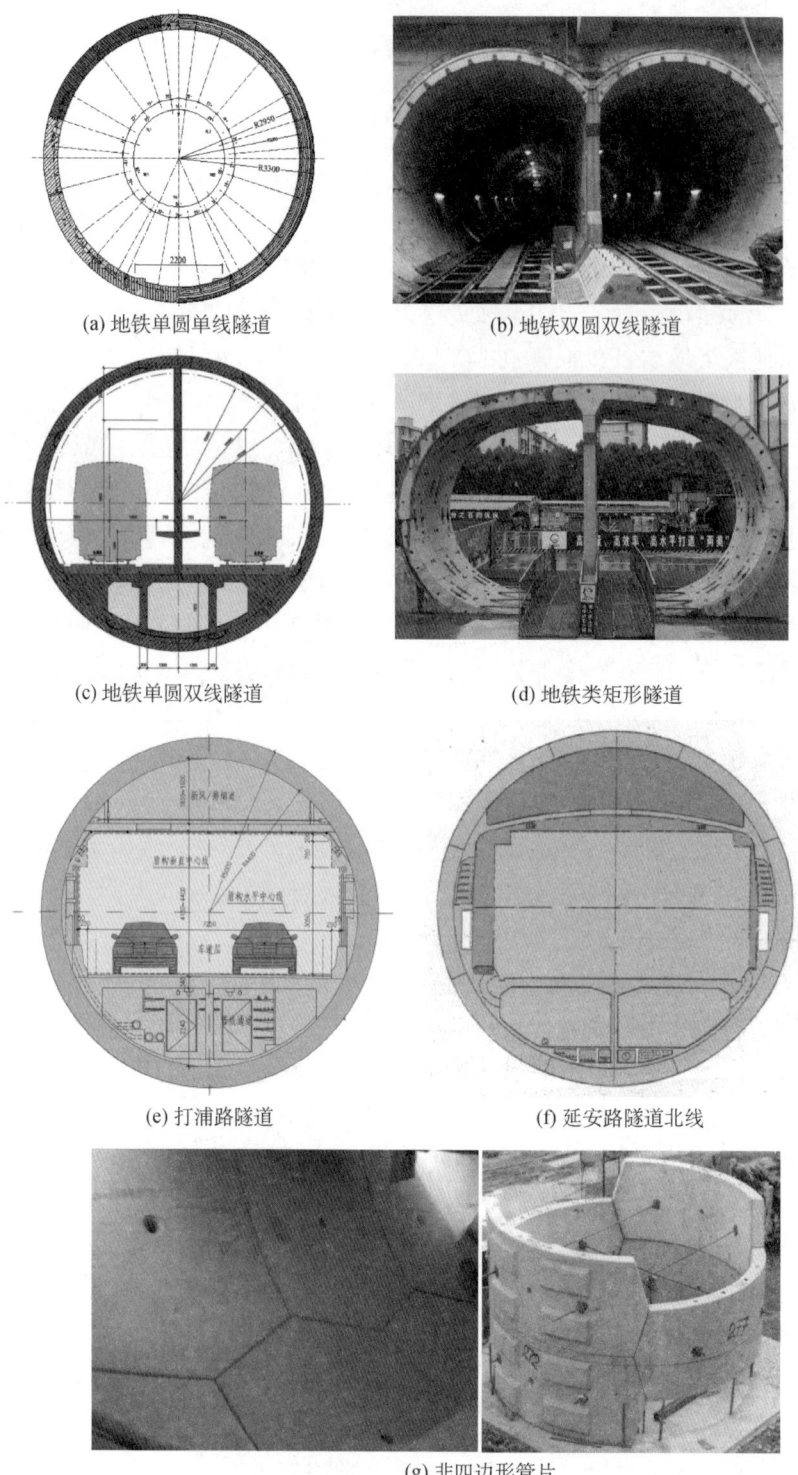

(a) 地铁单圆单线隧道　　(b) 地铁双圆双线隧道

(c) 地铁单圆双线隧道　　(d) 地铁类矩形隧道

(e) 打浦路隧道　　(f) 延安路隧道北线

(g) 非四边形管片

图 4-4　地铁隧道及早期公路隧道的横截面

4.2 衬砌结构方案选择

衬砌结构方案的确定直接影响预制结构构件的加工制造及盾构设备配置,对后期的施工和工程造价有较大影响。衬砌结构方案的选择必须考虑隧道使用目的与要求、地层条件、施工环境和施工方法,同时考虑防水、防腐蚀等耐久性要求,合理选择衬砌的断面形式、管片形式、接头形式及拼装方式。

4.2.1 衬砌断面形式与选择

衬砌横断面形式一般由隧道的使用要求、地层特性、施工环境条件、施工技术可行性和隧道受力变形的合理性等因素决定。

4.2.1.1 衬砌断面形式

从衬砌横断面形状来分,常见的有单圆形、双圆形、三圆形、四圆形、半圆形、马蹄形、椭圆形、矩形及类矩形等形式(图 4-5),但最常见的断面形式仍为单圆形。

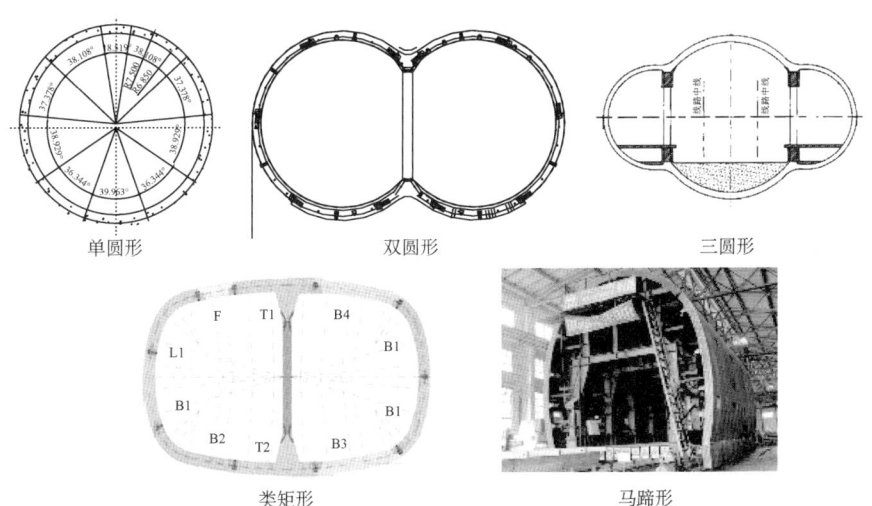

单圆形　　　　双圆形　　　　三圆形

类矩形　　　　马蹄形

图 4-5　常见衬砌断面形式

根据使用目的的不同,衬砌有一次衬砌和二次衬砌之分,也有局部实施二次衬砌的。图 4-3—图 4-5 所示均为一次衬砌,图 4-6 所示为二次衬砌。

图 4-6　二次衬砌

若考虑衬砌使用功能将其进一步划分，则可将铁路或公路隧道形状细分为单圆单线（道）、单圆双线（道）、单圆多线（三线或四线）、双圆双线（道）以及多圆多线（道），大直径隧道又将结构分成 2~3 个分层不等。

按照隧道用途又可以将其分为铁路隧道、公路隧道、市政道路隧道、公铁两用隧道、上（下）水隧道、电力隧道、通信隧道、供气隧道、共同沟、地下商业街以及用于防洪的蓄排水隧道等，如图 4-7 所示。

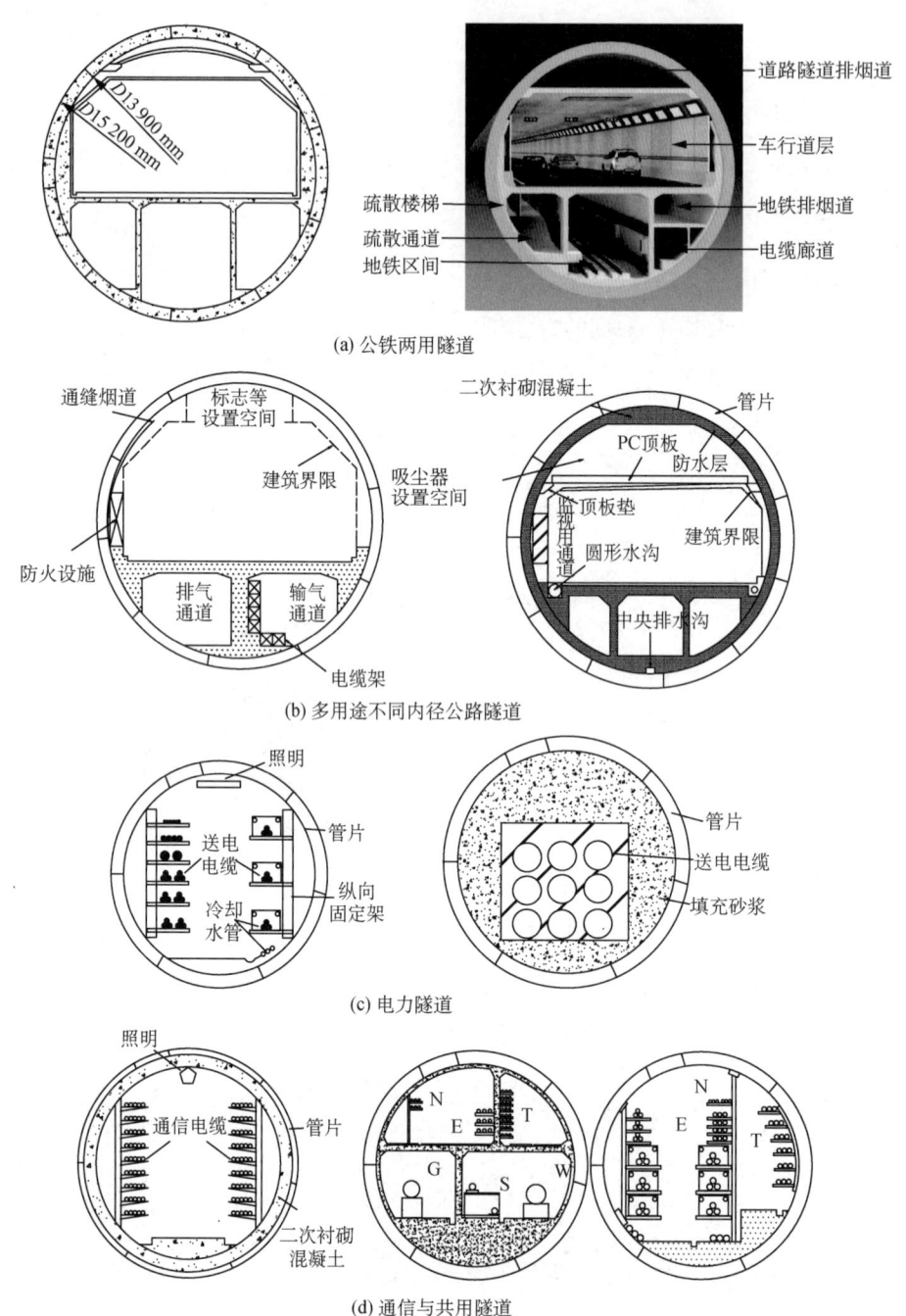

图 4-7

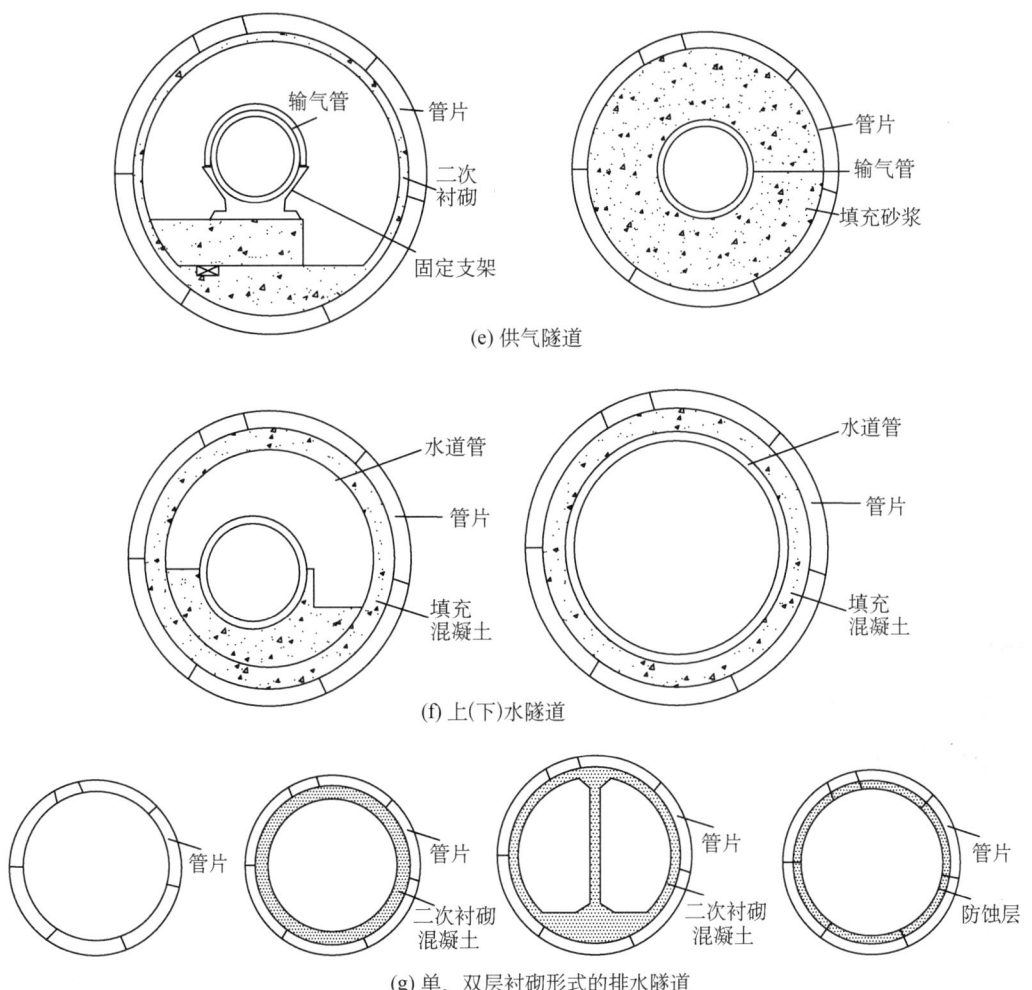

(e) 供气隧道

(f) 上(下)水隧道

(g) 单、双层衬砌形式的排水隧道

图 4-7 不同使用功能的隧道内部结构布置

4.2.1.2 衬砌断面限界的确定

隧道衬砌内壁轮廓的净尺寸必须具有保持长期稳定使用的空间。隧道内净尺寸应根据建筑限界或工艺要求,并考虑曲线段偏移、盾构施工偏差、隧道变形(如发生纵向不均匀沉降、横向收敛变形及位移)等多种因素并预留余量后确定。不同功能隧道有不同类型的限界要求,下文以地铁工程为例来说明限界确定情况。为保证地铁列车安全运行,凡接近地铁线路的各种建筑物(隧道衬砌、站台、侧向紧急疏散通道等)、设备与管线(电缆桥架与桥架上的各类线缆、受电弓或受流器、接触轨、其他设备等)必须与列车车辆保持足够的安全距离,因此地铁隧道衬砌断面限界尺寸由小至大受以下三个限界控制:车辆限界、设备限界、建筑限界,如图 4-8 所示。

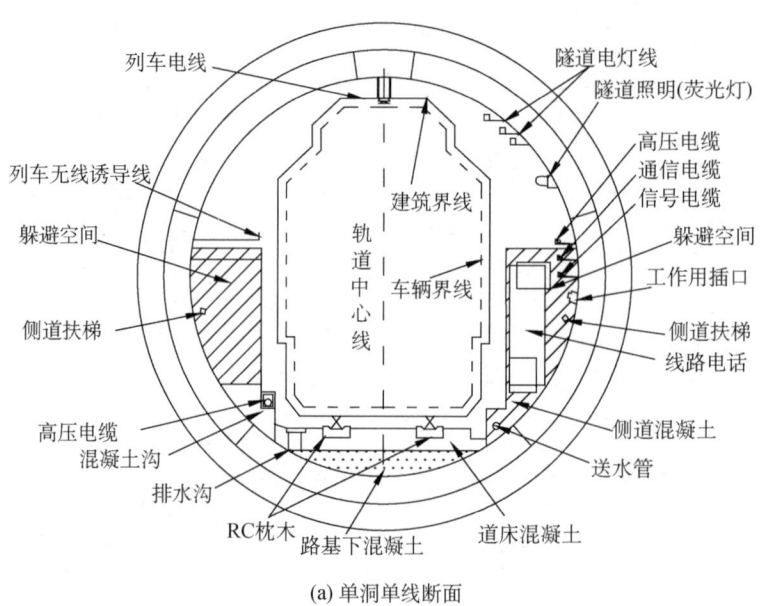

(a) 单洞单线断面

(b) 单洞双线断面

图 4-8 某地铁限界示意

(1) 车辆限界。

车辆限界一般是指车辆在正常运行状态下形成的最大动态包络线，就是车辆在运行中横断面的极限位置，车辆任何部分都不能超出这个限界。在确定车辆限界的各个控制点时，除考虑车辆外轮廓横断面的尺寸外，还需考虑制造上的公差，车轮和钢轨之间满足最不利情况下的匹配及在支承中的机械间隙、车体横向摆动和弹簧上颤动倾斜等。

(2) 设备限界。

设备限界指限制设备安装的控制线。直线段设备限界是在车辆限界的基础上外扩一定的安全距离后形成的。车体肩部横向向外扩大 100 mm,边梁下端横向向外扩大 30 mm,接触轨横向向外扩大 185 mm,车体竖向加高 60 mm,受电弓竖向加高 50 mm,车下悬挂下降 50 mm。转向架部件最低点设备限界离轨道顶净距:A 型车 25 mm, B 型车 15 mm。曲线段设备限界是在直线段限界的基础上,根据平面曲线的过超高或欠超高引起的横向和竖向偏移量,综合车辆、轨道参数等因素确定。

(3) 建筑限界。

建筑限界是在设备限界的基础上,考虑了设备管线安装尺寸后的最小有效断面。在宽度方向上设备和设备限界之间应留出 20~50 mm 的安全间隙。当建筑限界侧面和顶面没有设备或管线时,建筑限界和设备限界之间的间隙不宜小于 200 mm,困难条件下也不得小于 100 mm。建筑限界由车辆限界外增加适量安全间隙来求得,其值一般为 150~200 mm。

不同用途的隧道,其隧道建筑限界和内部使用限界亦各不相同,可参照各自相关设计规范。公路隧道不仅要考虑照明及管线设置,还需考虑交通标志、通风设备和各类监控设备等;电力隧道要设置检查通道;上下水、通信和供气隧道等使用要求各不相同;共同沟内根据敷设的管线不同而设置隔离,建筑限界最终决定了隧道可供长期使用的内轮廓空间尺寸。

4.2.1.3 衬砌断面形式的选择

对已建工程的粗略统计表明,衬砌横断面形式近年来虽呈现多样化发展趋势,但单圆形衬砌仍是目前应用最广泛的断面形式。圆形断面衬砌有以下独特优点:

(1) 可以均匀承受各个方向的外部压力。尤其是在饱和含水软土地层中,由于顶压、侧压较为接近,衬砌受力也较均匀,显示出圆形断面的优越性。

(2) 易于盾构推进施工,易于控制设备,即使盾构机发生少许转动,对衬砌断面的影响较小。

(3) 易于管片制作,管片制作方式及模具通用性强。

(4) 便于拼装,易于实现自动化施工。

(5) 标准完善,理论研究比较透彻,试验验证充分,工程业绩多,经验教训多。从盾构设备设计制造到管片的设计、制作再到隧道施工,各方面的规范、标准完善,经验教训非常充分。

当然,单圆形隧道衬砌与其他形状的断面相比也存在一些不足,如地下空间的利用率低于矩形、类矩形、马蹄形、双圆或三圆形断面。与矩形、类矩形断面相比,圆形隧道断面利用率下降 20%~30%,同时地下空间占用率也较高。在地下空间狭窄的地段,地铁区间往往采用上、下行线单圆断面隧道交叠设置的方式,这又不利于两条隧道的疏散使用,且加大了隧道埋设深度,增加了施工成本和施工风险。

4.2.2 衬砌的分类与选型

4.2.2.1 一次衬砌的功能种类

隧道结构一般由一次衬砌或内加二次衬砌所构成,二次衬砌又分为完整的二次衬砌和部分二次衬砌,如图 4-9 和图 4-10 所示。

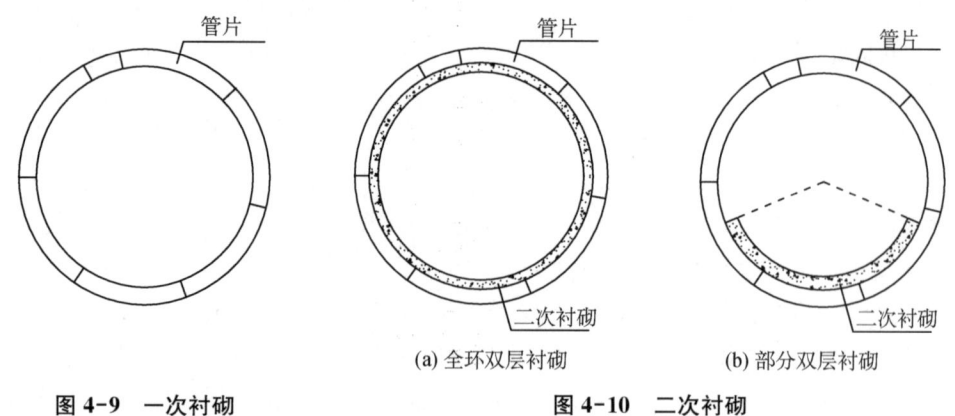

图 4-9 一次衬砌　　　　图 4-10 二次衬砌

通常衬砌是由单层预制管片拼装一次组成的,主要承担力学上的功能,二次衬砌主要承担耐久性功能,但随着施工技术水平的提升,以及为了达到降低造价、缩短工期的目的,越来越多的隧道一次衬砌既具备受力功能,亦具备耐久性功能。如在工厂的管片制作阶段,在管片的内表面涂上具有抗腐蚀性能的合成树脂,就可以代替二次衬砌的抗腐蚀功能。

一次衬砌的管片都是在工厂里制造的平板形或箱形管片。因衬砌使用功能与目的、施工环境、施工条件和设计方法的不同,需要选用不同的管片形式。衬砌分类方法有多种,可根据管片结构形式、管片形状、管片材质或接头方式等分类。

1. 根据管片结构形式分类

一般分为箱形管片和平板形管片两种。

(1) 箱形管片。所谓箱形管片,就是指因手孔开间较大而呈肋板形结构的管片,它是由主肋、接头板或纵向肋构成的具有凹形的格子状管片的总称,如图 4-11 所示。此种管片最显著的特点是在内壁上呈较大的凹形空腔,手孔很大,可方便螺栓的穿入和拧紧作业,较大凹形空腔可以节省大量的混凝土材料,减少单块管片重量,或可降低制造成本,也可供其他材料充填。早期的箱形管片一般多由钢铁材料制作,20 世纪 80 年代之前建造的大直径隧道有不少使用钢筋混凝土制作成箱形管片,在日本称中子形管片。而当空腔(手孔)面积或体积占到管片多大比例时属于箱形管片,在学术界和工程界并无明确而严格界定。

此类管片最大缺点是空腔大,削弱了管片的整体刚度,在大直径隧道施工过程中可能会发生盾构千斤顶压屈钢制管片的肋板或顶裂混凝土管片的情况。还因管片内壁不平滑,对通风、通水的阻力也较大。此外,此类钢筋混凝土管片形状稍微复杂,制作工艺比板式管片复杂。

(2) 平板形管片。所谓平板形管片,顾名思义是指具有较大实心断面(仅有较小的手孔)、形如曲面板形结构的管片。一般多指钢筋混凝土管片或是钢-混凝土复合管片,如图 4-12 所示。

4 衬砌结构与构造

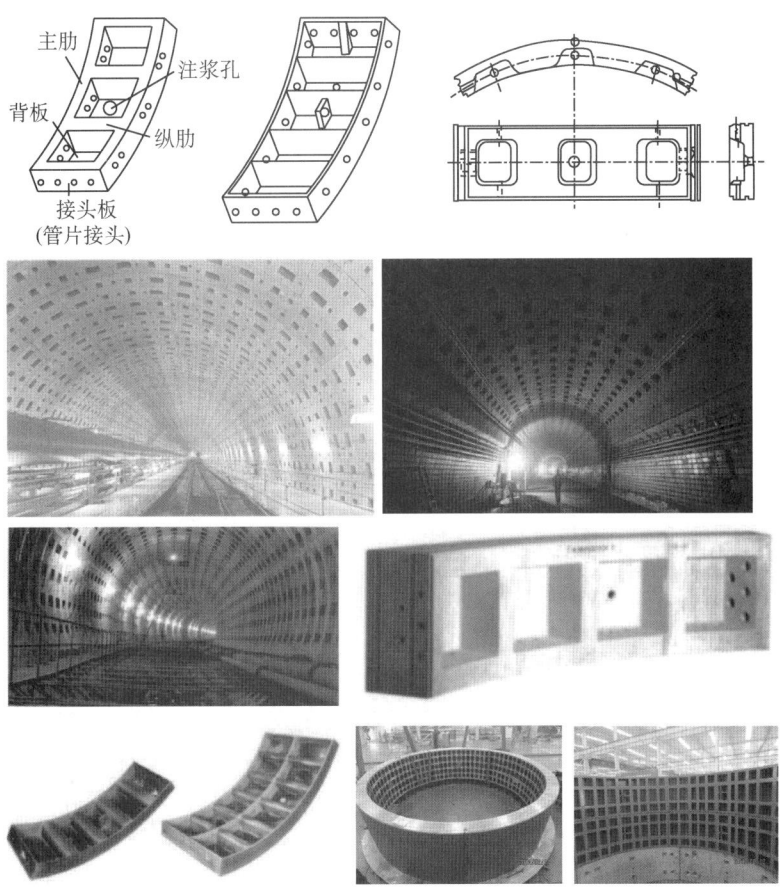

图 4-11 箱形管片

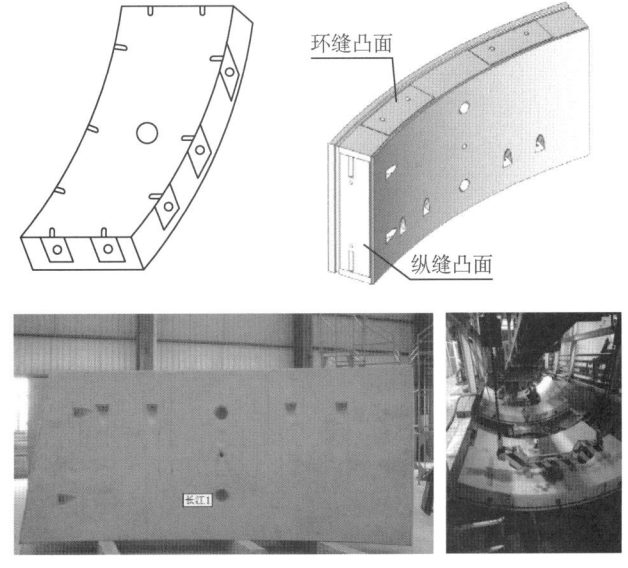

图 4-12 平板形管片

此类管片的最大优点是因手孔较小甚至没有手孔，对管片混凝土截面削弱小，故在相同荷载工况作用下比箱形管片结构厚度小，这种类型的管片能够适应较大的盾构千斤顶顶力，且管片内表面相对光滑，又因其形状相对简单，钢模制作、钢筋架设、管片脱模等作业均较方便，也是国内外使用最广泛的一种管片。此外，此类管片的手孔都较小，使用较为普遍的为弯螺栓或斜螺栓，使用斜螺栓时一般只在一侧管片上设手孔，而对侧管片上仅预留螺母。

近年来，出现了一种真正意义上的无手孔的平板形管片，主要是使用了新型承插式接头，将管片连接件预埋在管片接头处，在管片内壁上不再设置任何手孔，这类管片在日本应用案例很多，在上海地铁 18 号线区间隧道中也得到了应用。

2. 根据管片材料构成分类

依制造管片所用的材质，可分为钢筋混凝土管片、钢制管片和铸铁管片，以及由这几种材料组合成的复合管片等。早期的盾构隧道衬砌多以砖块、铸铁和钢质材料等为主，现在除特殊区段的特殊需要外，用得最多的还是钢筋混凝土管片，钢管片和铸铁管片一般只在特殊地段使用，如泵站和紧急疏散通道处。铸铁管片因成本较高，用量较少；钢纤维管片在国外已有应用。管片大致分类情况见表 4-1。

表 4-1　　　　　　　　　　管片种类

种类		材质	断面形状	备注
混凝土管片		钢筋混凝土 预应力混凝土 钢纤维混凝土	平板形	代替钢筋也有使用扁钢的实例
			箱形	中子形管片
钢制管片	钢管片	钢材	箱形	
		钢材＋素混凝土	平板形	充填混凝土钢管片
	铸铁管片	球墨铸铁	箱形	
		球墨铸铁＋素混凝土	波纹形	
复合管片		钢材＋钢筋混凝土	平板形	
		钢材＋素混凝土	平板形	

(1) 铸铁管片。

铸铁管片多为箱形管片。国外在 19 世纪早期的隧道修建中较多采用铸铁管片，当下在特殊区段或局部采用铸铁管片的工程亦比比皆是。最初采用的铸铁材料全为灰口铸铁，第二次世界大战后逐步改用球墨铸铁。

球墨铸铁是 20 世纪 40 年代末发展起来的一种新型结构材料，它除了具有灰口铸铁的良好减震性、耐磨性、可切削加工性和铸造性外，还具有比灰口铸铁更高的强度、塑性和韧性，抗拉强度可达 1 200～1 500 MPa，延伸率达 17%。因其延性和强度接近于钢材，管片变得较轻，安装运输方便，加之耐磨、耐腐蚀，机械加工后管片精度较高，能有效地防渗防漏。

每一块铸铁管片都是由外壳及沿外壳四周设有螺栓孔的环向和纵向接头板构成，为了增加管片刚度,需要设置横向加强肋条,即在管片的全宽上或以三角形方式设置,如图 4-13 所示。铸铁管片成型多采用锻造、铸造和切削作业为主。铸铁管片强度高,制作精度高,所以拼装出来的隧道一般具有很好的防水性能,与混凝土管片相比具有重量轻、开挖面小等特点。其显著缺点是金属消耗量大、价格昂贵、成本高、焊接困难,还具有脆性破坏的特性,不宜用作承受冲击荷载的隧道衬砌结构,与钢管片一样还需要考虑施工期间千斤顶作用下的压屈效应。

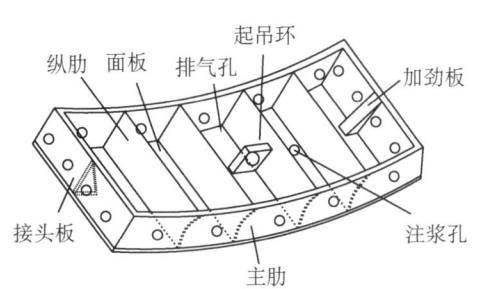

图 4-13 铸铁管片

铸铁管片主要应用在以铁路隧道为主的中、大直径隧道,或承受较大地面建筑物荷载、特殊荷载的部位以及小半径曲线地段。断面形状除了箱形以外还有波纹形,在铁路上一般是通过涂装环氧树脂来进行防腐蚀处理。

铸铁管片宽度一般在 0.4~1.2 m,主要受装配条件、盾构尾部长度和千斤顶行程等的限制,在条件许可的情况下环宽大一些更好,这样既可缩短接头的总长度,又可减少螺栓的数量,减少衬砌拼缝的漏水。

管片环向长度一般为 2~4 m,增加管片长度固然可以使拼缝的总长度和螺栓数量减少,但必须考虑与管片重量有关的衬砌装配的条件,需要预估到特长管片铸造上的困难。管片外壳厚度一般小于 100 mm,在保证衬砌强度的同时又不应过分增加结构重量,一般管片高度为 100~350 mm,厚度为 20~75 mm,外边做成特殊的切口,装配后形成管片相邻接头板之间的小沟槽,深度为 25~50 mm,宽度为 6~12 mm。其间可用膨胀水泥腻子嵌填,作为接缝防水措施。

例如,早期某一直径为 6 m 的盾构隧道衬砌环由 12 块铸铁管片组成,9 块为标准块、2 块为邻接块、1 块为封顶块,环宽 750 mm,标准块重量为 6.722 8 kN,邻接块重量为 6.252 3 kN,封顶块重量为 1.450 4 kN;另一案例为外径 9.5 m 的隧道,衬砌环系由 18 块铸铁管片组成,15 块为标准块、2 块为邻接块、1 块为封顶块,环宽 600 mm,标准块和邻接块重量均为 9.653 kN,封顶块重量为 2.695 kN。

(2) 钢管片。

钢管片的优点是重量轻、强度高,其材质均匀,具有良好的可焊接性,成型精度高,防水效果好,成型重量比较轻,易于运输和施工,在现场进行加工和修正相对也较容易。但与混凝土管片相比,钢管片成型一般是以机械加工和焊接作业为主,管片刚度小,价格高,耐锈蚀性差,当千斤顶推力或壁后注浆压力过大时,容易引起压屈问题,为了提高管片防腐蚀性能与内表面的平滑性能,一般情况下需要设置二次衬砌,或制作成复合管片,如图4-14所示。

图 4-14 钢制管片

钢管片比钢筋混凝土管片具有更大的承受不均匀荷载和变形的能力。在使用钢管片的同时,往往在其内浇筑混凝土或钢筋混凝土内衬,形成复合管片。这样,形成的复合管片的重量比钢筋混凝土管片轻,刚度比钢管片大,金属消耗量比钢管片小。但要求特定的工艺,制作成本高,如浇混凝土后再涂环氧类材料,以增加其耐腐蚀性。

钢管片属于箱形管片或复合管片,国外常用于隧道通过高层建筑或桥梁等局部荷重下,以及地层不均匀的地段。国内主要应用于泵站或紧急疏散通道部位,用于中、小直径隧道的情况下较多。当用在大直径隧道时,其本身虽具有承载力大和容易制作施工的优点,但因材料成本较高,故仅在特殊情况下、特殊地段(如小半径曲线区间、管片环开口处等)或特殊部位使用。

(3) 钢筋混凝土管片。

如前所述,按管片结构形式区分,可将混凝土管片分为箱形和平板形两种类。钢筋混凝土管片在国内外均得到最广泛的应用,尤其在中、大口径隧道中使用得最多,如图4-15所示。究其原因是钢筋混凝土管片可以满足经济性、强度、止水性及施工要求,主要优点如下:

图 4-15 钢筋混凝土管片

① 钢筋混凝土管片具有良好的经济性能。钢筋混凝土管片原材料来源充足,造价相对低廉,制作方便,只要使用高精度钢模就能保证其尺寸精度。

② 钢筋混凝土管片具有良好的耐久性和抗压性。这类构件的刚度大、强度高,只要千斤顶推力位置和均匀施压,一般很少会发生管片挤压破坏,影响使用寿命。

③ 钢筋混凝土管片可以制作成箱形管片,也可以做成平板形管片,视工程需求而定。

④ 钢筋混凝土管片具有良好的止水性。因混凝土自身防水性能好,在制作、拼装、施工时只要加以注意就可保持良好的防水效果。

但同时也应看到其缺点,由于钢筋混凝土管片的厚度较大,致使开挖面大,管片重量大,管片的最大弧长一般不应超过 4 m。抗拉强度低,构件端部、角部容易发生破损,故需在脱模、移动、运输和拼装施工过程中十分小心。钢筋混凝土管片环宽一般在 300~2 000 mm,常用的宽度为 750~1 500 mm。目前,大直径隧道多采用钢筋混凝土板式管片,世界上直径超过 14 m 的隧道几乎无一例外采用较大环宽的钢筋混凝土管片(1 500~2 000 mm)。

(4) 复合型管片。

复合型管片属于平板形管片的一种,一般是由钢材+钢筋混凝土或者钢材+素混凝土复合组成,也有用桁架、扁钢、型钢等代替钢筋而制成钢骨的混凝土管片。在相同断面的情况下,与钢筋混凝土管片相比,复合型管片可以设计出较高的强度和刚度,虽价格要昂贵一些,但可以减少管片结构厚度,从而减小开挖面尺寸。在需要减小隧道外径或局部扩大隧道内径的部位,以及在有内水压作用或者非圆形断面的隧道中,常常采用复合型管片。

3. 根据接头形式分类

管片接头形式在传统的螺栓接头基础上,开发了一系列新型接头,如楔形接头、销型插入式接头、混凝土对接接头等。这些接头连接方法简单,充分利用了千斤顶的推力,使原来的螺栓紧固作业可以实现自动化,具有更好的施工便利性。但与螺栓接头相比,刚度差异较大,需要与地基条件、管片结构形式相匹配,接头连接件介绍详见后续章节。

4.2.2.2 衬砌管片的选择

衬砌管片选择主要是对管片结构形式和制作管片的材质进行选择。需根据隧道使用目的、地层条件、隧道规模、施工方法、隧道周围环境和隧道内部使用环境,选定衬砌的结构、材质和形式等,同时考虑使用年限内结构的耐久性、维护管理以及修理补强等的便利性,认真研究后谨慎作出选择。根据已有的工程案例,不同用途、不同埋设条件的衬砌管片的选择经验如下:

(1) 上(下)水道、电力、通信等中、小直径断面隧道,在综合考虑使用目的、地层条件、转弯半径曲线、隧道长度和经济性能等基础上,多选择钢筋混凝土管片及钢制管片。在直径为 2 m 左右的小直径隧道中,从管片的拼装及运输、搬送等施工性能出发,多选择重量比较轻的钢管片。

(2) 铁路、公路、城市轨道交通等大、中直径断面的隧道,一般以钢筋混凝土管片为主,只在特殊需要的地段使用铸铁管片或厚壁钢制管片。

(3) 国内外大直径或超大直径断面隧道,建设单位根据行业需求来选用管片的形式及种类。无论在何种环境条件下,都选用箱形或平板形钢筋混凝土管片。在局部地段,如紧急疏散通道等存在开口圆环或有特殊荷载作用的工况下,考虑选用铸铁管片或钢制管片。

(4) 当隧道存在可以预见的穿越情况时,也可考虑采用部分铸铁管片和钢制管片。在小半径曲线区间要求衬砌断面能够承受较大偏心荷载的情况下,多选定铸铁管片、厚壁钢制管片或复合管片。

(5) 在建造较大埋深的隧道时,其管片的选择重点在于考虑地下水压,研究高水压下衬砌的防水性能。同时在高水压下,盾尾油脂压力和壁后注浆压力等施工荷载亦会明显增大。

(6) 当作为地下河流和引水隧道,当管片受到内水压时,管片选择类型应重点考虑拉伸力对接头的影响,需要提高接头部刚度,并根据防漏防渗要求加设防水薄片等防水措施。

(7) 在隧道内部长期存在杂散电流的环境下,如何考虑衬砌防电腐蚀问题也十分重要。

(8) 在衬砌管片类型选定后,还需判断是否选用二次衬砌的衬砌结构形式。

(9) 在选择衬砌结构时,除必须考虑隧道的使用要求外,还要考虑隧道的日常维护管理、维修的便利性及可能的加固的容易程度,后者是衬砌结构选型很重要的参考依据。

当然,关键是根据隧道使用功能、地层条件、经济性、施工便利性等选定衬砌的结构、材质和形式等,对管片类型和管片材料作出合适的选择。

4.2.2.3 二次衬砌的功能种类

二次衬砌通常是在一次衬砌内部进行现场浇筑混凝土而成。二次衬砌一般不作为承受外荷载的结构,主要承担耐久性功能,通常是为了一次衬砌的补强和防止漏水、侵蚀而增设的,有时当隧道穿越松软含水地层,为增加衬砌的强度和刚度或修正施工误差,也有采用二次衬砌的。此外,为降低铁路列车通过时产生的振动和噪声,也有在一次衬砌之后进行二次衬砌的情况。需使用二次衬砌的情况大致如下:

(1) 防腐蚀。由于盐害、碳化等对混凝土的化学侵蚀,钢筋混凝土会发生各种各样的劣化,管片接头等金属部分和钢制管片也会发生锈蚀,而二次衬砌则对于这些腐蚀作用可以起到隔离的作用,作为一种保护层,可以有效防止或延缓材料劣化波及管片耐久性能。尤其对土层中的化学腐蚀有较好的防护作用,但对于预防电化学腐蚀,不能采用内衬的方式。另外,即使在设有二次衬砌的情况下,比如污水管道等强腐蚀的环境下,也要注意二次衬砌混凝土本身的防腐蚀措施。

(2) 防水。譬如在电力、通信等对防渗漏水有特殊要求的隧道中,地层中的压力水向隧道内渗漏大致要穿过壁后注浆层、一次衬砌和二次衬砌三个层面的防水路径。一般来说,使用一次衬砌基本上可止水,这是防水最基本的考虑方法,二次衬砌的止水可达到延长渗流路径、延缓漏水和减少漏水量的效果,但不能从根本上制止渗漏。

(3) 隧道线形的修正。可利用二次衬砌厚度来修正一次衬砌施工时造成的偏离隧道设计线形和设计坡度而发生的蛇行。

(4) 隧道内表面有平滑性要求。在用作下水道和地下河流等隧道中,为了确保流体的流量、流速,隧道内表面有必要进行平滑处理,以降低内壁粗糙系数,保证衬砌内壁的光滑性。在只设一次衬砌的隧道中,由于管片内表面的手孔以及接头的接缝、注浆孔等造成内壁凹凸不平,会降低管片内表面的平滑性。设置二次衬砌可以将这些不利因素消除,保证隧道的流水能力。同时,通水隧道一经投用,再检测就变得困难,若外层衬砌有漏点,衬砌外侧泥沙则会随水渗入流失,时间一长可能会危及衬砌结构本身安全,因此需要保持隧道内表面平滑,同时对隧道渗漏水也有一定的遏制作用。

供排水压力隧道、深层调蓄隧道采用双层衬砌的较多,或至少在圆环底部适当范围内浇筑二衬。如南水北调隧道采用的衬砌管片外径为 8.7 m,管片厚度为 0.4 m,二次衬砌厚度为 0.45 m;西江引水工程隧道衬砌外径为 6.0 m,管片厚度为 0.3 m,二次衬砌厚度为 0.3 m(其中钢板厚 20 mm,充填混凝土厚 0.28 m);日本东京湾水隧道衬砌管片厚度为 0.65 m,二次衬砌厚度 0.35 m。

(5) 防磨损。在通水隧道内,流砂及空洞现象会造成隧道内表面的磨损,在这种情况下,为了保护一次衬砌需要设置二次衬砌。

(6) 管片的加固补强和防止变形。在隧道的运营维护期间,有时为了对一次衬砌进行加固和防止其变形加大,也有后期实施二次衬砌的工程案例。二次衬砌可以看作对一次衬砌管片的加固,也可作为应对将来不可预测的外部荷载的变化、周围不稳定地基的固结沉降、液化等引起隧道变形的预防措施。例如,在衬砌环开口部位或在隧道中途有分岔结构物连接时,由于在非封闭圆形环内会产生较大的断面力,一般会在一次衬砌内侧设置二次衬砌。有内水压作用的隧道为了防止不均匀沉降,在需要提高隧道纵向刚度的情况下,也会将二次衬砌和一次衬砌共同作为隧道的主体结构来进行设计。

(7) 防止衬砌上浮。在水下隧道上部覆土厚度较少时,为了防止隧道浮起,也会通过建造二次衬砌来增加隧道重量。

(8) 在使用盾壳或钢管片作临时支承的区间,建造二次衬砌可增加衬砌的刚度。当盾构到达竖井的附近或在土层内对接时,将盾构的外壳保留在到达竖井的安装位置上,将盾构机内部的部件进行解体,在撤除盾构内部装置和设备后,在钢壳的内部采用现场浇筑钢筋混凝土的方式建造二次衬砌。将盾构机的钢壳看作临时结构物,二次衬砌作为承担水土压力等荷载的主体结构。即使在以混凝土管片为主的隧道中,在小半径曲线部位及承受较大荷载的部位局部采用钢管片时,也多建造二次衬砌。

(9) 防振、防噪声。在铁路隧道内,为控制振动和噪声,除了对轨道结构采取改良措施外,有时可以通过设置二次衬砌来增加隧道的重量,从而降低列车通过时产生的振动和噪声。

(10) 耐火、防火要求。当公路隧道内发生火灾时,二次衬砌能有效起到防火板的作用,延长抗火时间,防止由于火灾造成主体结构管片的损伤和劣化。

(11) 衬砌内部设施的设置与固定。在电力、煤气、通信用沟和共同沟等隧道工程中,作为电缆类及煤气管道的架台,或为了固定照明设备及安全设备等,有时需要二次衬砌。

(12) 中隔墙和隔板。当隧道直径较大或其他原因,有时可利用二次衬砌设置隔墙;在下水道及共同沟等隧道中,为了将污水与雨水、电缆和煤气管等使用空间进行分离时,需要使用二次衬砌,并在其中设置隔墙和水平隔板,在这种情况下二次衬砌需要承受内水压力及设备重量,一般都将其设计为钢筋混凝土结构。

(13) 其他。考虑到隧道使用周期内的维护管理、维修加固的方便,在隧道建设时期就应预先考虑到二次衬砌所需的施工空间等。

为满足上述(1)、(2)、(5)、(6)项的安全性和功能性要求设置二次衬砌时,可以有效提高或改善一次衬砌的性能,增强隧道的耐久性。但由于实施二次衬砌施工周期长、效率低、成本高,而且衬砌的止水效果在很大程度上还是取决于一次衬砌的施工质量状况,因此,一次衬砌的防水是至关重要的。通常在满足工程使用要求前提下,应优先选用单层装配式钢筋混凝土衬砌。只有当隧道功能上有上述特殊要求时,可考虑选用双层衬砌。选用二次衬砌的功能需求见表4-2。

表4-2　　隧道用途对应的二次衬砌功能

隧道类型	下水道(污水)	下水道(雨水)	下水道(合流)	电力	通信	煤气	共同沟	地下河	铁路	公路
(1) 管片的防腐蚀	▲	△	▲	▲	▲	▲	▲	▲	▲	▲
(2) 隧道的防水	△	△	△	▲	▲	▲	▲	▲	▲	▲
(3) 保证线形	▲	▲	▲					▲		
(4) 保证平滑性	▲	▲	▲					▲		
(5) 加固管片,防止变形	△	△	△	△	△	△	△	△	△	△
(6) 防止上浮	△	△	△	△	△	△	△	△	△	△
(7) 内部设施的设置,固定				▲	▲	▲	▲		▲	▲
(8) 隔板,隔墙	△	△	△						△	△
(9) 减少摩擦	△	▲	▲					▲		
(10) 防振,防噪声									▲	
(11) 耐火性能										▲

注:▲为主要功能,△为附加或特殊要求的功能。新型管片接头可以不设手孔,消除了衬砌内表面的不平整。

4.2.2.4　二次衬砌形式与选择

内、外衬砌之间一般不设防水卷材,对管片不进行凿毛处理,有时为了增加一、二次衬砌之间的黏结性,仅对局部进行凿毛处理,可靠地覆盖下面一次衬砌管片接缝间隙,满足有关使用要求。其实,凿毛管片内壁可以有效增加一、二次衬砌之间的黏结性,增加环向和纵向的抗剪力,但不能提高一、二次衬砌之间的抗拉力,只要管片发生收敛变形或衬砌环发生不均匀沉降,两层衬砌就很容易脱开,除非在两层衬砌间施以锚固拉结钢筋以增强它们之间的拉结,但也存在衬砌变形不协调问题。

二次衬砌形式有全环、半环和部分之分,半环一般只在底部或需要的部位实施二次衬砌。以往,二次衬砌大多采用现场浇筑混凝土建造,近年来为了提高经济性和施工性,缩小隧道断面,节约成本,缩短施工工期,已经出现了许多新的替代技术措施,比如采用喷射混凝土的方法或粘贴块状板材等新方法。在采用这些新型二次衬砌措施时,不仅要考虑隧道内部环境的耐久性能,还有必要慎重地论证施工与维护管理的便利性。

二次衬砌在早期隧道衬砌中应用较常见,但近20年来,随着管片制作精度的提高、施工技术和施工工艺的飞速进步、防水技术与材料质量的提高,考虑由一次衬砌来承担二次衬砌的功能的趋势增加,省略了二次衬砌,越来越多的工程都选用了单层衬砌,即使大直径的过江公路隧道(如上海长江隧道、南京长江隧道、武汉长江隧道、上中路隧道等)、输水隧道(上海青草沙供水隧道)或承受地铁机车振动荷载的地下铁道,也大都采用单层衬砌结构(衬砌厚度与直径比越来越小,已趋于接近4%),也有一部分隧道因特殊工艺需要采用了二次衬砌,如穿越黄河的南水北调隧道。

综上所述,是否需要设置二次衬砌,采取全环设置、半环或部分设置,都是根据隧道的使用功能需求、地层特点、隧道受力特点、施工可行性、结构安全性、经济性等因素,综合考虑后再作出的选择。

4.3 衬砌结构尺寸参数的确定

4.3.1 衬砌尺寸参数的确定

隧道衬砌几何尺寸不仅直接影响盾构机的选择,对隧道建造成本也有重要影响,而且对结构受力变形和后期养护都有影响。衬砌的形状尺寸一旦确定,整条隧道的衬砌施工装备就基本确定了。

衬砌尺寸参数主要包括隧道曲率半径、衬砌环直径或外径、管片厚度、环宽与弧长度、接头角与插入角、楔形量与楔形角、管片形状与尺寸等。还有一些与管片细部构造相关的管片接头与管片环接头、接头板(端肋)、面板与背板、纵肋、管片螺栓与管片环螺栓、防水带槽、凹凸榫、注浆孔、加筋板、箱形管片、平板形管片以及楔形管片等。

1. 隧道曲率半径

隧道曲率半径是指隧道中心线处的曲线半径,通常用R表示,由测量管片环中心点连接而成的曲线而得,如图4-16所示。

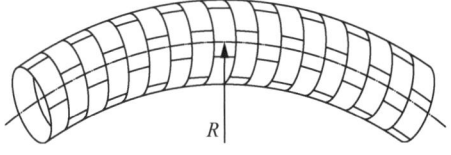

图4-16 隧道曲率半径

隧道线路有平面线路和纵向线路之分,分别对应平面曲线半径和竖向曲线半径。隧道在设计施工过程中,隧道线路不可避免地受竖井位置、地块利用状况、障碍物和邻近结构物的影响,同时还必须考虑相邻地下工程的建设规划和隧道建成后的维修管理。因此,隧道线路必须采用平面曲线。因节能或排水缘故,隧道纵向多采用 V 形坡,当连接坡度过大时,考虑施工及运行情况需设置竖向曲线。当使用较小的曲率半径时,必须充分考虑管片的设计和施工问题。

曲线隧道施工会受到地质条件、开挖断面直径大小、隧道坡度的陡缓、盾构形式、盾构长度、盾构结构、管片种类、管片环的宽度及楔形量等因素制约。在不开启盾构铰接装置及辅助施工法时,施工可能的最小曲率半径受到上述各种因素的综合影响,其具体值不一定非常精确,当小于这个最小曲率半径时称为急曲线。

从理论上讲,在盾构直径、盾构长度、铰接长度及管片宽度等确定后,隧道最小曲率半径就可以基本确定了,但在实际工程中还必须考虑后期隧道使用、养护及对运行设备的磨耗等问题,如铁路上使用最小曲率半径会考虑轮轨磨损、撞击及恶化行车条件等。由于在现实施工过程中极少会用到最小曲率半径,所以统计意义上的半径仅有参考作用。对于直径为 3~4 m 及以下的小型隧道,理论上的最小曲率半径一般可达到 150~200 m 甚至更小,中等直径(6~7 m)隧道的最小曲率半径可达到 250~300 m,大直径(10 m 以上)隧道的曲率半径一般大于 400 m。在实际工程应用中,除极端案例外,一般不会用足最小曲率半径,否则可能会影响盾构掘进施工和后期的设备使用维护。在盾构设备机械性能表中,一般都会标明设备施工最小半径,根据工程案例统计,隧道最小转弯半径与隧道外径之比(R/D)的最小值一般在 33~45。在进行急曲线施工时,必须考虑采取相应的辅助设备及工程措施,以利于施工,如地基加固施工、盾构机铰接机构调整、管片宽度调整等措施。经初步统计的部分隧道工程衬砌外径与曲线半径比见表 4-3。

表 4-3　　隧道最小转弯半径 R 与隧道外径 D 的关系

序号	工程名称	最小曲线半径 R/m	隧道外径 D/m	R/D
1	上海北横通道	500	15	33
2	上海长江西路隧道	910	15	61
3	上海军工路隧道	1 000	14.5	69
4	上海外滩通道	700	13.95	50
6	上海迎宾三路隧道	700	13.95	50
7	上海西藏南路隧道	700	11.36	62
8	上海仙霞西路隧道	950	11.36	84
9	上海龙耀路隧道	750	11.36	66
10	上海人民路隧道	550	11.0	45
11	上海大连路隧道	500	11.0	45
12	上海打浦路隧道	380	11.0	35
13	上海虹梅南路隧道	1 540	14.5	106

续表

序号	工程名称	最小曲线半径 R/m	隧道外径 D/m	R/D
14	上海周家嘴越江隧道	996	14.5	68
15	珠海马骝洲隧道	1 163	14.5	80
16	武汉三阳路隧道	1 200	15.2	79

2. 衬砌环外径

衬砌环的外径,通常是指隧道外径,它取决于隧道内净空要求和衬砌厚度,衬砌环外径尺寸是隧道设计最基本的因素。衬砌环外径主要根据不同用途而确定,近年来为节约地下空间,还出现了多用途的综合性隧道,比如上层设置汽车道、下层设置地铁线路或兼作公共管线管廊等的公铁两用隧道。

目前,跨越江河湖海的公路隧道越来越呈大型化趋势,并呈综合性应用设置,已建成和在建的直径超过 14 m 的超大断面隧道超 50 条,直径 10～14 m 的大断面隧道在城市道路隧道、下立交等工程应用中已不计其数,直径 6～10 m 的中等断面隧道以直径 6～7 m 居多,广泛应用于城市轨道交通、输配送电力、主干输水工程等,公用市政管线隧道直径一般在 4 m 左右及以下,作为供电、供气、信息管、共同沟及其他管廊等用途。

3. 隧道坡度

隧道纵向坡度首先应是由使用需求来确定,但隧道纵向设计更多受到环境制约,如遇河流湖泊、地下构造物、地中埋设物等障碍物以及规划预留的各种地下设施等。如用于轨道交通的区间隧道纵坡采用 2‰～20‰ 是比较合适的,但个别区间隧道纵坡还是达到 30‰ 甚至 35‰;汽车和磁浮列车的爬坡能力更强,因此公路隧道和磁浮隧道纵坡可以更大些,可超 50‰ 甚至更大。但是坡度太大,可能会引起盾构施工困难。

4.3.2 衬砌管片几何参数的确定

1. 衬砌厚度 δ

衬砌管片高度是指一次拼装的管片厚度,衬砌厚度包括一次拼装的管片厚度和二次衬砌厚度,当没有二次衬砌时,管片高度就是一次衬砌的厚度,如图 4-17 所示。

衬砌管片厚度 δ 应根据隧道断面大小(D)、土质条件、地形条件、埋深与上部荷载等,结合衬砌结构构造、材质、衬砌所承受的施工荷载(主要是盾构千斤顶顶力)等因素来确定,但有时隧道使用目的和衬砌管片施工条件也起支配作用。

我们将 δ/D 定义为厚径比。根据工程经验,当隧道埋深在 60 m 以内时,中等直径隧道的钢筋混凝土管片厚度 δ 一般 350～650 mm,δ 一般为 $(5\%～6\%)D$,上海地铁 1 号线区间隧道衬砌的厚径比 $\delta/D=5.65\%$,北京地铁 5 号线隧道衬砌的厚径比 $\delta/D=5\%$,广州、南京地

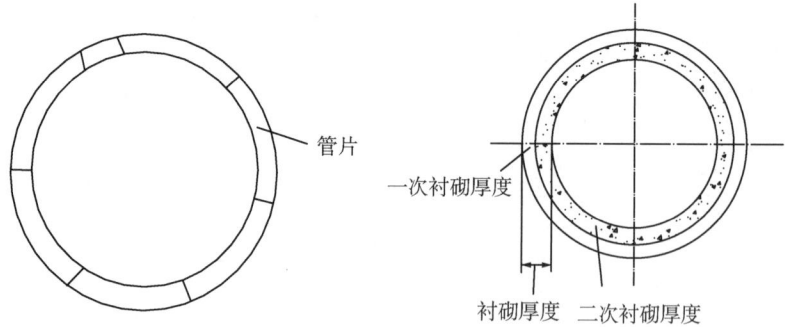

图 4-17 衬砌厚度

铁隧道衬砌的厚径比 $\delta/D \approx 5\%$。但对于大直径隧道来讲,若采用箱形管片,衬砌厚径比 δ/D 可达 5.5% 左右;若采用平板形管片,可将衬砌厚径比降至 4% 甚至更低,如上海长江隧道衬砌的厚径比 $\delta/D=4.33\%$,武汉三阳路隧道衬砌的厚径比 $\delta/D=4.27\%$,美国西雅图 SR99 隧道衬砌的厚径比 $\delta/D=3.51\%$,香港屯门—赤鱲角隧道衬砌的厚径比 $\delta/D=3.7\%$。

一般来讲,小直径隧道衬砌的厚径比大一些,大直径隧道衬砌的厚径比小一些,但衬砌的埋深以及地层条件对这一比值有明显影响。典型工程案例衬砌厚径比统计见表 4-4,隧道衬砌厚度与直径关系如图 4-18 所示。并有如下规律:

表 4-4 典型隧道工程衬砌厚径比 δ/D

参数	埃及苏伊士运河水下隧道	英吉利海峡隧道	丹麦斯多贝尔特	德国汉堡易北河第四隧道	荷兰绿心隧道	美国西雅图SR99隧道	上海打浦路隧道	上海延安路隧道	上海大连路隧道	武汉长江隧道	南京长江隧道	上海长江隧道	武汉三阳路隧道
D	11.6	8.36	8.5	13.75	14.5	17.07	10	11.0	11.0	11.0	14.5	15.0	15.2
δ	0.6	0.54	0.4	0.7	0.6	0.6	0.6	0.55	0.48	0.5	0.60	0.65	0.65
$(\delta/D)/\%$	5.17	6.46	4.7	5.0	4.14	3.51	6.0	5.0	4.36	4.55	4.14	4.33	4.28

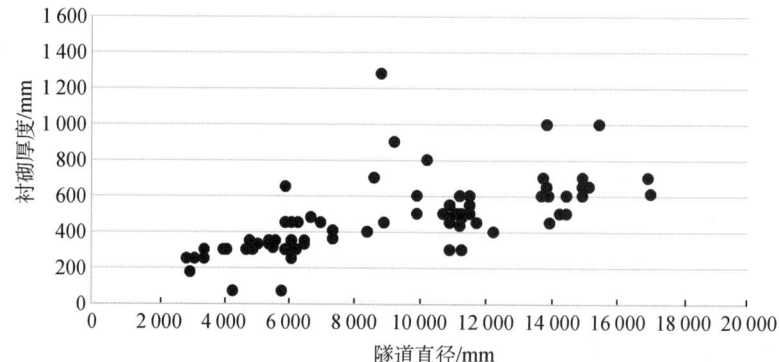

图 4-18 典型大中型隧道衬砌厚度与隧道直径关系

(1) 早期的隧道一般直径比较小,管片厚度偏大,厚径比相对高一些,一般可达6%~6.5%,刚度偏大一些。近年来所建的大直径隧道中,管片厚度基本不增加,超大直径隧道管片厚度最大为0.65 m,厚径比下降,目前已降到3.5%左右,继续下降的空间有限,在短时间内难以突破3.3%。

(2) 单线地铁隧道外径变化不大,衬砌外径多为6.0~7.0 m,衬砌厚度一般为0.3~0.35 m,厚径比为4.5%~6%。单圆双线视设置情况,衬砌直径一般超过11.0 m,厚径比小于5%。

随着管片制作水平的提高、新材料应用以及衬砌拼装施工技术的发展,衬砌厚度有减薄的趋势,但衬砌厚度 δ 取值仍应根据施工条件、隧道敷设、使用环境及耐久性要求等,辅以可靠的试验研究为基础进行确定。衬砌结构作为永久性结构,在衬砌环整体刚度方面应考虑留有一定的安全富余量。

2. 衬砌管片宽度 B

衬砌管片宽度常称为环宽 B,一般是指沿管片纵向上的水平尺寸,如图4-19所示。在正常情况下,直线段上每环管片的宽度是相同的,但当采用楔形管片时,管片环上任一位置的宽度均不相同。管片宽度应根据隧道的断面尺寸,结合实际施工技术经验、施工装备等具体限制,选择在经济性和施工性方面较合理的尺寸。决定管片宽度的主要因素有以下两个方面:

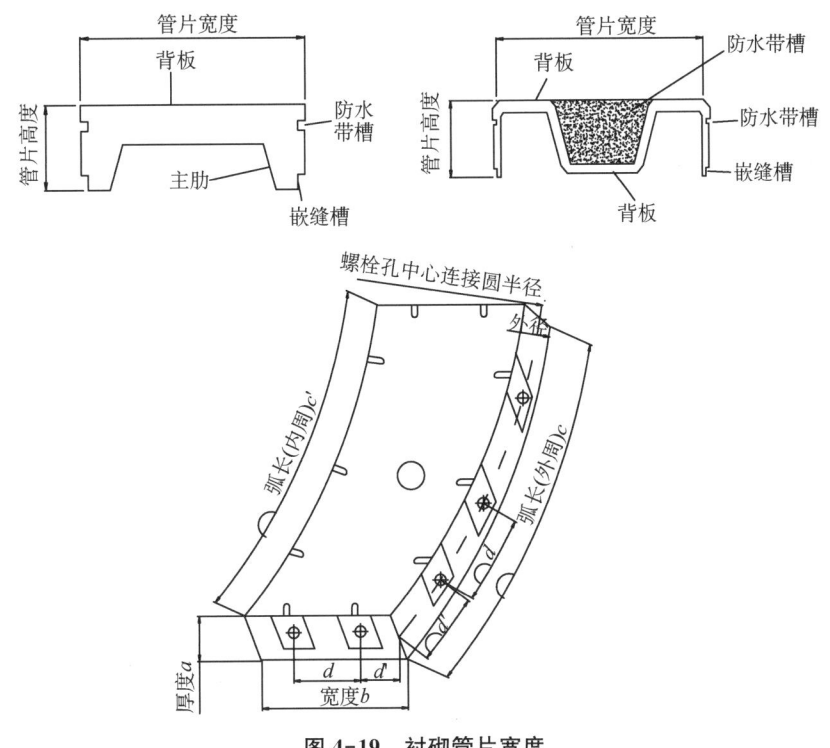

图 4-19 衬砌管片宽度

(1) 施工便利性和可行性因素。从便于搬运、移动、组装和在隧道曲线段施工,以及盾尾长度等客观施工条件来看，管片宽度小一些为好。

（2）经济因素和防水效果。从降低整条隧道的管片制造成本、减少发生渗漏水等缺陷的接头数量、提高施工速度等方面考虑，管片宽度大一些为好。

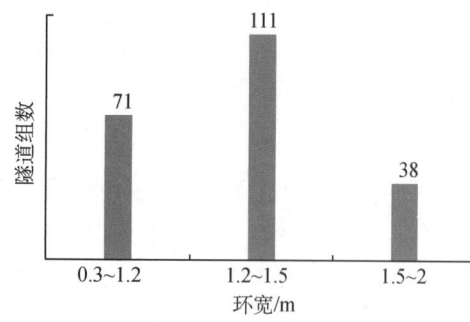

图 4-20　隧道环宽统计

根据对已建和在建隧道工程的统计，国内外大中型直径隧道的管片宽度都有明显扩大化的趋势。一方面是盾构制造技术的进步，另一方面是管片宽度增加可以有效减少拼缝数量、提高施工效率、减少渗漏水发生的概率。已建成隧道的环宽多在0.3~2.0 m范围内，受施工技术限制，早期隧道的环宽都明显偏窄，一般小于1.0 m，最近20年来衬砌的环宽明显加大，采用钢制管片时，环宽多为0.3~1.3 m，采用混凝土类的中等直径隧道的环宽多为1.2~1.5 m，大直径公路隧道的环宽一般都超过1.5 m，即使中型尺寸地铁隧道的环宽，国内外多数城市也达到了1.2~1.5 m。如果结合公路隧道一起建设，环宽已达2.0 m，香港龙山隧道的环宽为2.2 m。而在小断面隧道上使用宽度大的管片时，需要考虑隧道内的管片的搬运和方向转换等施工具体问题。环宽统计关系如图 4-20 所示，隧道直径与环宽的关系如图 4-21 所示。

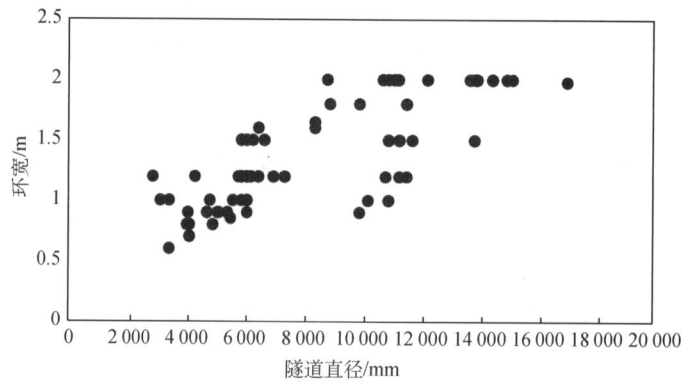

图 4-21　隧道直径与环宽的关系

从图 4-21 可以看出，环宽 B 与隧道直径 D 大致成正比关系。一般来讲，隧道直径越大，环宽越大，隧道直径越小，环宽越小。环宽越大，相同里程的隧道衬砌环接缝就越少，环间螺栓数量就越少，漏水环节就减少，不但提高了施工防水质量和施工效率，而且节省了衬砌环的制作费用和螺栓材料费用，提高了经济效益。因此，环宽增大具有无可争辩的优越性。若以中等直径的地铁隧道为例，常用1.0 m环宽为基准，在其他纵缝不发生调整时，1.2 m环宽管片将减少环缝和螺栓约20%；若将环宽提高到1.5 m，则将减少环缝和螺栓约50%。可见，增加环宽是降低接缝数量、节约螺栓等连接件、提高施工速度非常有效的措施。但环宽的增加是有限度的，会受到管片运输及盾构机械装备能力的制约，主要受盾构推进千斤顶的行程限制。增加环宽则将加长盾尾长度和盾构总长度，也会影响盾构施工的灵活性。

在一定曲率半径和盾尾长度情况下,环宽 B 应由盾构千斤顶的有效行程来决定。当不考虑纵向插入封顶块时,一般按式(4-1)来估算 B 值:

$$B = t - (\Delta_1 + \Delta_2) \tag{4-1}$$

式中,t 为千斤顶的行程;Δ_1 为拼装间隙;Δ_2 为盾构与隧道曲线坡度差要求间隙,通常 $\Delta_1 + \Delta_2 = 300 \sim 600$ mm。

综上所述,衬砌环宽 B 应与盾构千斤顶行程和隧道直径 D 相适应,有条件时应尽可能将 B 取大一些。在直径为 3.5~10 m 的隧道工程中,环宽常取 0.75~1.5 m,也可考虑在曲线段采用不等宽的楔形环。

3. 接头角度 α_r 和插入角度 α_l

衬砌接头分为管片块间接头和管片环间接头。接头角是针对一环内管片分块之间的接头来讲的,是指环向接头;插入角则是针对环与环之间的接头角,是指纵向接头。

插入角和接头角主要针对封顶块和邻接块而言,标准块不存在这个问题。封顶块管片的接头角度和插入角度应根据截面内力传递、施工拼装作业、施工条件和管片的生产条件加以确定。

接头角 α_r,是指沿半径方向插入封顶块型管片,在隧道横剖面上,封顶块管片对应的圆心角与实际接头面之间存在不一致的角度,横截面上封顶块呈正八字形角度,类似情况在日本早期隧道中应用较多,在国内外多采用同心的倒八字形状,如图 4-22 所示。

插入角 α_l,是指沿轴向(或纵向)插入封顶块型管片,由于前后端宽度不一致,因此在封顶块装配时,为便于施工,往往会将管片前端设计得小一些,后端设计得正常,从而形成自然角度,如图 4-23 所示。

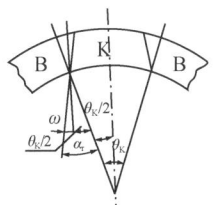

图 4-22 封顶块沿半径方向插入

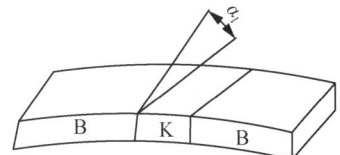

图 4-23 封顶块沿纵向插入

(1) 沿半径方向插入施工的管片,封顶块管片的接头角度 α_r 依式(4-2)计算。

$$\alpha_r = \theta_K/2 + \omega \tag{4-2}$$

式中的 ω 是为了便于封顶块管片的插入所需要的富余角度,一般采用 2.5°~5.5°,在不妨碍操作的前提下,越小越好。在管片接头面上受力比较复杂,同时存在弯曲应力、剪应力及轴向力而产生的剪力,如果接头角度大,则接头面易滑动,这就是为什么封顶块管片的中心角一般要取得较小一些的原因,尤其在小断面隧道上更应注意。

(2) 沿纵向插入施工的管片,封顶块管片的插入角 α_l 需要考虑包括盾构机长度在内的施工条件和管片接头与管片环之间的干扰而确定。

封顶块管片的插入角取决于施工条件,取 7°~22°的实例居多。此种情况下,封顶块管片一般不需要接头角度。另外,当封顶块管片的中心角和管片高度取大值时,插入角会变得过大,或者盾构机长度会变大。因此,即便是轴向插入型管片,也往往设置若干接头角度。

4. 楔形管片与楔形量

楔形管片是指组成隧道衬砌的管片各个位置宽度不同,一般可将楔形管片环分为曲线用和蛇行修正用两种,从形状上可分为单侧楔形和两侧楔形两种,如图 4-24 所示。管片楔形量设置需要考虑隧道曲线半径、衬砌半径、管片宽度及盾尾间隙量等影响施工的因素。

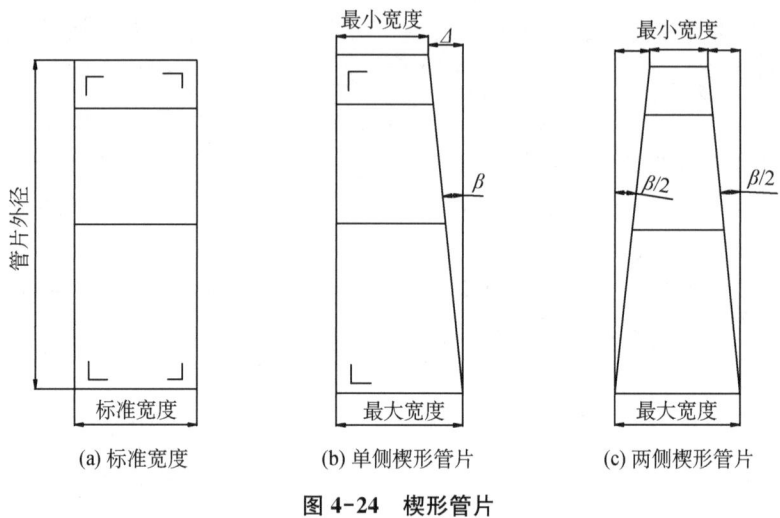

图 4-24 楔形管片

在曲线区间及蛇行修正施工时常用的具有楔形量的管片环,是具有一定锥度的管片环。应根据隧道线路、地层围岩情况、化学注浆等辅助施工方法、接头刚度、管片制作难易程度以及施工富余量等确定楔形管片环的数量、宽度及楔形量。在曲线用楔形管片环中,其中缓曲线用楔形管片环的楔形量,可以考虑与蛇行修正用楔形管片环的相同,以减少楔形管片环的种类。

蛇行修正所用楔形管片环的数量,会因工程区域内所包含的缓曲线和急曲线区段的比例不同、有无 S 形曲线、影响盾构操作稳定性的周围围岩的情况的不同而不同。

蛇行修正用和缓曲线用的楔形管片环最大宽度:钢管片通常应等于或略小于标准管片的宽度;球墨铸铁管片或钢筋混凝土中子形管片多取标准管片宽度增加楔形量的一半作为楔形环的宽度;对于平板形管片,虽然过去一直采用楔形环的最大宽度略小于标准宽度,但最近采用标准管片宽度增加楔形量的一半作为楔形环宽度的做法比较常见。

急曲线用楔形管片环的最小宽度:对于钢制管片,按曲线的程度最大可采用 250 mm;对于混凝土类管片,由于受到制作上的限制,最大可采用 750 mm。另外,曲线半径极小的施工场合,有时也会通过使用带有锥度的直径渐缩的管片以确保其尾部净空。

楔形管片环中,楔形量为最大管片宽度与最小管片宽度之差。楔形量、楔形角应根据管片种类、管片宽度、管片环外径、曲线半径、曲线区间楔形管片环使用比例以及管片制作的方便性等,结合盾尾操作空隙而定。楔形量视隧道直径和线路曲线半径情况一般设为30~80 mm,大多数混凝土管片的楔形量在75 mm以内,楔形量少有超过90 mm的。小直径隧道的楔形量一般为15~40 mm,外径5~7 m的隧道的楔形量为30~60 mm,外径8~10 m的隧道的楔形量为40~80 mm。上海上中路隧道(外径14.5 m)采用的楔形管片楔形量为40 mm;广东佛山东莞狮子洋隧道(外径13.1 m)采用双面楔形环,楔形量为30 mm;上海长江隧道(外径15.0 m)采用的楔形管片楔形量为60 mm;上海北横通道隧道(外径15.0 m)采用的楔形管片楔形量为40 mm和80 mm(对应曲线半径500 m)。如要使用更大的楔形量,需要进行进一步研究,日本的经验楔形量设置情况见表4-5,可供参考。

表4-5 日本楔形量、楔形角设置情况

管片种类	内容	$D \leqslant 4$ m	4 m$<D<$6 m	6 m$\leqslant D<$8 m	8 m$\leqslant D<$10 m	$D \geqslant 10$ m
标准管片、钢管片	楔形量/mm	15~90	15~80	30~90	40~90	40~70
	楔形角/(°)	0.25~2.0	0.2~1.1	—	—	—
标准管片、混凝土管片	楔形量/mm	15~60	20~75	25~90	—	—
	楔形角/(°)	0.25~1.0	0.2~0.9	0.2~0.75	—	—
工程案例	楔形量/mm	15~110	15~90	25~90	20~90	30~80
	楔形角/(°)	0.25~2.33	0.2~1.3	0.27~0.8	0.1~0.75	0.1~0.4

楔形角是指图4-24(b)中所示的β角,一般为0.2°~2.0°。衬砌角与衬砌半径成反比,衬砌半径越小,楔形角越大;衬砌半径越大,楔形角越小。管片环面楔形斜率为1:500,可以满足盾构小曲率半径线路的施工要求。

在已知曲线半径后,就可明确管片的楔形量,可用式(4-3)先进行简单估算:

$$\frac{\Delta}{W} = \frac{D}{R} \tag{4-3}$$

式中,D为隧道外径;Δ为楔形量;W为环宽;R为曲线半径。

使用通用管片环在国内外已经十分普遍,其设计施工已经非常成熟,盾构机生产商也非常熟悉通用管片环,所有盾构机也可适用于通用管片环。从发展情况来看,中大型直径隧道采用通用管片是一种趋势,可大大减少模具类型。近年来,国内已有大量工程开始大量使用通用楔形管片,如北京、上海、深圳、武汉、广东等地的地铁隧道和公路隧道正大量采用通用管片,使用通用管片已成为一种发展趋势。

通用楔形管片的使用原理就是使每块管片环都具有楔形量,通过合理安排使用不同方向的楔形管片,顺利实现直线、曲线段拼装施工,如图4-25所示。

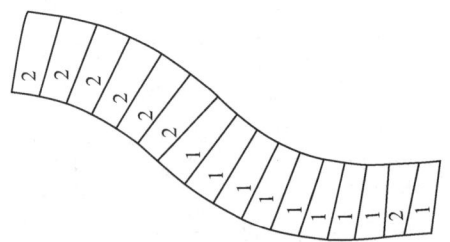

图 4-25 楔形管片拼装成的隧道示意

4.4 衬砌环的构造

4.4.1 衬砌环分块原则

衬砌环是在盾尾内由数块管片拼装而成。衬砌环的分块不仅需要考虑管片制造、移动、运输、拼装施工等制作、施工方面的具体因素,同时也要考虑隧道的使用功能,如隧道断面、管片受力条件、长期防水效果及使用条件等要求,需要在综合考虑施工便利性、经济性和满足使用功能等因素后而定。

(1) 施工因素。从便于制作和搬运、使用方便及在隧道曲线段上的施工方面来考虑,管片分块数多一些、每块管片体量小一些为好。管片分块数过少、单块管片过大过长,不仅会引起施工运输和拼装的不便,并且不易保证管片生产的质量,还可能会影响管片的拼装施工速度。因操作空间和起吊重量限制原因,即使是大直径隧道,其单块管片的最大弧长、弦长一般不应超过 4 m。

(2) 渗漏水和经济因素。从提高机械化和自动化生产水平、降低管片制造成本、减少潜在发生漏水的接头数量、提高拼装施工速度等方面来考虑,衬砌环分块数不宜过多,也就是管片尺寸大一些为好。

(3) 地层及环境影响。早期的隧道因受限于施工装备水平,很多中等直径的隧道分成 10 余块甚至 20 余块,现在大直径隧道乃至超大直径的隧道也就分成 10 块左右,包括美国西雅图 SR99 隧道和香港屯门—赤鱲角隧道也只分成 10 块。在地层条件良好的条件下可以将管片分得小一些,接头较多也不影响隧道的稳定性;在地层较差的条件下不宜将管片分得太小。

一般来讲,管片厚度越薄,相应的长度和宽度就越小。

4.4.2 衬砌环分块方式

分块数量主要是由隧道直径、盾构施工设备及使用情况等因素决定的。在设计时应考虑衬砌结构所处的土层特性、荷载情况、构造特点、计算模式(如按多铰柔性圆环考虑,则分块数多一些;若按均质弹性圆环设计,则分块数宜少一些)、管片制作、运输情况、拼装设备及拼装方便等具体因素。我们将衬砌环分块数量 n 与隧道衬砌外径之比 n/D 定义为"块径比",其取值范围为 0.6~1.5,以 0.6~1.0 最为常见。早期的块径比较大,现在块径比趋小,中小直径隧道的块径比一般小于 1.0,大直径隧道的块径比一般小于 0.8。国内外典型工程案例隧道衬砌环的块径比见表 4-6、表 4-7。

表 4-6　　国外典型隧道工程衬砌环直径 D 与衬砌环分块数 n 的关系

序号	工程名称	施工时间	隧道外径 D/m	分块数 n	块径比 n/D
1	日本大阪地铁隧道	1971 年—	6.8	6	0.88
2	德国慕尼黑地铁隧道	1965—1971 年	6.9	8	1.16
3	埃及苏伊士运河水下隧道	1976—1980 年	11.6	16	1.38
4	英吉利海峡隧道	1987—1991 年	8.6	9	1.05
5	丹麦斯多贝尔特大海峡隧道	1990—1994 年	8.5	7	0.82
6	日本东京湾水隧道	1989—1996 年	13.9	11	0.79
7	德国汉堡易北河第四隧道	1997—2000 年	13.75	10	0.73
8	荷兰绿心隧道	2001—2004 年	14.5	10	0.69
9	马德里 M30 隧道	2004—2007 年	15.2	10	0.66
10	美国西雅图 SR99 隧道	2013—2018 年	17.07	10	0.59
11	新西兰 Waterview 隧道	2015—2018 年	14.46	10	0.91

表 4-7　　国内典型隧道工程衬砌环直径 D 与衬砌环分块数 n 的关系

序号	工程名称	施工时间	隧道外径 D/m	分块数 n	块径比 n/D
1	上海打浦路隧道	1965—1971 年	10.0	8	0.8
2	上海延安东路隧道北线工程	1982—1988 年	11.0	8	0.73
3	上海地铁 1 号线隧道	1990—1995 年	6.2	6	0.97
4	上海复兴东路隧道	2001—2004 年	11.0	8	0.73
5	上海翔殷路隧道	2002—2005 年	11.36	8	0.70
6	武汉长江隧道	2004—2008 年	11.0	9	0.82
7	上海长江隧道	2004—2009 年	15.0	10	0.67
8	上海上中路隧道	2005—2008 年	14.5	10	0.69
9	南京长江隧道	2005—2009 年	14.5	10	0.69
10	上海外滩通道	2007—2010 年	13.95	9	0.65
11	上海青草沙输水隧道	2007—2010 年	6.8	6	0.88
12	香港屯门—赤鱲角隧道	2015—2018 年	17.0	10	0.59
13	武汉三阳路隧道	2016—2018 年	15.2	10	0.66
14	北京东六环隧道工程	2020 年—	15.4	10	0.65

经统计分析，衬砌环的分块大致有如下现象和规律：

（1）衬砌环分块数一般在 4～10 块，但以 5～7 块最为常见。近 20 年来国内外建成的铁路和公路隧道直径为 10 m 及以上的大断面隧道,衬砌环分块数一般为 8~10 块。早期的隧道工程衬砌环分块数较多,如伦敦希思罗机场货运隧道,其衬砌环分块数达到 27 块之多(隧道外径 10.29 m),伦敦 Jubilee 地铁线的衬砌环分块数达 13 块(隧道外径 4.92 m)。近年来直径超过 14 m 及以上的隧道衬砌环分块数几乎全部为 9~10 块,直径 6~7 m 的中等直径的地铁隧道分成 4~7 块居多,单圆双线地铁隧道直径约 10 m,其衬砌环一般分为 8~10 块,双圆双线分为 10 块,上海地铁 1 号线衬砌环分块数为 6 块,北京、南京、杭州、福州、宁波、厦门等地的地铁隧道衬砌单线也多采用 6 分块方式,但分缝的位置各不相同。上下水道和电力通信等中、小断面隧道的衬砌环分块数为 4~7 块,3 m 左右的小直径隧道有些采用 4 等分管片。当衬砌断面尺寸、隧道转弯半径均很小时,为使拼装成环方便,有时不得不用钢材制作,管片尺寸为 400~1 000 mm。

(2) 大直径隧道的块径比较小,小直径隧道的块径比较大。小直径隧道的块径比一般在 1.0 及以上,最大块径比接近 3.0;大、中直径隧道的块径比一般小于 0.8,超大直径隧道的块径比有向更小发展的趋势,有小于 0.58 的趋势。

(3) 随着衬砌环外径增大,分块数量的增加有趋缓现象。大直径隧道的分块数并不随直径的增大而迅速增加。早期建造的老隧道的块径比相对大,一般大于 1.0,但近 20 年内建造的大直径隧道的块径比有变小的趋势或滞涨,如南京长江隧道(14.5 m)、上海长江隧道(15.0 m)、武汉三阳路隧道(15.2 m)、香港屯门—赤鱲角隧道(17.0 m)以及美国西雅图 SR99 隧道(17.07 m)的衬砌环都分成 10 块,块径比在 0.58~0.67 范围。

(4) 对于地铁隧道,从目前国内外工程案例来看,单圆单线隧道衬砌环的块径比均为 0.9 左右,单圆双线隧道衬砌环的块径比一般为 0.72。

4.4.3 封顶块设置与施工方式

封顶块是一种习惯性叫法,是指最后拼装成环的那一块管片。封顶块的形式、尺寸有大小之分,封顶块位置的设置要考虑施工方便以及受力需要,一般都采用小封顶形式。当采用大封顶块时,拼装施工不易,但大封顶其尺寸与其他标准块、邻接块的尺寸相当,块与块、环与环间的连接处理相对方便些。

在早期的隧道里,封顶块经常放置在隧道顶部位置或接近隧道顶部,随着错缝拼装的广泛应用,封顶块的位置发生了较大变化,现已不仅仅放在顶部,还经常被随意安放。从理论上讲,只要螺栓可以穿进,封顶块可以设在任意位置,视螺栓孔的设定位置而定。以上海地铁 4 号线的错缝拼装为例,封顶块对应中心角 20°,设缝距离竖向中心线 11.25°,纵向设 16 根螺栓,螺栓间距对应 22.5°的圆心角,理论上封顶块就可以有 16 个位置,但考虑到受力、防水和维修等方面的问题,不建议将封顶块安放在隧道底部位置或隧道水平直径以下。封顶块的施工一般有以下 3 种方式:

(1) 从隧道内侧沿半径方向直接插入,管片前、后大小可以相同,剖面上呈八字形,但封顶块一般要设置接头角。

(2) 从隧道纵向插入,设前小后大的插入角。

(3) 先从半径方向部分插入,如在 1/3 或 1/2 处插入后,再从纵向上完全插入,呈倒八字形。

从径向插入的封顶块管片的弧长应小于标准块和邻接块的弧长,以便于施工,径向插入时其半径方向的两边边线必须呈内正八字形或者至少是平行的,受荷载后有向下滑动的趋势,受力不利。

采用纵向插入形式的封顶块受力情况较好,在受荷载后,封顶块不易向内滑移,其缺点是需要加长盾构千斤顶行程,故常采用一半沿径向插入、另一半沿纵向插入的方法,以减少千斤顶行程。

4.4.4 衬砌环分块位置的确定

根据对衬砌环结构进行的计算,无论是弹性均质圆环、接头采用弹性铰约束、梁弹簧模型或是采用有限元模型计算,在圆环上均会出现 4 个弯矩为零的位置,如图 4-26 所示。从理论上讲,管片在弯矩为零位置附近分块对衬砌环结构的受力最有利,符合接缝内力最小的原则。若把管片接缝设置在内力较小的 45°和 135°附近处,使衬砌环具有较好的刚度和强度,接缝处内力达最小值,其构造也可相应得到简化。

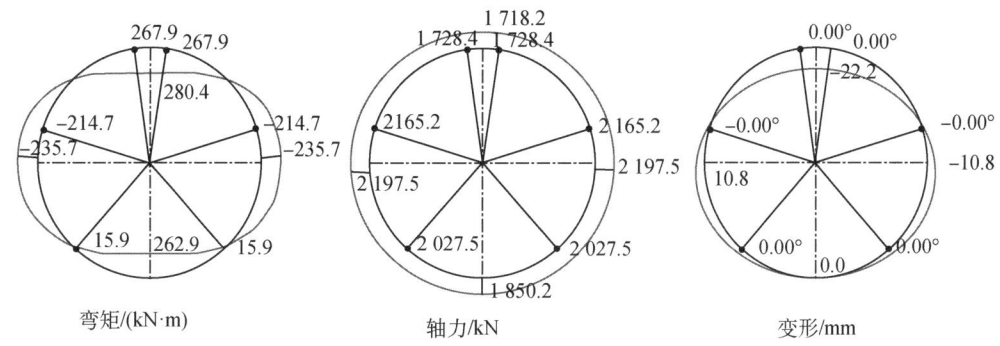

图 4-26 某工程隧道衬砌内力与变形示意

4.4.5 改变衬砌环刚度的措施

影响装配式衬砌环刚度的主要因素有衬砌厚度、接头数量和接头刚度,鉴于此,可以通过调整这三方面的设计来改变衬砌环的刚柔度。

(1) 增加接头数量,可降低衬砌环的刚度;反之,减少接头数量则可提升衬砌环的刚度。一般情况下,接头部位的刚度要比均质圆环的刚度略有降低,接缝增多,圆环的整环刚度会明显下降。

(2) 减薄衬砌厚度,可直接降低衬砌环的刚度;反之,增加衬砌厚度则可提高衬砌环的刚度。衬砌环的刚度可用 $EI=\dfrac{\pi}{64}E\times(D^4-d^4)$ 来表示,管片厚度越大,d 越小,则刚度越大,D 和 d 越接近,管片越薄,则衬砌刚度越小。通常将衬砌厚度与直径的百分比来表示衬砌柔性指标,比值越大,衬砌刚度越大,比值越小,衬砌刚度越小。正如上述,衬砌的厚径比一般为 4%~7%,目前已经逐渐减小到 4%~6%,一些特大直径衬砌的厚径比甚至下降至 3%左右。

(3) 削弱或提高接头刚度。可将刚性较强的接头改为刚性较弱的接头,也可将双螺栓接头改成单螺栓接头甚至无螺栓接头,以降低接头刚度;采取相反措施,则可提高接头刚度。

衬砌环的柔性和刚性是相对的,要根据具体的工程、水文地质条件和使用要求来确定,更确切地说,经济合理的衬砌应是具有一定刚度的柔性衬砌。一般地说,衬砌环均有一定柔性,但为了满足某种使用的特殊需要,如防水、防震或其他要求很高时,应使衬砌保持适当的刚度。

4.5 衬砌材料

根据制造管片的材料不同,衬砌材料分为铸铁管片、钢管片、混凝土管片及复合管片等,本节重点讨论钢筋混凝土管片材料。

4.5.1 钢筋混凝土管片材料

钢筋混凝土管片的材料组成包括水泥、骨料、钢筋和添加剂等。钢筋混凝土衬砌管片一般选用高强度等级的 PO、PⅠ、PⅡ 型水泥以及坚固耐久、级配合格、粒形良好的骨料为原料,添加优质粉煤灰(≥Ⅱ级灰)等超细矿物掺和料、高效减水剂(减水率≥25%),配制以耐久性为重点的高性能混凝土。控制混凝土初期开裂与收缩裂缝,以确保结构混凝土自防水性能。制作管片最常用材料如下:

(1) 水泥。一般混凝土管片的强度为 C50~C60,基本使用 52.5 级硅酸盐水泥。

(2) 钢筋。钢筋工程一般使用 HRB400E 钢筋,直径从 8~32 mm 不等。

4.5.2 连接件、预埋件

(1) 连接件。早期隧道基本使用螺栓作为连接件,采用 5.8 级和 6.8 级钢,因 5.8 级钢螺栓强度较低,不利于提高接头刚度,现使用较少,多选用 6.8 级及以上高强度钢,以此提高接头刚度。螺栓连接件分为直螺栓、弯螺栓、长螺栓、短螺栓、单螺帽螺栓和双螺帽螺栓等,如图 4-27 所示。

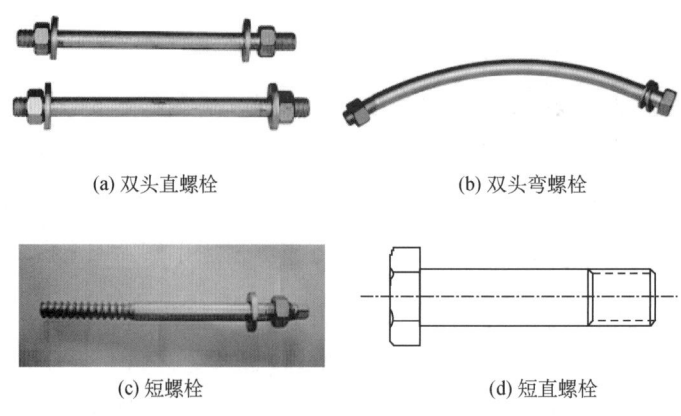

(a) 双头直螺栓　　(b) 双头弯螺栓

(c) 短螺栓　　(d) 短直螺栓

图 4-27　螺栓

(2) 注浆孔预埋件。注浆孔一般具有双重功能,在施工工程中可作为起吊管片用,在使用过程中可以打开作注浆孔使用。对预埋件有如下要求:

① 对起吊重量的安全性和可靠性要求。

② 防水要求。

③ 注浆孔封堵的耐久性要求。

④ 防电腐蚀的要求。

(3) 滑槽。为减少打孔对衬砌管片结构的损害,现不少隧道衬砌管片上采用滑槽预埋的方式,供安装线缆及设备时使用,如图4-28所示。一般滑槽设置在管片中间偏一侧,避开吊装孔位置。

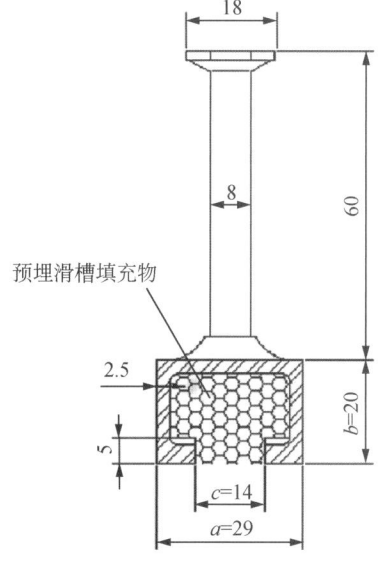
哈芬预埋滑槽大样图(单位:mm)
HZA 29/20

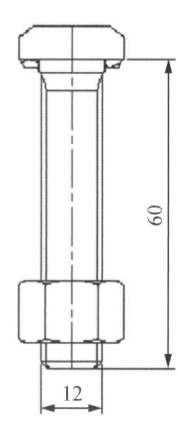
T形带齿螺栓大样图(单位:mm)
HZS 29/20 M12-60

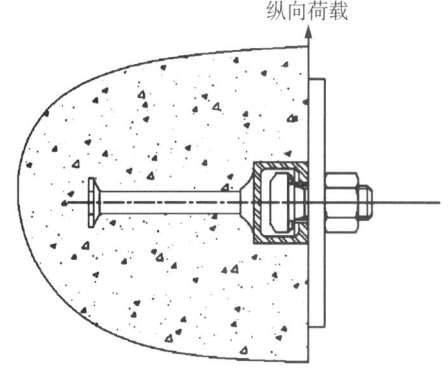

图 4-28 预埋滑槽

(4) 剪力销(图4-29)。剪力销是近年来在大型隧道中应用较为普遍的一种接头辅助形式,可提高隧道的纵向抗剪能力。一般采用聚酰胺合成材料制成,直径约120 mm,抗剪应力可达400 kN。

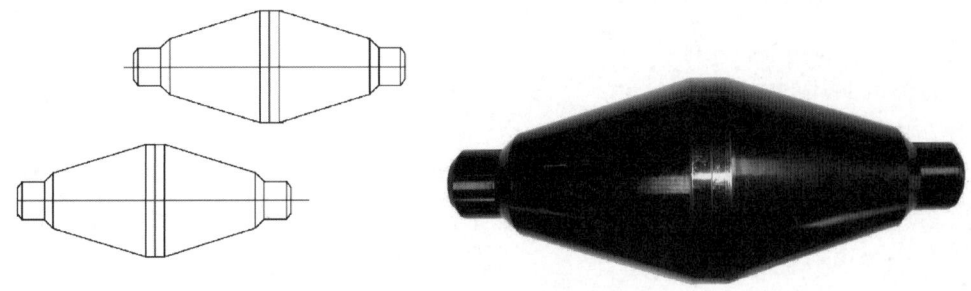

图 4-29 剪力销

(5) 弹性密封垫(见本章第4.9.1节)。

(6) 定位棒。为便于拼装定位,常用硬尼龙材料制作。

(7) 嵌缝条(图4-30)。用于变形缝、钢管片环、纵缝、进出洞20环和连通通道前后2环。早期嵌缝槽口的内、外口径大小是一致的,现多设为内大外小以利于嵌缝材料的固定。

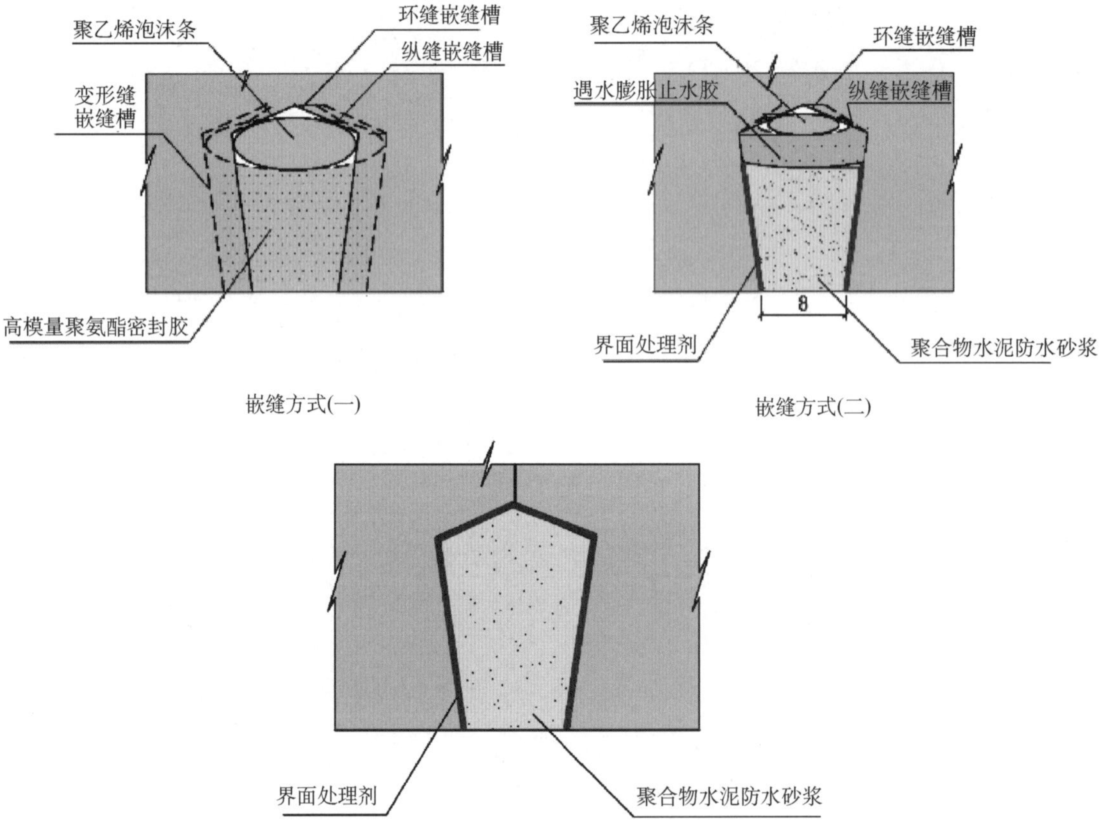

图 4-30 嵌缝条

4.6 钢筋混凝土衬砌及工程案例

混凝土的固有特性和良好的经济性,使得混凝土管片成为国内外用得最多的一种管片形式。下面结合典型工程案例简单介绍钢筋混凝土管片衬砌的应用情况。

4.6.1 箱形衬砌管片工程案例

1. 工程案例1——上海打浦路隧道工程(箱形管片衬砌,通缝拼装)

上海打浦路隧道工程(图4-31)于1965年5月开工建设,1971年6月建成通车。它是我国第一条采用盾构法修建的大直径水底道路隧道,内设2条车行道,隧道全长2.76 km,江底圆形隧道长约670 m,隧道最大纵坡为3.84%,隧道最大顶覆土约24 m,江中段最小覆土约7 m。圆形隧道采用我国自主设计并制造的外径为10.2 m的网格挤压式盾构施工,盾构总推力7.84×10^4 kN,采用气压辅助施工以稳定开挖面。盾构穿越地层系第四纪冲积平原,在地表下约17 m内为粉质黏土,夹薄层粉砂,系饱和含水软弱土层。地表下17~28 m,浦西为粉质黏土层,浦东为粉砂含水层,土质松散,容易发生流砂现象,是典型上海软黏土地层。衬砌外径10 m、内径8.8 m,管片厚度0.6 m,管片环宽0.9 m,衬砌环采用8分块钢筋混凝土管片,5块为标准块、2块为邻接块、1块为小封顶块,采用通缝拼装方式。管片横断面肋高600 mm,壳板厚300 mm,纵横肋形成空腔。环向采用双排螺栓将管片连接成环,外排是用弯螺栓连接,内排用直螺栓连接,接头构造具有很大的刚度,属刚性连接方式。纵向采用直螺栓连接。纵环缝中采用以环氧树脂为基料的防水涂料,兼有防水及连接功能,防水涂料在衬砌拼装前涂设,施工时呈柔性,拼装好后逐渐变硬呈刚性。这样既可使管片接头在拼装时不会有过大的拼装应力,在衬砌受力时又能有效地传递内力。

图4-31 上海打浦路隧道工程

2. 工程案例2——上海延安东路隧道北线工程(箱形管片衬砌,通缝拼装)

上海延安东路隧道北线工程于1983年开始建设,隧道全长约2.26 km,江中圆形隧道长约1.48 km,于1988年底建成通车。隧道穿越灰色砂质黏土层、灰色淤泥质黏土层、灰色黏土层、灰色淤泥粉质黏土层及灰色粉质黏土层。江中段隧道顶部最小覆土为8.2 m。采用

11.32 m 的网格形水力机械出土盾构掘进机施工,盾构最大推力可达 1.08×10^5 kN。盾构推进时,在密封舱内采用高压水枪冲切开挖面,挤压进入网格的土体,经搅拌成泥浆后通过泥浆泵接力输送,实现了掘进、出土运输自动化。隧道衬砌采用钢筋混凝土箱形管片,外径 11 m、内径 9.5 m,管片厚度 0.55 m,管片环宽 1.0 m,衬砌环由 8 块钢筋混凝土管片构成,5 块为标准块、2 块为邻接块、1 块为小封顶块。每块管片重约 52 kN,采用通缝拼装方式。封顶块与邻接块接缝采用外"八"字径向缝,封顶块采用全纵向插入拼装,纵向斜度为 1∶10,为了便于拼装,环纵缝上设互相吻合的凹凸榫槽。管片之间采用单排 3 根直螺栓连接,衬砌环与环间采用 24 根直螺栓连接,螺栓、螺母均选用 40CrNiMo 低合金钢并经热浸镀锌腐蚀处理。接缝采用氯丁橡胶防水条防水,每块管片设有一道弹性密封垫沟槽和一道可注入密封剂的沟槽,并于内侧设有柔性填料嵌缝槽,共为 3 道防水线,每道防水线均能单独起防水作用,其中弹性密封垫为主要防水线,也是首道防水线。

以上两例隧道工程因当时属于国内盾构工法开拓试验性工程,缺乏施工经验及施工技术,装备水平较低,施工周期较长。

3. 工程案例3——苏伊士运河水下隧道(箱形管片衬砌)

苏伊士运河下的艾哈迈德·哈姆迪(Ahmed Hamdi)隧道始建于 1975 年 6 月,于 1980 年底建成。它也是当时世界上最大的隧道之一,是一条连接亚非大陆的隧道,穿越苏伊士运河,把尼罗河三角洲和西奈半岛连接起来。盾构隧道段长度 1.64 km,隧道最大纵坡为 3.823%,上部覆土 12 m,盾构穿越稳定的泥岩地层(属于浅蓝色黏土),采用由 Bade 和 Theelen 设计的盾构机施工。

隧道衬砌采用钢筋混凝土箱形管片,衬砌外径 1.6 m、内径 0.4 m,管片厚度 0.6 m,管片宽度 1.2 m,采用通用楔形管片。每环衬砌由 13 块标准块、2 块邻接块和 1 块封顶块组成,每块管片重量约为 32.5 kN。纵向接头设单排螺栓,纵缝中还垫有一层弹性承压接头垫板,嵌缝槽特意做得很深。所以这种接头实际上就构成一个完全铰,即接头弯曲刚度为零。纵缝中的弹性承压垫板是一种成型的衬垫,是为适应工程的特殊需要而制造的,其大小和厚度可按照所需变形的数值及接头宽度来决定,垫板尺寸为厚 12 mm、宽 285 mm、长 1 200 mm。这种材料防火、耐酸、抗腐蚀,且易于固定安装,它在两块预制管片之间可起释放应力作用,如图 4-32 所示。

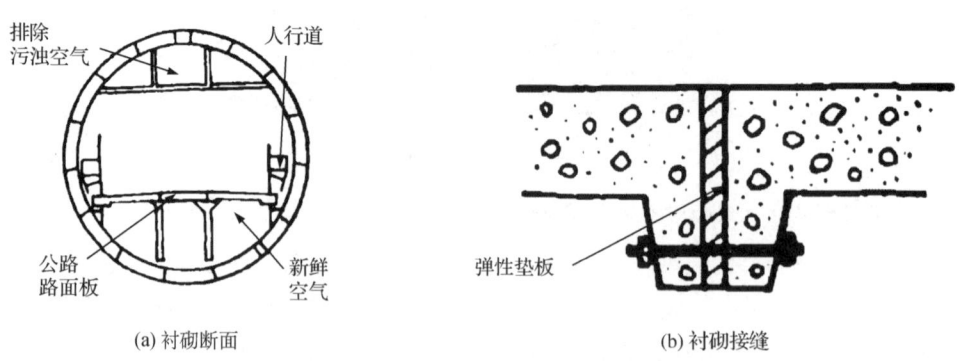

(a) 衬砌断面 (b) 衬砌接缝

图 4-32 苏伊士运河水下隧道衬砌断面与衬砌接缝

4. 工程案例4——日本东京地铁新宿线(箱形管片衬砌)

东京新宿线于1976年施工,隧道埋深为地表下14~23 m,盾构穿越砂层、黏土层、黏土质淤泥层,不同土质互层现象明显,隧道的上半部分处在紧密稳定的粉砂层,下半部分却处在砂砾层。隧道采用箱形管片衬砌结构,除一些高层建筑下采用铸铁管片外,其他均采用钢筋混凝土管片。衬砌外径为7.3 m,管片厚度为300 mm,在其内侧现场浇捣素混凝土作为二次衬砌。

5. 工程案例5——德国慕尼黑地铁隧道(箱形管片衬砌)

德国慕尼黑地铁隧道衬砌外径6.9 m,由9块管片组成,采用错缝拼装方式。管片肋高350 mm,背板厚125 mm,环宽1.0 m,每块重量约为17.64 kN。为避免产生危险的应力集中现象,在管片间的接头面上涂抹了由合成树脂改性的沥青系材料。由于防水需要,设置了密封沟内嵌入氯丁橡胶定型制品,沿管片内缘还设置了嵌缝沟槽,填以适当密封剂作为防水的第二道防线。环间接头上不仅同样设有密封沟和嵌缝沟,还采用了榫槽相嵌的连接形式,有利于圆环拼装精度的提高。

该隧道上部的地层属于第四纪,厚6~7 m,主要为含有地下水的砂砾层和局部地区有含砂的粉质黏土薄层,隧道本身处在第三纪地层,由黏土、石灰质黏土、粉砂、含水细砂等组成的复合地层,地下水头起伏大。

6. 工程案例6——英国伦敦线地铁隧道(箱形管片衬砌)

Jubilee线是伦敦从北到西的地下交通线,其中一个区段下穿伦敦市区。隧道所处的地质条件较好,隧道位于典型坚硬的伦敦黏土中。衬砌环外径为4.92 m,衬砌环除一块极小的封顶块以外,由12块箱形管片组成。所用的箱形管片仅厚210 mm,除了80 mm厚的端肋和100 mm厚的环肋为接头螺栓所必需外,中部完全为空腔,背板厚度不到80 mm。接头构造也较为简单,管片间接头用单排两个螺栓,为了防水,内缘设有一嵌缝填料的沟槽。这种箱形管片与前述日本、德国两例箱形管片的一个显著不同点是,整个管片除了周围一圈的端肋和环肋外,中间完全是空腔。

7. 工程案例7——日本东京湾水隧道(箱形管片衬砌)

该工程于1997年建成通车。通道横穿东京湾中部,连接千叶县的木更津市和神奈川县的川崎。隧道平均埋深16 m,水深平均27.5 m,隧道底部水压近0.58 MPa,所在地层为软弱的冲积、洪积性土层及洪积砂层。衬砌环外径13.9 m,内径12.6 m,环宽1.5 m,宽片厚度0.65 m,由11块箱形管片组成,每块管片重约95 kN,每环衬砌重约1 050 kN,采用错缝拼装方式,如图4-33所示。内部浇筑二次衬砌,厚度为0.35 m,其作用是增加整个衬砌环的自重,以作抗浮所需,此外还有利于防灾。

以上7个案例都是早期采用箱形管片的典型大直径隧道工程,除日本东京湾水隧道采用错缝拼装方式外,其他都采用通缝拼装方式。

图 4-33 日本东京湾水隧道衬砌

4.6.2 平板形衬砌管片工程案例

1. 工程案例 8——上海地铁试验段隧道（平板形管片）

上海地铁试验段隧道埋设在饱和含水的淤泥质软土层中。采用机械式盾构并辅以 $(5.88\sim7.84)\times10^4$ Pa 气压施工，盾构正面配备有网格。衬砌环脱出盾尾后，对衬砌管片与地层间的空隙用水泥、石灰、粉煤灰等拌和的浆体材料予以充填。衬砌覆土深度 8.7~4.8 m，隧道外径 6.2 m，衬砌环宽 900 mm，采用平板形钢筋混凝土管片，管片接缝选用氯丁橡胶防水材料。在第 101 号至 151 号井的区间隧道（共 628 环），为了比较单层和双层衬砌接缝防水的实效，采用了两种不同构造形式的衬砌。单层衬砌由 6 块 450 mm 厚的管片组成，在每一环的纵、环向各用 12 根 M36 螺栓连接，纵向有凹凸榫槽，单层衬砌管片每块重约 31.36 kN。双层衬砌外层由 4 块 350 mm 厚的管片组成，环间用 8 根 M30 螺栓连接，纵向用 16 根 M30 螺栓连接。

2. 工程案例 9——德国汉堡易北河第四隧道

1997 年 10 月，德国汉堡易北河第四隧道开始施工，2001 年 1 月通车。隧道长约 2.56 km，为双线双向四车道公路隧道。采用由海瑞克公司制造的复合型泥水盾构施工，盾构外径为 14.2 m，盾构长 12 m，设 48 个推进油缸，总推力达 1.2×10^5 kN。盾构穿越地层为含水丰富的黏土层及透水系数较大的松散~致密的砂、砾石层以及冰山泥灰岩层。

隧道衬砌外径 13.75 m，内径 12.35 m，管片厚度 0.7 m，环宽 2 m，衬砌环由 9 块板式管片构成，8 块为标准管片、1 块为封顶管片，每块标准块重约 200 kN。

3. 工程案例 10——荷兰绿心隧道

荷兰绿心隧道于 2001 年 11 月开始推进，2005 年竣工。采用 1 台由法国 NFM 公司制造的外径为 14.87 m 的泥水气平衡式盾构施工，盾构机总重 1900 t，盾构长 11.65 m，刀盘扭矩为 1.36×10^5 kN·m，总顶进压力为 1.84×10^5 kN。隧道穿越软黏土层、泥煤层、细砂层及含水中砂层。

隧道衬砌外径 14.5 m,内径 13.3 m,管片厚度 0.6 m,由 10 块管片拼装而成(含 1 块小封顶块),衬砌环构造如图 4-34 所示。本工程在盾构掘进机装备、隧道衬砌设计、掘进施工等多方面成功应用多项新技术。

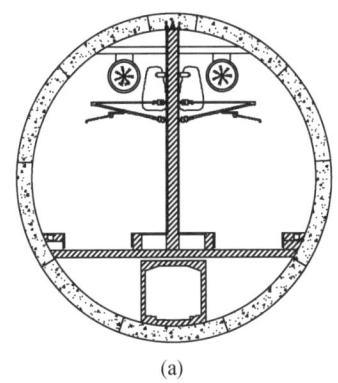
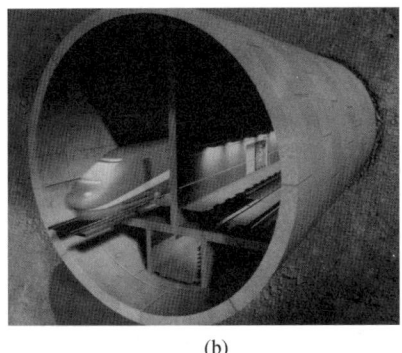

图 4-34 荷兰绿心隧道衬砌构造

4. 工程案例 11——上海翔殷路隧道

上海翔殷路隧道工程于 2003 年 7 月开工,南、北线盾构分别于 2004 年 5 月和 7 月始发,分别于同年的 12 月和次年 3 月进洞。该工程是上海市快速路网中(中环)的重要节点工程,工程东连五洲大道,西接翔殷路、军工路,线路总长约 2.6 km,越江段由两条圆形盾构法隧道组成,圆形隧道南、北线分别为 1.50 km 和 1.48 km。采用 2 台由日本三菱重工制造的直径为 11.58 m 的大型泥水平衡式盾构施工,盾尾内径 11.44 m,盾构长度 10.945 m,盾尾设 3 道钢丝刷加 1 道钢板刷,盾构总推力 1.19×10^5 kN(3 500 kN×34 台)。盾构穿越褐黄色粉质黏土、灰色黏质粉土、灰色淤泥质粉质黏土、灰色黏土、灰色粉质黏土、草黄色砂质粉土、草黄色粉细砂等土层。

隧道衬砌外径 11.36 m,内径 10.4 m,管片厚度 0.48 m,环宽 1.5 m,采用高抗渗的防水钢筋混凝土管片,每环衬砌由 8 块管片组成,5 块为标准块、2 块为邻接块、1 块为封顶块,管片接缝间设 1 道弹性密封垫(三元乙丙橡胶和遇水膨胀橡胶)和 1 道缓冲材料(氯丁海绵橡胶),纵缝间设传力衬垫(丁腈软木橡胶),衬砌构造如图 4-35 所示。

5. 工程案例 12——上海上中路隧道

上海上中路隧道工程于 2004 年 1 月开工,2006 年 3 月完成南线结构贯通,2009 年 1 月建成通车。隧道全长 2.8 km,盾构隧道段长 1.25 km,工程为双向双洞双层八车道隧道,也是世界上第一条双层双向八车道隧道,隧道最大纵坡 4.5%,隧道最大埋深 45 m,江底最浅覆土 10 m。采用 1 台外径为 14.87 m 的泥水加压式盾构施工,盾构长度 11.65 m,总长 120 m,盾构质量 1 900 t,油缸数量为 19 组双联油缸,总推力为 1.843×10^5 kN,推进速度 0~40 mm/min,刀盘额定扭矩 3.6×10^4 kN·m,最大扭矩 4.32×10^4 kN·m,功率 3 500 kW(250 kW×14 台)。盾构穿越饱和含水淤泥质黏土层、淤泥质粉质黏土地层。

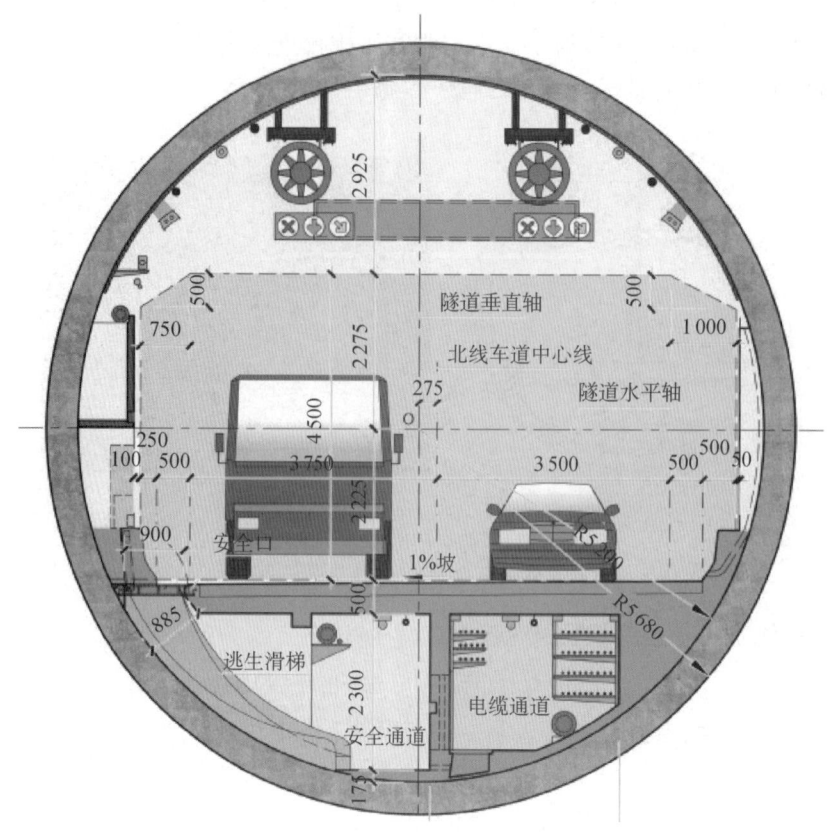

图 4-35　上海翔殷路隧道衬砌构造(单位:mm)

隧道衬砌外径 14.5 m,内径 13.3 m,采用通用钢筋混凝土楔形管片错缝拼装,管片最大楔形量为 40 mm。一环 10 块管片("7+2+1"),管片厚度 0.6 m,环宽 2 m。纵向、环向均采用斜螺栓连接,螺栓接头采用了斜螺栓与预埋螺母相接的形式,以尽可能减少手孔开孔尺寸。环向配置 20 根 M36 斜螺栓,纵向配置 38 根 M27 斜螺栓。衬砌构造如图 4-36 所示。

图 4-36　上中路隧道衬砌构造

6. 工程案例13——上海长江隧道

上海长江隧道于2004年开工建设,2009年11月建成通车。隧道全长约9 km,其中盾构法圆形隧道长约7.5 km,圆形隧道内部共分2层,上层为单向三车道公路,双向六车道,下层为轨道交通预留通道。隧道最大纵坡2.9%,最小平面曲线半径4 000 m,江底最小覆土约14 m,最大覆土约29 m,最大埋深55 m,设4座泵房、8条连接通道。采用2台由海瑞克公司制造的外径为15.43 m的泥水盾构施工。这两台大型泥水加压混合式盾构为当时世界最大直径的盾构机,一次连续掘进完成世界最长隧道。盾尾直径15.37 m,设4道密封钢刷(3道钢丝刷+1道钢板刷),盾尾设充气式紧急密封系统,设12根注浆管(6用6备)。推进油缸57个(分19组,6个区,每区3个),额定推力$1.885\,62\times10^{5}$ kN,最大推力$2.030\,66\times10^{5}$ kN。盾构穿越地段沿线地层复杂,有③₁、③₂层粉性土、④₁、④₂、⑤$_{1-1}$、⑤$_{1-2}$层黏性土、⑤₂层粉性土、⑦$_{1-1}$、⑦$_{1-2}$层砂性土和浅层④层下部存在气压较低的甲烷气,部分地段存在⑤$_{1t}$层灰色黏质粉土透镜体、⑦、⑨层承压水连通。

隧道衬砌外径15 m,内径13.7 m,采用通用楔形管片错缝拼装,管片厚度0.65 m,环宽2 m,采用高强度混凝土,标号C60,抗渗等级S12,单块最大重量约160 kN。衬砌环由10块管片组成,7块为标准块,2块为邻接块,1块为封顶块,纵向设38根斜螺栓,环向块与块之间设3根螺栓(共设30根螺栓)。封顶块拼装时,先纵向搭接1.2 m、径向推上,然后纵向插入。衬砌构造如图4-37所示。

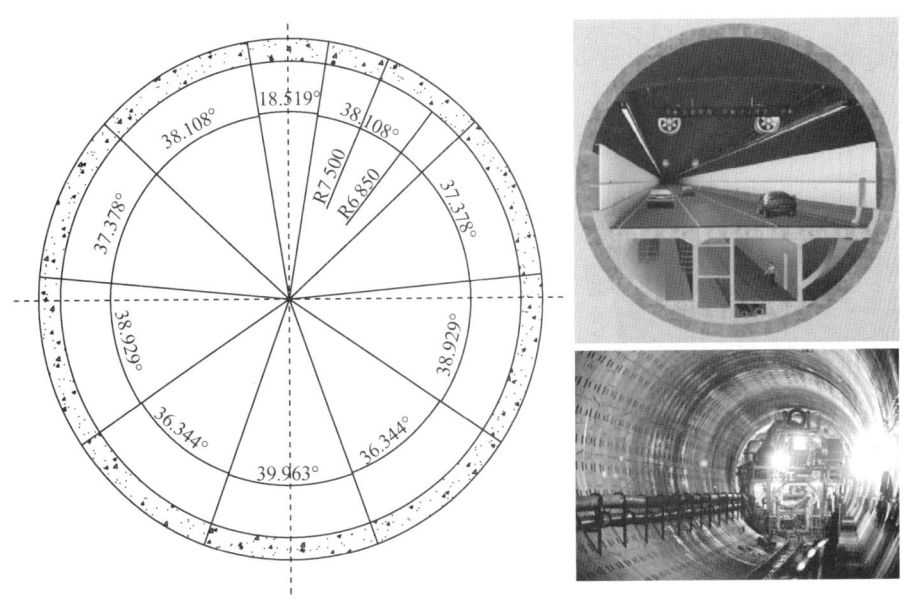

图4-37 上海长江隧道衬砌构造

7. 工程案例14——南京长江隧道

南京长江隧道(纬七路)是南京首条穿越长江的盾构隧道,于2005年3月开工建设,

2010年5月通车。隧道全长约5.7 km,穿越长江段盾构法隧道长约3.8 km,隧道最大纵向坡度4.5%,平面最小曲线半径2 000 m,为双洞单层双向六车道隧道。采用2台由法国法迈通公司制造的外径14.93 m的泥水盾构施工,盾构长度11.65 m,盾构重$1.9×10^4$ kN,推力$1.843×10^5$ kN,扭矩$4.32×10^4$ kN·m。盾构穿越长江段地层上部为沉积松散粉细砂,中部为中密~密实分细砂,下部由砾砂、圆砾等组成,下部基岩为钙质泥岩夹钙质细砂岩,隧道最大埋深50 m,最小覆土厚度10.5 m。

隧道衬砌外径14.5 m,内径13.3 m,环宽2 m,管片厚度0.6 m,衬砌环由10块管片组成,7块为标准块、2块为邻接块、1块为封顶块,单块最大重量约150 kN,采用通用环楔形管片错缝拼装。环缝、纵缝上设置斜螺栓,纵缝上设置凹凸榫槽,环面上单侧设传力衬垫,管片接缝处设1道三元乙丙高弹性橡胶密封垫、1道遇水膨胀止水条。

8. 工程案例15——武汉三阳路隧道

武汉三阳路隧道是一座公铁两用隧道,于2016年1月开工建设,2018年底开通。隧道全长约2.59 km,采用两台直径为15.76 m的超大型复合式泥水气压式平衡盾构施工。江中段隧道穿越地层为复合地层,主要为中密~密实粉细砂层,局部下切强风化粉砂质泥岩、弱风化粉砂质泥岩、弱胶结砾岩,石英含量高达70%的粉细砂层,以及富含黏土的强风化泥质粉砂岩、强风化泥质粉砂岩地层,上软下硬复合地层,施工风险极大,盾构推进施工如同穿越"钻石层和年糕团"。隧道顶覆土12.5 m(<0.8D),水压约0.55 MPa。

衬砌管片外径15.2 m,内径13.9 m,管片厚0.65 m,环宽2 m,衬砌环分块采用"9+1"分块形式,纵向采用28根M30直螺栓,环向采用30根M36直螺栓。

9. 工程案例18——美国西雅图SR99隧道

美国西雅图至阿拉斯加的公路隧道(SR99)于2013年6月开始推进,盾构机Bertha号经历中途停推维修等种种磨难,于2017年4月隧道贯通。盾构隧道结构为单洞双层结构,采用外径为17.45 m的土压平衡式盾构施工,盾构重量$6.664×10^4$ kN,推进千斤顶28×2,最大推力$3.92×10^5$ kN,最大扭矩$1.474×10^5$ kN·m,隧道最大顶覆土65.2 m。

隧道衬砌外径17.07 m,内径15.85 m,环宽2.0 m,管片厚度0.6 m,采用预应力钢筋混凝土楔形管片。衬砌环由10块管片组成,采用"7+2+1"组合形式,环向增加剪力销方式固定。盾构穿越沉积区、细砂、冰渍状沉积等复杂地层。

4.7 衬砌拼装方式分析

4.7.1 衬砌环拼装方式

衬砌结构环拼装方式大体上可分为两类:通缝拼装方式和错缝拼装方式。通、错缝拼装方式其实是指沿相邻衬砌环拼缝设置的相对位置而言的,选择拼装方式不仅与接头刚度选择相关,也与整个衬砌结构受力、刚度变化及变形相关,还与设计、施工、长期养护的便利性直接相关。接缝刚度一般小于管片本体的刚度。当衬砌环采用错缝拼装时能使圆环刚度分布趋于均匀,具有较好的空间刚度,减少环向接缝处及整体结构的变形。如错缝布置合适,圆环近似地可按匀质刚度考虑。

通、错缝拼装涉及盾构隧道的建造成本、施工水平、衬砌结构受力后的变形与破坏方式等方面。国内外单圆形式的隧道工程采用通、错缝方式的都有,早期采用通缝形式较多,近年来采用错缝形式较多;双圆隧道、矩形和类矩形盾构法隧道一般采用错缝拼装,可以在中间位置设立立柱,国外也有采用三圆形断面隧道建造地铁车站的案例(错缝拼装),只是在两个半环中间也要设中间立柱,以满足或改善结构受力状况。

根据管片特点和所在的相对位置,常将管片划分为标准块、邻接块和封顶块,即 B 块、L 块和 F 块,在日本又称 A 块、B 块和 K 块。标准块管片的两侧不设接头角,邻接块的一侧或两侧设有接头角或插入角,封顶块的两侧一般设有接头角或插入角,封顶块管片可以分为沿半径方向插入型与轴向插入型。

1. 通缝拼装方式

从理论上讲,所有衬砌环的纵缝沿着隧道纵向呈一字连续的情况称为通缝拼装。通缝拼装时,环缝与纵缝基本上呈"十"字形式相交。在某些场合,例如需要拆除管片后修建旁侧通道或某些特殊需要时,衬砌环常采用通缝拼装方式,以便于结构处理。通缝拼装剖面图、透视图分别如图 4-38(a)、(b)所示。

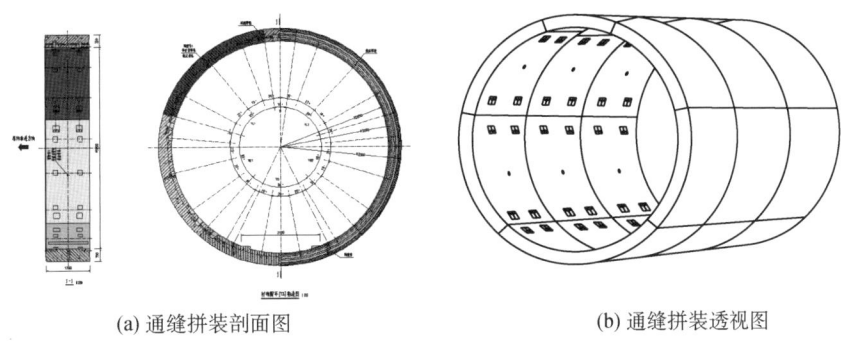

(a) 通缝拼装剖面图　　　　(b) 通缝拼装透视图

图 4-38　通缝拼装方式

2. 错缝拼装方式

所有衬砌环的纵缝沿着隧道纵向相互错开时(非连续时)称为错缝拼装。错缝拼装的优点在于,如能将相邻环的拼缝相对位置均匀错开,就能使圆环接缝处的刚度分布更趋均匀(存在相邻环传递弯矩),可在一定程度上提高接缝部位的刚度,如在一定范围内沿衬砌环足够均匀设缝,圆环可近似按匀质刚度考虑。错缝拼装剖面图、透视图分别如图 4-39(a)、(b)所示。

3. 通、错缝拼装的施工因素

衬砌拼装采用通缝和错缝拼装方式在国内外都大量存在,早期建造的国内外公路隧道

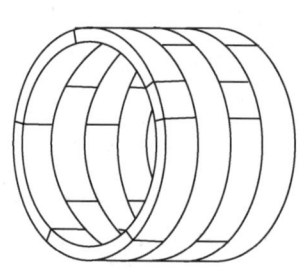   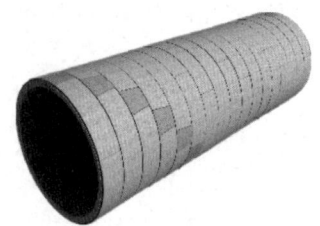

(a) 错缝拼装剖面图　　　　　(b) 错缝拼装透视图

图 4-39　错缝拼装

和地铁隧道的衬砌因受制于施工技术和设备装备水平,基本上以采用通缝拼装方式为主,且以箱形管片居多。随着盾构装备快速发展、施工技术发展,衬砌环的拼装精度越来越高,越来越多的隧道衬砌采用错缝拼装方式。通、错缝衬砌特征对比如表 4-8 所示。以上海地区的隧道为例,早期建造的打浦路隧道、延安路隧道等都是采用通缝拼装方式,但近 20 年以来建造的隧道绝大多数采用错缝拼装方式。在上海地铁已投运的 51 多万环衬砌环中,超过 90% 的衬砌拼装为通缝拼装方式,单、双圆错缝隧道仅分别有 6 个区间和 15 个区间,其中,4 号线、8 号线分别有 4 个和 2 个单圆错缝区间,6 号线、8 号线、2 号线、10 号线分别有 7 个、3 个、3 个、2 个双圆错缝拼装区间。

表 4-8　　　　　　　　　　　　通、错缝衬砌特征对比

序号	类别	指标分解	通缝拼装方式特性	错缝拼装方式特性
1	经济性	含钢量	低	高
		工程造价与经济性	相对小	相对高
2	施工可行性	拼装施工难易程度	较小	大
		初期收敛变形量	可与错缝相当,相对大	相对小
3	管片特点	管片刚度	相对小	相对大
		单环管片接缝刚度	可调整,通缝相对小	可调整,错缝相对大
		整环刚度的均匀性	环向不均匀	环向相对均匀
		管片环接缝处刚度	设置凹凸榫,相对大	主要靠螺栓,相对小
4	受力特点	相邻环内力传递情况	可以不考虑	存在明显内力传递
		承载力提高的大与小	相对低一些	相对高一些
5	变形特征	衬砌变形受损情况	接头处集中变形:张开或压损	较均匀开裂分布在管片上
		衬砌环初始收敛变形	相对大	相对小
		加载后管片变化	完整性好,没有开裂	完整性差,裂缝多

续表

序号	类别	指标分解	通缝拼装方式特性	错缝拼装方式特性
6	使用与维修	维修维护便利性	底部少1条纵缝,降低维修难度	底部多1条纵缝,地缝处理难
		隧道变形的可复原性	好/易	差/难
		结构损坏	管片完整性好	管片完整性差
7	适应性	环境适应性	适应	适应
8	其他	—	增加接头的刚度可有效减少变形	—
			底部设对称的三角肋,可约束道床侧向移动	—

注:以上海地铁衬砌管片为例。

采用通缝拼装方式还是采用错缝拼装方式,存在一些争议。其实,通、错缝拼装方式的选择是对接头连接刚度的选择,它直接决定了衬砌环的环向刚度,决定了受力后的隧道变形和破坏方式。当然,通、错缝的选择对施工要求和工程费用亦有所不同。下面从衬砌收敛变形特征、影响因素、设缝原则与设缝位置、数量、施工可行性、工程造价、维修便利性及现实法制环境等方面逐一分析。

4.7.2 衬砌环收敛变形特征

1. 通缝拼装隧道特点与变形特征

(1) 通缝拼装隧道特点。

与错缝拼装的管片相比,通缝管片的含钢量较低,衬砌环向接缝处刚度较低(取决于接头构造形式与螺栓配置),但是拼装施工难度相对小(除自动拼装的高强度接头外),拼装误差引起的衬砌环应力集中现象少。隧道环向接缝处与本体刚度存有明显差异(20%~30%),也可以通过增加螺栓连接等措施提升接头刚度。因衬砌环纵向对齐贯通,单环衬砌环与多环衬砌环在沿环向上的刚度变化基本相同,相邻环的弯矩和轴力传递较少。因此,对相邻环的收敛变形约束性小。

(2) 收敛变形特征。

在隧道周边地下环境发生较大变化时,如荷载等变化较大时(如发生上部压载、侧向卸载或结构自身发生渗漏水等),衬砌结构会发生如下变形和破坏方式:因纵缝处刚度降低,相邻管片会沿纵缝发生转动,隧道顶部内侧和腰部外侧发生张开,顶部外侧和腰部内侧压紧,此两处受压部位易发生压损,腰部发生渗漏水。

沿纵缝处发生相对集中变形而不破坏管片的完整性是通缝拼装隧道变形的最大特征。它是以纵缝处的集中变形换取管片结构的完好,而不会像错缝拼装那样发生衬砌顶底部内侧的混凝土等间距开裂,也可以说纵缝在一定程度上起到了集中释放变形的作用。正因其接缝处刚度降低,即使当收敛变形达 2‰ D 甚至更大时,管片内壁上一般也不会产生纵向贯通性裂缝。经对上海地铁隧道衬砌足尺寸模拟试验,即使当衬砌顶部荷载接近破坏荷载时或收敛变形达 2‰ D 时,也只会沿纵缝接触面发生局部的浅表性压损或压碎,管片表面罕有裂缝发生并超过 0.2 mm。

衬砌环的变形大部分发生在纵缝处。利用 ABAQUS 数值模拟方法对隧道结构进行计算分析表明,在衬砌环变形较小时,得到的收敛变形值与采用几何刚体转动产生的变形值基本相吻合,采用几何刚体转动方法计算得到的隧道变形计算公式如表 4-9 所示。通过现场变形监测表明,衬砌环的收敛变形量大部分是由接缝转动或错台引起的。当外部实施逆向干涉时(如增加隧道衬砌的侧向抗力),横向收敛变形具有可逆性或复原性。

表 4-9　　　　　　　　　简化成刚体后的几何变形

隧道变形指标	计算公式
θ_1	$\arccos\left(\dfrac{A^2}{6.3141A}\right) - \arccos\left(\dfrac{1.6429}{A}\right) + 45.8651°$
θ_2	$125.73° - \arccos\left(\dfrac{10.747d - d^2 - 11.6407}{19.9337}\right)$
θ_3	$\arccos\left(\dfrac{A^2}{6.3141A}\right) + \arccos\left(\dfrac{1.6429}{A}\right) - 100.1349°$
l_1	$0.7 \cdot \cos\left[52.1349° - \arccos\left(\dfrac{A^2}{6.3141A}\right) + \arccos\left(\dfrac{1.6429}{A}\right)\right] + 0.8629$
l_2	$6.3141 \cdot \sin\left[90° + \arccos\left(\dfrac{A^2}{6.3141A}\right) + \arccos\left(\dfrac{1.649}{A}\right)\right] + 0.8628$
l_3	$4.8016 \cdot \sin\left[\arccos\left(\dfrac{A^2}{6.3141A}\right) + \arccos\left(\dfrac{1.6429}{A}\right) - 83.7884°\right] + 4.1486$
l_4	$4.1486 - 0.7 \cdot \cos\left[\arccos\left(\dfrac{A^2}{6.3141A}\right) + \arccos\left(\dfrac{1.6429}{A}\right) - 52.1349°\right]$

$A = \sqrt{31.5744 - 10.747d + d^2}$,$d$ 为拱底下沉量。

2. 错缝拼装隧道特点与变形特征

(1) 错缝拼装隧道特点。

与通缝拼装管片相比,错缝拼装管片的含钢量较大,衬砌环自身刚度大,理论上讲,相邻环衬砌接缝沿环向错缝越均匀,环向刚度就越大,因此在一定程度上可减少衬砌环结构径向变形。但衬砌环的内力较大,若管片制作精度不够或施工经验能力不足,管片常常易被顶碎。仅就单环衬砌来讲,其环向刚度在接缝处与通缝并无差别,经过多环均匀错缝拼装后的接缝处的环向刚度会得到一定程度的改善和提高,接缝部位的刚度提高主要得益于相邻管片环的内力传递。

理论分析研究表明,错缝拼装管片在环接头部位既存在弯矩传递又有轴力专递,弯矩传

递系数 ξ 一般为 $0.2\sim0.5$,轴力传递系数 ξ' 取 $0.1\sim0.4$。因此,相邻衬砌环的"帮忙"对其收敛变形有明显影响。

(2) 收敛变形特征。

在隧道赋存环境发生较大变化超出设计条件时(如发生上部压载、侧向卸载或渗漏水等),衬砌会发生如下变形和破坏:隧道顶底部内侧会发生均匀的纵向张开裂缝,贯通管片宽度的纵向裂缝比比皆是。因此发生大量的平行纵缝开裂是错缝拼装变形破坏的最大特征。即使当隧道收敛变形仅为 5 cm 时,管片内壁也可能会产生大量的平行纵向贯通性裂缝。当变形达到或超过 5‰~10‰ 时,管片就会直接产生碎裂破坏。衬砌环的收敛变形量是较均匀发生在管片上的,将对管片的长期耐久性产生影响。将管片假定成刚性的块体,当顶部受压时,衬砌环既发生向下移动同时还发生一定的转动,6 个内角变化存在大致如下关系:$\theta_1 + \theta_3 + \theta_4 + \theta_6 = \theta_2 + \theta_5$,$\theta_4 = \theta_5$,$\theta_2 = \theta_1 + \theta_3 + \theta_6$。

3. 影响衬砌发生横向收敛变形的主要因素分析

隧道衬砌发生收敛变形的影响因素分析见表 4-10。在这些影响因素中,地质因素是天生的,在隧道的使用期间只能作局部的改变或改善,要保证衬砌长久安全,必须在设计、施工、日常管理等方面做到精细化,保持隧道衬砌周围土层的稳定性以及交付使用时隧道的高质量是保证运营阶段隧道衬砌安全的最基本条件。

表 4-10　　隧道衬砌收敛变形的影响因素分析

序号	影响因素及分析		影响后果
1	地质因素	地层地质条件、水文条件	直接影响施工安全和衬砌长期安全
2	设计因素	与地质条件、敷设环境等相适应的考虑及计算模式的取舍、设计预留等	设计考虑和预留对施工和衬砌的长期安全及养护产生重大影响
3	施工因素	交付使用时初始拼装施工质量	影响结构的承载力与变形,防水与耐久性
4	环境改变因素	邻近隧道基坑施工	基坑施工、高层建筑加卸载施工、违规堆土弃土、大口径隧道近距离穿越、降水	稳定的地层是隧道衬砌稳定的基础,地层不稳定往往带来衬砌结构渗漏水、结构变形等病害,严重时会影响结构安全和耐久性。一般来讲,邻近隧道衬砌的深大基坑加卸载、高层建筑、穿越施工都会对隧道及周围土层的稳定带来影响
5		高层建筑加载施工		
6		上部加载		
7		侧向卸载		
8		近距离穿越施工		
9		深井降水降压		
10	养护因素	病害的及时发现和及时养护维修治理	如不能及时发现和控制,重则危及结构安全

4.7.3 收敛变形机理分析

隧道衬砌环的横向收敛变形事关隧道结构安全、隧道净空尺寸和正常行车安全等。近十几年来,有 20 多座城市的多条地铁隧道相继发生了严重的横向收敛变形,管片出现严重开裂等情况,有甚者危及了隧道结构安全,不得不在隧道内外实施地基及结构加固控制措施,有些是必须在停运后进行修复。

根据规范要求,包括拼装误差和受力后变形,隧道施工竣工验收时的收敛变形量应控制在 5‰D 以内,若以外径 6.2 m 的隧道来计算,直径收敛变化量应控制在 31 mm 以内,如初始收敛值较大就会给隧道结构安全带来直接或长期的威胁,如发生整体变形影响内部净空间、管片压损或开裂、密封垫失效发生渗漏水,给隧道衬砌结构稳定性(受力可靠与变形稳定)、管片完整性、防水、耐久性带来威胁,严重者会导致隧道失稳垮塌。

引起隧道发生收敛大变形的主要原因是建设期施工质量、隧道成型后地面违规堆卸载、养护管理不当以及邻近隧道实施的其他地下工程作业影响。工程经验表明,同样外荷载施加在不同拼装方式的隧道衬砌上产生的变形影响不一样,反之,同样的收敛变形在不同拼装方式的衬砌上的变形形态和破坏形式不同:通缝拼装的衬砌管片几乎不发生开裂,但收敛变形量较大,收敛变形主要集中在管片接缝处,以管片接缝处的转动、错台作为隧道收敛变形方式;错缝拼装衬砌管片环向刚度较大,衬砌环收敛变形不大,隧道顶底部管片会产生纵向开裂或贯穿裂缝,裂缝几乎是以等间距的方式均匀分布在管片上,有时一块管片上的裂缝多达 10 余条。

上海已建成地铁隧道基本采用通缝拼装方式,因上述各种原因造成部分衬砌环发生了较大收敛变形,但即使收敛变形接近 10 cm,却无明显裂缝产生。南京、宁波、杭州、昆明、郑州、深圳等地铁隧道衬砌都采用错缝拼装方式,也曾因地面堆载或侧面基坑卸载引起收敛变形,收敛变形多在 4~7 cm,但隧道顶底部管片就发生了明显的纵向贯通裂缝和渗漏,后经隧道内外整治方保证了隧道结构的安全。

4.7.4 设缝数量与位置

衬砌环设多少条纵缝、缝设在什么位置(最佳)、设缝依据等,都需要根据盾构机装备水平、衬砌长期受力合理性、使用需求、地层条件等情况综合考虑后确定。选定了拼装方式,就选定了隧道的变形和破坏方式,也就决定了隧道和管片的整体变形、管片压损及管片开裂。

4.7.4.1 从衬砌环结构的受力特点来分析

衬砌结构典型的受力弯矩是顶底内侧受拉、外部受压,腰部内侧受压、外部受拉。无论是采用弹性均质圆环、接头采用弹性铰约束,或者是有限元实体模型计算,隧道衬砌环均会出现 4 个弯矩为零的位置,左右对称大约分布在 45°和 135°附近。理论上,管片在弯矩为零的位置分块对隧道结构的受力最优。

若以均质圆环计算,零弯矩点基本不随隧道埋深变化(浅、中、深、超深埋)而变化,而现实工程中不同土层、不同侧向应力系数变化、不同侧向抗力数、内外部荷载变化及扰动,都可能会引起零弯矩点的漂移,如图 4-40 所示。

理想的衬砌环分缝应该尽可能让隧道衬砌的受力与变形合理,将接缝设在弯矩较小处。但实际工程中的通、错缝分块方式都不能完全满足这一理想化要求,上海地铁通缝拼装衬砌环拱底块分缝处基本与零弯矩位置相吻合,是比较接近理想分块位置的设计。

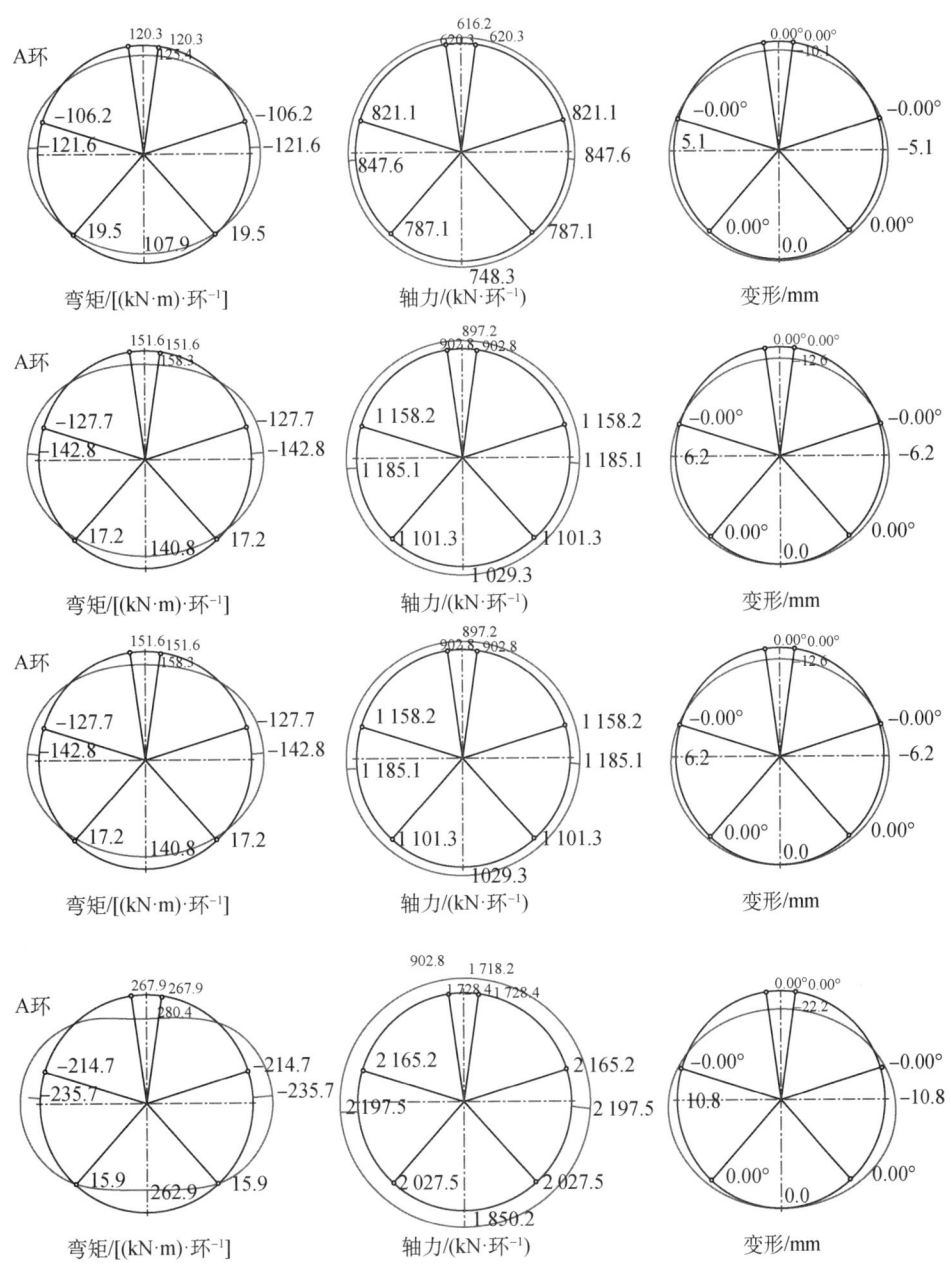

图 4-40 不同工况某地铁隧道衬砌环的弯矩、轴力与变形

4.7.4.2 通、错缝衬砌设计施工的合理性分析

1. 管片含钢量分析

管片的含钢量在一定程度上决定了管片刚度,不但与地层条件、施工环境条件、覆土深度等相关,还与设计理念及设计计算理论密不可分,不同项目设计选取的含钢量相差颇大,有的相差接近 20%。而同等条件下,错缝拼装管片的含钢量一般比通缝管片高 25%~

30%。错缝的环向刚度更大,计算分析和试验表明错缝环向刚度要比通缝高出近 1/3,管片所受内力大,当环境工况改变较大时会增加管片开裂的概率。而通缝管片环向刚度相对较小,故在接缝处容易发生较大转动变形,而管片本体不发生开裂。

上海地铁 1 号线隧道和广州地铁 1 号线隧道的含钢量在 115~120 kg/m³,但是随着地铁线路埋深不断加大,工程环境日益复杂,国内近年来地铁管片平均含钢量有所提高,多在 140~200 kg/m³,地质环境以岩层或复合类地层为主的城市,地铁管片平均含钢量偏小,但还是高于上海地铁 1 号线和广州地铁 1 号线。上海地铁通缝拼装衬砌含钢量参见表 4-11。

表 4-11　　　　　　　　上海地铁通缝拼装管片的埋深与配筋参考

衬砌埋深类型	参考埋深范围/m	通缝拼装衬砌参考含钢量/(kg·m⁻³)
浅埋	<10	110~115
	10~15	130~135
中埋	15~20	160~165
深埋	20~30	190~195
超深埋或特殊工况	>30	205~210

国际上超大直径盾构隧道管片的含钢量有降低的趋势,意大利 Sparvo 隧道的管片含钢量仅为 115 kg/m³,多数是因为采用了钢纤维、合成纤维混凝土等新材料。上海及国内各个城市隧道工程也在积极探索节能式衬砌设计的道路,优化用钢量是重点考虑的一个方向,也是设计人员现阶段努力攻克的难关。表 4-12 是初步统计的上海一些大直径越江道路隧道管片含钢量情况。

表 4-12　　　　　上海部分越江道路隧道管片含钢量统计情况　　　　单位:kg/m³

隧道名称	管片含钢量			
	浅埋	中埋	深埋	超深埋
西藏路隧道	152	—	179	—
新建路隧道	164	—	195	—
人民路隧道	164	—	192	—
上中路隧道	143	—	158	—
军工路隧道	133	—	145	—
崇明越江隧道	138	148	163	184
长江西路隧道	133	154	181	—
虹梅南路隧道	112~123	131~156	165	176
龙耀路隧道	164	—	190	—
上海苏州河蓄水隧道	—	—	—	255

注:因各工程对埋深的界定是根据自身的隧道条件而定,因此表中隧道埋深类型代表的范围并不一致,也不具备同等比较的条件。

2. 既有设计施工使用情况

在上海地铁隧道通缝拼装衬砌设计中,除封顶块和拱底块之外,邻接块、标准块4块管片圆心角接近65°,较为均匀;在错缝拼装衬砌设计中,除封顶块外,其余5块管片圆心角在67.5°~68.75°,也较均匀。但无论采用通、错缝哪种拼装方式,封顶块与其他管片块相比,分块体积较小,便于成环时最后一块的施工。通缝拼装方式拱底块体积最大,拼装在衬砌环的正底部位置,隧道底部减少了一道纵缝,降低了渗漏水处理的难度,维修养护更便捷。

而在道路隧道方面,除早期的上海打浦路隧道、延安东路北线隧道采用了通缝拼装衬砌设计外,后期建造的隧道基本采用的都是错缝拼装衬砌设计。

4.7.4.3 设缝数量与设缝位置

设缝数量应视使用目的、地质环境、衬砌敷设条件和施工条件等决定。一般来讲,接缝越多,衬砌环的刚度越小;接缝越少,衬砌环的刚度越大。当土层较硬时,可以考虑将衬砌刚度设置得低一些,以适应变形;当土层较软弱时,可考虑通过增加接头刚度将衬砌环的刚度加大一些。

设缝的最佳位置理论上应该是衬砌环内力最小的位置,但由于受施工条件和受力工况千变万化的影响,要完全按照这一思路去实现还是存在很大困难,只有小直径的隧道衬砌才有可能,其实管片环的内力较小部位是一个变化范围。在确定设缝位置时,目前考虑较多的是施工可行性,较少考虑其长期使用安全和维护便利。应该从受力合理的角度和长期养护、维护便利的角度来考虑设缝的位置。

4.7.5 通、错缝拼装方式的认识

隧道衬砌环要满足三方面的基本要求:理论设计满足结构受力变形安全要求,满足施工条件(安全、效率、成本),满足长期使用的安全和可维护性。采用何种接头形式和拼装方式一般是平衡上述三方面因素的结果,往往考虑前两种因素多,后一种因素相对少。但从根本上来讲,使用及可维护性应是最终目标。

4.7.5.1 衬砌质量

从隧道衬砌变形控制因素分析,保证建设期隧道施工质量、保持运营期隧道周围地层的稳定,隧道就能处于良好受力状态。一条质量良好的隧道衬砌结构应具有如下特征:

(1) 保持管片的完整性,不存在缺角、少边、掉块等问题。
(2) 衬砌拼装完成后具有良好的防水性能,隧道不渗不漏。
(3) 衬砌环具有较好的初始真圆度。
(4) 隧道衬砌结构具有保持长期稳定的能力。
(5) 衬砌具有可维修性,及时进行高质量维修。
(6) 衬砌具有良好的耐久性。

衬砌通、错缝拼装方式各具特点,选择哪种拼装方式,不仅要从隧道建设环境、地质条件、结构受力变形特点等情况来考虑,还要考虑建设施工成本、衬砌对施工工艺的适应性以及维修养护的便利性等。

4.7.5.2 设计方面的认识

根据理论计算分析、整环试验、接头试验和现场变形监测及工程实践情况,对接头刚度的折减和整环变形情况有了以下更深刻的认识:

(1) 所有隧道都应设计成"环刚纵柔"的方式,以适应不同地层条件和环境条件。

(2) 纵向和横向结构刚度大,变形就小,内力就大;结构刚度小,则变形大。

(3) 衬砌环结构受力后,衬砌环呈"顶底内凹,两侧外凸"的变形,顶底内侧受拉、外侧受压,两侧的内侧受压、外侧受拉。

(4) 接头刚度。当衬砌环设有纵缝(接头)时,与均质环刚度相比,接头处的刚度有折减。接头刚度与接头连接方式、接头构造、拼装方式、接头位置、外部荷载及内部受力情况等有关。接头处刚度小,变形相对集中在接头处;接头处刚度大,变形越接近均质圆环。

① 通缝拼装方式,接头刚度小,相邻环传递的弯矩较小,变形多集中在接头处。

② 错缝拼装方式,存在弯矩传递,也就是说相邻环帮忙,接头刚度大,变形、开裂分布均匀。

(5) 隧道变形破坏方式主要由不均匀沉降和收敛变形构成。理论分析、工程实践、试验都证明和验证了隧道变形破坏方式是以"变形、转动、错台、开裂、压碎"等形式进行的。

① 隧道纵向不均匀沉降是以错台方式发生和发展的。

② 通缝拼装方式的破坏形式是以沿接头转动而发生的收敛变形,错缝拼装方式的破坏形式是发生混凝土表面均布裂缝。

(6) 变形和破坏现象。

① 通缝拼装方式,各环变形相对独立,变形会在接头处集中释放,管片整体上较完整,往往在接头处,管片产生局部压损。

② 错缝拼装方式,接头刚度大,变形无法在接头处集中发生,管片整体上开裂,往往裂缝较均匀发生在管片本体上。

(7) 提高接头刚度的途径,包括选择高强度螺栓、合理的拼装方式和更改接头连接方式,或是它们之间的组合。

4.7.5.3 通、错缝拼装方式使用现状

(1) 早期的公路隧道。国内外较早的公路隧道大都采用通缝拼装方式,但其接头刚度较大,采用双排螺栓。上海早期穿越黄浦江的大型公路隧道采用的就是通缝拼装方式。

(2) 现在的公路隧道。国内和上海现在穿越黄浦江和长江的大型盾构隧道采用错缝拼装、通用管片。

(3) 上海地铁隧道。上海地铁隧道早期多采用通缝拼装,只有地铁4号线少量区间及

双圆隧道采用错缝拼装。

（4）国内其他城市的地铁隧道，多采用错缝拼装方式。

（5）国内地铁隧道施加钢环情况：上海多采用通缝拼装，宁波、天津、杭州、南京、深圳、广州、武汉等城市都采用错缝拼装，且每个地方都有做过大量的钢环加固。

4.7.5.4 小结

（1）不同拼装方式决定了隧道的变形和破坏方式。不同接头方式对应不同接头刚度，衬砌环的刚度是否均质、接头刚度是否变化，对应着衬砌环和管片的不同变形和破坏方式。

（2）工程实践证明，在初期拼装质量得到保证的情况下，通缝拼装还是错缝拼装都是可行的，早期工程案例（通缝、箱形管片）足以验证这一点。从理论和试验证明，错缝管片的含钢率更高，错缝拼装的刚度更大、更均匀。

（3）提高接头刚度措施：可通过提高螺栓等级、加大螺栓截面积数量等措施；也可以通过设定新型接头构造方式及变动接头连接件位置等措施；还可以通过拼装方式及前述措施的组合来提高结构的刚度，但管片的含钢量必须相应提高，以防止其开裂。

归根到底，对通、错缝方式的选择其实就是对隧道衬砌或管片的变形或破坏方式的选择。

4.8 接头的结构与构造

衬砌的接头，也就是通常所说的接缝（拼缝），在一定程度上对衬砌纵向、环向强度和刚度有着很大影响，并决定着施工拼装作业的方便性和防水性能。因此，接头的结构构造对隧道的长期安全十分重要，管片接头的结构因隧道的用途、设计荷载、管片形状、错缝或通缝和接头的连接方式等而不同。对其接头形式、接头构造、接头强度与刚度的研究，进而对其设置，需对接头进行多方面的试验以验证接头的力学性能。

混凝土管片接头的形式多样，通常可分为有螺栓接头和无螺栓接头。在土层条件良好的地下水水位较低的地层有时可不设螺栓，但多数情况下是设置螺栓的。有接头端肋为钢筋混凝土，也有接头端肋为钢板的，有用单排螺栓连接的，也有用双排螺栓连接的，有用直螺栓连接的，也有用弯螺栓连接的，甚至还有采用销钉连接的。所有这些形式又可分为柔性连接方式和刚性连接方式两类。刚性连接方式是早期隧道工程采用的一种连接方式，采用较多较粗的螺栓来连接管片衬砌，企图使管片圆环成为一个等刚度的整体结构；柔性连接方式是人们在总结刚性连接方式的经验教训基础上所得出的一种新的设计概念，以少量的单排较细螺栓来连接管片结构，可节省工程费用，而且改善了管片衬砌的承载条件，同时也能满足接头防水要求。究竟采用刚性接头还是柔性接头关键要视地质环境、敷设条件和使用用途而定。

近期，国内外发展了管片自动拼装和管片快速连接件的新技术。自动拼装技术使用的连接方法简单,可充分利用千斤顶的推力拼装,原来的螺栓紧固作业可以实现自动化作业,省力高效,但与传统的螺栓接头相比,新技术下的螺栓接头刚度有所下降,需要选择与地基相匹配的接头结构。管片快速连接件技术是管片间采用楔形连接方式,强制连接接头,接头抗弯、抗剪刚度较大,无须设置手孔,环间采用插销式接头,可提高施工效率和施工质量,但对施工要求高、对预留件的定位精度要求较高,目前已使用在大中直径的隧道上,如日本东京湾公路隧道采用自动拼装技术,上海地铁18号线的部分区间采用新型快速连接件技术。

4.8.1　衬砌的接头功能

接头分为两类:管片接头(又称环向接头)和管片环接头(纵向接头)。管片接头相对单环内不同管片块而言,是指在圆周方向上连接管片形成管片环的接头,是指管片块与块之间的接头,接头面平行纵向轴线;管片环接头相对环与环之间而言,是指沿隧道纵向上将一系列管片环连接形成一条完整衬砌的接头,是指环与环之间的接头。

衬砌接头结构不仅必须满足隧道投入使用后所需要的功能,而且必须能满足施工期间的安全性。接头应有的结构不仅因隧道用途、设计荷载而异,还因管片的形状、错缝或通缝等的组装状况、接头的连接方式等而不同。接头应具备受力、变形和防水等方面的主要性能,具体应满足如下要求:

(1) 施工期间和投入使用后作用于接头部分的荷载不损坏其安全性和耐久性。

(2) 施工时可容易地实现可靠装配,易于连接,具有良好的可施工性,且受力后能很好地保持原有形状,不会产生有害变形。

(3) 在受到设计荷载和一定加卸载时,即使接头产生了一定的变形,也必须能保证所需的止水性能。

(4) 在受到施工期间泥水压力及壁后注浆压力等临时荷载的作用时,具有可靠的止水性能。

4.8.2　接头形式

主要接头结构形式有螺栓接头结构、铰接头结构、销式插入接头结构、楔形接头结构和榫接头结构等。最常见的是螺栓接头结构,又分为短直螺栓(分为一侧预埋钢壳和两侧预埋钢壳)、长直螺栓、弯螺栓和斜螺栓等。这些接头构造都具有各自的特征,选择不当可能会导致管片环拼装精度的降低、接头功能的损害、作业效率的低下等。因此,在选定接头构造时,除考虑极限承载力与刚度外,还有必要充分研究拼装的可靠性及作业性能。

4.8.2.1　螺栓接头

螺栓接头是管片接头和管片环接头上最为常用的接头结构,这是一种利用螺栓将接头板紧固起来,将管片环组装起来的抗拉连接结构(图4-41)。当对有螺栓接头的管片环按刚度均匀环计算时,一般要考虑将管片进行错接头拼装。一般情况下,管片环接头与管片接头具有相同或相似结构。这种接头刚度是由接头构造和螺栓共同决定的,如螺栓孔径比螺栓直径大得太多,管片拼装后可能会出现较大的错位,施工荷载对其影响会变得较大。

(1) 直螺栓分为短直螺栓和长直螺栓,管片间纵、环向接头用直螺栓连接。在离衬砌内侧 $h/3$(h 为管下厚度)处设置单排螺栓,需要考虑它与管片肋部的匹配,即在肋部破坏之前,螺栓应先进入流塑状态,同时又要考虑各种施工的影响,不可选得过小。直螺栓连接通过管片的钢端肋的,称为小钢盒形式。上海地铁曾在试验中采用过,它虽然可减短螺栓长度,减少钢材用量,但端肋钢板的耗钢量却又更大,加上预埋钢盒时精度往往得不到保证,现已改为用钢筋混凝土端肋。在日本,平板形管片用钢端肋仍很常见。

(2) 斜螺栓是指螺栓与管片的环缝呈斜角,其与直螺栓相似,只是螺母的一端埋设在管片里,而另一端外露可以施加拧紧。

(3) 弯螺栓连接多用平板形管片,其显著特点是手孔小,对管片截面削弱少,可使它对承受正、负弯矩的刚度都较大。在错缝拼装中使用得最多,无论是管片块与块之间还是环与环之间,常常被采用。目前,在大直径隧道中大量使用弯螺栓和斜螺栓。

接头结构一旦误选,不仅难以指望管片环的组装有很好的可靠性,而且作业效率会下降,施工上还容易出纰漏,甚至会损坏接头功能,形成衬砌结构上的缺陷。因此,在决定接头结构的细节时,要从所有方面进行研究,以便接头能充分发挥其作用,对组装的准确性和作业方便性尤需注意。

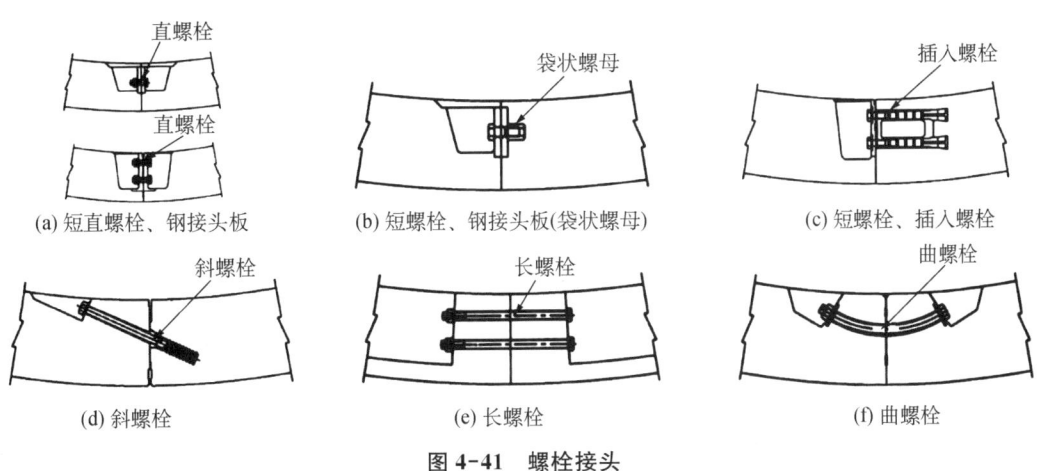

图 4-41 螺栓接头

4.8.2.2 铰接头

铰接头一般作为管片接头使用,一般多为转向接头结构(图 4-42)。由于接头部分几乎不产生弯矩,轴向压力占主导地位,用在良好地层中是一种合理的结构,因此在地层条件比较好的英国和俄罗斯有使用,但在地层条件较差、地下水位很高的沿海沿江土质软弱地层,在中大口径隧道中一般不用。3 个铰的结构力学性能比较稳定,作为小断面隧道合理的接头结构得到更广泛应用。总的来讲,这种类型的接头一般情况下不具有紧固力,因此,有必要在采取防止变形措施的同时,还要充分研究其防水性能。

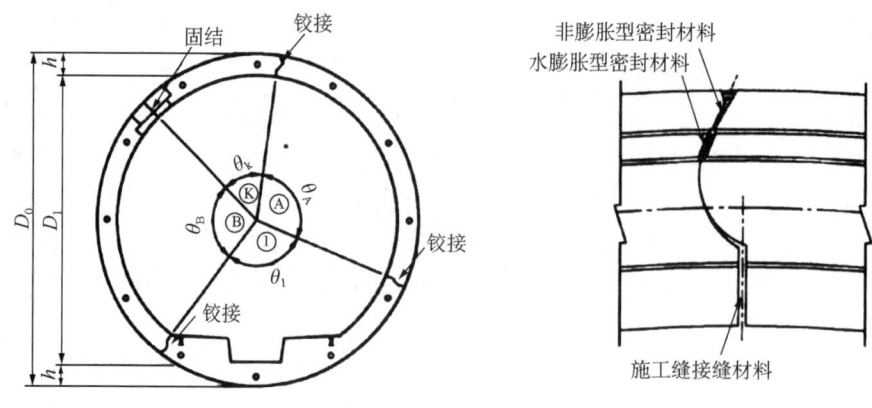

图 4-42 铰接头结构

4.8.2.3 销接接头

销接接头主要作为混凝土管片环间接头来使用，也可以作为管片接头来使用（图4-43）。管片环接头的主要功能是确保错接头组装时的拼接效应（从相邻管片上传递内力），但从确保隧道轴向的连续性和防水的观点出发，大多还需要有紧固力。

采用销接接头时，通过管片装配器或者盾构机的千斤顶将管片推向相邻的管片就可以完成拼接，一般来说是作业效率比较高的接头结构，对自动化施工的适应性强。但有必要合理地设定插销与插销孔之间精确的富余量。当富余量变大时，连接力变弱，管片环的变形有变大的趋势；当富余量变小时，混凝土管片在施工时会有裂缝发生。另外，在使用带有锁死结构的销接接头时，由于不能进行管片的拼装修正，对拼装管理要求高。

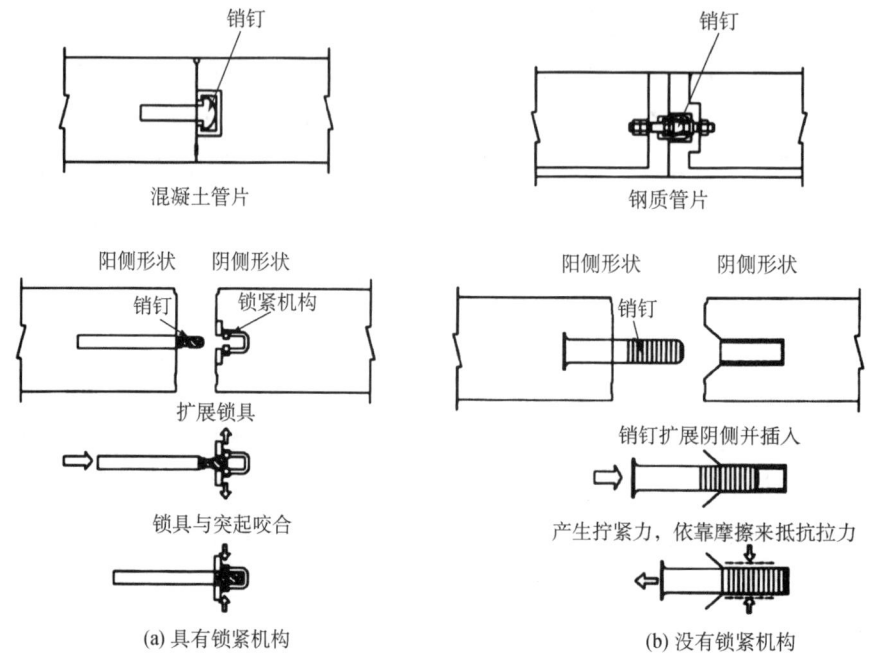

图 4-43 销接接头结构

4.8.2.4 楔接头

楔接头主要用在管片接头上,这是一种利用楔作用将管片拉合紧固连接在一起的接头,以混凝土平板形管片为对象开发使用(图4-44)。因接头的转动刚度比较大,管片环有不容易发生变形的特点,所以在采用强制变位的隧道的管片环接头时应特别注意可能发生的混凝土开裂问题。最初多采用从隧道内侧沿隧道半径方向将楔形块压入的方式,最近采用在隧道轴向上将楔形块压入的方式也变多了,轴向压入方式具有隧道内表面不会露出钢材的特点。另外,为缩短拼装时间,也有预装楔形块的形式。这种构造是为平板形混凝土管片开发的,但最近也有将其应用于钢铁管片及合成管片的实例。

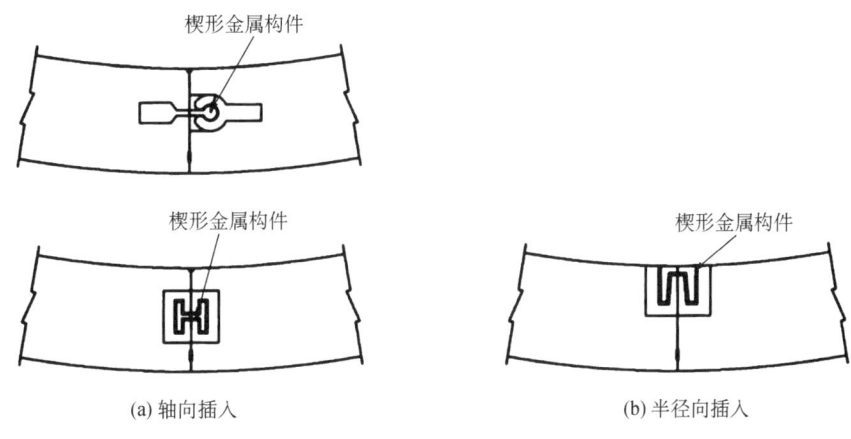

图 4-44 楔接头结构

4.8.2.5 榫接头

榫接头也可以作为管片接头来使用,但主要用于混凝土管片的环间接头(图4-45)。在接头面设有凹凸榫,通过凹凸部位的啮合作用进行力的传递。在作为环间接头使用时,管片环的拼装精度很高。但是,由于其结构的特点,要求有很高的拼装管理水平。另外,从确保隧道轴向的连续性和防水的观点出发,一般都要同时使用有紧固力的接头结构。

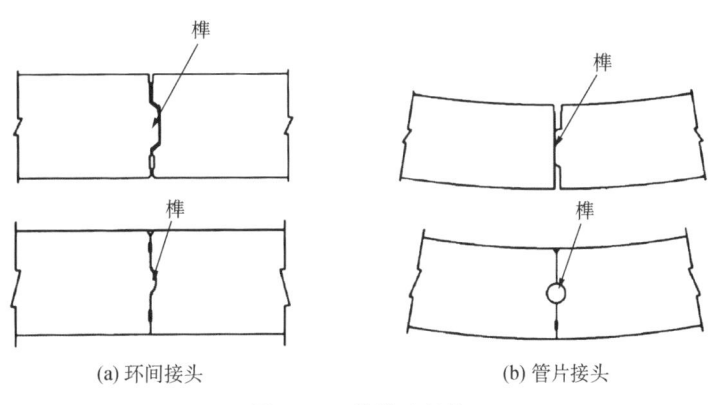

图 4-45 榫接头结构

接头形式及适用性如表 4-13 所示。

表 4-13　　　　　　　　　　　　　接头形式及适用性

分类		适用性	
		环向接头	纵向接头
直螺栓	长螺栓	√	√
	短螺栓	√	√
斜螺栓		√	√
弯螺栓			√
球铰式		√	
榫槽式		√	
销钉式		√	√

4.8.3　接头构造

（1）环缝构造与连接。环缝构造是指两个衬砌环之间形成的环面构造,在土质较好的地层,环面可以设成平的,这时也可以不设螺栓,如图 4-46(a)所示。

（2）纵缝构造与连接。纵缝是平行于纵向轴线的拼缝,对每一个衬砌环来讲,纵缝的构造设置和刚度基本决定衬砌环的横向变形,如图 4-46(b)所示。

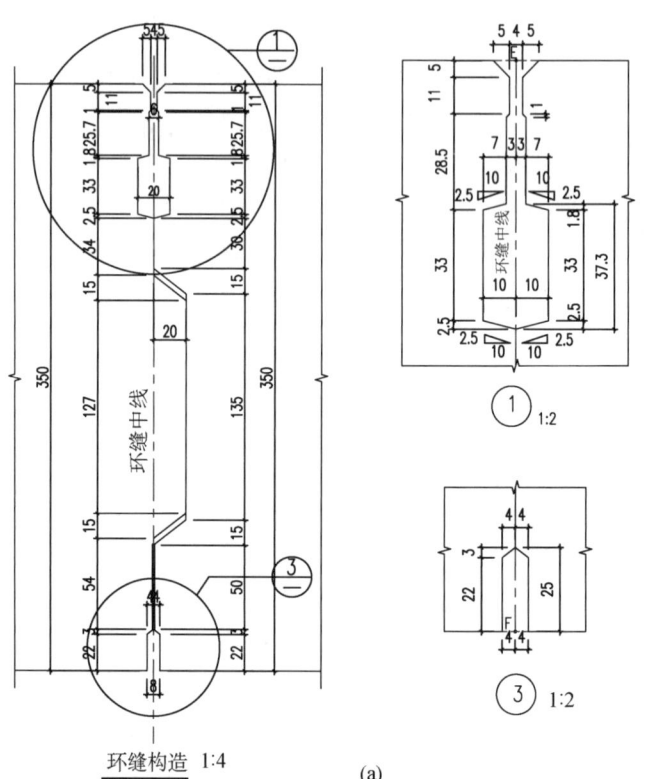

(a)

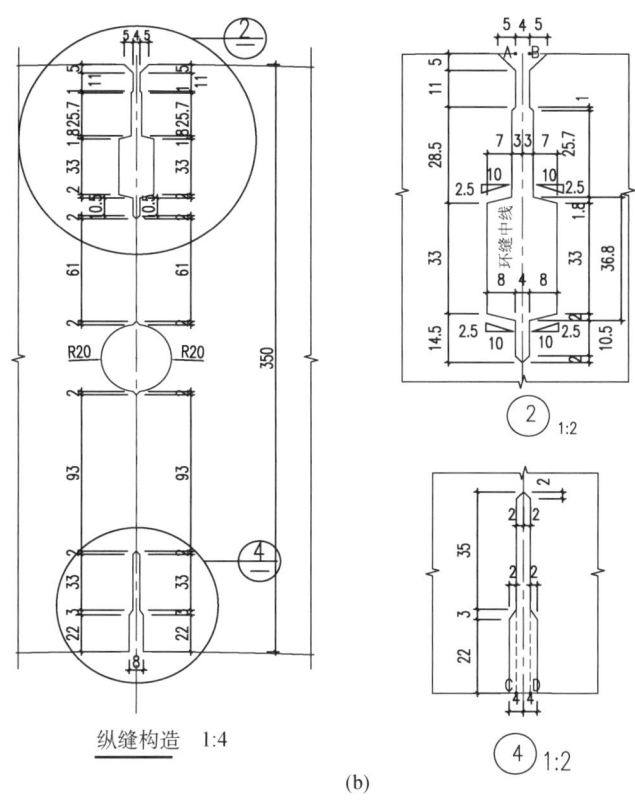

图 4-46 管片接缝构造

4.8.4 接头刚度

如果衬砌环不设接头,就可以认为其环向刚度是相同的,一条隧道纵向不设环间接头,也可以认为其纵向是等刚度的。提高衬砌环向刚度的方法主要有以下几种:增加螺栓数量、增设螺栓排数、提高螺栓用钢的强度等级、改善接头的构造、降低接头混凝土被消减的程度(包括手孔尽可能设得小或不设),使设计施工最大程度贴近实际受力状况。

4.8.5 接头螺栓配置

接头包括环向接头和环间接头。接头通常是将数个螺栓配置为1排或2排。组装时,应注意不要给螺栓的紧固作业造成困难,同时还要考虑其配置不会损坏管片的可制作性、强度、刚度和防水性。

不管管片的种类如何,当管片高度不大时,管片连接螺栓可配置为1排;当管片高度较大时,为确保强度和刚度,一般都配置为2排。对于钢制和球墨管片,虽然管片宽度方向(隧道轴向)螺栓配置的自由度较高,但在确定螺栓配置时,应考虑确保强度、刚度和防水性能,以便防水面能均衡紧固。

对混凝土平板形管片,尤其需要考虑接头部的应力传递和配筋上的制约,以及与楔形管片匹配的可制作性和截面缺损部分的平衡等因素,确定管片宽度方向的螺栓配置。如果是

213

混凝土中子形管片,一般情况下,管片高度较小时,沿宽度方向 1 排均匀地配置 3 根螺栓;管片高度较大时,则通常分为 2 排,外径侧 2 根,内径侧 3 根,均衡交错配置。如果是与一般的混凝土中子形管片相比,加大了主肋厚度的重荷载中子形管片,则在其主肋上也和混凝土平板形管片一样配置螺栓,确保接头的强度和刚度。

不管管片种类和管片高度如何,管片环连接螺栓大多为 1 排,配置在离管片内侧管片高度 1/4~1/2 的位置上。如果是钢制管片和球墨管片,一般从环接头面的防水上考虑,沿圆周方向,配置在各纵肋之间的中央。对于混凝土平板形管片,实际情况是一方面考虑刚度大、减少截面缺损、避免管片环接头和管片接头的锚固钢筋碰撞等要求,另一方面根据经验确定圆周方向上的间隔。对于中子形管片,一般在 1 个空格内使用 2 个螺栓。不管是哪种管片,都要考虑错接头组装和曲线施工,管片环连接螺栓的圆周方向上要采用等间距(中子形管片上以 2 个螺栓为 1 组取等间距)配置。

另外,用销钉取代螺栓时,销钉的配置也要和螺栓接头一样。

4.9 衬砌接缝防水

客观上隧道接缝越多就意味着有更多潜在渗漏水。一条盾构隧道由成千上万块管片拼装构成,隧道直径越大,分块数相对越多。一条中型直径隧道的拼缝总长度是其纵向长度的 20 余倍,一条超大直径隧道的拼缝总长度是其纵向长度的 30 余倍。隧道衬砌发生渗漏水就必然存在渗漏水通道或路径,存在"缝和孔(洞)"缺陷,使其与外部迎水面连通。消除或阻塞了这些渗漏水通道,隧道也就不会发生渗漏水。

衬砌结构防水的重要性无需多言。影响衬砌渗漏水的因素很多,但管片接头的构造设计、防水设计与防水材料选择、密封垫与管片结合形式及施工等因素则是防水能否成功的关键。

4.9.1 密封垫

4.9.1.1 密封垫种类

密封垫是隧道防水最重要的构成要素之一,其质量的好坏直接影响防水效果。因为密封垫是依附在管片构造部位的,在衬砌受力后管片自然会产生一定的变形和转动,但不应产生有害变形,密封垫变形后仍可承受一定水压力而不发生渗漏水,其工作状态应该保持长期稳定。下面介绍三类密封垫:

(1) 弹性橡胶密封垫(图 4-47)。它是依靠弹性压密(压缩反力)止水的。在过去技术与经济欠发达年代,管片防水主要措施是在接头面上涂刷密封剂,密封材料属于环氧系或异丁(烯)橡胶系,但这种材料对荷载变动和接头变形的适应能力差,表现为复原力弱,黏结力易受损,防水并不理想。早期国内以氯丁橡胶(CR)为材质并对其模压热硫化加工成型,由于

CR材质采用微波硫化的加工性远不如三元乙丙橡胶(EPDM)好,因此EPDM为胶料的呈多孔多槽断面的弹性密封垫广泛应用成为材质的主流,并以微波热硫化为主要制造工艺。20世纪90年代开始,大量采用了三元乙丙(EPDM)为胶料的多孔多槽弹性密封垫以适应微波热硫化的加工制造工艺,密封垫的形状、结构与构造也随工程要求和管片设计日趋复杂多样化,以适应接缝承受更高水压、更大张开量和错位量的需要。现在的每一块管片上的密封垫

图4-47 弹性橡胶密封垫

被加工成框形,4个角部已经通过成熟工艺热接成框,以适应不同拼装方式的"T"字形或"十"字形拼装缝,角部也不会发生鼓起而影响日后防水。因此,目前广泛采用弹性密封防水,弹性密封防水还具备承受往复压力后复原能力强等、可适应更大变形并具有更好的耐久性等重要性能。弹性橡胶密封垫构造图如图4-48所示。

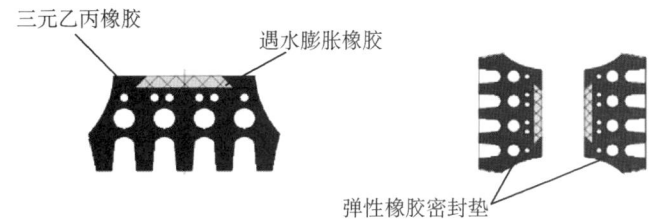

图4-48 弹性橡胶密封垫构造图

在欧美地区,小断面隧道的弹性密封垫常采用丁腈胶(NBR)、氯丁橡胶(CR)为材质,如英国谢菲尔德污水隧道、委内瑞拉加尔加斯地铁、德国慕尼黑地铁。但对于深埋、大直径隧道,几乎全部采用多孔多槽状甚至"蜂窝"状断面密封垫(橡胶硬度需大于邵尔A70°,构成支撑"骨架"),以EPDM通过微波加热均匀硫化,使复杂的断面形状不变形。

(2)遇水膨胀橡胶类密封垫。遇水膨胀橡胶密封垫是以膨胀树脂的膨胀应力止水的。在20世纪80年代国内借鉴国外经验开始生产此类产品,上海地铁和广州地铁及输气输水工程都采用过。国内西北橡胶研究院率先研制成了聚醚聚氨酯弹性体类膨胀材料,它的长期浸水析出率很低,但对膨胀材料的含量与性能尤其是耐久性控制困难,担心过大膨胀率会影响密封垫的长期性能,一般仅作辅助防水使用或作为两道防水中的一道措施用,或作为复合型密封垫中的覆盖层、变形缝管片密封垫的加贴层及管片接缝挡水条之用。欧洲早期几乎不用遇水膨胀密封垫,如今在防水要求高的工程中日渐增多。在日本及东南亚地区,一些工程采用了遇水膨胀材料,20世纪80年代日本在遇水膨胀材料方面取得进步,膨胀率可达400%,从早期掺入丙烯酸树脂等膨胀树脂,到使用纯聚醚聚氨酯弹性类膨胀材料,其显著特点是质量保证和材质的物理力学性能变化少。

(3)复合型橡胶密封垫。由于技术限制,早期采用黏合与嵌合方式为主,现在多采用微波硫化一次复合,解决了不同材料与形状之间的橡胶硫化速度相异的难题,使复合型密封垫性能的互补性和尺寸稳定性获得很大提高,这种复合几乎可以用在需要复合的任何部位。

4.9.1.2 单、双道防水的选择

多孔型弹性橡胶密封垫在长期压缩下的应力松弛是影响其耐久性的关键,设置单、双道防水与防水理念、防水技术进步等密切相关。

国内外业界普遍认为对承受内外水压作用的输水隧道采用双道密封垫是合适的,由于管片承受不同工况而变形,会产生接头的张开与闭合变化,双道密封垫在施工阶段尤其在运营阶段可更好地适应各种工况下的水密性。这方面的工程实践较多,如上海青草沙输水盾构隧道采用双道密封垫防水成功案例,隧道衬砌外径为 6.9 m,内径为 5.85 m,衬砌厚度为 0.48 m,设两道密封垫,在保证水压 0.85 MPa、错位 5 mm、接缝张开 6 mm 的工况下可以不渗漏。不少大直径过江隧道考虑到百年大计,也采用两道防水,而且管片较厚,客观上有空间条件设置两道防水,如南水北调中线穿黄隧道设置两道防水。武汉长江隧道以 EPDM 多孔弹性密封垫与聚醚聚氨酯弹性体膨胀各设一道组合防水,南京长江隧道分别以 EPDM 多孔弹性密封垫、聚醚聚氨酯弹性体各一道组合防水等。早期的德国汉堡易北河第四隧道采用两道防水垫。

虽然理论上认为橡胶的老化和失效时间是趋于同时的,但设两道密封垫并不能防止施工损害和劣质材料等会使其中的一道防水先失效,更重要的是除了确定密封垫压缩应力外,还必须计算每道密封垫的闭合压缩力,否则会影响成环质量。

设置两道密封垫时,必须计算每道密封垫的闭合压缩力,否则管片拼装成环时,如因环向螺栓紧裹不足而使纵缝不易闭合,则封顶块管片的插入会很困难,且隐患不少。

业界认为高精度钢模制作高精度管片是确保单道弹性密封垫能充分满足防水要求的前提。在国内外一直秉承制作高精度管片的前提下,单道弹性密封垫防水是可以满足要求的观点,欧洲国家防水界甚至提出"与其勉强设置两道密封垫还不如做好单道密封垫更可靠"的观点。除输水和少数几座过江隧道采用两道密封垫防水外,其他隧道则较少采用双道防水,上海青草沙隧道采用两道防水,上海过长江隧道采用单道防水垫,上海地铁也采用单道防水垫。目前在国内,对于直径较小、管片厚度在 320~350 cm 的地铁隧道管片均只设单道密封垫,国外大直径盾构隧道也很少采用双道接缝密封垫,马来西亚吉隆坡 SMART 隧道设置单道防水。

密封垫的所处位置决定了盾构隧道施工一旦完成就不可以拆卸重新安装。因此,对其质量的要求是极高的,包括弹性密封垫的质量、粘贴、运输和施工保护等。对于多孔"蜂窝"密封垫的"孔"的设计极为重要,包括对孔的位置、形状、大小设计,应本着满足密封垫压缩应力和闭合压缩力,通过大量模拟实验后,选择"复压力后复原能力强,可适应更大变形,可防应力松弛"的密封垫。

4.9.2 工程应用案例

4.9.2.1 轨道交通隧道防水

地铁隧道防水多采用单道弹性密封垫防水,制造弹性密封垫材料以三元乙丙橡胶为主,

也有密封垫内嵌遇水膨胀橡胶组成复合型密封垫的。抗水压能力一般要求能长期抗 0.6~0.8 MPa 水压下不漏水,允许拼缝张开 6 mm、错台 10 mm,密封垫重叠面多为 23~32 mm。

上海地铁 1 号线采用氯丁橡胶密封垫防水,2 号线过江段增加了遇水膨胀橡胶条,之后的线路多使用三元乙丙橡胶密封垫。上海地铁 18 号线"沈梅路—工作井"区间采用快速接头形式,衬砌在环缝张开 4 mm、纵缝张开 4 mm 时,要求能长期抗 0.8 MPa 水压。国内轨道交通弹性密封垫构造如图 4-49 所示。

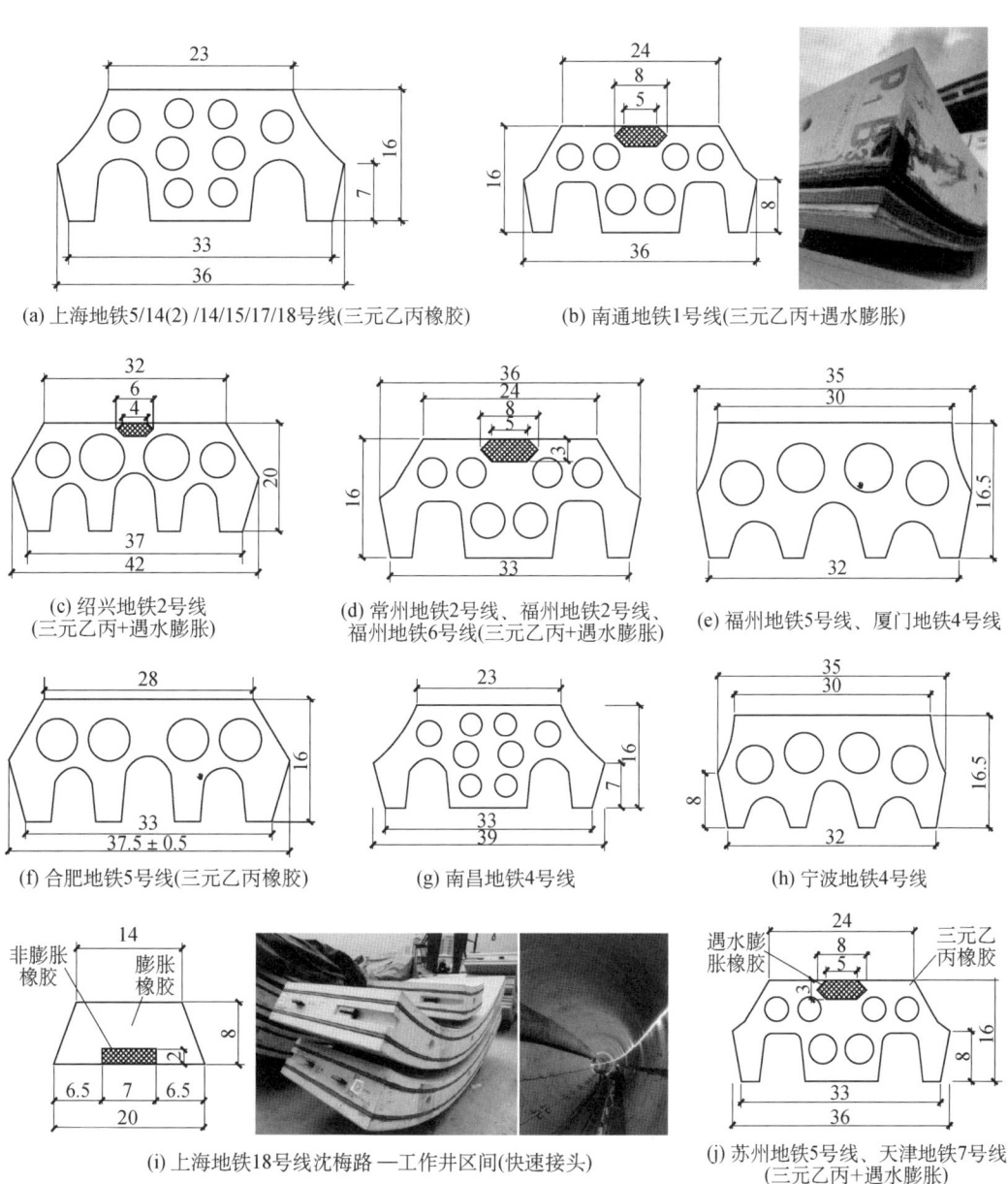

图 4-49 轨道交通弹性密封垫构造图(单位:mm)

4.9.2.2 市政工程隧道防水

公路隧道防水多采用单道弹性密封垫防水,通过大宽水域也有采用双道防水,也有采用一道防水外加一道挡水条的。制造弹性密封垫材料以三元乙丙橡胶为主,也有密封垫内嵌遇水膨胀橡胶组成复合型密封垫的。抗水压能力一般要求能长期抗 0.8～1.1 MPa 水压下不漏水,允许拼缝张开 6 mm、错台 10 mm,密封垫重叠面多为 23～32 mm。公路隧道及天然气隧道防水垫构造如图 4-50 所示。

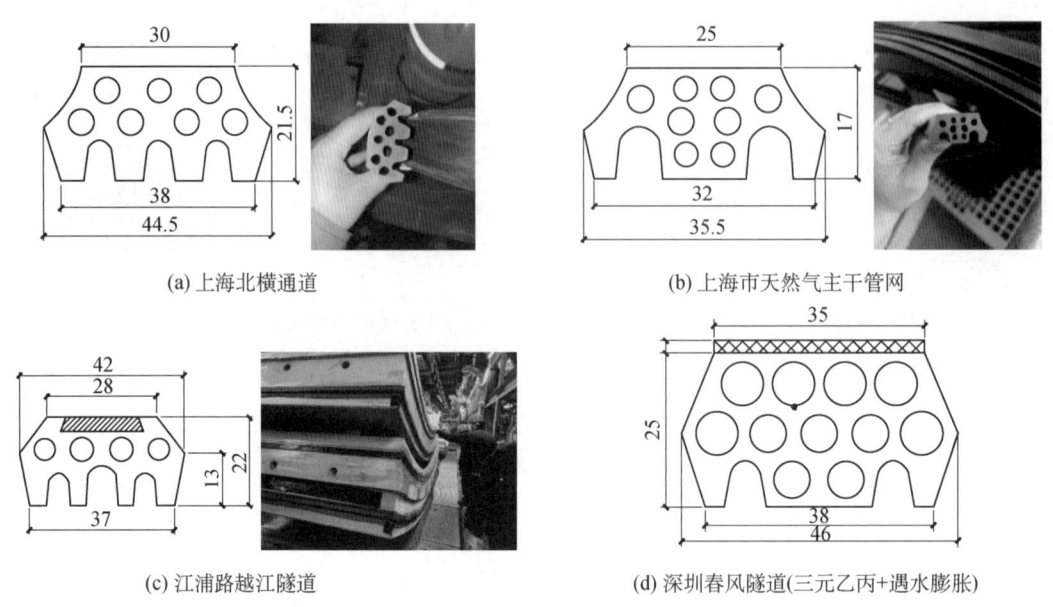

图 4-50 公路隧道及天然气隧道防水垫(单位:mm)

4.10 管片制作

高质量管片制作是决定隧道工程质量的重要因素。在管片制作过程中,需要严格执行管片生产验收相关标准、管片生产原材料相关标准、管片设计相关标准及生产工艺与施工规范等。管片制作要领、钢模精度、管片制作精度、制造程序及质量控制等方面又是保证管片质量的关键。管片制作的工艺流程及控制已经成熟,这里就不再赘述。而高精度模具和管片的钢筋还对管片成本和衬砌结构受力状况及隧道变形等都有重要影响。

4.10.1 高精度模具

管片制作高精度对管片环拼装精度、隧道防水及隧道力学性能都有很大影响,高精度、高质量混凝土管片制作离不开高精度的钢模。钢筋混凝土管片的模具一般采用钢材作为制作模具材料,称为钢模,模具一般由底座、底模、侧模板(弧板)、端模板和盖模板构成。一套管片模具应具有如下特征：

(1) 结构形式合理。

(2) 高精度，高强度，不漏浆，性能稳定。

(3) 操作简单，易于施工。

(4) 便于安装、拆卸、检查维护。

(5) 可重复生产且不易发生变形。

(6) 安全可靠，有效运行。

(7) 利用率高，成本低，可根据具体工程具体情况及需求来配置钢模的套数，有一定的预存量。

钢模制作精度和刚度是保证管片精度的核心问题。我国国家标准《盾构法隧道施工与验收规范》(GB 50446—2017)规定模具的宽、弧、弦允许偏差要求±0.4 mm，内腔高度一般在±(1～2) mm，国外有些钢模的宽度标准已达 0.25 mm 的精度，钢模高度精度达到 1.0 mm。一条隧道一般都会存在曲线，还存在曲线隧道施工和纠偏需求，这就要求在管片的设计制造时，提供不同的模具，即左转、右转、直线模具，不同曲线需要采用不同的模具。为减少模具的种类，提高模具的利用率，近年来使用普遍流行的通用环，该种环通过环上的设计楔形量达到隧道的转弯需要。国外采用通用环的时间较早，近年来我国也正大量开发利用通用环。此外，管片内的预埋件越多，制作时相对就越复杂。

目前，越来越多的城市采用更大宽度的环宽，环宽可达 1.5 m，以减少连接拼缝，既能提高隧道衬砌整体性能，还能加快工程建设速度。

4.10.2 钢筋笼制作

目前，管片的钢筋笼基本上是以人工绑扎为主，其绑扎精度、焊接质量等基本上可以得到保障，但劳动强度颇大。图 4-51 为成型的管片钢筋笼。

图 4-51 成型的管片钢筋笼

上海隧道研发了钢筋笼自动焊接系统(图 4-52)，从钢筋下料、自动运送、钢筋笼成型、自动焊接机械臂扫描及自动焊接，直至钢筋笼入模、浇筑混凝土等，形成了自动化程度很高的流水线作业。极大地提高了生产效率，钢筋笼焊接质量可靠均匀，人工劳动强度下降。

随着机械化、自动化、数字化、高精度扫描技术的普及应用，从钢筋自动下料、管片成型养护(图 4-53)与堆放机及过程中的各类加工及运输,形成全链条的自动化作业有望在近年实现。

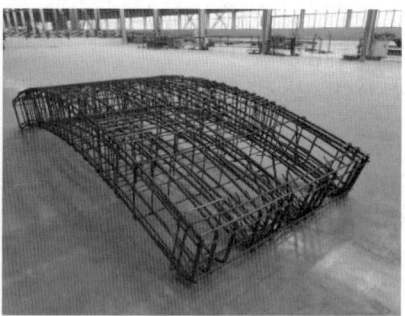

图 4-52 自动焊接机

图 4-53 管片养护

5

隧道结构设计及
地面沉降的预测

5.1 隧道结构设计
5.2 设计、施工中的土工问题
5.3 地面沉降的预测和控制对策

5.1 隧道结构设计

5.1.1 设计内容与设计流程

5.1.1.1 设计内容

隧道的设计主要包括平面和坡度、断面形状和断面结构的设计等。

隧道的平面设计,要综合考虑所处位置的交通情况,优化其运行条件和通行能力,充分发挥隧道功能和经济效益。

隧道的坡度设计,首先要满足诸如覆盖层最小厚度要求、盾构隧道施工的安全要求等,若是跨江或跨海隧道,还要考虑现状航道和规划航道的要求,以及满足隧道安全稳定的抗浮要求等,隧道出口还应该考虑潮位对隧道提出的要求,防止暴雨时水溢入隧道。

隧道断面形状的设计,主要是横断面设计,是实现隧道使用功能的一个关键,隧道是一种空间狭小的长管形建筑,特别是在盾构法隧道中,由于各种因素的制约,盾构直径不可能无限制地增加。所以,应当在有限的横断面空间内进行精心设计,使之达到最大的通过能力,而且可以铺设各种运营设施,同时具有美观外形。

隧道断面结构的设计,主要是对隧道衬砌的设计。隧道衬砌要能直接支撑地层、保持规定的隧道净空、防止渗漏,同时又能承受施工荷载的结构。通常由管片拼装的一次衬砌和必要时在其内表面灌注混凝土的二次衬砌所组成。一次衬砌为承重结构的主体,二次衬砌主要是为了作为一次衬砌的补强和防止漏水与浸蚀而修筑的。对衬砌分类的选择也很重要,衬砌类型主要有钢筋混凝土管片、铸铁管片、钢管片和复合管片等。在确定断面形状、衬砌种类、拼装形式等之后,先初步确定衬砌的厚度,再进行内力的计算从而得到配筋数量,然后按照强度、变形、裂缝限制等要求分别进行验算,直到最后满足要求。确定衬砌结构的几个工作阶段:施工荷载阶段、基本使用荷载阶段和特殊荷载阶段,提出各个工作阶段的荷载和安全质量指标要求(衬砌裂缝宽度、接缝变形和直径变形的允许量、隧道的抗渗防漏指标、结构安全度、衬砌内表面平整度要求等),进行各个工作阶段和组合工作阶段的结构验算。

1. 平、纵断面设计

(1) 隧道平面位置宜避开施工或运营时可能产生较大风险的建(构)筑物,隧道与建(构)筑物之间的最小净距宜根据二者的结构形式、空间位置关系、地层情况等因素综合确定。

如何处理隧道与建(构)筑物(包括地下管线)之间的关系,是设计人员碰到最多的问题,没有规范及标准可遵循。有相关规范提到隧道与建(构)筑物之间的最小净距宜≥1D(D 为隧道外径),在环境条件允许的情况下,可以按照此标准执行。但是近年来大量的城市轨道交通、道路隧道、市政管道等盾构法隧道均是在建(构)筑物密集的市区建造,严格按照净间距标准执行是比较困难的。在多年的隧道建设实践中,已经成功进行了很多小净距甚至超小净距的施工,小净距的顺利施工受到建(构)筑物本身的功能属性、结构性能、基础性能,以及盾构选型、盾构机的使用状态和施工技术水平的影响。

重要的公共交通工程,如铁路、地铁、高架、隧道等,大多数有其行业保护标准,或者在确定与其位置关系前需进行专项论证。类似加油站、高压燃气管、航油管、原水管等危险设施或者其他重要地下设施及管线也是如此,在设计隧道的布置时需要慎重。对于商住楼房等建(构)筑物来说,本身结构的完好性非常重要,一般来讲钢筋混凝土结构好于砖混结构、砖木结构,有桩基础的好于浅基础的,再有就是其下卧地基良好的,其穿越条件要好于下卧层有软弱淤泥、松散砂层、卵石层等不良地质的情况。如果是桩基础建(构)筑物,还要从侧穿、下穿等不同角度去分析桩基础是承压桩还是抗拔桩,是摩擦桩还是端承桩,以上均是设计需要考虑分析的地方。对于危旧建(构)筑物,如果不进行加固处理,隧道穿越会有一定风险,应尽量设法绕避。

(2) 隧道埋置位置应选择在适宜盾构掘进的地层中,避免长距离在半软半硬地层中掘进,避开岩溶发育、暗河、采空区,大范围液化区,地质断裂带,孤石,异常风化岩,大颗径卵石地层等不良地质区。

事实上中国大陆的地质差异性很大,地层具有均匀分层性的城市或者地区并不是很多。在西南、华南等地区地层起伏大、地质构造复杂、地层软硬不均等现象普遍存在,无可避免。岩溶、采空区、液化区、地质断裂带、孤石、卵石地层等在隧道工程中均有遭遇。因此,在平、纵断面设计前,首先要分析不良地质区域的综合状况,发育的程度、范围等,判断是否需要进行治理,治理后是否能满足盾构穿越的要求,必要时委托专业设计院或科研单位进行专项设计。比如遭遇孤石这类不良地质时,如果是密集的孤石群,则选线要调整,或者调整工法;如果是零散分布的孤石,现在有较多先进的探测手段,可以比较精确地探测出孤石的大小、位置,采用精准爆破或者掏挖清障等方式提前处理。

2. 横断面设计

世界上已经建成投用或在建的盾构法隧道绝大部分是圆形隧道。圆形断面不仅施工方便灵活,而且结构受力良好,同一个断面可以适应不同地层、不同埋深,结构断面经济。在日本虽有较多非圆形断面盾构法隧道,但那些主要是考虑其土地利用率有限或环境受限的情况,针对特殊的环境条件或者工况条件而设计的。上海也曾采用过双圆断面的盾构法隧道实施地铁区间隧道,宁波采用了类矩形断面的盾构法隧道实施地铁区间隧道,均是由于既有道路狭窄,不足以提供两条单圆形隧道通过的条件。在条件允许的情况下,圆形断面仍旧是最佳选择。

隧道内部结构布置则需要根据不同性质隧道使用功能进行设计,轨道交通类、市政管线类隧道内部结构比较简单,道路隧道内部结构则需要考虑车道板、设备管廊、通风排烟道和疏散通道等,因此隧道直径的大小是基于其建筑布置而定的,根据圆形断面的特征,充分利用其两腰部、拱顶与拱底的空间,这里不再赘述。

单、双层衬砌结构断面的选择问题,历来存在较多的争议。多数情况下单层衬砌是完全能够满足隧道的结构受力及耐久性要求的,只是在承受高内水压,对防水防腐、衬砌环刚度有特殊要求的情况下才需考虑采用双层衬砌。采用双层衬砌一方面可以提高隧道结构承担内水压力时的可靠性,减少隧道渗水,延长管片、螺栓等连接件的寿命;另一方面采用二次衬砌后可使隧道内表面更加光滑、平整,降低隧道内壁糙率,提高过流能力。日本、欧美等地均有较多工程案例,我国南水北调中线穿黄隧道除一次衬砌管片外,又采用了0.45 m厚预应力钢筋混凝土二次衬砌。此外,在一些出现了结构病害影响隧道使用寿命的隧道内(诸如沉降、变形超限、渗漏量大、裂缝超标和道床脱空等),后期治理也采用了施加二次衬砌的做法,受既有隧道运营条件限制,采用预先加工成型的钢内衬的方法较多。

然而,对于新建隧道而言,采用双层衬砌会增加施工周期,工艺复杂,造价高。除此之外,由于双层衬砌的受力机理不甚明确,会造成难以达到设计要求的理想受力状态的问题。二次衬砌与管片衬砌共同受力的关键是如何判断二者的结合状态。在结合面较平滑的情况下,二次衬砌与管片衬砌近似于复合结构,可以根据二者的结构抗弯刚度分担荷载进行设计。当管片衬砌经凿毛后与二次衬砌之间的结合面呈咬合状态或设有抗剪措施时,二次衬砌与管片衬砌可按叠合结构进行设计。由于国内采用双层衬砌的实例较少,各类规范及技术标准对于双层衬砌的计算理论也涉及不多。但对于高内水压或者有腐蚀性介质的通水隧道采用双层衬砌还是值得考虑的。

3. 衬砌结构构造设计

(1) 分块形式。

衬砌管片分块方式根据管片制作、运输、盾构推进千斤顶布置、拼装方式、结构受力性能和防水要求等因素综合确定。

隧道外径小于8 m的衬砌环宜分为5~7块,隧道外径在8~14 m的衬砌环宜分为7~10块,外径大于14 m的衬砌环宜分为10~12块。隧道分块的关键是接缝越少越好,且接缝设置尽量避开内力较大的位置。如果是采用360°旋转的通用管片,则更多的是考虑螺栓的布置、千斤顶的布置等与分块是相匹配的模数关系。

衬砌管片分块形式目前国内采用较多的是小封顶分块形式,施工便利。而另一种等分块形式在少部分工程中有应用,如西藏南路隧道。

(2) 接缝构造形式。

管片接缝构造应满足受力、拼装定位、防水的要求,其尺寸和角度应有利于减少局部应力集中,以及管片制造、运输、拼装过程中的碰撞破损。

目前,国内盾构法隧道采用较多的接缝构造形式有平接头和榫槽接头两种形式。平接头形式接触面积大,对于受力有利,也有利于施工;榫槽接头可以参与抗剪,特别是对抗震要求高的隧道,是一种有利的构造措施。

(3) 管片连接形式。

螺栓连接形式的选取要充分考虑衬砌接头的强度和刚度、钢模制作、管片拼装的精度和便利性要求。直螺栓、铸铁预埋件+短直螺栓受力性能好,但是手孔尺寸大,对管片结构有一定削弱;斜螺栓、弯螺栓手孔尺寸相比而言较小,但是受力性能稍差;螺栓作为连接件安装直观可靠,可以确保一定的紧固力,但是螺栓的防腐性能差以及人工作业量大也一直是容易影响施工质量的因素。

上海轨道交通18号线出入场线首次尝试采用了铸铁销连接，其接头构件小，管片无需手孔，衬砌内表面光滑平整，可以有效解决接缝渗漏与连接件的防腐问题。这种形式的管片连接施工时不再需要人工紧固螺栓，再辅以自动化管片拼装技术，可以大大提高施工速度，因此又称快速接头。销连接本身有多种形式，原理基本都是插销-锁紧装置，衬砌成环后表面看不见任何连接结构。采用销连接，衬砌环的整圆度高，不易发生接缝张开等问题，衬砌环的整体刚度也有较大提高。但由于其铸铁构件制作精度要求高，价格较高，有别于传统的施工工艺，现阶段难以普及，但是从长远来看，发展空间还是较大的，特别是对于长、大隧道、内部充水或内部环境较为恶劣的隧道来说，采用销连接在施工速度、隧道成型质量、抗变形能力与耐久性方面具有较大优势。

铰连接、榫槽连接等方式在欧洲应用较多，国内甚少，因此也不作赘述。

(4) 衬砌环组合形式。

为满足道路曲线线形及施工纠偏的需要，需要设计具有锥度的楔形衬砌环。衬砌环的组合形式主要是曲线地段直线衬砌环和楔形衬砌环的组合。由于一条隧道或者一条轨道交通线路通常有不同的曲率半径曲线段，从设计的统一性和钢模的通用性角度出发，通常按照最小曲率半径进行楔形衬砌环设计。大的曲率半径地段采用直线衬砌环和楔形衬砌环组合进行线路的拟合。而现在国内最多的是采用通用楔形衬砌环，通过不同的旋转角度拟合不同的曲率半径线路。但是对于非圆形断面隧道，由于无法自由旋转，则无法采用通用楔形衬砌环，所以曲线地段管片组合形式比较复杂。

5.1.1.2 设计原则

隧道位置应选择在稳定的地层中，尽量避免穿越工程地质和水文地质极为复杂以及严重不良地质地段；当必须通过时，应有切实可靠的工程措施。应该保证隧道结构中区间主要构件满足设计使用年限的要求，按规定年限进行结构设计和耐久性设计；还应该选择相应抗震验算，满足相应的抗震要求。对于特定的地层，应该科学地进行盾构的选型。还要保证施工工艺，选择合理的防水、结构连接材料、优化施工参数，保证隧道衬砌不挤压碰撞、不产生渗漏水。还要尽量减少施工对环境的影响。在安全合理的前提下，降低造价，加快施工的速度。

设计原则主要包括以下几方面：

(1) 工程结构的安全等级。

一般来讲，无论哪种类型的隧道，盾构法隧道主体结构均是按一级考虑。

(2) 结构抗震等级、设防分类。

一般来讲，由于盾构法隧道埋置均有一定深度要求，抗震设防烈度7度及以下地区抗震工况不是控制工况。但对于长大隧道、地质构造复杂地段的隧道、穿越大江大河的隧道要进行纵向抗震计算，并且在纵向连接上采取一定的加强措施，比如螺栓连接加强，设置凹凸榫槽、剪力销等。

(3) 隧道结构设计水位的选取。

在地下水位稳定的地区，地下水随季节的波动性较小，对计算工况的影响不大。但在地下水位变化较大的地区,以及潮汐变化复杂的大江大河,地下水(江河水)水位的选取对计算有较大的影响,既要考虑设计高水位,也要考虑设计低水位(多数情况是控制工况)。在有内水压的情况下要进行多个工况的组合计算分析。

(4) 隧道施工、运营阶段抗浮安全。

正常情况下,盾构法隧道均有一定的埋置深度,抗浮基本能够保证。通常要进行抗浮验算的是在工作井位置和穿越江河的位置。工作井一般是明挖施工,从工程经济的角度来看,埋深越浅越好,如果没有其他要求,基本以隧道的最小埋深进行控制。穿越江河的抗浮计算是按照设计使用年限内的最大预计冲刷深度进行的,而不是按照现状河床标高。如果河床冲刷幅度大的话,隧道埋深加深,通常就需要根据抗浮安全要求来设计一个相对经济合理的覆土厚度。对施工、运营阶段抗浮安全的考虑也有差异。施工阶段可以按现状河床标高进行验算,但是抵抗浮力的只有管片的重量,而且由于同步注浆浆液的影响,衬砌管片刚脱出盾尾时受到的浮力比水浮力要大,所以有条件的情况下埋深要考虑一定的富余量,有利于提高施工质量。运营阶段的抗浮安全必须按最不利冲刷考虑,这时候参与抗浮的除了衬砌的自重,还可以考虑隧道内部结构重量以及隧道拱背的土压。对于冲刷较大的河流,比如长江,百年预测冲刷深度可能在现状河床下 20~30 m,最不利冲刷线就成为控制隧道纵断面形态的重要因素,既是抗浮安全控制线,也是隧道纵向稳定、抗震设计的控制线。

(5) 衬砌结构变形验算。

国内大多数设计规范对于盾构法衬砌结构,均规定了计算直径变形≤3‰D(D 为隧道外径),施工验收按 5‰D 控制。日本的设计规范限值也采用了 5‰D。但是,目前关于设计允许衬砌直径变形量是否需要突破仍存在一定的争议。

衬砌环直径变形主要体现在接缝变形上,因此允许直径变形量与接缝止水能力相关,是由接缝允许张开量决定的。而计算直径变形与衬砌环的刚度有很大关系,决定衬砌环的刚度主要有管片的厚度和拼装方式,衬砌环厚度是根据工程全线的隧道覆土深度、周围环境、工程地质和水文地质条件、结构特点、施工条件等综合因素计算确定的。通缝拼装衬砌环的刚度要小于错缝拼装衬砌环。实际上由于接缝的存在,要真实计算衬砌环直径变形有一定难度。现在国内大多数设计采用的都是刚度折减法,根据拼装方式对衬砌环的整体刚度进行一定的折减,用这种方法计算衬砌环直径变形确实是偏于理想。

当然真实的衬砌环变形量也在较多的整环试验中得到过验证。上海隧道院在 1998 年至 1999 年分别对厚度为 0.35 m 的地铁管片和厚度为 0.30 m 的地铁管片进行过 1∶1 水平整环试验。根据试验数据可得,在小于 15 m 覆土的荷载作用下,0.30 m 厚的衬砌环最大变形小于 2‰D,而在覆土大于 20 m 的情况下,其衬砌计算变形远远大于 2‰D,接缝张开量大于 4 mm。

上海申通地铁集团有限公司于 2011 年开展了"基于地铁区间隧道变形治理的衬砌环极限承载能力试验研究",对地铁整环结构的极限承载力进行了 13 环的多类型试验研究,对于厚度 0.35 m、通缝拼装的外径为 6.2 m 的地铁管片来说,在直径变形量达到 10‰D 时,会出现管片混凝土局部破碎、接缝张开超标,但衬砌结构尚未达到破坏的程度。

近年来,对于某些超深埋隧道、有较大内压水工隧道,根据荷载条件获得一个经济合理的衬砌断面之后(国内衬砌管片厚度、含钢量其实都小于其他国家同类隧道),计算变形量与试验变形量难以达到≤3‰D 的标准(与计算方法和试验方法也有一定关系),尚有待于通过现场实测、三维有限元模拟等手段获取真实的信息,在衬砌结构变形计算理论上作进一步探讨。

5.1.1.3 设计流程

隧道设计首先需要制订总体计划,并可以同步进行平面布置、断面轮廓设计、地质调查、各项工程标准的选取、确定隧道的功能和通行能力等工作。通过平面、断面设计和地质调查可以确定隧道承受的荷载条件,通过隧道的功能和通行能力要求可以确定隧道的内径,然后通过荷载条件可以得到隧道衬砌的初步确定厚度。综合上面的工作,再选取适当的模型对结构内力进行计算,再对已经确定好厚度和配筋的衬砌进行验算,验算其裂缝等指标是否满足安全要求、厚度和配筋是否满足经济原则,如果未满足,还需要重新初步确定衬砌厚度,再进行设计。在经过批准后,便可以进行施工工作。

5.1.2 自由变形法

自由变形法是盾构隧道等地下压力拱结构内力计算的基本方法之一,该方法考虑土层压力荷载,忽略弹性抗力的影响。假定变形主要来自承受地层荷载,包括土体给结构施加的水平和垂直压力、竖向均布地基反力和结构的自重荷载等。通常情况下认为该理论方法较适用于软塑土如淤泥、流砂、完全塑性或软土介质等理想松软地层的压力拱或水下隧道衬砌内力的计算。

5.1.2.1 内力计算

在平面假定的条件下,对地下压力拱整体衬砌结构内力计算的方法进行推导。取对称的结构及荷载,拱顶剪力为0。典型的整体隧道衬砌结构在外荷载作用下的自由变形法计算如图5-1所示。

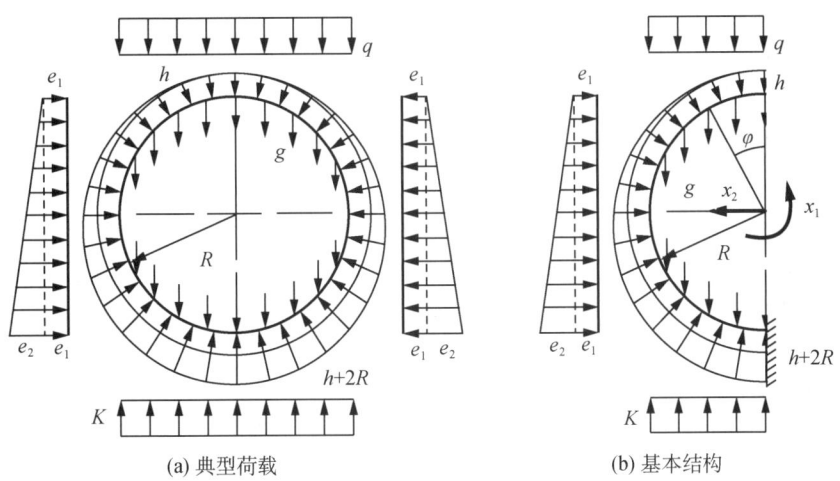

图 5-1 自由变形法计算

图中，φ 为任意点逆时针方向的转角(°)(以纵轴为 0°)；q 为地层竖向压力(kPa)(以纵轴为 0°)；g 为衬砌自重(kPa)；R 为圆环衬砌计算半径(m)；e_1，e_2 分别为侧向水平均布和三角形分布的主动地层压力(kPa)；x_1，x_2 为弹性中心法的未知力；K 为地基总竖向反力(kPa)；h 为衬砌顶部以上地下水深度(m)。

整体衬砌为二次超静定结构，根据结构力学弹性中心法相对水平位移和相对角位移为 0 的条件，列出力法方程：

$$\begin{cases} \delta_{11}x_1 + \Delta_{1p} = 0 \\ \delta_{22}x_2 + \Delta_{2p} = 0 \end{cases} \tag{5-1}$$

式中，δ_{11} 为基本体系在单位力 $x_1=1$ 单独作用下沿 x_1 方向产生的位移；δ_{22} 为基本体系在单位力 $x_2=1$ 作用下产生的位移；Δ_{1p}，Δ_{2p} 分别为基本体系在荷载单独作用下沿 x_1，x_2 方向的位移。

δ_{11}，δ_{22}，Δ_{1p}，Δ_{2p} 计算公式如下：

$$\begin{cases} \delta_{11} = \dfrac{\pi R}{EI}, \quad \delta_{22} = \dfrac{\pi R^3}{2EI} \\ \Delta_{1p} = \dfrac{1}{EI}\int_0^\pi M_p R \mathrm{d}\varphi, \quad \Delta_{2p} = -\dfrac{R^2}{EI}\int_0^\pi M_p \cos\varphi \mathrm{d}\varphi \end{cases} \tag{5-2}$$

式中，EI 为衬砌圆环刚度(kN·m²)；M_p 为外荷载在基本结构任意角度截面产生的弯矩(kN·m)。

任意角度 φ 处衬砌的截面内力计算公式如下：

$$\begin{cases} M_\varphi = x_1 - x_2 R\cos\varphi + M_p \\ N_\varphi = x_2\cos\varphi + N_p \\ Q_\varphi = x_2\sin\varphi + Q_p \end{cases} \tag{5-3}$$

5.1.2.2 不同隧道衬砌环刚度模型对计算结果的影响

均质圆环法是一种传统的计算模型，因为没有考虑管片接头的存在，计算所得的结果偏大，计算较为保守，更能满足工程上的需要，但材料不能得到充分利用，不经济。

多铰圆环法考虑了管片接头的位置，但没有考虑接头的弯曲刚度。该模型计算结果偏小，偏不安全。

弹性铰圆环法同时考虑了管片接头刚度、接头位置以及错缝拼装效应，是一种较为合理的计算模型。计算所得的结果处于前述两种方法之间，可较好地发挥材料的力学性能，同时满足经济性及安全性。

5.1.3 弹性抗力法

地下隧道除了承受主动荷载作用外(如围岩压力、结构自重等)，还承受一种被动荷载，即地层的弹性抗力。

隧道结构在主动荷载的作用下会产生变形。在拱顶，其变形背向地层，在此区域内岩土体对结构不产生约束作用，所以此区域称为"脱离区"；而在靠近隧道腰部和底部区域，结构产生压向地层的变形，由于结构与岩土体紧密接触，则岩土体将制止结构的变形，从而产生对结构的反作用力，这个反作用力习惯上称为"弹性抗力"。

5.1.3.1 地层弹簧的分布

根据隧道风险管理指南（International Tunnel Association，ITA），地层弹簧的分布有如图 5-2 所示的几种模式。不同地层弹簧模型特性如表 5-1 所示。

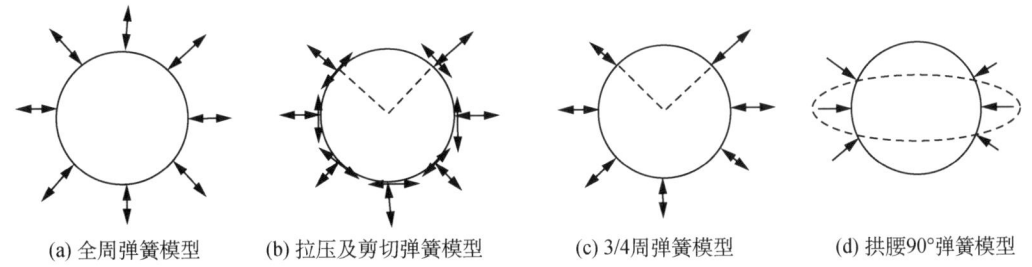

(a) 全周弹簧模型　　(b) 拉压及剪切弹簧模型　　(c) 3/4 周弹簧模型　　(d) 拱腰90°弹簧模型

图 5-2　地层弹簧模型

表 5-1　　　　　　　　　　　　地层弹簧特性

模　型	地层弹簧分布	弹簧方向	弹簧受拉/压
全周弹簧模型	全周分布	法向	受压、受拉
拉压及剪切弹簧模型	除去顶部	法向和切向	受压、受拉
3/4 周弹簧模型	除去顶部	法向	受压、受拉
拱腰 90°弹簧模型	由位移决定	法向	只受压

5.1.3.2 地层抗力三角形分布法

日本的三角形分布法是目前应用比较广泛的方法，它假定地层抗力在抗力分布角范围内是水平三角荷载，如图 5-3 所示。

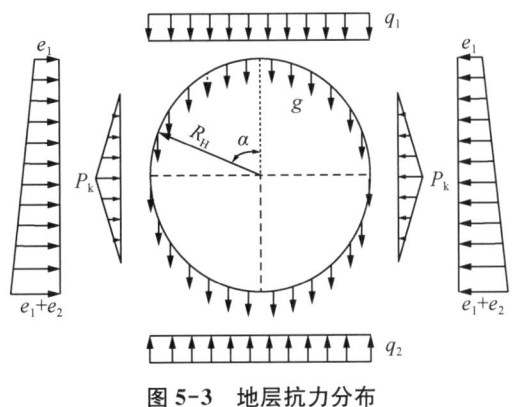

图 5-3　地层抗力分布

图中,q_1 为隧道上覆荷载,包括地层荷载和地面超载(kN/m^2);q_2 为隧道下部竖向地层抗力(kN/m^2);e_1 为侧向水平均布主动土压力(kN/m^2);e_2 为侧向水平三角分布被动土压力(kN/m^2);g 为衬砌自重(kN/m^3);P_k 为地层水平抗力峰值(kN/m^2)。

地层水平抗力峰值计算如下:

$$P_k = k\delta(1-\sqrt{2}|\cos\alpha|) \tag{5-4}$$

式中,$\delta = \dfrac{(2q_1 + \pi g - e_1 - e_2)R_H^4}{24(\eta EI + 0.0454kR_H^4)}$;$R_H$ 为隧道半径(m);η 为考虑管片接头影响的系数;EI 为衬砌刚度($kN \cdot m^2$)。

由 P_k 引起的圆环内力 M, N, Q 计算方法参见表5-2,将由 P_k 引起的圆环内力和其他衬砌外荷引起的圆环内力叠加,即得到最终的圆环内力(表5-3)。

表5-2　　地层抗力引起的内力计算方法

内 力	$0 \leqslant \alpha \leqslant \dfrac{\pi}{2}$	$\dfrac{\pi}{4} \leqslant \alpha \leqslant \dfrac{\pi}{2}$
M	$P_k R_H^2 (0.2346 - 0.3536\cos\alpha)$	$P_k R_H^2(-0.3487 + 0.5\cos^2\alpha + 0.2357\cos^3\alpha)$
N	$0.3536\cos\alpha P_k R_H$	$P_k R_H(-0.707\cos\alpha + \cos^2\alpha + 0.707\sin^2\alpha\cos\alpha)$
Q	$0.3536\sin\alpha P_k R_H$	$P_k R_H(\sin\alpha\cos\alpha - 0.707\cos^2\alpha\sin\alpha)$

表5-3　　衬砌内力计算方法

荷重	截面位置	内力 $M(t-m)$	内力 $N(t)$	P
自重	$0 \sim \pi$	$gR_H^2(1 - 0.5\cos\alpha - \alpha\sin\alpha)$	$gR_H(\alpha\sin\alpha - 0.5\cos\alpha)$	g
上荷重	$0 \sim \dfrac{\pi}{2}$	$q_1 R_H^2(0.193 + 0.106\cos\alpha - 0.5\sin^2\alpha)$	$q_1 R_H(\sin^2\alpha - 0.106\cos\alpha)$	q_1
	$\dfrac{\pi}{2} \sim \pi$	$q_1 R_H^2(0.693 + 0.106\cos\alpha - \sin\alpha)$	$q_1 R_H(\sin\alpha - 0.106\cos\alpha)$	
底部反力	$0 \sim \dfrac{\pi}{2}$	$q_2 R_H^2(0.057 - 0.106\cos\alpha)$	$0.106 q_2 R_H\cos\alpha$	q_2
	$\dfrac{\pi}{2} \sim \pi$	$q_2 R_H^2(-0.443 + \sin\alpha - 0.106\cos\alpha - 0.5\sin^2\alpha)$	$q_2 R_H(\sin^2\alpha - \sin\alpha - 0.10\cos\alpha)$	
水压	$0 \sim \pi$	$-R_H^3(0.5 - 0.25\cos\alpha - 0.52\sin\alpha)$	$R_H^2(1 - 0.25\cos\alpha - 0.52\sin\alpha) + HR_H$	—
均布荷载	$0 \sim \pi$	$e_1 R_H^2(0.25 - 0.5\cos^2\alpha)$	$e_1 R_H\cos^2\alpha$	e_1
侧压	$0 \sim \pi$	$e_2 R_H^2(0.25\sin^2\alpha + 0.083\cos^3\alpha - 0.063\cos\alpha - 0.125)$	$e_2 R_H\cos\alpha(0.0625 + 0.5\cos\alpha - 0.25\cos^2\alpha)$	e_2

注:R_H 为衬砌计算半径(m);α 为计算断面与圆环垂直轴的夹角。

5.1.3.3 布佳耶娃法

布佳耶娃法也认为弹性抗力的分布大小满足文克勒假定,其是按圆形半径方向作用在衬砌上的,呈新月形,如图 5-4 所示。

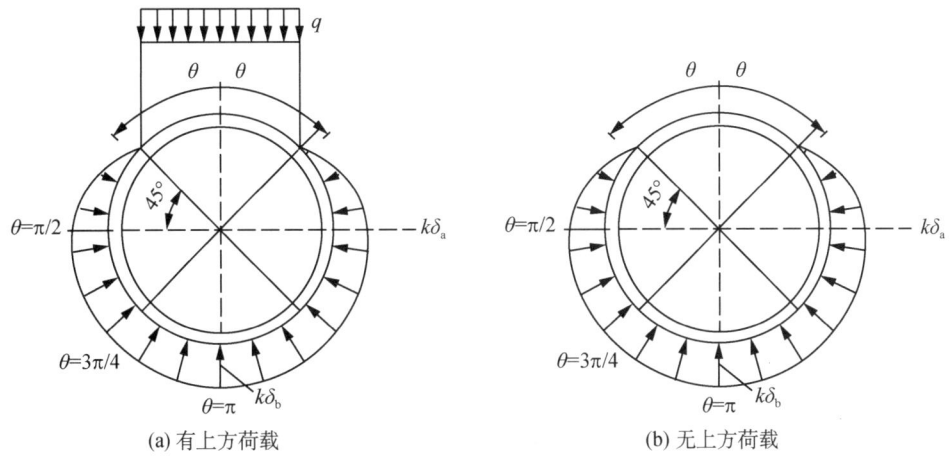

图 5-4 布佳耶娃法地层抗力分布

弹性抗力的方向与圆环表面垂直,分布值如下:

当 $\theta \leqslant \dfrac{\pi}{4}$,无弹性抗力;

当 $\dfrac{\pi}{4} \leqslant \theta \leqslant \dfrac{\pi}{2}$, $k\delta = -k\delta_a \cos 2\theta$;

当 $\pi/2 \leqslant \theta \leqslant \pi$, $k\delta = k\delta_a \sin^2\theta + k\delta_b \cos^2\theta$。

其中,θ 为衬砌上任意点的弹性抗力作用线与竖直线的夹角;δ 为各点的径向位移;$k\delta$ 为各点的弹性抗力;$k\delta_a$、$k\delta_b$ 分别为圆环水平径向与垂直径向的弹性抗力。

当水压力引起的弹性抗力大于其他外荷载引起的弹性抗力时,水压力引起的弹性抗力不予考虑。

5.1.4 弹性铰法

与自由变形均质圆环模型相比,弹性铰模型在假定管片是一个自由变形的圆环的基础上,更充分地考虑了管片接头对结构内力的影响。由于盾构隧道管片衬砌是通过多块圆弧管片用螺栓拼接起来的,各圆弧管片的接头处存在一个能承担部分弯矩的弹性铰。弹性铰既非刚接,也非完全铰接,它承担弯矩的多少与接头刚度的大小成正比。弹性铰在法向和切向都设置有弹簧,允许接头两侧的管片有相对位移,在相互作用力一定的情况下,位移的大小由弹簧刚度决定。

5.1.4.1 计算方法

弹性铰法将各接头假定为一个理想弹性铰,弹性铰接圆形管片的荷载计算如图 5-5 所示。由于结构荷载对称于竖直轴,取一半的结构用结构力学方法进行分析,力学基本模型如图 5-6 所示,计算中忽略轴力、剪力对结构位移的影响。

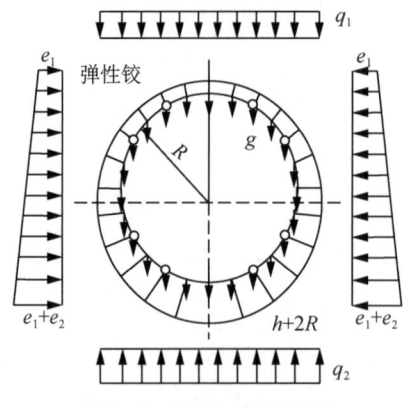

图 5-5 弹性铰计算模型

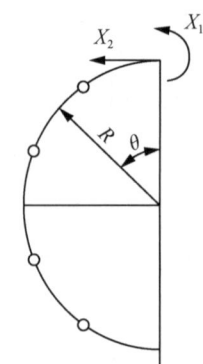

图 5-6 弹性铰力法计算模型

图中,q_1 为隧道上覆荷载,包括地层荷载和地面超载(kN/m^2);e_1 为作用在拱顶的侧向土压力(kN/m^2);e_2 为从拱顶到拱底的侧向土压力的增加值(kN/m^2);g 为衬砌自重(kN/m^2);P_k 为地层水平抗力峰值(kN/m^2);q_2 为地基反力(kN/m^2);R 为隧道半径(m);θ 为与竖直线的夹角(°);X_1,X_2 为基本未知力(kN)。

建立的力法方程如式(5-5)所示。

$$\begin{cases} \delta_{11}X_1 + \delta_{12}X_2 + \Delta_{1p} = 0 \\ \delta_{21}X_1 + \delta_{22}X_2 + \Delta_{2p} = 0 \end{cases} \tag{5-5}$$

式中,δ_{ij} 为沿 X_j 方向作用单位力时,结构在 X_i 方向上产生的位移;Δ_{ip} 表示在荷载 p 的作用下,结构在 X_i 方向上产生的位移。

δ_{11},δ_{12},δ_{22},Δ_{1p},Δ_{2p} 计算分别如式(5-6)—式(5-10)所示。

$$\delta_{11} = \frac{1}{EI}\int_0^\pi M_1^2 R\,d\varphi + \sum_{i=1}^n M_1^i M_1^i \cdot \frac{1}{K_\theta^i} \tag{5-6}$$

$$\delta_{12} = \delta_{21} = \frac{1}{EI}\int_0^\pi M_1 M_2 R\,d\varphi + \sum_{i=1}^n M_1^i M_2^i \cdot \frac{1}{K_\theta^i} \tag{5-7}$$

$$\delta_{22} = \frac{1}{EI}\int_0^\pi M_2^2 R\,d\varphi + \sum_{i=1}^n M_2^i M_2^i \cdot \frac{1}{K_\theta^i} \tag{5-8}$$

$$\Delta_{1p} = \frac{1}{EI}\sum_{j=1}^m \int_0^\pi M_1 M_{p(j)} R\,d\varphi + \sum_{j=1}^m \sum_{i=1}^j M_1^i M_{p(j)}^i \cdot \frac{1}{K_\theta^i} \tag{5-9}$$

$$\Delta_{2p} = \frac{1}{EI}\sum_{j=1}^m \int_0^\pi M_2 M_{p(j)} R\,d\varphi + \sum_{j=1}^m \sum_{i=1}^j M_2^i M_{p(j)}^i \cdot \frac{1}{K_\theta^i} \tag{5-10}$$

式中,n 为管片接头的总数(半结构中);i 为第 i 个接头;m 为荷载作用的类型数;j 为第 j 种荷载；M_1，M_2 为基本结构在单位荷载作用下的弯矩；M_p 为基本结构在荷载作用下的弯矩，荷载作用下 $M_{p(j)}$ 为接头 j 处的弯矩；K_θ 为各接头的接头刚度；EI 为结构刚度。

用行列式求解可得：

$$\begin{cases} \Delta = \delta_{11}\delta_{22} - \delta_{12}\delta_{21} \\ \Delta_x = \delta_{12}\Delta_{2p} - \delta_{22}\Delta_{1p} \\ \Delta_y = \delta_{21}\Delta_{1p} - \delta_{11}\Delta_{2p} \end{cases}$$

又因为

$$\begin{cases} X_1 = \dfrac{\Delta_x}{\Delta} \\ X_2 = \dfrac{\Delta y}{\Delta} \end{cases}$$

则任意截面的内力：

$$\begin{cases} M = M_1 X_1 + M_2 X_2 + M_p \\ N = N_1 X_1 + N_2 X_2 + N_p \end{cases} \tag{5-11}$$

式中，N_1，N_2 为基本结构在单位荷载作用下的轴力；N_p 为基本结构在荷载作用下的轴力。

5.1.4.2 接头刚度的取值

盾构法隧道装配式衬砌结构由若干弧形管片拼装成环，再将环与环之间逐一连接而成。管片与管片、环与环之间主要通过环向螺栓与纵向螺栓或其他方式在接头处进行连接。目前，国内地铁盾构区间隧道管片衬砌结构设计内力计算主要采用惯用法或修正惯用法，不考虑接头位置，引入刚度折减系数 $\eta(0 < \eta \leqslant 1)$，通过降低衬砌环的整体刚度来体现接头对盾构隧道管片环变形和内力所产生的影响，其缺陷在于未考虑管片接头对衬砌结构整体刚度的局部影响效应。而国外（如日本等）则在盾构隧道管片衬砌结构内力计算中主要采用梁-弹簧模型计算法，计算过程中充分考虑了纵向接头位置，通过采用旋转弹簧和剪切弹簧对接头所引起的管片环整环刚度降低和错接头拼装效应进行模拟，从而在力学上对管片环承载机理做出更合理的解释。将盾构隧道管片纵向接头产生单位转角所需的弯矩定义为"纵向接头抗弯刚度 K_θ"。K_θ 的量值是梁-弹簧模型设计中衬砌环结构受力分析必不可少的重要参数，综合反映了盾构隧道接头性能及其在外荷载作用下的变形大小和趋势。工程设计中因设计者对 K_θ 的取值偏差将导致结构内力值出现极大差异，使得在条件基本近似的情况下，衬砌环厚度等重要结构参数相差甚大，导致设计过于保守或偏于不安全。目前，工程中 K_θ 的取值主要通过经验类比法或现场接头试验确定，尚无统一的取值方法。

5.1.4.3 接头刚度的影响特性

定义管片接头作用荷载偏心距 $e = M/N$。偏心距对盾构隧道管片纵向接头抗弯刚度的影响较大。轴力相同情况下，K_θ 随偏心距的加大（即弯矩增大）而急剧减小，但减小幅度逐渐趋于平缓，K_θ 最终趋于稳定，不再受所施加轴力和偏心距的影响而发生改变；相同偏心距情况下，轴力对管片接头抗弯刚度 K_θ 的变化几乎没有影响。究其原因在于，管片接头刚度 K_θ 主要受管片结构尺寸和材料特性，连接螺栓预紧力、布设位置和材料特性，以及接缝衬垫厚度和材料特性等的影响，衬砌环拼装完成后，接头抗弯刚度即成为结构的固有特性，而受外荷载的影响较小。偏心距趋于 0 时，管片接头抗弯刚度 K_θ 趋于无穷大，这主要是由于外加弯矩越小，结构越接近纯受压构件，越不容易发生弯曲而产生接缝受拉张开。

在相同偏心距情况下，螺栓布设越靠近管片内侧，其限制管片接头内侧张开的能力也就越强，相应管片正抗弯刚度越大；但这也相应削弱了对管片外侧张开的制约，从而使得管片负抗弯刚度越小。在相同螺栓位置情况下，偏心距增大，管片抗弯刚度减小，但变化幅度逐渐减小并最终趋于稳定，不再发生变化。

对于衬砌环结构计算，有多种计算理论，需要根据衬砌构造特点、施工工艺、衬砌与地层相互作用及装配式管片衬砌接头形式等确定计算模型。但由于目前国内采用的盾构法衬砌结构类型比较单一，基本为钢筋混凝土单层板式结构，螺栓连接，因此采用的计算模型也比较统一，主要采用的还是均质圆环法、弹性铰法和梁-弹簧法等。在复杂工况条件下（如偏载、开孔、纵向不均匀荷载等）也采用有限元法。也有用两种或多种方法分别计算，再相互校核。

均质圆环法简单易行，与试验及实测值都能较好地吻合，但因为没有模拟接缝的存在，衬砌环的计算直径变形量偏小。采用匀质圆环法进行计算时有两个原则，即衬砌环整体刚度要适当折减，错缝拼装衬砌环要根据环间剪力传递作用进行弯矩修正。

弹性铰法模拟了衬砌环的纵向接缝，通过纵向接头抗弯刚度 K_q 来反映接头的情况，管片接头应等效为可承担弯矩的弹性铰，适合通缝拼装的衬砌环计算，K_q 值（含抗正弯矩回转弹簧刚度、抗负弯矩回转弹簧刚度）一般由数值模拟配合经验确定，也可以通过单环整环试验获取。弹性铰法与匀质圆环法都是把隧道结构作为平面结构考虑，不考虑内力的纵向传递。

梁-弹簧法顾名思义就是把衬砌管片本体作为曲梁单元模拟，接头作为弹簧单元模拟（环向接头采用回转弹簧模拟，纵向接头采用剪切弹簧模拟），由于考虑了衬砌环间弯矩、轴力的纵向传递，更符合错缝拼装的衬砌结构计算原理。可以将两环以上管片进行整体建模计算（一般采用一个整环+两个半环建模），最后的计算结果不需要像匀质圆环法一样进行修正，而且更接近于真实受力情况。当然这取决于弹簧刚度的正确取值，环向接头弹簧刚度与所承受弯矩、轴力有关，环间的剪切弹簧刚度与隧道的纵向力有关。在日本弹簧刚度采用解析解的方式来获得，国内主要还是通过管片接头错缝夹片试验、三环整环试验或经验来确定。由于整环试验投入较大，试验数据后期整理工作量较烦琐，若非比较特殊复杂的工程，现在一般也不再进行三环整环试验。

有限元法是指采用三维壳体模型，对某段特殊结构的隧道或者是荷载分布不均匀的隧道等特殊区段进行计算，由于计算工作量大，在常规的隧道工程设计中一般不采用。但在有一定开洞要求（与其他形式的结构相接）、沿隧道纵向可能产生较大内力及变形的情况下，有限元法也是一种必需的手段,可以对上述以横断面受力为主的计算方法作补充。

另外,管片衬砌与地层间的相互作用的计算常用以下两种方法:一种是采用局部地基弹簧模型,基于局部变形理论和 Winkler 假定,采用径向不受拉地基弹簧模拟管片衬砌与地层间的关系;另一种是采用三角形地层抗力模型,当然在较好土层(标准贯入击数 $N>2$)中,方可考虑侧向地层抗力的作用。

5.2 设计、施工中的土工问题

5.2.1 工程勘察的目的与要求

盾构隧道作为百年大计的大型公共基础设施,应满足可持续发展要求。设计前应结合水文、地质情况采取尽可能多的措施来减少盾构施工对城市运行的影响,并且同时要确保建设的质量、安全、工期、费用等目标的实现。

与郊区开敞空间中的隧道工程相比较,城市隧道工程具有很多限制条件并存在多种风险,涉及地质、水文、设计及施工。要达到建造安全,就要在设计前探明各种风险并对其进行规避,所要采取的措施是对隧道长期存在的环境有充分的了解,即对沿隧道定线的障碍物情况和隧道轴线进行系统的地质、水文地质技术调查,进行地质勘察及土工试验,收集工程地质和水文地质以及周围环境条件方面的资料,从而使隧道设计人员能据以选择符合使用要求又尽可能绕过最困难、最复杂地质条件的隧道轴线位置,确定合适的隧道埋深,推荐最经济合理的隧道结构和防水设计,选取优质、安全、高效的施工方法。

隧道工程建设过程大体上可分为可行性研究、(方案)初步设计、施工图设计、工程施工和竣工验收等阶段。勘探和土工试验等工作固然应满足各建设阶段的要求,但也不是按建设阶段机械地划分勘探工作阶段,而是根据工程的规模、性质、地质的复杂程度以及工程问题的多少和性质,提出总的勘探和试验计划,适当划分工作阶段,并明确各阶段的勘探规模、内容、方法和工作深度。在地层均匀和工程简易的条件下,可能在一次勘探计划中就能完成全部勘探任务,而在复杂软土地层较大规模的隧道工程中,就需要在一个完整而恰当的勘探计划指导下,有步骤地进行大量而深入的勘探工作,其中大部分重要的工作应在可行性研究及初步设计阶段完成,而在技术设计阶段及施工阶段则可对前阶段工作中的不足和新发现的问题进行补充勘察。隧道工程的勘探工作应与建设过程相对应。各勘察阶段的勘察工作内容和要求见表 5-4。

表 5-4 各勘察阶段的勘察工作内容和要求

工作内容	可行性研究阶段勘察	初步设计阶段勘察(初勘)	施工图设计阶段勘察(详勘)	施工勘察
设计要求	满足确定场址方案	满足初步设计	满足施工图设计	满足施工中具体问题的设计,随勘察对象不同而不同

续表

工作内容	可行性研究阶段勘察	初步设计阶段勘察(初勘)	施工图设计阶段勘察(详勘)	施工勘察
勘察目的	对拟选场址的稳定性和适宜性作出评价	初步查明场地岩土条件,进一步评价场地的稳定性	查明场地岩土条件,提出设计、施工所需参数,对设计、施工和不良地质作用的防治等提出建议	解决施工过程出现的岩土工程问题,根据实际情况及时调整技术参数
主要工作方法	搜集分析已有资料,进行场地踏勘,必要时进行一些勘探和工程地质测绘工作	调查、测绘、物探、钻探、试验,目的不同,侧重点不同	根据不同勘察对象和要求确定,一般以勘探和室内外测试、试验为主	施工验槽,钻探和原位测试

5.2.1.1 可行性研究阶段勘察

1. 勘察目的与任务

本阶段勘察的主要目的是决定盾构法区间隧道的选线及埋深设置,掌握线路整体的地层构成、土质状况及稳定性,为工程的可行性研究提出广泛而可靠的基本依据,并为编制初步设计阶段的勘探计划提供资料和建议。可行性研究阶段应初步查明线路沿线区域的工程地质条件和水文地质条件,并作出初步评价,对拟建线路沿线场地的稳定性和适宜性作出初步评价,为设计方案的比选提供初步的地质依据。其主要目的如下:

(1) 初步查明场地的地形、地貌。

(2) 初步查明场地的地层构成与特征,提供各土层的物理力学指标。

(3) 初步查明场地不良地质现象。

(4) 初步查明沿线的地表水水位、水质以及补给、排泄条件,初步查明地下水类型、水质、埋藏条件,对水质进行评价。

(5) 初步判定场地类别,当遇浅层粉性土或砂土时,综合静力触探试验和标准贯入成果对其液化可能性进行初步判别。

(6) 为本工程线路基础形式选型提供初步的岩土工程分析和相应的岩土参数。

可行性研究工作主要是对工程规模、选线、总体位置、建设标准、基本建设方案、实施计划以及经济社会效益等方面进行技术可行性和经济合理性的认证。此阶段设计所需的地层信息及主要物理力学指标有:地层的构成(地基的稳定性、均匀性)、标贯值 N、地下水位、含水率、密度、单轴抗压强度、液限及塑限、黏聚力、内摩擦角以及固结特性数等。因此,可行性研究阶段勘察应包括下列工作:

(1) 搜集区域地质、地形、地貌、水文、气象、地震、矿产等资料,以及沿线的工程地质条件、水文地质条件、工程周边环境条件和相关工程建设经验。

(2) 调查线路沿线的地层岩性、地质构造、地下水埋藏条件等,划分工程地质单元,进行工程地质分区,评价场地稳定性和适宜性。

(3) 对于控制线路方案的工程周边环境，分析其与线路的相互影响，提出规避、保护的初步建议。

(4) 对于控制线路方案的不良地质作用、特殊性岩土，了解其类型、成因、范围及发展趋势，分析其对线路的危害，提出规避、防治的初步建议。

(5) 研究场地的地形、地貌、工程地质、水文地质及工程周边环境等条件，分析路基、高架、地下等工程方案及施工方法的可行性，提出线路比选方案的建议。

2. 勘察的要求

可行性研究阶段勘察的勘探工作应符合下列要求：

(1) 勘探点间距不宜大于 1 000 m。

(2) 勘探点数量应满足工程地质分区的要求；每个工程地质单元应有勘探点，在地质条件复杂地段应加密勘探点。

(3) 当有两条或两条以上比选线路时，各比选线路均应布置勘探点。

(4) 控制线路方案的江、河、湖等地表水体以及在不良地质作用和特殊性岩土地段应布置勘探点。

(5) 勘探孔深度应满足场地稳定性、适宜性评价以及线路方案设计、工法选择等需要。

5.2.1.2 初步设计阶段勘察

1. 勘察目的与任务

本阶段勘探的主要目的是在可行性研究提出的选线以及地质和环境资料的基础上，进行更深入的勘探以取得足够详细的地质资料和环境条件资料，以便在准备采用的隧道线路上，选定所有的具体设计施工技术方案，如：盾构选型，推进施工方法和特殊地段的掘进技术措施，衬砌结构和衬砌防水构造的选型和技术标准，竖井等构筑物的结构形式和施工方法，对周围房屋建筑及市政设施的保护措施等，并对它们的造价做出可靠的估计。根据这个阶段的勘探资料所出的设计成果，应为在经济上、技术上有比较充分的论证并有明确推荐方案的初步设计文件。初步设计阶段勘察主要包括下列工作：

(1) 搜集带地形图的拟建线路平面图、线路纵断面图、施工方法等有关设计文件，以及可行性研究勘察报告、沿线地下设施分布图。

(2) 初步查明沿线地质构造、岩土类型及分布、岩土物理力学性质和地下水埋藏条件，进行工程地质分区。

(3) 初步查明特殊性岩土的类型、成因、分布、规模和工程性质，分析其对工程的危害程度。

(4) 查明沿线场地不良地质作用的类型、成因、分布和规模，预测其发展趋势，分析其对工程的危害程度。

(5) 初步查明沿线地表水的水位、流量、水质、河湖淤积物的分布，以及地表水与地下水的补排关系。

(6) 初步查明地下水水位，地下水类型，补给、径流、排泄条件，历史最高水位，地下水动态和变化规律。

(7) 对抗震设防烈度大于或等于6度的场地，应初步评价场地和地基的地震效应。

(8) 评价场地稳定性和工程适宜性。

(9) 初步评价水和土对建筑材料的腐蚀性。

(10) 对环境风险等级较高的工程周边环境，分析可能出现的工程问题，提出预防措施的建议。

2. 勘察的要求

初步设计阶段勘察的勘探工作应符合下列要求：

(1) 勘探点间距宜为100～200 m，在地貌、地质单元交接部位，地层变化较大地段以及不良地质作用和特殊性岩土发育地段应加密勘探点。

(2) 勘探点宜沿区间线路布置。在市区建筑密集或地形地貌变化较大土地带，应在隧道轴线两侧适当布点，且勘探点距离隧道轴线不小于隧道底埋深的深度，其深度一般均要达到设计隧道底标高以下。

(3) 合理详尽地查明隧道工程施工影响的各主要土层的深度、厚度和分布范围，以及地下水位的变化及各层土的工程性质。通常采用室内土工试验确定土壤的物理力学性能，了解各层土的工程性质，对于特殊工程问题，还要进行必要的现场试验，以求更准确地得出土层的渗透性、压缩性及抗剪强度等能鉴别主要工程性质的参数。

(4) 在地形勘测中要设置足够的测点，保证勘测结果可靠，并可判定隧道顶部是否有足够的覆盖层，特别是在隧道穿越江河水域时，应连续测出江河水道横断面上及隧道顶部各点的覆土深度，以防止因局部过薄而突发盾构冒顶事故，同时还要特别重视河床变迁，相对稳定的河床也可能有一定的冲刷幅度。除了从历史资料中了解其变化幅度外，在设计隧道覆土厚度不是很充裕的情况下，施工设计前需慎重复核沿隧道轴线的水下地形变化。

5.2.1.3 施工图设计阶段勘察（详勘）

1. 勘察目的与任务

详细勘察是在初步勘察的基础上，采用以勘探与取样、原位测试和室内试验为主，以测绘、物探等手段为辅助的综合勘察方法。其勘察目的是详细查明工程场地的工程地质条件和水文地质条件，对各类工程场地工程地质、水文地质条件作出定量或定性评价，对不良地质、特殊地质提出合理的治理措施，并提供设计、施工所需的岩土参数建议值。此阶段设计所需的地层信息及主要物理力学指标有：地层的构成（淤泥质黏土、粉砂土及特殊地质夹层的特性、围岩分级等），地下水位、承压水压力、标贯值N、颗粒分布、含水率、密度、单轴抗压强度、液限及塑限、黏聚力、内摩擦角、地层抗力、渗透系数、固结、回弹系数、有害气体以及腐蚀性介质等。

详细勘察主要包括下列工作内容：

(1) 详细查明工程场地地形、地貌、地质构造、地层结构、地层时代、成因类型和分布特征等,提供岩土层物理力学性质指标,确定岩土施工工程分级,并对工程场地的稳定性、适宜性及地基的稳定性和均匀性作出评价。

(2) 详细查明工程场地特殊性岩土的类型、成因、分布、规模和工程性质,分析其对工程的影响程度。

(3) 详细查明工程场地不良地质的类型、成因、分布、规模、工程性质和发展趋势,分析其对工程的危害程度,提出治理措施建议。

(4) 查明对工程有影响的地表水体的分布、水位、水深、水质、防渗措施、淤积物分布以及地表水与地下水的水力联系等,分析地表水体对工程可能造成的危害。

(5) 查明地下水的埋藏条件,提供场地的地下水类型、勘察时水位、水质、岩土渗透系数以及地下水位变化幅度等水文地质资料,分析地下水对工程的作用,提出地下水控制措施的建议,提供设计所需的水文地质参数建议值。

(6) 对地下水和土对建筑材料的腐蚀性作出评价。

(7) 确定场地类别,对抗震设防烈度大于6度的场地,应进行液化判别,提出处理措施的建议。

(8) 分析工程周边环境与工程的相互影响,提出环境保护措施的建议。

详细勘察工作前应搜集附有坐标和地形的拟建工程的平面图、纵断面图、荷载、结构类型与特点、施工方法、隧道埋置深度及上覆土层的厚度、变形控制要求等。

2. 勘察的要求

详细勘察阶段的勘探工作应符合下列要求:

(1) 详勘阶段在工作量布置时应充分利用初步勘察阶段的勘察成果和邻近场地的既有勘察成果。

(2) 详勘阶段应有针对性地采用多种勘察手段,包括钻探、静力触探、取样、标准贯入试验、十字板剪切试验、承压水观测和注水试验等,并布置项目比较齐全的室内岩土试验工作。

(3) 详勘阶段布置的所有勘探孔均采取岩土试样或进行原位测试试验,控制性勘探孔数量不少于勘探孔总数的1/3。

(4) 详勘控制性勘探孔应进入隧道底以下不小于3倍隧道直径(宽度),一般性勘探孔应进入隧道底以下不小于2倍隧道直径(宽度)。

(5) 区间勘探点宜在隧道结构外侧3~5 m的位置交叉布置。

(6) 每一主要土层的原状土试样或原位测试数据不少于10件(组),且每一地质单元的每一主要土层不少于6件(组)。

5.2.1.4 施工阶段勘察

1. 勘察目的与任务

施工勘察是针对施工方法、施工工艺的特殊要求和施工中出现的工程地质问题等开展

的针对性勘察工作,以提供满足施工方案调整和风险控制要求的地质资料。遇下列情况应进行施工专项勘察:

(1) 场地地质条件复杂或在施工过程中出现地质异常,对工程结构及工程施工产生较大危害时。

(2) 场地存在暗浜、古河道、空洞、岩溶、土洞和沼气等不良地质条件而影响工程安全时。

(3) 场地存在孤石、漂石、球状风化体、破碎带和风化深槽等特殊岩土体而对工程施工造成不利影响时。

(4) 场地地下水位变化较大或在施工中发现不明水源,影响工程施工或危及工程安全时。

(5) 施工方案有较大变更,或采用新技术、新工艺、新方法、新材料而详细勘察资料不能满足要求时。

(6) 降水,土体冻结,盾构始发(接收)井端头、连通通道的岩土加固等辅助工法有需要时。

施工勘察的主要工作内容如下:

(1) 研究工程勘察资料,掌握场地工程地质条件以及不良地质作用和特殊性岩土的分布情况,预测在施工中可能会遇到的岩土工程问题。

(2) 调查了解工程周边环境条件变化、周边工程施工情况、场地地下水位变化及地下管线渗漏情况,分析地质与周边环境条件的变化对工程可能造成的危害。

(3) 施工中应通过观察开挖面岩土成分、密实度、湿度及地下水等实际情况,核实、修正勘察资料。

(4) 对复杂地质条件下的地下工程应开展超前地质探测工作。

(5) 必要时对地下水动态进行观测。

2. 勘察的要求

施工勘察工作应符合下列规定:

(1) 搜集施工方案、勘察报告、工程周边环境调查报告以及施工中形成的相关资料。

(2) 搜集和分析工程检测、监测和观测资料。

(3) 充分利用施工开挖面了解工程地质条件,分析需要解决的工程地质问题。

(4) 根据工程地质问题的复杂程度、已有的勘察工作和场地条件等确定施工勘察的方法和工作量。

(5) 针对具体的工程地质问题进行分析评价,并提供所需岩土参数,提出工程处理措施的建议。

5.2.2 衬砌设计中的土工问题

在衬砌设计中,如何设计出安全经济的衬砌始终是设计的根本和宗旨。在设计中需解决的土工问题是:确定计算地层荷载的土性物理力学参数的选取,了解土壤在动水压力作用下的流动性,检验地下水特性及分析土体变形特征等。

5.2.2.1 计算土层的土体参数

1. 地层抗力系数

地层抗力系数对衬砌内力具有正面效应,随抗力系数的增加,结构的弯矩、轴力呈减小趋势。按照文克勒(Winkler)的假定,地层抗力系数为一常数,仅与土层的软硬程度有关。但根据对实际工程总结和工程试验发现,影响隧道周围地层抗力系数的因素很多,除土质本身软硬及含水率外,还与盾构隧道的埋深、盾尾注浆质量和推进时土体的扰动等施工因素密切相关。因此,抗力系数主要通过现场静载荷试验测定,并通过必要的修正。在无现场测试条件时,可参照表 5-5 提出的经验数据选用。

表 5-5　　　　　　　　　　不同地层的抗力系数 K 及侧压力系数 K_0

地质条件		标贯锤击数 N	地层抗力系数 K	侧压力系数 K_0
良好地层	密实砂层	$N \geqslant 30$	49 000	0.4
	坚硬黏土	$N \geqslant 25$	35 200	0.4
	中密砂	$10 \leqslant N \leqslant 30$	29 400	0.4
	硬黏土	$8 \leqslant N \leqslant 25$	19 600	0.5
	可塑黏土	$4 \leqslant N \leqslant 8$	9 800	0.5
软弱地层	极松砂	$N < 10$	9 800	0.5
	软塑黏土	$2 \leqslant N \leqslant 4$	4 900	0.6
	极软黏土	$N < 2$	0	0.7

2. 侧压力系数

土体侧压力系数对衬砌顶部及底部弯矩影响较为明显,确定土体侧压力系数可以为进一步优化衬砌设计提供帮助。常规的确定土层侧压力系数的方法主要有经验公式法(用有效内摩擦角、超固结比 OCR、塑性指数 I_p 有关的方程)、原位测定法(扁铲侧胀试验 DMT、旁压试验 PMT)和室内试验等。

影响土体侧压力系数的主要因素有:

(1) 塑性指数 I_p。塑性指数反映了黏性土的矿物组成、粒径大小、颗粒形状、水溶液组成对黏性土性质的综合影响。I_p 越大,表明土的颗粒越细小,黏粒含量越多;反之,则说明土的颗粒越粗。粗粒土的 K_0 值往往低于细粒土的 K_0 值;黏性土一般颗粒较细,黏性土的 K_0 值常常大于无黏性土的 K_0 值。较有代表的是 1967 年 Alpan 提出的经验计算公式:$K_0 = 0.19 + 0.233 1 \lg I_p$。随着研究的深入,$K_0$ 值不但与土层有关,也与受力状态等有关。

(2) 超固结比 OCR。超固结土的静止侧压力系数常大于同类正常固结土,并且超固结比越大,其静止侧压力系数值也越大。Schmidt 建立的由正常固结土的静止侧压力系数估算超固结土的静止侧压力系数的简单公式为 $K_{0(O_C)} = (OCR)^{\sin\varphi} K_{0(NC)}$。

(3) 有效内摩擦角。土体孔隙水压力有固定的变化规律,土体受力与孔隙水压力的变化通过三轴固结不排水试验能体现,通过该试验可以得出土的有效内摩擦角,有效内摩擦角越大,土体越密实,K_0 值一般偏小;有效内摩擦角越小,K_0 值越大。静止侧压力系数可表示为 $K_0 = 1 - \sin\varphi'$。

(4) 泊松比 μ。泊松比 μ 是土体承受荷载时其横向应变与竖向应变的比值。对于正常固结土,K_0 与 μ 之间存在一一对应关系,通常 μ 越大,K_0 值越大;泊松比 μ 并非常量,K_0 值也不是常量。静止侧压力系数与泊松比之间的关系可表示为 $K_0 = \mu/(1-\mu)$。

(5) 土的扰动程度。对于原状土样,静止侧压力系数随塑性指数 I_p 的增加而增大;对于重塑土,静止侧压力系数随塑性指数 I_p 的增加而减小。

3. 弹性模量和泊松比

按地层结构法设计隧道衬砌时需采用土壤变形参数弹性模量 E 和泊松比 μ,这两个参数可通过室内三轴试验确定,如图 5-7 所示。

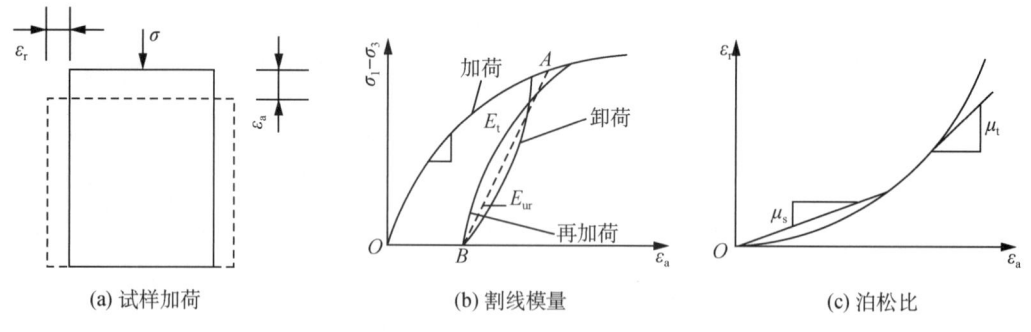

(a) 试样加荷　　(b) 割线模量　　(c) 泊松比

图 5-7 弹性模型室内三轴试验

根据偏向应力 $(\sigma_1 - \sigma_3)$,测得轴向应变 ε_a 和侧向膨胀应变轴向应变 ε_r,求得弹性模量 E 和泊松比 μ 分别为:$E = (\sigma_1 - \sigma_3)/\varepsilon_a$,$\mu = -\varepsilon_r/\varepsilon_a$。

由于土具有很强的非线性特性,弹性模量 E 和泊松比 μ 随应力状态而改变。在瞬时加荷的饱和软弱地层的隧道衬砌结构计算中,可把地层视为具有一定弹性抗力的弹性介质,严格说应由土的应力-应变曲线,按计算各点的土体应力水平取值。但在实用中可按以下简化方法对弹性模量 E 和泊松比 μ 进行取值:

取扰动较小的土样进行三轴不排水压缩试验,在相当于现场位置的竖向有效自重压力和侧限压力作用下,达到完全固结后在不再排水条件下进行循环加荷,在每次加荷中,逐渐增加轴向应力直至等于现场荷载条件下的应力值,而后将应力降至零。在每个循环中,当应力水平等于所加最大轴向力一半时,定出切线模量。这个模量随着循环次数的增加而增大,一般经 5~6 次循环即可趋于最大值,此值即固结不排水弹性模量 E_t,如图 5-7(b) 所示。这样确定的弹性模量 E 和泊松比 μ 只适合不排水的情况,可用于瞬时荷载时的土应力分析。

不同土层的弹性模量与泊松比可参考表 5-6 和表 5-7 所提供的数据选用。

表 5-6　　　　　　　　　　　　　不同土层的弹性模量　　　　　　　　　单位：MN/m²

土的种类	弹性模量	土的种类	弹性模量
很软的黏土	0.35～0.3	粉质砂土	7～20
软黏土	2～5	松砂	10～25
中硬黏土	4～8	紧砂	50～80
硬黏土	7～18	紧密砂、卵石	100～200
砂质黏土	30～40		

表 5-7　　　　　　　　　　　　　不同土层的泊松比

土的种类	泊松比	土的种类	泊松比
饱和黏土	0.5	黄土	0.44
含砂和粉土的黏土	0.3～0.42	砂质土	0.15～0.25
非饱和的黏土	0.35～0.40	砂土	0.30～0.35

5.2.2.2　土、水的腐蚀性

土、水对地下混凝土结构的腐蚀性是指土、水中的酸离子、盐离子及气体对混凝土或金属衬砌的腐蚀作用，使地下建筑物过早损坏，因此研究土、水对混凝土的侵蚀影响甚为重要。

《岩土工程勘察规范》(GB 50021—2009)规定，土、水中可能对混凝土结构产生腐蚀的离子及其对应浓度和危害见表 5-8—表 5-10。

表 5-8　　　　　　　　按环境类型水对混凝土结构的腐蚀性评价　　　　　　　单位：mg/L

腐蚀等级	腐蚀介质	环境类型		
		Ⅰ	Ⅱ	Ⅲ
微	硫酸盐含量 SO_4^{2-}	<200	<300	<500
弱		200～500	300～1 500	500～3 000
中		500～1 500	1 500～3 000	3 000～6 000
强		>1 500	>3 000	>6 000
微	镁盐含量 Mg^{2+}	<1 000	<2 000	<3 000
弱		1 000～2 000	2 000～3 000	3 000～4 000
中		2 000～3 000	3 000～4 000	4 000～5 000
强		>3 000	>4 000	>5 000

续表

腐蚀等级	腐蚀介质	环境类型		
		Ⅰ	Ⅱ	Ⅲ
微	铵盐含量 MH_4^+	<100	<500	<800
弱		100～500	500～800	800～1 000
中		500～800	800～1 000	1 000～1 500
强		>800	>1 000	>1 500
微	苛性碱含量 OH^-	<35 000	<43 000	<57 000
弱		35 000～43 000	43 000～57 000	57 000～70 000
中		43 000～57 000	57 000～70 000	70 000～100 000
强		>57 000	>70 000	>100 000
微	总矿化度	<10 000	<20 000	<50 000
弱		10 000～20 000	20 000～50 000	50 000～60 000
中		20 000～50 000	50 000～60 000	60 000～70 000
强		>50 000	>60 000	>70 000

表 5-9　　按地层渗透性水对混凝土结构的腐蚀性评价

腐蚀等级	pH		侵蚀性 CO_2/(mg·L^{-1})		HCO_3^-/(mmol·L^{-1})
	A	B	A	B	A
微	>6.5	>5.0	<15	<30	>1.0
弱	6.5～5.0	5.0～4.0	15～30	30～60	1.0～0.5
中	5.0～4.0	4.0～3.5	30～60	60～100	<0.5
强	<4.0	<3.5	>60	—	—

表 5-10　　对钢筋混凝土结构中钢筋的锈蚀性评价　　单位:mg/L

腐蚀等级	水中的 Cl^- 含量	
	长期浸水	干湿交替
微	<10 000	<100
弱	10 000～20 000	100～500
中	—	500～5 000
强	—	>5 000

根据以上标准,须考虑的侵蚀因素包括 SO_4^{2-}、Mg^{2+}、MH_4^+、苛性碱(Na^+ 与 K^+ 结合的 OH^-)、矿化度、pH、侵蚀性 CO_2、HCO_3^- 以及 Cl^-。主要的侵蚀机理可表述如下:

(1) 碳酸侵蚀。普通水泥硬化后会产生大量的游离氢氧化钙[$Ca(OH)_2$]。

$Ca(OH)_2$ 和水中的碳酸发生反应,在混凝土表面生成碳酸钙硬壳,对混凝土起保护作用,使混凝土内部的 $Ca(OH)_2$ 不易与水接触,化学反应式为 $Ca(OH)_2 + CO_2 \longrightarrow CaCO_3$。如果在地下水中含有过多的游离二氧化碳($CO_2$),就会破坏碳酸钙的硬壳,化学反应式为 $CaCO_3 + CO_2 + H_2O \longrightarrow Ca(HCO_3)_2$。因此,一般规定水中游离的 CO_2 的含量不得超过一定的数值。

(2) 溶出性侵蚀。水泥硬化后产生的大量 $Ca(OH)_2$ 溶解度很大,当地下水侵入混凝土后它首先被溶解,如果侵入的水分在动压力作用下流动,就会带走较多 $Ca(OH)_2$,使混凝土变得疏松,透水性增大,强度降低。同时,其他几种水化产物只存在于一定浓度的 $Ca(OH)_2$ 溶液中才能保持稳定平衡,因此,随着 $Ca(OH)_2$ 的溶出,它们也相继分化,加速了混凝土的破坏。

(3) 硫酸盐的侵蚀。当水中含有过多的 SO_4^{2-} 时,其会与 $Ca(OH)_2$ 起作用生成硫酸盐 $CaSO_4$,$CaSO_4$ 结晶时体积增大,因受到硬化后的水泥的约束而产生内应力,以致破坏混凝土。

$CaSO_4$ 还会与水泥石中的水化铝酸钙起作用生成铝和钙的复硫酸盐,该晶体呈细针形,结晶时体积将增长至原来的 2 倍多,因而会在硬化混凝土过程中引起很大的破坏应力,故一般称之为"水泥病菌"。因此,对水中的 SO_4^{2-} 含量应有一定限制。

另外,水中的镁盐也会与混凝土中的 $Ca(OH)_2$ 起反应,形成 $Mg(OH)_2$ 和易溶于水的 $CaCl_2$,从而造成混凝土的破坏。

因此,在盾构衬砌设计前,为防止混凝土的腐蚀和钢筋锈蚀,应取盾构隧道敷设深度地下水试样和地下水位以上的土试样分别进行腐蚀性的试验,并针对性地采取相应的防腐措施。

土对混凝土结构腐蚀性的测试项目包括 pH 以及 Ca^{2+}、Mg^{2+}、Cl^-、SO_4^{2-}、HCO_3^-、CO_3^{2-} 的易溶盐(土水比 1∶5)含量测试;水对混凝土结构腐蚀性的测试项目包括 pH 以及 Ca^{2+}、Mg^{2+}、Cl^-、SO_4^{2-}、HCO_3^-、CO_3^{2-}、侵蚀性 CO_2、游离 CO_2、NH_4^+、OH^- 含量、总矿化度测试。腐蚀性测试项目的试验方法应满足表 5-11 的规定。

表 5-11　　腐蚀性测试项目的试验方法

序号	试验项目	试验方法
1	pH	电位法或锥形玻璃电极法
2	Ca^{2+}	EDTA 滴定法
3	Mg^{2+}	EDTA 滴定法
4	Cl^-	摩尔法
5	SO_4^{2-}	EDTA 滴定法或质量法
6	HCO_3^-	酸滴定法
7	CO_3^{2-}	酸滴定法
8	侵蚀性 CO_2	盖耶尔法

续表

序号	试验项目	试验方法
9	游离 CO_2	碱滴定法
10	NH_4^+	纳氏试剂比色法
11	OH^-	酸滴定法
12	总矿化度	计算法
13	氧化还原电位	铂电极法
14	极化电流密度	原位极化法
15	电阻率	四极法
16	质量损失	管灌法

5.2.2.3 隧道下卧层的不均匀沉降

盾构隧道是一环一环拼装而成的，环与环之间通过螺栓连接，本身刚度就相对较低，且隧道长度与直径的比值相当大，因而敷设于软土地区的盾构隧道极易随下卧土层的变形而变形，沿隧道轴线下卧土层的性质差异、隧道上方局部荷载的增加或局部的大面积降水，均会引起隧道沿纵向的差异沉降。当不均匀沉降较大时，则将影响隧道的正常运营，并且针对不均匀沉降，后期通过相应工程措施予以纠正的代价也比较大。因此，衬砌设计时应根据地质勘察资料，分析隧道下卧层的土体变形，估计隧道的不均匀沉降。

5.2.2.4 不良地质

1. 地面沉降

上海及邻近地区由于松散第四纪沉积物广泛分布，地下水资源开采利用强度较大，抽汲地下水使第四纪土层固结压缩所导致的地面沉降较为严重。20世纪80年代中后期开始，大规模的城市建设也成为不容忽视的新的地面沉降因素。地面沉降地质灾害具有易发性、缓变性和累积性等特点，初期往往不被人觉察而容易被忽视，经长期的积累，其危害才会被发现和重视。地面沉降会产生沉降漏斗区，漏斗区内的地层沉降远大于其他地区的地层沉降。当隧道穿越沉降漏斗区时，位于漏斗区内的隧道沉降明显比漏斗区外的隧道沉降大，使得相邻盾构隧道管片间有较大的差异变形，这将极大地影响隧道的正常运营。

2. 软土问题

上海是典型的软土地区，在地面下普遍沉积有厚层软黏性土，其具有含水率高、孔隙比大、强度低、压缩性高等不良工程地质特性，同时软土还有低渗透性、触变性和流变性等特点。这些软土层在工程建设过程中极易发生较大变形；而在工程建成后，软土引起的工后沉降往往较大，对工程的安全运营影响很大；同时在上部荷载和振动的长期作用下，软土的触变特点往往会使其强度降低，从而进一步加大盾构隧道的变形量。

3. 流砂与突涌

上海地区在地下区间盾构掘进范围内分布的第②$_3$、④$_2$、⑤$_2$、⑦$_1$层粉土和砂土易产生流砂和管涌等现象,可能导致掘进面不稳定;且④$_2$、⑤$_2$、⑦$_1$层为(微)承压含水层,在盾构掘进时可能发生(微)承压水突涌。因此,项目建设时须对流砂及突涌问题及其危害予以足够重视。同时,因隧道内预留较多注浆孔,当位于承压水中的注浆孔封堵不善时,也会发生灾难性事故。

4. 浅层气体、沼气

浅层气体是地下空间开发可能遇到的地质灾害之一。在含浅层气体土层中进行盾构掘进施工作业时,由于浅层天然气释放,可能使地铁隧道突然产生很大位移、断裂,造成无可挽回的重大经济损失。

上海地区广泛发育有浅层天然气,其分布与地层结构及其成因有着密切的联系。一般浅层天然气发育的地区也正是海相层发育的地区,因此浅层天然气空间分布上的趋势与海相层基本一致。若在盾构推进过程中,断面有天然气,尤其是在海相粉土和砂土层中,则存在引发浅层气危害的可能性。⑤$_{1-2a}$、⑤$_{3-1}$层有存在沼气的可能。

5.2.3 盾构施工过程中的土工问题

在盾构施工方案中,与土工相关的问题主要包含盾构施工所需要的地质条件、盾构选型的地质资料和盾构施工的最小覆土。

5.2.3.1 盾构施工所需要的地质条件

在盾构施工过程中,往往要根据实际地质情况对施工技术方案和施工细节做相应的甚至较大的改变,所以要事先按地质复杂程度预计各种应变需要和物质准备,对地层的稳定性做透彻的了解,以为是否采用盾构法提供依据。有关地层稳定性的主要土质特性指标包括土体抗剪强度、开挖面土体稳定性以及开挖面土体自立时间,其中土体抗剪强度是根本性的因素。

1. 土体抗剪强度

土体抗剪强度是指在一定条件下土体抵抗剪切变形或破坏的能力,各类土体抗剪强度的大小和其在各种情况下的变化规律有很大差别,如土的种类、土的结构、应力历史和环境以及试验方法。要获得强度参数,不管是原位试验还是室内试验都有一定的局限性。因此,按各类土的特性,从宏观上估计各类土抗剪强度的高低及其变化特征以估计土体的稳定性,在目前仍然具有重要的实用意义。

硬黏土及黏土胶结的粒状土(砂土或砂砾)具有相当高的抗剪强度,一般可达到 10 kPa 以上,而且在地下水变化或开挖扰动的情况下,抗剪强度的降低值较小,属于抗剪强度高的稳定地层。在此类土层中一般可以不用盾构法开挖隧道。在有少量黏性的砂土、粉土或细砂土中，当土体不受水压作用但含有适量水分，处于潮湿状态时，可具有一定强度，只要适当支撑就可不费力地开挖隧道，但它一旦受到渗流水压作用后，抗剪强度即消失，土体流动乃至涌土崩塌。在这种土层中，一般需采用盾构法施工并需辅以降水或气压疏干法以策安全。在毫无黏结性的砂性土或砂砾土中，不论是在地下水位以下或地下水位以上，土体因无黏聚力易于流动，一般按地质困难程度采用有正面支护的人工开挖或机械化盾构。在挤入性的软塑～中塑黏土层中，当其拉剪强度较高，灵敏度较低，隧道净空不大，在开挖隧道中挤入黏土速率不大，来得及在开挖隧洞中支撑，便可采用矿山法施工，如果黏土挤入速率较大，则可考虑采用盾构法，也可考虑施加气压提高土层稳定性以采用矿山法。

2. 开挖面土体稳定性

根据勘察报告所提供的土体的不排水抗剪强度，便可用隧道开挖面的稳定系数判断是否需要采用盾构或采用何种开挖面支护问题。

开挖面土体稳定系数 N_t 可表示为：$N_t = n(p_z - p_i)/S_u$。其中，p_z 为开挖面中心处土体垂直压力；p_i 为施加于开挖面的侧向压力；n 为折减系数，盾构时取 1；S_u 为土体不排水抗剪强度。

当隧道位于塑性黏土中，开挖面中心埋深 Z 与隧道直径 B 的比值大于 2 时，在不同 N_t 值下隧道施工稳定情况如表 5-12 所列。

表 5-12　　　　　　　　　　不同 N_t 值开挖面的稳定情况

N_t 值	隧道施工中受到的影响		
>7	盾构开挖面附近土体发生剪切破坏，土体位移使盾构控制困难，出现盾构下沉趋势	由于正面不稳定，需要全断面支撑或用加气压或泥水平衡装置的盾构以稳定开挖面	都要考虑因挤入土体作用于隧道支护结构上的荷载
6~7	盾构开挖面前土体剪切破坏，使土体向开挖面移动		
5~6	黏性土可以很快地挤入盾尾空隙		
4~5	黏性土有一定挤入速度	隧道施工开挖面没有特殊困难	
1~4	黏性土的挤入速度较慢，不致产生问题		

5.2.3.2　土层参数对地面变形的影响

盾构使用不同的施工参数或在不同的土层中掘进时，所引起的地表变形一般是不同的。这是因为不同的施工参数对周围地层的扰动程度有所差异，不同的土层有着不同的物理力学性质。

（1）内摩擦角：土体的两个重要参数之一，是土的抗剪强度指标，是工程设计的重要参数，沉降槽宽度系数主要由土的内摩擦角来决定。土的内摩擦角越大，盾构推进后沉降越小。

（2）黏聚力：于黏土来说，黏聚力是衡量其抗剪强度的一个重要指标。盾构掘进引起土应力-应变状态的改变,使土体产生变形,土体变形主要表现为地表沉降或隆起。黏聚力 c 对土的不排水抗剪强度具有很重要的影响,而土的抗剪强度直接关系着地表变形量的大小。因此,黏聚力 c 是一个重要的关联参数。一般黏聚力越大,盾构推进后沉降越小,甚至有隆起发生。

(3) 压缩模量:是反映土体强度的重要指标,出了地表,变形量随 E, c, φ 值的增大而减小,即增大土体材料强度可减小施工对土体扰动的影响。因此,压缩模量也与地表变形有较大的关联。

(4) 孔隙比:土体受到扰动后,土体骨架会发生持续很长时间的压缩变形,在此土体蠕变过程中产生的地面沉降称为次固结沉降。在孔隙比较大的软塑和流塑黏土中,次固结沉降往往要持续几年甚至更长时间,它所占总沉降量比例可高达35%以上。因此,土体孔隙比和灵敏度对于地面沉降有重要影响。土体孔隙比越大,盾构推进后的地面沉降越大。

5.2.3.3 盾构选型的地质资料

盾构机是盾构隧道施工最重要的设备,盾构选型直接关系到盾构隧道建设的成败。盾构选型时,应综合分析影响盾构机类型的主要因素,如地质条件、地面情况、隧道断面、隧道长度、线路走向和工期要求等,以保证开挖面的稳定。

1. 地层适用性分析

土压平衡式盾构适用于含水率和颗粒组成比较适中的地层,开挖面的土砂可以直接流入压力舱及螺旋输送机,从而保持开挖面的稳定。土压平衡式盾构是根据土压力的状况同时进行挖土和推进的,通过检查土压力可以控制开挖面的稳定性。当地层为砂粒含量较多而不具有流动性的土层时,采用土压平衡式盾构施工需要通过添加水、泥水或其他添加材料使泥土压力很好地传递到开挖面。通过这种办法,土压平衡式盾构可以适用于冲击砂砾、砂、粉土、黏土等固结度比较低的软弱地层、洪积地层以及软硬相间互层等地层。

泥水平衡盾构是通过施加略高于开挖面水土压力的泥浆压力来维持开挖面的稳定的。一般比较适用于在河底、海底等高水压条件下的隧道施工,具有很高的安全性和良好的施工环境。对周围环境的影响较小。泥水平衡盾构适用于冲洪积以及洪积形成的砂砾、砂、粉砂、黏土层,弱固结的互层地层,含水率高而不稳定的地层,是一种适合多种地层条件的盾构形式。

2. 地层渗透适用性分析

地层渗透性对于盾构选型也是一个很重要的影响因素。根据国内外盾构隧道的施工经验可知,细颗粒含量多的地层渗透率小,粗颗粒含量多的地层渗透率大。当颗粒粗且水量充足时,渣土为流体状,盾构的螺旋机形成不了土塞,土仓建立不了压力,仅依靠大颗粒充满土仓来形成机械式支撑土体时,即使土仓充满水也会造成堵仓。因此,当地层的渗透系数小于 10^{-7} m/s 时,宜选用土压平衡式盾构;当地层的渗透系数为 $10^{-7} \sim 10^{-4}$ m/s 时,既可选用土压平衡式盾构也可选用泥水平衡式盾构;当地层的渗透系数大于 10^{-4} m/s 时,宜选用泥水平衡式盾构。

3. 地下水的影响分析

在饱和含水软土中,特别是在含水砂层或复杂困难的地层中,要妥善处理开挖面的地下水问题,这是盾构选型的一个关键,因此,盾构选型要充分掌握如下水文地质资料。

(1) 地层中透水层分布。

在复杂地层中,需用连续取土钻探和静力触探相结合的方法,查清各透水层的厚度及深度,详细描述黏性土层与砂性土层互层的层相以及砾石卵石的存在状况。要注意夹在黏性土层大于 25 cm 厚度的砂性土层,在动水压力下就会发生流砂现象,影响开挖面稳定;当黏性土层中存在间隔为几厘米或几毫米的粉砂薄层时,应采用降水法或气压法来提高此夹薄砂黏土层的抗剪强度,以改善开挖面的稳定性。

(2) 以连续性的勘探查清透镜体。

对复杂含水地层,宜采用钻探与物探相结合的方法进行连续性的勘探,查明地层中有无古河道,或无法以井点法降水,并具有使开挖面发生暴发性崩塌的透镜体。

(3) 查明地下水位以及各层土的水压力。

在地下水位较深或在第二透水层中进行水压调查时,用观测井观测各层水位的工作,要非常细致地操作,防止测出水位的虚假性。

(4) 渗透系数的变化。

渗透系数是在很广的范围内变化,渗透系数与土的粒径有较大关系,还与土的孔隙比、饱和度、土颗粒的形状及排列等因素有关。因此在钻探资料中,当粒径、孔隙比有较大变化时可判断渗透系数有较大变化。在土粒径及渗透系数变化很大的复杂地层中,井点降水不易达到较好的疏干效果。

(5) 观测查明地下水的流动速度。

流动速度较大时要考虑开挖面护壁泥浆是否会被冲走。

5.2.3.4 盾构隧道最小覆土的确定

确定隧道覆盖层厚度时,需同时考虑盾构施工和结构抗浮要求,并选择最严格的覆土控制要求。一般情况下,考虑到施工时的作业效率(材料的运进和废渣运出、人员的上下)、便于建造竖井、降低压气压力、便于水的处理和便于竣工后对结构的运营管理,隧道埋深小一些为好。在这种条件下,为了施工安全且不给周围环境带来不良影响,必须对各种因素进行慎重研究,根据地面和地下建筑物的状况、土层条件、开挖断面的大小以及施工方法等,选用必要且足够的覆盖层厚度。

相关规范规定,盾构法地铁区间隧道覆土厚度宜≥1D(D 为隧道结构外径)。在工程实际中,有埋深较此值小而取得成功的,也有即使埋深较此值大仍产生下陷和漏气的。因此,必须结合工程实际,采用适当的辅助施工方法,特别当盾构隧道下穿河、海底部时,对漏气、喷涌和隧道浮起问题的研究尤为必要。

1. 气压盾构的最小覆土

(1) 含水砂性土层中。

在砂性土层,特别是在水底隧道穿越砂性土层用气压平衡式盾构施工时,如盾构顶点超压$(\alpha D \gamma_w)$大于覆盖层的承受能力,就会发生开挖面喷发涌水的严重事故。为防止这种事故的发生,需从压力平衡和控制气体外溢两个方面研究和确定保证开挖面安全的最小覆土厚度。

从压力平衡方面来考虑,最小覆土的压力$(H+S)\gamma_w + S(\gamma_w - 1)$应大于稳定开挖面所需的气压值$P_i$,通过压力平衡可计算出最小的覆土$S: S \geqslant \alpha D / [(\gamma_w - 1)\gamma_w]$。

$P_i = (H + S + \alpha D)\gamma_w$。其中,$H$为盾构覆土顶面以上的水深,水位在覆土顶面以上$H$为正值,在覆土顶面以下$H$为负值;$S$为盾构顶上覆土;$D$为盾构直径;$\gamma_w$为水的容重;$\alpha$为超压系数,砂性土中$\alpha$一般为2/3。

从控制气体外溢方面来考虑,当盾构上覆土层的渗透系数过大,气体泄露量大于气压站供气量时,应通过注浆等措施降低土体的渗透性,否则应加大覆土深度。

(2) 饱和黏土层中。

在饱和黏土层中,最小覆土厚度要根据气压压力P_i与盾构顶上水土垂直压力P_v平衡、隧道抗浮以及覆土层不开裂漏气等诸方面的要求而确定。

就压力平衡而言,同样只要盾构顶部水土产生的垂直压力P_v大于盾构需要的气压压力P_i,覆土厚度即满足要求,为安全起见,一般取$1.2P_i$进行计算。

饱和黏土层中盾构所需要的气压压力一般可取4~6倍的不排水抗剪强度,对于地面沉降要求较高地段,可取2~4倍的不排水抗剪强度。

就不开裂漏气而言,一般来说,在塑性指数大于15的流塑或软塑的饱和含水黏土层中,当覆土厚度能满足压力平衡与抗浮要求时,推进过程控制好出土一般不会发生开裂漏气现象。

2. 泥水平衡式盾构及土压平衡式盾构的最小覆土厚度

平衡式盾构最小覆土在理论上说可以等于零,但实际上往往要按隧道抗浮要求和盾构推进轴线控制条件而定。

对于泥水平衡式盾构最小覆土厚度的确定,一方面需要设定足够大的泥水压力来维持掘进面的稳定,另一方面又需要控制泥水压力的大小,防止其劈裂地层而发生泥水喷发。从经济角度来讲,一般要求隧道埋置深度尽可能浅;从技术角度来讲,对于上软下硬地层等复杂地质条件,也需要隧道覆土厚度尽可能浅,以减少盾构掘削硬岩断面的面积和长度。但是,对于泥水盾构隧道而言,当覆土厚度较薄时,开挖面稳定不易控制,盾构掘进安全和隧道抗浮安全不易保证,稍有不慎,容易发生工程事故。为此,需要从工程技术角度提出既满足盾构掘进安全和隧道抗浮安全,又能达到工程经济性高或者在上软下硬地层中掘削岩层最少的覆土厚度。在此基础上还要考虑隧道的功能,如坡度和线形等,最终确定该隧道的覆土厚度。

5.3 地面沉降的预测和控制对策

在软土地层中,隧道施工引起的土体扰动会使地面产生不同程度的沉降和位移。地面沉降和地层移动超过一定的限度就会对地表建筑物或已建隧道的正常使用和安全运营产生较大影响。因此,如何预测可能发生的地面沉降,从而选择合理的施工控制措施显得尤为重要。

目前,已有国内外诸多学者对盾构隧道施工引起的地面沉降和地层移动的机理和规律进行过研究,已有的地面沉降预测方法主要有解析方法、经验公式法、有限元法、室内模型试验和人工神经网络等。

5.3.1 地面沉降的原因

5.3.1.1 地层损失

盾构隧道施工过程中的地层损失是导致地面沉降的主要因素。地层损失是指盾构施工中实际开挖土体体积与建成隧道体积之差。周围土体在弥补地层损失中发生地层移动,进而引起地面沉降。

一般认为地层损失与以下几个因素有关:

(1) 开挖面的土压力不平衡。

在盾构推进过程中,若盾构机推力小于开挖面土压力,开挖面土体将向盾构机后方移动,引起土体损失,进而导致地面沉降。反之,若盾构机推力大于土压力,则开挖面土体向盾构前方移动,导致开挖面上方地面隆起。

(2) 盾尾注浆引起的地层损失。

主要体现在注浆压力不够、注浆量不足以及注浆不及时。隧道衬砌脱离盾尾后,在地层开挖面和衬砌之间形成环形空隙。若同步注浆不及时、注浆量不足或注浆压力不够,土体将向盾尾空隙塌陷,引起地面沉降。盾构在软土地层中掘进时,盾尾闭合是引起地层损失的主要原因。

(3) 盾构姿态调整。

在盾构推进过程中,盾构姿态纠偏、仰头、扣头和曲线推进等都会使实际开挖形状大于设计开挖形状,从而引起地层损失。实际轴线与设计轴线偏离越大,引起的地层损失也越大。

(4) 盾壳与土的摩擦和剪切。

在盾构掘进时,盾壳与地层的摩擦和剪切会对土体产生扰动,也会引起地层损失。

(5) 土与衬砌的相互作用。

隧道周围土体与衬砌相互作用,衬砌和地层会发生变形,引起地层损失。但该因素引起的地层损失一般较小,可以忽略不计。

5.3.1.2 工后沉降的影响

隧道周围的土受盾构施工扰动,形成超孔隙水压力区。盾构离开该区域后,超孔隙水压力下降,超孔隙水消散引起地层沉降,这是主固结沉降。随后,土将会进一步产生随时间增长的蠕变,即次固结沉降,这与地层情况有关。次固结沉降有时要持续几年以上,在总沉降量中所占比例较大。张冬梅等在综合了上海软土隧道地表长期沉降的发展和世界各地隧道长期沉降的资料后发现,在一定时间范围内,长期沉降(不包含瞬时沉降)和瞬时沉降的比值在 14%~48% 范围内变化,而上海地铁 2 号线的这一比值达到了 41%。可见,后期沉降还是相当显著的。

5.3.1.3 隧道运营的影响

当地铁隧道投入运营后,地铁列车的长期振动等可能导致沉降在相当长时间内发展,这可能会对地面建筑物产生危害,应该予以足够的关注。根据现有的研究成果,在隧道投入运营后,列车高频次通过带来的振动影响是存在的,尤其是隧道存在渗漏的情况下。

张冬梅等在综合考虑隧道的局部渗透性和土体时效特性的条件下,采用数值模拟的方法,对隧道长期形态发展过程中衬砌局部渗流对地表沉降、沉降槽及地层损失的影响进行了分析,认为衬砌不排水条件下的地面最终沉降量要小于排水条件下的沉降量。隧道衬砌的排水与否不仅影响地表沉降量的大小,而且对沉降槽的发展也会产生影响。随着衬砌渗透性的增加,对应的地表沉降也会相应增加。在隧道衬砌排水和部分排水的边界条件下,地表沉降槽的宽度随时间的发展不断增加,但对于不排水边界条件而言,沉降槽则出现先增加后减小的特征。因此,减小衬砌的渗透性能在一定程度上能减少其后期沉降。这里衬砌的渗透性并不是指隧道衬砌混凝土的渗透特性,而是指隧道衬砌在管片拼缝、手孔等影响下的局部渗流。在衬砌排水条件下,地层损失随时间不断增加;而在衬砌不排水条件下,地层损失在发展到一定程度后会出现减小的趋势。

5.3.2 地面沉降预测方法

5.3.2.1 派克法

利用统计回归分析,以实测数据为基础,建立地面沉降与其影响因素之间的经验公式,是研究地面沉降规律的常用方式。

派克法(Peck)公式是预测地面沉降的常用手段,后人在它的基础上进行了一系列的改进和修正。

1969 年,Peck 结合采矿引起地面沉降的估算方法,通过对隧道地表沉降槽形状的观察以及对大量实测数据的分析,在墨西哥召开的国际土力学与地基基础工程会议上首次给出了地面沉降的经验公式。他认为,在不排水的条件下,沉降槽的体积应等于地层损失量,假定沉降槽形状为正态分布曲线(图 5-8),地面沉降横向分布的经验公式为

$$\delta(x) = \frac{V_s}{i\sqrt{2\pi}} \exp\left(-\frac{x^2}{2i^2}\right) \tag{5-12}$$

式中,x 为距隧道中心线的水平距离(m);$\delta(x)$ 为距隧道中心线横向距离为 x 处的沉降量(m);V_s 为沉降槽体积,即单位长度的地层损失量(m^3/m);i 为沉降槽宽度系数,即隧道中心线与沉降曲线反弯点之间的距离(m)。

沉降槽宽度系数 i 决定盾构隧道施工的影响范围,Peck 根据 17 例盾构隧道的统计资料,给出了不同地层的沉降槽宽度系数 i 与埋深 Z 及隧道直径 $2R$ 之间的无量纲关系,如图 5-9 所示。

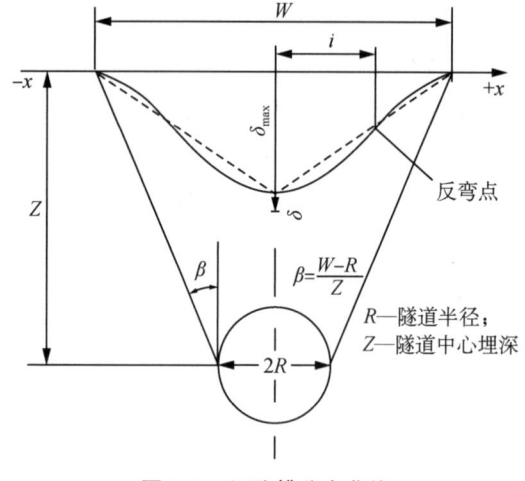

图 5-8 沉降槽分布曲线

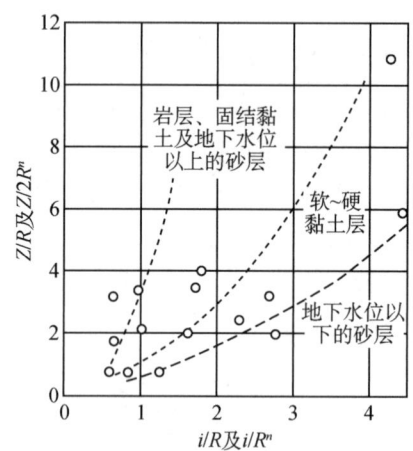

图 5-9 沉降槽宽度系数与隧道直径及埋深的关系

根据统计资料,地层损失率即单位长度的地层损失量,一般为

$$\frac{\Delta A}{A} = 1\% \sim 3\% \tag{5-13}$$

式中,ΔA 为沉降槽断面面积(m^2);A 为隧道断面面积(m^2)。

由图 5-9 可得沉降槽宽度系数 i,结合式(5-12)和式(5-13)即可求出任意位置 x 处的地面沉降量 $\delta(x)$。

Peck 公式中的大部分数据来自气压盾构隧道的施工资料,根据图 5-9 推算出的沉降槽宽度系数 i 的大致范围如下:对于岩层、固结黏土、砂土 i 为 ±35%;对软黏土至硬黏土 i 为 ±20%。

在 Peck 公式的基础上,许多学者又进行了修正和改进。

1981 年,Attewell 提出的沉降槽分布公式可以看作 Peck 公式的修正。Attewell 也假定

盾构施工引起的地面沉降服从正态分布,分布形式如下:

$$i = KR\left(\frac{z}{2R}\right)^n \tag{5-14}$$

$$\delta_{\max} = \frac{V_s}{i\sqrt{2\pi}} \tag{5-15}$$

式中,K,n 为系数,与土层性质有关;$\delta_{\max}$ 为地面沉降量最大值,其他参数含义与 Peck 公式一致。Attewell 公式的参数取值与施工工法、地层性质有关,预测精度有待提高。

1982 年,O'Reilly-New 通过对英国黏性土(11 处 19 例)、砂性土和回填土(6 处 16 例)的沉降槽宽度、最大沉降量及沉降槽体积等工程实测数据的分析整理,对沉降槽宽度系数进行了修正,但认为沉降曲线仍服从正态分布。O'Reilly-New 认为沉降槽宽度与隧道直径的关系不大,但与隧道埋深关系密切,并分别给出了在黏性土和砂性土条件下沉降槽宽度和隧道埋深的经验关系。

黏性土:

$$i = 043Z + 1.1 \tag{5-16}$$

砂性土:

$$i = 0.28Z + 0.1 \tag{5-17}$$

最大沉降量的计算仍采用式(5-15)。此外,使用 O'Reilly-New 公式还需满足如下条件:

(1) 隧道覆土厚度大于隧道直径;
(2) 隧道直径范围为 1~5 m;
(3) 地面距隧道中心深度,砂土最大为 10 m,黏土最大为 30 m。

O'Reilly-New 公式预测地面沉降时,误差可能会相当大。

1975 年,刘建航在总结了众多隧道沉降分布规律的基础上,提出了负地层损失的概念,将地层损失分成了开挖面地层损失和盾尾后地层损失两个部分,并根据 Peck 公式的基本原理得出计算地面纵向沉降的经验公式。黄黔等针对双圆隧道地面沉降进行了研究,提出了适用于黏性土和砂性土的 DOT-Peck 修正公式。

考虑固结因素的 Peck 修正公式:

1985 年,Hurrell 通过对 4 个工程实例的研究,推导出长期的最大沉降表达式为

$$W_{\max,t} = 2W_{\max,s} \cdot OFS \cdot A \tag{5-18}$$

式中,$W_{\max,t}$ 为长期最大沉降量;$W_{\max,s}$ 为短期最大沉降量;OFS 为简单超载系数;$A = 0.39(1 - 0.01W_{\max,s})$,适用于 6 mm $\leqslant W_{\max,s} \leqslant$ 63 mm 的施工情况。

总体而言,基于统计数据的经验公式能给出大致的地面沉降的计算方法,但其计算出的不同地层的最大、最小沉降曲线可能会相差很大。而且,经验公式很难综合考虑不同施工工法、地层性质、衬砌刚度和隧道形状等复杂影响因素。因此,一般情况下,由经验公式计算出

的地面沉降与实际结果之间的差距可能很大,通常应用于盾构施工前期的估算或者定性研究。

5.3.2.2 有限元法

有限元法(Finite Element Method,FEM)是目前广泛应用的数值计算方法之一。随着计算机技术的不断发展,数值计算的方法较好地解决了解析法求解困难的问题,具有成本低、效率高等诸多优势。同时,对于涉及复杂性质的材料(如非线性的应力-应变关系、非均质地层或各向异性)、各种边界条件、任意荷载情况和任意几何形状等工程问题,数值计算方法可以得到与实际情况相近的结果。

有限元法是20世纪六七十年代发展起来的一种数值分析方法,在岩土工程中最初用来分析土的渗流、固结和变形等。1966年有限元法被应用于土坝的应力-应变分析,1977年沈珠江院士将有限元法应用于软土地基的固结变形分析。

在隧道施工引起的地面沉降有限元预测中,为了提高有限元法的模拟精度,除合理选择土体的本构模型之外,还需要考虑如下关键因素:

(1)隧道施工过程的合理模拟方法。合理模拟隧道施工过程是获得合理地面沉降的关键,目前常用的隧道施工模拟方法有"地应力释放方法"和"单元生死法",前者常用于矿山法隧道施工,后者常用于盾构法隧道施工。

(2)隧道结构模型。常用的隧道结构模拟方法有隧道结构精细模拟方法和隧道结构等效模拟方法。隧道结构精细模拟方法是对隧道结构和构件进行三维实体建模,该模拟方法工作量较大,但可以精细模拟隧道管片不同结构构件的受力和变形特性。隧道结构等效模拟方法是指采用等效均质圆环、板-弹簧、梁-弹簧或者壳-弹簧等方法等效模拟隧道结构刚度及管片接头的影响。

目前常用的数值计算方法除有限元法以外,还有有限差分法、离散元法、边界元法及无网格方法等。

5.3.2.3 其他沉降预测方法

1. 模型试验

模型试验方法可用于研究盾构法隧道施工过程中地层的变形机制和受力分布。试验方法一般分为室内模型试验和现场试验。室内模型试验相对于现场试验成本低且可反复试验,但模型与原型的相似关系很难完全一致;现场试验可信度更高,但成本较高、经济性较差,在重大工程中应用较多。

为保证模型试验尽可能与原型一致,在进行室内模型试验时,必须保证模型材料、性质和荷载等都遵循以下相似条件:

(1)第一相似定理,若物理过程与模型的一切相似指标等于1,或其相对应的相似判据为不变量,抑或物理过程与模型相似的数学方程保持不变。

(2)量纲分析,也称为π定理。假设表示某一物理过程的函数式包含n个物理量,其中

k 个是具有相互独立的因子,经过处理,这一函数可改变为包含 $n-k$ 个由这些物理量所组成的无量纲因子(π_i)的函数式。

(3) 单值条件相似定理。物体的几何性质、物理参数、边界条件和运动初始条件相似。

在室内进行模型试验时,若物理现象中各物理量的函数关系未知,但已知影响该物理现象的物理量时,可以用量纲分析法来确定相似条件。

物理量所属的种类,称为这个物理量的量纲,一个物理量可采用不同的单位,但只能有一个量纲。在科学界,选定某些基本量的量纲为基本量纲,基本量纲是彼此独立的。由基本量纲所导出的量纲称为导出量纲,在动力学问题中,有长度 L、质量 M 和时间 T 三个基本量纲。在静力学问题中,则只有长度 L 和质量 M 两个基本量纲。不同量纲的物理量不能进行加减运算,任何一个正确的物理方程中,各项的量纲一定相同,这就是物理方程量纲的和谐性,量纲的和谐性是量纲分析的基础。

量纲分析可用于:①检查所建立的方程是否正确;②变换单位;③确定正确表征物理现象的有关物理量的合理形式;④设计系统的实验,并分析实验结果。

量纲分析法用于相似模型的试验研究,可用来确定相似判据,进行模型设计。具体的方法就是 π 定理,其内容是:

若物理方程

$$f(x_1, x_2, \cdots, x_p) = 0 \tag{5-19}$$

共含有 p 个物理量,其中基本量有 r 个,并且保持量纲的和谐性,则这个物理方程可以简化为

$$F(\pi_1, \pi_2, \cdots, \pi_{p-r}) = 0 \tag{5-20}$$

式(5-20)是由方程(5-19)中的物理量所构成的无量纲积,即相似判据。

由此可知,把式(5-20)中的参数 π_1,π_2,π_3 ······ 看作新的变量,则变量的数目将比原方程所包含的数目减少 r 个。

确定相似判据的方法如下:

从方程(5-19)所有的物理量 x_1,x_2,x_3,$\cdots$,x_p 中,按不同的量纲选择 r 个物理量。要求所选出的 r 个物理量的量纲是独立的基本量纲或是不能相互导出的量纲,每个基本量纲在所选的 r 个物理量中,至少要出现一次。地下工程室内试验中常用的三个量纲有两种:一种是长度[L]、质量[M]、时间[T];另外一种是长度[L]、力[F]、时间[T]。将所选的 r 个物理量组成基本量群,将此基本量群的幂乘积作为分母,未被入选基本量群的余下的每个物理量作为分子,逐个地分别与基本量群的幂乘积构成分式,此分式之值以 π 表示。设此分式分子的量纲与分母的量纲相等,则 π 就是个无量纲参数,即相似判据。

实际上,在模型试验中,要完全满足所有的相似条件是很困难的,因为原型和模型的各个物理量都是独立的。研究者需要对原型、模型材料的物理特性,各个阶段的力学特性,模型试验研究的环境、目标和要求有深刻的了解和掌握,这样才能选择合适的主要物理量,保证模型试验的有效性。

黄黔等针对土-盾构系统,总结了盾构隧道模型试验中涉及的主要物理量如下:

盾构特性:覆土厚度 $H[L]$、直径 $D[L]$、开口率 $\xi[1]$、盾构自重 $W[F]$。

土壤特性:单轴抗压强度 $\sigma_c[FL^{-2}]$、黏聚力 $c[FL^{-2}]$、内摩擦角 $\varphi[1]$、土壤容重 $\gamma[FL^{-3}]$、土体变性模量 $E[FL^{-2}]$、孔隙比 $e[1]$、泊松比 $\mu[1]$、含水率 $\omega[1]$。

掘进系统:推进力 $P[F]$、刀盘转动速度 $n[T^{-1}]$、盾构钢板与土壤之间的摩擦系数 $f_r[1]$、重力加速度 $g[LT^{-1}]$。

因变量:刀盘驱动扭矩 $T[FL]$、盾构推进速度 $V[LT^{-1}]$、土体内部应力 $\sigma[FL^{-2}]$、土体变形量 $\delta[L]$。

土与盾构系统的函数关系中包含 20 个物理量,这些物理量中包含三个基本量纲,则能得到 17 个相似判据。选取三个基本量纲(力 $[F]$、长度 $[L]$、时间 $[T]$)为基本量,得到 17 个无量纲因子 $\pi_i(i=1, 2, 3, \cdots)$。

$$\begin{cases} \pi_1 = \dfrac{T}{EH^3},\ \pi_2 = \dfrac{V}{\sqrt{gH}},\ \pi_3 = n\sqrt{\dfrac{H}{g}},\ \pi_4 = \dfrac{D}{H},\ \pi_5 = \dfrac{\gamma H}{E},\ \pi_6 = \dfrac{P}{EH^2}, \\ \pi_7 = \dfrac{W}{EH^3},\ \pi_8 = \dfrac{\sigma}{E},\ \pi_9 = \dfrac{c}{E},\ \pi_{10} = \dfrac{\sigma}{E},\ \pi_{11} = \dfrac{\delta}{H},\ \pi_{12} = e, \\ \pi_{13} = \omega,\ \pi_{14} = \mu,\ \pi_{15} = \varphi,\ \pi_{16} = \xi,\ \pi_{17} = f_r \end{cases} \quad (5.21)$$

得到独立的无量纲因子后,根据模型和原型相似则可得相似判据相等,以及通过已经确定的几何相似比、加速度相似比和容重相似比等即可得到所有物理量的相似比。当相似比确定之后,即可进行相应的室内试验。

2. 人工智能(机器学习)预测方法

由于地质条件、施工方法等参数通常不是完全定量的,且涉及的变量较多,维度较高,故一般来说难以用确定的显式函数来描述参数与地面沉降之间的关系。机器学习作为一门从 20 世纪 50 年代以来迅猛发展的多领域交叉学科,涉及有监督学习、无监督学习和强化学习等多种学习类型,可有效处理分类、回归、聚类等数学问题。机器学习的各种回归算法具备自适应性、非线性及容错性强等特点,可通过隐式将输入向量映射到高维空间中的方法,使得原本非线性的问题能得到很好的处理,又或通过集成学习算法,将一些简单的弱分类器集合起来使用,也能达到惊人的精度。常见的机器学习算法包括人工神经网络、支持向量机、随机森林等,均在地面沉降预测中得到了应用,并取得了良好的效果。

(1) 人工神经网络。

人工神经网络(Artificial Neural Network, ANN)是 20 世纪 80 年代以来人工智能领域兴起的研究热点。它从信息处理角度对人脑神经元网络进行抽象,建立某种简单模型,按不同的连接方式组成不同的网络。神经网络由大量的节点(或称神经元)相互连接构成,每个节点代表一种特定的输出函数,这种输出函数称为激励函数。每两个节点间的连接都代表一个通过该连接信号的加权值,该加权值称为权重,这相当于人工神经网络的记忆。网络的输出则依网络的连接方式、权重值和激励函数的不同而不同。而网络自身通常都是对自然界某种算法或者函数的逼近,也可能是对一种逻辑策略的表达。

人工神经网络由于其良好的非线性逼近能力和泛化能力在盾构法隧道施工控制中得到重视和应用。Shi 等利用 BP 网络对巴西利亚 6.5 km 盾构隧道的地面沉降进行预测,指出了该隧道施工的特点,分析了地层移动。Yeh 研究神经网络在盾构隧道自动土压平衡控制中的应用,研制了盾构施工土压力平衡控制的神经网络软件系统,并在台北市隧道工程中得到应用,取得了良好的效果。

在地面沉降预测中,通常把施工数据、地质参数和地面监测数据作为网络基础输入值,把下一时刻的地面沉降值或沉降特征信息作为网络输出,建立模型,实现对地面沉降的预测。在神经网络的建模过程中,人们尝试不同输入和输出特征变量,如孙钧和袁金荣用前一时刻的监测数据、覆土深度、盾构外径比、推进速度、推力和回填注浆间隔时间作为输入量,预测盾构正前方 5 m 处的地面沉降。徐进选取岩土的黏聚力、土的压缩模量、内摩擦角、覆盖层厚度、盾构直径、注浆压力、注浆填充率、盾构掘进推力和推进速率作为神经网络的输入,选择地面最大沉降量和沉降槽宽度系数作为神经网络的输出,进行沉降预测。

(2) 支持向量机。

支持向量机(Support Vector Machine, SVM)于 1964 年被提出,这是一类按监督学习方式对数据进行二元分类的广义线性分类器。20 世纪 90 年代开始,支持向量机得到快速发展并衍生出一系列改进和扩展算法,其使用核函数将分类和回归问题从原始的特征空间映射至更高维的希尔伯特空间,成功解决了非线性可分的问题,由此得到了工程界广泛的关注和应用。

Zhang 等人将小波包变换与最小二乘支持向量机结合,提出一种新的混合方法来预测盾构隧道开挖引起的地面沉降。并用武汉的案例来验证该方法的效果,结果证明该方法的确提高了预测的准确性和可靠性,可为隧道施工提供依据和安全保障。吴贤国等人为了明确地铁盾构施工诱发地表沉降的关键因素,提出了一种基于粗糙集的支持向量机的求解模型。利用粗糙集遗传算法进行属性约简处理,获得了影响盾构施工地表沉降的 4 个关键参数,即单环注浆压力、内摩擦角、比扭矩均值和切口泥水压力均值;采用支持向量机建立了盾构关键参数与地表沉降之间的关系,并将其运用到武汉轨道交通 2 号线越江隧道工程中,其结果论证了该方法的科学性和可行性。

(3) 随机森林。

随机森林是由 Leo Breiman 于 2001 年提出的一种集成学习算法。随机森林是一个包含多个决策树的分类器,并且其输出的类别是由个别树输出的类别的众数而定。作为一种集成学习算法,随机森林具有许多独特优势:适用范围广,可以产生高准确度的分类器;可以处理大量的输入变数;可以在决定类别时,评估变数的重要性;在建造森林时,可以在内部对于一般化后的误差产生不偏差的估计;可以估计遗失的资料,并且如果有很大一部分的资料遗失,仍可以维持准确度。拥有上述众多优点,随机森林在隧道施工控制方面也得到了广泛的青睐。

Chen 等人利用反向传播神经网络、小波神经网络、广义回归神经网络、极限学习机、支持向量机和随机森林等 6 种算法预测盾构隧道施工引起的地面沉降。平均绝对误差、均方根绝对误差和相关系数三个指标被用来说明各计算模型的性能。结果表明,广义回归神经网络和随机森林表现最好,能够正确地识别隧道沉降的演化规律,精度相较别的算法提高了 100%。Kohestani 等人利用随机森林算法对土压力平衡盾构机掘进引起的最大地表沉降进行了预测。结果表明,利用工程的几何参数、地质参数和盾构机的操作参数,随机森林可有效地对引起的最大地表沉降进行预测,且精度高于传统的人工神经网络。

机器学习作为一门与时俱进的科学,不断有新的算法涌现,如 GBDT,XGBOOST,LightGBM 都是最新提出的优质算法。此外计算机性能不断提高,大数据时代来临,机器学习算法一定会在隧道沉降方面得到更广泛的应用。

5.3.3 地面沉降及环境控制措施

盾构施工必然会对地层产生扰动,为避免或减少盾构施工对地面建(构)筑物带来的影响,需要采用各种控制措施来减少地面沉降。

一般可以将地面沉降控制措施按时间顺序分为盾构掘进前、盾构掘进时、盾构掘进后的技术措施。盾构掘进前的地面沉降控制主要是地层的预加固,常用的地层预加固措施有地面注浆、高压旋喷桩、树根桩和深层搅拌桩等。盾构掘进中最重要的是对盾构施工参数进行控制,盾构掘进后要注意及时补浆。

5.3.3.1 隧道施工参数控制

隧道施工参数控制主要包括盾构推力与土压力平衡、掘进速度与出土量、同步注浆的及时与足量,当然还包括其他一些施工因素,如盾构姿态、纠偏方式等。

维持盾构前方推力与土压力平衡是控制地面沉降的重要手段,其重点是做好停推和拼装时的土压力的平衡。一般来说,当短时间停推时,可以采用反转螺旋机来维持正面土压力;当长时间停推时,可以采用盾构机向前推进并适当盾尾注浆来维持正面土压力。拼装管片时应紧缩对应的千斤顶或者采用螺旋机反转等手段维持前方土压力值。

盾构掘进速度与出土量相互影响。盾构掘进引起的土层损失以及对周边地层的扰动是引起地面沉降的基本因素,因此盾构掘进时的超挖及欠挖即出土量的多少直接影响地面沉降的大小。一般同一施工隧道出土量的大小是相对推进速度而言的。盾构掘进时,推进速度过慢而出土速度较快,可能会导致盾构前方土压力失衡,导致地面沉降。同时,若盾构推进速度过慢,以至于经常停推,也可能导致较大的地层变形。另外,盾构背土、出土过快,盾构推进时的纠偏和曲线推进都会引起超挖,超挖引起的地层损失也将直接导致地面沉降的增大。

在施工过程中,应重点控制施工参数中的压力值、推进速度、出土量、盾构机每环的纠偏量和同步注浆质量。可以通过以下措施控制地面沉降:

(1) 根据地层情况等,选择合适的盾构方式,包括盾构机种类、刀盘开口率、刀具类型等。

(2) 对地层进行预加固,包括注浆加固、盾构前方土体改良等。

(3) 严格控制盾构掘进速度和出土量,严禁超挖、欠挖,必要时及时补浆。

(4) 盾构推进时将每环的纠偏量分解到多次纠偏过程中,以减少盾构机一环一次的方向改变等引起的更大超挖量。

(5) 选择合适的浆液、注浆压力、注浆量,及时进行足量的同步注浆、合理使用二次注浆是控制地面沉降的关键。

(6) 均匀推进,尽量减少停推的发生,并做好防后退的措施。

此外,加强对地面变形的监测,根据地面变形监测数据,及时优化调整盾构施工参数,也是减少地面沉降的重要措施。

5.3.3.2 注浆控制

由于盾壳直径大于隧道外径,在盾构掘进时,会使衬砌管片与地层之间存在建筑空隙,若不对其进行及时足量的注浆填充,将会导致周围地层的变形。在实际施工时,通常采用同步注浆的方式来填充空隙,以减少施工对地层的干扰,达到控制变形的目的。

盾构推进中的同步注浆是填充土体与管片圆环间的建筑间隙和减少后期变形的主要手段,也是盾构推进施工中的一道重要工序。及时、充足、均匀的注浆,可以将地表变形和管片偏移控制到最小,同时也能起到一定的防水效果。

影响注浆效果的因素很多。其中,浆液材料、注浆量、注浆压力和注浆时机是关键因素,地层特性、注浆位置和注浆设备等也会对注浆效果有一定影响。

(1) 浆液材料。

目前常用的浆液按工艺性质可以分为单液浆和双液浆。单液浆又可分为惰性浆液和可硬性浆液。

惰性浆液中不含水泥等胶结材料,由砂、水、粉煤灰加一定添加剂拌和而成。这种浆液固结时间较长,强度低,并且在固结时有游离水的出现,会产生体积收缩的现象。同时惰性浆液流动性较好,在重力作用下,浆液大部分集中至隧道底部,不能很好地控制地面沉降,一般需要二次注浆加以凝固。

可硬性浆液是在浆液中掺加水泥或石灰等胶结材料,具有成熟的浆液配比和施工工艺。可硬性浆液的缺点是初凝时间较长(一般为 4 h),不利于管片和地面沉降的稳定。

双液浆包含两种浆液,常见的水泥-水玻璃浆液即双液浆。其中水玻璃主要起速凝剂的作用。双液浆通过两个管路分别注入盾尾间隙。双液浆的优势在于可以通过采用不同的配合比,调节浆液的凝结时间。同时,双液浆早期强度及长期强度较大,固结后体积无变化,在地下水作用下无稀释性,压送时没有材料分离现象,填充性好。

综上所述,在选择同步注浆材料时,应考虑以下条件:

① 材料来源广,无污染,价格便宜;

② 填充性好,可以充分填充到盾尾间隙的每个角落;
③ 流动性好,离析少;
④ 材料可泵性好,能在长距离输送情况下不堵管、泌水量少;
⑤ 初凝时间可调节,便于施工管理;
⑥ 浆液硬化时的体积收缩小等。

目前,上海市通常采用的浆液材料为惰性浆液和水泥水玻璃浆液。

影响地面沉降的施工参数有很多,除了之前提到的推进速度、注浆量等,还可以通过调整注浆位置、适时地二次注浆等方式控制地面沉降。

① 盾尾注浆是通过布设在盾尾或者衬砌上的注浆孔把浆液注入盾尾间隙中的。盾尾注浆口的布置对浆液能否及时填充到盾尾空隙很重要。目前地铁盾构隧道通常采用两点或四点注浆方式,超大直径的盾构隧道采用六点注浆方式,如图5-10所示。在盾构机尺寸一定的情况下,注浆孔越少,相邻注浆孔的间距越长,在浆液流速不变的情况下,浆液填充到盾尾间隙所需的时间越长,可能引起的地面沉降也越大,现在中等直径的盾构机至少设置四点注浆。因此,需要根据注浆孔的布设情况确定浆液的流动性、注浆压力等,以确保浆液材料及时地填充到盾尾空隙中。

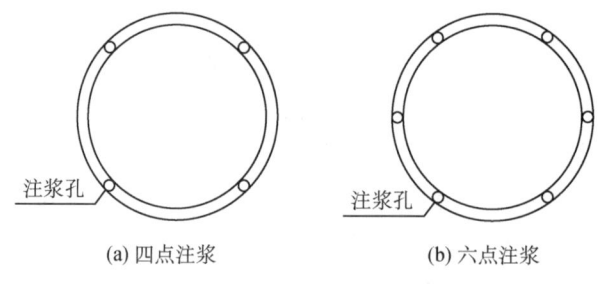

(a) 四点注浆　　(b) 六点注浆

图 5-10　四点注浆和六点注浆示意

② 二次注浆。在盾构敏感地区施工时,为了控制地面沉降、提高管片抗渗漏特性,会通过管片衬砌上预留的注浆孔进行二次注浆。二次注浆往往采用单点注浆方式。这种集中的注浆压力必然会对注浆孔周围已经处于重塑阶段的地层产生较大扰动,破坏正在重组的微观结构,延长土体的固结时间。

③ 盾构前方土体改良。当土压盾构在砂质土和砂砾地层中推进时,由于土体的摩擦阻力很大,透水性也大,所以难以将刀盘切削下来的土体充满压力舱并保持塑性流动状态,很难满足排土机构直接排放的条件,对这样的地层就需要注入添加剂,将其与切削下来的土体搅拌成塑性流动性良好的渣土,同时提高搅拌土的不透水性,在保持开挖面稳定性的同时又使排土变得更容易,以减少施工对地层的扰动,进而减小地面沉降。

(2) 注浆量。

注浆量等价于盾尾间隙的填充倍数,一般用百分数表示。由于浆液会产生收缩和失水等原因,实际注浆量往往远大于100%。诸多学者通过对实际工程的观察,发现同步注浆量的多少直接影响地面的后期沉降。

注浆量可以明显地影响土层的隆起或下沉。注浆量的控制应充分考虑盾尾间隙的体积,并兼顾地层性质、掘进方式等因素。同时,在施工过程中,要根据监测系统得到的量测信息,及时更新和调整注浆量。调整注浆量的基本原则是当地面沉降过大时,加大注浆量;而当发现地面有隆起现象时,适当减少注浆量。

(3) 注浆压力。

盾构隧道正常掘进时,设定注浆压力应不大于盾尾密封压力和管片能承受的最大压力。一般来说,设定压力值应等于土层阻力加上 0.05～0.15 MPa。

在对注浆压力进行动态调整时,要避免压力过大或过小的情况的发生。因为注浆压力过大,将会对周围土体产生较大扰动,进而导致地层变形较大;而当注浆压力过小时,可能会引起填充效果不佳,也会使地面变形较大。实际监测结果表明,当注浆压力相当于隧道埋深处的地层应力时,对地层损失和地面沉降的控制效果显著。因此,应根据注浆位置处的地层应力设定不同的初始注浆压力,并结合地面沉降等的监测数据,动态调节同步注浆压力,以更好地控制地层变形。

5.3.3.3 运营隧道沉降影响控制

一般而言,当隧道投入运营后,影响地面沉降的因素主要是管片衬砌的渗透性以及列车运行过程中的循环荷载。针对这些影响因素,可以采用不同的沉降控制措施。

(1) 减小管片衬砌的渗透性主要是做好管片接头的防水。

(2) 运营期控制地面沉降最主要的是做好监控量测,及时发现问题并采取注浆等措施。考虑软土地层工后固结沉降稳定时间为 1～3 年,运营期约 10 年内列车振动引起的沉降发展较快,葛世平等将运营期沉降控制分以下 4 个阶段进行:

第 1 阶段:隧道贯通铺轨前,对沉降不稳定地段及早进行加固以稳定地层。

第 2 阶段:隧道铺轨后 1～3 年,采用常规水准测量,加密隧道全线沉降监测,监测频率不小于 1 次/月。严格限制邻近工程施工,对重点保护地段,地铁内采取减振措施。

第 3 阶段:隧道竣工 3 年后至运营期前 10 年内,严格控制邻近工程审批和施工,对重点区域采用自动监测,必要时采取特殊监护措施。

第 4 阶段:运营 10 年之后,进入常态维护阶段。采用基于性能的全自动健康诊断法,长期监控地铁隧道运营的健康动态,适时进行修补和维护。

5.3.4 施工监测

在软土地层中进行盾构施工时,由于地质条件、水文条件等复杂多变,且前期的工程地质勘察又存在局限性,使得施工过程中对地层的干扰存在诸多不确定性。解决这一问题的比较合理的方法是做好施工监测工作,及时通过监测数据调整和优化施工进程、施工参数等,做好信息化施工工作。为确保施工的顺利进行,在进行施工监测时,需要做好以下几点:

(1) 监测点的布设立足于随时可获得全面、完整的信息。

(2) 以中央控制室为中心,通过各种手段确保信息的通畅,以便及时有效地了解施工参数和地面沉降数据的变化,并迅速进行监测数据的分析,调整施工参数确保周围环境的安全。

(3) 监测工作必须根据施工需要实行跟踪服务,一旦出现较大的变化,可以及时反馈信息。

(4) 需对地面沉降进行阶段性的复测,以指导下一步盾构掘进参数的调整及辅助措施的采取。

这方面的详细介绍可参见第 6 章相关内容。

6

盾构隧道施工

6.1 盾构隧道施工流程
6.2 工作井
6.3 盾构始发接收地基加固
6.4 盾构机安装调试
6.5 盾构机始发接收
6.6 盾构正常掘进施工
6.7 盾构开挖面稳定
6.8 管片拼装
6.9 壁后注浆
6.10 盾构施工测量与监测
6.11 各种特殊条件下的施工
6.12 连通通道施工

盾构法建造隧道,因其具有施工对环境影响小,不受地形、地貌、江河水域等条件限制,以及施工安全、快速等诸多优点,在国内外城市建设和城市更新改造中得到广泛的应用,盾构法隧道成为地下空间开发的重要组成部分。当今世界工程建设中采用盾构法施工的隧道已多达数千条,直径超 10 m 的隧道已有数百条,直径超 14 m 的隧道已超过 50 条。盾构法隧道施工技术作为安全生产的关键,是每一位施工人员均应熟练掌握的。

6.1 盾构隧道施工流程

为了保证盾构隧道工程的顺利开展,施工单位须在施工前制订详细周密的施工筹划。施工单位应根据设计单位设计的隧道线路图,详细调查隧道线路的地质水文条件(地形、地层、地下水位、沼气等)和沿线周边环境(邻近建构筑物、地下管线、障碍物、地上交通等),并以此为基准,选择合适的盾构机设备,编制施工进度计划,制定风险加强管控措施,以达到安全建设、造价控制的目的。通常,小直径输水、输气、电缆和信息隧道等的施工顺序相对简单,除主体隧道工程外基本无附属工程。而大直径盾构隧道,如公路隧道和铁路隧道等,其内部结构复杂,除主体隧道工程外,还包括为其运营服务的通风、照明、排水泵站和紧急疏散连通通道等。施工顺序上,盾构隧道工程流程一般由盾构始发(出洞)、正常掘进和盾构接收(进洞)三部分构成,如图 6-1 所示。

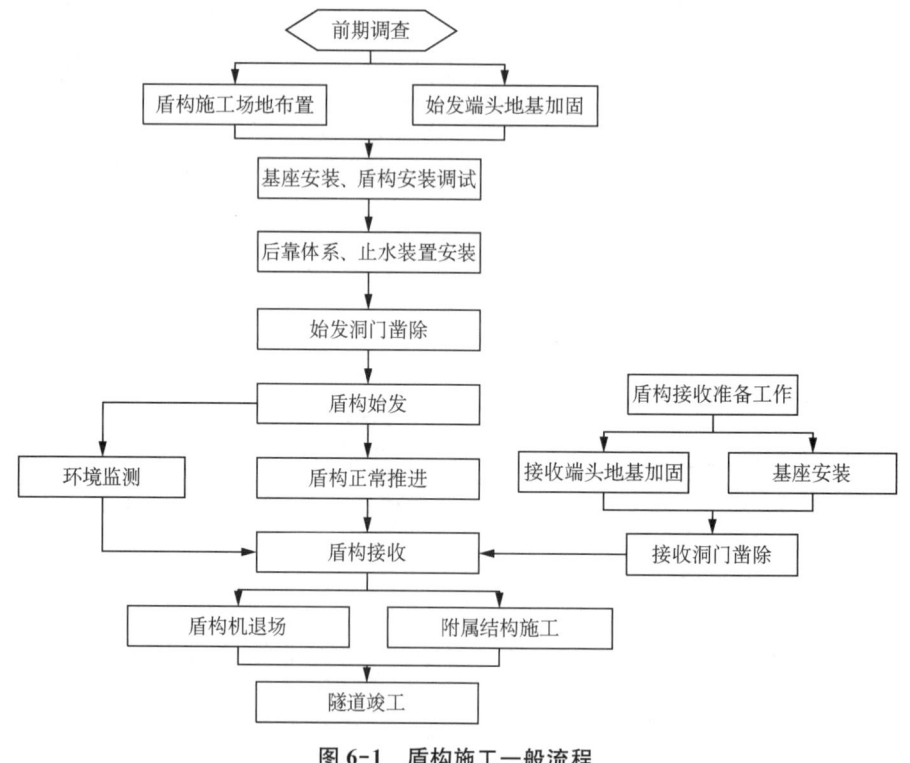

图 6-1　盾构施工一般流程

(1) 盾构始发：是指盾构机从工作井始发推进，进入正常段区间隧道的过程，包括工作井（竖井）基坑设计施工、始发段地基处理、洞圈放样复核与轴线放样、盾构基座制作安装、盾构机安装调试、后靠支撑体系安装、止水密封装置安装、加固土体检测、洞门拆除、盾构始发以及洞口密封。

(2) 正常掘进：主要是指形成隧道的过程，即盾构推进、正面土体改良、出土运输、拼装管片和同步注浆等，与此同时进行环境监控。

(3) 盾构接收：是指盾构机在区间隧道推进完成后，由正常段区间隧道进入工作井接收的过程，包括工作井（竖井）基坑设计施工、接收段地基处理、结构移交及施工准备、洞圈放样复核与轴线放样、盾构基座制作安装、止水装置安装、加固土体检测、洞门拆除、盾构接收阶段推进、盾构多次接收、洞口密封以及盾构拆除。

此外，贯穿盾构始发接收施工流程的施工参数控制、始发接收阶段的环箍注浆、工序间良好搭接及辅助施工措施（降水、管片纵向拉结等）也是保障隧道施工质量与安全的重要内容。

6.2 工作井

除地面出入式盾构工法（Ground Pass Shield Tunneling Method，GPST）仅需设置很浅的竖井基坑外，竖井是所有盾构法隧道工程所必需的。在地铁工程中，盾构始发井或接收井常称为端头井，中等直径盾构的端头井深度一般比隧道深 1.5～2 m，大直径盾构井更深一些。目前，地铁车站深基坑开挖深度已超 40 m，公路隧道的竖井开挖深度已超 50 m，雨污水隧道、跨江河湖海的盾构隧道等竖井深度可达 50～70 m，如上海"硬 X 射线"项目端头井深基坑开挖深度达 45 m，上海苏州河蓄排水工程盾构竖井基坑深度达 58.65 m 和 56.3 m。国内外地下工程特深竖井及深基坑案例摘要见表 6-1。

目前，国内外竖井施工深度已达 60～70 m，地下连续墙施工深度已达 100～150 m，地墙厚度达到 1.5 m 及以上，超深地墙施工几乎全部采用铣槽机成槽，竖井地下墙成槽垂直度达到 1‰甚至 0.2‰。但目前该种地墙的缺点是显而易见的，即不同墙体之间变形协调能力差，需要改进。

表 6-1 国内外盾构隧道特深竖井及深基坑案例

序号	项目名称	井深/m	圆竖井直径/m	土层	施工方法	地墙厚度（深度）/m
1	日本东京户川排水隧道	71.5	36.6	砂性土	明挖施工	2.1(140)
2	日本横滨今川排水隧道	62	26.2	砂性土	明挖施工	1.2(93)
3	日本东京神田川排水隧道	60	30	砂性土	明挖施工	1.6(110)
4	日本东京湾水隧道竖井	70	200	砂性土	明挖施工	2.8(115)

续表

序号	项目名称	井深/m	圆竖井直径/m	土层	施工方法	地墙厚度（深度）/m
5	墨西哥东部排水隧道	120+33	22.3	土层、岩层	明挖半逆作	—
6	日本—供水盾构	54	22	—	自动沉井	—
7	日本—泄洪地下河盾构	74.5	19	—	自动沉井	—
8	日本—供水干线盾构	60.1	11.4	—	自动沉井	—
9	日本大阪柴岛盾构隧道	63.52	17.5	—	气压沉箱	—
10	日本东京千叶电力盾构隧道	45	15.2	—	气压沉箱	—
11	俄罗斯圣彼得堡污水管道盾构	85	7.7	—	VSM	—
12	南水北调穿黄隧道	50.5	19.6	砂性土	明挖逆作	1.5(76.6)
13	上海复兴东路越江电缆浦西井	32.8	18	黏土、砂	明挖逆作	0.8(45.8)
14	上海世博500千伏变电站	34	—	黏土、砂	暗挖逆作	1.2(57.5)
15	武汉阳逻长江公路大桥锚定基础	42	73	卵石、砾石	明挖逆作	1.5(60.5)
16	武汉三阳路越江隧道	44.1	矩形	砂性土	明挖施工	1.5(59)
17	上海市苏州河调蓄工程试验段	64	圆形	砂性土	明挖逆作	1.8(100)
18	温州市域线S2线黄灵隧道	51.7	矩形	淤泥、岩层	明挖逆作	1.5(59.7)
19	深圳妈湾跨海通道	40.1	矩形	黏土、砂、岩层	明挖施工	1.2(44.3)
20	深圳春风隧道	30.5	矩形	黏土、砂、卵石、岩层	明挖施工	1.2(33.5)
21	上海机场联络线华泾站端头井	43.6	矩形	砂土、黏土	明挖施工	1.2(107.5)
22	上海北横东段隧道	30.52	矩形	黏性土	明挖施工	1.2(70)
23	杭州市富阳区秦望通道工程	43.13	矩形	黏土、卵石	明挖施工	1.8(62.79)
24	上海机场联络线梅富路1号井	36.151	矩形	砂性土地层	明挖施工	1.2(66)
25	上海深隧云岭西路端头井	58.65	圆形	砂性土地层	明挖施工	1.5(105)

6.2.1 竖井功能分类

竖井按其功能可分为始发竖井、接收竖井、中间竖井和方向变换竖井，始发竖井和接收竖井是最常见的两种竖井，但就其结构设计施工来讲，竖井并无太大的区别，其尺寸主要由竖井使用目的、盾构施工要求和施工环境条件限制而定。双线平行情况下盾构始发井是按照双台盾构并排推进作业而设，有时因空间限制将盾构设成上下层交叠形式。竖井基坑位置的选择多受制于环境、经济和施工技术条件，竖井的平面形状受环境限制常变得不规则，继而影响后期的施工效率。

6.2.1.1 始发竖井

始发竖井作为盾构机始发基地,在竖井内安装盾构基座,把盾构机的分解件及其附属设备搬入或吊入竖井,然后在竖井内进行盾构机组装与调试,设置反力设备和盾构始发导口,又可作为临时储存和运输盾构始发掘进中所需的各种机械设备和衬砌材料等基地,是各种机械器具的出入、渣土外运和人员出入的通道。

始发竖井及其周围场地是一个临时停放出土设备、起吊设备、管片编组堆放、各种机电设备、注浆设备和原材料等的场地。在城市郊区无严苛用地限制的环境下施工时,从竖井使用功能上讲,始发井的尺寸大一些更好,但竖井越大,建设成本就越高,故通常以满足最基本功能为前提条件来确定竖井尺寸,此外再考虑施工人员作业空间的余量、作业安全、覆土深度、始发方法等因素。通常始发竖井深基坑的尺寸考虑如图 6-2 所示。

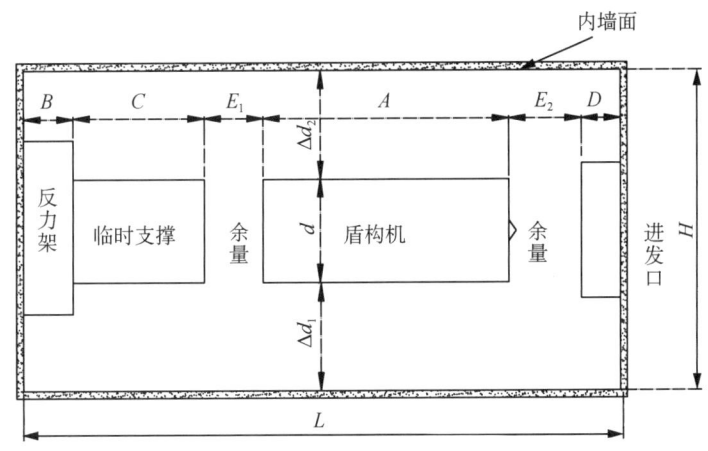

图 6-2 始发竖井深基坑尺寸平面图

始发竖井深基坑最小内壁净长度为盾构长度、临时支撑座的厚度、临时支撑垫的宽度、盾构机前后作业余量以及始发道口的厚度等的总和,即

$$L = A + B + C + D + E_1 + E_2 \tag{6-1}$$

$$W = d + \Delta d_1 + \Delta d_2 \tag{6-2}$$

以上式中,L 为始发竖井的最小内净长度;W 为始发井的最小内净宽度;A 为盾构机本体长度;B 为反力架的厚度;C 为临时支撑的宽度;D 为始发导口的厚度;E 为作业余量;d 为盾构机的宽度;Δd_1,Δd_2 为盾构机两侧宽度余量。

通常,始发井内壁最小净长度可简单表示为 $L = A + (3.5 \sim 5)$m;单台盾构始发竖井内壁最小净宽度一般为 $W = D + (2 \sim 3)$m。

供 1 台中等直径的地铁盾构施工竖井时,其洞端头井平面尺寸(长×宽)一般为 20 m×10 m,供 2 台尺寸一般为 20 m×20 m。当用地受到限制时,需要进一步优化竖井的平面尺寸,仅满足最小功能条件即可,也可进一步考虑在竖井内分成数层,以满足存放设备、材料场地的需要。

6.2.1.2 接收竖井

接收竖井是专为盾构接收掉头或解体运出而设置的。就盾构隧道的连接方式而言,接收方式有到达竖井方式和两台盾构机彼此在地中对接方式。其中,地中对接只有在地面没有设置竖井条件、设置竖井极为困难、对接部位在水中等情形下考虑采用。根据已完成的工程案例统计,地中连接的施工方式并不多,绝大多数为竖井接收方式。接收竖井一般设置在隧道的终点,通常市区轨道交通站间距在 1 000 m 左右,公路隧道竖井距离一般多为 2~3 km,越江隧道一次推进距离 3~5 km,最多达 7~9 km。

6.2.1.3 中间竖井

中间竖井常作为盾构推进路线的中间结构物,通常是为了通风或紧急疏散,有时亦为进行盾构的检查或维修更换等而设置的,其一般用于盾构通过,而不作为盾构推进基地使用。当盾构在中间竖井内进行到达、始发,竖井的尺寸就必须满足图 6-2 的要求。下水道、电力管道的接合点等位置均需要设置中间竖井,竖井大小完全取决于这些设施的大小。随着近年来小半径曲线盾构施工技术的进步,要求设置中间竖井的情况在减少。

6.2.1.4 方向变换竖井

方向变换竖井专为在竖井内变换盾构(或因发生设备故障或事故,盾构不能正常推进)或小角度改变盾构隧道的方向而设置。过去设置方向变换竖井的情况较多,但目前在减少。

当中间竖井不能使用吊车旋转大口径盾构机方向,需要在竖井内考虑使用千斤顶旋转盾构机的方向时,中间竖井的尺寸必须考虑确保盾构旋转的空间。

6.2.2 竖井结构平面形式

针对不同始发方法和使用目的,竖井的大小和形状也不尽相同,但其最小尺寸必须能保证盾构的吊入和组装,而且满足盾构施工作业和人员进出要求。常见的竖井形状有矩形、方形、圆形或椭圆形等,如图 6-3 所示。内部空间的利用率以圆形最差,但从结构受力角度上来讲,圆形结构的受力性能最好;竖井平面呈矩形布置,其空间使用率高,但受力不好。此外,亦有把多个始发到达设置于同一井内的情形,还有因空间约束关系而分上、下层设置的情形。总之,竖井平面形状具体采用哪种形式没有统一规定,竖井平面形状应根据使用目的(施工作业的需求与兼顾后期利用)和具体环境条件而定。

一般工作竖井侧向井壁距盾构的距离超过 1.0~2.0 m。当施工条件苛刻时,在盾构一侧仅预留 900 mm 作为施工操作空间,前后能确保初期掘进时渣土的运出、管片运入及连续作业需要的空间,竖井长度应大于盾构主机长度至少 3 m,因拆装需要洞口底到竖井底板顶的高度差应保持在 1~2 m。供两台直径为 6.34 m 的盾构始发或接收的竖井尺寸一般在 20 m×20 m 左右,单条隧道竖井尺寸一般在 10 m×20 m 左右,甚至更小。盾构下侧所需空

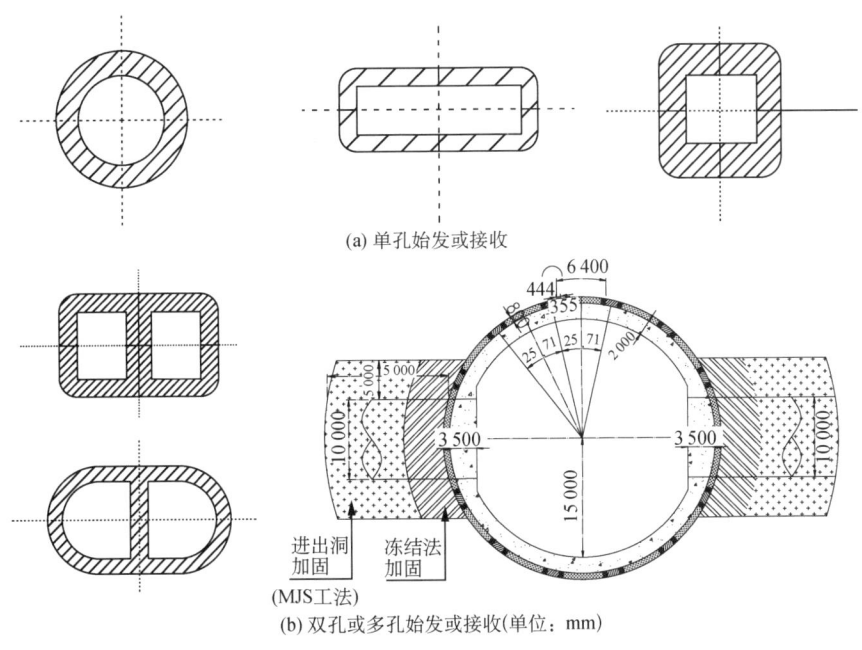

(a) 单孔始发或接收

(b) 双孔或多孔始发或接收(单位：mm)

图 6-3　竖井平面形式

间大小需要考虑盾构组装时的焊接等作业、隧道内排水等问题，以便有效开展施工作业。常见的地铁端头井竖井工程平面布置示意如图 6-4 所示。

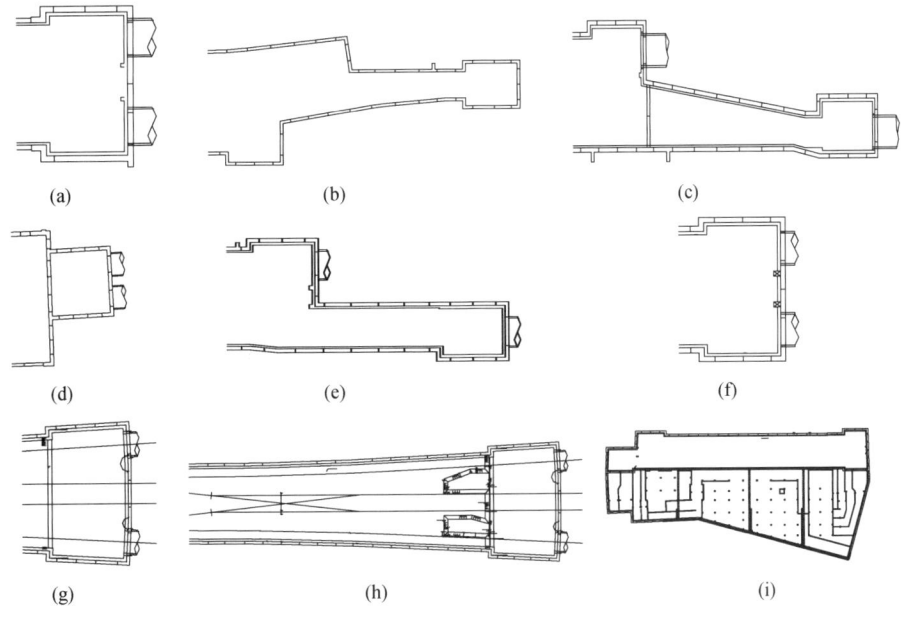

图 6-4　地铁端头井平面布置示意图

盾构始发时的反力是通过临时组装的管片或反力架传递到竖井壁而获得的，须根据这一条件来综合考虑反力架、竖井壁(或挡土结构等)结构传力系统等方面。因此，要求竖井深基坑侧墙必须具有足够的强度和刚度。此外,在竖井盾构始发或接收开口处的结构不仅要承受水土压力,且需具有较好的止水性能。考虑到施工误差和洞口密封圈的安装因素,一般开口应比盾构外径大 20～40 cm 甚至更大一些。接收竖井的开口结构也与上述相同,其大小需要考虑施工产生的积累施工误差,开口尺寸需比出发口尺寸大一些,盾构始发接收洞门的设置情况详见后续章节。

6.2.3 竖井深基坑施工方法

竖井深基坑的设计施工要考虑竖井规模、周围地质条件、路面交通条件和环境等因素的影响,选择符合施工安全、经济和工期的施工方法。在郊区进行竖井深基坑施工时,环境限制条件相对较少,一般考虑深基坑工程自身安全因素多一些。但当竖井深基坑位于市区环境保护条件苛刻的地段时,除需考虑基坑安全因素外,环境保护要求也是必不可少的考虑因素。

正常情况下,竖井基坑位置设在隧道线路上,有利于提高施工效率,但在市区因施工环境条件的限制,有时也会把竖井设置在线路外适当的位置,采用横向通道直通线路,在通道处设置盾构出发用的空间。

竖井设计施工方法很多,不同地区差异很大,主要取决于地质条件和施工环境。竖井深基坑常用施工方法多为明挖顺作法施工、逆作法(或框架逆作法)施工和盖挖法施工,偶有沉井法施工、沉箱法施工,在日本也有使用盾构直接开挖竖井的施工方法,但最常用的还是明挖顺作法施工。

需要注意的是,随着基坑开挖深度的增加,施工风险急增,主要表现在施工经验和技术缺乏、施工装备水平不足。一方面,深部地层的地质条件的复杂多变,工程经验相对较少,如遇有承压水问题引起围护结构或坑底漏水,则会带来巨大的施工风险;另一方面,目前国内施工装备及施工管理水平尚不能完全适应深基坑的风险控制需求。一般来讲,只要围护结构质量有保障,开挖过程按需降水降压、严格变形控制及挖土支撑及时封底,基坑风险容易得到控制。因此,也可以看出提高围护质量是降低深基坑施工风险的首要措施。

6.3 盾构始发接收地基加固

地基加固是保证盾构始发接收安全的重要组成部分,可有效提高盾构始发接收地基的抗剪切强度,降低地基的压缩性,改善地基的透水特性,改善地基的动力特性和不良地基特性。从根本上来讲,地基加固使加固过的土体具有良好的自立性和止水性,保证"两条缝"(墙体/土体,土体/土体)不漏水,以极大程度地降低盾构始发接收施工风险。当周边环境保护要求高、盾构始发接收段地质条件复杂时,地基加固尤为重要。

按照设备所使用的材料和方法,可将加固分为水泥系加固、冻结系加固、降水措施以及它们之间的组合措施。加固类型根据土层风险情况选择,当洞口处于砂性土或有承压水地层且环境保护要求不高时,可采用降水法。

6.3.1 地基加固

地基加固要求如下:

(1) 通常地下二层车站深度、无砂土和粉土等不良土层的一般始发接收处,可按盾构始发 6 m,到达 3.5 m 进行搅拌桩加固,搅拌桩与车站围护结构间的 500 mm 空隙采用旋喷桩加固。

(2) 如砂土、粉土等土层位于始发接收上、下 3 m 范围内,则加固长度增加到 10 m 甚至更长。现阶段盾构始发接收由于开挖深度较大等原因,实际基本均需加固。

(3) 如常规加固深度离下卧黏土层少于 3 m,加固深度可适当加深,进入黏土层 1 m 且不穿透黏土层以形成封闭的隔水体系。

(4) 风险盾构接收工程的水泥系加固的长度不得小于盾构机长度,宜按 10 m 考虑,通过"打环箍"封闭管片和加固体之间的间隙。

(5) 如盾构始发接收区域地质以浅层砂层为主,以降水作为施工必需措施,且周边有保护建(构)筑物的,需结合工程条件,在降水区域外围形成隔水帷幕,封闭水源的水平向和垂直向补给通道。

(6) 始发接收周边如遇有敏感建(构)筑物,特别是运营地铁线路、城市重要管线(如上水总管、煤气总管、燃气总管、大直径合流污水管、航油管等)、盾构曲线始发接收、盾构始发接收呈上下交叠施工时,加固尺寸及加固方法的选择更应审慎,始发接收地基加固可能更长,加固长度约 12 m,如图 6-5 所示。

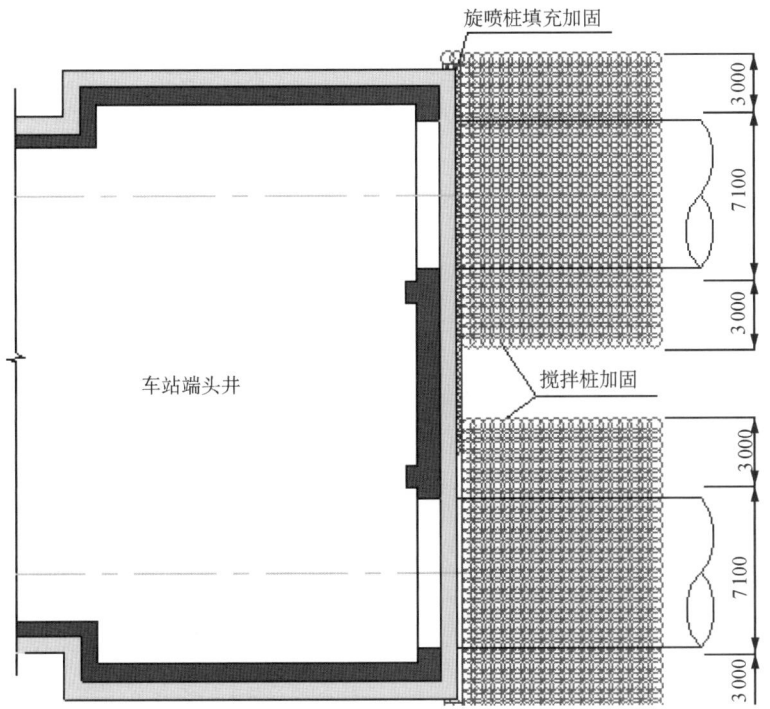

图 6-5 端头井外地基加固尺寸(单位:mm)

（7）对于上下交叠设置隧道、不良地质条件、埋深大或有特别需求的情况下，往往采用更加保险的加固尺寸、加固方法。

（8）即便地基加固长度达到 10 m，洞门埋深较大，或者遇上方有地下构筑物的情形时，也需补充水平冻结加固。

（9）砂性土条件下，端头井采用夹心饼干施工地墙或盾构始发接收加固早于端头井基坑开挖施工的，建议水泥系加固采用旋喷"包角加固"处理，如图 6-6 所示。

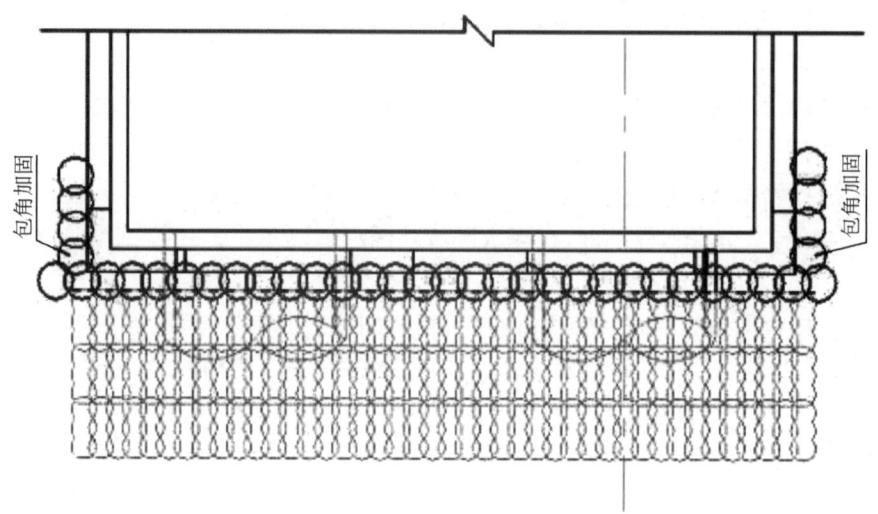

图 6-6　旋喷"包角加固"处理

始发接收地基加固尺寸会随端头本身特征、地质条件、施工条件与施工要求及环境保护要求而更变。具体采用何种加固方式，应视具体工程环境情况，按照技术可靠、安全与工期可控、经济合理等原则确定。

6.3.2　水泥系加固

常用的地基加固工法有：双轴、三轴深层搅拌桩，TRD 工法桩（等厚度搅拌水泥土墙），CSM 加固工法桩（旋轮加固），MJS 工法桩，RJP 工法桩，N-jet 工法桩以及三重管高压旋喷桩等，可加固深度已达 60~90 m。三轴深层搅拌桩已引入我国 20 多年，业已成熟；TRD 工法和 MJS 工法是近 10 年引进的工法，在操作使用上 MJS 工法已趋于成熟；N-jet 工法和 CSM 工法是近几年才引进的工法。

尽管不同加固方法有不同适用性，但满足加固体的质量指标要求是第一位的。在保证加固体均匀、搭接良好方面，选用搅拌类的加固方法更为可靠。

（1）水泥系始发加固要求。常规水泥系始发加固的长度为 6 m，洞门周围上、下、左、右各 3 m，当始发接收处隧道线间距小于 15 m 时，应连续加固，如图 6-7 所示。

（2）水泥系接收加固要求。常规水泥系接收加固长度 3.5 m，洞门周围上、下、左、右各 3 m，当始发接收处隧道线间距小于 15 m 时，应连续加固，如图 6-8 所示。随着开挖深度的加深和对隧道接收重要性认识的提高,接收加固长度及加固措施也已经有了很大的加强。

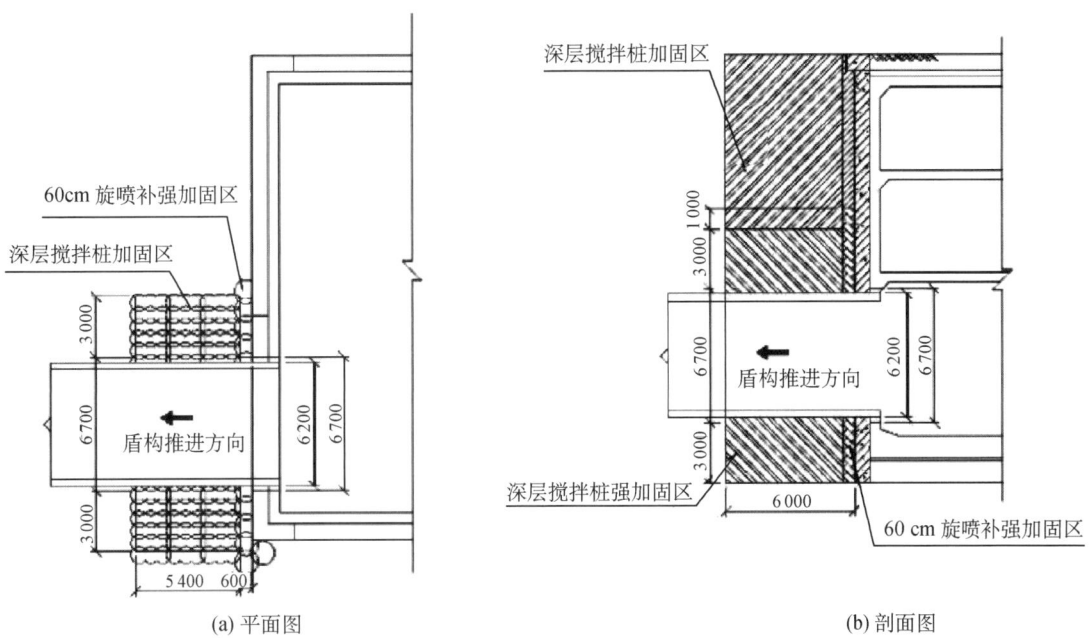

图 6-7 水泥系始发加固范围示意图(单位:mm)

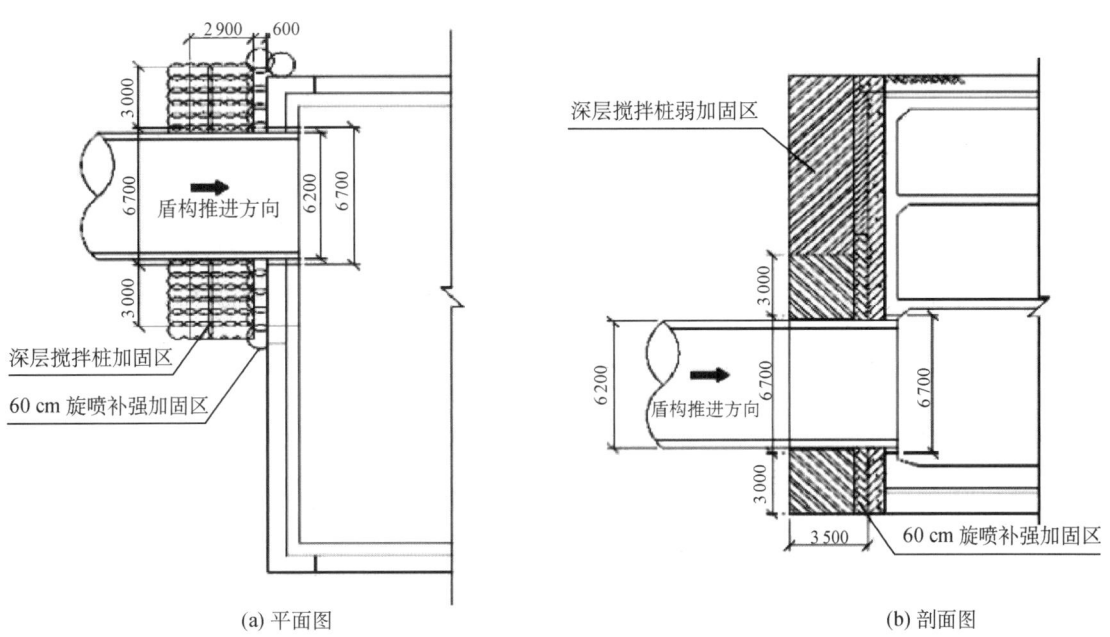

图 6-8 水泥系接收加固范围示意图(单位:mm)

6.3.2.1 深层搅拌类加固工法

深层搅拌桩、TRD 工法和 CSM 工法等三种加固工法都是基于边机械切削搅拌边喷浆混合的工法。其显著优点是费用低、加固效果好、加固体均匀、环境影响小等，其缺点也比较明显，如设备桩架高、场地条件要求高、限高的部位和区域无法采用该方法加固等。

尚需注意，端头井加固结合场地条件及工期因素一般选择在基坑开挖前进行，由于基坑开挖不可避免地会造成地墙变形，地墙与已加固土体间产生空隙，故而形成渗水通道，加剧盾构始发接收风险。因此，在加固区内，与车站地墙间需预留约 500 mm 宽的非加固区，待车站结构部分完成后再对该区利用高压旋喷桩进行加固，封堵因地墙变形产生的渗水通道（俗称"夹芯饼干"加固），一般选择在盾构始发接收前一个月加固完成。

地墙与大量加固体之间的"夹芯"加固一般采用旋喷类工法完成。施喷类工法主要用来搭接不同介质或施工存在先后的加固体搭接，但在进行大面积加固时不推荐使用高压旋喷类的设备进行加固，这主要是因为其工法存在不均匀性。另外，在存在动水的情况下也不推荐使用高压旋喷加固。

水泥系土体加固技术指标：深层搅拌桩、高压旋喷桩均采用搭接套打方式保证止水效果。强加固区水泥掺量为 20%，强度指标 $q_u \geqslant 0.8$ MPa，渗透系数 $K \leqslant 1 \times 10^{-7}$ cm/s。

图 6-9 为深层搅拌类设备。

图 6-9 搅拌类设备

6.3.2.2 高压旋喷类加固工法

常用的高压旋喷类加固工法主要有三重管高压旋喷桩、MJS 工法桩、RJP 工法桩和 N-jet 工法桩等。其加固原理是利用高压旋转的喷嘴切割土层并将土层和浆液混合，形成连续搭接的水泥加固体，提高地基抗剪强度和土层的止水效果。

其优点包括设备体积小、施工占地少、振动小、噪声较小、桩径大（$\phi 2 \sim \phi 4$ m）和施工简便，可用于对周边环境有保护要求、地下管线密布、空间受限、超深等其他工法无法适用的条件。其缺点是对环境的影响大，容易污染环境，加固成本较高，对于特殊的不能使喷出浆液凝固的土质不宜采用。目前始发接收加固很少单独使用高压旋喷桩加固,一般用于局部补强。

MJS 加固技术指标与深层搅拌桩基本相同,强度随着水泥掺入量的增大而增大。

高压旋喷类作业现场如图 6-10 所示。

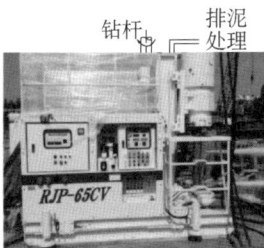

图 6-10 高压旋喷类作业现场

6.3.3 冻结法加固

我国从 1955 年开始应用冻结法凿井,冻结深度达 105 m。冻结法于 20 世纪 90 年代初在上海地铁等建设中得到推广应用,目前在松散透水地层中连通通道普遍采用冻结法施工。

6.3.3.1 冻结法土体加固适用条件

(1) 在风险地层中,盾构始发接收工程应采用冻结加固或复合加固(冻结加固+水泥系加固)。当工程风险较大时,应考虑其他辅助措施(如水中或土中接收、钢套筒、回填泡沫混凝土等)以综合考虑。风险地层是指盾构始发接收加固范围及冻结壁下卧层 2 m 范围内存在微承压或承压含水层。

(2) 当采用复合加固时,冻结加固宜滞后水泥系加固足够时间,避免水化热对冻结的影响。另外,冻结加固范围不宜超出水泥系加固范围,以降低冻结施工对环境的影响。

(3) 当受周围环境(如地下管线、施工围挡等)影响,盾构接收或始发无法实施垂直冻结时,应采用水平冻结加固。

(4) 当采用冻结法加固时,应充分考虑冻结加固与边界条件的相互影响,尽量避免深基坑施工降水或泵站抽排水、供电等因素对冻结的影响,同时应采取可靠措施降低冻胀与融沉对周围环境的影响。

6.3.3.2 冻结法特点

冻结法施工与水泥土加固相比,具有广泛的适用性,可适应黏土、粉土、砂层、砾石及卵石等任何地层。其显著特点是:

(1) 冻结壁承载力高,连续性好,完全隔水。

(2) 施工装备及施工工艺简单。

(3) 地层加固质量容易检测,可靠性高。

(4) 冻土具有高强度和大弹性模量的特点。

(5) 加固效果好,封水效果明显。利用低温冷媒循环带走地层的热量,把地层中的孔隙水变成冰,形成冻土帷幕,冻土可以完全不透水,阻水效果优良。

(6) 不同地层和介质可形成一体冻结结构。

(7) 安全性高。如果设计合理,形成的冻结地层即使遇到突然停电的情况,也需要一个较长时间的解冻过程,完全可以利用其他电源继续冻结。

(8) 技术可靠。地层冻结是利用自然界的冻结现象把土层中的孔隙水不断降温变成冰,理论清晰,原理明了,是一种非常可靠的技术。

(9) 适用性强。几乎适应所有地层、地形、施工条件,包括大规模的抢险工程,也可适用地质条件复杂、埋深大的情况。

(10) 环保,对地层几乎没有危害。冻结法是通过热交换使地层中孔隙水不断降温结冰以提高地层的整体强度和弹性模量,没有其他介质流入地层。冻结法对地下水影响小,是一种"绿色"施工方法。

(11) 复原性好。工程结束后,地层解冻恢复原状,相对其他方法,冻结法对地层的扰动或破坏性更小,也更可控(冻土帷幕范围、形状、温度、强度可控)。

(12) 便于施工管理。一般只通过温度监测孔对冻结壁进行监测,就可以知道冻土结构形成与否,以及冻土的强度和弹性模量等。必要时还可以通过设置水文观测孔观测水位变化,判断冻结结构是否封闭。

(13) 灵活性强。由于冻结时间较短,一般在积极冻结40余天后大面积冻土温度即可达到$-10\ ℃$以下,冻土墙厚1.5 m,且随积极冻结的时间延长,冻土厚度亦随之增加。

(14) 适应性好,可不占用地面,不污染地层。

但冻结法施工也有如下缺点:

(1) 只能用作临时地层加固措施,且加固质量是动态变化的。

(2) 流动水难以冻结,地层含盐量会影响冻结速度与冻土强度。

(3) 冻结壁一旦"开窗"透水,就会快速融化,不易修复、封堵。

(4) 有一定的冻胀、融沉,会引起地层变形,应用前需进行适用性分析。

(5) 冻结造价高,施工周期长,有渗漏水时冻土融化速度快,风险快速聚集。

6.3.3.3 盾构始发接收冻结法设计

1. 盾构始发接收地层冻结加固的功能要求

(1) 凿除洞门地连墙:要求地层稳定、无渗漏水等。

(2) 夹心墙冻结补强:采用水泥系加固端头井地层时,对地层与地连墙接缝冻结,防止夹心墙串水。

(3) 在冻结壁内打环箍封水:防止盾构接收时冻结壁与盾构间隙水平向导水。

(4) 其他功能要求:盾构套筒接收、明洞接收后管片与洞圈间隙封水;泥水平衡式盾构始发时加固上方地层,以防在建立泥水平衡时上方地层大幅沉降或隆起;改洞圈,清除洞门附近地层障碍物,挖出故障盾构机等。

2. 冻结方式

冻结方式有以下 7 种可供选择：

(1) 竖孔冻结。

(2) 竖孔冻结＋洞圈下方水平孔冻结。

(3) 全断面水平孔冻结。

(4) 外圈水平孔冻结。

(5) 洞圈与管片间隙冻结。

(6) 液氮冻结。

(7) 免拔管冻结。

3. 冻结方式选择要点

(1) 凿除洞门地连墙和夹心墙冻结补强。

① 当地面有施工条件时，宜采用竖孔冻结方式，尤其在盾构始发时。如果洞圈下方临近含水层，宜结合洞圈下方水平孔冻结。此时竖孔深度不宜超过水平孔 1 m，水平孔可在拔管前 3～7 d 开始冻结。

② 当洞圈内有含水层或水泥系加固质量有问题时，宜采用全断面冻结。

③ 当洞圈内无含水层且水泥系加固质量检验好时，可只采用外圈水平孔冻结夹心墙。

④ 水平孔冻结拔管时，要注意洞门内拔管带来的钻孔导水风险。

(2) 要求在冻结壁内打环箍封水。

① 宜采用水平孔冻结方式，外圈孔冻结深度不小于：盾构机长度＋环箍宽度（2 环管片）＋0.5 m＋杯底冻结厚度。

② 当水泥系加固范围已考虑打环箍要求时，宜按冻结夹心墙要求选择冻结方案。如采用水平冻结方案，不宜冻结"杯底"。

③ 冻结壁内打环箍需要采用聚氨酯注浆，并应与双液注浆交替进行。

④ 在盾构进入水平冻结内后，不宜再调整盾构推进姿态。

(3) 套筒接收或明洞接收后管片与洞圈间隙封水。

在预埋钢圈外侧敷设环状冻结管进行冻结，或在凿洞门后、地连墙上开槽埋设冻结管进行冻结，宜采取液氮快速冻结。

6.3.3.4 盾构始发接收冻结施工要点

(1) 在施工冻结孔时要观察记录地层及环境条件，如含水层分布、有无障碍物、地连墙质量、水泥系加固质量和竖向钻孔是否漏浆等情况，若发现异常应及时查找原因并采取应对措施。

(2) 地连墙鼓包时，可以调整靠近地连墙的竖向冻结孔开孔位置，然后向地连墙倾斜钻进，以确保满足冻结孔与地连墙的控制距离。

(3) 如发生竖向钻孔漏浆情况，应分析洞门附近是否有地下水通道。如需注浆堵水，应避免用水泥浆,以免影响拔管。

(4) 竖孔冻结如遇钻孔后下管困难,应扫孔后再下冻结管,不得强力压入冻结管。下好冻结管后要立即封堵冻结管周围间隙,以免掉入硬物而影响拔管。

(5) 要防止异物掉入冻结管内,以免影响供液管下放深度,进而影响冻结范围和拔管,甚至造成拔管后钻孔导水。

(6) 钻进水平冻结孔时,应对地连墙与衬砌夹缝进行注浆。

(7) 需拔除的竖向冻结管宜采用内衬管对焊接头,水平冻结管宜用整管,以防冻结管拔断。

(8) 如地层经过水泥系加固,水泥水化热会影响冻结壁形成。尤其是水泥系加固范围较大或相距冻结时间较近时,会严重限制冻结区外侧和端部扩展。此时,可采取外移冻结孔位置、增加冻结孔数量和加大冻结孔深度等方法解决。

(9) 如冻结达到设计时间且测温判断已经交圈,但洞圈内探孔仍有渗漏水时,如检查结果不是因冻结系统异常引起,应立即进行洞门内注浆堵水,以防存在流动水。

(10) 拔管解冻时,循环水起始水温不得过高,以免因热胀冷缩造成冻结管焊缝开裂。起始水温不宜高于 40 ℃,并且循环水流量要逐渐增大。

(11) 控制拔管解冻时间,一般不超过半小时,以免过度解冻造成钻孔串水。解冻后立即拔出冻结管以防止回冻。

(12) 竖孔冻结时靠近地连墙的冻结管要最后拔除。

(13) 水平冻结孔拔管后充填方式:用硬质 PVC 管将湿黏土送导孔底,然后用木棍捣实,以便回冻封水。

(14) 竖孔冻结拔管后充填方式:拔管后,将干砂灌入孔内,然后灌水让其回冻以防止钻孔串水。第一次填充深度为洞圈下方,待拔出所有冻结管后再充填浅部冻结孔。

(15) 如为泥水盾构始发,先拔管至盾构上方 0.5 m,让剩余冻结管与钻孔回冻,待盾构安全始发后再解冻拔出剩余冻结管并封孔。

(16) 冻结管断裂处理:通过试拔及时发现断管,一旦发现断管,立即停止拔管并再次进行强制解冻,解冻后再在冻结管内下入拔管器进行拔管。

(17) 无法拔出冻结管处理:

① 如确认冻结管周围已经解冻,但当起拔力接近冻结管接头强度仍不能拔出冻结管时,可用钻机钻透冻结管底端,然后拔出冻结管。

② 如按①方法仍不能拔出冻结管时,可以判断是冻结管被硬物卡住,此时可采取以下方法处理:根据冻结壁温度回升情况及稳定性,选择部分已拔管的冻结孔下管恢复冻结。靠近地连墙的断管可在洞门内直接掏挖;否则可以套筒钻取无法拔出的冻结管。

(18) 盾构土舱排土困难和刀盘被冻处理:

① 在土舱内加入少量氯化钙盐水。

② 避免在冻结区停转刀盘。

③ 减小正面土压力,尤其是刀盘扭矩明显增大时或必须停转刀盘时,应立即卸去盾构推力。

④ 当盾构始发过程中刀盘被冻结时,可用千斤顶退回盾构机;当接收过程中刀盘被冻

结时,可开土舱循环热风化冻。

(19) 冻结壁内打环箍注浆要点:

① "多点、均匀、少量、多次"。

② 交替进行双液注浆和聚氨酯注浆。

③ 检查聚氨酯发泡效果,确保注浆压力逐渐升高。

6.3.3.5 冻结法施工流程与施工内容

地层冻结的关键技术主要包括冻结设计、冻结孔施工工艺、冻结器设置和可靠性、安全与监控、土层冻胀与融沉控制,以及应急处置等。盾构始发接收的冻土形状大致如表6-2所示,每一种加固形状都对应一种加固尺寸,不同的布孔方案实现不同的冻结功能要求,但实现的基本功能与水泥加固土没有区别,都能实现对"三条缝"的封堵和对原状土强度的提高。冻结法现场施工如图6-11所示。

表6-2　　　　　　　　　　盾构始发接收常见冻土加固纵剖面

类型		示意图
盾构始发	板块杯底形冻结	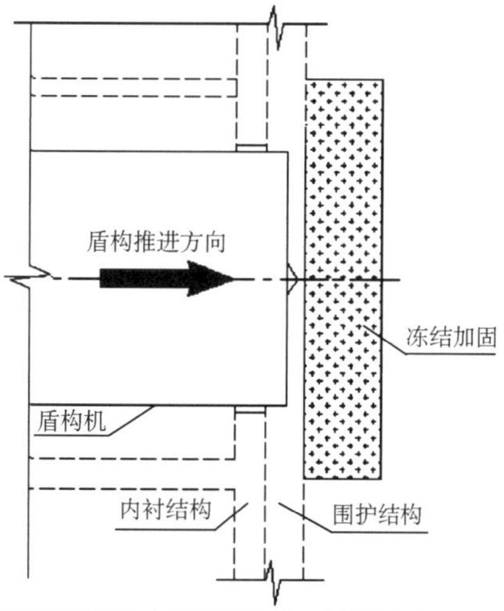
	板块杯形冻结	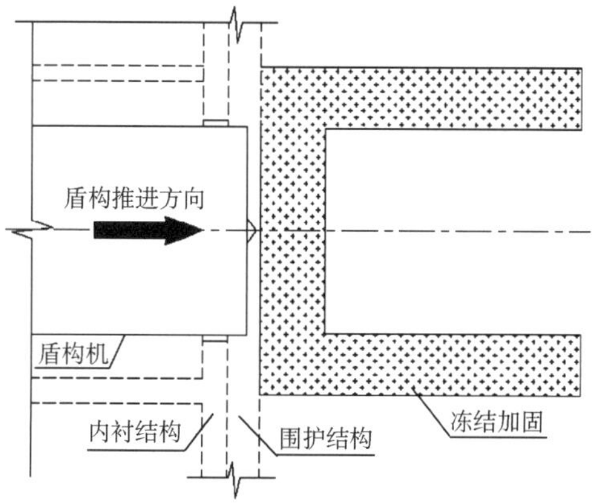

续表

类型		示意图
盾构接收	长孔水平杯形冻结	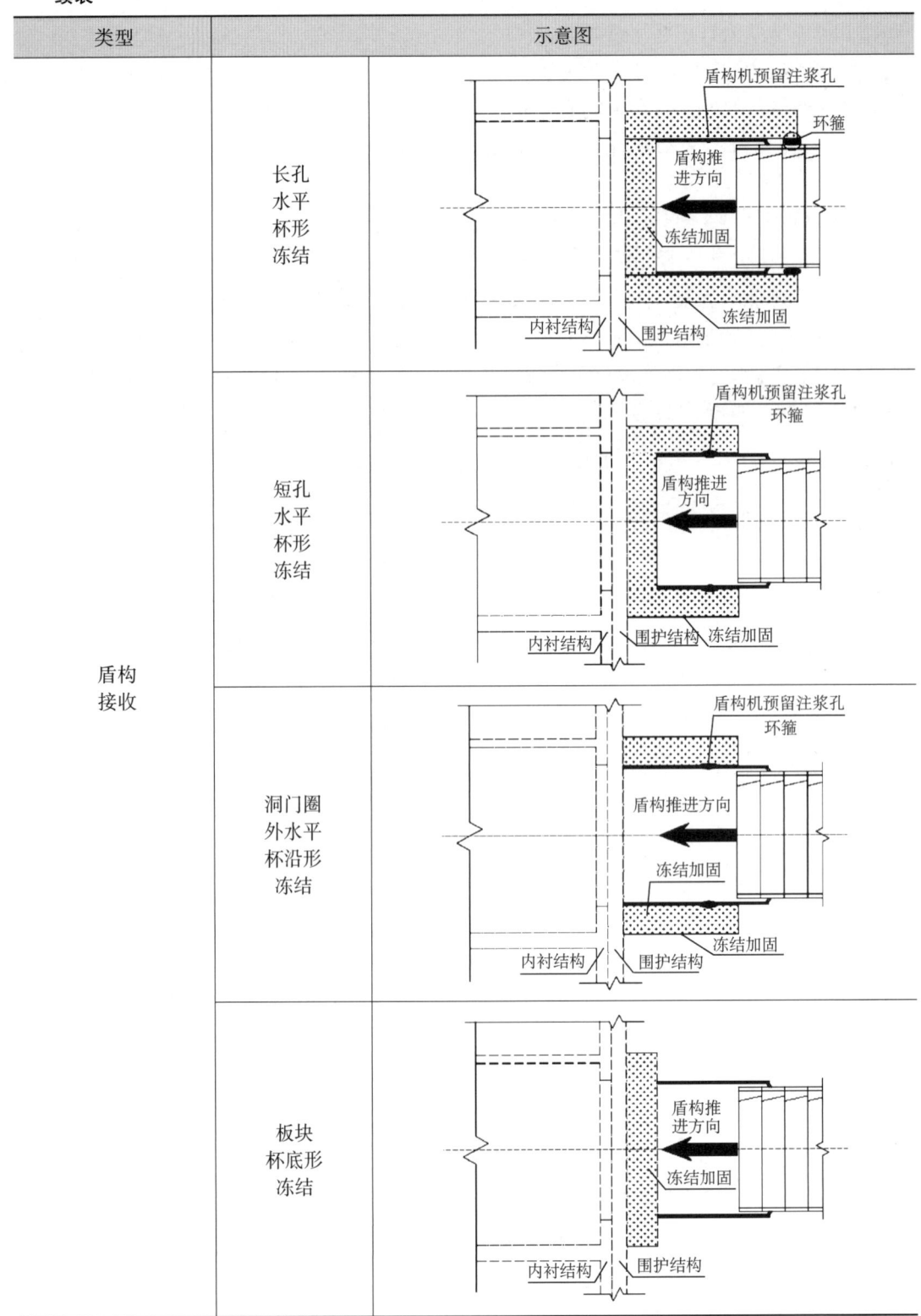
	短孔水平杯形冻结	
	洞门圈外水平杯沿形冻结	
	板块杯底形冻结	

图 6-11 冻结法现场施工照片

6.3.4 降水法加固

该施工方法可在围岩的透水性大或环境要求不高的地区单独使用,也可与其他辅助施工法并用,还可以作为临时性辅助措施。该方法操作简单易、成本较低,但对周围环境影响较明显。采用降低地下水位时,需要注意包括周围水井在内的地下水利用情况,以及由地下水位下降所造成的地基下沉。有时降水降压影响范围会非常远,在上海因降⑦层地层承压水带来的沉降影响范围有时超 300 m,因此需要视周围环境保护情况认真地研究。

6.4 盾构机安装调试

盾构机安装顺序如下:

首先,需要精确测量支承基座的正确位置,以设计的中心位置及高度为主,考虑到盾构在切入软弱围岩时的下沉情况和支座受力后的下沉情况,应预先留出抬高几厘米的富余量,准确架设支承座架,以保证准确地进行盾构安装。

其次,由盾构专业制造单位在完成工厂制造、工厂组装、性能确认后,将盾构运输到盾构始发井现场,再根据组装工艺要求由专业单位进行现场吊装和组装。在进行现场组装时,制造方和施工方必须根据现场图纸(竖井和用地情况),对从部件投放至组装完成全过程的顺序、机械材料、设备预先进行研究,注意操作安全和保障设备性能,有序、正确、准确地将盾构构件吊入竖井内已架设好的基座上进行组装。

吊装分为整体吊装和解体吊装。整体吊装需要 300~400 t 甚至更大吨位的大型吊车,同时需要有宽敞的现场施工条件和足够的道路净空与宽度。目前国内吊装设备已完全具备这样甚至更大的单次起吊能力。解体吊运可以使用一般的吊运设备,运输条件容易满足,但拆装工作量大。大多数盾构采用解体吊运方式，尤其是大直径盾构，如美国华盛顿州 SR099 公路市区中心隧道采用直径为 17.5 m 的土压平衡式盾构，最大构件质量近 900 t，必须采用分解吊装方式进行安装。盾构安装调试流程如图 6-12 所示。

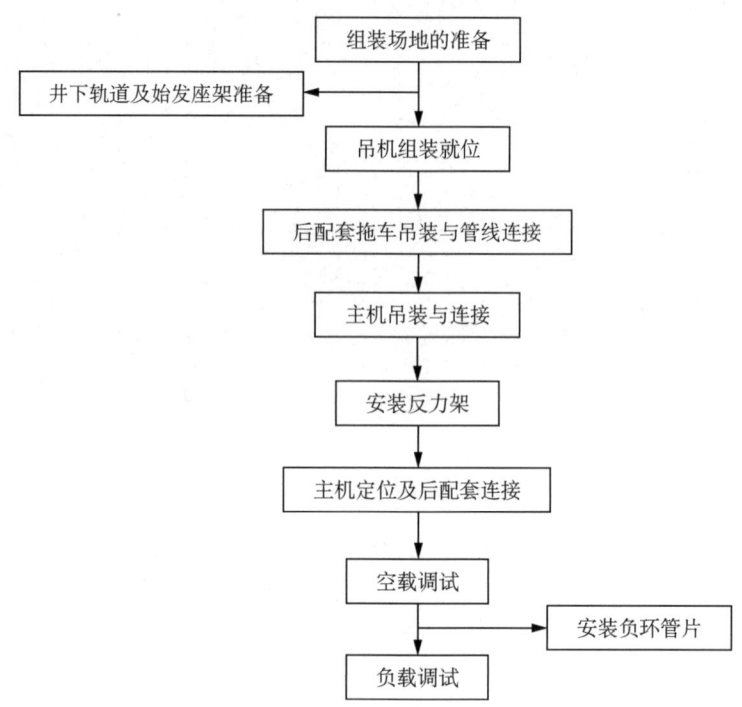

图 6-12 盾构安装调试程序框示意

盾构制造单位应进行下列检查：材料检查、机器检查、焊接检查、外观检查、主要尺寸检查、空载动作试验及电气绝缘电阻试验等。

在盾构机调试完成后，即可安装负环等反力架支撑体系，完成盾尾刷内涂抹油脂之后考可虑破除洞门，盾构始发。

6.5 盾构机始发接收

6.5.1 始发接收止水装置

盾构始发接收止水是一个重要环节，盾构始发接收止水方式如表 6-3 所示，盾构始发接收止水设备如图 6-13 所示。

表 6-3　　　　　　　　盾构始发接收止水方式

环节		（土体加固改良）＋装备形式	适用情况
始发	1	单（或双袜套）：橡胶圈＋铰链板	常规工况必备措施。工况、地层复杂时增加一道袜套铰链板，增加密封效果

续表

环节		（土体加固改良）+装备形式	适用情况
始发	2	止水箱体（内含双道橡胶圈+铰链板）俗称：钢短箱体	复杂工况辅助措施。防止袜套铰链板失效的保险装置，可应急注浆
	3	环板：洞门内设置弧形钢板（内设海绵，或设盾尾钢丝刷）	常规工况辅助措施。工况、地层复杂时可增加一道密封
	4	整体式钢套筒（又称钢套箱）	特殊工况（如不能实现正常地层加固）
	5	辅助措施：①管片拉接；②盾壳注浆；③打环箍注浆；④井点降水	
接收	1	反袜套：橡胶圈+钢索	常规工况
	2	环板：洞门内设置弧形板	常规工况
	3	弹簧钢板	
	4	洞门内设置气囊	复杂工况辅助措施。解决盾构通过气囊阶段的密封
	5	壳体注浆	辅助措施。复杂工况下封闭盾构后方止水的措施
	6	洞门内预埋液氮冷冻管	应急措施。洞门渗漏时液氮冻结
	7	辅助措施：①管片拉接；②盾壳注浆；③打环箍注浆；④井点降水；⑤多次接收	
特殊接收	1	整体式钢套筒接收	特殊工况辅助措施
	2	泡沫混凝土接收	特殊工况
	3	水中接收（可填土）	特殊工况
	4	留置盾尾（割除盾尾）	特殊工况
	5	明洞法接收	特殊工况

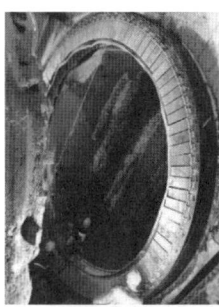
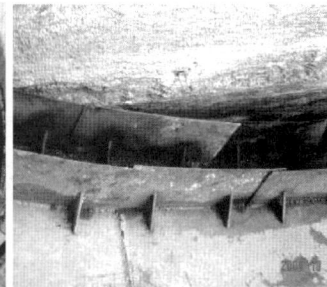

图 6-13　盾构始发接收止水设备

在盾构始发接收过程中,必须自始至终保证"三条缝"不漏水(墙/土,土/盾壳,土/土),才能基本确保盾构安全始发接收。需保证每一个操作环节不漏水,一旦盾构始发接收完成,应快速封闭洞门。对盾构始发接收施工有如下5点认识:

(1) 选择使用止水装备和地基加固应本着"安全、实用、简单"原则,止水装备必须具有良好的操作性,施工工艺不宜叠加过多,不宜复杂化。否则,可能会使施工风险后延。

(2) 坑外地基土体加固改良(包括冻结等)措施+止水装备是保证盾构始发接收施工安全最重要的措施之一,其核心是施工过程中止水,尤其遇有深度较大和地质条件复杂的始发接收时。

(3) 全程协调好不同工序间的衔接,才能保证盾构始发接收施工安全。需要全过程控制各个工序及工序间的衔接,限时完成单一工序,不同工法的工序、工艺间配合衔接不能脱节,在洞门封闭完成之前不能仅追求单一工序或工法的安全。如遇冻结条件下的始发接收,应在保持冻土强度的情况下抓紧时间封住洞圈,否则会发生冻土融化从而直接导致险情甚至事故发生。需要从始发接收止水装备选择与使用、辅助措施(注浆打环箍、管片纵向拉结)、盾构始发接收所使用的方法、工艺、施工参数、洞圈封闭等多方面进行控制。

(4) 辅助施工措施不可或缺。管片纵向拉结、注浆打环箍等是保证盾构始发安全的重要手段,打环箍可有效防止盾壳与加固土之间的通道漏水,管片纵向拉结可以有效降低施工风险,对此过程进行经常性的巡视检查和视频监控是及时发现风险的良好手段。

(5) 盾构接收的风险要远大于始发,因隧道已形成,一旦盾尾脱出止水装置,应快速将管片背覆钢板与井接头的预留钢板焊接。

此外,由于止水方法众多,各施工单位的经验和施工水平存在巨大差异,即使对同一工程来讲,不同单位在盾构始发接收方法、工艺标准和使用的施工参数并不相同,须结合当地施工经验、地质条件和施工经验进行优化。

6.5.2 盾构始发

6.5.2.1 盾构始发流程

一个完整的盾构始发自基座设计安装始,至盾构机离开盾构基座切入到加固过的地层中掘进,历经十余个大的工序,直到洞门封闭。盾构始发工作流程和主要内容如表6-4及图6-14所示。

表6-4　　　　　　　　　　　　盾构始发工作流程和主要内容

工作阶段划分	顺序	作业内容	备注
准备阶段	1	盾构基座设计、加工、安装	与此同时,洞口土体加固,抽检地层加固情况
	2	盾构机组装、调试与验收	
	3	反力架等设备的设计、加工及就位安装	

续表

工作阶段划分	顺序	作业内容	备注
准备阶段	4	支承体系安装：组装临时管片环（负环）及后续设备安装	与此同时，洞口土体加固，抽检地层加固情况
	5	安装洞门密封垫圈	
	6	盾构机试运转	
	7	盾尾涂抹油脂	
拆除临时墙体	8	拆除临时墙体结构	必须加强观测洞门处的土体稳定和渗漏水情况，并备好应急处理设备和材料
	9	盾构切入掘削面加压、掘进拼装临时管片	当盾构在基座上向前推进时，应缓慢向前推进。控制推力、扭矩，注意各部位油脂的使用情况
盾构试掘进	10	盾构切入土体、掘进拼装临时管片	当盾尾通过洞门后，进行压板加固和壁后注浆
	11	始发掘进，盾尾通过洞门，压板加固，壁后注浆	盾构尾部脱出洞口后必须及时做好隧道衬砌环和洞圈的永久防水密封处理

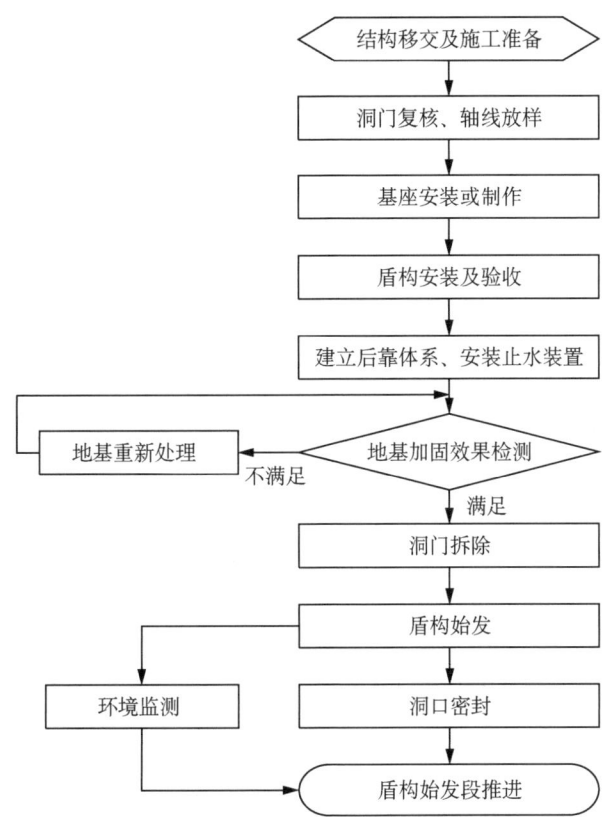

图 6-14 盾构始发主要流程

影响盾构始发接收安全的重要因素中,土体加固、止水设备、盾构设备、科学合理的施工工艺及工序衔接是特别需要引起重视的,这几方面比较容易引起事故和险情的发生。

6.5.2.2 始发主要设备

一般盾构始发设备主要由基座、钢支撑、负环和止水装置等构成,如图 6-15 所示。

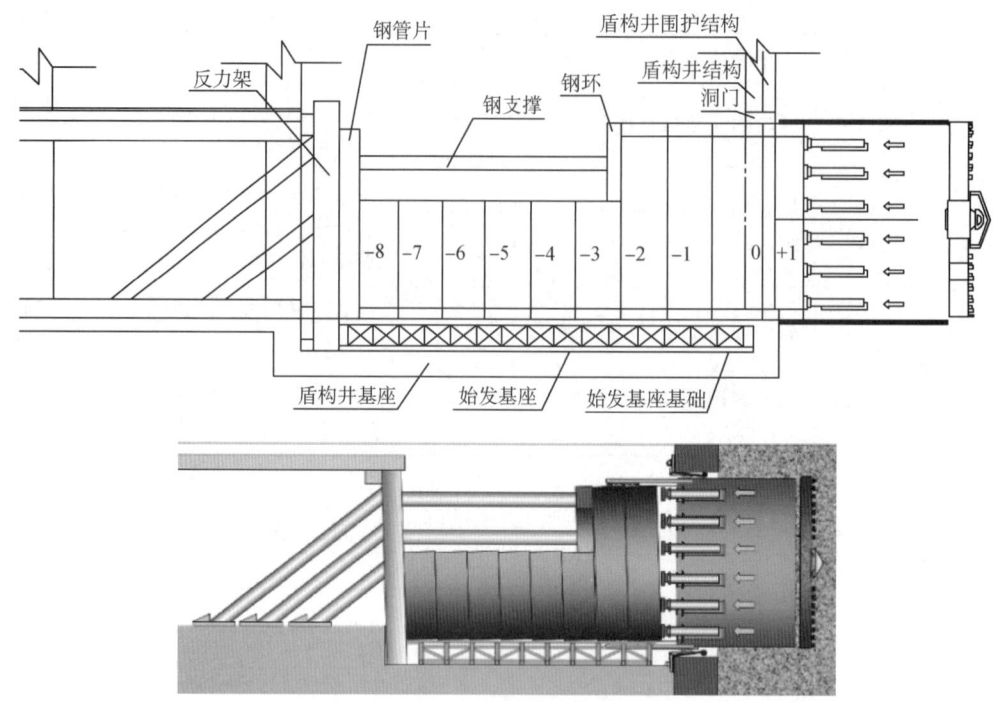

图 6-15 盾构始发主要设备

1. 基座设计安装

中小型盾构基座现一般多为钢结构拼接,安装速度快,可重复利用。盾构基座位置按设计轴线准确放样,安装时按照测量放样的基线,吊入井下就位焊接。

按设计和实测洞门中心位置,垫高摆正发射架(图 6-16),盾构机发射架吊装下井后,使盾构机中心标高与设计轴线标高重合。发射架距工作井内衬墙约 1.3 m,盾构机刀盘距离工作井内衬墙约 1.0 m。根据洞门实测中心标高、底板标高及发射架高度,确定钢管支撑的高度。

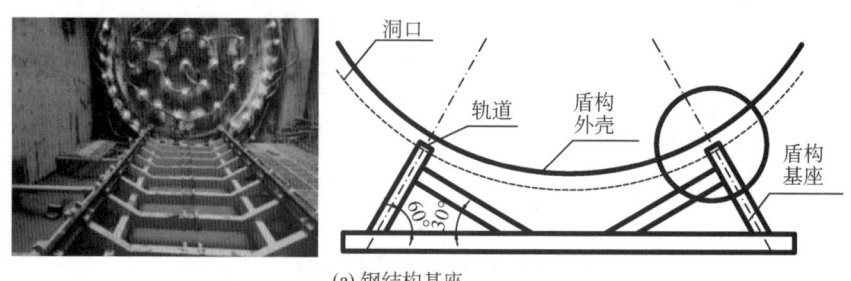

(a) 钢结构基座

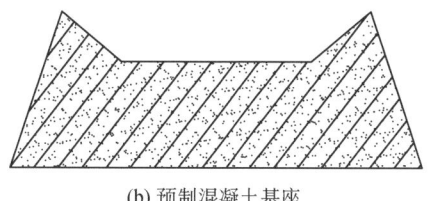

(b) 预制混凝土基座

图 6-16　盾构发射架安放

2. 安装盾构反力系统

反力架提供盾构机向前推进的反作用力,一般由钢立柱及钢梁组成,根据负环管片进入洞圈长度适当架设钢管支撑。反力系统应具有足够的强度和刚度,因此必须进行数值模拟计算,验算其刚度。反力架与竖井井壁的间隙必须垫实,以保证反力架的安全稳定,防止后靠失稳。盾构反力系统如图 6-17 所示。

 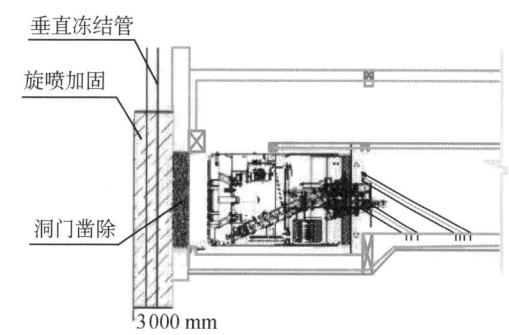

图 6-17　盾构反力系统

3. 开设探孔

对于采用水泥系地基加固的工艺,地基加固强度、抗渗指标等必须按规范现场取样进行复试(包括抗压试块、取芯、渗透系数),复试指标、复试频率必须满足设计等要求。在凿除洞门前应先凿9 个观察洞(一般按米字形布置,孔径多为 6~10 cm,鼻尖直径选用 15~25 cm),观察洞外土体加固情况,探孔开设完成后应及时安装球阀。主要检查项目包括加固体的整体性、连续性、强度情况、渗漏水情况以及涌泥、涌砂情况。如果加固区土体的自立性较差,则需采取进一步加固措施。探孔开设示意如图 6-18 所示。

图 6-18　探孔开设示意

4. 破除洞门

洞门分两次凿除,首先使用风镐将洞门内地墙的混凝土保护层凿除,然后割除内排钢筋,再粉碎性凿除地墙混凝土,最后割除外排钢筋,清理干净落在洞圈底部的混凝土碎块,如图6-19所示。开凿顺序按"由上至下",钢筋割除顺序按"由下至上"。

洞门凿除要连续施工,尽可能缩短作业时间,以减少正面水土流失量。在整个作业过程中,应加强安全监管和措施,加强观测检查和测量。如遇大量水土流失,应停止作业,采取快速止水的措施。

5. 拼装负环管片

负环管片也称临时管片,盾构始发时在反力架和盾构千斤顶之间安装环状管片,以给盾构机掘进向前推进的作用力。负环管片拼装质量对盾构的推进起到了导向作用。当负环姿态较差时,盾构机沿设计轴线推进容易导致管片大量碎裂、引发渗漏水,所以控制负环拼装质量尤为重要。目前,中小直径盾构的始发负环多采用钢结构,便于重复使用,如图6-20所示。

图6-19 洞门破除

图6-20 钢负环管片

当完成洞门凿除、洞门密封装置安装及盾构安装调试等工作后,组织相关人员对盾构设备、反力架、始发基座等进行全面检查与验收。验收合格后,开始将盾构向前推进,并安装负环管片。

6. 止水装置安装

始发洞圈止水装置分类详见表6-3。目前较常规的做法有:铰接钢板、帘布橡胶板+止水钢套箱,洞圈范围内如含有承压水风险地层的盾构始发工程应采用双帘布橡胶板铰链板+钢箱体,甚至采用钢套筒。

(1) 铰接钢板及帘布橡胶板安装。

洞门上预留有几十只螺栓孔,安装前应测量螺孔的位置偏差,如发现偏差过大,应相应调整帘布橡胶板上孔的位置,同时用丝攻逐个清理螺孔内螺纹,在其内侧均匀地涂上黄油。安装时,先安装帘布橡胶板,后安装圆形扇形板。压板螺栓应尽可能拧紧,使帘布橡胶板紧贴洞门,然后将扇形板向洞内翻入,防止盾构始发后同步注浆浆液泄漏。

帘布橡胶板送到现场后,必须复核螺孔中心距离尺寸(螺栓孔最远孔距为 7 360 mm),确认满足设计要求后方可安装。在盾尾完全进入洞圈后及时封焊铰链板,并进行有效固定,根据理论间隙及时充填注浆。

(2) 钢箱体安装。

始发前沿圆环板外侧焊接一圈箱体板,板宽为 100 mm,待盾尾完全进入内衬墙后,将提前准备好的月亮板焊接在箱体板与正 1 环之间,形成完整的钢套箱结构。洞圈、正 1 环及钢套箱之间必须焊接牢固,全封闭钢套箱设上、下、左、右 4 个单向闸可作为压注水泥浆用,如图 6-21 所示。

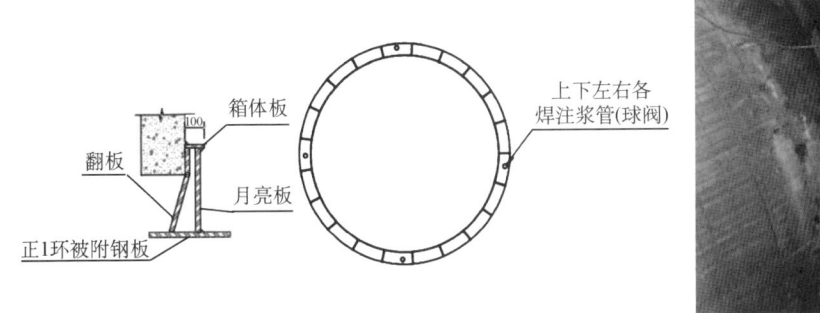

图 6-21 钢箱体装置

盾构始发钢箱体施工技术要求:

(1) 盾构始发钢箱体安装前应确保完成以下准备工作:

① 帘布橡胶板铰链板尺寸需满足安装后洞门圈钢翻边仍有不少于 3 cm 的空间用于焊接钢箱体。

② 盾构始发钢箱体主要分为圆周封板、一次端面封板、二次端面封板及三角筋板。钢箱体钢板厚度不宜小于 1 cm,应根据洞门结构尺寸、盾构机壳体、井接头结构等进行定制加工。

(2) 单帘布橡胶板铰链板钢箱体安装应满足以下技术要求:

① 帘布橡胶板安装时压板螺栓应拧紧,使帘布橡胶板紧贴洞门。

② 盾构始发前焊接钢箱体圆周封板及一次端面封板,钢箱体凸始发门圈一般不超过 200 mm,焊接过程需对帘布橡胶板进行保护;一次端面封板应预留盾构机刀盘通过空间,盾构机采用外包同步注浆管时,端面封板需根据浆管形状定制加工。

③ 盾构机推进前,帘布橡胶板铰链板内侧须清理干净,底部可根据情况填充沙包或采取其他保护措施。

④ 盾构机推进前,刀盘旋转与推进连锁必须解除,避免盾构刀盘过帘布橡胶板铰链板时产生旋转破坏。

⑤ 盾构机采用外包同步注浆管时,需根据实际情况割除浆管位置的帘布橡胶板铰链板止翻钢筋,确保止翻钢筋不破坏盾构同步注浆管和帘布橡胶板铰链板。

⑥ 背覆钢板环超出洞门圈的尺寸应满足钢箱体焊接所需尺寸要求,可通过调整负环与后靠体系之间的距离进行调节。

⑦ 盾尾进入密封装置后应及时焊接二次端面封板。二次端面封板焊接完成后洞门圈、钢箱体、背覆钢板环及帘布橡胶板形成密闭空间。

⑧ 钢箱体端面封板需预留不少于6个注浆孔,洞门圈注浆需填充密实且注浆量不宜过大,以免影响帘布橡胶板铰链板的止水效果。洞门圈注浆完成后方可继续进行盾构推进。

⑨ 井接头结构施工时钢箱体不拆除。

(3) 双帘布橡胶板铰链板钢箱体安装应满足以下技术要求:

① 首道帘布橡胶板铰链板安装时压板螺栓应可靠拧紧,使帘布橡胶板紧贴洞门。

② 盾构始发前焊接钢箱体圆周封板及三角筋板,焊接过程需对帘布橡胶板进行保护。

③ 圆周封板焊接完成后,焊接第二道帘布橡胶板铰链板环板和三角筋板,焊接完成后安装第二道帘布橡胶板铰链板。

④ 第二道铰链板安装完成后焊接一次端面封板,钢箱体凸出洞门圈一般不超过500 mm。后续工艺与单帘布橡胶板铰链板钢箱体基本相同。

⑤ 井接头结构施工时钢箱体不拆除,端头井结构及人防设计需考虑井接头外凸尺寸并预留足够空间。

6.5.2.3 水泥系加固盾构始发步骤

下面以中等直径的土压盾构为例来说明水泥系加固情况下的盾构始发步骤,大致包括以下5个工况。

(1) 工况1。当刀盘进入内衬墙后,需密切关注盾构四周的间隙与铰链板的相对位置关系,尤其是同步注浆孔位置,如发生碰撞,则停止推进,采取临时割除等措施,防止盾壳卡住,保证始发安全。

(2) 工况2。当端盘刀尖靠上加固土时,推进速度控制在5 mm/min之内。刀盘靠上加固土,土压力加到0.05 MPa,继续推进土压力逐步增大,负2环时土压力增大至0.1 MPa。推进过程中密切关注总推力及刀盘扭矩的变化,如发生较大波动,视情况往刀盘添加适当水。派专人观察后靠体系的变化情况,如有异常,则马上停止推进,采取有效加固措施后再推进。始发段盾构推进油压控制的原则:左右油压均衡,下部大于上部,以下部受力为准。

(3) 工况3。当"乌龟壳"(同步注浆管路外突部位)开始进入洞圈时,密切关注盾构后半部同步注浆管外突部"乌龟壳"4个点,防止帘布橡胶板被撕扯,一旦发现有问题,及时停止推进,采取必要的割除等临时措施。

(4) 工况4。当盾尾进入内衬墙后,用8#槽钢加固翻板并加工钢套箱月亮板,顶部钢套箱预留一块,待充填注浆完成后封焊,主要用于观察充填注浆情况。盾尾进入内衬墙后再掘进2环后停止推进,开始洞门充填注浆。洞门注浆应连续作业,严禁中途停顿。注浆过程中密切检查顶部铰链板及帘布橡胶板,如顶部帘布橡胶板已鼓起或漏浆,则表明充填注浆已到位,此时停止注浆。

(5) 工况5。刀盘出加固土,把土压力升至理论土压力值。当盾尾出加固区后,土压力于此前发生急剧变化,需要根据盾构地面沉降监测数据及时调整土压力、注浆量。

6.5.2.4 冻结法加固盾构始发步骤

冻结法加固始发与水泥系加固始发施工步骤基本相同,其主要特征是冻结管拔除、融沉注浆及刀盘防冻措施。主要包括以下6个工况。

(1) 工况1:当刀盘进入内衬墙后,需密切关注盾构四周的间隙与铰链板的相对位置关系,尤其是同步注浆孔位置,如发生碰撞,则停止推进,采取临时割除等措施,防止盾壳卡住,保证始发安全。

(2) 工况2:当刀尖靠上冻结加固土,提前解除刀盘联锁,并保持刀盘转动,以防被冻。在盾构机刀盘通过冻结区的整个过程中,都须保持盾构机刀盘转动。当负3环开始推进时,根据刀盘扭矩的变化,刀盘适当加盐水。推进速度控制在5 mm/min之内。始发段盾构推进油压控制的原则:左右油压均衡,下部大于上部,以下部受力为准。

(3) 工况3:刀出强加固区(冻结区),此时推进土压力增加到0.05 MPa,继续推进土压力逐步增大,负1环时土压力增大至0.1 MPa。派专人观察后靠体系的变化情况,如有异常,马上停止推进,采取有效加固措施后再推进。

(4) 工况4:同步注浆管路保护壳开始进入洞圈,密切关注乌龟壳(外置式注浆管)位置,防止帘布橡胶板被撕扯,一旦发现有问题,及时停止推进,采取必要的临时措施。

(5) 工况5:当盾尾进入内衬墙后,用8#槽钢加固翻板并加工钢套箱月亮板,顶部钢套箱预留一块待充填注浆完成后封焊,主要用于观察充填注浆情况。盾尾进入内衬墙后再掘进2环后停止推进,开始洞门充填注浆。洞门注浆应连续作业,严禁中途停顿。注浆过程中密切检查顶部铰链板及帘布橡胶板,如顶部帘布橡胶板已鼓起或漏浆,则表明充填注浆已到位,此时停止注浆。

(6) 工况6:刀盘出加固土,把土压力升至理论土压力值。当盾尾出加固区后,注浆量根据盾构后方地面沉降监测数据及时调整。

此外,需要提醒注意的是,拔除冻结管后应趁冻结土体没有融化前尽快始发并封闭洞门,否则会带来轻则漏水、重则结构坍塌的大风险。

6.5.3 盾构接收(进洞)

6.5.3.1 盾构接收内容与流程

盾构接收是指把盾构推进到竖井的到达面,然后从预先凿开的竖井围护结构的开口把盾构移动到竖井内,或推进到围护结构的位置后停止。当盾构机趋近预定位置时,要一边准确地测定盾构的位置,一边沿着设计路线推进,最大程度地降低其对环境的影响,直至到达预定的位置,将盾构拖出,封闭洞门。盾构接收方法主要有土体加固、坑外降水和水中接收等。盾构接收主要作业内容及流程如图 6-22 所示。

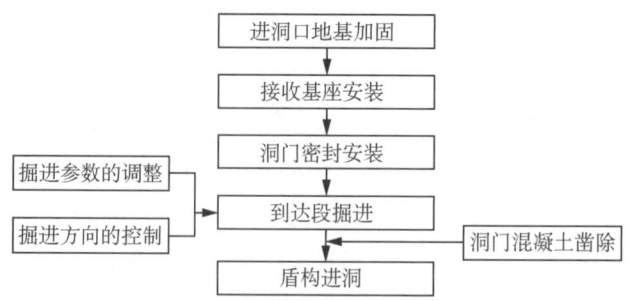

图 6-22 盾构接收主要作业内容与流程

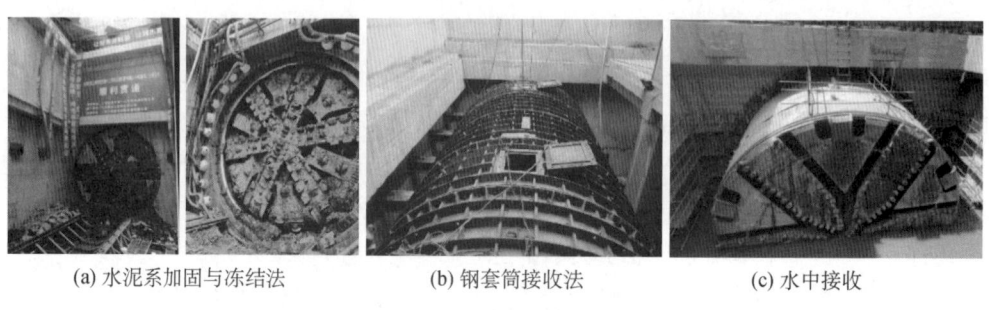

(a) 水泥系加固与冻结法　　(b) 钢套筒接收法　　(c) 水中接收

图 6-23 盾构接收照片

1. 安放接收架

安放盾构接收架应根据设计轴线,结合洞门中心位置定位[图 6-24(a)]。

(1) 接收架平面定位。接收架中心线对准洞门中心且与隧道设计轴线延长线一致,安装时接收架前端与洞圈预留 1.3 m 空隙,并对接收架加设支撑进行固定,确保接收架安装牢固可靠。

(2) 接收架高程定位。按照设计坡度放置,且比设计轴线整体偏低 1 cm。在外层门洞混凝土凿除完成后,在接收架与洞门之间焊接刚性延伸轨道。

2. 开设探孔

探孔布置方式、开孔、检查项目、注意事项及要求与盾构始发要求相同,加固体必须满足强度和止水基本要求,如图 6-24(b)所示。

3. 破除门洞

洞门分两次凿除,首先使用风镐将洞门内地墙的混凝土保护层凿除,然后割除内排钢筋,再粉碎性凿除地墙混凝土,最后割除外排钢筋,清理干净落在洞圈底部的混凝土碎块。开凿顺序:由上至下。钢筋割除顺序:由下至上。

割除外排钢筋并凿除剩余混凝土,及时清理垃圾,盾构迅速接收,减少土体暴露时间。洞门凿除要连续施工,尽量缩短作业时间,以减少正面土体暴露的时间,如图6-24(c)所示。

(a) 安放盾构接收架　　(b) 探孔开设示意　　(c) 破除门洞　　(d) 安装接收洞圈止水装置

图 6-24　盾构接收主要过程

4. 安装接收洞圈止水装置

由于洞门钢圈直径大于盾构机直径,为了消除洞门与盾构机之间的间隙,防止地下水及流沙沿间隙流出,在凿除洞门的同时设置第一道止水装置。该装置采用两道圆环形 5 mm 钢板焊接在洞门钢圈上,两道钢板间距 200 mm,钢板宽 400 m[图 6-24(d)]。为保证盾构机能够顺利通过钢板,在钢板上沿内弧侧每隔 200 mm 顺直径方向切割长 160 mm、宽 3 mm 的长缝,以便盾构机通过时钢板可以弯折。前后两道止水钢板上的长缝相互错开,呈梅花形布置,避免两道钢板上的长缝对齐而形成水流通道的问题。在外弧侧洞门方向加焊腰长为 100 mm 的等腰直角三角钢板,对环形钢板加以支撑固定。焊接完成后在两层环形钢板中间放入 200 mm×350 mm 的高密海绵,形成第一道止水装置。

6.5.3.2　水泥系加固盾构接收步骤

水泥系加固盾构接收大致包括以下 4 个工况。

(1) 工况 1。当盾构靠近加固土体时,根据洞门复测成果,合理调整盾构推进姿态,土压力及注浆量根据监测数据及时调整。推进速度控制在 1~2 cm/min。

(2) 工况 2。当盾构刀尖到达地墙时,盾构机刀盘开始进入水泥加固区,缓慢降低土压力。盾尾进入加固区后,逐渐降低同步注浆量至理论方量,同时浆液中适当增加水泥。

正面土压力根据沉降、总推力情况调整,在刀尖靠上地墙前开始逐步卸载土压力至 0.05 MPa。

刀尖碰触地墙后停止推进,开始割除洞圈迎土面钢筋,利用管片注浆孔在盾尾后压注水泥单液浆,在加固土与管片之间形成第一道环箍,养护 24 h 后开始推进进行第一次接收,控制推进速度在 1 cm/min 以内,严格控制总推力及刀盘扭矩。尽量出空土舱内土,以减少盾构进入工作井内清土时间。

(3) 工况 3。盾构第一次接收。在刀盘出内衬墙、外置式注浆管未出内衬时完成第一次接收,在盾构与洞圈钢板上封焊 8 mm 弧形钢板。

弧形钢板封焊完成后,在盾尾后两环利用管片注浆孔注入可硬性浆液形成第二道环箍,必要时压注聚氨酯进行止水,养护24 h后,开始推进进行二次接收。如在后续过程中再次发生较大渗水、涌砂等情况,则根据现场实际情况,考虑多次接收。如在后续接收过程中,通过弧形钢板上的注浆孔进行压浆时,需保证弧形钢板与盾壳的焊接质量,并由下至上压注,至洞圈上方预留球阀有浆液流出时停止压注。

(4) 工况4。盾构第二次接收。当分次接收注浆完成后,盾构机整体进入工作井,盾尾脱出洞圈800 mm,在管片背覆钢板与洞圈钢板之间立即用弧形钢板封堵并压注水泥单液浆。

接收环管片拼装完成后,再推进3～4环距离,使盾构机完全脱离洞圈到达退场吊装位置。

6.5.3.3 冻结法加固盾构接收步骤

冻结法加固情况下盾构接收大致由以下6个工况构成。

(1) 工况1。当盾构靠近加固土体时,根据洞门复测成果,合理调整盾构推进姿态,土压力及注浆量根据监测数据及时调整,推进速度控制在1～2 cm/min。

当刀盘进入冻结加固区后,开始拔除内圈水平冷冻管。同时,解除刀盘联锁,并保持刀盘转动,以防被冻。在盾构机刀盘通过冻结区的整个过程中,都须保持盾构机刀盘转动。

当盾构刀盘面进入冻结区域后,根据刀盘扭矩的变化,刀盘适当加盐水。

(2) 工况2。当盾构刀盘碰触到水泥-冻结复合加固土体、盾构机刀盘碰触水泥-冻结复合加固区时,适当减小土压力。

(3) 工况3。当盾构刀盘碰触"杯底"冻结区域时,正面土压力根据沉降、总推力情况调整,在刀盘接触地墙前逐渐卸载土压力至0.05 MPa。控制推进速度在1 cm/min以内,严格控制总推力及刀盘扭矩较大波动。

(4) 工况4。盾构刀盘碰触地下连续墙。当盾尾进入加固区后,逐渐降低同步注浆量至理论方量(冻结加固区);刀尖碰触地墙前,尽量出空土舱内冻土,以减少盾构进入工作井内清土时间。

在盾尾后两环上通过管片预留孔压住水泥单液浆环箍,形成封水层。单液浆配比为0.8,从下部开始压注,逐渐提高压注部位。在养护24 h后恢复推进,进行第一次接收。

(5) 工况5。盾构第一次接收。在刀盘出内衬墙、同步注浆管保护层未出时完成第一次接收,在盾构与洞圈钢板上封焊8 mm弧形钢板。

弧形钢板封焊完成后,在盾尾后两环利用管片注浆孔注入水泥单液浆形成第二道环箍,必要时压注聚氨酯进行止水,养护24 h后,开始推进进行二次接收。如在后续过程中再次发生较大渗水、涌砂等情况,则根据现场实际情况,考虑多次接收。如在后续接收过程中,通过弧形钢板上的注浆孔进行压浆时,需保证弧形钢板与盾壳的焊接质量,并由下至上压注,至洞圈上方预留球阀有浆液流出时则停止压注。

(6) 工况6。盾构第二次接收。当分次接收注浆完成后,盾构机整体进入工作井,盾尾脱出洞圈800 mm,在管片背覆钢板与洞圈钢板之间立即用弧形钢板封堵并压注水泥单液浆。

接收环管片拼装完成后,再推进3～4环(根据吊装孔位置),只拼装拱底块钢环,使盾构机完全脱离洞圈到达退场吊装位置。

6.5.3.4 钢套筒盾构接收

在端头井开挖深度大、地层含砂量高或存在地下承压水时,常用钢套筒作为接收止水装置。但应注意后续工序(拆箱、封洞门)的连续快速施工,避免承压水突涌。

1. 钢套筒盾构接收施工流程

钢套接收体系由三部分组成,分别是过渡环、本体、后靠体系。过渡环的主要作用是连接洞圈和本体、定位装置,以及洞门封堵时被切割。本体是盾构的接收装置,一般由4段8块拼装组成,螺栓连接,以方便拆装,接缝处进行防水处理。套筒内部充填大比重砂浆(同步注浆用浆液)。反力体系支撑于本体端部,确保钢套筒体系受力稳定。图6-25为钢套筒平面图和实物图。

图 6-25 钢套筒

盾构接收的推进施工分两个阶段。阶段划分区域如图6-26所示。

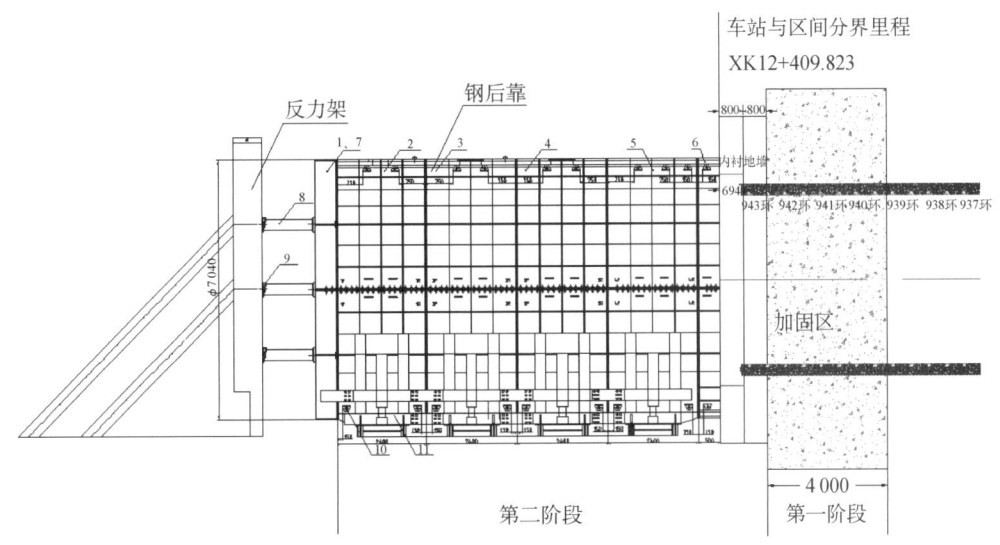

图 6-26 盾构机接收阶段划分区示意(单位:mm)

第一阶段,盾构机在加固体内掘进。在该阶段的推进过程中,需要注意以下事项:

(1) 应严格控制推进速度和总推力,避免进刀量过大而引起刀盘被卡。推进速度以不大于 10 mm/min 为宜(洞门破除后恢复掘进时,掘进速度应控制在 5 mm/min 以内,防止大块混凝土被顶裂跟着刀盘向前走)。刀盘转动过程中,在土舱内及刀盘前加注水、泡沫剂或膨润土进行润滑和改良土体。

(2) 严格控制盾构姿态,特别是盾构切口的姿态,相对洞门偏差数据控制目标为:水平±15 mm,垂直+10~+20 mm。

(3) 控制盾尾间隙,保证盾尾间隙的均匀。

(4) 严格控制切口的土压力。

(5) 推进过程连续均匀、均衡施工,保证土舱内一定土压,防止出空土舱盾构机抬头上浮。

(6) 推进过程中加强盾尾油脂的压注,防止盾尾漏浆。

(7) 从特殊管片上预留的注浆孔向管片外侧注双液浆,在管片与加固土体间形成环箍止水,防止盾尾后的水进入盾尾前方。

第二阶段,盾构机在地下连续墙、内衬及钢套筒掘进。盾构机刀盘推出加固体后,盾构开始进行第二阶段推进,盾构机开始进入钢套筒。盾构机盾尾脱离洞门钢环时,则停止同步注浆。在该阶段的推进过程中,需要注意以下事项:

(1) 参数设置:推速<5 mm/min;推力<8 000 kN,视实际调整推力大小,以不超过此值为原则。在钢套筒内以管片拼装模式掘进。盾构机在钢套筒内掘进过程中,要确保与外界联系,密切观察钢套筒顶部的情况,一旦发现变形量超量或有渗漏时,必须立即停止掘进,及时采取补救措施。

(2) 根据钢套筒顶部安装的压力表的读数,及时调整推进压力,避免推进压力过大,若压力过大使钢套筒密封处出现渗漏状况,可打开钢套筒后板盖上的排浆口进行卸压。

(3) 进套筒时姿态控制:必须以实际测量的钢套筒安装中心线为准控制盾构机姿态,要求中心线偏差控制在±2 cm 之内。盾构机进入钢套筒内,同样要注意姿态控制。

(4) 应遵循"多次接收"的原则实施,即在盾尾后方管片多次压注双液浆;在盾尾快脱离洞圈钢环时,应停止向前掘进并在后方管片重复压注双液浆形成环箍,并打开管片注浆孔检查注浆效果,当确保盾尾后方水土已充分被注浆封堵时,则利用拱底块管片将盾构机完全送入钢套筒内。

(5) 盾尾与接收环管片脱开后,立即采用弧形钢板封闭管片与洞圈之间的空间,为进一步确保洞门密封效果,在"月亮环板"中心处设置 4 个注浆孔(上、下、左、右四周处),后续进行注浆密封。

(6) 盾构机筒体推到位置并完成洞门密封后,在刀盘不转的情况下,出空舱内回填物。

(7) 打开钢套筒底部的排浆管,排出剩余的浆液,并检查筒体的漏浆情况。在安全的情况下,开始拆除钢套筒。

(8) 测量与监测：盾构机到达过程中需加大测量频率，并复核控制点，确保盾构机到达的姿态正确，在盾构机到达前布置监测点，在端头连续墙、地面布置沉降观测点；围护结构及钢套筒、洞门周围布置变形监测点。然后测量初始值，盾构机到达过程中每天测量2次，若变形较大，增加测量频率并及时通报项目部采取处理措施。进钢套筒过程中，设专人观测钢套筒的稳定、变形情况，发现异常情况立即停机处理。

2. 钢套筒盾构接收注意事项

(1) 安装前钢套筒变形。

盾构到达采用接收钢套筒虽然有安全、部分可重复利用等优点，但从钢套筒施工工艺及工程实践来看，其经过多次装拆、吊运，并且由于焊接量大，时间长后会因自然时效产生变形，或产生后续施工风险。具体应对措施如下：

① 使用前对整体钢套筒的真圆度进行检查，确保其真圆度，避免盾构机进入钢套筒时与钢套筒的间距不均，导致盾体与钢套筒碰撞使钢套筒发生位移变形等意外。钢套筒分多块组成，各组成块之间均须加垫橡胶垫，对橡胶垫必须严格控制质量，防止损坏或有漏洞，避免出现漏浆泄压，导致压力不能建立。钢套筒各部件之间均采用螺栓连接，对螺栓连接面也应进行检查，对连接面出现变形或破坏的部位进行修复，避免出现漏洞。

② 各部分连接紧密的重要构件，使用前应确保连接螺栓的质量和数量，保证各部分连接的强度。

③ 钢套筒焊缝由钢板焊接而成，使用前全面检查钢套筒各个部位的焊缝，对有损伤的焊缝进行补焊，确保焊缝质量，保证整个钢套筒的整体性。

(2) 接收时钢套筒变形。

盾构接收过程中钢套筒与洞门预埋环板连接处开裂，钢套筒变形过大、反力架变形过大而引起结构破坏。具体应对措施如下：

① 钢套筒安装前需对洞门预埋环板进行检查，必要时须进行植筋加固。

② 在反力架和环梁之间设置预压力螺栓，通过预压千斤顶对钢套筒施加预压力，使钢套筒紧顶洞门环板。

③ 钢套筒、反力架制造前进行严格的受力计算；钢套筒靠近反力架端设置加强环梁；盾构到达前对安装好的成套装置进行压力测试，压力测试合格后方能进行盾构到达掘进。

④ 对钢套筒与洞门环板连接处和反力架进行监测，对钢套筒本体的连接处、筒体进行观测，根据可能出现的不同情况采取针对性措施。

3. 定位安装

由于洞门环板在预埋的过程中可能出现变形或平面偏差较大的情况，所以有可能出现过渡连接板有些地方无法与洞门环板密贴的情况。具体应对措施如下：

① 在开始安装钢套筒之前,首先在基坑里确定线路中心线,也就是钢套筒的中心线,钢套筒安装时,使钢套筒的中心线与事先确定好的线路中心线重合。

② 在空隙处填充钢板并与过渡板焊接牢固,务必将空隙尽可能地堵住。

③ 在确定洞门环板与过渡板全部密贴后,将过渡板满焊在洞门环板上。焊接过渡板时,上半部分只焊外侧,下半部分内、外侧满焊。

④ 钢套筒安装完成后,对筒体位置进行复测,检查其中心线与盾构机到达的中心线是否重合。

此外,对隧道的一些辅助施工措施也必须实施,如拉结管片、注浆打环箍等。

6.5.3.5 盾尾留置

盾构在风险较高地层接收施工时,为确保接收安全,可将盾构机盾尾割除并留置。盾尾割除长度根据施工情况决定,以盾尾刷未出地墙为宜,一般为 1.8~3 m,如图 6-27 所示。

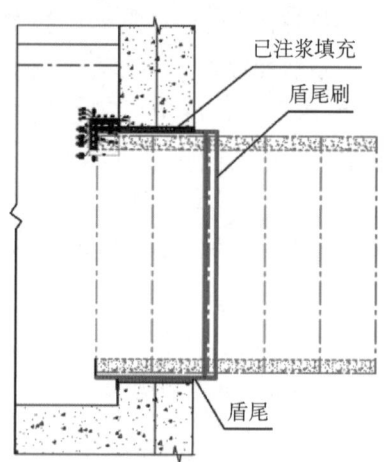

图 6-27 盾尾割除示意

盾尾割除后应尽快将盾尾和管片之间焊接月亮板封闭,并注浆充填止水。

不同地区、不同地质条件、不同施工环境、不同施工单位所采取始发接收的方式及止水装置并不完全相同。除此之外,辅助施工措施也是十分重要的,如注浆打环箍止水、降水、管片纵向拉结等都是盾构安全始发接收的重要辅助措施。

具体采用何种始发接收方式,实际工程中应视环境、竖井深度、风险性大小和施工单位经验等因素综合确定,或采用多种并联方式。但无论盾构始发接收的方式怎样,始发接收施工的核心问题是保证动态的"三条缝"不漏水,在工艺环节上不脱节,直至顺畅完成洞门封闭。

严格来讲,直至洞门封堵完成才算完成盾构的始发或接收。在盾构机到达接收井接收后,也必须及时封堵门洞,在几小时内完成。近年来,隧道洞门处发生的几起事故多是由于封堵不及时、施工不规范造成的。在负环拆除后应限时完成井圈施工,如果是冻结条件下始发接收,则更需要在冻土融化前完成洞门的永久性封闭(图 6-28),否则同样会发生漏水、漏砂险情。现在有不考虑将负环拆除,直接将其包括在一新结构墙体内的做法,将其直接作为结构的一部分,极大地降低了施工风险。

(a) 原始发和接收井接头做法　　(b) 直接将负环抱在结构内的做法

图 6-28　洞圈永久性封闭

6.6　盾构正常掘进施工

"保头护尾"是盾构推进施工必须遵循的基本原则,很多事故险情都是由此引起的。如能严格按"慢速均匀推进,勤纠缓纠,盾构姿态良好,盾构推进轴线与衬砌环轴线趋势相吻合,盾尾间隙均匀正常,盾尾充满油脂,同步注浆及时足量,降低施工扰动,控制土层损失率"等技术要求组织施工,施工质量安全是可以保证的。在盾构正常掘进时,需要满足掘削面稳定、掘削土体与排土的性能与平衡、盾构机姿态(纵横摆动、中折角、超挖量)正常,自始至终正确地使用盾构千斤顶,既要保证地层稳定,又要保证盾构沿设计轴线正确推进。

6.6.1　初期推进施工

1. 初期推进

初期推进是指盾构从竖井出发,到盾构运转所需要的后续设备进入隧道内为止的阶段,其后的掘进称为正式推进。为保证盾构正式掘进能沿着设计轴线进行,并将对环境的影响控制在最小限度内,初期推进时应进行细致的掘进管理,收集盾构掘进施工参数,如压力舱内的土压或泥水压等、推进速度、注浆量与注浆压力等、盾构下沉与变形及环境影响监测数据,掌握盾构运转特性,掌握这些参数之间的相互影响关系以及设定控制值的适当性,为确定正式掘进优化施工参数提供保障。

2. 临时支撑拆除与后续车架转换

从初期推进过渡到正式推进时,必须确保盾构掘进所需要的推进反力。此后拆除始发时所用的反力设备,各种后续台车相继投入,过渡到正式掘进。正式掘进后,盾构推进反力是仅依靠管片与地层之间的剪切阻力,可用式(6-3)确认是否能满足盾构所需要的推进反力。

$$L \geqslant \frac{F}{\pi} \cdot D \cdot f \tag{6-3}$$

式中,L 为从竖井开始的管片长度(m);F 为盾构千斤顶推力(kN);D 为管片外径(m);f 为考虑壁后注浆材料的管片与地层的剪切摩阻力(kN/m^2),一般取 $2\sim4\ kN/m^2$。

对于直径为 6.34 m 的盾构来讲,拆除反力设备的盾构隧道长度一般在 100 m 左右。一般都在整条隧道完成后再考虑拆除反力架等设备,避免带来不必要的风险和麻烦。

6.6.2 正常推进施工

1. 盾构正常推进时应关注的关键操作工艺和环节

(1)必须根据隧道所处地层的地质条件、埋深、地表环境、盾构姿态、管片与盾尾的间隙以及施工监测结果等制订当班盾构掘进施工指令。

(2)必须严格按照盾构设备操作规程、安全操作规程以及当班掘进指令控制盾构掘进施工参数与盾构姿态。

(3)经常对盾构姿态进行人工复核测量,同时加强轴线测量的复核,及时掌握盾构掘进参数,及时反馈监测信息,指导施工。

(4)对推进油缸进行合理编组,并控制油缸压力值,合理控制盾构姿态,及时纠偏。

(5)施工中应做好渣土改良工作,确保渣土的流塑性和止水性。

(6)在盾构掘进的同时,必须进行盾尾同步注浆或及时壁后注浆,及时充填衬砌环脱出盾尾形成的建筑空隙。同时应压注盾尾密封油脂,防止泥土从盾构流入隧道内。

2. 千斤顶调整

盾构的掘进(推进方向、推力大小、轴线保证、曲线纠偏、坡度实现)都是通过调整不同位置上的盾构千斤顶来实现的,千斤顶是分编组控制的。当在曲线段、坡度段推进时,就只用单侧的一些千斤顶推进,装备了中折装置的盾构可按照曲线半径的大小使用中折千斤顶进行推进,但应尽可能开启更多的千斤顶,以免压力过大从而对管片造成损伤。盾构推进时所需的推力随围岩条件(土质条件、地下水压)、盾构形式、超挖量、有无蛇行修正、隧道曲率半径和坡度等情况不同而发生变化,始终保持适当的推力和速度,但应以不对管片产生过大压力而产生破损为前提。

3. 开挖面稳定控制

当盾构掘进时,必须确保开挖面稳定,避免发生过量取土超挖或发生压力舱内堵塞,从而对衬砌质量和环境带来影响。

4. 防止管片损伤

控制单个千斤顶的顶力且保持千斤顶与管片的尽可能最大接触面是关键。在满足盾构总推进力的前提下,应尽量减小单个千斤顶的推力,尽可能地使用更多的千斤顶。在推进通过坡度变化段、曲线段、蛇行修正段等不得不使用部分千斤顶时,也要尽量使用多个千斤顶,对配置了中折装置的盾构,通过适当地使用中折装置,可以均匀地使用盾构千斤顶。

5. 方向控制

必须按照设计轴线进行推进,防止盾构发生前后倾斜、偏转和左右侧倾。盾构掘进时要及时掌握盾构的位置和方向,及时启用不同部位的千斤顶来调整盾构推力。当盾构通过坡度变化段、曲线段、蛇行修正段时,只使用部分千斤顶进行修正,为使盾构中心线和管片环面尽量正交并降低施工难度,可采用楔形管片等。方向控制需要掌握以下几个原则:

(1) 即测即纠。盾构的前后倾斜、偏转和侧倾多由地层阻力、土质变化、千斤顶操作特性、盾构自身固有运动特性、管片刚度、施工误差与测量误差等综合原因引起,需要根据测量数据及时修正盾构状态。

(2) 磕头处理。由于软弱地基和盾构自身重量分配不均匀(中心位置不在几何中心)等原因,一般盾构呈"前重后轻",容易发生磕头现象,尤其当地层发生突变遇有软弱地层时更是如此。在盾构发生前端下沉时,一般增加使用盾构下侧的千斤顶数量,加大向上的顶力使盾构保持不磕头状态。

(3) 蛇行修正应及早修、小修。蛇行修正要根据推进管理测量,趁蛇行量较小时进行修正,影响较小。大幅度的方向修正往往会增加相反一侧的蛇行量,并且会造成管片组装困难,往往会给完成后的隧道遗留使用障碍隐患。在推进过程中,一旦土质发生突变,多会产生较大的蛇行或沉降。因此,对于土质的变化要予以特别关注,遇有暗浜等不良地质条件时更需特别警惕。

6. 盾构自转控制

尽管圆形盾构的受力条件较好,但应注意控制盾构的自转,盾构自转角度应控制在±3°以内。

7. 盾构纠偏

当盾构轴线偏离设计位置的控制值时,必须进行纠偏,纠偏不当可能会导致管片开裂或碎裂,或可能引起新一环管片的拼装困难,必须加强控制。纠偏应掌握以下几个方面:

(1) 纠偏不能损坏已安装的管片,并保证新一环管片的顺利拼装。

(2) 纠偏应防止盾尾漏浆,增大地面变形。
(3) 盾构推进坡度与隧道设计轴线的偏角应小于 3‰。
(4) 盾构纵坡和平面的最大纠偏量应小于 5‰。

① 盾构纵坡最大纠偏量控制可按式(6-4)求得,即盾构与管片相对坡度等于盾构推进后实际纵坡与已成隧道管片纵坡之差,且必须小于允许坡度差值。

$$i = (i_{盾} - i_{衬}) \leqslant [i] \tag{6-4}$$

式中,i 为盾构与管片的相对坡度;$i_{盾}$ 为盾构推进后的实际坡度;$i_{衬}$ 为已形成的隧道坡度;$[i]$ 为允许坡度差值,一般来讲,允许坡度小于 5‰。

② 盾构平面最大纠偏量控制可按式(6-5)求得:

$$\Delta L < S \cdot \tan \alpha \tag{6-5}$$

式中,α 为盾构与衬砌允许的水平夹角(一般为 $\tan \alpha \leqslant 5‰$);S 为两腰对称千斤顶的中心距(mm);ΔL 为两腰对称千斤顶伸出长度的允许差值(mm)。

8. 穿越施工需注意事项

对于盾构开挖面上部为硬黏土、下部为砂性土承压水层的情况,穿越施工时更需特别注意以下几点:

(1) 严防盾尾漏浆。国内外都曾经发生过类似险情,需要严密检验盾尾密封装置,盾尾刷必须承受 0.5 MPa 以上的压力而不漏水,但在许多工程中 0.3 MPa 即开始漏浆。准备高质量的油脂及时塞满,油脂压力以压到油脂挤出为止(每环压 20~30 kg)。如发现盾尾漏浆,立即加海绵板,紧贴在管片上,如实在不行,则采取最后一道措施,即压注聚氨酯。

(2) 增加下部千斤顶推力,使正面砂层压应力提高,平衡水压力,也可以保证盾构不下沉。若当千斤顶加到 2 000 t 时仍推不动,则选用超挖刀超挖黏土,加大下部压力。

(3) 向土舱中硬黏土压泥浆 2~3 m³(每 250~300 kg/m³ 的膨润土,加 50 kg 的碱),并检验压泥浆孔。

(4) 确保同步注浆的施工质量,注浆量一般为 180%~240%,当下部砂性土多时,注浆量需增加至 3.5 m³(浆液稠度 9~10)。砂性土较多时,盾尾后 7~8 环打腰箍,隧道下沉,机械补浆。

(5) 注浆孔防喷。

(6) 备好向土舱中加泡沫材料。

(7) 为保证在硬黏土中掘进,适当用超挖刀。

6.7 盾构开挖面稳定

盾构机正常掘进施工期间必须始终做好"切削排土与开挖面稳定、姿态控制、管片拼装、同步注浆、隧道稳定"等方面的工作。

6.7.1 土压平衡式盾构开挖面稳定

土体作为支撑开挖面稳定的介质,其物理性质对开挖面的稳定起着决定性作用。它不断被切削装置源源不断输送进土舱来,同时又不断地由螺栓机向外排出。要保证土压平衡式盾构的开挖和保持开挖面的稳定,需要对开挖面的泥土压力、泥土性能和质量等进行管理,同时需注意以下三方面内容。

(1) 土压平衡式盾构的开挖要考虑地层条件和隧道断面大小,以保证地层的稳定。

土压平衡式盾构将开挖下来的泥土充满到土舱内,视需要对其注入添加剂以改善渣土的流动性,使用适当的土压力来保证开挖面的稳定性。

螺旋式排土器的一端位于土舱内,另一出土端口设在盾尾内,可在盾构推进的同时实施同步排土。在盾构掘进施工时,土舱内必须始终充满渣土,并对其适当加压以满足开挖面稳定状态。为达到盾构推进量和排土量平衡,需要螺旋式排土器的转数和盾构推进速度协调一致,与此同时,需要对刀盘的扭矩和推力等进行正确控制,以防止开挖面的松动和破坏。

(2) 为保持开挖面的稳定,要根据地层条件适当注入添加剂,以保证切削下来的渣土的流动性和止水性,同时应做好对压力舱压力和排土量的管理,可以通过压力舱内的开挖土、螺旋式排土器及设置在排土口的排土装置等综合作用,以获得开挖面的稳定性。

① 围岩条件。为了保持开挖面稳定所需要的土压力,维持与盾构推进量相平衡的排土量,必须使压力舱内充满具有流动性的土砂,并能防止地下水的流入。

a. 当地层主要是由内摩擦角小的黏性土和粉质土构成的土层时,由于刀盘的切削作用,能维持开挖土的流动性。

b. 当地层是由内摩擦角大的砂层、砾层构成的土层时,开挖土不但流动性不充分而且难以防止地下水的流入,此时需要将添加剂注入开挖土中搅拌,将开挖土改良成既具有流动性又具有较小透水性的渣土。

② 加入添加剂的目的。在土压平衡式盾构中向开挖面和压力舱内注入添加材料,以期达到如下目的:

a. 改善土舱内渣土的塑性流动性,使其具备良好的流塑性。塑性流动状态的土体具有如下几个方面的物理力学指标:开挖土体的渗透系数至少小于 1×10^{-5} m/s,土体的不排水强度小于 25 kPa,坍落度在 10~15 cm,压塑系数 α 尽可能大。这样,可以避免"喷涌"和结泥饼。

b. 搅拌混合渣土以提高其不透水性。

c. 防止开挖渣土在盾构机内发生黏附。

d. 注入添加剂还具有减少切削刀头和面板等磨损、改善刀盘和螺旋排土器扭矩的作用,还可以起到冷却设备的功效。

③ 添加材料的选择。在选定添加剂时,应选择最适合于地层土性和渣土排出的材料,考虑材料需具有流动性、与开挖土混合的易和性、不发生材料离析、对地下水无公害等特性。常用的添加材料可以大致分为五类:矿物类、水溶性高分子类、高吸水性树脂类、界面活性材

料类以及碱性类,它们可单独使用,也可组合使用,见表 6-5。

表 6-5　　　　　　　　　　　土体改良主要添加材料

种类	材料	主要效果	使用土质	不足
矿物类	黏土、膨润土	不透水、流动性	各种土质	制备设备复杂、出土处理困难
水溶性高分子类	CMC	增大黏性	无黏性土	制备设备复杂、出土处理困难
高吸水性树脂类	环氧树脂	胶凝状态、防喷涌	高含水量	使用地层局限
界面活性材料类	泡沫减黏剂	不透水性、流动性、防止黏附	各种土质	成本较高
碱性类	纯碱工业碱	降低黏土黏附,平衡酸碱	黏土	对人体危害

　　a. 矿物类。最常用的是以黏土、蒙脱土等为制造主原料,这种材料使用得最多而且能广泛适用于各种土质。

　　b. 水溶性高分子类。高分子聚合物在水中溶解,其非常长的分子链无序地散开,分子链上带负电荷的离子使长链相互排斥并吸引水分子构成吸附水化层,在水中呈负电性,水解后的聚合物长链形成了泥浆的黏度。只要分子量足够大,分子长链具有很强的吸附性,可包被固相颗粒,抑制黏土颗粒遇水发生的胶结、黏附,从而起到良好的改良、润滑效果。聚合物使用参数主要为:掺入量一般为 30 kg/m^3,黏度大于 30 s。主要原料成分为纤维素系(CMC 等)、聚丙烯系(PHPA 等)和多糖类系等。

　　c. 高吸水性树脂类。此类材料是高分子化合物构成的材料,可以吸收相当于其自重数百倍的地下水变成凝胶状态,对防止高水压地基的喷涌有很好的效果。

　　d. 界面活性材料类。特殊发泡剂和压缩空气制作的气泡剂,不但能提高开挖土的流动性和不透水性,而且有防止开挖土黏附的效果。此外,气泡剂本身的消泡等后处理也较为容易。泡沫性能要与盾构发泡装置、开挖土混合机混合后维持时间密切相关,泡沫的稳定性越好,对开挖土体改良效果的维持时间越长,只有当泡沫稳定性达到一定效果时,才能满足要求。常见的材料有法国 CONDAT 以及国产埃尔克、康达克、合东双等。

　　④ 开挖面的稳定状态判断。为保持盾构开挖面稳定,应重点对泥土压力、泥土塑性流动化、掘进速度和排土量进行管理。管理流程如图 6-29 所示。

　　一般可通过设在隔板上的土压力计来掌握开挖面的稳定状态,也可以使用机械触探法或非接触性电磁波、超声波调查法对开挖面状态进行探查。但二者都是用来探查开挖面的前方或上方的局部空洞,为判断开挖面稳定状态提供辅助信息。

　　⑤ 压力舱的压力管理。为确保开挖面稳定,需要适当维持压力舱压力。当压力舱的压力不足时,发生开挖面涌水或坍塌的危险就会增大;当压力过大时又会引起刀盘扭矩或推力的增大,继而发生推进速度下降或地面隆起等问题。通常将开挖面压力设定在盈压 10% 内为宜,以控制地面沉降,而少用欠压方式。

　　压力舱压力的管理有 3 种计算方法:主动土压力、静止土压力和松弛土压力。基本思路

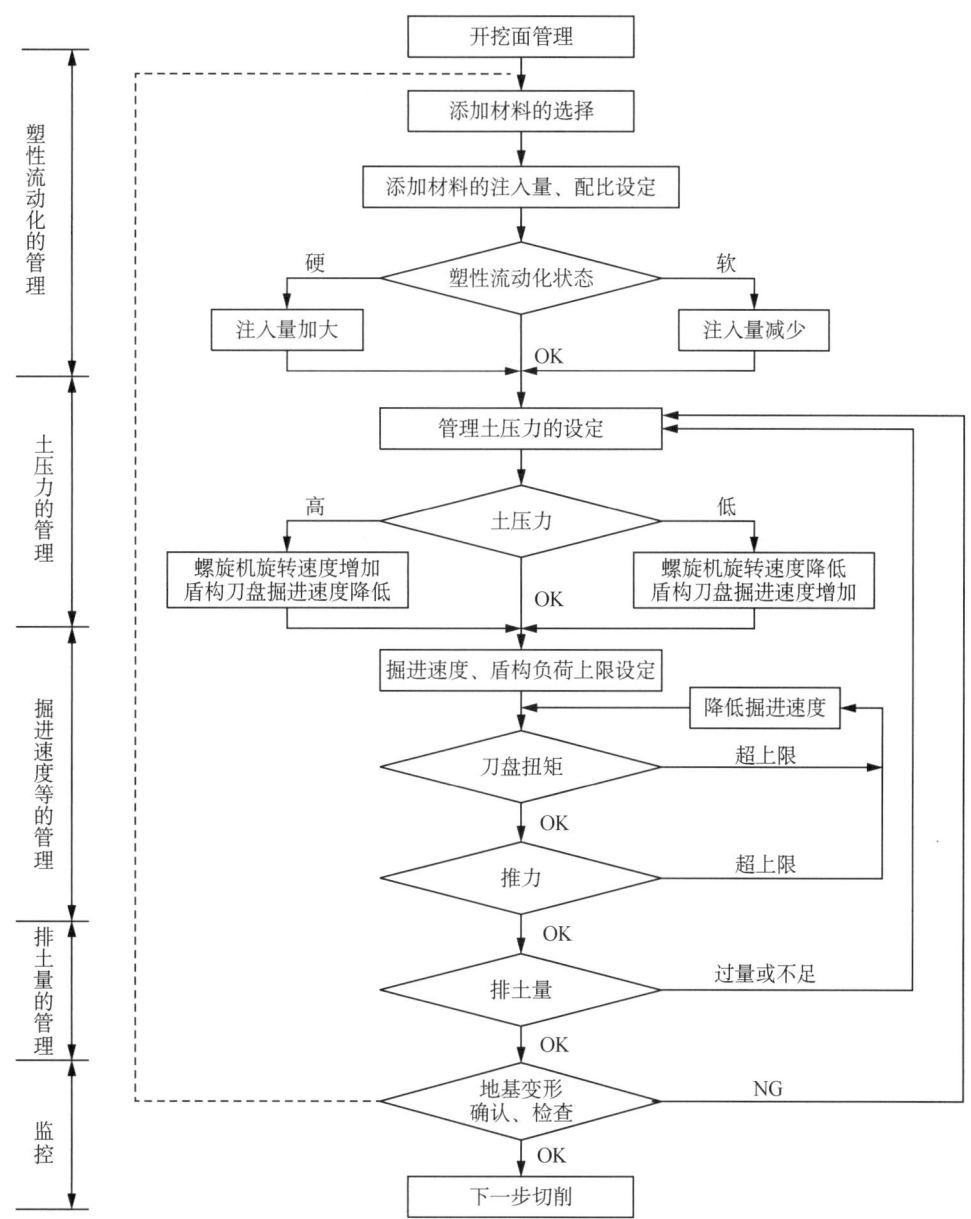

图 6-29 土压平衡式盾构开挖面稳定管理流程

是:以控制地表面沉降为目的时,使用静止土压力;允许产生少量的地表沉降但可确保开挖面的稳定时,使用主动土压力。推进中的压力舱压力的维持可通过螺旋式排土器的转数和盾构千斤顶的推进速度来进行控制。此外,还需要确认推进时所产生的地基变形、排土状态、刀盘扭矩及其他变化情况,及时调整压力舱的压力。

计量开挖面压力的传感器原来多设在左右两侧,目前大型盾构至少设有 4 点以上测量压力装置,对左右、上下级中间部位进行土压力测量。

⑥ 排土量管理。一边保持开挖面稳定，一边正常推进，适量地进行排土，保持盾构连续作业，以维持排土量和推进量相平衡。其实，要非常精准地掌握排土量是比较困难的。原因之一，不同土层的土体经扰动后其容重会发生一定变化，加之添加剂的种类、添加量或排土方式等因素的影响，渣土容重也会发生变化；原因之二，排出的渣土状态其性状各异，可能在半固体状态到流体状态之间变化。因此，仅单独根据排土量的管理来控制开挖面坍塌或地基沉降是比较困难的，最好根据压力舱的压力和开挖土量二者同时进行管理。多种计量手段之间相互印证，可有效避免采用单一计量方法带来的缺陷。

排土量管理计量大致分为容积管理法和重量管理法，容积管理法直接计量渣土搬运车台数，或从螺旋式排土器转数、压送泵转数进行推算；重量管理法则直接对渣土搬运车称重。

排土机构。刀盘切削下来的泥沙需要排出盾构，配置排土机构和设备。隧道内开挖土运出设备有轨道运输方式、泵压送方式和输送带方式等。

6.7.2 泥水加压式盾构开挖面稳定

与土压平衡式盾构一样，泥水加压式盾构的开挖和保持开挖面的稳定需要注意以下三方面。

（1）泥水加压式盾构施工法的开挖要考虑围岩条件和隧道断面大小等因素，以保持开挖面的稳定。

泥水加压式盾构施工法在维持工作面稳定方面与土压平衡式盾构有显著不同，泥水加压式盾构采用循环泥浆来维持开挖工作面的稳定。一边利用泥浆维持开挖面的稳定，一边利用机械来开挖地层，开挖下来的土体经混合技术后变成泥浆，以流体输送方式被输送到地面，在地面上进行分离处理，泥浆经加工后重新输送到工作面使用。

泥水加压式盾构是将开挖设备、开挖面稳定系统、渣土处理设备等作为"三位一体"的整体系统来考虑的，作业时必须充分掌握构成系统各部分设备的性能、能力等来制订施工计划。泥水加压式盾构开挖面稳定管理流程如图 6-30 所示。泥水平衡式盾构的施工要充分考虑排土量、泥浆质量、开挖面状态、壁后注浆、送排泥流量和排泥流速等条件的设定和具体管理要求。

（2）为保持开挖面的稳定，要根据围岩条件来调整泥浆质量，既要满足在开挖面上形成充分的泥膜，同时又要对开挖面泥浆压力和开挖土方量进行良好管理。

① 围岩条件。泥水加压式盾构平衡开挖面的机制，一般根据地层条件对泥浆比重和黏性作出循环调整，并对泥浆施以适当的压力来平衡开挖面土水压力，以达到确保开挖面稳定的目的。为向开挖面传送和维持泥浆压力，需要形成充分的泥膜，这在砂性或砾质地层中往往难以充分形成泥膜。因此，对泥浆的比重或黏性、屈服值、过滤特性等性能指标的管理尤为重要。

② 泥浆压力管理。为了保证开挖面稳定，需要根据开挖面的土质及土水压力适当地设定泥浆压力。正如前述，如果泥浆压力不足，则开挖面发生坍塌的危险就会增大，如果压力过大，则可能出现泥浆喷发和地面隆起。如何管理泥浆压力，可参照前述的土压平衡式盾构对土压力的管理，但需要注意的是，对于大直径盾构因断面上、下的土水压力差很大，当遇有

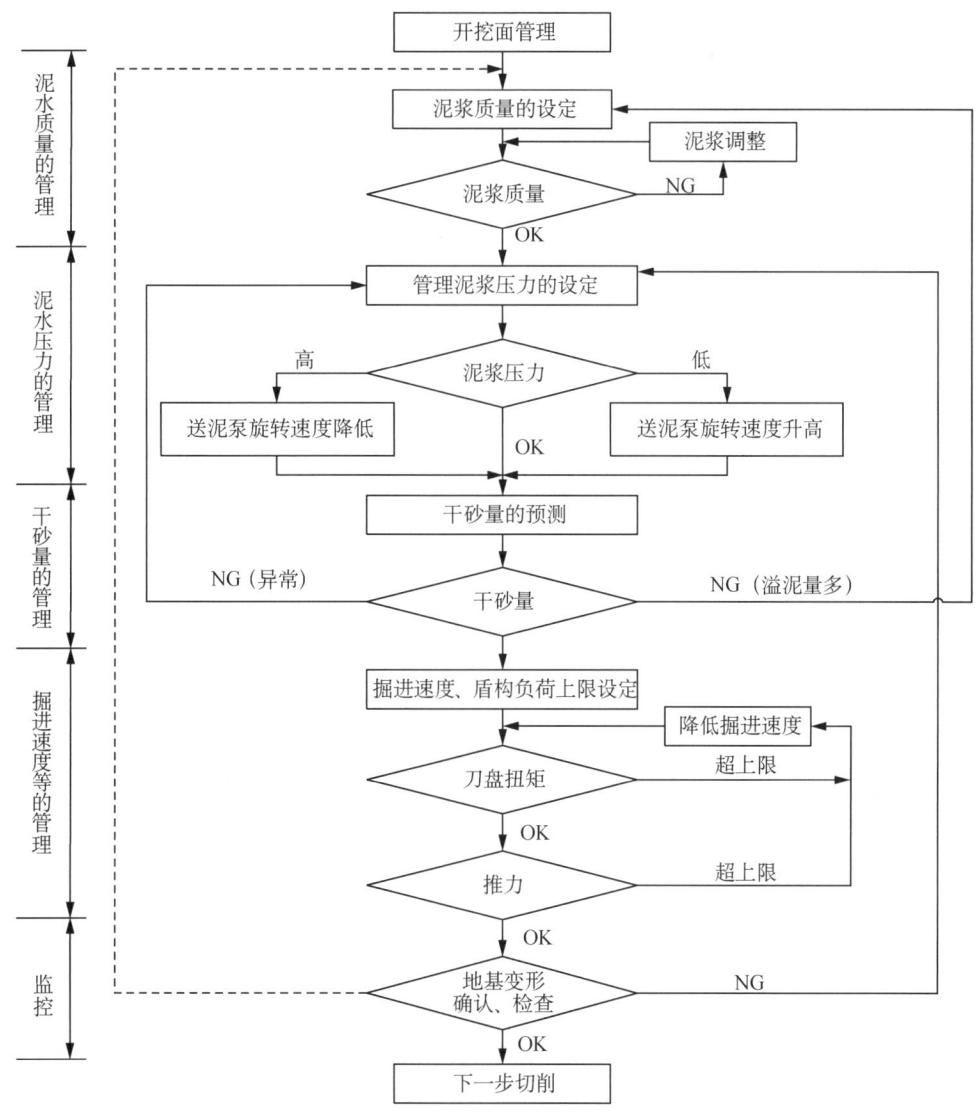

图 6-30 泥水加压式盾构开挖面稳定管理流程

地层条件复杂的开挖面时,需要充分研究泥浆压力值和波动。

③ 开挖面的稳定状态。掌握开挖面的稳定状态一般是采用设置在隔板上的水压计来确认压力舱内的泥水压力。另外,开挖面探查法和土压平衡式盾构一样,也有使用机械触探法或非接触性电磁波、超声波调查法。

④ 排土量管理。若要求既能保持开挖面的稳定状态,又能顺利推进开挖,则必须保持排出和推进的砂土量相平衡。一般是从设置在输送泥管上的流量计和密度计取得读数,通过计算求出开挖干砂量,以此检查围岩的开挖量,把握开挖面的状态。

(3) 泥水处理。在进行泥水处理时,必须选定适合地层粒度的设备,以满足泥浆处理要求。刀盘切削下来的土砂在压力舱内经搅拌翼等搅拌混合,再使用排泥泵和管道输送到地面,经一次分离装置除去泥浆中的砾砂等,再用机械或其他方法强制分离去水,然后进行排土。向分离后剩下来的泥浆中添加水、黏土、蒙脱土和增黏剂等,重新调整浆液的比重、浓度和黏性,再输送到开挖面循环利用。

此外,需要用碎石机或砾石去除装置直接粉碎处理大粒径的砾石,对于无法进入刀盘开口的砾石,安装轮式刀头在刀盘前面进行粉碎处理。

6.8 管片拼装

管片衬砌环是盾构施工的最终产品,一次衬砌也是施工最关键的环节。在盾构推进超过一环管片的宽度后,就在盾尾内把数块管片按照拼装要求和拼装顺序组装成一个管片环,形成一次衬砌。

6.8.1 一次衬砌的施工

在组装管片时,如果一次收回全部的盾构千斤顶,在地层的土压或开挖面的泥水压的作用下,盾构会倒退。因此,必须严格控制盾构千斤顶的伸缩,根据管片的装配顺序,逐次收回千斤顶,以保持盾构姿态和开挖面稳定。

(1)一次衬砌拼装顺序。拼装顺序与接头形式和施工便捷程度有关,通缝拼装应按拱底块、左右标准块、左右邻接块和封顶块的顺序进行。拼装作业必须按拼装工艺要求逐块拼装管片,纵缝内设有定位棒的安装应准确到位,确保完好无损。总体上来讲,管片拼装顺序是以保证质量和便于操作为原则来确定的。

(2)管片拼缝与防水。现在的管片组装常常采用错缝拼装方式,管片的拼装中必须防止管片及防水密封材料的损坏。在组装前要充分清扫,在防止发生管片接头之间错开的同时注意不要在接头之间夹入杂物,以保证管片间的密贴压紧。

(3)管片的制作、放置保管、运输以及在盾尾内的操作施工都必须按规范完成。在管片临时堆放时,管片一般是在地面上按拼装顺序排列堆放的,一般要将管片内侧向上分几层叠放,以避免产生变形和裂纹,如图6-31所示。每块管片上都粘贴了曲框形弹性密封垫防水材料,管片保持清洁,在移动和拼装时不能损坏管片接头或防水材料。近年来,越来越多的隧道不再进行二次衬砌施工,这样对管片的开裂和错位、管片端部的缺损和裂纹等管理的要求也越来越高。

图6-31 管片叠放

6.8.2 保持管片拼装形状

正确地组装管片使其保持预定形状,这对确保隧道断面尺寸、施工速度、防止管片的损坏、提高止水效果及减少地基沉降等都是极为重要的。

(1) 对已拼装成环的衬砌环随时进行椭圆度检查,确保拼装精度满足标准要求,这对隧道渗漏水和长期抵抗变形非常有必要。

(2) 管片从组装、脱出盾尾到壁后注浆材料硬化的时间内,使用管片形状保持装置(真圆器)对于确保管片的组装精度是非常有效的,有时也是必要的。真圆器一般用于中等直径的衬砌拼装施工中,但对于超大直径隧道一般不用真圆器。

(3) 螺栓的紧固及再紧固。环纵向螺栓应全部穿进,在盾构掘进的同时依次拧紧环纵向螺栓,在盾尾内组装管片时,要充分紧固接头螺栓,当管片环脱离盾尾后,直接受到土压力和壁后注浆压力作用而易发生变形。使用的器械必须以不损坏管片为前提,使用规定的扭矩对接头螺栓等进行充分紧固。常用的紧固工具有气动扳手、电动扳手以及人工紧固的扭力扳手等。

(4) 在曲线段拼装管片时,应按曲线段衬砌环排版图来使用相应的楔形管片,应使各种管片在环向定位准确,保证隧道轴线符合设计要求。

(5) 在盾构推进时,其推力会传递到其后相当远的管片环上。因此,当管片远离开挖面不再受到推进影响时,必须再次使用规定的扭矩进行紧固。千斤顶推力对后方的影响程度会因管片的种类、土质、推力大小、隧道线路和壁后注浆等有所不同。

(6) 接头螺栓有短螺栓接头、长螺栓接头、弯螺栓接头、销螺栓接头和快速接头等,当地层条件良好时,也有不使用螺栓的,包括销插入接头、榫接头等,但这些都需要根据各自的接头特性进行选择。

6.8.3 管片的自动组装

日本已开发了管片自动组装系统,通过在盾构后方设置管片自动供给装置来运送管片,组装机抓握管片运送台车上的管片将其搬送到盾构内的预定位置,从组装到紧固螺栓的一系列操作全部实现自动化或部分自动化。使用这种装置可提高一次衬砌的质量、节省人力和缩短组装时间。此外,自动组装的管片的形状和接头形式等也越来越多。

6.8.4 管片拼装质量要求

管片应无贯穿性裂缝,无大于 0.2 mm 宽度的顶裂裂缝,无缺角掉边现象。管片拼装后当发现有大于 0.2 mm 的贯穿性裂缝和严重损坏的管片时应及时调换,成环后遇有管片缺棱掉角损伤的情况,应经监理检查后按规定方法修补。管片防水条应齐全、无缺损,粘贴牢固、平整,防水垫圈无遗漏。施工阶段管片拼装成环质量允许偏差应符合表 6-6 规定。管片在外观、渗漏水及变形方面需满足下列要求。

表 6-6　管片拼装成环允许偏差

序号	项目	允许偏差/mm	检测数量 范围	检测数量 点数	检验方法
1	高程	±50	每5环	1	水准仪
2	平面	±50	每5环	1	全站仪
3	相邻环管片允许高差	4	每5环	1	尺量
4	衬砌环直径椭圆度	(4‰～5‰)D	每5环	1	测量计算

注：D 为隧道外径(mm)。

（1）隧道外观检查项目及评价标准：管片自身平滑，无麻窝坑；拼缝对接面整体上完全接触；管片环面平整，管片环与设计轴线垂直；管片错台符合控制标准。

（2）隧道不渗不漏，局部渗漏也能达到防水标准。

（3）隧道轴线偏差及高差满足标准。

（4）隧道变形满足控制标准。

6.9　壁后注浆

壁后注浆是控制衬砌环变形、防渗漏及地层移动的重要手段，是盾构施工中必不可少的工序。当拼装好的管片环脱出盾尾，管片背面同步会产生空隙，建筑空隙约是盾尾钢板厚度与盾尾操作间隙之和，若不及时将空隙充填，势必会引起地层变形，进而对隧道自身和周围环境造成沉降、开裂、倾斜等影响，同时也会对地中的管线和构筑物带来破坏。在小半径曲线段施工时，因存在一定的超挖且对地层的扰动大，同步注浆还可以有效防止管片的移动和变形。

壁后注浆施工一般分为同步注浆和二次注浆。同步注浆与盾构推进同步进行，二次注浆在同步注浆之后的某一段时间内进行。当盾构穿越构筑物及对环境保护要求很高的地段，且当同步注浆不能达到地层沉降控制要求时，才会使用二次注浆控制，二次注浆完成后，注浆孔封堵应可靠。

高质量同步注浆的关键在于注浆材料选择、注浆量控制，一般要考虑类似地层条件的注浆材料和注浆量，通过比选确定。应按照"及时、足量、均匀、多点"要求注浆。

6.9.1　同步注浆设备

盾尾同步注浆设备主要由储浆罐、注浆泵、注浆管路、控制面板和计量记录设备等构成。储浆罐可储存至少一环注浆量，浆罐内配有搅拌轴和叶片，可以对注浆液进行搅拌以保证浆液的流动性，避免材料发生离析现象。中等直径隧道现在一般配置不少于4个注浆孔实施同步注浆，控制板上可以对注浆量、注浆压力及注浆泵等参数进行监控。二次注浆设备相对简单，体积小，可移动性强，可安装在盾构后续车架上，也可单独放置。

6.9.2 注浆方法与注浆时间

一般采用由安装在盾构机上的注浆管直接注浆的方式。为防止注浆材料或地下水击破盾尾后返流进入盾尾内，要求盾尾油脂腔内应充满油脂，注浆压力、注浆量不宜过大，且受到监控。

所谓同步注浆是在盾构掘进的同时进行注浆，注浆的目的是即刻充填建筑空隙。所谓二次注浆一般是在推进完成后视环境沉降需要进行的补充壁后注浆。

严格来讲，对于容易坍塌的颗粒均匀的砂质土，含黏性土少的砂、砂砾以及难于稳定的软黏土而言，应在建筑间隙刚产生时就立刻对其壁后注浆。对于土质坚硬稳定的地层，盾尾后的建筑空隙可抵抗较长时间内发生的变形，也不需要即刻同步注浆。另外，对于泥水平衡式盾构而言，需要防止窜浆，避免浆液对切削泥水产生影响；对于砂砾地层含水率大的围岩而言，选定不易被水稀释的浆液很重要。

6.9.3 注浆材料选择

注浆材料选择受制于地层土质、地面超载条件、盾构类型、施工条件、成本控制、变形控制要求及注浆设备特点等条件。经试验后选择合适的浆液配比，注浆液应具备良好的物理力学性能，如坍落度、抗剪强度、抗压强度、密度、泌水率、流动度和收缩率等，且应满足如下要求：

(1) 注浆液应饱满、密实，浆液易压送且在输送过程中不发生材料离析、不沉淀。
(2) 浆液应具有良好的流动性。
(3) 收缩率小，注浆后浆液的体积减小量小。
(4) 尽早达到围岩强度以上。
(5) 水密性好。
(6) 对环境地下水土无危害。

注浆原材料一般包括砂、粉煤灰、膨润土、石灰、水泥及添加剂等，根据不同注浆材料配合比来配置注浆液。在泥水平衡式盾构中还应考虑浆液对切削泥水不产生影响的条件。随着人们对其认识的加深，现在要求同步注浆的材料配比必须选用缓凝型可硬性浆液，注浆率、注浆压力、注浆部位等已经基本可满足施工规程要求。对穿越构筑物及环境保护要求高的地段，必须进行同步注浆和多次壁后补压浆作业。常用同步注浆的材料和工艺如下：

(1) 高密度适时结硬性浆液。可硬性浆液由水泥、膨润土、粉煤灰、砂、外掺剂、泵送剂和水等搅拌而成。可硬性注浆材料的性能指标及测试标准见表 6-7，可硬性浆液配比见表

6-8。应按地层性质、地面超载条件、变形控制要求、注浆设备的特点经试验选择合适的浆液配比,并应按照规范要求进行拌浆作业。可硬性浆液中增加了水泥和外掺剂的成分,密度更大,强度更高,更不容易离析沉淀。

表 6-7　　可硬性浆液的性能指标及测试标准

测试内容	性能标准	测试仪器	测试标准
稠度/cm	10～11	砂浆稠度测定仪	GB/T 50080—2016
初凝值/h	16～24	砂浆凝结时间测定仪	GB/T 50080—2016
泌水量/(mL·mm^{-2})	<2.5	1 000 mL 量筒	GB/T 50080—2016
抗压强度/MPa	$R7 \geqslant 0.1$,$R28 \geqslant 0.5$	压力机(试块 7.07 cm^3)	JGJ/T 70—2009
密度/(g·cm^{-3})	1.75±0.5	容积升	JGJ/T 70—2009

注:GB/T 50080—2016:《普通混凝土拌合物性能试验方法标准》。
　　JGJ/T 70—2009:《建筑砂浆基本性能试验方法标准》。

表 6-8　　可硬性浆液配比　　　　　　　　　　　　　　　单位:kg

配方	砂	粉煤灰	膨润土	石灰	水	外加剂
Ⅰ	1 180	300	50	80	285	3
Ⅱ	800	400	50	100	340	3

(2) 双液速凝型浆液。双液浆属速凝型注浆液,可以在较小范围内迅速凝固,以稳定土层。注浆前,A、B 浆液各自独立储存,注浆时才从各自储罐中泵出,在快到达注浆孔时才混合,或在建筑空隙内发生混合。A 液主要以水泥和水为主,也有以水泥和粉煤灰为主的;B 液主要是水玻璃。采用双液浆,因难以控制、堵管问题以及窜浆引起的盾构外壳背土问题困扰了很多无施工经验的单位。

(3) 缓凝可硬性浆液。在当前施工设备技术条件下,目前国内的同步注浆一般采用缓凝可硬性浆液。

(4) 惰性浆液。惰性浆的优点是流动性较好,缺点是容易离析、强度低。惰性浆液主要由膨润土、粉煤灰、黄砂、水等材料搅拌而成,也有加入少量碱水剂或水泥石灰的。由于浆液的流动性好、补浆方便,在穿越风险较大的区段施工时,经常采用惰性浆液。同步注浆可影响盾尾以远 10～15 环的距离。在特殊工艺情况下,为取得高级别监控中所需要的同步注浆流量调整的及时性、充实性和灵活性,亦可采用惰性浆液及工艺。

6.9.4　注浆压力与注浆量控制

注浆压力和注浆量往往是相辅相成的,它们成正比关系。过大的注浆量和注浆压力也会对地层引起不必要的扰动,还会造成盾尾漏浆、浆液窜至开口环部位,适时适量地注浆才是高质量注浆的关键。

(1) 注浆量的估算与控制。

同步注浆量 Q 可根据地层条件、隧道稳定性和环境保护要求,通过试验实测确定其合理注浆量。注浆量 $Q=\alpha V$,V 为盾尾建筑空隙量,是一个相对固定量,为单位延长的体积:以盾构外直径 d_1 计算的体积减去以管片外径 d_2 计算的体积,即 $V=\dfrac{\pi}{4}(d_1^2-d_2^2)$,在不同曲线半径下还应考虑纠偏和超挖等因素带来的空隙增加量。

α 为注浆率,正确估算和决定变量 α 十分重要。影响 α 的因素较多,而且它们之间相互叠加影响,如注浆压力引起浆液的压密性变化、土质软硬与裂隙情况、盾构超挖情况、刀盘与盾构外壳直径大小、曲线施工纠偏、浆液输送过程中损耗以及施工扰动影响,还有建设单位特别的需求等。要想准确给出一个确定的 α 值是非常困难的,通常是由现场试验与监测进行验证确认。通常情况下土压盾构的 α 值以 130%~180% 为宜,但因受工法、土质、浆液类型(是否加气、缓凝与速凝)、施工条件及注浆压力等具体条件的制约,有时注浆率 α 可达 250%。惰性浆液的同步注浆量一般可达建筑空隙的 140%~250%,可硬性同步注浆量一般为建筑空隙的 130%~170%。砂砾地层中的注浆量可达建筑空隙的 150%~200% 甚至更大,但一般不超过 250%。对于直径 6.34 m 的盾构外径来讲,每环注浆量最小不应低于 2.3 m³(环宽 1.2 m),不应高于 3.5 m³。

实际注浆量的确定需要考虑地层的可渗透性,加压注浆时还将导致向地层内渗入、扰动、排水固结、超挖等,同步注浆流量还应该与盾构推进速度相匹配,每环注浆量应在理论注浆 Q 的基础上做适当的调整,按满足地面沉降和隧道沉降达到控制要求而确定。

(2) 注浆压力。

注浆压力一般指注浆管开口处的压力,此压力在平衡了此处的水土压力外,需另外多加 200~300 kN/m² 的压力,开始注浆时的压力可能会更大些,但需要在考虑管片强度、土压、水压及泥土压等基础上,以能够充分填充建筑空隙、控制地表变形为原则,同时要使压力均匀地作用于整个管片上,以避免损坏管片,尤其在管片接头处注浆应注意控制注浆压力。同步注浆压力应与地层和地面超载压力相适应,但必须严防因压力过大而引起地面冒浆和盾尾漏浆。根据注浆管开口压力情况,一般另加压力 0.1~0.2 MPa,开口后均匀情况下的注浆压力另加 0.1 MPa 左右。

当盾构在江河湖海等水域施工时,同步注浆压力应不大于隧道顶部土压力,且更不能顶破地层发生水底冒浆现象。

壁后注浆工程的施工管理方法一般采取双控方式,即压力管理和注浆量管理。压力管理是始终保持上述设定压力的方法,此时注浆量不定,持续注浆至指定的压力;注浆量管理是始终注入一定注浆量的方法,因此注浆压力是变化的。事实上一般同时采用上述两种方法相互印证,以保障注浆效果。其实,在工程中真正可以实现精确自动量测每环注浆量的工程少之又少,注浆量多为估计,但对整条隧道可以有相对精确的估计。

(3) 工艺要求与控制。

注浆作业应与盾构推进同步进行,应采用"多点均匀"注浆,注入量应与掘进速度相适应。

① 根据土质条件、浆液特性,初步预设注浆量和注浆压力,在经过一定环数的注浆试验后,根据注浆结果和对周边影响调节注浆量与注浆压力,并将该调整结果反馈到实际施工阶段。

② 同步注浆选用点位数量大于 4 点甚至更多点。

③ 同步注浆采用惰性浆液时必须用可硬性浆液做二次补浆,二次补浆过程中要维持隧道外围压力无大的波动,以防止隧道及上方土层产生超过允许的隆沉及位移。

④ 首次注浆前所有注浆管道均应注水润湿,每作业 24 h 注浆管路必须清洗一次。长时间停顿时,应将压浆直管及环管等所有拌浆、注浆设备用水循环泵清洗清空。

⑤ 注浆浆液必须按配合比拌浆,同步注浆的浆液的性能、注入量及注浆压力必须经现场试验确定,且压入量应与推进速度相适应,并满足施工要求和环境保护要求。

⑥ 为严格控制地层沉降,在盾尾后可进行壁后补浆;当对控制沉降和加固土体有更高要求时,可在计划预留的衬砌注浆孔中进行"多点、少量、多次、均匀"的分层双液注浆,凡此类注浆均应由专业队伍严密地制定和实施合理的注浆工艺与注浆施工参数。

6.9.5 严防盾尾漏浆

确保盾尾注浆出口压力,要控制盾构姿态,保证盾构由顶进转入拼装状态时拼装衬砌环与盾尾之间空隙分布的均匀性,并及时充足而均匀地压注盾尾油脂。注浆完成后,必须及时对注浆管路及阀件清洗,严防堵塞。

6.9.6 二次注浆

二次注浆是在同步注浆完成后进行的壁后补充注浆。其主要目的如下:

(1) 填补同步注浆的未填充部分。

(2) 补充注浆材料的体积减少部分。

(3) 填充并使壁后注浆材料与管片结合良好,提高管片止水效果。

(4) 要求浆液具有一定的流动性,浆液可较快凝固且比周围土层具有更高的强度。

壁后二次补压浆液一般选用双液浆,要求初凝时间为 30~60 s,水泥浆液的比重大于 1.6,体积收缩率小于 5%。双液浆的基本材料为水泥和水玻璃,有时会添加粉煤灰或少量膨润土。

二次注浆时,应均匀补浆,切忌在一处长时间注浆,注浆压力过大将引起隧道变形,使管片接头变形过大产生渗漏水等结构病害。

二次注浆时,应做到当日注浆量当日搅拌,应在管片上安装孔口管等防喷装置、计量装置等,孔口管的安装和拆除禁止损坏丝口。注浆完成后,注意注浆孔的封堵,用铸铁旋紧闷头,对注浆孔位、注浆量和注浆施工参数进行记录。

需要注意的是,二次注浆会破坏同步注浆形成的注浆体,也增大了管片漏水的可能性,正常情况下不建议也不提倡二次注浆。

6.9.7 质量控制标准

控制注浆压力略大于周边地层压力,严格控制地面沉降和隧道沉降。所使用的注浆材料要符合有关质量规定,同时要定期验收以确保其质量。为了保证注浆材料的质量,需要定期测定流量值、黏性、析出率、凝胶时间及抗压强度等,可利用管片的注浆孔对已注浆的壁后注浆材料进行取样,检查其注浆厚度、状况、强度等,但当地层为细砂层等含高水压的地层时,应慎防地下水的流入。

6.9.8 小半径施工和壁后注浆

在小半径曲线段施工时,必须综合考虑土质条件、盾构、管片、超挖量和辅助工法的壁后注浆等条件,制定有力措施,保证施工顺利进行。盾构机上,应限定盾构长度,装备中折机构,配备足够的单向掘进推力,并在盾壳上至少预留两排(环)注浆孔;使用楔形管片,降低环宽,增强肋外板和接头螺栓;开启超挖刀,使盾构施工更容易,但应将超挖量控制在最小范围内,避免出现过大超挖导致的浆液流向掘削面、反作用力下降、隧道变形明显等不利现象。盾构在小半径曲线上推进时,为使盾构千斤顶的推力能准确地传递到后方,壁后注浆应尽可能采用早期强度高的浆液,并要求在一个"拼装—掘进"周期完成后进行壁后注浆。浆液的强度必须大于原状土的强度,以抵御盾构推进时产生的偏压。也可在管片背面设置袋子,向其内注入浆液,也有在管片背后粘贴尿烷泡沫,以阻断浆液流向工作面的通道。

6.10 盾构施工测量与监测

盾构施工测量主要任务是控制盾构的位置和推进方向,指导盾构按设计轴线掘进,确保管片拼装成型受力后满足隧道轴线误差控制要求。《城市轨道交通工程测量规范》(GB/T 50308—2017)要求:任意结构面上,隧道横向贯通测量误差不大于±50 mm,高程贯通测量误差不大于±25 mm。

盾构施工测量按作业内容一般可分为施工控制测量和掘进施工测量,如图6-32所示。施工控制测量包括地面控制测量(把城市坐标系统和高程联测到隧道施工区间周边地面)、联系测量(把地面坐标和高程系统引测到工作井底部)、地下控制测量(把工作井底部的坐标、高程系统引测到盾构掘进工作面)。掘进施工测量是基于工作面的控制点进行的:①始发前对盾构始发接收的钢圈门的几何位置、盾构机发射架以及盾构导向标志进行标定测量;②推进过程中进行盾构姿态和管片接装测量;③盾构到达后进行接收测量和隧道竣工测量。

盾构施工过程自然会对地层产生扰动,盾构施工监测主要是对周边土体、管线、建构筑物的沉降位移以及对拼装成型的隧道沉降和收敛等变形的检查、量测和监视。盾构施工监测是信息化施工的重要手段。盾构施工监测的主要技术标准有《城市轨道交通工程监测技术规范》(GB 50911—2013)、《建筑变形测量规范》(JGJ 8—2016)等。

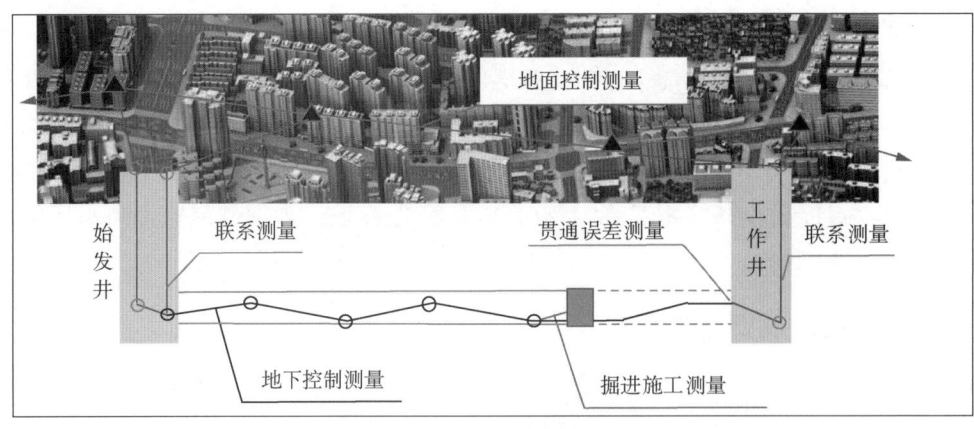

图 6-32 盾构施工控制测量示意

6.10.1 施工控制测量

6.10.1.1 地面控制测量

地面控制测量是盾构施工所有测量的基础和依据,全线统一的地面控制网是全线结构与线路贯通的基本保障。为提高盾构隧道贯通精度,同一贯通区间内始发和接收工作井所使用的地面控制点必须进行直接联测,构成附合路线。

地面控制测量按平面控制测量、高程控制测量分别实施,如图 6-33 所示。

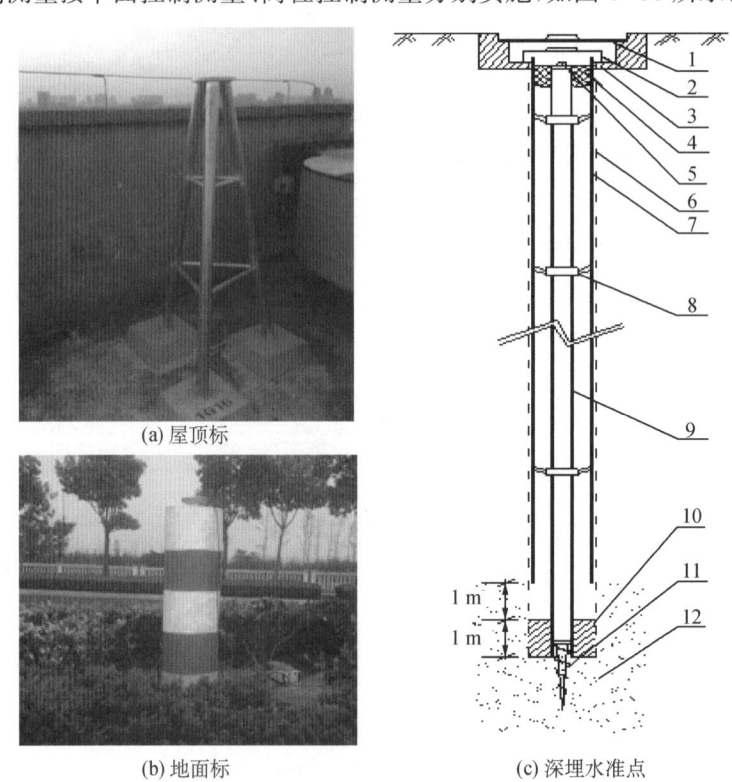

图 6-33 地面平面和高程控制点

1. 控制网分级

平面控制网一般分两级布设,首级网采用全球卫星定位控制网(GNSS 网)。在城市现有 GNSS 参考站、二等 GNSS 平面控制网的基础上,建立并维持满足轨道交通施工建设的、符合相关测量规范要求的 GNSS 专用平面控制网。次级导线网根据需要布设,如当 GNSS 网点密度、观测条件等不能满足需要时,应加密布设导线网,在地面段、高架段和建筑密集区等需布设次级导线网。

高程控制网在城市现有一等和二等高程控制网的基础上,建立并维持满足工程施工需要的、符合相关测量规范要求的专用高程控制网。上海轨道交通高程控制网采用吴淞高程系,高程控制网应以基岩标作为基准点,起算数据应采用上海地铁高程成果相对应年份的高程值,确定后不得变更。

2. 控制点埋设和使用

地面控制点布设总体原则应稳定、满足联测作业要求、方便施工使用,具体应符合以下要求:

(1) 埋设在施工影响的变形区域外的稳定区域,点位能长期保存。

(2) 平面控制布设时,应便于在盾构始发井和接收井开展联系测量,可设置在多层建筑顶部,与工作井井口通视,且同一贯通区间内始发和接收工作井所使用的地面控制点尽量能通视。

(3) 受地面沉降影响,工作井邻近应设 1 个深埋水准点,但应考虑控制点资源共享,当车站与车站相邻≤600 m 时可共用同一深埋高程控制点。深埋水准点埋深应打到第二含水层,在上海地区一般深度达 60 余米。

3. 卫星定位控制网测量

卫星定位控制网测量前,应根据城市轨道交通线路规划设计,收集、分析线路沿线现有城市控制网的标石、精度等有关资料,并按静态相对定位原理进行控制网设计。卫星定位控制网的主要技术指标应符合表 6-9 的规定。

表 6-9 卫星定位控制网主要技术指标

平均边长/km	最弱点的点位中误差/mm	相邻点的相对点位中误差/mm	最弱边的相对中误差	与现有城市控制点的坐标较差/mm	不同线路控制网重合点坐标较差/mm
2	±12	±10	1/10 万	≤50	≤25

卫星定位控制网测量应依次进行外业多台接收机同步观测、内业基线解算、WGS84 框架下的无约束平差、城市坐标系下的约束平差,并符合以下要求:

(1) 卫星定位控制网应起算于城市二等、卫星定位 B 级及以上控制点,在与已有地铁线路的交叉联络线和前后期衔接处应布设 2 个以上的重合点,重合点坐标较差应满足表 6-9 要求。

(2) 卫星定位控制网异步独立观测的基线边,应构成闭合环或附合路线,每个闭合环或附合路线中的边数应不大于 6 条。

4. 精密导线测量

精密导线沿隧道纵向布设,根据导线点与首级 GNSS 点的空间分布,通常布设成多条附合导线或多个结点的导线网。精密导线直接为地下区间控制测量起算服务,精密导线测量的主要技术要求见表 6-10。

表 6-10　　　　　　　　　精密导线测量主要技术要求

平均边长/m	闭合环或附合导线总长度/km	每边测距中误差/mm	测距相对中误差	测角中误差/(″)	水平角测回数 I级全站仪	水平角测回数 II级全站仪	方位角闭合差/(″)	全长相对闭合差	相邻点的相对点位中误差/mm
350	3~4	±6	1/60 000	±2.5	4	6	$±5\sqrt{n}$	1/35 000	±8

注:1. n 为导线的角度个数,一般不超过 12;
　　2. 附合导线路线超长时,宜布设结点导线网,结点间角度个数不超过 8 个。

精密导线测量应依次完成外业水平角、边长观测,依据附合导线的角度闭合差进行测距边的倾斜改正、高程归化、投影改化以及导线网平差计算。附合导线的角度闭合差、坐标闭合差和全长相对闭合差应符合表 6-10 规定。

5. 高程控制测量

地面高程控制测量主要采用几何水准测量,主要技术指标见表 6-11。

表 6-11　　　　　　　　　水准测量的主要技术要求

每千米高差中数中误差/mm		观测次数		往返较差、附合或环线闭合差/mm
偶然中误差 M_Δ	全中误差 M_W	与已知点联测	附合或环线	
±2	±4	往返测各一次	往返测各一次	$±8\sqrt{L}$

当水准路线跨越江时,应进行越江水准测量。越江水准测量可采用光学测微法、倾斜螺旋法、经纬仪倾角法和测距三角高程法等,并应执行《国家一、二等水准测量规范》(GB/T 12897—2006)的规定,视线长度小于 100 m 时,可采用一般方法进行水准测量。

6. 施工期间的控制复测

在工程建设全过程中,应保证所布设的 GNSS 网、精密导线网和高程控制网的正确性。对于上海等软土地区的轨道交通施工控制网,平面控制网应每年全面复测一次,高程控制网应每年复测两次,复测的观测技术要求不应低于初测。

施工期间,控制点使用前应加强稳定性检测,检测发现点位有位移后应及时检测复位,对长期不稳定的控制点应重新选点、联测。

6.10.1.2 联系测量

联系测量是将地面的平面坐标系统和高程系统传递到工作井底部的测量工作。联系测量按平面联系测量、高程联系测量分别开展。地下近井导线设点不应少于3个,近井高程点不应少于2个,相邻点间应构成几何检核条件。

1. 联系测量次数

联系测量是地下隧道施工测量的重要环节,每个贯通区间的联系测量次数不应少于3次,宜在隧道掘进到100 m、300 m以及距贯通面100~200 m时分别进行一次。当贯通面一侧的隧道长度大于1 500 m时,应采取措施增强地下控制网强度,在导线中部或距离贯通处1/3的位置,采取加测陀螺边、钻孔投点等措施以提高定向测量精度。

2. 平面联系测量

平面联系测量具体内容包括地面近井导线测量、竖井定向测量和地下近井导线测量等。常用的平面联系测量方法有联系三角形法、直接导线法、投点定向法、两井定向法和铅垂仪+陀螺经纬仪组合定向法等。当地下起始边方位角较差小于12″时,可取各次测量成果的平均值作为后续测量的起算数据指导隧道贯通。图6-34为双联系三角形定向测量示意。

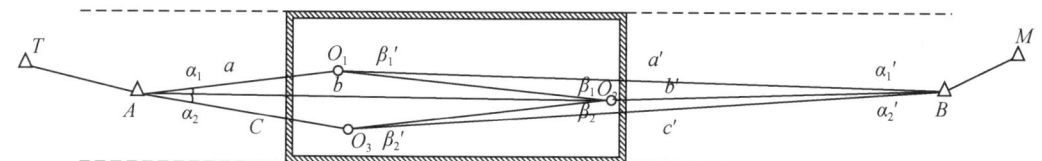

图6-34 双联系三角形定向测量示意

3. 高程联系测量

高程联系测量包括近井高程测量与高程传递测量。常用高程传递测量的方法有悬挂钢尺法、全站仪三角高程法等。导入高程测量应满足下列条件:

(1) 在竖井内悬吊钢尺进行高程传递测量时,地上、地下的两台水准仪应同时读数,并在钢尺上悬吊与其检定时相同质量的重锤。

(2) 传递高程时独立进行3次,高程较差应小于3 mm。

(3) 高差应进行温度、尺长改正。

6.10.1.3 地下控制测量

通过地下控制测量,把坐标系统和高程基准从工作井引测到工作面,通常是支导线、支水准,难以构成附合条件,应进行往返观测或多次重复观测,提高测量成果的可靠性。

1. 地下控制导线

(1) 导线布设。地下导线分两级布设：为满足盾构机姿态测量要求，一般应以 60 m 间距布设施工导线；但太多的测站数会影响导线最远点的精度，应提高精度等级并以 150 m 左右间距布设控制导线；贯通距离大于 1 500 m 时，控制导线宜布设成双导线的形式(图 6-35)。

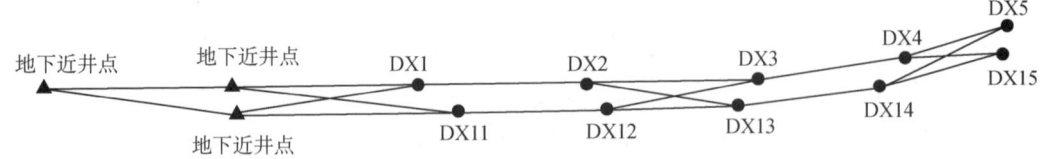

图 6-35　地下控制测量(双导线)布设示意

(2) 导线点标型。盾构隧道内的导线点使用频繁，一般采用强制归心标埋设在隧道侧腰或拱顶上，埋设在拱顶的导线点形似"吊篮"，如图 6-36(a)所示，埋设时仪器平台和测量员站立平台应分开。侧腰上的仪器台如图 6-36(b)所示，但应注意隧道内观测条件差，为削弱观测时的旁折光影响，导线边宜处于隧道空间的中部。

 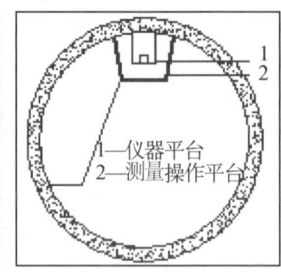 

(a) 隧道顶部吊篮控制点　　　　　　　　　　(b) 隧道侧腰点

图 6-36　隧道内的导线点

(3) 地下控制导线测量。应每 100～150 m 向前延伸一次，每次延伸应对已有的控制导线点进行检测，并从稳定的控制点进行延伸测量。根据《城市轨道交通工程测量规范》(GB/T 50308—2017)要求，地下导线测量应使用不低于Ⅱ级全站仪施测，左、右角各观测两测回，左、右角平均值之和与 360°较差应小于 4″，边长往返观测各两测回，往返平均值较差应小于 4 mm。测角中误差应小于±2.5″，测距中误差应小于±3 mm。

(4) 相邻竖井间或相邻车站间隧道贯通后，地下平面控制点应构成附合导线(网)。

2. 地下高程控制测量

地下高程控制测量，以高程传递的水准点为起算，采用水准测量的方法实施。隧道内按 100～150 m 间距，在隧道底板或边墙设置高程控制点。水准点可专门埋设或利用已有的稳定、明显的标志，水准点上部通畅、便于水准立尺。在隧道贯通前，地下水准线路为支线，应进行往返观测，贯通后应联测形成附合水准线路。地下高程控制应每 200 m 左右向前延伸一次,每次延伸应对已有的水准点进行检测,并从稳定的控制点进行延伸测量。

3. 与地下控制点稳定性相关的注意事项

盾构法隧道的地下控制点布设在尚未稳定的隧道内,应注意以下几个方面:

(1) 隧道内测量的控制点随盾构的推进逐次移设到前方,容易受盾构推进推力、壁后注浆、地层不够稳定或采用泥水盾构时组装好的管片受到泥浆的浮力影响等而发生移动,因此,应该避免将控制点设置在紧靠开挖面的地点。

(2) 在基准点附近进行二次注浆时,有可能发生隧道本身变位。

(3) 当上、下行线"追赶式"推进时,先施工的隧道内的控制点还可能受后续盾构推进的影响,管片有可能发生变形。

因此,初期形成的隧道结构的沉降、收敛变形,对控制点坐标和高程影响较大,必须对测量成果进行定期检测。

6.10.2 掘进施工测量

盾构掘进施工测量是指导盾构掘进施工和管片拼装符合设计要求而进行的测量工作。盾构掘进施工测量可分三个阶段:盾构始发前的测量工作、盾构掘进过程中的姿态测量和拼装环测量、盾构接收测量和贯通测量。

6.10.2.1 盾构始发前的测量工作

(1) 按前述要求进行联系测量,作为盾构基座定位测量,反力架、导轨等安装,盾构拼装以及预留洞门钢圈位置检测的依据。

(2) 盾构机座定位测量。按照盾构基座设计的位置,对盾构基座安装所需的轴线进行现场标定,如图 6-37 所示。使用全站仪把基座中心轴线测设在井壁或固定物体上,然后按设计里程,垂直中心轴线,测设出盾构机前端、中部、后端三个部位的法线方向,并在对应位置测设出高程。在盾构基座定位后应对基座安装质量进行检测,包括机座前端、中部和后端的里程、高程,以及基座中心线与设计中心轴线的方位角偏差、纵坡偏差等。始发台水平轴线的垂直方向与反力架的夹角偏差应控制在±2‰之内,盾构姿态与设计轴线竖直趋势偏差应小于±2‰,水平趋势偏差应控制在±3‰之内,轴线方位角不大于1′30″。

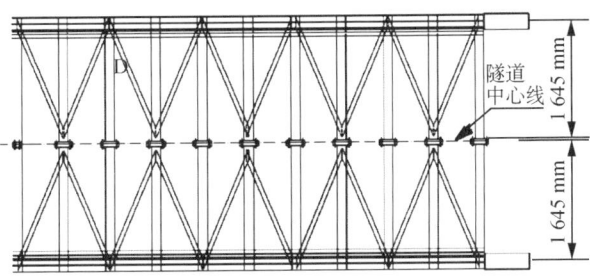

图 6-37 盾构机座轴线

(3) 反力架定位测量。测量和检测反力架基准环中心的法面是否与盾构机实际中心轴线一致,基准环中心标高与盾构机中心轴线标高是否一致,基准环法面倾角是否与盾构机实际坡度一致。反力架左、右偏差应控制在±10 mm 之内,高程偏差控制在±5 mm 之内,上、下偏差控制在±10 mm 之内。

(4) 预留洞门钢圈位置测量。对安装好的洞门钢圈的位置和尺寸进行检测。

(5) 盾构姿态测量系统检测。盾构机就位始发前,必须利用人工测量方法测定盾构机的初始位置和盾构机姿态,以确定盾构机的平面位置、高程及盾构中心轴线的坡度,控制盾构机的姿态在允许范围内,盾构机自身导向系统测得的成果应与人工测量结果一致。盾构姿态测量内容包括盾构机的水平偏航角、俯仰角、扭转角,盾构机的水平角、俯仰角用来判断盾构机在以后掘进过程中是否在隧道设计中心上,扭转角用来判断盾构机发生的扭转是否在允许范围内。当盾构机刀盘到达隧道起始里程时必须对盾构机的姿态进行复核。

6.10.2.2 盾构机姿态和管片拼装测量

在推进时,为了尽早掌握盾构装配的管片与设计轴线之间的偏差,立即修正盾构推进方向,要频繁仔细地实施推进测量,每一环掘进均应对盾构姿态和管片安装进行测量。每次测量完成后,应及时将测量信息反馈至控制中心供盾构下一步施工之用。随着施工工艺不断完善,控制盾构、管片、设计轴线三者之间的偏差可全程受控。

(1) 盾构机姿态测量。通过测量左右、上下千斤顶的行程差和盾尾空隙,就能确定大致的情况,盾构的横向偏差、竖向偏差、纵向偏差、俯仰角、方位角、滚转角及切口里程等可以通过在盾构上设置测锤、倾斜仪、回转罗盘或使用经纬仪等来测量。

(2) 衬砌环测量。应在盾尾内完成管片拼装和衬砌环完成壁后注浆后进行:在盾尾内管片拼装成环后应测量盾尾间隙;衬砌环完成壁后注浆,测量衬砌环中心坐标、底部高程、水平直径、垂直直径和前端面里程,计算椭圆度、平面和高程偏离值,测量误差应控制在±3 mm 以内。管理要求隧道圆环高程与平面偏差力争控制在±50 mm 以内,最大不超过±100 mm。

(3) 每次完成 100 m 推进后还应进行三维轴线偏离量测量,其中直线段间隔 10 m、曲线段间隔 5 m 测量一组数据,用地下控制网结合几何分析的方法计算该处的实际轴线三维坐标,根据实测位置的里程计算隧道中某处的轴线设计三维坐标,并计算偏离量,指导后续盾构推进参数的修正。

6.10.2.3 盾构机自动导向测量系统

盾构机一般配有自动导向测量系统,主要由全站仪、倾角计、多个棱镜组量等硬件和相应软件,通过自动测量、实时计算盾构机的位置、姿态和趋势信息,并与设计隧道轴线进行比较,以直观的方式,图文并茂地给盾构机操控人员实时地提供信息。

典型自动导向系统有德国 VMT 公司 SLS-T 导向系统。VMT(SLS-T)导向系统由自动照准目标的全站仪(激光测站)、后视棱镜和目标靶(ELS)等组成,如图 6-38 所示。SLS-T 软件是自动导向系统的核心,它从全站仪和 ELS 接收数据,计算盾构机位置,并以图形和数字形式现场显示。ELS 是一台智能型传感器,固定在盾构机内,始发前标定出它的位置。它接受全站仪发出的激光束,测定水平方向和垂直方向的入射点,同时结合内置倾角传感器计算坡度和旋转,自动转换成盾构机姿态。

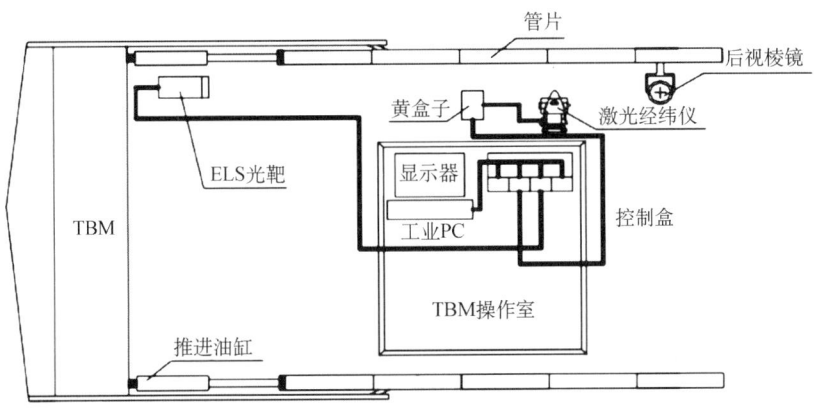

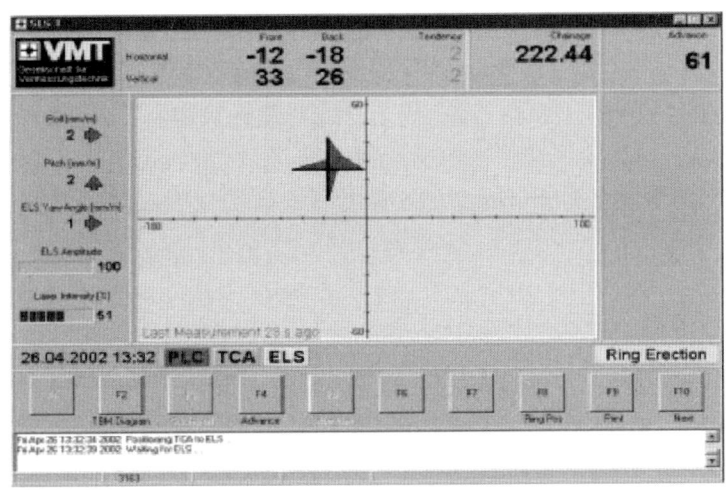

图 6-38 SLS-T 导向系统构成及显示界面

6.10.2.4 盾构机接收测量和隧道竣工测量

此阶段测量内容包括盾构机接收测量、贯通误差测量和竣工偏差测量。

(1) 盾构接收测量。主要包括对预留洞门钢圈位置的检测、对盾构机座位置的测量等,与始发测量内容基本相同。接收井洞门测量可多点拟合出中心 X,Y,Z 坐标。

(2) 贯通误差测量。衬砌结构贯通后应测量贯通偏差,评价结构施工精度。贯通误差测量应在接收井的贯通面设置贯通相遇点,利用接收井和始发井传递下来的控制点分别测定贯通相遇点三维坐标,贯通误差应归化到线路纵向和横向的方向上。

(3) 竣工偏差测量。隧道贯通后应利用始发井和接收井控制点进行贯通隧道附合路线测量,并重新平差作为以后测量的依据。竣工偏差测量内容应包括隧道中心的三维坐标、横向偏离值、高程偏离值和椭圆度测量等,直线段每 10 环、曲线段每 5 环测一个断面。测量方法可采用极坐标等测量方法,测量精度小于 10 mm,竣工测量成果应按要求整理归档,并作为隧道验收依据。

6.10.3 盾构施工监测

盾构施工对土体存在扰动,紧靠盾构机的土体会受到挤压或产生土体损失,引起地层发生固结等,进而导致地面隆沉,影响到邻近建(构)筑物和管线的安全。盾构施工对地层的影响非常复杂,既有直接因素,如盾构密封舱平衡压力、出土速度、盾构姿态、盾构外壳拖带作用、管片衬砌接缝密封程度、建筑间隙和隧道衬砌变形等,还有土体固结和次固结沉降、注浆填充材料凝固收缩沉降等。同时,由于受管片制作质量、盾构机顶推力不均、螺栓应力不一以及盾尾注浆压力等影响,拼装环结构本身会产生不同程度的沉降和收敛变形,当这种变形超过一定限度,会给盾构隧道全生命周期服役性留下隐患。

为减少施工对环境的不利影响、保证拼装环管片变形在受控范围,盾构施工必须引入信息化监测手段,以反馈指导施工,确保开挖面稳定,正确控制挖土速度,不断优化掘进施工参数,严格控制周围环境和隧道本体的变形,确保周围环境及隧道本体的安全。

盾构施工监测主要包括地表沉降控制、周边管线与建构筑物监测、接管成形隧道的沉降和收敛监测等内容。周边管线与建构筑物监测可参考《城市轨道交通工程监测技术规范》(GB 50911—2013)等相关标准实施,本节对上海地区的地表沉降监测控制进行详细说明。

6.10.3.1 监测一般要求

(1) 监测方案。应结合施工环境、工程地质和水文地质条件、掘进速度等制订监控量测方案,并根据施工变形预估区内建(构)筑物的结构状况、重要程度、影响大小,有选择地进行测量。

(2) 监测对象。对隧道轴线一定范围内的地层和地表、建(构)筑物和各类管线进行监测,当盾构轴线或附近存在地面建筑物、地铁隧道、铁路、桥梁、防汛墙和地下管线等重要构筑物时,除应对穿越体进行观测外,还应增加对其周围土体的变形观测。

(3) 监测内容与频率。一般会对地表沉降、邻近构筑物变形和地下管线变形进行监测,有时会增加孔隙水压力、土压力、管片内力和土体位移等。每一项还可以分为累计变化、变化速率、坡度和累计曲线等,以及体现变形风险的其他要素,应在已掌握的规律性工程经验基础上,根据监控等级、监测项目、施工工况和施工进度适度安排监测频率。

(4) 监测预警。监测方案中应明确各监测对象的预警值,变形速率或变形量达到相应指标后应及时报警。

6.10.3.2 地面沉降监测

盾构掘进引起的地层损失率应小于1‰，相应管片脱出盾尾15 d以后不同盾构覆土厚度处的地面沉降槽最大沉降量 δ 及盾构前方最大隆起量 Δ 不得大于表6-12中的数值。

表6-12 不同覆土厚度的盾构机盾尾最大沉降量 δ、盾构机头最大隆起量 Δ 控制值

覆土深度/m	δ/mm	Δ/mm	备注
4	30	10	
8	19	6.3	
12	14	4.7	其他不同深度处的 δ，Δ 值可用内插法计算确定
16	11	3.7	
20	9	3	

1. 盾构正常掘进的地面环境监测

盾构正常推进阶段，环境重点监测范围为：横向为距两条隧道中心线向外延伸1.5倍隧道埋深范围；纵向为盾构推进施工段前30 m、后30 m长度范围，适当考虑盾构机长度，纵向上设定总长度为70 m。

地面监测点应在上、下行线轴线上以1点/5环间距布设，每40环布置一地面沉降监测剖面，剖面点间距以5~10 m为宜，应先密后疏，最远点应位于盾构底埋深1.5倍范围外，监测点宜按环号进行编号。典型盾构区间监测点布置如图6-39所示。

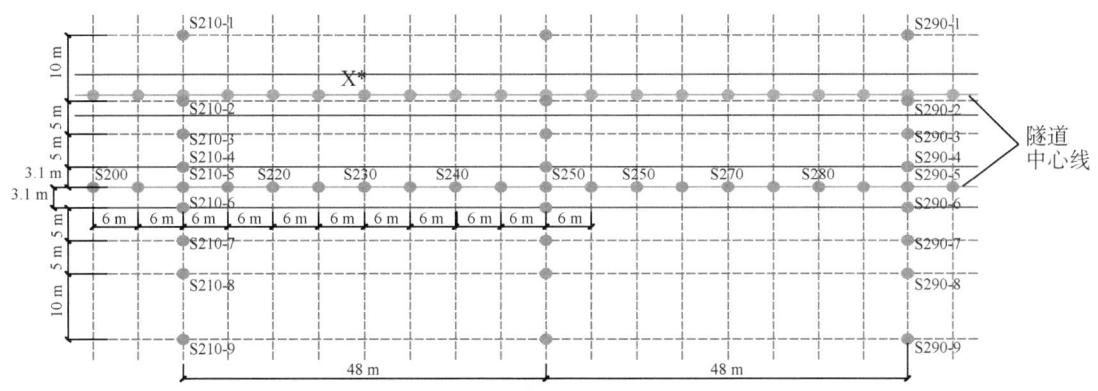

● 上行线隧道上方地表沉降剖面监测点(S表示上行线，数字表示测点对应的环号)
● 下行线隧道上方地表沉降剖面监测点(X表示下行线，数字表示测点对应的环号)

图6-39 典型盾构区间监测点布置

2. 始发接收监测

盾构始发接收加固及盾构施工阶段，应对隧道、邻近建（构）筑物、地下管线、地下水及地表进行监测。盾构始发接收区域应布置地面深层监测点，布设位置如图6-40—图6-42所示。

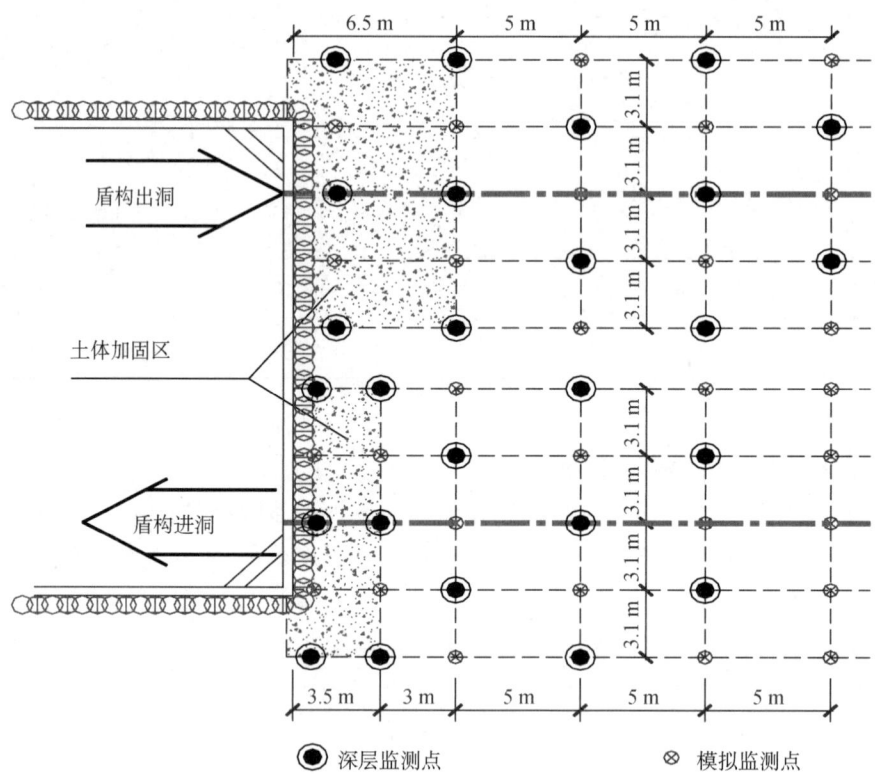

图6-40 盾构始发接收施工地面环境监测沉降点布置平面图

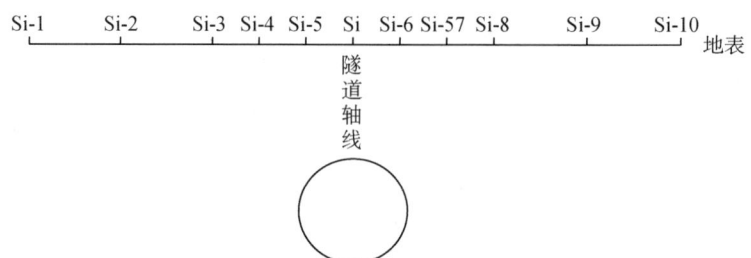

图6-41 盾构沿线横向地表剖面布点示意

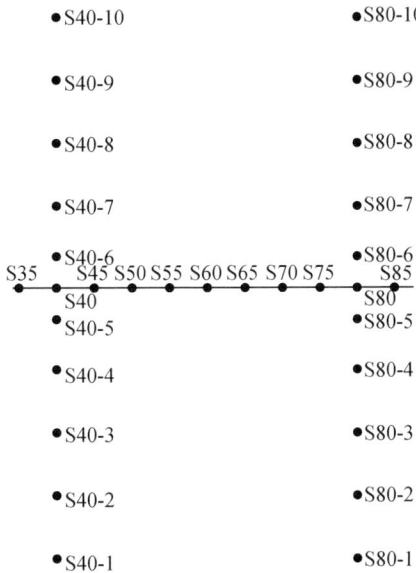

图 6-42　盾构沿线纵向地表剖面监测示意

3. 地表沉降监测点埋设

地面深层沉降监测点布设时须穿透路面结构硬壳层，沉降标杆采用直径为 25 mm 的螺纹钢标杆，螺纹钢标杆应深入原状土 60 cm 以上，沉降标杆外侧采用内径大于 13 cm 的金属套管保护。保护套管内的螺纹钢标杆间隙须用黄沙回填。金属套管顶部设置管盖，管盖安装须稳固，与原地面齐平；为确保测量精度，螺纹钢标杆顶部应在管盖下 20 cm 为宜。深层监测点埋设结构如图 6-43 所示。

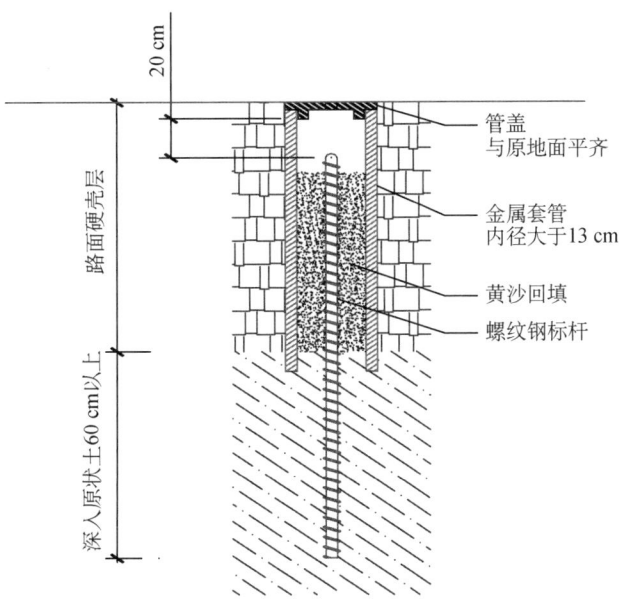

图 6-43　深层监测点埋设示意

6.10.3.3 拼装环结构沉降监测与收敛监测

隧道沉降、收敛测量应同断面布设,布设时测点编号应对应环号。一般区段,测点为每 5~10 环布设 1 点;始发接收 50 m 范围内及连通通道两侧各 50 m 范围内,每 5 环布设 1 沉降测点。点位应考虑观测方便又能长期保存,沉降监测点一般设在隧道拱底,收敛监测点设置在水平直径位置。

隧道内沉降监测应采用有效的高程基准点,相应技术要求满足地下控制测量的相关要求。沉降收敛测量的其他要求可参照《城市轨道交通工程监测技术规范》(GB 50911—2013)、《建筑变形测量规范》(JGJ 8—2016)执行。

6.11 各种特殊条件下的施工

盾构施工时,不但会穿越地质复杂地段,而且会不可避免穿越特殊地段。概括起来主要是由线路本身、施工环境与施工条件和地质条件三大类限制引起的,需要针对各类特殊地段制定盾构施工专门的施工技术措施。经常会遇到浅覆土层施工、大覆土层施工、小半径曲线与急曲线施工、陡坡或大坡度施工、长距离施工、高速施工、切削刀头的更换、地下对接和分岔施工、地中扩挖施工、地下障碍物清障施工、穿越地下管线施工、近距离穿越建(构)筑物施工、平行盾构隧道施工以及穿越河流等施工等特殊情况。

6.11.1 浅覆土层施工

一般认为,当盾构隧道上方的覆土小于 1 倍盾构直径(D)时为浅覆土层施工。通常情况下,隧道的上部最小覆土一般都会超过(1.0~1.5)D,但因受到隧道线路走向、使用目的、地质条件、地层中原有建(构)筑结构物等制约,有时不得不采用浅覆土层施工。在浅覆土情况下施工时,需要加强对开挖面压力与掘进速度等施工参数的管理,对壁后注浆的压力及流量的管理,并注意控制盾构姿态,克服因覆土荷载小而发生盾构抬头等姿态的突变现象。如确有必要,可采取上部土层加固、在地面或隧道内压载或对地面构筑物进行保护加固的辅助措施,以减少施工对环境的影响。浅覆土层施工应该注意如下几点。

(1) 开挖面压力管理。当盾构推进到浅覆土地段时,因上部覆土荷载减小,要求开挖面的压力波动幅度缩小,管理难度大增。因此,对泥浆和添加剂的物理特性及开挖面压力管理应慎之又慎,既要保证施工本体安全,又要将环境影响控制在最小。

(2) 壁后注浆。浅覆土地段的盾尾空隙会立即影响地表面或地下埋设物,需要及时足量地壁后注浆才能控制地基变形,保证隧道本体变形量小。在浆液品种选择上,优先选择具有早期强度的浆液,及时稳定隧道和环境。注浆量和注浆压力又不能过大,否则会引起注浆溢出地面而引发次生灾害。

(3) 在盾构通过浅覆土段之前,应设置推进施工试验段,对开挖面压力、壁后注浆管理等施工参数进行优化。

(4) 压载措施。为防止管片上浮,在不影响隧道内运输施工的前提下,可在隧道内设置钢砂钢锭等亚种材料,或增加临时设置钢材的重量,有条件时在地面上也可考虑压载措施。

(5) 其他需要注意的事项:

① 江河湖海等水底施工。当盾构穿越河流或海底等水底部分施工时,除要对开挖面的稳定、泥浆或添加材以及壁后注浆材料的泄漏或喷出等审慎操作外,还必须考虑隧道抗上浮作用或管片变形问题。

② 地层中存在障碍物。在浅覆土情况下,应十分注意掘削范围内遭遇原有建筑物残留、现有建筑物的基础情况以及地下障碍物等。

③ 施工期间产生振动和噪声。当盾构穿越居民房屋的浅覆土部分施工时,需要充分注意盾构推进过程中所产生的振动和噪声,应视情况采取分时施工。当条件许可且有必要时,也可根据房屋地基条件或土体条件等采用适当加固防护措施。

④ 当盾构开挖面上部为硬黏土、下部为承压水砂性土时,应向黏土层压注泥浆使之软化,并加大盾构下部千斤顶顶力,增大对砂性土的压力以严防砂性土液化流失而引起盾构磕头、隧道下沉。

6.11.2 大覆土层施工

一般认为当隧道上部覆土超过 30 m 时就达到了深埋覆土的深度。以上海地铁为例,之前定制的盾壳钢板厚度都是以承受 35 m 覆土荷载为标准。随着施工深度的增大,大多数工程都处在高水压状态下,施工风险加大,围护结构和地基加固的施工精度与加固质量不容易保证,隧道洞口更容易发生渗漏水,危险性增加。在考虑出发和到达方法时,要考虑临时墙切削方法和适用于大覆土的地基加固施工法、洞口密封圈等级提高等措施。

当城市地形起伏较大或遇到浅层地下空间被各种设施占用时,待开发的浅部地下空间越来越少,盾构工程施工深度有增大的倾向,大覆土层施工不可避免。目前上海地区已实施的隧道工程有的已经超过 40 m 深,正在研究中的"深隧"工程达 60 m 深,盾构在如此大的深度下施工时,既要考虑地层条件(土质、地下水等)、盾构机类型和施工条件等,又要对盾构各机构和装置的性能保持给以足够重视。

(1) 盾构机选择。在进行大覆土施工时,对盾壳保持较小的变形、盾构前后端及铰接部位的止水性能提出了更高要求,必须提高刀盘轴承止水、盾尾止水、排土和推进装置等在高水压状态下保持正常工作的性能。

① 刀盘轴承止水带。刀盘驱动部位的止水使用能耐高水压的密封材料,或增加止水带层数等。为防止垫圈滑动部位的发热影响轴承工作性能,需要设置冷却装置。

② 盾尾密封止水。大覆土下的高水压力对盾尾密封止水是一大考验,需要使用能耐高水压的盾尾止水带,增加止水带的段数,对止水带之间实施自动给油润滑等。

③ 排土装置。为保证高水压下连续稳定地排土,泥水盾构需要提高送排泥泵的轴承密

封带性能,土压平衡式盾构需要提高螺旋式排土器上的排土压力保持装置和紧急情况下应用的止水装置配置等。

④ 推进机构。大覆土下需要的推力会增大,应配置更大容量的推进千斤顶等液压机构等。

⑤ 土体改良。在深度较大时,应对土质条件进行仔细研读,必要时添加改良材料,改善出土状况。

(2) 管片设计施工。高水压下对密封材料、螺栓孔和注浆孔等的止水要求更高,千斤顶推力增大,壁后注浆压力增加,盾尾润滑脂压力也会增加。

① 管片主体。可以对管片背面(迎水面)涂敷树脂系材料,需要具有应对开挖面高压力导致的千斤顶推力和壁后注浆压力引起的施工荷载增大问题。

② 管片接头。提高对管片主体的接头设计、高水压下的密封材料使用、螺栓紧固力等措施。

③ 注浆孔。为了确保金属配件和混凝土结合面的止水性能,需要预先设置环状密封填料,并使用高水压专用逆止阀及注浆孔盖以保证止水性。

④ 密封材料。为保持在高水压下具有长期止水性,选择密封材料时应提高其材质、形状及耐久性。

(3) 竖井深基坑施工。当覆土深度很大时,竖井基坑施工以及盾构始发接收施工都是一个崭新课题,需要加强研究,制订周密合理而且充分安全的设备计划以满足工程所需。

(4) 开仓施工。在较高的水土压力下,对螺旋机开仓作业应慎之又慎。

另外,根据需要对壁后注浆工程、地基改良工程、联络通信设备、给排水设备和通风设备等逐一进行研究。

6.11.3 小半径曲线施工

在进行小半径曲线施工时,常常会遇到因控制推进反力不当而引起管片环变形、移动、错台、严重开裂破损和渗水等,必须综合判断地层条件、隧道线路、盾构、管片、超挖量、辅助施工法和壁后注浆等,采取切实可行的对策,以便施工能顺利进行。一般小半径曲线施工时不确定的因素较多,主要应对措施如下:

(1) 盾构及配套施工装备的选择。

① 选择满足小半径曲线施工的盾构,必要时可开启铰接。

② 为降低超挖量和旋转阻力,盾构长度要尽量缩短。

③ 为提高盾构操控性,减少对管片的偏压和偏心,配备中折装置。

④ 考虑到曲线段的超挖,应配备部分外扩式超挖刀。

⑤ 为控制盾构方向,有时盾构千斤顶的使用数量会少些,要配置足够多的千斤顶。

⑥ 考虑到盾尾内的管片倾斜量,尽可能确保盾尾空隙均匀,使盾尾间隙的变化控制在允许范围内。

⑦ 针对小半径曲线施工产生的盾尾空隙不均匀性较大,应从材料选择、形状和级数配

置等方面提高盾尾密封,并定期补充盾尾润滑脂。

⑧ 盾构的后续台车尺寸设置满足运料车在小半径曲线段行驶,不影响掘土方运出设备、管片、物资、机械、器材的进场和运出,防止后配套车架脱轨或倾覆。

(2) 管片选择。应对衬砌结构进行适当的加强。

① 选用与曲线半径相适应的楔形量的管片,或小楔形量管片、环宽较小及钢制管片,以减少因受到急曲线施工上的偏心荷载和曲线拱的影响而导致的漏水、管片损坏等不良现象。

② 为方便管片组装,尽量减小管片的宽度。

③ 因盾构在弯道上施工,管片承受更大的偏心荷载,要考虑加强管片的肋板、壳板和接头螺栓等。

④ 对特别小半径的曲线,也有扩大盾尾操作空隙的做法,但在地下水位高时需注意盾尾密封问题。

(3) 施工时荷载。在小半径曲线段施工时,盾构姿态控制较困难,会给已拼装完成的管片产生较大的施工荷载,导致管片出现偏心和变形,需要在管片设计施工时注意防止管片错台和管片严重开裂。

(4) 超挖量。使用部分外扩式超挖刀进行开挖时,急曲线施工就越容易,但超挖量越大,会越容易产生由于围岩的松动、壁后注浆材料进入开挖面、推进反力的下降而使隧道出现变形、变大等问题。

(5) 壁后注浆。在进行小半径曲线施工时,管片从盾尾脱出后如不能立即与围岩形成一体化受力体系,盾构推进就不能充分取得反力,导致产生管片变形、隧道移位的危险,偏离设计线路。应优先选择注浆后体积变化小、早期强度高且很快就能达到围岩强度以上的材料。在小半径曲线施工时应考虑到超挖量,注入量也需要适当增加。此外,为防止注浆材料在超挖时进入开挖面,每隔数环在管片背面可安装填充袋,采取向该袋内注浆的方法。

(6) 辅助施工方法。当围岩自立性很差时,为防止因超挖引起地基松动和增大地基的抗力,也可以考虑采用化学加固或高压喷射搅拌施工等进行辅助施工。当在特别小半径曲线内侧的管片接合部有开裂危险时,可在衬砌块之间直接或用钢棒等进行固定。

(7) 线路测量。在小半径曲线段施工时,盾构采取纠偏次数密集增加的方式,以保证隧道设计轴线,要适当增加测量的频率,并定期监测洞内控制点实施联测。

6.11.4 陡坡施工

正常情况下,轨道交通隧道的纵坡一般在30‰以下,公路隧道局部段的纵坡也应控制在5%以下。但有时受地形条件等方面的限制,盾构必须在较大较陡的区段上施工,陡坡施工常常采取包括增强盾构能力、隧道内输送设备、安全设备和约束管片等措施。在陡坡上施工时应注意以下几点:

(1) 盾构机要求。一般来说盾构机的前部比较重,常具有向前方倾斜的倾向,所以上陡坡推进时,往往需要加大下半部盾构千斤顶推进能力。

(2) 开挖面的稳定。在陡坡上推进施工时,地层土水压力随推进变化较快,应注意对开挖面压力及时进行调整。当盾构下坡推进时,更需注意盾构磕头问题。

(3) 管片设计。管片设计应有别于小坡度的防水,并应考虑到两衬砌环之间发生错台后的防水预留。

(4) 隧道内运输设备。在陡坡段,要防止盾构后方台车等脱车自走的措施,应注意运输方式的选择。

(5) 出发与到达。在陡坡下坡始发时,要防止盾构有滑出台架的危险;在陡坡上坡到达时,盾构的刀盘呈倾斜状态,上、下端不能同时到达,此时在达竖井的开口部容易出现围岩坍塌和涌水现象,需充分注意渗漏水防止措施。

(6) 在陡坡上存在坡度变化段施工。坡度变化点需要开启竖向中折装置,并根据曲率使用楔形管片。

(7) 隧道内排水。及时排出隧道内给水,避免水滞留在开挖部。

6.11.5 长距离施工

一般认为当一条隧道的推进距离超过 1.5 km 时就可以作为长距离施工来考虑。当盾构穿越大宽度的水域或在城市中心的施工用地难以确保或隧道深度加大时,经常遇到长距离施工的情况。长距离施工遇到的最大问题是盾构施工设备的耐久性、施工效率、运输及通风问题。

(1) 关于盾构设备的耐久性。长距离施工必须考虑地层土质、盾构形式和施工条件等,提高盾构的耐久性和可维修可更换性,尤其在切削刀盘、切削刀具、轴承止水带和盾尾密封等重要部位。

(2) 关于盾构机的维护保养。为确保盾构的耐久性,必须对其进行维护保养。

对切削刀头,尤其是对滑动距离最长的外周刀头的磨耗量要进行探测,通过预测刀头的磨耗量来保养。切削刀头磨耗的探测方式包括油压式、电气式和超声波式等。

关于轴承止水密封及盾尾密封,一般采用能检测润滑脂压力和轴承密封温度的管理系统。

(3) 更换切削刀和盾尾密封。长距离施工中,经常会遇到需要更换切削刀头及盾尾密封的情况,对切削刀具与刀盘、盾尾密封与盾壳的固定方式应考虑日后使用时方便更换,切削刀头使用装拆容易的销钉或螺栓安装。

(4) 关于施工设备。因长距离施工,管片、注浆材料等的搬进运输、渣土外运等都会影响施工效率,隧道内通风、排水也是必须考虑的因素,应对洞内各种运输进行专门研究。

对施工条件的预判和对施工单位的选择十分关键,上海过长江隧道已经完成一次 7.0 km 掘进,将要实施一次性穿越施工长达 8 km 的崇明线地铁隧道。

6.11.6 高速施工

高速施工多为缩短掘进周期,将盾构施工能力提高到通常情况下的 1.5 倍或更高。对于中小口径的盾构来讲,只要缩短掘进和装配周期就可基本实现高速施工;但对于大口径、长距离隧道施工,隧道内的运输能力占支配地位。高速施工需要解决掘进速度、装配管片能力和运输能力等几个方面的问题。

(1) 提高盾构掘进速度。通过提高盾构千斤顶速度、切削刀能力,可缩短掘进时间,但应注意各设备机构的相互关联性和能力匹配。提高掘进时盾构千斤顶的速度,需要装配与该速度相匹配的切削刀。对于土压平衡式盾构,要提高螺旋排土器的能力;对于泥水加压式盾构,则要提高其输排泥能力。

(2) 提高管片组装系统的效率。主要有以下措施:加大管片宽度,减少管片的分段数量和接头数量,简化接头连接方法。

(3) 掘进与装配同时进行施工。可通过采用长千斤顶或双千斤顶两种方式来完成,但不管采用哪种方式,盾构长度比通常的都长了,所以对小半径曲线施工应格外注意。

(4) 运输设备与其他辅助设备能力。提高运输系统的能力、泥浆处置的能力等。

6.11.7 地下障碍物清障施工

在盾构施工前查明地下障碍物的详细情况,并制订处理方案,对清除时间、工期影响、环境影响及盾构通过进行评估。地下障碍物的处理应遵循在盾构推进到障碍物之前将其从地面清除为原则,不得已时再考虑从地下撤除,盾构必须事先装备能处理这些障碍物作业的设备。在进行清障作业时,须注意下述事项。

(1) 对地下障碍物的调查与确认。对障碍物的种类(桩、挡土、管线或管道、水井、空洞、地下室等)、材料构成(钢制、混凝土制、砖木等)、埋藏深度、分布位置及使用情况进行调查,可通过查阅工程记录、竣工图,咨询原施工负责人,召集有关人员召开调查会等方式进行调查,还可以直接对障碍物进行试挖、钻孔,甚至还可利用磁性、电磁波、弹性波等进行非接触性探测作业,以确认障碍物的情况。

(2) 对地下障碍物的处理,对应措施如下:

① 在盾构到达前清除。多采用在地面上施工的方法进行清除,可采用深基础施工法、开挖施工法和水平导坑法使障碍物暴露后再清除,一般采用拔除施工法。对桩基和混凝土底板等硬质地基中的障碍物通常使用全回旋套管施工法等清除,需要根据障碍物的种类、深度、形状、材质等选择相应的施工方法。清障后应进行适当回填,防止地层漏气漏水,确保开挖面支撑稳定,以免盾构在通过时因此造成地基松动和泥浆喷发。

② 从隧道内清除。从隧道内清除障碍物时需要辅助施工法配合,使用化学加固法或化学加固与压气施工法并用,以保持开挖面稳定和止水性。所采取的措施必须可以保证在狭窄开挖面空间内能进行安全可靠的施工。需要在盾构上装备开挖面化学注浆管、面板检修孔等适当的设施。

③ 刀盘直接切削清除。当障碍物为木桩或漂石等,也有用盾构刀具直接切削钻孔桩和地连墙等,不过要切实注意切削刀具的能力,曾有花费数月在接收井附近做连续切除地墙的

情况。

④ 做好盾构设备检修工作,确保盾构一次性通过,避免长时间停机,加剧地层沉降。

6.11.8 穿越地下管线施工

(1) 盾构施工之前,详细查明隧道所经过地段地下管线的分布、位置,管线类型和管材,接头形式,允许变形量等情况,制订专项施工方案。

(2) 对重要管线和施工中可能难以控制的管线,施工前应根据不同情况进行迁移、加固保护。

(3) 施工中,应加强对管线的监测,时刻掌握管线的动态变化,应根据管线沉降隆起监测反馈,及时调整设定合理的盾构施工参数,控制地层土体和地下管线的变形。

(4) 在掘进过程中,必须严格控制同步注浆压力和注浆量来保证注浆质量。

(5) 慢速均匀通过一般对环境影响较小。

6.11.9 穿越运营隧道施工

穿越已经运营的隧道,尤其是地铁和大直径市政隧道,风险大,更需措施得当。对运营隧道结构、位置、水文地层条件、盾构形式、隧道断面大小、两条隧道之间的空间关系和距离等进行详细调查,预估施工对其影响,形成实施控制运营隧道变形的专项技术方案。

(1) 确定运营隧道的保护标准。应根据隧道状况确定允许的变形值。

(2) 可考虑对隧道间的土体采取预加固方法,也可考虑在穿越后充分加固,有条件时可考虑在运营隧道内架设钢支撑等辅助措施。

(3) 在穿越前设置试验段。可在距运营地铁隧道投影线前50环设置模拟段,模拟盾构穿越情况。在试验段内沿盾构轴线上每隔5环布置地表及深层沉降监测点,测点须穿过地表硬壳层并埋设在原状土内,以准确测量地表沉降和隆起情况。也可对水土压力进行测试。

(4) 在运营隧道内必须进行沉降实时连续监测,及时分析反馈,调整盾构土舱压力,微调掘进速度、出土量、注浆量和注浆压力等参数。

(5) 盾构穿越后,当变形较小且满足保护要求时,应及时进行衬砌环的壁后补充注浆,在穿越段隧道衬砌预留的注浆孔中进行"多点、少量、多次、均匀"分层双液注浆,加固范围及强度指标按设计和专项技术方案要求确定。

6.11.10 近距离穿越建(构)筑物施工

施工前,对可能穿越的建(构)筑物进行详细调查,根据隧道所处的地层条件、盾构形式、隧道断面大小、两条隧道之间的空间关系和距离,以及以往工程经验,预测和评估施工对建(构)筑物的影响。当预测结果对已有建(构)筑物的功能及结构有可能带来危害时,应根据情况制订对应解决方案。过程中应加强监测和信息化施工指导,分解变形控制值至每一个阶段,进行分别控制,将监测结果迅速反馈到施工中加以改进,如阶段超标必须调整施工策

略并备有纠正措施。应注意如下问题:

(1) 加强盾构设备的保养与维修,避免盾构在穿越桩基或建筑物下部时发生非正常停机。

(2) 穿越前调查。掌握对象结构物的形状尺寸、支承条件,周围地基的土层构成、土的性质等。这时,从设计时的文件等来确认设计条件、设计方法、容许值与现状应力和富余量,特别是老旧建筑物。应汲取类似的施工经验,如果工程经验和理论分析计算都难以满足穿越施工要求,则应准备其他辅助施工应急管理预案,如选择地基加固、桩基托换和持续跟踪注浆控制等。

(3) 施工前的辅助施工对策。当盾构施工方法不能满足要求时,要对已有建(构)筑物进行加固,或对二者中间地基采取地基改良或隔离防护措施。

① 对已有建(构)筑物的加固方法:a. 直接加固建(构)筑物,以提高其刚度。可采用加劲杆、板等直接加固建(构)筑物内部,也可通过增加桩等措施来加固建(构)筑物的下部或基础结构。b. 托换建(构)筑物基础,首先设置新(深)基础,并将新老基础进行可靠连接,再将上部建筑荷载转移至新基础上并传递到地层深部,然后再清障或直接切除老基础。

② 隔断防护和地基加固方法:a. 隔断防护,是在建(构)筑物与施工隧道之间实施物理隔离或加固,以减少施工扰动,如采用化学注浆加固土层、插入钢板、浇筑地下连续墙、钻孔灌注桩等措施。b. 对中间地基进行加固,防止其松弛,地基加固防护主要有化学注浆施工法、搅拌桩和高压旋喷等方法,但无论采用哪一种方法,都必须考虑地基加固的均匀性和施工扰动控制。

(4) 施工过程中的措施。应仔细控制掘进速度、土舱压力、出土量和注浆压力等施工参数,最大程度减少施工对邻近隧道的影响。当施工监测数据表明施工发生异常时,应立即停止施工,但须保持土舱压力,尽快查明原因,并根据情况采取相应的施工措施。

(5) 施工监测与信息化施工。应对地层和既有建(构)筑物等进行全过程监测,监测过程分为到达前、通过时、通过后三个阶段来实施,对保护要求特别高的建(构)筑物应采用自动化监测。

① 到达前。应在接近施工工区的前方区段 50～100 环设置模拟段,对相似地基条件实施通过前监测,以验证之前的预测计算是否妥当、施工方法是否正确恰当、是否需要调整进一步措施等,为优化和完善施工参数提供良好数据。

② 通过时。对已经通过的地面轴线和深层地层监测进行分析,建立施工参数与地面沉降的关系,掌握其内在规律,为施工决策提供良好依据。如推进施工数据正常,则正常通过;如监测数据超标,应停止盾构施工,查明原因,调整监测频度,调整施工参数,并视情况启动相应的应急措施。必须在确认可以保证已有建(构)筑物的安全后再开始推进。

③ 通过后。一般应持续到监测数据的变化逐渐稳定后,通常在盾构通过后监测间隔逐渐拉开,持续监测达 3 个月甚至更长,持续观测直至稳定后结束。

④ 应根据建(构)筑物沉降速率、沉降累计、附加沉降曲线大小与平顺情况,进行多次壁

后注浆。浆液宜选择体积变化小、早期强度高、速凝型的注浆材料。

⑤ 信息化施工。进行邻近建(构)筑物施工时,有时会利用实时信息指导施工,尤其当建(构)筑物非常重要而且紧邻时,迅速及时地反馈监测信息至盾构控制室是非常必要的,将监测数据与盾构掘进管理数据进行对比分析,以便于优化盾构施工参数,确保安全顺利通过。

6.11.11 平行盾构隧道施工

在上下或左右平行设置两条及以上的盾构隧道时,要考虑地层条件、盾构形式、盾构隧道断面大小和净距离等,研究它们之间的相互影响,在施工之前和施工之后分别采取相应措施,保证隧道长期稳定安全地施工。实施信息化施工,应严密监视和掌握围岩及盾构隧道的动态,将这些信息立即反馈到盾构控制值以优化施工参数,如调整开挖面压力、壁后注浆压力和开挖土量等盾构掘进管理。同时,根据需要进行辅助施工法以防止地层松动和盾构隧道变形等。

(1) 相互影响。平行配置盾构间的相互影响因盾构施工条件而异,但主要为后续隧道施工对先行隧道的影响及地层扰动后的固结稳定对后续隧道的影响:

① 后续盾构的推进对先行隧道造成的挤压或松动。

② 后续盾构的盾尾通过对先行隧道造成的松动。

③ 后续盾构的壁后注浆对先行隧道造成的挤压。

④ 先行盾构引起的围岩松弛对后续盾构造成的偏移等。

这些现象的发生,将产生管片变形、接头螺栓的变形和断裂、漏水以及地表面下沉量的增大等。因此,需要充分研究盾构推进后的应对措施。

(2) 对地层和盾构隧道的监控。因地层条件和施工方法等不同,地表面监测的沉降、隧道的隆沉与收敛变形、蛇行等往往与预测值不一致,所以需要在工后延续一段时间的监测。同时对地层沉降、水土压变化和空隙水压等进行观测,这对安全施工很有效。在观测到数据异常时,应立即中止施工,查明原因,同时要根据情况改变施工方法,并采用辅助施工法或启动应急施工预案等,以防不测。

6.11.12 复杂地质条件下盾构隧道施工

(1) 穿越江河湖海施工。应详细查明盾构穿越江河地段的工程地质及水文地质条件、河床状况、岸边建(构)筑物情况及保护要求,在不给河流或周围结构物带来大影响的前提下,制订专项盾构施工技术和监测方案。

① 调查土质和地下水。一般而言,河流部分地质情况变化急剧,而且地下水的流动也快。土质及地下水的状况是考虑盾构形式和施工法非常重要的要素,所以要详细地进行调查。

② 应对盾构密封系统做全面检查和处理,必须配备足够的排水设备与设施。

③ 开挖面的稳定。正如前述,水下土质和地下水状况往往更为复杂且更难以全面掌

握,因此必须根据围岩的土水压力而设定适当的开挖面压力,特别是覆土厚度较小的河底段,除了要注意对开挖面的稳定与防止地层坍塌、泥浆或添加材的泄漏或喷出进行研究外,还需要特别考虑隧道上浮问题和管片的变形问题。当穿越大宽度的河流时,应对河床沉降和隆起进行监测,必要时宜采用测量船进行测量作业。

④ 对河堤等建筑结构物的影响。一般市区河堤因防洪需要,都设有挡墙结构和深基础,穿越前应摸清其深部结构情况,并实施清障或直接切削等施工措施。还应注意,盾构穿越河堤前后会存在较大的压力差,在水土压力设置上存在较大变化。

(2) 盾构处在承压水砂层中,由于正面压力设定不足,缺少必要的砂土改良措施和盾构铰接,盾尾密封失效,引起涌水涌砂,导致盾构姿态突变或隧道损坏。当盾构在承压水砂性地层掘进施工时,应注意如下几点:

① 应对盾尾密封进行检查,确保其密封性能指标达到抵抗盾构底部最高水土压力及时注浆压力的要求。

② 盾构应具备向密闭土舱加润滑泥浆或泡沫的功能,螺旋输送机应设有防喷装置。

③ 必须备足膨滚润土泥浆或泡沫剂、聚氨酯、海绵板和双快水泥等抢险材料。

(3) 当穿越地层不均,尤其上部为硬黏土、下部为承压水砂层掘进施工时,应采取向泥舱中注入润滑泥浆或泡沫的方式,以改善泥土的止水性和流动性,防止形成流砂。此外,还应视盾构工作状态,及时调整推力、推速、土压力等掘进参数。

(4) 当穿越沼气层或含气层时,必须设有害气体监测仪器对其加强监测,对沼气等有害气体浓度大于安全标准的,必须停止推进,采取隧道内通风和隧道开挖面外钻孔放气等措施。

此外,切削刀具的更换、盾构对接与分岔施工和断面变化等施工都需要结合个案来研究。

6.12 连通通道施工

因排水和紧急疏散需要,无论在地铁还是在公路隧道中都需设立连通通道和泵站,一般在隧道最低部位设置泵站以利于排水,连通通道或紧急疏散通道一般结合泵站一起施工。泵站一般处于隧道的最低点,埋深最大,风险较大,通常施工方法有冻结法、旋喷加固法和机械顶进法等,但使用最多的方法还是冻结法。

根据冻结孔的不同钻进方向及布孔方式,冻结法可以分为垂直孔冻结、近水平孔冻结、群孔冻结和局部冻结等形式。根据致冷方式不同,又可以分为间接致冷的盐水冻结、直接致冷的液氮冻结和干冰冻结等,我国地铁连通通道施工一般采用近水平孔盐水冻结。

盐水冻结系统一般由冻结站、盐水干管、冻结器三大部分组成,冻结站由冷却塔、清水泵、冷冻机(冷凝器、压缩机、蒸发器)、盐水箱和盐水泵等组成。连通通道(带泵站)冻结平剖面布置如图6-44所示,冻结施工流程和主要工作内容如图6-45所示。

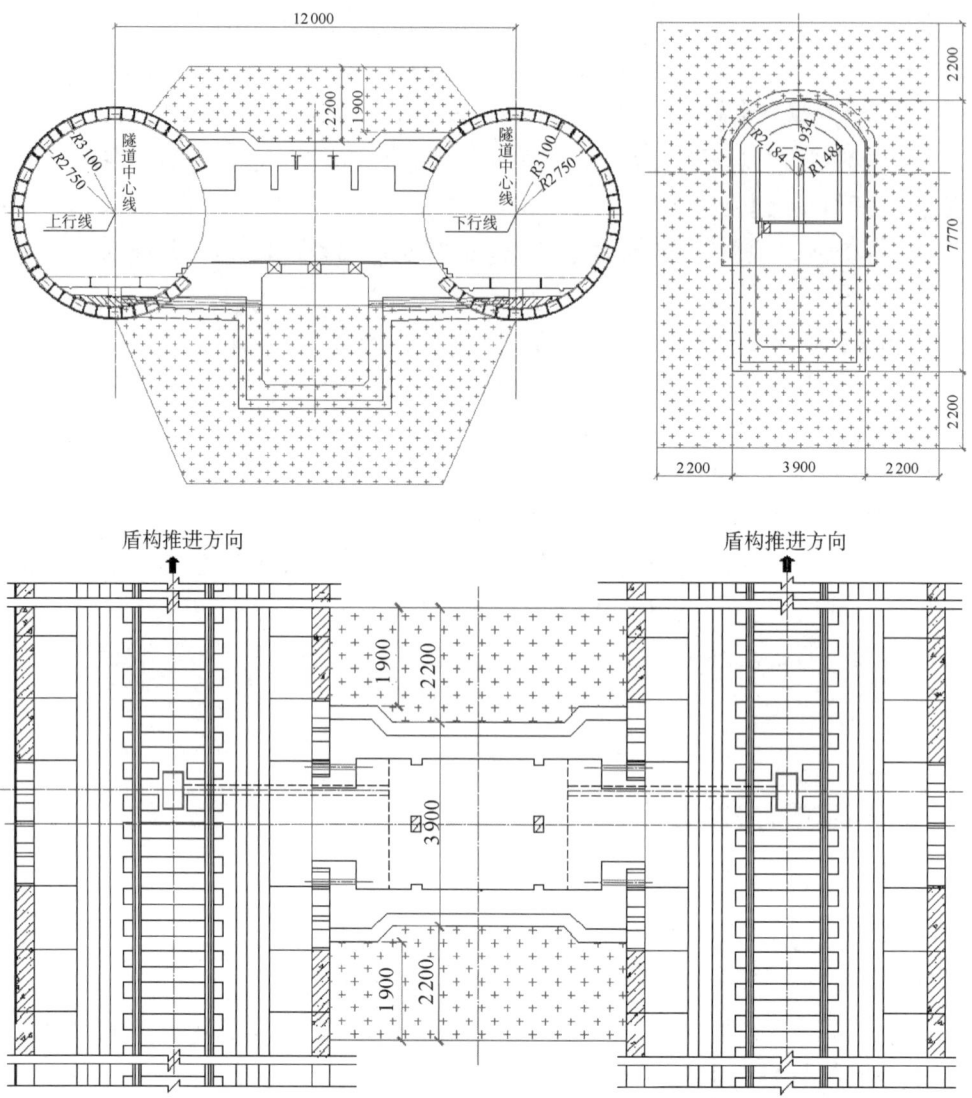

图 6-44 连通通道(带泵站)冻结平面剖面图(单位:mm)

6 盾构隧道施工

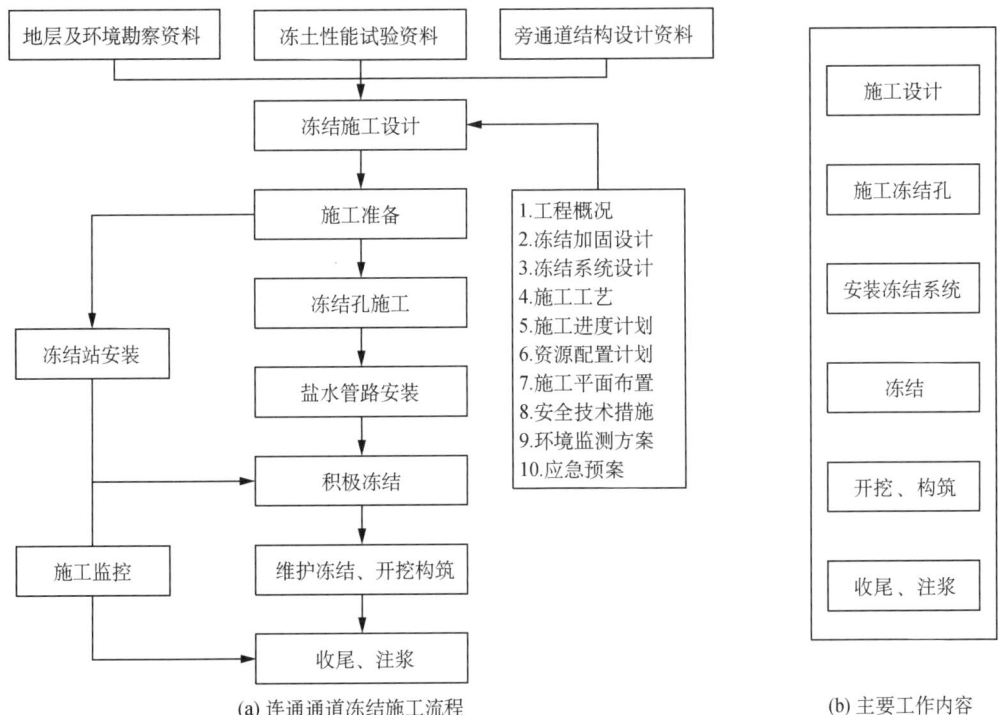

(a) 连通通道冻结施工流程　　(b) 主要工作内容

图 6-45　连通通道冻结施工流程和主要工作内容

6.12.1 连通通道冻结法设计

通常泵站结构由通道、喇叭口、集水井、排水管、防水层和支护层等组成(图 6-46)，设计施工关键部位是：连通通道与隧道连接界面、排水管接头、连通通道与集水井施工等缝处，是施工较难操作的部位或容易发生结构病害之处。

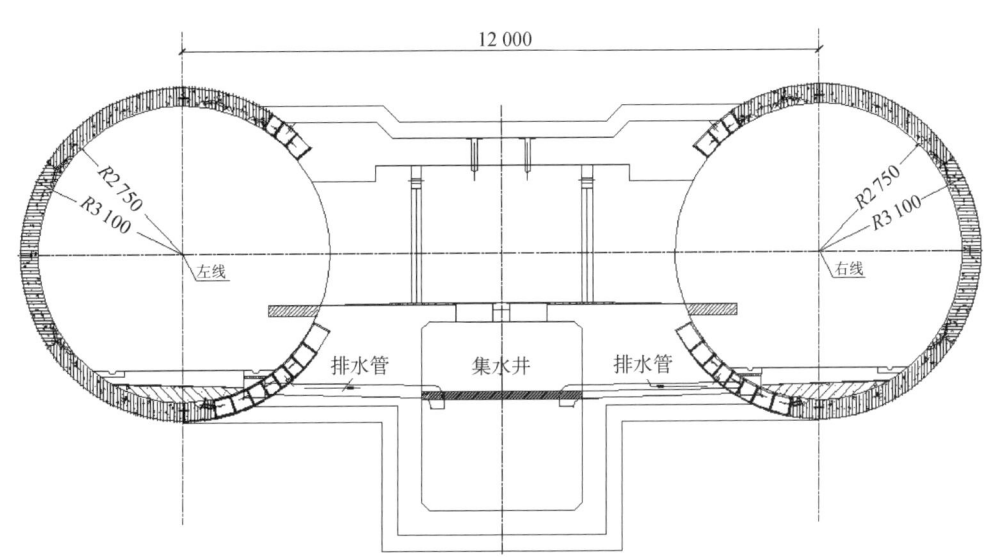

图 6-46　泵站结构剖面(单位：mm)

341

连通通道冻结法设计主要包括:①冻结壁设计:冻结范围(冻结壁厚度)及平均温度、冻结孔测温孔布置、冻结盐水温度与时间等。②初期支护设计:型钢支架或钢格栅、间距,喷射混凝土等级、木背板等。③隧道支撑设计。④防护门设计。⑤施工监测、地层沉降控制等技术要求。

6.12.1.1 冻结壁设计

冻结壁的主要功能是承载和隔水,设计时需对冻结壁厚度和平均温度提出具体要求,可通过冻结孔布置,以及设置冻结时间、盐水温度和盐水流量等方面的参数来保障。

(1) 冻结壁厚度和平均温度。要点是冻结壁与隧道界面是否达到设计温度。

(2) 冻结孔布置与冷板。布孔要点为布孔方式、与开挖面的距离、成孔间距等,冷板及保温要点是位置、形式及范围。重点关注冻结壁界面是否能满足冻结壁界面设计指标。

(3) 冻结时间、盐水温度、盐水流量。冻结壁扩展速度会逐渐减小直至停止扩展(尤其在界面处),关注冻结壁扩展范围计算(图6-47)。冻结壁平均温度计算如下:

$$t_c = t_b\left(1.135 - 0.352\sqrt{l} - 0.875\frac{1}{\sqrt[3]{E}} + 0.266\sqrt{\frac{l}{E}}\right) - 0.466 + 0.3t_n + t_{fn} \quad (6-6)$$

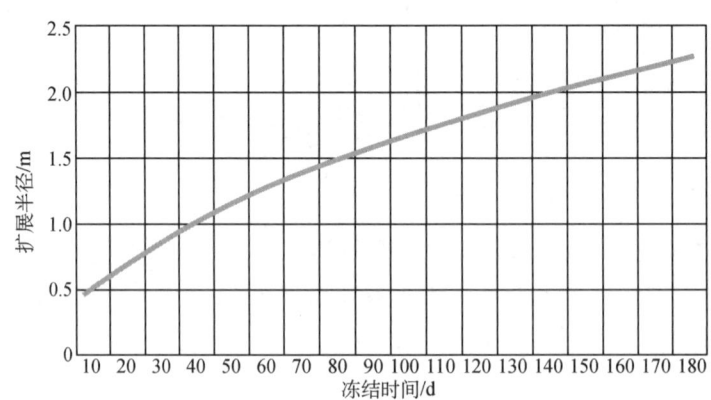

图 6-47 冻土扩展半径与冻结时间关系曲线

6.12.1.2 初期支护设计

初期支护作为安全储备,要求能承受25%～50%的地压,且具有冻结壁保温作用。其结构形式一般选择"型钢(工字钢或H型钢)支架+喷射混凝土+木背板"或"钢格栅喷射混凝土"。此外,需要注意钢支架尺寸及接头形式、支护步距与冻结壁暴露时间、喷射混凝土质量等细节问题。

6.12.1.3 隧道支撑和防护门设计

1. 隧道支撑

隧道支撑要求有8个隧道支撑点(图6-48),每点支撑力为50 t,还需对千斤顶型号、支撑位置、支撑固定及应急使用方法作出具体要求。

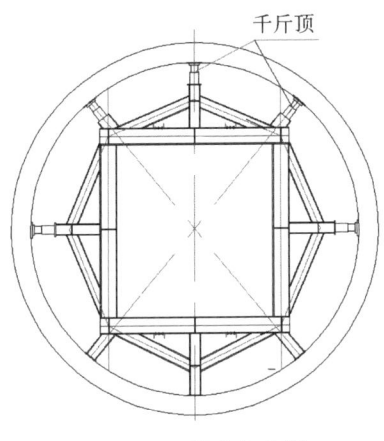

图 6-48 隧道内支撑

2. 防护门

防护门要求承受地下水水压。要对其安装固定方式、启闭方式、密封条材料、压气注浆接口及耐压试验等作出规定。此外，还需对下列事宜作出要求：

(1) 冻结监测内容及要求及测温孔、泄压孔布置。
(2) 环境监测要求。
(3) 冻结孔封孔技术要求。
(4) 融沉注浆要求及注浆孔布置，有条件最好预设。
(5) 管片钢隔舱填充技术要求。

6.12.2 连通通道冻结施工工艺要点

连通通道冻结施工内容主要包括冻结钻孔施工、冻结系统安装、积极冻结和维护冻结、开挖和构筑、收尾和融沉注浆。

1. 冻结钻孔施工

(1) 测量复核及钻孔参数调整要点：对穿孔复核，隧道推进误差超标时进行冻结孔参数设计调整。
(2) 钻孔定位与孔口管安装要点：孔口管规格、二次开孔、固定密封方式。
(3) 钻孔与冻结管安装要点：防喷装置、冻结管接头、钻孔保压、丝堵安装。
(4) 对穿孔施工要点：止水环、钻头与钻进压力、冻结管接头质量与位置。

2. 冻结系统安装

(1) 冷量复核与设备选型要点：管路长度与环境影响。
(2) 盐水干管与集配液管要点：盐水流量、管路冷缩、管路排气。

(3) 冻结器连接要点:管路阻力、盐水分配均匀。
(4) 冷板安装与管片保温要点:冷板位置与密贴、保温范围与材料。

3. 积极冻结和维护冻结

(1) 盐水温度与盐水流量监测控制要点:测温位置、冻结器结霜、冻结器盐水流量抽检。
(2) 泄压孔孔隙水压力监测与泄压要点:泄压孔畅通,初始水压与升压,时间、速度。
(3) 冻结过程巡查要点:管片及钻孔渗漏、冻结器结霜。
(4) 地层温度监测要点:界面测点位置、降温规律分析。
(5) 冻结效果评估要点:泄压孔升压后冻结时间、冻结壁、扩展速度分析、界面温度、交圈图。
(6) 开挖面温度检测要点:开挖面结霜、界面内侧温度监测。

4. 开挖和构筑

(1) 开挖准备工作。

钢管片接缝焊接要点:宜在钻孔前进行。

隧道支撑和防护门安装要点:千斤顶型号、隧道支撑固定、防护门打压、防护门启闭及压气灌浆管路。

开挖条件验收要点:冻结效果评估、备用电源和备用设备、开挖构筑准备工作、应急预案。

(2) 通道开挖与支护。

开洞门要点:手拉葫芦规格,钢丝绳强度,吊挂固定,拉拔力控制,管片、管路及人员保护。

开挖、冻结壁界面保温、初支要点:勤观测、晚刷帮、不超挖、快支护、保界面。

(3) 通道防水与衬砌施工。

防护门拆除要点:无盐水漏入地层,探孔检查集水井部位冻结温度并再次评估冻结效果满足设计要求,否则不应拆除防护门。

注浆管与穿线管安装要点:注浆管止水钢板、埋设深度、穿线管周防渗。

安装排水管(有集水井时)、铺设素垫层、施工外防水要点:排水管外包混凝土厚度及密实性,管接头防水,快速铺设素垫层。

衬砌浇筑要点:钢筋绑扎、模板安装、混凝土浇筑、施工缝处理。

(4) 施工集水井要点:开挖深度、施工缝处理。

5. 收尾和融沉注浆

(1) 封孔、冻结系统拆除要点:封孔时机、割管深度、孔壁处理、孔口封盖方式。
(2) 壁后充填注浆要点:注浆浆液、注浆顺序与压力、复注检查。
(3) 钢隔舱填充要点:填充时间、填充材料、充填密实度。
(4) 管片防腐要点:清理、除锈、吹干等表面处理。
(5) 融沉跟踪注浆要点:少量、多次、多点、均匀。以冻结壁与连通通道结构间隙注浆为主,采用水泥浆挤压注浆。

7

盾构施工重点风险管控

7.1 盾构施工重点风险分析
7.2 盾构始发接收重要施工风险及防治
7.3 盾构正常掘进重要施工风险及防治
7.4 连通通道重要施工风险及防治
7.5 盾构施工管理

盾构法隧道施工过程中存在工程分布区域广泛、地质条件复杂以及施工环境条件、成本控制、施工单位经验水平差异大等诸多风险和不确定因素，一旦施工中发生异常，若处置不当就会对工程安全、隧道质量、工期及造价产生较大影响。即使在信息化高度发达的现今，施工经验技术仍不能充分分享，仍难以避免盾构施工险情的发生。为了降低施工风险，施工人员应当掌握盾构法隧道施工技术，充分认识并分析盾构施工风险，采取必要的施工和管理措施对风险进行针对性的管控。

7.1 盾构施工重点风险分析

7.1.1 盾构施工常见风险

从盾构始发直至盾构接收、完成洞圈封堵，盾构施工全过程充满风险，不同阶段常常遇到的风险如下。

(1) 盾构始发接收风险：洞门凿除后产生大量涌水涌土，盾构始发接收时发生大量漏水漏泥，基座变形，接收时盾构姿态突变，反力架变形，始发段轴线偏离设计轴线等，风险较集中。

(2) 盾构机故障：刀盘轴承失效、推进压力低、推进系统无动作、液压系统漏油、皮带打滑、千斤顶行程与速度无显示以及启动元件不动作等。盾构机发生故障对正常施工带来的影响是明显的，为此，始发前做好设备检验，特别是压浆泵、注浆阀、盾尾油脂泵以及盾构顶进系统液压件要确保性能稳定、良好，流量计、压力计等计量仪表准确齐全。

(3) 盾构掘进中常见的问题：盾构正面阻力过大，正面压力波动过大，土压盾构出土不畅，泥水平衡盾构吸泥口堵塞，盾构掘进轴线偏差，泥水盾构施工过程中隧道上浮，盾构自转过量，盾构后退，盾尾泄漏，不良地层（流沙、流塑、沼气）导致的盾构突沉、磕头、地面冒浆，盾构切口前方地层过量变形，管片在运输过程中受损，管片拼装质量不良导致管片环面不平整、管片环面与隧道设计轴线不垂直、管片开裂或碎裂、错台、管片椭圆度过大，衬砌环旋转，拼装过程导致管片破损，注浆液质量不符合质量标准，沿隧道轴线地层变形量大，注浆管堵塞，管片防水存在质量缺陷。

7.1.2 风险防治指导原则

根据以往工程经验教训，做到如下几个方面的要求，可大量减少风险发生频次，降低风险发生后的进一步恶化和次生灾害：

(1) 一切设计施工均应依标准和规范进行，规范不能完全覆盖的，应审慎参照类似标准，有条件的应加大试验验证。

(2) 风险重点防范。结合设计施工情况、地质和环境保护等分解施工风险因素，针对可能的风险点，应研究提出专项施工风险防范措施，对盾构穿越重要建筑设施、连通通道施工以及复杂水文地质条件下盾构始发接收等风险较大的工程项目要求进行专家评审。

(3) 加强对盾构设备故障风险的控制，加强围护保养管理。

(4) 切实执行监测反馈信息化施工，做好盾构同步注浆、盾构正面压力、盾构姿态等施工参数的优化控制。

（5）强化对施工、监测队伍资质的管理与控制。施工队伍必须具备与监控条件相适应的施工资质，监测队伍必须具备与监控要求相适应的测量等级资质及监控设备条件。现场须配备足够的人力与设备，确保监控数据的准确与及时送达。

（6）重视应急预案的制订与准备。总承包单位应统一协调，与设计、盾构、注浆、监测等施工单位和材料供应商共同制订具有针对性的应急预案。在工程进行的全过程中，现场应按预定计划备有应急所需的抢险设备和物资，并放置在方便、快速取用的位置。其中高质量盾尾油脂、聚氨酯和水玻璃堵漏用水泥等为盾构施工必备应急物资。要特别注意台风、强暴雨天气下的雨水、河水倒灌及运输中断等风险，及时收集局部天气预报信息，提前备足防洪排涝设备和物资。

7.2 盾构始发接收重要施工风险及防治

7.2.1 盾构始发接收重要施工风险

盾构始发接收过程中常见的施工风险包括基座变形、反力架变形、姿态突变、刀盘被冻住和漏水漏泥等风险。影响较大的是刀盘被冻住和漏水漏泥风险，特别是漏水漏泥风险，如果无法第一时间控制险情，将会对设备、周边环境和工期产生重大的影响。

7.2.1.1 盾构始发渗漏

某城市地铁盾构始发端头采用 9 m 水泥系加固（搅拌+旋喷）结合垂直冻结加固（冻结壁有效厚度为 2.0 m），始发段隧道平曲线为小半径曲线段，隧道顶覆土约 19.8 m，盾构断面内涉及泥炭质土、粉土和粉质黏土，盾构始发时采用单袜套铰链板止水装置，如图 7-1 所示。

盾构始发时，盾尾进入钢洞圈后，刚性止水箱体焊接过程中洞门出现渗漏水（图 7-2），后经过洞门两侧砂袋堆载、地面和隧道内压注聚氨酯和水泥浆，险情得到控制，洞门渗漏造成大量的水土流失，周边环境沉降较大。渗漏产生的原因主要是泥炭质土地层水泥系加固效果差，地层存在沼气导致止水箱体的焊接较长。

7.2.1.2 盾构接收渗漏

某城市地铁盾构接收端头地层采用 6 m 水泥系加固区（搅拌桩+旋喷桩），接收段隧道平曲线为小半径曲线段，隧道顶覆土约 16.7 m，盾构断面内涉及⑤$_{1-1}$ 黏土、⑤$_{1-2}$ 粉质黏土、⑦$_{1-2}$ 砂质粉土层，承压水层距离隧道底约 6.617 m，如图 7-3 所示。

盾构接收为曲线接收，盾构机单侧挤压接收基座，盾构接收时间比正常情况长，接收过程中发生洞门渗漏水（图 7-4），后经过坑内堆载及回水、地面和隧道内压注聚氨酯，险情得到控制，洞门渗漏造成大量的水土流失，周边环境沉降较大。渗漏产生的原因主要是未在加固土体和地下墙之间的区域进行旋喷加固，导致未提高防水效果；曲线接收时盾构机单侧挤压接收基座，盾构接收时间比正常情况长，洞门无法完全封堵。

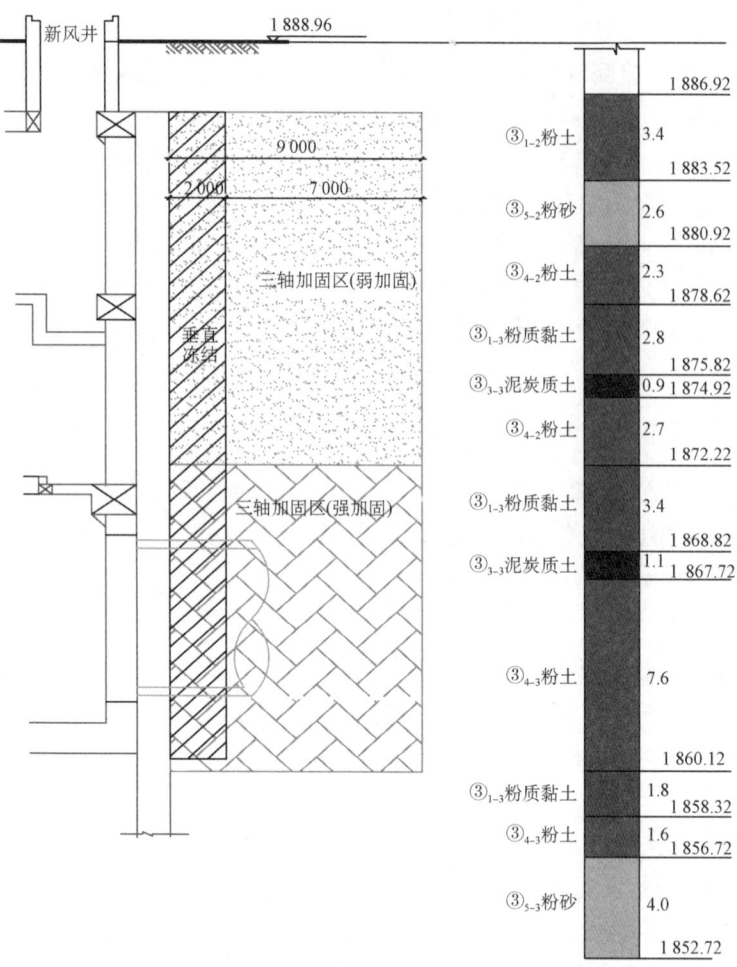

图 7-1 始发段地基加固剖面示意(覆土厚度单位:m;其他单位:mm)

图 7-2 盾构始发渗漏

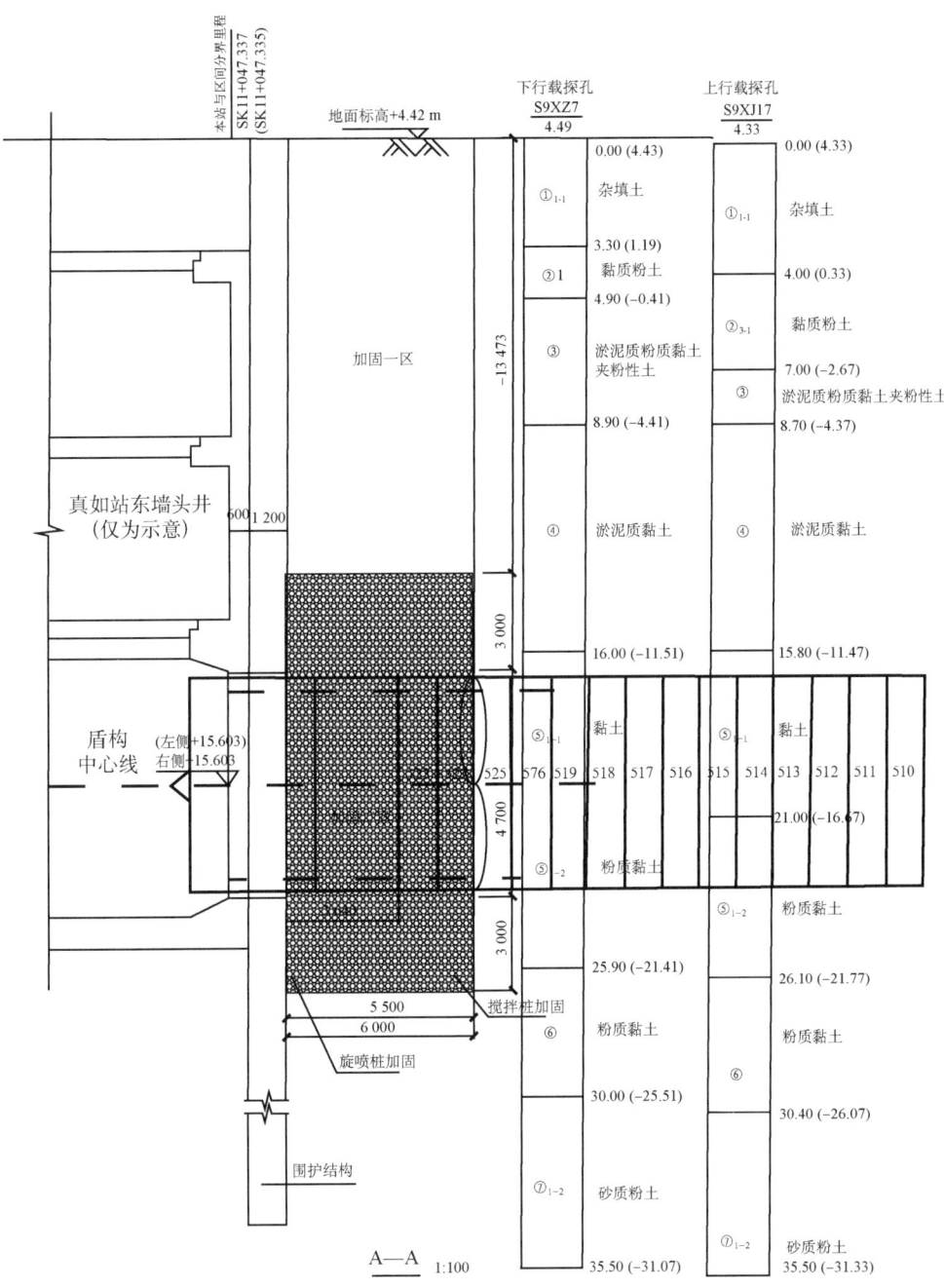

图 7-3 接收段地基加固剖面示意(土层深度单位:m;其他单位:mm)

图 7-4 盾构接收渗漏

7.2.1.3 盾构刀盘被冻住

某城市地铁盾构接收端头地层采用 2 m 厚度垂直冻结结合底部水平冻结加固，隧道顶覆土约 20.5 m，盾构断面内涉及⑤$_{1-1}$黏土、⑤$_{1-2}$粉质黏土层，如图 7-5 所示。

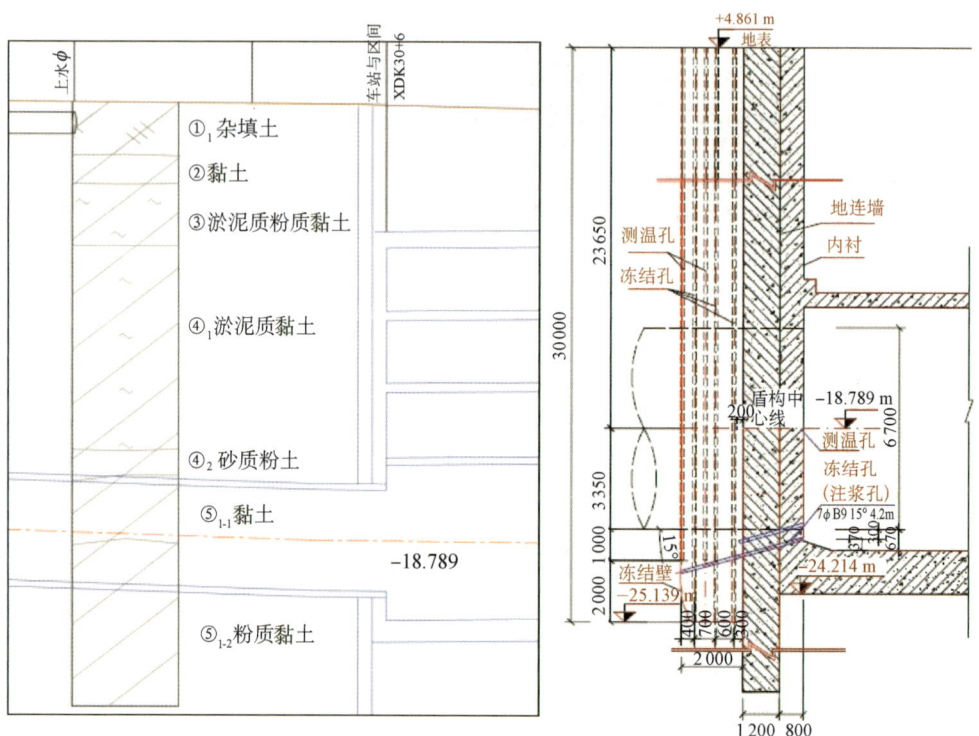

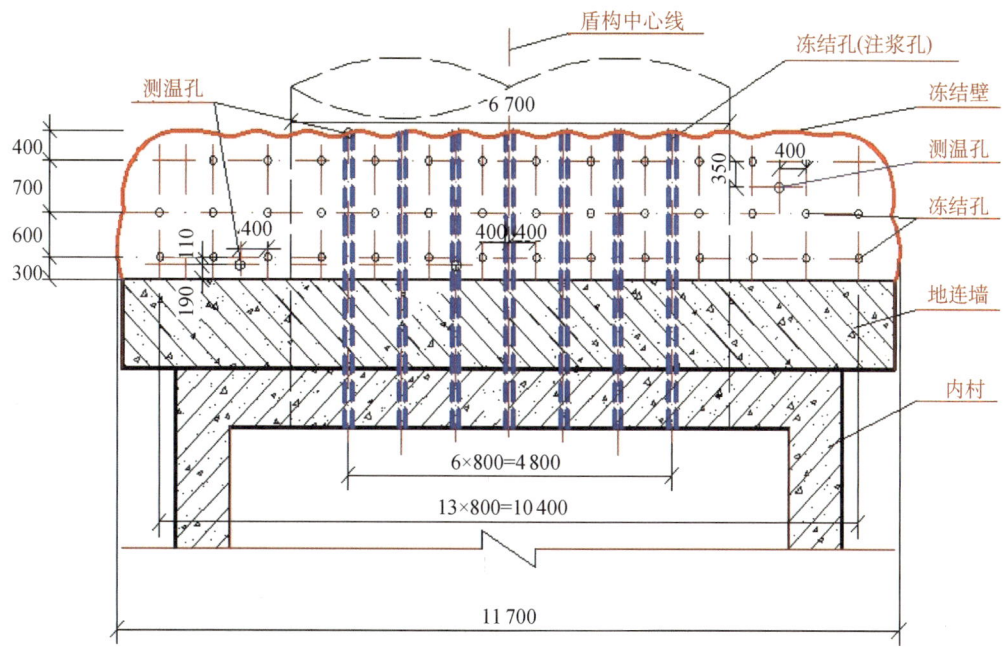

图 7-5 盾构接收端地质及冻结孔布置示意(单位:mm)

盾构接收过程中,断面内垂直冻结管已拔至洞门圈上方 0.8 m 并回冻,其余冻结管维持冻结,盾构机切入冻结加固体 50 cm 时发生刀盘马达密封圈因油压过高而脱出,抢修过程中盾构刀盘被迫停止转动 27 min,恢复推进时,刀盘被冻无法转动,刀盘注入热水未能恢复转动,后经过使用两台蒸汽机向土舱内注入蒸汽(图 7-6),解冻 3 d 刀盘才得以恢复转动。刀盘被冻住的原因主要是设备故障导致刀盘停转。

图 7-6 蒸汽发生器及土舱接管

7.2.2 盾构始发接收重要施工风险防治措施

盾构始发接收阶段是区间隧道施工的重要环节,也是风险的集聚期,全世界超 70% 的盾构施工事故和险情都发生在这个环节,因此有必要对此阶段施工风险进行有效防控。

盾构始发接收施工过程中应在每个阶段采取正确的方法和措施确保"三条缝"(墙-土，土-盾壳/土-管片，土-土)不漏水。三条缝(图7-7)在盾构处于不同阶段时漏水风险不同，且三条缝随着盾构的掘进而产生连通，因此需采用多种措施在漏水通道上进行封堵。

（1）"土-土"缝指加固土搭接产生的缝、加固土与原状土之间的缝隙，主要取决于地基加固方法与加固质量、止水装置、环箍注浆。

（2）"墙-土"缝是指围护结构与加固土之间的缝隙，主要取决于地基加固方法和加固质量。

（3）"土-盾壳/土-管片"缝是指加固土与盾构壳体(管片)之间的缝隙，主要取决于地基加固方法与加固质量、止水装置、环箍注浆。

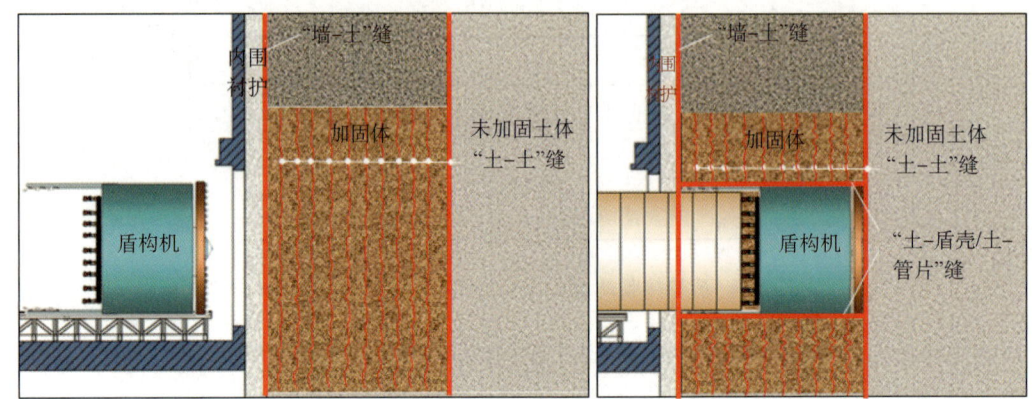

图7-7　盾构始发三条缝(接收与始发类似)

通过分析，盾构始发接收渗漏水风险主要取决于地基加固方法与加固质量、止水装置、环箍注浆。因此施工过程中应加强这三个方面的管控。

7.2.2.1　地基加固方法与加固质量

（1）盾构在风险地层中始发接收时应采用冻结加固或复合加固（冻结加固＋水泥系加固）。当工程风险较大时，始发应考虑双袜套止水箱体、洞圈内安装盾尾刷、钢套筒等辅助措施，接收应考虑增加水中或土中接收、钢套筒、回填泡沫混凝土等辅助措施。

（2）盾构始发段地基加固长度宜保证盾尾进入密封装置时切口距离未出加固区，盾构接收段地基加固长度宜保证盾构靠上槽壁时加固区至少包住盾构机长度＋2环管片环宽。

（3）水泥系地基加固应优先考虑使用水泥土搅拌桩进行加固。围护结构与洞门主体加固区间隙的加固时间应在基坑内衬结构全部制作完成，结构达到强度要求后进行施工。

（4）水泥系加固过程中应严格控制桩间搭接、水泥掺量、水灰比、下沉和提升速度、桩位偏差以及垂直度偏差等施工参数，保证地基加固的强度、自立性、整体性和抗渗性。

（5）冻结系加固过程中应对冷冻机、盐水循环泵等进行合理选型，应及时查验测温孔温度、分析温度变化曲线、计算平均温度、开设样洞验证冻结效果，确保冻结帷幕交圈。

7.2.2.2 盾构始发止水箱体

盾构始发应安装钢箱体用于辅助止水。一般地层盾构始发应采用单道帘布橡胶铰链板[俗称"单袜套",见图7-8(a)]钢箱体,当洞圈范围内含有承压水风险地层时应采用双道帘布橡胶铰链板[俗称"双袜套",见图7-8(b)]钢箱体。受特殊环境限制或周边环境保护要求极高的盾构始发工程,可根据环境条件具体情况,确定是否使用双道帘布橡胶铰链板钢箱体。

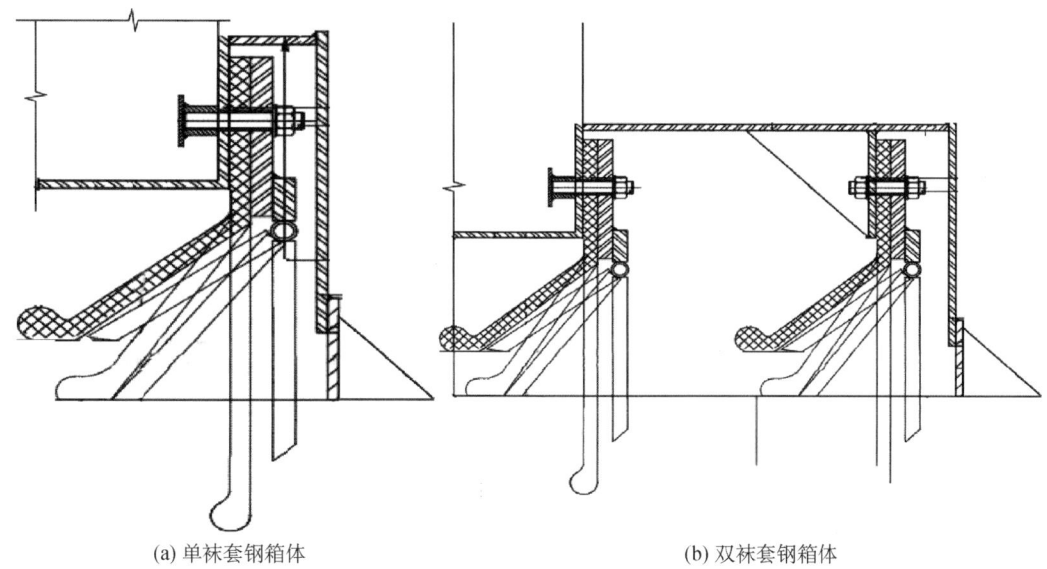

(a) 单袜套钢箱体　　　　　　　　　(b) 双袜套钢箱体

图 7-8 盾构始发止水箱体

1. 盾构始发止水钢箱体安装前应完成的准备工作(图7-9)

(1) 帘布橡胶铰链板安装时应在洞圈钢翻边上预留钢箱体焊接空间。

(2) 钢箱体主要分为圆周封板、一次端面封板、二次端面封板及三角筋板。钢箱体钢板厚度不宜小于1 cm,应根据洞门结构尺寸、盾构机尺寸、盾构始发姿态及井接头结构尺寸等定制加工。

2. 单道帘布橡胶铰链板钢箱体安装应满足的条件

(1) 帘布橡胶铰链板安装时,压板螺栓应可靠拧紧,使帘布橡胶铰链板紧贴洞门。

(2) 盾构始发前焊接钢箱体圆周封板及一次端面封板,钢箱体凸出洞门圈一般不超过200 mm,焊接过程需对帘布橡胶铰链板进行保护;一次端面封板长度应根据盾构机刀盘尺寸及盾构始发姿态等实际情况进行调整,以预留盾构机通过空间;盾构机采用外包同步注浆管、外包油脂管时,端面封板需根据管路形状定制加工。

(3) 盾构机推进前帘布橡胶铰链板内侧须清理干净,底部可根据情况填充砂袋或采取其他保护措施。

(4) 盾构机推进前刀盘旋转与推进连锁必须解除,避免盾构刀盘过帘布橡胶铰链板时

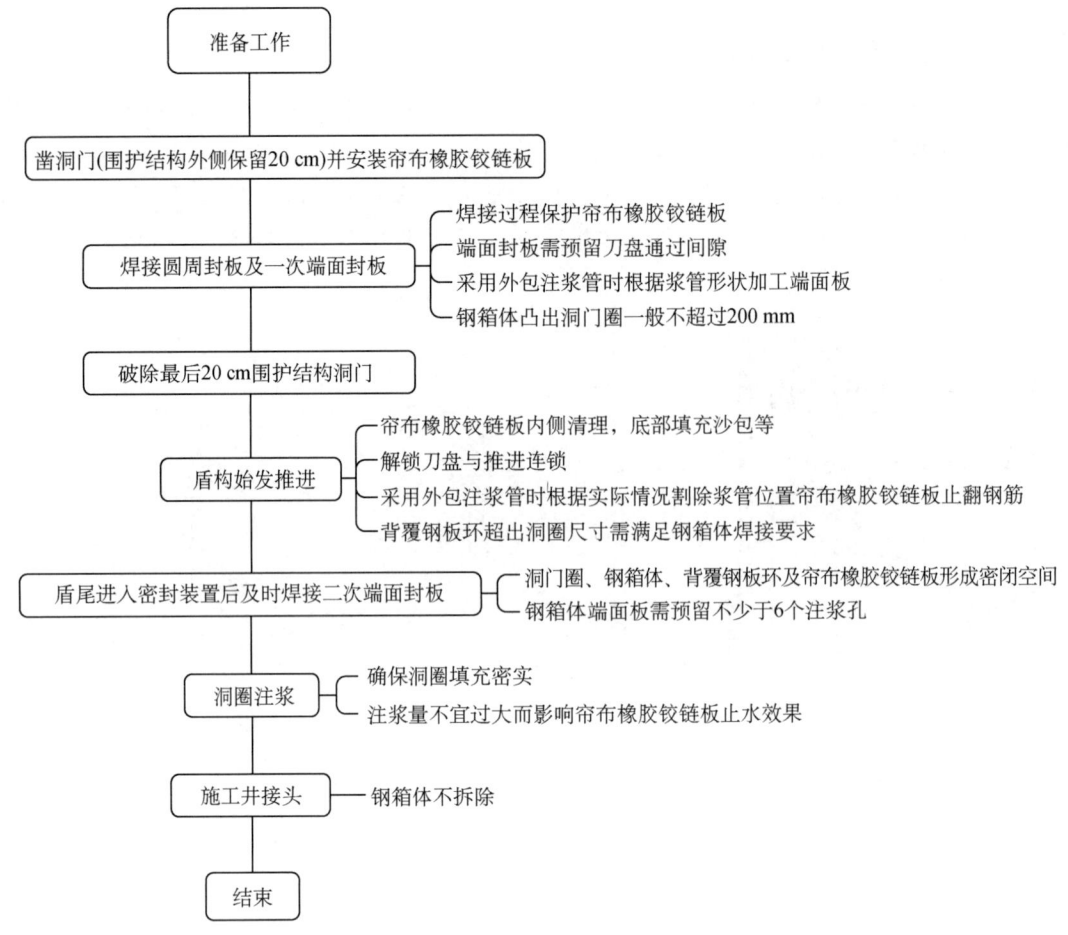

图 7-9 单道帘布橡胶铰链板钢箱体施工工艺流程

产生旋转破坏。

（5）当盾构机采用外包同步注浆管或外包油脂管时,需根据实际情况割除浆管位置的帘布橡胶铰链板止翻钢筋(止翻挡板),确保止翻钢筋(止翻挡板)不破坏盾构外包浆管和帘布橡胶铰链板。

（6）背覆钢板环超出洞门圈的尺寸应满足钢箱体焊接所需尺寸要求,可通过调整负环与后靠体系之间的距离进行调节。

（7）盾尾进入密封装置后应及时焊接二次端面封板。二次端面封板焊接完成后洞门圈、钢箱体、背覆钢板环及帘布橡胶铰链板形成密闭空间。

（8）钢箱体端面封板需预留不少于6个注浆孔,洞门圈采用注浆充填密实,充填时应控制压力和注浆量,不得影响帘布橡胶铰链板的止水效果。

（9）井接头结构施工时,应做好钢箱体与永久结构连接,具体根据施工图进行。

（10）所有焊缝应满足受力和水密性要求,表面不得有裂纹、焊瘤等缺陷。

3. 双道帘布橡胶铰链板钢箱体安装应满足的条件

(1) 首道帘布橡胶铰链板安装时压板螺栓应可靠拧紧,使帘布橡胶板紧贴洞门。

(2) 盾构始发前焊接钢箱体圆周封板及 1 号三角筋板,焊接过程需对帘布橡胶铰链板进行保护。

(3) 圆周封板焊接完成后,焊接第二道帘布橡胶铰链板环板和 2 号三角筋板,焊接完成后安装第二道帘布橡胶铰链板。

(4) 第二道帘布橡胶铰链板安装完成后焊接一次端面封板,钢箱体凸出洞门圈一般不超过 500 mm;一次端面封板长度应根据盾构机刀盘尺寸及盾构始发姿态等实际情况进行调整,以预留盾构机通过空间;盾构机采用外包同步注浆管、外包油脂管时,端面封板需根据管路形状定制加工。

(5) 盾构机推进前帘布橡胶铰链板内侧须清理干净,底部可根据情况填充沙包或采取其他保护措施。

(6) 盾构机推进前刀盘旋转与推进连锁必须解除,避免盾构刀盘过帘布橡胶铰链板时产生旋转破坏。

(7) 当盾构机采用外包同步注浆管或外包油脂管时,需根据实际情况割除浆管位置的首道及第二道帘布橡胶铰链板止翻钢筋(止翻挡板),确保止翻钢筋(止翻挡板)不破坏盾构外包浆管和帘布橡胶铰链板。

(8) 背覆钢板环超出洞门圈尺寸应满足钢箱体焊接所需尺寸要求,可以通过调整负环数量、负环与后靠体系之间的距离进行调节。

(9) 盾尾进入密封装置后及时焊接二次端面封板和 3 号三角筋板。二次端面封板焊接完成后,洞门圈、钢箱体、背覆钢板环及帘布橡胶铰链板形成密闭空间。

(10) 钢箱体两道帘布橡胶铰链板之间的圆周封板和端面封板应分别预留不少于 6 个注浆孔。

(11) 两道帘布橡胶铰链板之间的腔体及端部腔体注浆填充密实,充填时应控制压力和注浆量,不得影响帘布橡胶铰链板的止水效果。

(12) 井接头结构施工时钢箱体不拆除,端头井结构及人防设计需考虑井接头外凸尺寸并预留足够空间。

(13) 所有焊缝应满足受力和水密性要求,表面不得有裂纹、焊瘤等缺陷。

双道帘布橡胶铰链板钢箱体施工工艺流程如图 7-10 所示。

7.2.2.3 盾构始发和接收环箍注浆

1. 盾构始发环箍

盾构始发宜采用环箍封环注浆以控制工程风险。盾构始发环箍施工应满足以下要求:

(1) 应在围护结构与地层交界面、加固区土体与未加固区土体交界面分别设置 1 道有效环箍,其他位置环箍需根据实际情况确定。

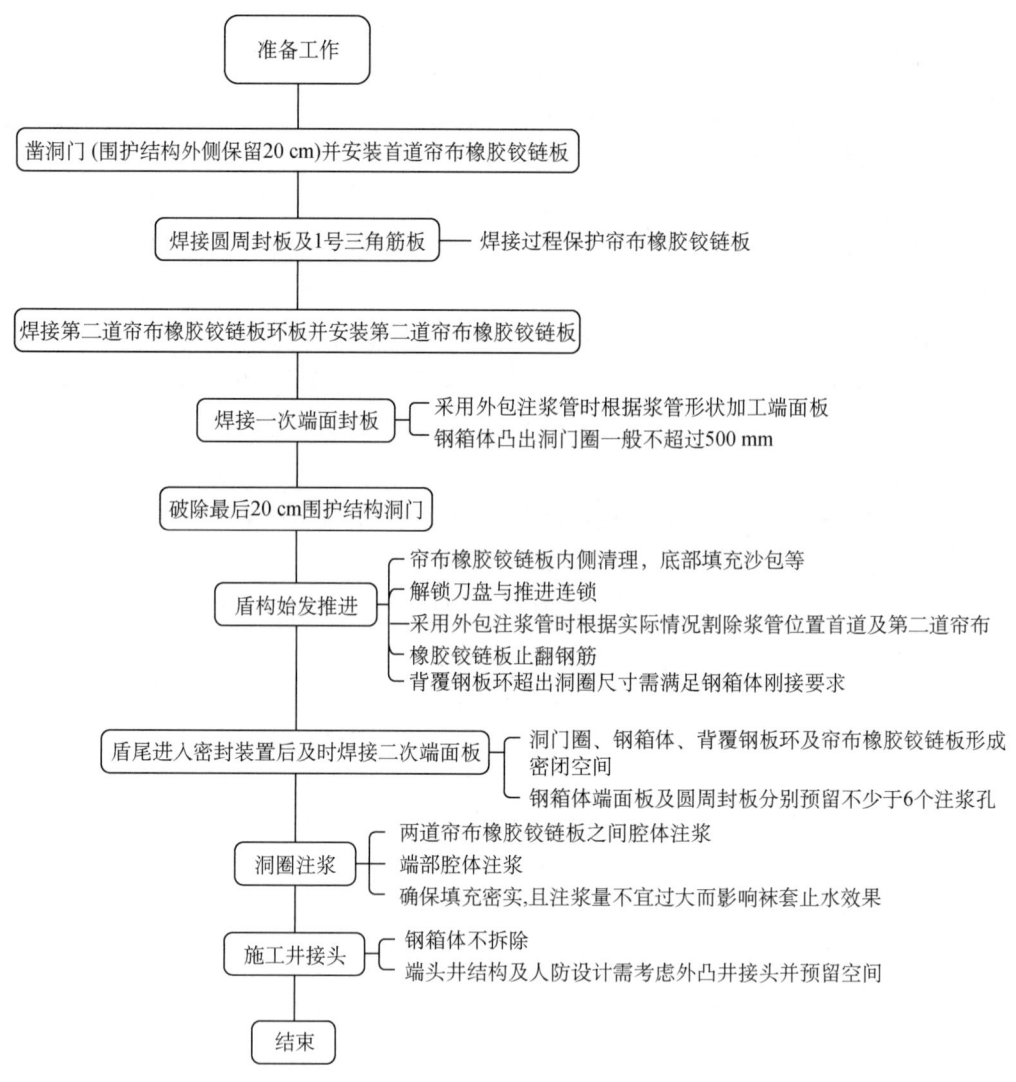

图 7-10 双道帘布橡胶铰链板钢箱体施工工艺流程

（2）一般情况下环箍施工注浆压力宜控制在 0.2~0.3 MPa，每环注浆量不宜少于 2 m³，超深埋或受特殊环境限制时环箍注浆参数应根据实际情况进行调整。注浆量应确保管片外侧间隙填充密实，环箍施工应距离盾尾一定长度，不得破坏盾尾密封系统和洞门帘布橡胶铰链板。

2. 盾构接收环箍

盾构接收宜采用环箍封环注浆以控制工程风险。盾构接收环箍施工应满足以下要求：

（1）应在盾构机刀盘靠上围护结构时的盾尾位置及时进行环箍注浆，加固体未覆盖盾构机本体长度时应利用盾构壳体注浆进行环箍注浆。

（2）一般情况下环箍施工的注浆压力宜控制在 0.3 MPa，每环注浆量不宜少于 2.5 m³，当遇超深埋或受特殊环境限制时，环箍注浆参数应根据实际情况进行调整。

(3) 盾尾进入围护结构以后宜在脱出盾尾环后进行聚氨酯注浆以辅助止水。

3. 环箍注浆技术要求

环箍注浆施工宜采用水泥浆。管片内注浆应以压力控制为主、注浆量控制为辅,并遵循"多点、多次"的原则。每环环箍注浆点位应充分利用管片预留注浆孔均匀布置,并预留观测孔,所有注浆孔和观测孔应带球阀。

7.2.2.4 盾构穿越冻结加固区

1. 穿越冻结加固区准备工作

(1) 盾构进入加固区前,应对加固区相关冻结温度等指标进行检查、检测,符合设计要求方可进行下一步施工。

(2) 应对盾构轴线、盾构姿态等进行全面复测,避免在冻结区进行盾构姿态的调整工作。

(3) 应对盾构设备(包括后配套设施)进行全面检查和维护,保证盾构在穿越冻结加固区后能正常工作。

(4) 应根据作业要求配备专业施工人员,特别是盾构作业面应针对性配备电工等技术人员,便于应急处置相关故障,保证连续施工。

(5) 应根据施工作业要求,为预防盾构刀盘被"冻住",必须解除盾构刀盘控制系统与其他系统连锁,避免其他系统故障及管片施工可能导致的盾构刀盘停转现象。

(6) 盾构施工作业面应按照应急预案要求,配备盐水或防冻材料及加注设备,做好应急准备工作。

(7) 盾构施工单位应加强穿越冻结加固区推进施工的作业交底,并重视推进过程监控。

(8) 冻结施工单位应做好盾构始发接收的配合工作,并采取维持冻结措施。

2. 穿越冻结加固区施工要求

(1) 盾构进入板块冻结加固区时,应启动慢速推进系统,严格控制盾构推进速度,不得超过 10 mm/min;应清空土舱内土体,避免切削土体土舱内固结,影响螺旋机出土。

(2) 盾构穿越冻结加固区时,一般不使用超挖刀,如因特殊情况确需使用超挖刀时,应采取措施防止渗漏风险。

(3) 管片拼装及螺旋机出土等相关工作期间应保持盾构刀盘正常运转。

(4) 施工期间应强化盾构设备运转状态监控,谨防盾构机出现变频器热保护、刀盘内外密封温度过高等报警致使刀盘非正常停止工作的情况。

(5) 根据盾构掘进设备状态监控情况,可适时采取向盾构刀盘工作面加注盐水或其他防冻材料等措施。

(6) 盾构同步注浆应按照相关要求进行,并根据施工测量数据进行及时动态调整。

(7) 盾构始发及接收穿越冻结加固区环箍注浆应按相关规范规程及集团相关技术管理

要求进行,严格控制注浆压力和注浆量,不得影响盾尾密封系统及洞门止水装置。

3. 穿越冻结加固区应急措施

(1) 施工中如发现盾构掘进数据异常变化,特别是当发现盾构机扭矩突变等情况时,可按照盾构操作规程要求进行刀盘空转,避免刀盘停转。

(2) 必要时根据盾构额定扭矩及脱困扭矩要求,启用盾构脱困扭矩,应在施工前根据设备性能明确最大脱困扭矩。

4. 冻结加固区融沉注浆要求

(1) 应待盾构洞门止水装置及封闭措施完成后停止冻结。
(2) 应结合冻结加固区环境条件采取融沉注浆措施,根据要求进行充填注浆施工。
(3) 应结合冻结孔布置形式对冻结管进行分类处置,特别是留置土体内的部分水平冻结管,应根据要求采取措施进行管内填充及孔口有效封堵,确保运营期间安全。

7.3 盾构正常掘进重要施工风险及防治

7.3.1 盾构正常掘进重要施工风险

盾构正常掘进过程中常见的施工风险有:正面阻力过大、开挖舱压力波动较大、排渣排泥不畅、推进轴线偏差、隧道上浮、盾构自转、管片碎裂渗漏、地面冒浆、地面过量变形、盾尾渗漏、螺旋机喷涌和铰接密封渗漏等。其中,盾尾渗漏、螺旋机喷涌、铰接密封渗漏是盾构正常掘进施工过程中遇到的较大的工程风险,如处置不当或不及时,都会对设备本身和工程带来很大影响,有些甚至会引起设备和结构灾难。

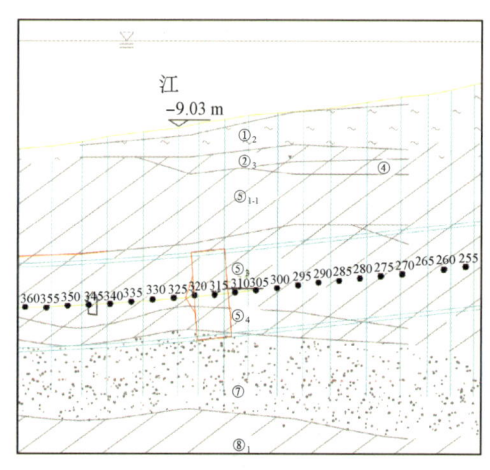

图 7-11 盾尾渗漏处地质断面示意

7.3.1.1 盾尾渗漏

某城市采用 11.58 m 大直径泥水平衡式盾构穿越江河,江底最小覆土 16.3 m,盾构断面内涉及⑤₃粉质黏土、⑤₄黏土和⑦细粉砂层(承压水地层),如图 7-11 所示。

盾构在江底推进过程中,盾构右下方千斤顶位置发生盾尾渗漏,水中混有泥沙、同步注浆浆液以及部分盾尾油脂,盾构内部积水快速上升。后经过盾尾油脂持续压注、应急泵抽水、沙袋堆载、盾构壳体注浆孔和管片预留注浆孔压注油溶性聚氨酯等措施,险情得到控制。盾尾渗漏造成大量的水土进入隧道内,经过及时处理,未造成设备被淹的风险。盾尾渗漏产生的原因主要是盾构断面内存在承压水地层、隧道管片上浮导致盾尾下部与管片的间隙增大、管片拼装"横鸭蛋"造成底部空隙过大等。

7.3.1.2 螺旋机喷涌

某城市地铁在用盾构切削素墙时，隧道顶覆土约29 m，隧道断面内涉及⑥$_2$淤泥质粉质黏土夹粉砂、⑧$_1$淤泥质粉质黏土，隧道下部为孔隙承压水层⑫$_1$粉砂[图7-12(a)]，隧道平面曲线为$R800$圆曲线，竖向曲线为28‰上坡。

盾构在切削素墙时发生螺旋机喷涌[图7-12(b)]，喷涌发生后盾构立即停止推进并关闭螺旋机闸门及手动应急闸门，但闸门无法彻底关闭，后经过螺旋机反转、螺旋机下部预留注浆孔注入盾尾油脂、土舱压注同步浆加膨润土等措施，螺旋机喷涌得到控制。螺旋机喷涌产生的原因主要是盾构下部内存在承压水地层、盾构切削素墙时欠压掘进、螺旋机闸门保养不到位而无法完全关闭。

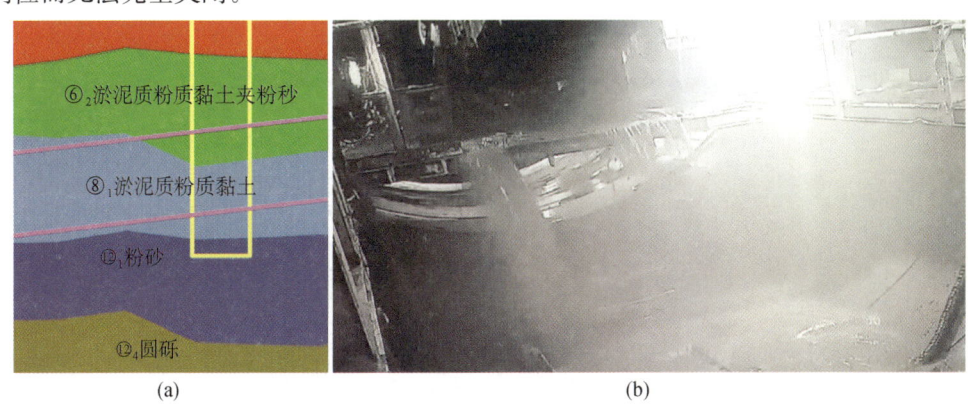

图 7-12 螺旋机喷涌处地质断面图及喷涌现场

7.3.1.3 铰接密封渗漏

某城市地铁在小曲线半径段穿越房屋时发生铰接密封渗漏[图7-13(a)]，渗漏位置隧道顶覆土约为25 m，隧道位于平面$R410$小曲线半径段，隧道断面内涉及地层④淤泥质黏土、⑤$_{1-1}$黏土、⑤$_{1-2}$粉质黏土、⑥粉质黏土、⑦$_{1-2}$粉砂层（承压水地层），如图7-13(b)所示。

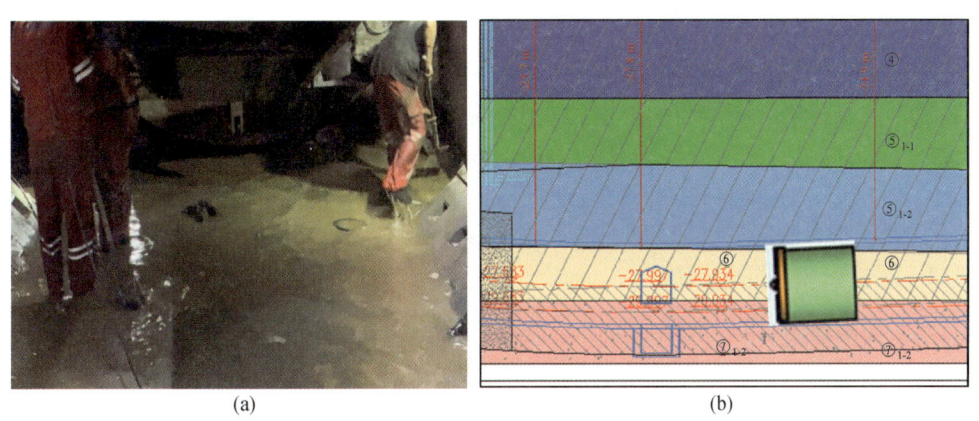

图 7-13 铰接密封渗漏处地质断面图及渗漏现场

盾构铰接密封发生渗漏后采取了盾构闷推5 cm,同步拉紧铰接油缸,减小渗漏通道,后经过应急水泵抽水、盾构壳体注浆孔和管片预留注浆孔压注聚氨酯等措施,铰接密封渗漏得到控制。铰接密封渗漏产生的原因主要是盾构断面内存在承压水地层、盾构机铰接密封设计存在缺陷且进场前未更换、盾构铰接系统无限位装置且使用过程中存在纠偏角度超限现象导致结构变形。

7.3.2 盾构正常掘进重要施工风险防治措施

7.3.2.1 盾尾渗漏防治措施

盾尾漏浆漏水或严重涌砂对于盾构施工安全是致命的,其预控措施如下:

(1)确保盾尾密封的有效性。盾构始发时,应更换新的盾尾密封装置(更换成新的盾尾刷或钢板刷,见图7-14),且自盾构始发时就应充满防水性能好的高品质盾尾油脂,尤其盾尾刷内应填满或注满。如进行长距离施工,当发现盾尾刷磨损严重时,应考虑在合适的地方进行更换。

图7-14　盾尾钢丝刷

(2)确保盾构姿态良好。始终调整好盾构推进姿态,及时调整各组千斤顶的量程和推力,也可开启辅助施工措施,如开启相应刀具等,保持盾尾间隙均衡正常。

(3)盾尾钢刷之间充满高品质油脂。盾尾密封油脂压入量及压力是防止盾尾漏浆的关键,需经常检查盾尾油脂的压注。

(4)经常性检查观测盾构密封性,凡发现渗漏迹象,应立即分析原因,采取针对性防治措施,避免渗漏恶化。

(5)应急材料准备。盾构机内应常备海绵条、钢板、支撑、拉条等,还需在地面储备一定的聚氨酯等应急材料。如遇盾尾渗漏,须抓紧处置。一旦发生盾尾渗漏,应手动压注渗漏位置的盾尾油脂,第一时间放入海绵,插入防漏插板,封堵泥沙,然后通过盾构本体应急注浆孔和管片注浆孔压注聚氨酯封闭渗水通道。

7.3.2.2 螺旋机喷涌防治措施

当盾构在砂性土、承压水地层或不均匀地层中掘进时,螺旋机(图7-15)出土孔喷水漏砂防控是十分重要的一项任务。之前国内外曾多次发生因螺旋机出土孔喷砂涌水导致隧道坍塌、设备被埋的事故。其预控措施如下:

(1) 盾构螺旋机应加强出土孔闸门、应急注浆孔针对性设计,且应急注浆孔宜配置独立的改良系统。

(2) 盾构出土孔闸门宜设置两道自动闸门,或一道自动闸门加一道手动应急闸门,且应具备紧急开闭蓄能器功能。

(3) 盾构螺旋机宜具备伸缩功能,在螺旋机前段的盾体土舱隔板上宜设置一道防喷闸门。

(4) 盾构推进过程中应加强螺旋机闸门的保养,当螺旋机无法正常启闭时应及时进行维修,确保螺旋机的正常工作。

(5) 当螺旋机发生喷涌时,尽可能立即关闭闸门,同时在底部压注高分子化合物或大比重膨润土浆液封堵渗流通道,喷涌停止后及时建立正常土压控制开挖面稳定,隧道内注浆稳定隧道结构,地面注浆控制周边环境沉降。

图 7-15 螺旋机

7.3.2.3 铰接密封渗漏防治措施

当盾构在小曲线半径中掘进时,如果铰接系统使用不当,铰接密封容易产生渗漏,其预控措施如下:

(1) 盾构机适应性选型阶段应对铰接密封形式进行针对性设计,铰接密封应能够满足工程需求。

(2) 盾构铰接密封应具备应急油脂压注孔,且宜具备紧急密封功能。

(3) 在旧盾构机再使用前,盾构铰接密封宜进行更换。

(4) 盾构掘进过程中应及时进行纠偏,并按照盾构机技术文件合理利用盾构机铰接系统。

(5) 当铰接密封发生渗漏时,应及时闷推拉紧铰接系统,缩小渗漏通道,通过盾构本体应急注浆孔或管片注浆孔压注聚氨酯封闭渗水通道,渗漏停止后及时建立正常土压控制开挖面稳定,隧道内注浆稳定隧道结构。

7.4 连通通道重要施工风险及防治

7.4.1 连通通道施工风险

近年来,随着高强度轨道交通建设,泵站及连通通道施工所发生的险情较多,有的险情甚至达到几乎无法控制的程度。常见的有冻结孔渗漏水、冻结管盐水渗漏、开挖时意外停冻和开挖时冻结壁渗漏或坍塌等风险。其中，冻结孔渗漏水、开挖时冻结壁渗漏或坍塌是连通通道施工中遇到的较大工程风险，如处置不当或不及时，将会对隧道结构和周边环境产生较大影响。冻结法施工在不同阶段其风险针对性是不同的，各阶段常见的施工风险如下。

（1）在冻结管搭设阶段：防涌水、涌砂是重点，需要认真做好"两条缝"的焊接，即孔口管与钢管片之间的焊接与固定牢靠，孔口管与冻结管之间的环缝封堵。禁止冻结管和孔口管因固定不牢靠而发生掉落，在含承压水地层中或含砂量高的地层中施工时应尤为注意。

（2）积极冻结期间：重点关注冷冻主要设备和辅助运转正常，保证两路电源供应，做好水储备，按时巡视、巡查运转情况。

（3）开挖期间：保障冻结设备正常运行，做好断管处理，防止盐水流失，禁止超挖土，关注冻结土壁的位移等。

（4）结构完成之后：割除冻结管与封管，及时进行充分融沉注浆。

此外，在整个施工过程中定期对现场设备和工程的监测检测及巡视检查至关重要。

7.4.1.1 冻结孔渗漏水

某城市地铁隧道连通通道及泵站处上、下行线盾构隧道中心距为 12.82 m，连通通道处隧道顶覆土约 23.3 m，连通通道采用水平冻结法加固地层，矿山暗挖法施工。连通通道断面内涉及⑤$_{1-1}$ 黏土、⑤$_{1-2}$ 粉质黏土、⑥粉质黏土、⑦$_{1-1}$ 砂质粉土夹粉质黏土（承压水地层）、⑦$_{1-2}$ 砂质粉土（承压水地层）。

在积极冻结开始阶段，连通通道冻结孔孔口管处出现漏水涌砂现象（图7-16），盾构内部积水快速上升，地面沉降较大，隧道结构出现渗漏碎裂现象，后经过应急水泵抽水、地面和隧道内压注聚氨酯、水泥堆载反压和隧道内支撑等措施，险情得到控制。连通通道冻结孔渗漏产生的原因主要是连通通道断面内存在承压水地层，孔口管与冻结管间焊接质量较差，积极冻结冻胀引起冻结管脱出孔口管。

图7-16　冻结孔渗漏水连通通道渗漏现场

7.4.1.2 开挖时冻结壁渗漏或坍塌

某城市地铁隧道连通通道处隧道顶覆土约 18.2 m,连通通道采用水平冻结法加固地层,矿山暗挖法施工。连通通道断面内涉及③₆粉砂(潜水富水层)、⑥₁淤泥质粉质黏土层。

连通通道在开挖阶段出现渗漏及坍塌现象(图 7-17),盾构内部涌入大量水土,地面沉降及周边建构筑物沉降较大,地面出现塌坑,管线出现爆裂,房屋产生倾斜,后经过混凝土回填塌坑、地面注浆加固、管线及房屋抢修加固、应急水泵抽水、水泥堆载反压、隧道内压注聚氨酯和隧道内支撑等措施,险情得到控制。连通通道开挖时冻结壁渗漏或坍塌产生的原因主要是冻结帷幕未形成封闭。

图 7-17 开挖时冻结壁渗漏或坍塌连通通道渗漏现场

7.4.2 连通通道重要施工风险防治措施

7.4.2.1 连通通道冻结孔开孔及封孔措施

1. 钢管片冻结开孔及封孔措施

(1)冻结开孔要求。

① 钢管片上安装孔口管,孔口管插入端端部应先焊接环宽 25 mm、厚 6 mm 的环形止水钢板,安装位置位于距离孔口管插入端端部 80 mm 处,如图 7-18 所示。

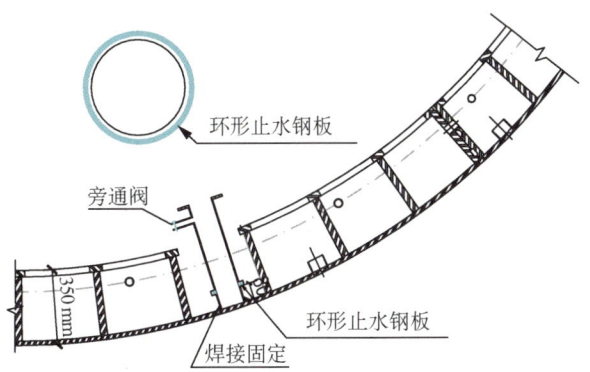

图 7-18 钢管片孔口管环形止水钢板位置示意

② 孔口管安装至钢管片底部,孔口管与钢管片间应采用不少于3个点的点焊定位,焊点宜均匀布置。

③ 孔口管与钢管片应采用3根直径不小于12 mm的钢筋焊接固定。焊接位置位于距离孔口管插入端端部150 mm处,如遇孔口管接近肋板,可直接与钢管片肋板焊接,如图7-19所示。

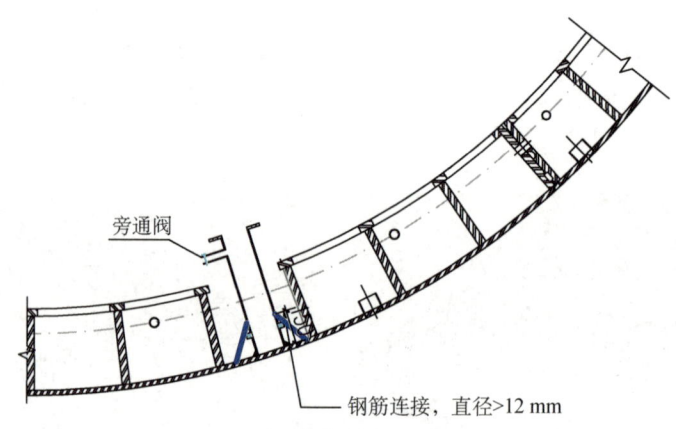

图 7-19 钢管片孔口管钢筋固定

④ 钻孔隔舱内应采用C30硫铝酸盐微膨胀混凝土进行充填,充填厚度为250 mm。隔舱内侧焊接6 mm钢板进行封堵,焊缝高度6 mm,如图7-20所示。

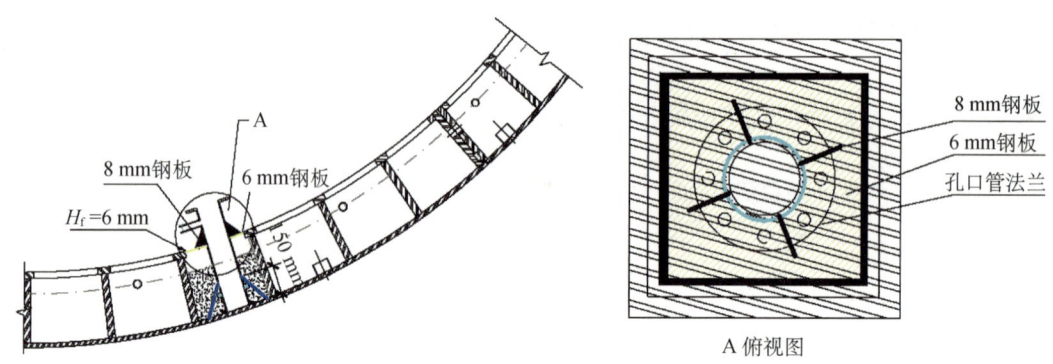

图 7-20 钢管片孔口管隔舱封堵

⑤ 孔口管外露部分与钢管片隔舱封堵钢板应采用4根三角形牛腿焊接固定。三角形牛腿尺寸根据孔口管大小确定,且不小于70 mm×70 mm×8 mm。采用单侧焊缝,焊缝高度6 mm。

⑥ 冻结管钻孔完成后,应利用孔口管预留旁通阀对孔口管与冻结管环形空间进行注浆(图7-21),并对注浆压力与注浆量进行双控。注浆压力满足压浆需要且不大于开孔处水土压力的2倍。注浆时应先注单液浆(水灰比0.8∶1)、后注双液浆(水灰比1∶1,水泥浆∶水玻璃为1∶1),单液浆注浆量不小于0.2 m³,双液浆注浆量视工程现场需求确定。

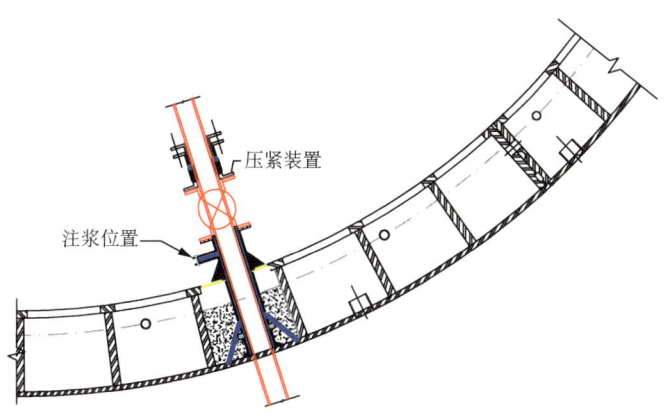

图 7-21 钢管片孔口管注浆

⑦ 注浆结束后,观察旁通阀及孔口管法兰处,确认无渗漏后方可拆除球阀及压紧装置。

⑧ 冻结管与孔口管之间应焊接厚度不小于 6 mm、内径 91 mm、外径 171 mm、环宽 40 mm 的环形钢板进行封堵,环形钢板与冻结管外壁及孔口管法兰均需焊接,焊缝高度为 6 mm,环形钢板不得覆盖法兰孔,如图 7-22 所示。

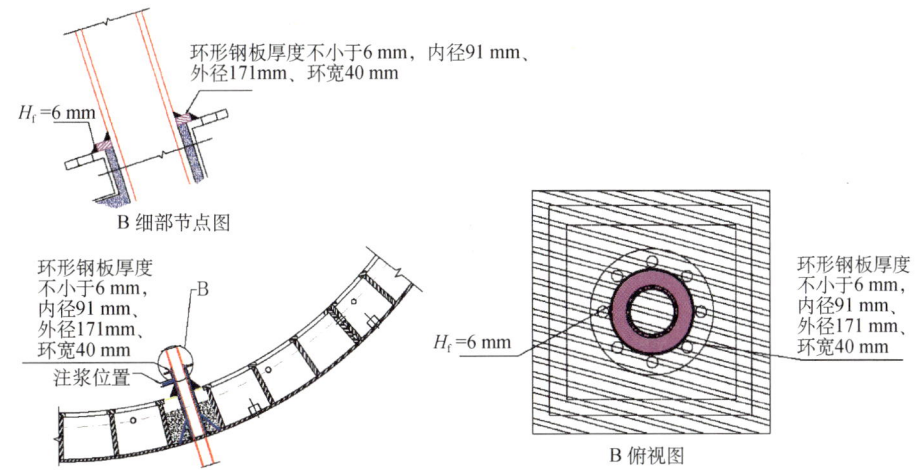

图 7-22 钢管片孔口管与冻结管焊接

⑨ 冻结前,非钻孔隔舱应用防火保温材料进行充填,如图 7-23 所示。

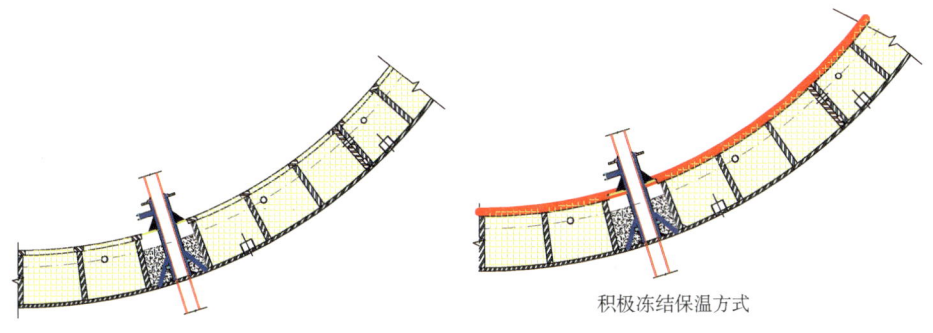

图 7-23 钢管片冻结管防水材料充填

(2) 冻结封孔要求。

① 分组停止冻结后应,尽快割除隧道管片上的孔口管和冻结管,防止孔口管和冻结管周围冻结壁解冻漏水。

② 观察无渗漏后,割除钢管片隔舱顶部 6 mm 厚钢板,割除孔口管、冻结管至 C30 硫铝酸盐微膨胀混凝土表面。

③ 对遗弃在地层中的冻结管应进行充填,充填前采用压缩空气吹干管内盐水。充填冻结管材料应采用 M10 以上水泥砂浆或 C20 以上混凝土(图 7-24),对于上仰角冻结管充填管长度应不小于管口以内 1.5 m,对于下俯角冻结管原则上应全段充填。

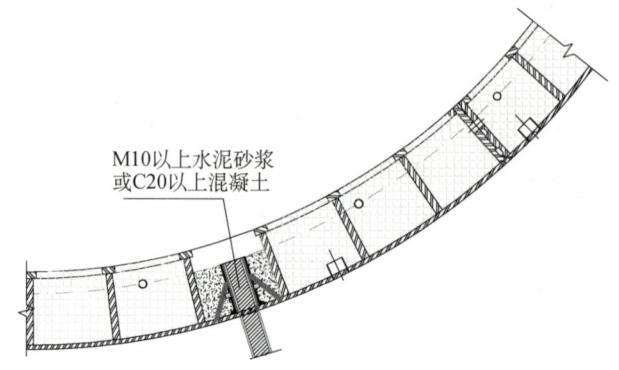

图 7-24 钢管片冻结管割除及充填

④ 孔口管割除部位采用 10 mm 钢板进行焊接封堵,焊缝高度为 6 mm。沿焊缝及钢管片隔舱一周涂抹遇水膨胀止水胶,如图 7-25 所示。

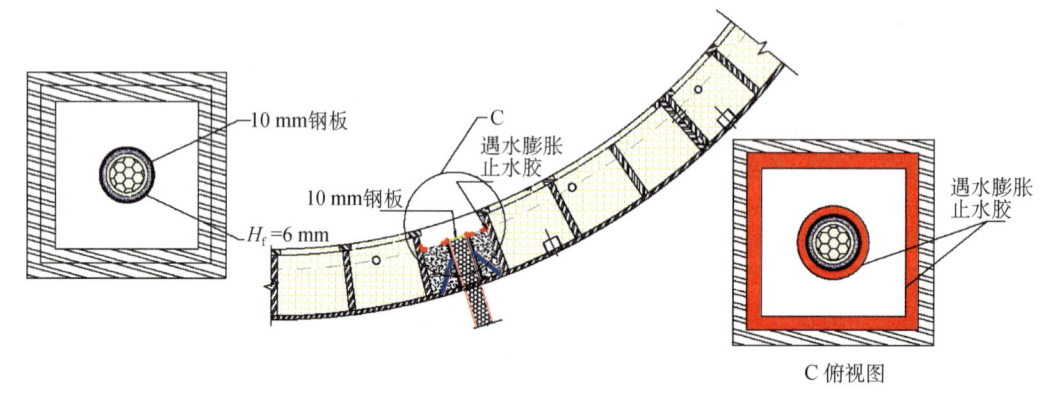

图 7-25 钢管片冻结管一次封堵

⑤ 采用 C30 硫铝酸盐微膨胀混凝土挂网充填钢管片隔舱,使之与钢管片内表面齐平,钢管片表面焊接 12 mm 厚钢板,焊缝高度 8 mm(图 7-26)。钢板应覆盖钻孔隔舱,并与隔舱肋板搭接,搭接长度不小于 50 mm。钢板表面涂刷与钢管片同材质防锈漆。

⑥ 取出非钻孔隔舱防火保温材料并按区间结构设计要求进行充填、找平挂网,具体要求同⑤。

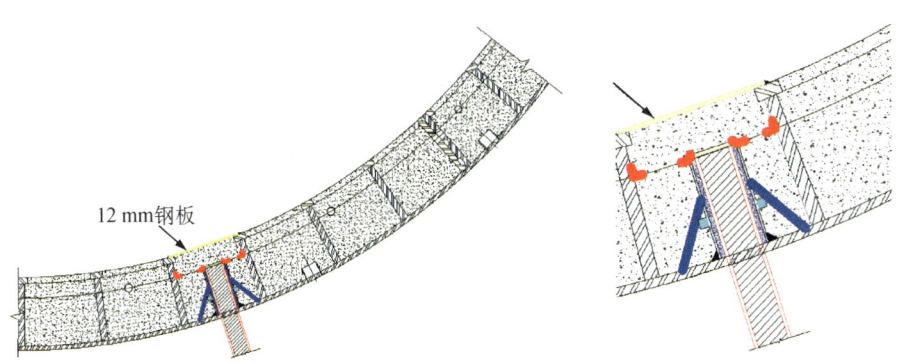

图 7-26 钢管片冻结管二次充填封堵

2. 混凝土管片冻结开孔及封孔措施

（1）冻结开孔要求。

① 混凝土管片上安装孔口管时，应先钻进深 250 mm、直径大于孔口管径 2~4 mm 的钻孔，插入缠上麻丝的孔口管，插入深度为 250 mm，如图 7-27 所示。

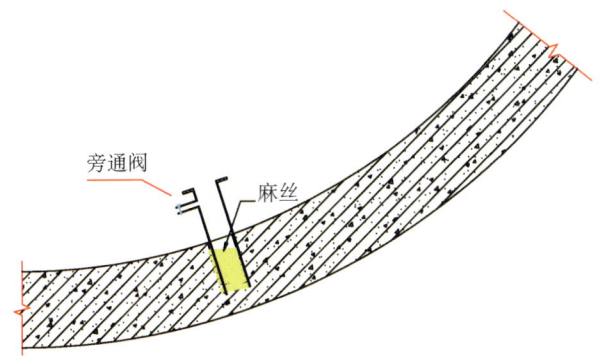

图 7-27 混凝土管片冻结管孔口管安装

② 在孔口管附近均匀布置不少于 4 根 M12、钻孔深度 140 mm、有效埋深 120 mm 的膨胀螺栓，膨胀螺栓与孔口管应采用内径 91 mm、外径 291 mm、环宽 100 mm、厚度 6 mm 的环形钢板进行焊接固定，焊缝高度为 6 mm，如图 7-28 所示。

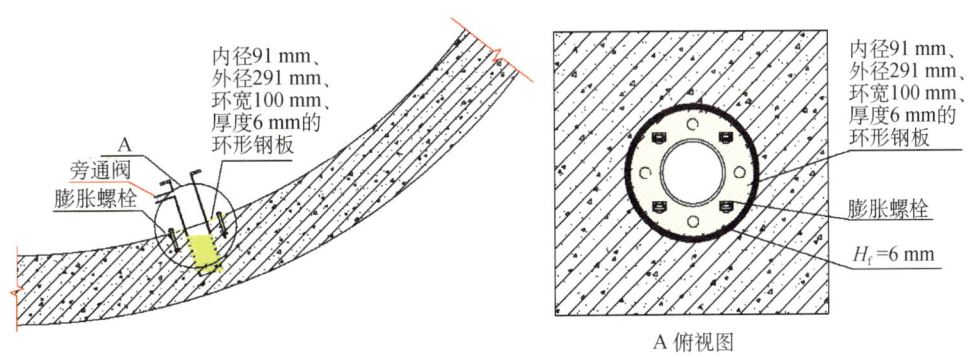

图 7-28 混凝土管片冻结管孔口管固定

③ 冻结管钻孔完成后,应利用孔口管预留旁通阀对孔口管与冻结管环形空间进行注浆(图 7-29),并对注浆压力与注浆量进行双控。注浆压力满足压浆需要且不大于开孔处水土压力的 2 倍。注浆时应先注单液浆(水灰比 0.8∶1)、后注双液浆(水灰比 1∶1,水泥浆∶水玻璃为 1∶1),单液浆注浆量不小于 0.2 m³,双液浆注浆量视工程现场需求确定。

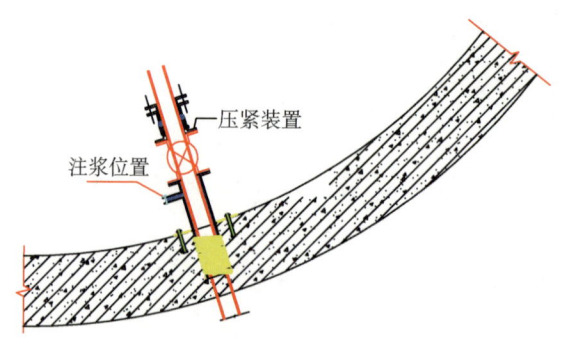

图 7-29　混凝土管片冻结管注浆

④ 注浆结束后,观察旁通阀及孔口管法兰处,确认无渗漏后方可拆除球阀及压紧装置。

⑤ 冻结管与孔口管之间应焊接厚度不小于 6 mm、内径 91 mm、外径 171 mm、环宽 40 mm 的环形钢板进行封堵,焊缝高度 6 mm,环形钢板不得覆盖法兰孔,如图 7-30 所示。

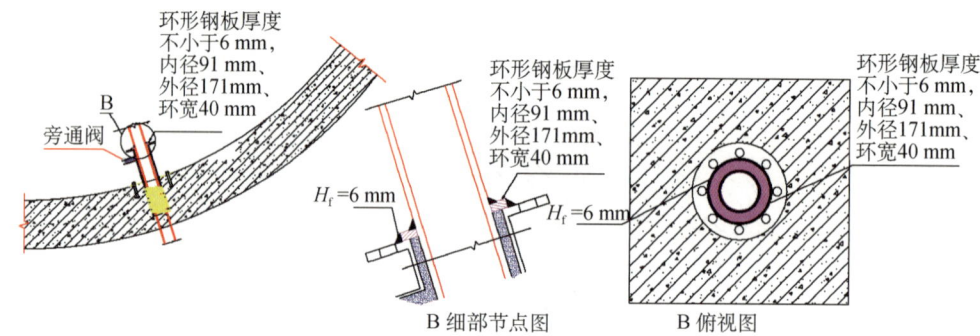

图 7-30　混凝土管片孔口管与冻结管焊接

(2) 冻结封孔要求。

① 分组停止冻结后,应尽快割除隧道管片上的孔口管和冻结管,防止孔口管和冻结管周围冻结壁解冻漏水。

② 割除孔口管、冻结管至混凝土管片内 100 mm。

③ 对遗弃在地层中的冻结管进行充填,充填前应用压缩空气吹干管内盐水。充填冻结管材料应采用 M10 以上水泥砂浆或 C20 以上混凝土(图 7-31),对于上仰角冻结管充填管长度应不小于管口以内 1.5 m,对于下俯角冻结管原则上应全段充填。

④ 孔口管割除部位采用 10 mm 钢板进行焊接封堵,焊缝高度为 6 mm。焊缝处涂抹遇水膨胀止水胶后,在割除区域混凝土管片侧墙施工 2 根 M12 以上膨胀螺栓(外侧预留长度不小于 3 cm),并与孔口管残留部分焊接连接。

7 盾构施工重点风险管控

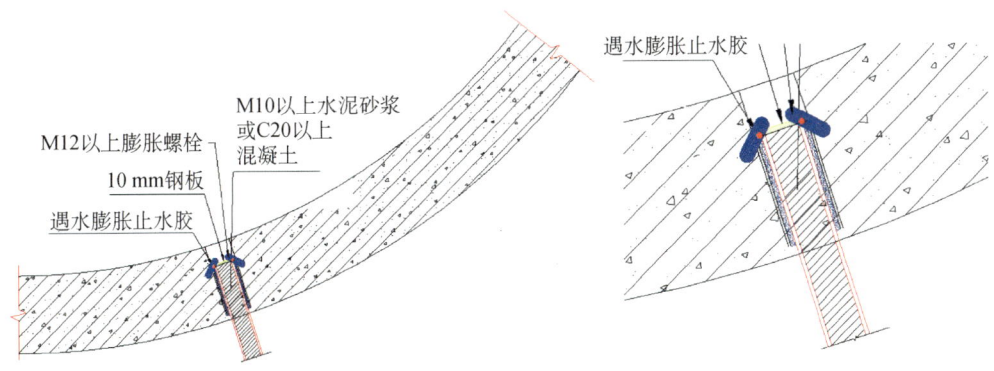

图 7-31　混凝土管片孔口管与冻结管割除及一次封堵

⑤ 采用 C30 硫铝酸盐微膨胀混凝土充填剩余空间，使之与混凝土管片内齐平，采用 4 根不小于 M12×80 mm 的后扩式机械锚栓将 300 mm×300 mm×12 mm 钢板与混凝土管片固定，如图 7-32 所示。

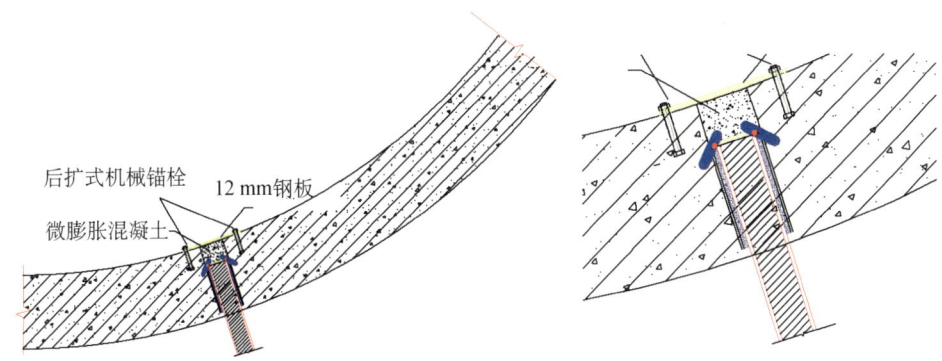

图 7-32　混凝土管片冻结管二次封堵

7.4.2.2　连通通道冻结孔透孔

（1）连通通道冻结法透孔设计应根据地质勘察报告，并考虑地层条件的差异，如透孔位于承压水地层或透孔距离承压水地层范围较近（距离小于 1 m）的区间连通通道不宜设置透孔。

（2）应在区间连通通道施工前复测隧道中线、高程偏差和里程偏差等数据。

（3）连通通道冻结施工单位应根据相关区域隧道测量数据和复测数据，核对冻结孔及透孔布置的位置，如需要对开孔位置等进行调整时，应经设计单位同意确认后再进行施工。

（4）区间连通通道冻结成孔施工前应完成区间连通通道中心两侧各 20 环范围内的管片二次注浆工作。

（5）为确保冻结施工安全，位于承压水砂性土的区间连通通道，应在区间双线贯通后进行施工。

（6）透孔施工前，应在上、下行线隧道的相应工作面配备应急物资、设备、视频监控和通信条件,同时应开展现场人员交底和专项应急演练。

(7) 区间连通通道钻孔施工必须先施工透孔,在透孔全部施工完毕后再施工其他钻孔。

(8) 透孔成孔施工:透孔穿透对侧区间管片前,应结合透孔钻孔进尺、钻孔精度及钻孔测量,对钢管片透孔接收位置进行预判,在对侧钢管片相应隔舱内采用快硬水泥填充,并设置透孔接收钢套装置。如透孔接收位置位于钢管片劲板影响区域处,应在得到设计许可后,预先切除受影响的钢管片劲板,在扩大隔舱内设置透孔接收钢套装置,并采用快硬水泥填充。如发现透孔接收位置位于管片接缝处,应停止施工,与设计者协商确认后重新选择透孔位置。

(9) 透孔钻杆应结合连通通道间距在对侧管片透孔范围设置锥形止水环。

(10) 透孔接收钢套装置和锥形止水环设计要求均应纳入冻结专项设计,钢套装置在透孔节点止水施工完成后择机拆除。

7.4.2.3 连通通道应急堵漏

1. 应急堵漏的基本原则

(1) 快速处置。刚漏水时地层密实、渗透性小,出水量和水压一般不大,处理环境也相对较好,危险性较小,是堵漏或控制险情发展的最好时机。

(2) 控制险情。根据出水成因及险情程度,控制漏点增多、扩大和出砂量,保证作业空间(排除积水),防患附近结构、设施受损。

(3) 适当卸压。采取导流、降水等措施,适当泄压以控制险情快速扩大,为加固和封堵争取时间。

(4) 有效加固。采用焊接、锚固、支撑和堆压等措施,同时安装、加固钢封板(箱)和注浆管等堵水设施。

(5) 正确封堵。在确保导水管安装牢固的前提下,可关闭导水管或顶水注浆,否则应从附近注浆孔进行地层注浆封堵。

2. 常用应急堵漏方法

(1) 止浆塞和木塞堵漏,用于管内漏水时堵漏。

(2) 管卡堵漏,用于管壁漏水时堵漏。

(3) 管外缠麻绳铁丝紧压封堵,用于冻结管与孔口管间隙漏水、对穿孔间隙漏水堵漏。

(4) 堆压法堵漏,用于隧道底部积水时堵漏。

(5) 封钢板(箱)堵漏,用于隧道管片不积水时堵漏。

(6) 针眼注浆和双液注浆,用于漏水不严重时堵漏。

(7) 聚氨酯和双快水泥注浆堵漏,用于抢险堵漏。

(8) 关闭防护门,用于冻结壁漏水失控堵漏。

3. 冻结孔突发漏水处置

（1）钻孔阶段。

① 不安装孔口管或孔口管安装不合格：立即安装孔口管和阀门；安装带导水管的钢板或钢箱；堆压导水；注聚氨酯或双快水泥浆。

② 孔口管不安装阀门开透管片或阀门损坏：安装合格阀门。

③ 防喷装置失效：更换盘根（旁通管泄压）；旁通管注浆；更换或串联防喷器。

④ 逆止阀失效或冻结管漏水：拔出冻结管重新钻孔；用木塞、止浆塞等封堵漏管；用接管卡接管安装阀门。

⑤ 对穿孔打到管片缝，对穿孔环形间隙漏水：从孔口管旁通注聚氨酯或双快水泥浆；安装带导水管的钢板或钢箱；在露出的冻结管头安装法兰并在法兰与管片间缠绕麻绳，然后回拉冻结管。

⑥ 拆除防喷装置后冻结管与孔口管间隙漏水：重新安装防喷装置；打开旁通阀泄压，然后用棉丝封堵后焊接间隙，或在冻结管上安装管卡，或在管卡与孔口管之间缠绕细麻绳和铁丝挤压封堵；从周围冻结管旁通注双快水泥浆或聚氨酯。

（2）冻结阶段。

① 孔口管与管片或冻结管间隙一直渗水：打开旁通阀泄压，然后用棉丝封堵后焊接间隙；从附近管片预留注浆孔，注双快水泥浆或聚氨酯。

② 开冻后不久又停冻，使冻结管与孔口管间隙注浆失效漏水：按方法①进行处理，同时立即恢复冻结。

③ 泄压管安装不合格漏水：打开泄压管阀门，用双快水泥填充所在钢隔舱，再用钢板焊接封盖钢隔舱。

（3）收尾阶段。

① 割管时孔口管与冻结管间隙漏水：棉纱堵塞；安装堵漏管卡堵漏；从周围注浆孔或冻结管旁通注聚氨酯。

② 封孔后钻孔漏水：针眼注浆堵漏；封盖钢板；从附近注浆孔注聚氨酯或快硬水泥浆封堵。

（4）盐水渗入地层处理。

① 地层大量含盐：取样检查土层含盐量，并分析其对冻土强度的影响；低温冻结并延长冻结时间。

② 冻结管断裂引起盐水漏入地层：在查出漏管后，压水或放水稀释盐水；下套管后继续冻结；低温冻结并延长冻结时间。

③ 冻结管丝堵或接头密封不合格渗漏盐水：压水或放水稀释盐水；取样检查土层含盐量并分析其对冻土强度的影响；延长冻结时间。

如开挖时发生冻结管漏盐水，应分析其对冻结壁质量的影响，在评估确保安全的前提下继续施工；否则，应暂停开挖，加强支护与保温，甚至封闭开挖面、关闭防护门，待冻结壁满足开挖条件后再恢复开挖。

4. 开挖时意外停冻处理

(1) 停电、停水:恢复供电、供水,继续冻结。

(2) 冷冻设备机械故障:运行备用设备,继续冻结,修复设备故障。

(3) 管路跑盐水:修复管路并补充盐水后继续冻结。

(4) 冻结器发生气堵,使个别冻结器不过盐水:放气;加大盐水流量;改变管路连接。

(5) 冻结环境发生重大改变:改变不利的冻结环境;加强保温;增设冷冻排管等。

如在积极冻结阶段停冻时间累计超过 8 h,一般需相应延长设计积极冻结时间。

如开挖时发生长时间停冻,应分析其对冻结壁质量的影响,在评估确保安全的前提下继续施工;否则,应暂停开挖,加强支护与保温,甚至封闭开挖面、关闭防护门,待冻结壁满足开挖条件后再恢复开挖。

5. 开挖时冻结壁漏水处置

(1) 冻结壁与管片界面漏水。

原因:冻结未完全交圈就开挖、冷板和保温板敷设不到位、开挖时长时间停冻、开挖面暴露时间过长和通道浇筑混凝土水化热等原因,使冻结壁与管片界面化冻。

处理:封闭开挖面、回填堆压;加强保温和增加冷管冻结;进行聚氨酯注浆堵漏;关闭防护门继续冻结。如已施工初期支护或衬砌,可不关闭防护门。

(2) 冻结壁主体漏水。

原因:冻结管断裂漏盐水;有流动水冻结壁开窗;地层局部含盐量高。

处理:如漏水带压,应立即关闭防护门;如底板有少量渗水且已经完成开挖,可埋导水管并立即施工喷射混凝土和垫层;如出水量小且无明显增加,可继续施工衬砌。应根据漏水原因采取加强冻结与封堵措施,在确认冻结壁不漏水后再进行开挖。

关闭防护门后,应立即灌水、压气、注浆,同时加固防护门和管片支撑,加密沉降监测,对地面环境采取保护措施。

6. 其他风险处置

(1) 设备使用带来的风险:压力容器故障、电器故障、液氮泄漏等。

(2) 冻结壁冻胀、融沉引起的风险:结合其他因素引起的地层沉降综合考虑,根据地层沉降监测提前采取沉降控制措施和环境保护措施。

(3) 对周围环境带来的风险:采取相应的保护措施。

7. 连通通道施工管理

(1) 加强总包和监理单位对连通通道施工的安全管理。

(2) 选择合格的专业分包队伍,要求冻结专业分包项目经理和技术负责人有比较丰富的类似工程施工管理经验。

(3) 做好设计与施工安全技术交底，做好施工现场的全员安全技术培训。

(4) 针对有地下水喷涌等重大风险的工程，制订专项施工风险防患与应急处理安全技术方案。

(5) 加强施工过程安全管控，落实施工过程定时巡查和危险作业旁站监督制度。

(6) 对高风险项目应委托第三方进行冻结施工监测与冻结质量评估。

7.5 盾构施工管理

自1825年世界首台盾构开始穿越伦敦泰晤士河建造盾构法隧道，已经过去了近200年。经过近两个世纪的持续发展，无论是自动化程度、施工效率、安全性方面乃至整个行业发展都发生了翻天覆地的变化。盾构法隧道施工自动化水平和效率高，其精准控制、作业自动化、精细化的特点充分展现了其优势和巨大效益，在高强度施工建设、复杂施工工况和敏感保护环境等工况时，盾构施工充分展示了其优势。

目前，盾构法隧道已广泛应用于地铁、铁路、公路、市政和水电等领域(图7-33)，但管理方法仍较为传统，工程风险与质量隐患依然较大，这些将影响工程安全和顺利建设。在多数情况下，盾构施工还处于单机独立施工状态，但当遇到几十台甚至上百台盾构机同时施工时，这对于建设单位和施工单位都是一个重大考验，面临工程量庞大、信息资料繁杂、工程管理难度增大、信息化管控相对薄弱、工程风险动态监管不足和盾构机系统性监管欠缺等问题。清楚每台盾构机的施工状态，及时掌握了解盾构本身各个机构及施工参数和监控设备状态，不仅可为本机、本工程服务，也可以实现资源共享，保证施工安全和施工质量，这对安全质量及进度管理等提出了挑战。

图7-33 盾构机及成型隧道

当前盾构施工面临的主要问题是：工程分布地域广、项目多，相关信息不对称或具有很大迟滞性，设计施工经验技术难以共享，施工管理跨度大、响应慢，风险控制能力差，施工管理效率低。要破解这些难题，就需要创新思维，充分利用新技术。目前，"互联网＋"已经成为国家经济社会发展的重要战略，云计算、大数据等新兴技术已应用于各行各业中。以传统盾构法隧道施工经验、专家系统为基础，结合互联网技术、移动技术、云计算技术和大数据技术等，优化施工管理各项内容，提高管理及施工效率。按照这一思路来构建盾构施工管控新平台，以期实现"创新管控模式，实现信息共享，远程实时监控，降低工程风险，提供多元服务"。

7.5.1 盾构施工管控平台

管控平台基于"互联网＋盾构施工"模式，充分挖掘盾构法隧道施工的技术优势和管理经验，采集汇总大量的施工数据，可为施工管理提供决策基础；通过创新管理模式，实现施工的远程管理及动态分析（囊括盾构法施工过程中的进度、质量、风险和设备等核心内容），特别是更好地针对盾构法施工中各类主要风险实现管控和预报警，并提供智能化分析决策，以提高企业的各项管理水平和效率。基于管控中心创新管理模式，让互联网与传统行业进行深度融合，提高行业管理水平，创造新的发展生态；同时形成服务型产品，开创新型商业模式。

管控平台基于互联网、大数据等技术手段，实现"移动化（单机）、基地化（平台）、智能化（服务）"的管理，其显著特点是资源共享、海量多元数据、优化的专家经验、信息化程度高，能提供优化选择方案。集管控一体化技术和专家技术管理团队的管控，改善和加强工程建设管理水平，创新综合性解决方案，更好实现盾构法隧道施工的优质、安全和高效，实现风险的规避、效率的提升和成本的降低。

7.5.2 盾构施工管控平台的数字化管理

以集中化、移动化和智能化的管理理念，开发系统管控平台，组建专家管控团队，创新形成以"实时数据动态管控＋数据分析辅助决策"的管理模式，实现盾构施工管控和盾构设备管控，具有移动化管理、集中化管理、智能化管理的鲜明特征。

管控平台（图7-34）是多维度技术的深度融合，实现了互联网技术、自动化技术和盾构施工技术的有效融合。利用物联网技术解决周边环境数据、盾构实时数据、盾构自动测量数据的信息采集和突发事件问题；利用互联网技术解决盾构设备大数据信息共享和传递的问题；利用大数据技术解决不同施工地点分散盾构采集数据源获取的交错离散数据难分析的问题；利用BIM技术解决多专业工作协同和时空描述展示不便的问题。管控中心呈现智能辅助和专家决策的有机融合，专家技术团体运用管控一体化平台提出决策建议，并实现对工程的有效管控。

（1）动态管理：对工程和盾构进行动态管控。通过"互联网＋盾构"管理模式，建立各盾

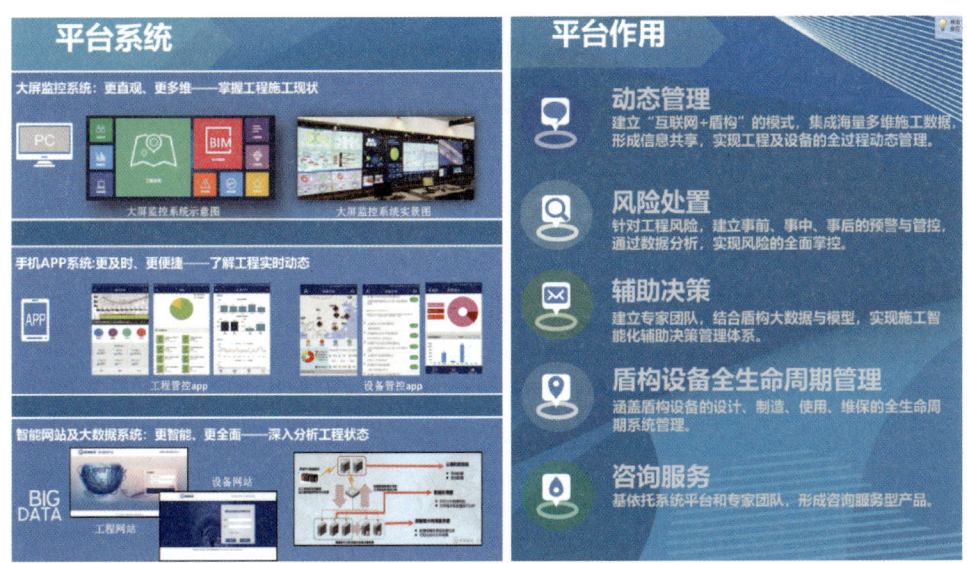

图 7-34 盾构施工管控平台

构的海量施工数据的采集和集成,形成信息共享,实现施工的远程管理及动态分析,对工程项目中的各项施工信息、进度、质量、环境和风险进行全过程管控;建立实时风险管控,有效实现风险预报警。

(2) 辅助决策:建立施工专家团队,结合盾构大数据与模型,提供智能化决策,实现施工智能化辅助决策管理体系。利用专业团队的丰富经验和扎实技术,开展大数据分析,并通过决策的技术措施实施反馈,进一步动态掌握改善效果,以此解决盾构工程的管控难题,并可根据具体情况提供相关技术咨询报告。

(3) 风险处置:针对工程风险,建立事前、事中、事后的预警与管控,通过数据分析,实现风险的全面掌控。

(4) 盾构设备全生命周期管理:涵盖盾构设备的设计、制造、使用、维保的全生命周期系统管理。

(5) 管控模式:针对盾构法施工过程中风险无处不在的特点,管控中心建立了应对盾构施工风险特点的一整套风险管控的方法,形成了以实时数据动态管控和人工分析辅助决策的运营方式。对风险施工的全过程进行强化管理,降低风险发生概率。管控模式可概括为建立了标准化数据采集、可视化数据展示、专业化数据分析、系统化数据推送和规范化数据管控,再结合现场巡查的形式,实现了风险全过程标准化的有效管控。平台管控所有的盾构隧道工程,也为行业内提供咨询服务。

(6) 咨询服务:管控平台储存并建立了数百项工程的信息化大数据,将全国各个工地端的盾构施工、测量、视频等数据存储到数据库,提供施工报表、海量数据查询和 BIM 等信息,为管理层提供多维可视化信息、统计评价、预报警和报表报告等功能,实现远程协同管理、工程与设备评估以及施工和运维指导。同时与上海申通地铁集团有限公司和南京轨道交通

5号线建设单位建立合作，为其提供盾构管控服务。

随着盾构机智能化发展水平的持续提升，管控平台将向自动收集、自动报警、智能化方向发展，为盾构施工提供更安全、更高效率、更低成本的服务。

7.5.3 盾构施工管控平台的特点

（1）标准化数据采集。

建立完善的盾构施工相关数据采集体系（图7-35）：研发自动采集数据软件ShieldDA，自动采集盾构机数据、测量系统数据以及注浆系统数据等；规范精简人工基础数据，规范基础资料的格式，定期上传动态基础数据；采集完善的风险视频监控系统资料，包括进、始发视频，连通通道视频等。在实现数据管控的基础上为后续管控及大数据分析提供数据基础与依据。

(a) ShieldDA盾构机自动采集系统

(b) 视频监控系统

序号	资料名称	内容	责任人	说明及提供时间
1	项目、区间隧道信息表	附表1-2 附表1-3	项目部/项目总工	立项资料 （盾构始发前三周）
2	隧道设计轴线统计表	附表1-4	项目部/项目总工	立项资料 （盾构始发前三周）
3	盾构参数统计表	附表1-5	盾构产权单位	立项资料（盾构始发前三周/按实际更新）
4	盾构PLC地址表单	附表1-6	盾构产权单位	立项资料（盾构始发前三周/按实际更新）
5	盾构电气图纸	PDF或复印件	盾构产权单位	立项资料（盾构始发前三周/按实际更新）
6	项目风险汇总表	附表1-7	项目部/项目总工	立项资料 （盾构始发前三周）
7	重要监测点汇总表	附表1-8	项目部/项目总工	立项资料 （盾构始发前三周）
8	隧道平剖面图	CAD	项目部/项目总工	立项资料 （盾构始发前三周）
9	监测布点图	CAD	项目部/项目总工	立项资料 （盾构始发前三周/按实际更新）
10	成型隧道环报表	附表1-9	项目部/项目专员	每日上传 （上午10点前完成前一天各环报表填报）

(c) 人工基础资料清单

图7-35 盾构管控平台数据采集

（2）可视化数据展示。

基于各类参数的工程化解读，利用形象的图表等方式，对施工过程中进度、质量、环境、风险、参数、预报警等实时数据实现可视化监控。可通过不同的平台和载体进行展示，如App、网站及大屏等，如图7-36—图7-38所示。

图 7-36 盾构管控 App 数据展示

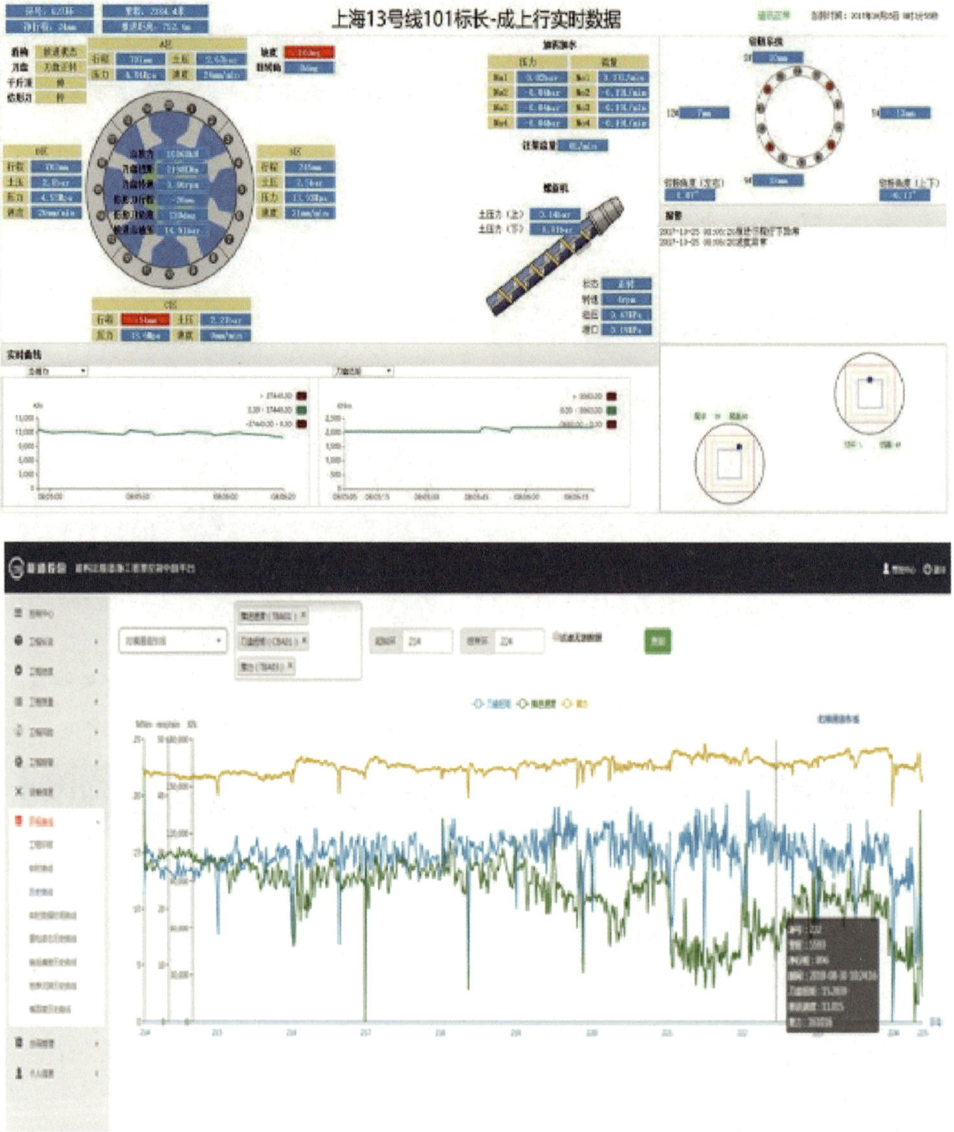

图 7-37 盾构管控网站页面展示

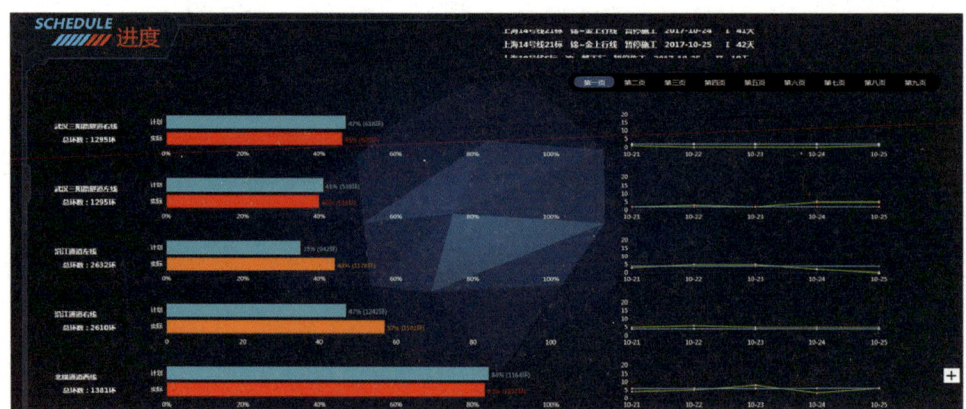

7 盾构施工重点风险管控

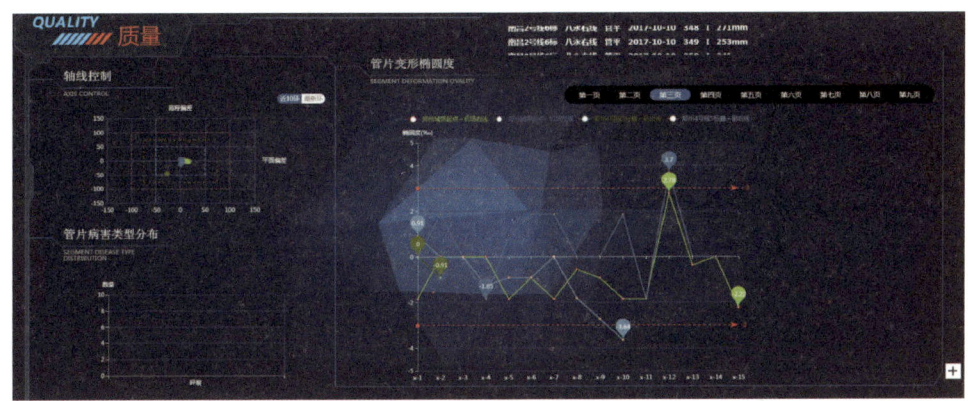

图 7-38　盾构管控大屏展示

（3）专业化数据分析。

以盾构施工经验为基础，由管控专家团队利用管控平台进行数据的系统分析，为工程施工提供各类专业化管控咨询报告（图 7-39）。对实时参数、隧道轴线、环境变形和历史曲线等数据进行统计分析，分析趋势，形成项目日报、项目周报和项目月报等各类常规报表，并针对特殊工况和特殊要求形成专项报告，并提出各类意见建议。

（4）系统化数据推送。

建立数据预报警机制（图 7-40）。确定进度、质量、风险三大类共 26 项指标，对指标进行合理分级，并根据数据分级情况制定详细的数据推送流程，协助管理人员掌控工程施工各项情况。

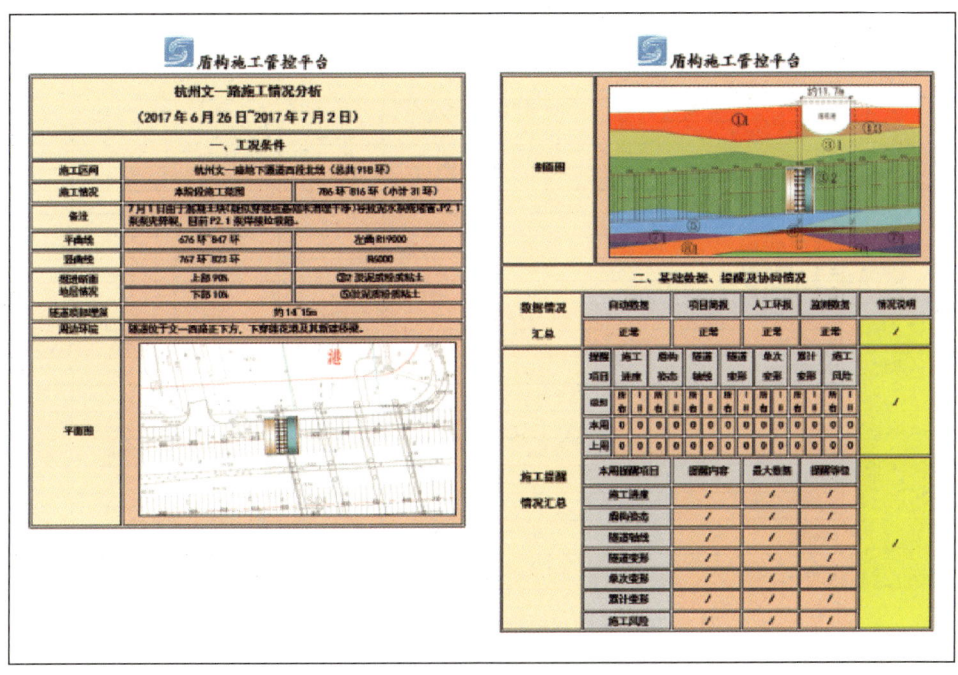

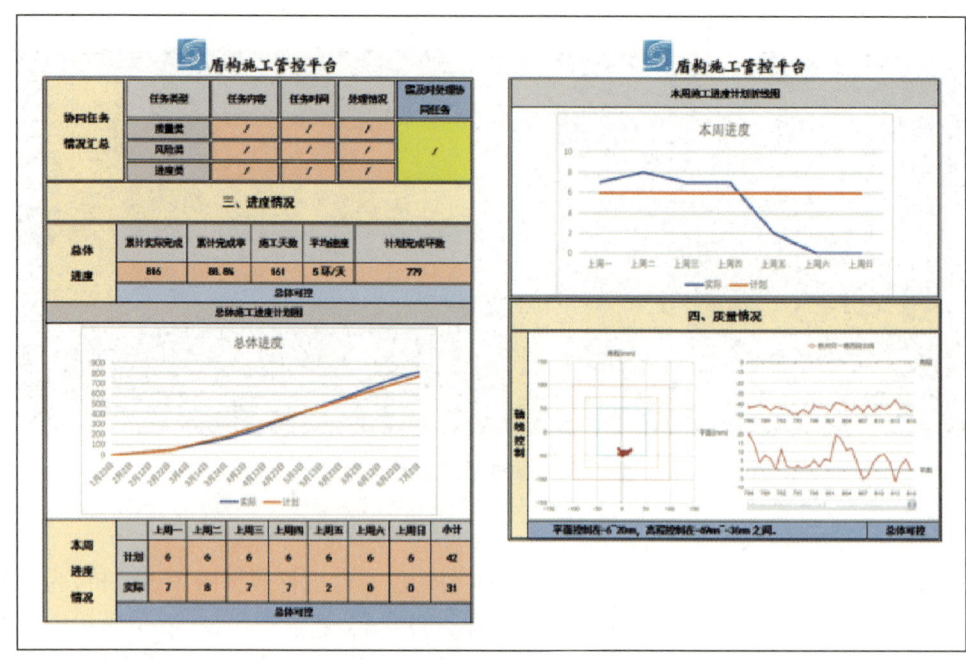

图 7-39 盾构管控平台报告

上海轨道交通盾构施工管控中心

报警类型	报警项目	等级	提示 V	关注 IV	重视 III	严重（超标） II	严重（超标） I	上报对象
质量类	隧道轴线	管平(mm)	50~70	70~85	85~100	100~150	≥150	1级
		管高(mm)	50~70	70~85	85~100	100~150	≥150	1级
	隧道质量	椭圆度	±2‰D	±2‰D	±2.5‰D	±3‰D	±5‰D	2级
		碎裂（每百环的数量）	3	4	5	6	7	2级
		裂缝（每百环的数量）	3	4	5	6	7	2级
		渗漏（每百环的数量）	3	4	5	6	7	2级
		碎裂+渗漏（每百环的数量）	7	8	9	10	15	2级
		错台（每百环的数量）	3	4	5	6	7	2级
	盾构姿态	切平(mm)	50~70	70~85	85~100	100~150	≥150	3级
		尾平(mm)	50~70	70~85	85~100	100~150	≥150	3级
		切高(mm)	50~70	70~85	85~100	100~150	≥150	3级
		尾高(mm)	50~70	70~85	85~100	100~150	≥150	3级
	过程参数	同步注浆	<110%or>230%	<110%or>230%	<100%or>250%	/	/	4级
		土舱压力实际值(Bar)差值	0.3	0.4	0.5	/	/	4级
		扭矩（额定扭矩）	0.65	0.7	0.75	0.8	0.9	4级
		总推力（额定推力）	0.65	0.7	0.75	0.8	0.9	4级
		盾尾油脂压注量	15kg	10kg	/	/	/	4级
风险类	建（构）筑物变形	运营隧道沉降	3.5mm	4mm	4.5mm	5mm	10mm	1级
		保护建筑物	10mm	15mm	18mm	20mm	30mm	1级
		居民房屋	10mm	15mm	18mm	20mm	30mm	2级
		地下管线	10mm	15mm	18mm	20mm	30mm	3级
	地面沉降	累计最大沉降(mm)	15mm	20mm	25mm	30mm	100mm	2级
		累计隆起(mm)	5mm	7mm	8mm	10mm	20mm	2级
		地层损失率	5‰	7‰	8‰	10‰	15‰	2级
		单次变形(mm)	±1.5mm	±2mm	±2.5mm	±3mm	±5mm	3级
进度类	施工进度	超环施工	大于12	大于12	大于12	大于12	/	2级
		暂停施工	连续2天0环	连续3天0环	连续7天0环	连续10天0环	连续15天0环	2级

图 7-40 盾构管控平台报告指标分级预报预警

（5）规范化指令管控。

针对重点项目盾构掘进的实时管控，建立盾构掘进指令单和反馈单（图 7-41）进行精细化远程管控，并规范化指令单中的各类项目。

施工指令单

编号：001　　日期：2017.06.28

工程名称		文一路项目	工程部位名称	北段区间
工程工序名称		盾构掘进施工		
内容		要求		
1	施工进度	完成+100～+105 环的推拼装工作，小计 5 环		
2	推进速度	平均速度控制在+30mm/min，速度波动范围小于±5mm		
3	平衡压力	按两侧土压力进行控制，要求设定值为 0.15 MPa		
4	总推力	总推力控制在 3000t 以下		
5	扭矩	刀盘扭矩控制在 2800kN·m 以下，超出上限需进行土体改良		
6	土体改良	当扭矩超限时，先采用注水的方式进行改良，超限 20%采用泡沫		
7	同步注浆	每环注浆量控制在 2.8 m^2（150%左右）		
8	盾尾油脂	盾尾油脂每环压注量控制在 30 kg		
9	出渣控制	观察出土情况，土质性质有变化及时反馈		
10	盾构姿态控制	目前进入右曲线施工，每环原则纠偏量需达到 30mm		
11	隧道轴线控制	平面控制在+30mm，高程控制在-20mm 为宜		
12	管片选型控制	+100 采用直线管片，后连续四环采用右曲管片		
13	超前量控制	即将进入下坡，需抓紧制作上超管片，每环增帖 5mm 楔子		

其他重要事宜：

1. 详述管片拼装质量。
2. 详述管片渗漏水情况
3. 加强同步注浆坍落度检测，每车浆液必须做试验，不符合要求的，禁止使用。

项目管控组：__________

施工情况反馈单

编号：001　　日期：2017.06.28

工程名称		文一路项目	工程部位名称	北段区间
工程工序名称		盾构掘进施工		
内容		执行情况	备注	
1	施工进度	按要求按成+100～105 环施工	正常	
2	推进速度	推进速度控制正常	正常	
3	平衡压力	波动范围较大，设定 0.15 MPa，波动约 ±0.05 MPa	异常	
4	总推力	总推力总体稳定	正常	
5	扭矩	扭矩波动较大，建议实施土体改良	异常	
6	土体改良	加水方式改良效果不理想，建议使用泡沫	异常	
7	同步注浆	每环注浆量约达 2.9 m^2	正常	
8	盾尾油脂	每环油脂注入量达 35 kg	正常	
9	出渣控制	无明显变化	正常	
10	盾构姿态控制	可按要求进行纠偏	正常	
11	隧道轴线控制	可按要求进行纠偏	正常	
12	管片选型控制	以按要求落实	正常	
13	超前量控制	以采用 5mm 楔子	正常	

其他重要事宜：

1. 100 环拼装时，L 块与 B 块连接处约有 30cm 裂缝；105 环拼装时，盾尾下部间隙较小，约只有 5mm。
2. 102 环 F 块与 L 块连接处有滴落现象。
3. 注浆试验结果全部符合要求，坍落度均控制在 14~15cm。

项目部：__________

图 7-41　盾构管控平台施工指令单和反馈单

7.5.4　盾构施工管控平台的功能

（1）多项目数据统计分析。

实现对所有盾构姿态数据的统一监管，利用控制框线、数据统计汇总和历史曲线等形式监控（图 7-42）。

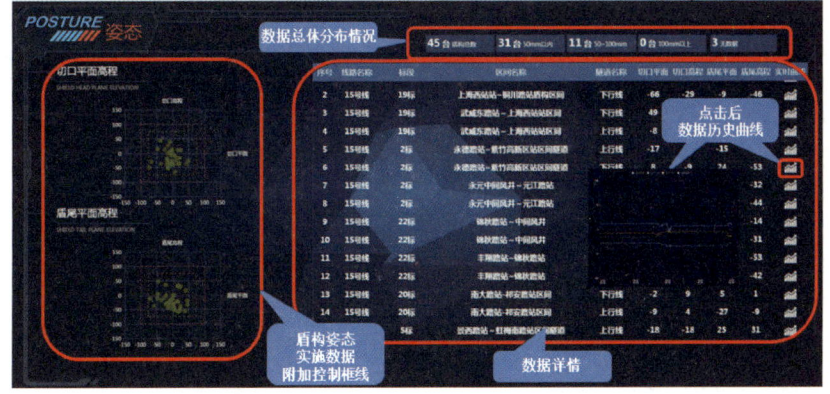

图 7-42　盾构管控平台数据展示界面

(2) 多项目施工风险标准化监控。

采用集中化、标准化的方式,对工程施工中的主要风险(盾构始发、接收、重要穿越施工、连通通道施工)进行全面管控(图7-43)。

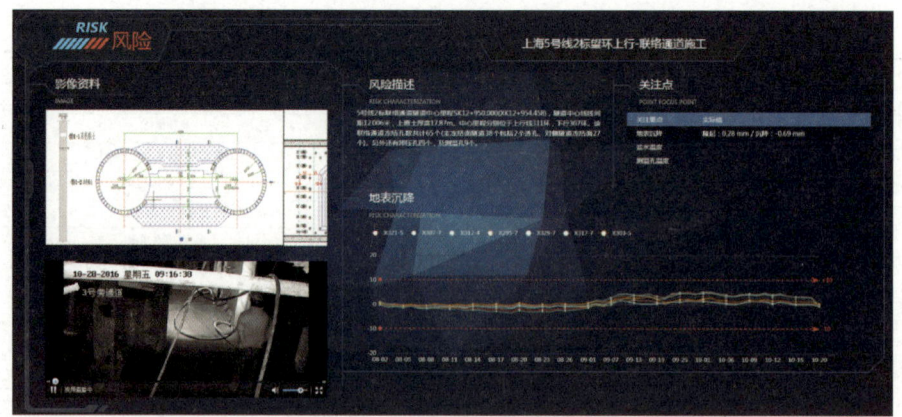

图7-43 盾构管控平台多项目施工风险标准化监控

(3) 风险重点关注。

单项目关键数据集中管控,为每个项目配置关键数据监控页面,将信息整合,数据可直观展示,提高了项目的管理效率(图7-44)。

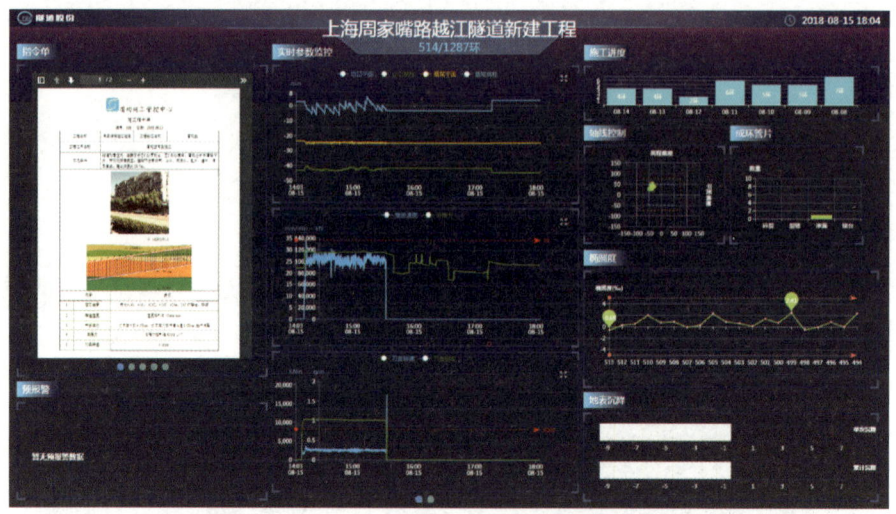

图7-44 盾构管控平台多项目施工风险单项目专项定制

(4) 施工情况排名推送机制。

对工程项目数据完整度情况、施工情况(施工进度、隧道轴线、隧道变形、环境变形等)进行统计分析,提供各项目、各施工企业的对比标准与排名,以促进工程建设的顺利开展。

(5) 盾构机全生命周期管理。

建设设备管控平台,将原先复杂、烦琐的管理流程、过程信息和养护维修等工作进行归类整合,真正实现盾构机设备的全生命管理效果。实现移动化的盾构管控、程序化的管理流程、标准化的过程维保、信息化的备件管控以及智能化的报警管理(图7-45)。

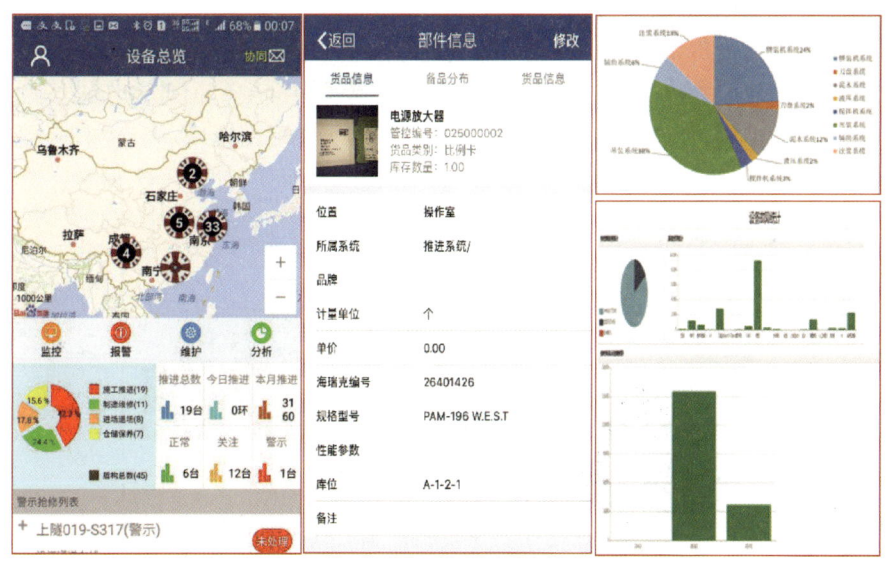

图7-45 盾构管控平台盾构机及设备故障统计

7.5.5 新技术展望

1. 盾构法机器学习策略

利用海量施工数据,开展搜索验证以寻找满足要求的施工方案,利用人类智慧经验,形成直觉感知以确定基本的参数调节方向,利用人工智能算法,通过自我学习以提升控制策略和控制模型。采用模糊控制与神经网络相结合的方案,模糊控制基于优秀司机经验及优秀纠偏案例等样本数据的规则提取,神经网络预测基于同类盾构掘进数据和当前盾构掘进数据,输入推进分区压力给定、水平与竖直方向切口和盾尾偏差、转角、坡度等参数,输出水平与竖直方向切口和盾尾偏差、坡度、转角等数据,以确定油压与姿态的关系。最终实现轴线自适应自学习控制(图7-46)。

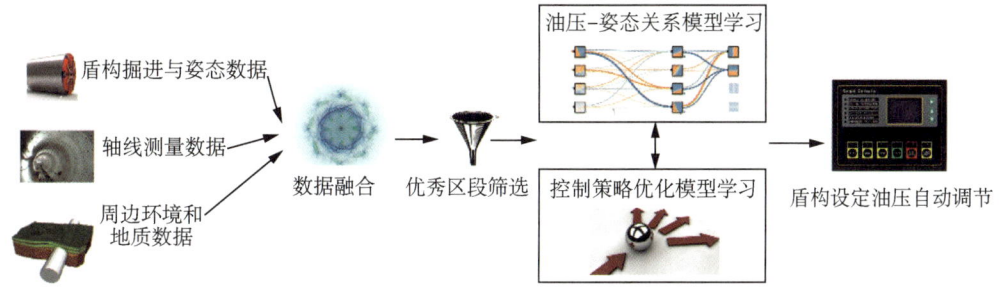

图7-46 盾构法机器学习策略

2. 巡航掘进盾构的展望

对数据进行深度挖掘,建立大数据分析模型库,形成盾构"超级大脑",对盾构姿态、沉降变形和施工参数进行分析预测。

以盾构"超级大脑"为核心,实现管控中心对工地端盾构机主要掘进动作进行远程操控。实现盾构机由人工控制一键启动,基于沉降/轴线管理,实现平衡压力、姿态纠偏、同步注浆、密封油脂的智能盾构机驾驶以及自动巡航掘进。五代盾构形式如图7-47所示。

图7-47 巡航掘进盾构的展望

8

隧道横向和纵向变形及控制技术机理

8.1 隧道横向变形机理与特点
8.2 隧道纵向变形机理与特点
8.3 隧道变形控制技术与机理

8.1 隧道横向变形机理与特点

盾构隧道是由预制管片通过环向和纵向螺栓连接而成的拼装式结构。软土地区的盾构隧道在投入运营之后,受到地质条件变异、地面超载和邻近工程施工等诸多因素共同影响,逐渐出现了螺栓应力增大、管片破损、接缝张开、错台和渗漏水等隧道病害,对结构的承载能力和运营安全产生不良影响。研究发现,过大的隧道横向收敛变形是引起上述隧道病害的重要原因之一,病害的严重程度与收敛变形量值之间也存在较大的相关性,横向收敛变形不仅可以判断隧道结构的断面变形,还可以判断隧道断面的受力特性,为结构的安全评价提供基础。因此,充分了解盾构隧道的横向变形机理与特点,对维护隧道安全具有重要意义。

8.1.1 隧道横向变形影响因素

引起隧道横向变形的因素十分复杂,既有隧道本身拼装施工方面的原因,也有投入运营后诸多因素叠加的影响。引起隧道横向变形发展的因素主要有以下几方面:

(1) 复杂的地质条件。

在上海等沿海软土地区,地铁及车站结构通常处在地表以下 10~40 m 范围内的饱和淤泥质流塑或软塑黏性土层,这类土层饱和度高、灵敏度高,具有中高压缩性和较大的流变性。土层一经施工活动的扰动,将产生较大的超孔隙水压力,土体强度明显降低,且土层固结时间长、后续变形量大。工程监测表明,无论是隧道本体施工还是邻近工程施工,隧道周围的土体受扰动后均会在较长的时间内持续产生固结沉降,引起隧道横向变形持续发展。因此,尽可能减少施工对隧道周围土体的扰动,对于控制隧道横向变形十分关键。

(2) 隧道自身的施工质量。

凡是在隧道施工期间发生过事故、产生较大变形的部位,或者存在施工质量问题的地段,隧道投入运营后的变形也会较大。同时,施工期间隧道管片的拼装误差也会引起隧道横向收敛变形的增加,顾丽江研究发现,在考虑拼装误差的条件下,隧道横向收敛变形和接头张开等均有所增加,同时,在隧道横向变形量较大时,拼装误差的影响会更加显著。

(3) 邻近地铁隧道的加卸载施工影响。

由于市区土地资源的稀缺,靠近地铁隧道附近施工的项目日益增多,尤其是以超高层建筑、深基坑开挖为代表的一系列工程活动,极易扰动隧道周围的土体,同时进行的降水降压等活动也会对隧道变形产生巨大的、长期性的和不可逆转的影响。此外,邻近工程的加卸载施工,将会改变隧道周围的荷载条件,就隧道结构横向变形的本质而言,隧道上部荷载和水平荷载(包括土体侧向压力和土体抗力)比值增大是引起隧道横向变形增大的核心问题,因此,如果隧道上方压载和两侧开挖的卸载同时存在,对隧道横向变形的影响将更为显著。

(4) 隧道之间相互穿越施工。

轨道交通线路要形成一个完整的可换乘网络,后续线路施工必然要穿越已建成的线路,同时大量市政管线、隧道等在地铁隧道附近或者上下部穿越施工，会引起已建成的地铁隧道结构发生局部隆沉、横向大变形等病害。

此外，地面区域性沉降、列车振动、深层降水和维修质量欠佳等，都是隧道发生横向变形的影响因素。

8.1.2 隧道横向变形的特点

8.1.2.1 横向变形的基本特征

隧道管片拼装成环天生带有拼装误差，投入运营之后受多种因素影响，隧道结构横断面通常不能保持真圆形，会逐渐向椭圆发展，因此隧道横向收敛变形又被称为"椭圆化"。

若隧道结构横向直径增大、竖向直径减小，管片环呈竖直直径小于水平直径的椭圆形，如图 8-1(a)所示，该变形特征俗称"横鸭蛋"。若横向直径减小、竖向直径增大，则被称为"竖鸭蛋"，如图 8-1(b)所示。当螺栓拧紧力和拧紧顺序与竖轴不对称，或者隧道周围荷载变化较复杂时，还会出现如图 8-1(c)所示的斜椭圆形状变形。

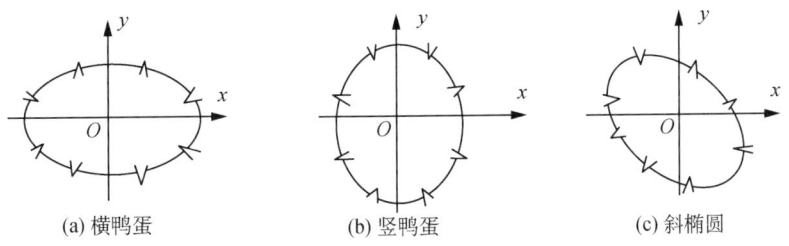

图 8-1　隧道横向变形特征示意

通常来讲，隧道上方的超载是引起横向大变形的主要因素，工程监测也发现，投入运营的盾构隧道大多发生横向直径增大、竖向直径减小的"横鸭蛋"式变形。王如路、张冬梅以上海地铁通缝拼装盾构隧道为背景，采用数值模拟的方法研究了盾构隧道在超载作用下产生的横向收敛变形的主要特点。

上海典型通缝拼装盾构隧道的断面分块如图 8-2 所示。隧道管片全环分成 1 块封底块 TD(84°)、2 块标准块 TB(65°)、2 块邻接块 TL(65°)和 1 块小封顶块 TF(16°)。管片厚度为 350 mm，环宽为 1.2 m；外径为 6.2 m，内径为 5.5 m。每个纵向接头通过 2 根螺栓连接，螺栓直径为 30 mm，螺栓孔直径为 42 mm，螺栓等级为 8.8 级。

研究发现，在超载作用下，盾构隧道会发生明显的横向收敛变形，隧道变形和管片混凝土材料的应力分布如图 8-3 所示。在隧道横向变形过程中，由于通缝隧道结构对称性的特点，隧道变形也具有对称性。接头 1 和接头 6 发生内侧张开，接头 2 和接头 5 发生外侧张开，接头 3 和接头 4 发生内侧张开。从变形程度来看，接头 2 和接头 5 张开量最大，其次为接头 1 和接头 6，接头 3 和接头 4 张开量最小。接头变形和螺栓所处的位置，决定了接头 1 和接头 6 处的螺栓受力较大，接头 2 和接头 5 外侧张开，引起内侧接头两侧混凝土产生较大的应力集中现象，且外侧张开容易引起渗漏水事故。

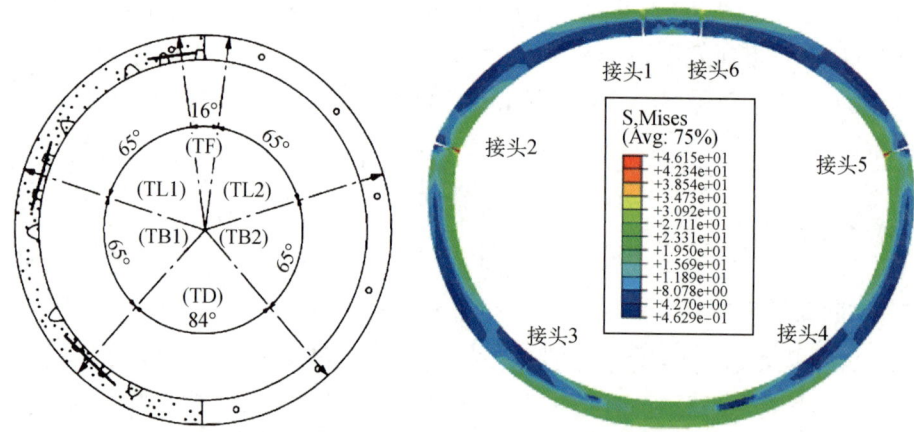

图 8-2　典型通缝拼装隧道断面分块　　图 8-3　压载下横向变形及混凝土受力特征

8.1.2.2　横向变形的几何简易分析法

通过数值模拟发现，压载大小、土体侧压力系数和土体抗力系数等外部因素虽然会带来直径收敛值、材料应力值以及接头张开量的变化，但是通常不会改变隧道管片结构之间的相对空间位置关系。隧道结构在变形过程中若要保持稳定，客观上要求各管片在受力变形之后仍然保持一个稳定的结构受力体系，也就是说在对称的外部荷载条件下，隧道的横向、竖向直径变化与各接头张开角度之间存在着基本确定的几何关系。

若将管片视为刚体，仅考虑管片之间的平动和相对转动，并假定拱底块不动，在压载作用下隧道的各变形指标之间可以用表 8-1 所示的公式换算得到，各变形指标的物理意义如图 8-4 所示，其中，l_1 为两个邻接块内的内侧脚点之间的距离，l_2 为接头 2 和接头 5 之间的距离，l_3 为隧道水平内径，θ_1、θ_2、θ_3 分别为接头 1、接头 2 和接头 3 的张开量。表 8-1 所示的计算方法为盾构隧道的几何简易分析法，采用该方法可以根据隧道实测的直径收敛值快速换算得到接头张开量值，对隧道在超载作用下的变形情况有初步和整体的把握。

表 8-1　　　　　　　　隧道各变形指标与竖向直径变形量 d 的换算关系

物理指标	换算公式
θ_1	$\arccos(A/6.3141) - \arccos(1.6429/A) + 45.8651°$
θ_2	$125.73° - \arccos[(10.747d - d^2 - 11.6407)/19.9337]$
θ_3	$\arccos(A/6.3141) + \arccos(1.6429/A) - 100.1349°$
l_1	$0.7\cos[52.1349° - \arccos(A/6.3141) + \arccos(1.6429/A)] + 0.8629$
l_2	$6.3141\sin[90° + \arccos(A/6.3141) - \arccos(1.6429/A)] + 0.8628$
l_3	$4.8016\sin[\arccos(A/6.3141) + \arccos(1.6429/A) - 83.7884°] + 4.1486$
l_4	$4.1486 - 0.7\cos[\arccos(A/6.3141) + \arccos(1.6429/A) - 52.1349°]$

注：$A = (31.5744 - 10.7474d + d^2)^{0.5}$，$d$ 为竖向直径变形量。

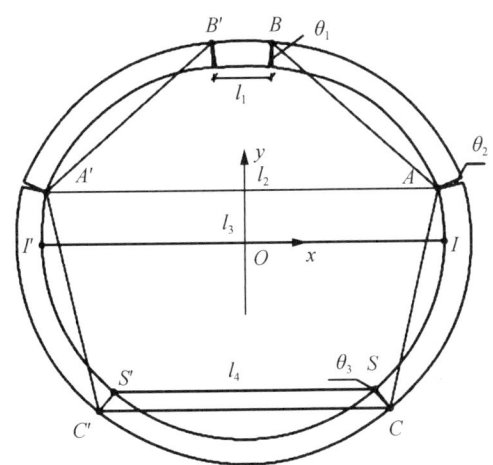

图 8-4 隧道变形指标物理意义示意

接头部位是隧道变形和防水的薄弱部位,其张开量是需要关心的重点。根据隧道结构的几何简易分析法,可以得到该典型通缝拼装盾构隧道在发生横向收敛变形时接头张开之间的一些基本几何关系。

(1) 在隧道变形过程中,隧道腰部接头外侧张开量等于拱顶和拱底隧道接头内侧张开量之和,即 $\theta_2 = \theta_1 + \theta_3$,且在隧道变形过程中始终满足这一关系。由此可见,在隧道变形过程中,隧道腰部接头即接头 2 张开量最为显著。

(2) 从接头张开量之间的关系可以看出,θ_1 约占 θ_2 的 60%,因此接头 θ_1 内侧张开较为显著,该处螺栓容易首先屈服。

(3) 当隧道下压接近 3 cm 时,θ_2 张开约 1°,根据管片厚度可以计算得到此时张开量约为 6 mm,处于外部防水的设计控制值边缘,由此可见,隧道的防水能力还是较为脆弱的。

需要说明的是,上述几何关系以及换算公式是针对图 8-2 所示的上海典型通缝拼装盾构隧道结构的,在管片分块情况不同时,几何关系需要另行计算。当隧道直径较大,或者荷载条件不对称时,采用该几何简易分析法不能得到理想的结果。

8.1.3 横向变形与隧道结构安全

目前,评价盾构隧道结构安全与否的指标主要包括隧道结构变形、隧道结构材料强度和隧道渗漏水情况等,上述指标与隧道管片的混凝土最大应力、螺栓最大应力与接头最大张开量等息息相关。王如路、张冬梅研究发现,在不同的压载水平、土体抗力系数和土体侧压力系数等外部荷载条件作用下,隧道直径变化、混凝土最大应力、螺栓最大应力与接头最大张开量之间具有一致的发展规律,因此易于观测的隧道直径变化在一定程度上代表了隧道性态的发展规律,将隧道横向直径收敛值与其余各变形指标之间建立近似的函数关系,是十分具有工程可操作性的安全评价标准。

以第 8.1.2 小节中的上海典型通缝拼装盾构隧道为背景,采用数值模拟的方法计算如

表 8-2 所示的 21 种工况下横向直径收敛值 ΔD 与混凝土应力、螺栓应力、各接头张开量之间的关系,进一步得到拟合的函数关系,即将横向直径收敛值 ΔD 与隧道结构的安全建立确定的函数关系,对评价隧道结构安全状况具有十分重要的意义。

表 8-2　　　　　　　　　　计算分析工况

工况	竖向荷载 H/m	土体抗力系数 $K_s/(kPa·m^{-1})$	土体侧压力系数 K_0
C1	0~60	625	0.5
C2	0~60	1 250	0.5
C3	0~60	2 500	0.5
C4	0~60	5 000	0.5
C5	0~60	10 000	0.5
C6	0~60	625	0.6
C7	0~60	1 250	0.6
C8	0~60	2 500	0.6
C9	0~60	5 000	0.6
C10	0~60	10 000	0.6
C11	0~60	625	0.7
C12	0~60	1 250	0.7
C13	0~60	2 500	0.7
C14	0~60	5 000	0.7
C15	0~60	10 000	0.7
C16	0~60	625	0.8
C17	0~60	1 250	0.8
C18	0~60	2 500	0.8
C19	0~60	5 000	0.8
C20	0~60	10 000	0.8
C21	0~60	5 000	0.5

8.1.3.1　隧道直径变化量与混凝土应力的关系

在不同地层抗力系数、不同侧向压力系数和不同压载条件下,接头 2 位置处混凝土最大应力与隧道直径变化量 ΔD 的对应关系如图 8-5 所示,以 x 轴表示隧道直径变化量,y 轴表示接头 2 位置处混凝土最大应力,隧道直径变化量与混凝土最大应力对应的函数关系可以表示为式(8-1)、式(8-2)。

$$y = 0.883x + 0.303 \quad (x \leqslant 28.3) \tag{8-1}$$

$$y = 0.122x + 21.80 \quad (x > 28.3) \tag{8-2}$$

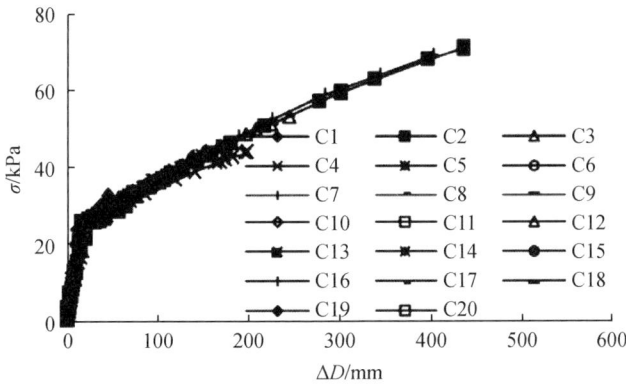

图 8-5 接头 2 处混凝土最大应力与隧道直径变化量 ΔD 的关系

当混凝土应力达到强度设计值 25.3 MPa 时,对应的 ΔD 为 28.3 mm。当混凝土应力达到强度标准值 35.5 MPa 时,对应的 ΔD 为 83.6 mm。

8.1.3.2 隧道直径变化量与最大螺栓应力的关系

不同条件下接头 1 位置处的螺栓最大应力与隧道直径变化量 ΔD 的对应关系如图 8-6 所示,以 x 轴表示隧道直径变化量,y 轴表示接头 1 位置处螺栓的最大应力,隧道直径变化量与最大螺栓应力的对应函数关系可以表示为式(8-3)—式(8-5)。

$$y = 11.84x + 74.05 \quad (x \leqslant 47.8) \tag{8-3}$$

$$y = 4.15x + 441.86 \quad (86.4 > x > 47.8) \tag{8-4}$$

$$y = 800 \quad (x > 86.4) \tag{8-5}$$

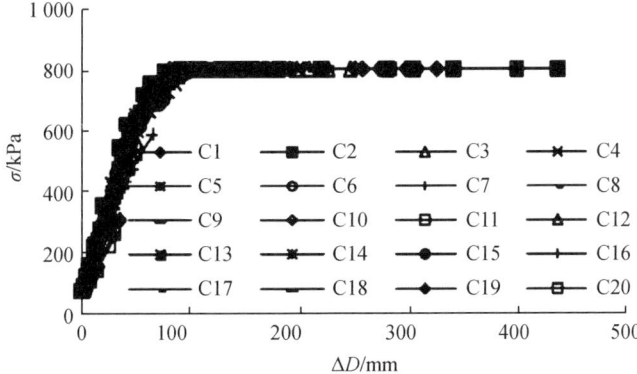

图 8-6 接头 1 处螺栓应力与隧道直径变化量 ΔD 的关系

当接头 1 处的螺栓应力达到 640 MPa 的屈服应力时,对应的隧道直径变化量 ΔD 为 47.8 mm。

8.1.3.3 隧道直径变化量与纵缝张开量的关系

在不同超载水平、地层抗力系数和侧压力系数条件下,接头 2 的张开量与隧道直径变化量 ΔD 的关系如图 8-7 所示。以 x 轴表示隧道直径变化量 ΔD,y 轴表示接头 2 的张开量,隧道直径变化量与纵缝张开量的对应函数关系可以表示为式(8-6)。

$$y = 0.1x \tag{8-6}$$

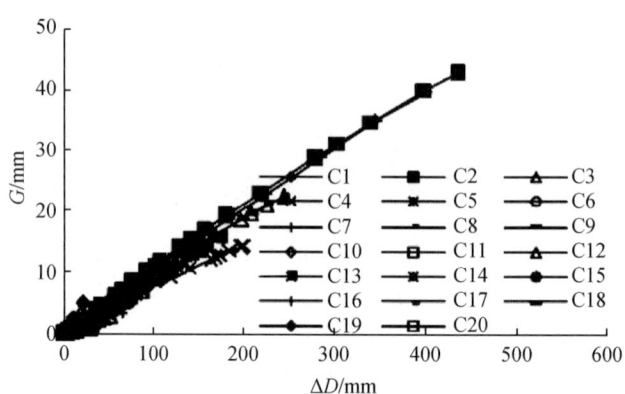

图 8-7 接头 2 张开量与隧道直径变化量 ΔD 的关系

工程上通常以接头张开 6 mm 为防水控制目标,当接头 2 张开量达到此控制值时,对应的隧道直径变化量为 60 mm 左右。

以上结果说明,各个计算工况下,虽然超载水平、地层抗力系数和侧压力系数等外部荷载条件不同,但是在隧道的横向直径变化量与最大混凝土应力、最大螺栓应力、最大纵缝张开量之间可以建立归一化的近似函数关系。

将各性能指标的临界状态与隧道横向直径变化量对应起来,汇总结果如表 8-3 所示。由此可见,以隧道直径变化量作为衡量隧道受力与变形发展的指标,具有良好的合理性和可操作性。

表 8-3　　　　　　　　　不同安全指标临界状态对应的直径变化量

安全指标	直径变化量 ΔD/mm
混凝土强度设计值(25.3 MPa)	28.3
螺栓屈服强度(640 MPa)	47.8
接头张开量(6 mm)	60.0
混凝土强度标准值(35.5 MPa)	83.6

由表 8-3 可见,对于在超载作用下的通缝拼装盾构隧道结构,其影响隧道安全的各性能指标随着横向直径收敛的不断增大,拱顶螺栓最先拉流失效,随后腰部接头张开达到 6 mm

控制值,渗漏水风险上升,最后该处接头内侧混凝土达到强度标准值而被压损。

8.2 隧道纵向变形机理与特点

软土盾构隧道在投入运营之后的纵向不均匀沉降问题随着运营时间的增长而日益凸显。纵向不均匀沉降对隧道的结构受力、接头变形和正常运营均有不利影响,过大的不均匀沉降会影响轨道的平整和乘车舒适性,严重时威胁到地铁的运营安全,对隧道纵向性能的研究日益受到人们的重视。

盾构隧道衬砌结构由管片环沿纵向连接而成,当隧道产生不均匀沉降后,环间接头发生张开和错台变形,增加隧道渗漏水的危险,还会诱发进一步的不均匀沉降。而且由于受到沿纵向的埋深、荷载条件和土层性质等因素的不均匀性影响,盾构隧道纵向变形特征十分复杂,了解隧道纵向变形机理和变形特点,对确保隧道安全运营具有十分重要的意义。

8.2.1 隧道纵向变形影响因素

盾构隧道纵向沉降发生的起因是衬砌环沉降发展的纵向不均匀性。在隧道纵向上,当局部区域衬砌环的沉降量与邻近衬砌环相比偏大或者偏小时,隧道纵向不均匀沉降产生。引起隧道纵向沉降的因素众多,既有隧道施工期内的,又有运营期内的,有系统本身引起的,也有周边环境变化引起的。隧道产生纵向沉降的原因主要有以下几个方面。

8.2.1.1 施工期土体扰动

施工期隧道变形主要是由盾构推进对周围土层的扰动引起的,主要包括:开挖面下部的土体扰动;盾尾后压浆不及时、不充分;盾构在曲线推进或纠偏推进过程中造成超挖;盾壳与土体之间的摩擦;盾构挤压推进对土体的扰动。隧道一般在盾构推进完成半年至一年后才投入使用,并且在铺设轨道或路面之前一般要进行接缝螺栓的二次预紧,可以认为施工期对纵向沉降影响较小。

8.2.1.2 隧道下卧土层不均匀

在相同埋深和施工条件下,各种不同性质的下卧土层所发生的扰动、回弹、沉降速率和历时均有不同程度的差异。因此,隧道沿线的下卧土层特性不均匀将导致隧道的不均匀沉降。压缩模量较低、灵敏度较高的饱和黏土下卧层,经过盾构施工扰动后的沉降量较大,而且沉降延续时间较长。压缩模量较高、灵敏度较低的砂性土下卧层,经过盾构施工扰动后的沉降量较小,且沉降稳定快。上海打浦路越江公路隧道江中段和浦东段,其下卧层为黏质粉土或粉砂与淤泥质黏土互层,在投入运行后的 16 年中,沉降增量为 40~50 mm,平均沉降速率为 0.008 mm/d;而浦西段隧道下卧层为松软的淤泥质粉质黏土,在隧道 1 号井以东 120 m 的范围内,最大沉降增量达 120 mm。

8.2.1.3 隧道上方地表荷载变化

地表加、卸载是导致隧道纵向不均匀沉降的重要因素，上海地铁保护技术标准做出了由建筑垂直荷载、降水等施工因素引起的地铁隧道外壁附加荷载不得大于 20 kPa 的规定。由于施工扰动原因，隧道上方地表加载时的土层有效压缩厚度比一般基础沉降的范围大，沉降稳定时间长，较小的地面荷载增量可引起隧道敏感的沉降。上海打浦路越江隧道 2 号井以东第 70 环衬砌管片上方覆土厚 15 m，地表为一约 30 m×50 m 的洼地，自 1970 年隧道通车后，在 1973—1987 年间对该洼地进行了填平处理，其间进行了 4 次土方填筑和混凝土层铺筑的工程，每次地表单位面积的荷载增量为 10～20 kPa，4 次增量总共约 70 kPa，实测显示每次加荷后沉降量增加 20～40 mm，4 次加荷后总沉降增量为 110 mm。

8.2.1.4 地下水位变化及潮汐

水位的变化也促使隧道下沉或上升。当隧道处在相对不透水土层中时，水位的上升或下降如同对隧道的加载或卸载。对于含水砂性土，水位上升使土体膨胀，从而上抬隧道；水位下降则增加了土体有效应力，导致隧道下沉。对于穿越不透水黏性土和含水砂性土的复杂地层的河床下的隧道，在地层变化的分界面附近，沿隧道纵向受到非均匀分布的压力，在河道水位变化幅度较大时，隧道的纵向变形会更大。对上海延安东路南线隧道的监测显示，潮汐引起的隧道最大垂直位移振幅为 7 mm 左右。

8.2.1.5 隧道邻近建筑施工活动

由于城市建设的发展，已建隧道周围存在大量的建筑施工活动，如基坑开挖等。上海地铁做出了地铁工程（外边线）两侧邻近 3 m 范围内不得进行任何工程施工的规定。基坑开挖对开挖面以下土体具有显著的垂直方向卸荷作用，不可避免地会引起坑底土体的回弹。上海地铁 2 号线在浦东世纪大道段由于杨高路立交基坑开挖，隧道上、下行线产生的回弹变形最大达到 12.4 mm，如图 8-8 和图 8-9 所示。

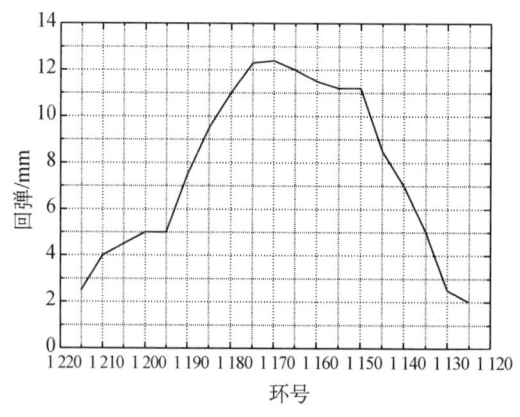

图 8-8　地铁隧道上行线最终回弹曲线

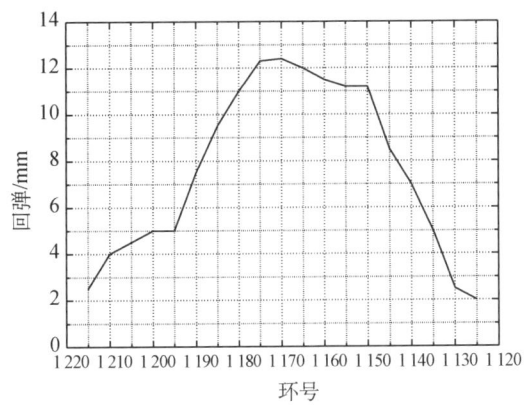

图 8-9 地铁隧道下行线最终回弹曲线

8.2.1.6 隧道与车站或竖井差异沉降

地铁隧道和车站在结构性能、地质环境、施工方法和运行条件等多个方面存在很大差异,类似的情况也存在于软土公路隧道和通风竖井间。隧道和车站或通风竖井之间不可避免地存在差异沉降,有时这种差异沉降足以达到使隧道环间接头张开和环缝漏水的程度。车站经常为地下二至三层结构,车站的修建使其底部的土体应力处于严重的卸荷状态,且通常采用带支撑地下连续墙明挖施工或逆作法施工。车站主体结构和地下连续墙结合为一体,施工对土体的扰动比较小,车站整体稳定取决于抗浮稳定性。地铁隧道的施工虽然也对底部土体形成卸荷,但在量值上要小很多,由于施工中对周围软土的扰动,隧道一般发生沉降变形,这样就在车站和隧道之间形成了不均匀沉降。而在公路隧道中,通缝竖井通常采用沉井的方法施工,施工扰动大,可能出现竖井沉降远大于隧道沉降的情况。打浦路越江隧道1号井较其东部隧道多沉降 150 mm,在通风井以东约 160 m 范围内形成了明显的纵向沉降曲线,不仅造成隧道的挠曲,而且使竖井与隧道的接头发生错动开裂。

8.2.1.7 隧道渗水、漏泥

隧道的衬砌接头由于拼装或隧道后期纵向沉降的影响可能会出现张开或者错台,隧道的衬砌在顶进中由于压力过大也可能出现裂缝。泥水通过这些缝隙进入隧道内部,使得有裂缝的隧道区段下卧层土体有效应力增大,产生固结沉降,从而导致隧道沉降。如果裂缝或者接头张开量过大,会使隧道周围的水土不断流失,严重的会导致隧道产生破坏,对地面环境产生恶劣影响。

8.2.1.8 地铁列车振动及地震

地铁隧道在建成投入运营后,将承受周期性列车振动荷载的作用,除了隧道结构固有振动周期应远离荷载振动周期,以免引起隧道的共振之外,尚需考虑地铁列车振动引起的隧道不均匀沉降问题。对地铁1号线的长期观测表明,列车振动引起的隧道沉降值是不容忽视的。

地铁隧道由于存在结构和地层的共同作用,地震反应更为复杂。由于地质环境复杂、隧

道轴线弯曲、邻近工程的影响和周边约束条件不同等因素,区间隧道会对地震做出不同的反应,引起隧道的纵向不均匀变形。地震条件下的隧道结构力学性能非常复杂,所出现的后果往往较静态受力变形严重得多。

8.2.2 隧道纵向变形的特点

8.2.2.1 盾构隧道纵向沉降分布模式推导

位于地层中的盾构隧道的纵向沉降问题受到两方面作用的影响。一方面,隧道上方的土压力促使隧道下沉,沉降中心与较远处的差异沉降增大,称之为正向作用力;另一方面,隧道发生纵向不均匀变形后,下方的地层抗力限制差异沉降的增大,称之为负向作用力。隧道最终的纵向变形性态是正、负作用力共同作用的结果。

为了推导纵向沉降的分布模式,假定纵向分布曲线如图 8-10 所示,沉降中心的纵坐标 $x=0$,沉降的影响范围为 L_0。以沉降向下方为正,隧道受到正向荷载和负向抗力(包括土体抗力与结构自身抗力)的共同作用,越靠近沉降中心,受到的正、负作用力越强烈。

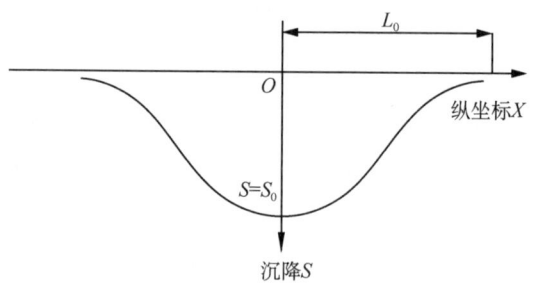

图 8-10 纵向沉降解析推导示意

假定隧道上方正向荷载的荷载衰减函数为 $f(x)$;下方负向抗力的荷载衰减函数为 $g(x)$。正向荷载的增大引起差异沉降的增大,负向抗力起到限制差异沉降发展的作用。纵向沉降的发展是正向荷载和负向抗力共同作用的产物。取沉降中心到任一侧无穷远处的隧道区段为研究对象,单独考虑隧道结构受正向荷载的情况,由于距离沉降中心无穷远处衬砌环的沉降和转动均为零,相当于在无穷远端施加固定支座约束,隧道的变形类似于悬臂梁,如图 8-11 所示。

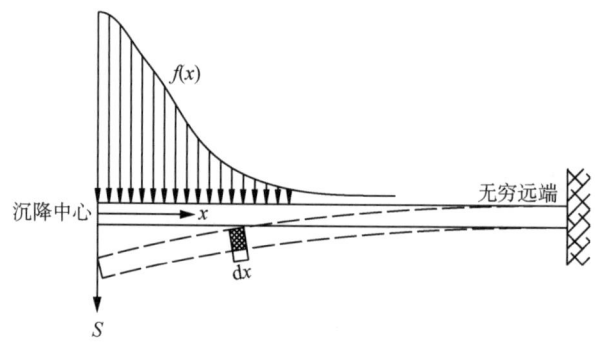

图 8-11 考虑正向荷载作用下无穷远边界条件后的隧道变形

取纵向微元段 $\mathrm{d}x$，根据材料力学分析可知，在沉降中心位置转角 θ 最大；随着 x 的增大，转角逐渐减小，在无穷远位置（悬臂端：$x=\infty$）转角 θ 为零。根据材料力学，转角即沉降变化速率。

$$\theta \approx \frac{\mathrm{d}s}{\mathrm{d}x} \propto \frac{1}{x} \tag{8-7}$$

随着 x 的增大，正向荷载逐渐减小，则

$$f(x) \propto \frac{1}{x} \tag{8-8}$$

由上述两式可得

$$\frac{\mathrm{d}s}{\mathrm{d}x} \propto f(x) \tag{8-9}$$

即随着距沉降中心距离的增大，正向荷载及沉降变化速率逐渐减小。

同理，若只考虑隧道结构受到负向抗力作用，引入边界条件后，隧道的变形仍然类似于悬臂梁，如图 8-12 所示。

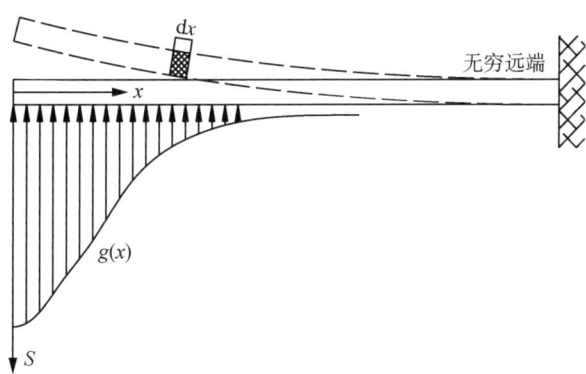

图 8-12 考虑负向抗力及无穷远边界条件的隧道沉降

沿隧道纵向取微元段 $\mathrm{d}x$，负向抗力引起转角为负。根据材料力学分析可知，在沉降中心位置（自由端：$x=0$）负转角 θ 绝对值最大；随着 x 的增大，负转角绝对值逐渐减小，在无穷远位置（悬臂端：$x=\infty$）转角 θ 为零。去掉绝对值，可认为随着 x 的增大，转角逐渐增大。根据材料力学，转角即沉降变化速率。

$$\theta \approx \frac{\mathrm{d}s}{\mathrm{d}x} \propto x \tag{8-10}$$

随着 x 的增大，负向抗力逐渐减小，则

$$g(x) \propto \frac{1}{x} \tag{8-11}$$

由上述两式可得

$$\frac{\mathrm{d}s}{\mathrm{d}x} \propto \frac{1}{g(x)} \tag{8-12}$$

即随着距沉降中心距离的增大，负向抗力减小，沉降变化速率增大。

将式(8-9)与式(8-12)综合考虑，$\frac{\mathrm{d}s}{\mathrm{d}x}$的实际变化是广义正、负向抗力共同作用的结果。

$$\frac{\mathrm{d}s}{\mathrm{d}x} \propto \frac{f(x)}{g(x)} \tag{8-13}$$

随着距沉降中心长度的增加，正向荷载沿纵向的衰减速率较负向抗力的衰减速率大。另外，根据力的平衡条件，正向荷载和负向抗力分布函数沿纵向积分的解应相等。

取负向抗力的衰减模式服从幂函数形式 $g(x)=y_0 x^a (a<0)$；正向荷载的衰减模式为指数函数形式 $f(x)=y'_0 b^{cx^d} (b>0, b\neq 1)$。

纵向沉降分布函数的基本微分方程为

$$\frac{\mathrm{d}s}{\mathrm{d}x} = r\frac{b^{cx^d}}{x^a} \tag{8-14}$$

式中，$a<0, b>0$ 且 $b\neq 1$。

边值条件为当 $x=0$ 时，s 为最大沉降 s_0；考虑对称性，当 $x=0$ 时，$s'(x)=0$；当 $x=L_0$ 时，s 接近于零。

式(8-14)就是本节推导出的纵向沉降基本微分方程，下面我们将式中参数代入一组特殊值，寻找基本微分方程的特殊解，令 $a=-1, b=\mathrm{e}$(自然对数)，$c=-0.5, d=2$，则

$$f(x) = y'_0 \mathrm{e}^{-\frac{x^2}{2}} \tag{8-15}$$

$$g(x) = y_0 \frac{1}{x} \tag{8-16}$$

将上述两式代入基本微分方程，则

$$\frac{\mathrm{d}s}{\mathrm{d}x} = rx\mathrm{e}^{-\frac{x^2}{2}} \tag{8-17}$$

式中，r 为比例常数。

求解微分方程(8-17)，有

$$s = r\mathrm{e}^{-\frac{x^2}{2}} + r' \tag{8-18}$$

式中，r, r' 为比例常数。

引入边值条件，即当 $x\rightarrow +\infty$ 时，沉降为零，将其代入可得 $r'=0$。将式(8-18)进行化简，可得

$$s = r\mathrm{e}^{-\frac{x^2}{2}} \tag{8-19}$$

式(8-19)即纵向沉降分布函数的一个特解。当 $x=0$ 时，$s=r$，即 r 为最大沉降量。如果沉降量 $r=\dfrac{1}{\sqrt{2\pi}}$，这时的纵向沉降分布成为标准正态分布。即

$$s=\frac{1}{\sqrt{2\pi}}e^{-\frac{x^2}{2}} \tag{8-20}$$

可见，纵向沉降的高斯分布是纵向沉降基本微分方程的一个特解。特解的合理性与准确性取决于正向荷载和负向抗力的实际衰减是否与假定的函数分布吻合。正向荷载的荷载衰减形式可通过 Mindlin 或 Boussinesq 解推导得出，负向抗力的衰减模式是建立在文克勒模型基础之上的，与沉降息息相关，因此必须通过迭代进行计算。

8.2.2.2 盾构隧道纵向沉降曲线的基本特征

为了了解盾构隧道纵向沉降曲线的基本特征，同时避免复杂的迭代计算，可以考虑一种简化情况，假定正向荷载与负向抗力呈均线性衰减，正向荷载衰减函数为 $f(x)$，负向抗力衰减函数为 $g(x)$。根据力的平衡条件，$\int_{-\infty}^{+\infty}f(x)\mathrm{d}x=\int_{-\infty}^{+\infty}g(x)\mathrm{d}x$。另外，考虑到正向荷载衰减较快，因此荷载模式简化如图 8-13 所示。

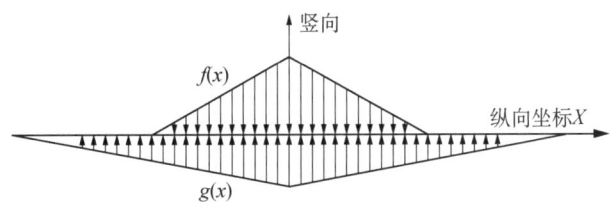

图 8-13　线性衰减荷载模式

然后将隧道上、下方正负荷载抵消，并将分布荷载简化为集中力，简化后的荷载模式如图 8-14 所示。对于盾构隧道，在远离沉降中心的两端，衬砌环的沉降和转角均为零。因此，盾构隧道可以简化为两端固支的连续梁，如图 8-15 所示。简化并不能完全与实际的内力和变形保持一致，实际盾构隧道在较远处的内力与位移均为零。因本节的目的是研究沉降曲线特征，故在变形上与实际条件保持一致。

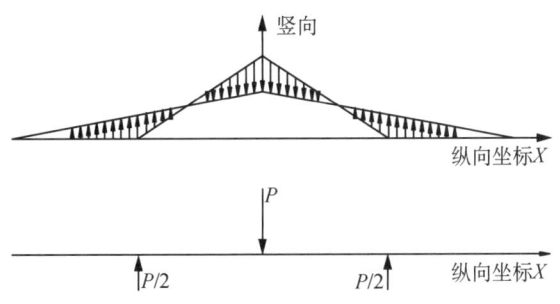

图 8-14　简化线性衰减荷载模式

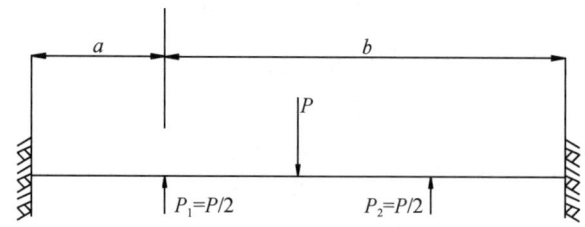

图 8-15 纵向沉降问题的结构简化

假定梁的长度为 100 m，指定荷载 P 为 10 N。计算两种工况：

工况 1：$P=10$ N，$a=30$ m，$b=70$ m；

工况 2：$P=10$ N，$a=40$ m，$b=60$ m。

根据力的平衡及文克勒假定：

当下卧土层较差时，隧道的差异沉降偏大，沉降中心附近区域的负向抗力局部增长明显，抗力等效集中荷载的位置更靠近沉降中心，对应工况 2。

当下卧土层较好时，隧道的差异沉降偏小，沉降中心附近区域的负向抗力局部增长不明显，抗力等效集中荷载的位置相对远离沉降中心，对应工况 1。

图 8-15 所示问题可以根据结构力学知识得到梁的弯矩分布，以下方受拉的弯矩为正（图 8-16）。

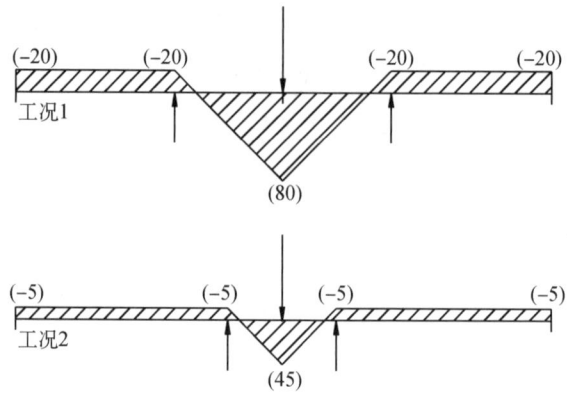

图 8-16 简化梁的计算弯矩分布（单位：kN·m）

对于实际情况，在抗力集中荷载与无穷远处，抗力仍是存在的，因此弯矩是逐步减小的。当距沉降中心非常远时，弯矩逐渐减小为零。因此，需要对图 8-16 进行修正，使得沉降中心较远处的弯矩为零，如图 8-17 所示。

根据图 8-17，在沉降中心附近区域，衬砌结构下方受拉；随着距沉降中心长度的增大，弯矩逐渐减小。当长度超过某一值 L 时，衬砌结构改为上方受拉，并且弯矩绝对值逐渐增大；在抗力集中荷载位置，负弯矩数值达到最大，然后负向弯矩数值逐渐减小，在距沉降中心无穷远处减小为零。

根据材料力学，$EIv'' \approx EIk = -M(x)$，式中 v 表示沉降，k 表示曲率，EI 为抗弯刚度。

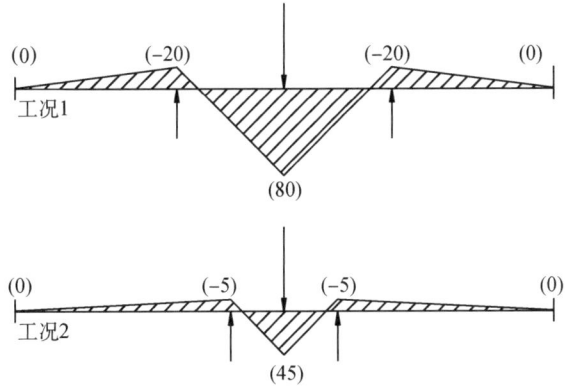

图 8-17 简化梁的修正计算弯矩分布(单位:kN·m)

在弯矩为零的位置 L 两侧,弯矩的符号发生改变,并且弯矩是沉降曲线的二阶导数的线性表达式。根据沉降曲线的特点可知,沉降曲线的 L 位置为一拐点,拐点两侧的弯曲方向发生改变。由于弯矩与曲率呈正相关关系,环缝张开量与曲率也呈正相关,故曲率和环缝张开量的纵向分布与图 8-17 应具有相似性。另外,实际条件下,当下卧土层较好时,沉降中心的曲率偏小。虽然工况 1 的计算跨中弯矩较大,但由于抗弯刚度是结构自身刚度与土体刚度的综合。因此,虽然工况 1 的跨中弯矩大,但曲率偏小。

从上述推导过程中我们可以知道,弯曲方向发生改变的位置(即"拐点")的存在是盾构隧道纵向沉降曲线分布的重要特征。拐点的位置是梁的弯曲方向发生改变的位置,即分布荷载等于零的位置,也是正向荷载与负向抗力大小相等的位置。为了推导拐点的位置与隧道荷载条件的关系,现以表 8-4 所示的工况为例进行分析,计算简图如图 8-18 所示。

表 8-4 计算工况参数

工况	a/m	b/m	c/m	P/N	P'/N
1	44.4	0.6	5	10	1.1
2	37.5	2.5	10	5	1.25
3	28.6	6.4	15	3.33	1.43
4	37.5	2.5	10	10	2.5
5	28.6	6.4	15	10	4.3

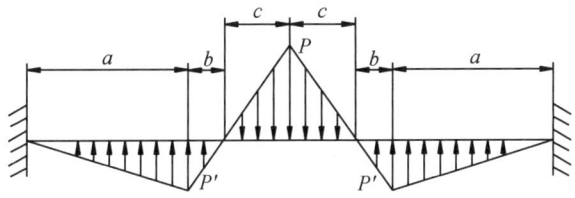

图 8-18 拐点位置计算工况简图

当下卧土层条件变硬时,沉降中心和无穷远处的差异沉降减小,纵向沉降的传递距离减小,负向抗力的等效集中荷载位置趋近于沉降中心。等价反映在图 8-18 中,体现为 c 的长度逐渐减小。梁的长度为 100 m,计算工况 1,2,3 表示下卧土层压缩模量逐渐减小,土层变软。

计算数据汇总在表 8-5 中,从中我们可以分析得到以下关于隧道纵向沉降曲线性态的结论。

表 8-5　　　　　　　　　　　　　计算数据汇总

工况	工况 1	工况 2	工况 3	工况 4	工况 5
最大沉降/mm	10.78	11.40	11.88	22.79	35.65
跨中弯矩/(N·m)	398.63	376.24	355.13	752.49	1 066.04
固端弯矩/(N·m)	−232.08	−249.02	−269.12	−498.03	−806.82
差异弯矩/(N·m)	630.71	625.26	624.25	1 250.52	1 872.86
拐点坐标/m	28.68	28.50	27.84	28.75	27.85

工况 1,2,3 计算结果表明,随着下卧土层的变软,隧道的纵向差异沉降由 10.78 mm 逐渐增大到 11.40 mm、11.88 mm。

隧道的跨中弯矩及跨中与固端的差异弯矩减小,即梁的最大曲率减小,表明随着下卧土层逐渐变软,虽然平均曲率增大,但跨中的最大曲率减小。工况 1,2,3 中,沉降中心位置纵向坐标区间 45~55 范围内的差异沉降分别为 0.366 m、0.350 m、0.331 m;由于计算的结构力学问题与实际盾构隧道在边界处理上存在一定差异,本条计算结果是否能反映实际隧道尚待进一步论证。

根据工况 1,2,3,随着土层变软,隧道沉降曲线拐点的位置仅有稍微差别,基本保持不变。

根据工况 2,4 及工况 3,5,随着荷载的增大,隧道沉降曲线拐点的位置基本保持不变。

上海地铁沉降的实测数据表明,纵向沉降可认为服从高斯分布,拐点存在是高斯分布的重要特征,由此可见本节的推导具有合理性,与实测数据在表象上相吻合。

8.2.2.3　纵向沉降下环缝接头变形特征

第 8.2.2.2 节中推导了盾构隧道纵向沉降曲线的宏观特征,而在该宏观沉降曲线下,盾构隧道接头作为整个结构的薄弱环节,会发生附加的张开与错台变形,严重时会引发隧道的渗漏水和接头混凝土压碎等结构损伤,这些损伤往往会加剧隧道的变形,形成恶性循环,影响地铁结构安全。

隧道环缝变形形态分为环间错台和管片转动两种,如图 8-19 所示。

总的不均匀沉降是由管片转动引起的不均匀沉降和环间错台引起的不均匀沉降二者共同构成的,为了探究这两种变形的分布比例,王飞以上海典型通缝拼装盾构隧道结构为背景,提出了 9 弹簧-接触接头模型,在大型有限元软件 ABAQUS 中建立 50 环盾构隧道三维

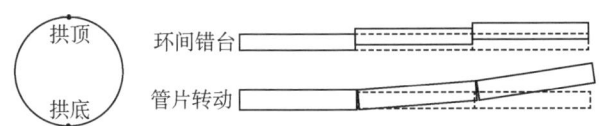

图 8-19 环间错台及管片转动示意

有限元模型,探究了在地表局部超载作用下,盾构隧道环缝接头处的错台量和张开量等细观变形,研究了盾构隧道纵向沉降下环缝接头的变形特征。

在隧道埋深为 10 m,地层弹簧刚度系数取 $K_n = 2\,000$ kPa/m 和 $K_s = (2\,000/3)$ kPa/m 的条件下,计算地表超载值分别取 60 kPa、90 kPa 和 120 kPa 三种工况时,隧道纵向不均匀沉降中两种变形特征所占的比例,如表 8-6 所示。

表 8-6 纵向不均匀沉降构成比较

超载/kPa	位置/组成	错台/mm	转动/mm	合计/mm	转动比例/%
60	拱顶	-0.82	-3.15	-3.97	79.4
	拱底	-0.75	-1.78	-2.53	75.0
90	拱顶	-1.30	-4.62	-5.92	78.0
	拱底	-1.34	-2.53	-3.87	65.4
120	拱顶	-1.92	-6.04	-7.96	75.9
	拱底	-2.48	-3.06	-5.54	55.2

可以看出,在三种荷载条件下,地表局部超载引起的拱顶纵向不均匀沉降量大于拱底,且随超载荷载上升而增大。对于环间错台而言,随荷载增大,局部超载影响局部性越强。此外,在构成不均匀沉降的环间错台和管片转动中,管片转动在三种工况中均占有较大比例(55.2%~79.4%),并随着荷载的增大,管片转动造成的不均匀沉降比例将减小。

8.2.3 隧道纵向不均匀沉降对结构安全的影响

盾构隧道接头的张开与隧道结构安全息息相关,张开变形过大会引起隧道防水失效、管片混凝土破损以及连接螺栓拉坏等诸多隧道病害。而且第 8.2.2 节的结论指出,在构成不均匀沉降的环间错台和管片转动张开中,管片转动张开占有较大比例,因此,了解隧道纵向不均匀沉降对管片张开量的影响,对于了解隧道纵向不均匀沉降对结构安全的影响十分重要。

本节我们将推导隧道纵向变形曲率与环缝张开量的解析关系式,以期对维护纵向不均匀沉降下的隧道结构安全提供意见和参考。

8.2.3.1 基本假定

盾构隧道衬砌结构由衬砌环沿纵向连接而成。当环缝接头受压时,主要由传力衬垫及混凝土管片承受压应力;当环缝接头受拉时,由螺栓承受拉应力,衬垫或管片不参与受拉。环缝接头的抗压刚度和抗拉刚度具有较大差异,抗压刚度大于抗拉刚度。故当环缝接头承受纵向弯矩的时候,其转动轴位置并不在衬砌环的几何中心(O 点),而是由 O 点移动到 O' 点,如图 8-20 所示。本节是推导纵向弯矩作用下环缝接头转动轴的位置,以及环缝张开量与压缩量的比值 m。

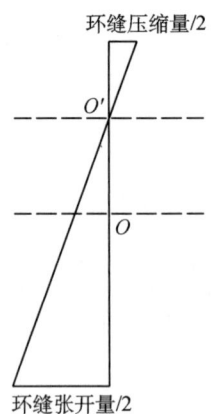

图 8-20 接头张开示意

衬砌环计算半径定义为 R,即衬砌内、外半径的平均值;管片厚度为 d;环缝接头抗压刚度为 $k_1(\text{Pa/m})$;抗拉刚度为 $k_2(\text{Pa/m})$;抗压、抗拉刚度比值为 n,$n=k_1/k_2$。基本假定条件如下:

(1) 平截面假定,即隧道横断面上每一处的张开或压缩量与该位置距中性轴的长度成正比。

(2) 螺栓抗拉刚度沿环缝面积均匀分布。

(3) 接头位置法向应力沿厚度方向均匀分布。

(4) 纵向弯矩作用下,管片环以中性轴为界,一侧受压,另一侧受拉。受拉侧的拉应力由螺栓承担,受压侧的压应力由管片或衬垫承担。

(5) 衬砌环刚度远大于环缝接头,视为刚体。

(6) 环缝底部张开,张开量为 1 个单位。

8.2.3.2 纵向转动轴位置解析推导

通过积分分别求出转动轴上方和下方的法向应力对转动轴的弯矩作用,根据弯矩平衡条件求出转动轴位置以及环缝张开量与压缩量的比值 m。

如图 8-21 所示,根据研究问题的对称性,取结构的左半部分分析。沿弧长取角度微分 $d\theta$,则微分段的弧长为 $Rd\theta$,考虑到衬砌厚度为 d,则微分段的面积为 $(Rd)d\theta$。环缝底部张开量为 1,则环缝底部的法向拉应力为 $k_2 \times 1$。

角度值规定服从笛卡尔坐标系。当微分段对应角度为 θ 时,由图 8-21 可知微分段的应力大小为

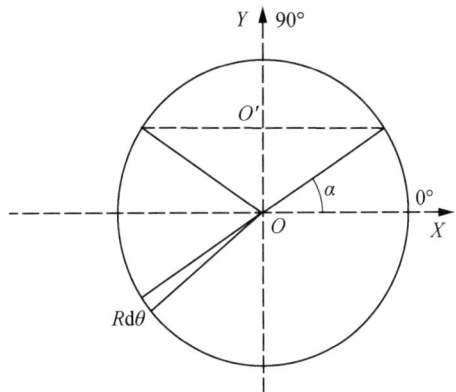

图 8-21 解析推导示意

$$\sigma_\theta = k_2 \frac{\sin\alpha - \sin\theta}{\sin\alpha + 1} \tag{8-21}$$

该微分段的集中力为

$$dF = k_2 \frac{\sin\alpha - \sin\theta}{\sin\alpha + 1} \times dR d\theta \tag{8-22}$$

该微分段对实际转动轴的弯矩为

$$dM = k_2 \frac{(\sin\alpha - \sin\theta)^2}{\sin\alpha + 1} dR^2 d\theta \tag{8-23}$$

故转动轴下方左半边对转动轴的弯矩 M_1 为

$$M_1 = \int_{\pi-\alpha}^{3\pi/2} dM = \frac{k_2 dR^2}{4(\sin\alpha + 1)}\left[-(\pi + 2\alpha)(-2 + \cos 2\alpha) + 3\sin 2\alpha\right] \tag{8-24}$$

环缝接头底部张开量为 1,则顶部压缩量为 $(1-\sin\alpha)/(1+\sin\alpha)$,对应环缝顶部管片微分段的应力为 $k_1(1-\sin\alpha)/(1+\sin\alpha)$。当微分段对应角度为 θ 时,环缝微分段的应力为

$$\sigma_\theta = k_1 \frac{\sin\theta - \sin\alpha}{1 + \sin\alpha} \tag{8-25}$$

该微分段的集中力为

$$dF = k_1 Rd \frac{\sin\theta - \sin\alpha}{1 + \sin\alpha} d\theta \tag{8-26}$$

该微分段对实际转动轴的弯矩为

$$dM = k_1 R^2 d \frac{(\sin\theta - \sin\alpha)^2}{1 + \sin\alpha} d\theta \tag{8-27}$$

故转动轴上方左半边对转动轴的弯矩 M_2 为

$$M_2 = \int_\alpha^{\pi/2} \mathrm{d}M = \frac{k_1 R^2 d}{4(1+\sin\alpha)}\left[(\pi-2\alpha)(2-\cos 2\alpha) - 3\sin 2\alpha\right] \quad (8\text{-}28)$$

转动轴上方的弯矩与下方的弯矩值相同,式(8-23)与式(8-27)应相等,即

$$\frac{k_2 \mathrm{d} R^2}{4(\sin\alpha+1)}\left[-(\pi+2\alpha)(-2+\cos 2\alpha) + 3\sin 2\alpha\right]$$
$$= \frac{k_1 R^2 d}{4(1+\sin\alpha)}\left[(\pi-2\alpha)(2-\cos 2\alpha) - 3\sin 2\alpha\right] \quad (8\text{-}29)$$

由 $n = k_1/k_2$,化简可得

$$\left[-(\pi+2\alpha)(-2+\cos 2\alpha) + 3\sin 2\alpha\right] = n\left[(\pi-2\alpha)(2-\cos 2\alpha) - 3\sin 2\alpha\right]$$
$$(8\text{-}30)$$

通过求解可得到转动轴位置对应角度 α,并可进一步得到环缝张开量与压缩量比值 m:

$$m = (1+\sin\alpha)/(1-\sin\alpha) \quad (8\text{-}31)$$

由式(8-29)可知,转动轴位置对应角度 α 只与转动轴两侧的刚度比值 n 有关,与衬砌厚度、半径和弯矩值等无关。转动轴对应角度 α 随 n 的变化如图8-22所示。当 n 等于10和100时,转动轴对应 α 分别为25°和45°。可见,随着环间接头抗压刚度和抗拉刚度差异的增大,α 不断增大,转动轴的位置逐渐偏离几何中心线。

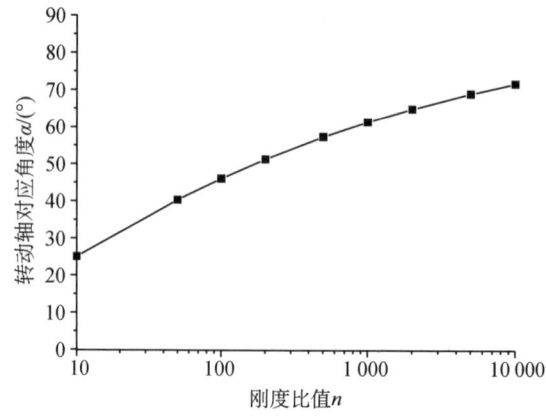

图 8-22 转动轴位置角度 α 与刚度比 n 的关系

环缝接头张开量与压缩量之比 m 随刚度比值 n 的变化如表8-7所示。在应用时可根据估算的 n 值查表获得。

表 8-7　　环缝接头张开量与压缩量的比值 m 与刚度比 n 的关系

n	m	n	m	n	m	n	m
1	1.00	30	3.82	500	11.63	1.0×10^4	38.46
2	1.31	35	4.05	750	13.70	2.0×10^4	50.00

续表

n	m	n	m	n	m	n	m
3	1.54	40	4.27	1 000	15.38	3.0×10^4	58.82
4	1.72	50	4.67	1 500	17.86	4.0×10^4	66.67
5	1.88	75	5.46	2 000	20.00	5.0×10^4	71.43
8	2.26	100	6.13	3 000	23.81	7.5×10^4	83.33
10	2.48	150	7.19	4 000	26.32	1.0×10^5	100.00
15	2.90	200	8.06	5 000	29.41	2.0×10^5	125.00
20	3.25	300	9.52	7 500	34.48	3.0×10^5	142.86
25	3.55	400	10.64	10 000	38.46	4.0×10^5	166.67

8.2.3.3 纵向曲率与环缝张开量关系解析推导

图 8-23 为典型二环拼装衬砌结构纵向转动变形。D 为衬砌环外直径，L_2 为半环宽，B 为环宽，R 为纵向曲率半径。由于拼装及构造产生的初始环缝宽度为 $2L_1$，环间接头张开量与压缩量之比为 m。环缝转动后张角为 2θ。解析推导的目标是得到纵向曲率半径 R 与环缝张开量 $\Delta = 2\delta$ 的关系。

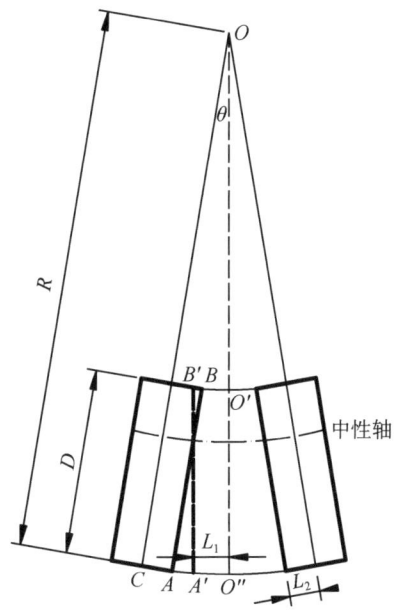

图 8-23 环缝接头纵向转动示意

左侧衬砌环纵向弯曲后，由初始位置 $A'B'$ 顺时针转动到 AB。引起的环缝张开量为

$$\delta = AA' \tag{8-32}$$

已知张开量与压缩量之比为 m,即

$$AA'/BB' = m \tag{8-33}$$

由于转角 θ 为小值,$\sin\theta \approx \theta$,可知

$$AA' + BB' = D\theta \tag{8-34}$$

由式(8-32)和式(8-33)得

$$\delta = \frac{m}{m+1}D\theta \tag{8-35}$$

根据几何关系 $O''A = O''A' + AA'$ 可知

$$O''A = L_1 + \delta \tag{8-36}$$

同时由 $O''A = O''C - AC$

$$O''A = R\theta - L_2 \tag{8-37}$$

由式(8-35)—式(8-37)可知

$$\delta = \frac{Dm(L_1 + L_2)}{R(m+1) - Dm} \tag{8-38}$$

考虑到 $L_2 \gg L_1$,最大环缝张开量 Δ 为

$$\Delta = \frac{mBD}{(m+1)R - mD} \tag{8-39}$$

最大环缝压缩量 Δ' 为

$$\Delta' = \frac{BD}{(m+1)R - mD} \tag{8-40}$$

式(8-39)和式(8-40)即盾构隧道衬砌结构纵向曲率半径与最大环缝张开量、压缩量的关系式。

8.2.3.4 与上海经验公式比较

目前,上海地区盾构隧道环缝张开量经验公式为

$$\Delta = \frac{BD}{R} \tag{8-41}$$

式中,Δ 为环缝张开量;B 为环宽;D 为衬砌环直径;R 为纵向曲率半径。

经验公式认为环缝张开量仅与衬砌环直径、环宽和纵向曲率半径有关,没有考虑环缝接头抗压、抗拉刚度比值变化对环缝张开量的影响。

考虑到一般情况下衬砌结构纵向曲率半径远大于衬砌环直径,当 R 趋向于无穷大时,

解析解简化为经验公式。

$$\lim_{R \to \infty} \frac{mBD}{(m+1)R - mD} = \frac{BD}{R} \tag{8-42}$$

经验公式是解析解在纵向曲率半径远大于衬砌环直径，且接头抗压刚度远大于抗拉刚度时的特殊情况。相对于经验公式，解析解更具有普遍适用性。

以上海地铁 2 号线为例，衬砌环直径 6.2 m，环宽 1 m，根据传力衬垫和接头螺栓材料力学性能，刚度比取 10，可得对应 m 为 2.48。当纵向曲率半径由 50 000 m 减小到 300 m 时，分别由经验公式和解析公式计算环缝张开量变化，可见由经验公式计算出的张开量相对较大，如图 8-24 所示。

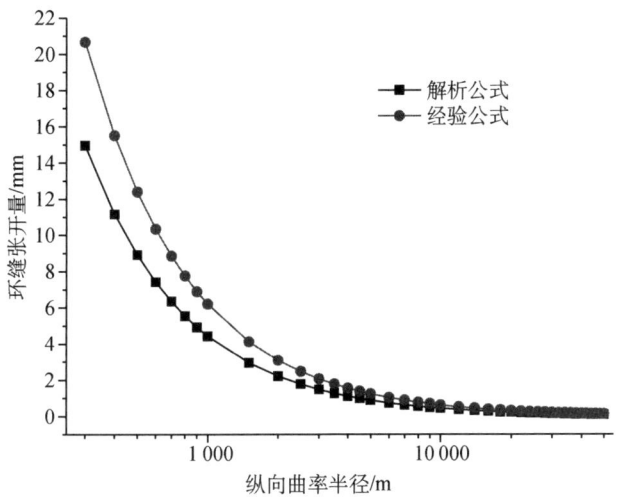

图 8-24 刚度比为 10 时环缝张开量的经验公式与解析公式对比

当纵向曲率半径大于 5 000 m 时，环缝张开量整体水平较小，基本在 1 mm 内；当纵向曲率半径继续减小时，环缝张开量显著增大。

当纵向曲率半径较大时，由两种方法计算出的张开量差异较小；当 $R = 20 000$ m 时，计算的张开量差值为 0.09 mm；当纵向曲率半径较小时，由两种方法计算出的张开量差异较大；当 $R = 500$ m 时，计算的张开量差值为 3.48 mm。

实际工程中往往更关心的是曲率半径较小的区域的环缝张开量，上海地铁 1 号线在使用不到 5 年时间内，曲率半径在 300~400 m 范围内的区段已有多处环缝。在这些区域内，采用经验公式计算的环缝张开量比实际值大。

近年来，由于纵向问题逐渐凸显，工程设计中环缝接头螺栓直径增大，数量增多，接头抗压刚度与抗拉刚度比值减小。以地铁 2 号线为例，当刚度比为 5 时，可得对应 m 为 1.88。由经验公式和解析公式计算的环缝张开量变化如图 8-25 所示。当 m 减小后，经验公式与解析公式计算的张开量差异增大。当 $R = 20 000$ m 时，由两种方法计算的张开量差值由 0.09 mm 增大到 0.11 mm；当 $R = 500$ m 时，张开量差值由 3.48 mm 增大到 4.24 mm。

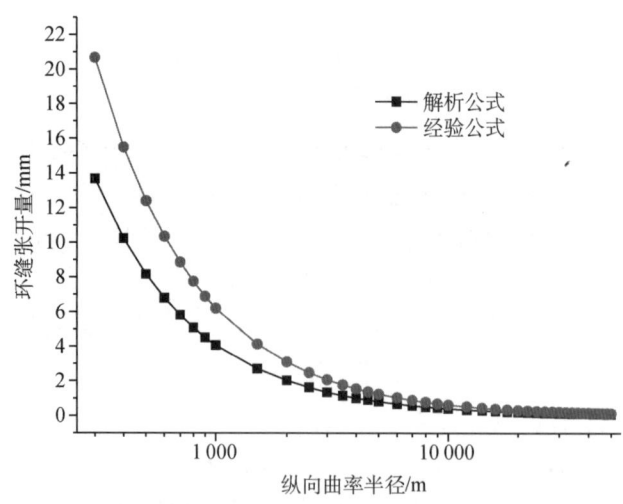

图 8-25 刚度比为 5 时环缝张开量的经验公式与解析公式对比

8.3 隧道变形控制技术与机理

8.3.1 变形控制方法与技术概述

投入运营的城市盾构地铁隧道,随着服役年限的增长,日常检测中发现的隧道病害也日益增多。发生病害的盾构隧道整体上呈现纵向不均匀沉降与横向大变形,局部发生接缝张开、管片错台等变形,导致隧道发生渗漏水、管片缺角掉块和螺栓脱落等灾害。隧道整体大变形会导致结构局部的破损,局部破损反过来又会加剧整体变形的严重程度,长此以往,隧道的正常运营、安全承载受到日益严重的威胁,甚至会影响到正常的行车安全。

目前,工程界和学术界对运营隧道结构安全的保护意识都日渐强烈,加大了对隧道结构的保护和修复方法研究与应用的力度。针对盾构隧道纵向不均匀沉降,工程上主要采用注浆加固的控制措施,通过对上海软土地区的监测发现,近年来隧道沉降和不均匀沉降均出现稳定的趋势,部分隧道甚至还出现了少量回升,可以说针对纵向不均匀沉降的控制已经取得了良好的效果。

与此同时,通过观测发现隧道横向变形问题日益增多,针对横向大变形治理方法的研究尚处在基础阶段,工程实践也在积极探索之中。目前,针对盾构隧道横向大变形的治理方法主要有注浆加固、粘贴芳纶布加固和内张钢圈加固等,三种加固工法各有优缺点与适用范围,在隧道横向变形达到不同阶段时选用合适的加固工法,对于整治横向大变形十分重要。

8.3.1.1 注浆加固

注浆技术,是指利用气压、液压或电化学原理,通过注浆管把浆液均匀地注入地层中,浆液以填充、渗透和挤密的方式,将土颗粒或岩石裂隙中的水分和空气排除后占据其位置,经一定时间后,浆液将原来松散的土粒或裂隙胶结成一个整体,形成一个结构新、强度大、防水性能高和化学稳定性良好的"结石体"。注浆的实质在于胶结、增强与加固。注浆使松散、被扰动的低品质的土体材质变成高品质的材质,即改变土体的 c,φ,E 值等。

针对隧道横向大变形的注浆,主要针对隧道侧向的土体进行加固。注浆加固效果主要体现在两个方面:其一是由于浆液对土体的填充,使得土体体积增加,产生体积膨胀,进而对隧道产生挤压作用,减小已经发生的隧道变形;其二是浆液固化对土体性质产生了加强作用,增强了土体抗力,从而阻止隧道横向变形的进一步发展。

影响注浆加固的施工参数主要有注浆压力、注浆量和注浆范围等,施工参数选取恰当与否对加固效果起着关键性的影响。虽然该加固工法已经在整治隧道纵向不均匀沉降和横向大变形领域广泛采用,但现阶段对于施工参数的选取尚且主要依靠现场监测和工程经验,相关理论研究尚不成熟。

1. 注浆压力

在保证注浆质量的前提下,注浆压力越大,扩散的距离越大,适当增大注浆压力有助于提高土体强度;但是当压力过大时,可能会导致地表隆起以及地表周围建(构)筑物的破坏。在注浆加固施工过程中,一般是按照工程经验先选取一个注浆压力。

2. 注浆量

注浆量的多少是影响注浆加固效果的关键,注浆量过少,不能达到预期的加固效果,而过量注浆,则会产生地表隆起、周边结构倾斜等次生灾害。注浆的掺入比是注浆参数中的关键指标。

3. 注浆范围

针对隧道发生的横向大变形,能否在横断面上选择合适的注浆区域以及在隧道纵向上选择合适的注浆范围,是能否对隧道进行有效加固的关键。若注浆区域距离隧道过远,则起不到加固效果;若距离隧道过近,则有可能会使得隧道周围土体受到较大扰动后发生后续变形。

8.3.1.2 粘贴芳纶布加固

纤维增强复合材料(Fiber Reinforced Plastic/Polymer,FRP)是一种采用多股纤维经过模压、缠绕和拉挤等工艺,再由基底材料胶合而成的新型复合材料。根据组成纤维的化学种类区分,有碳纤维复合材料(Carbon Fiber Reinforced Plastic,CFRP)、玻璃纤维复合材料(Glass Fiber Reinforced Plastic,GFRP)、芳纶纤维复合材料(Aramid Fiber Reinforced Plastic,AFRP)等。按加工形态划分有片材、板材、筋材等。所有的FRP材料共同的突出优点是:强度高、模量高、热膨胀系数低、耐久性极佳,同时质地轻柔,可根据需要裁剪成所需的形状,具有各向异性,因此在结构加固工程中应用广泛,并取得了良好的效果。

运营隧道一般会发生"横鸭蛋"椭化变形,顶部和底部是受拉区,易发生管片开裂、接缝

图 8-26 隧道管片芳纶布粘贴成品

张开变形,芳纶布仅具有抗拉作用,而隧道底部由于道床的存在一般不能处理,因此在运营隧道维护加固工程中,芳纶布只能粘贴在隧道顶部受拉区一定范围内(图 8-26),跨缝粘贴于隧道顶部封顶块两侧,大致在顶部 2.2 m 弧长范围内。具体加固范围应该依据隧道尺寸、受损情况和受损范围来确定。

粘贴芳纶布施工流程大致为:施工准备—管片混凝土表面处理—配制、刷涂基底树脂黏结剂—粘贴芳纶布—固化养护—检测施工质量(图 8-27)。良好的施工质量和粘贴强度是确保芳纶布加固效果的关键。

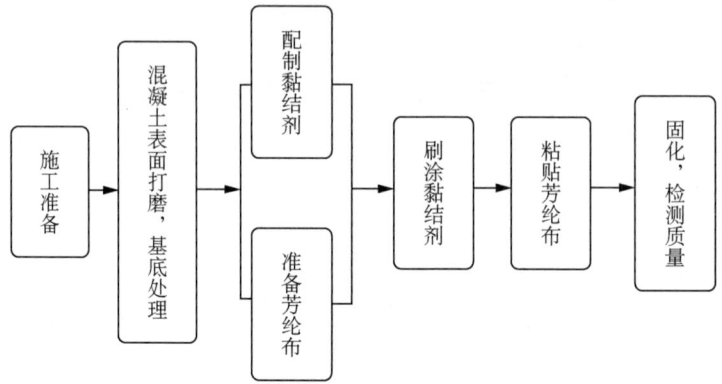

图 8-27 粘贴芳纶布施工流程

8.3.2 注浆加固变形控制机理

注浆是治理软土地铁隧道横向变形和不均匀沉降等隧道病害经常采用的方法。针对目前日益突出的横向大变形问题,主要采用隧道侧向注浆治理。目前,在注浆加固的机理方面,人们的认识还停留在改善土体力学性质、提升土体抗力这一层次,注浆加固对改善隧道横向变形的作用机理尚不明确。张冬梅等以上海典型通缝拼装盾构隧道为背景,建立三维数值模型,以注浆引起的隧道横向收敛、接头张开以及错台变化为指标,分析了隧道侧向注浆对隧道横向变形的影响规律,解释了注浆对横向变形的作用机理。本节对其分析结果予以简要介绍。

8.3.2.1 数值模型介绍

采用 FLAC3D 有限差分软件,建立如图 8-28 所示的数值计算模型,模型尺寸为 32 m×32 m×60 m,隧道外径 6.2 m,内径 5.5 m,每环宽度 1.2 m,隧道顶部埋深 10 m,以隧道横向变形的调整为目标,考虑隧道注浆的空间效应,纵向计算取 50 环。

数值计算模型边界条件如下:地表为位移自由边界,底部边界位移限制为零,模型侧向位移边界限制为零。

注浆加固通过施加膨胀应力使目标土体单元产生体积应变来模拟,即在注浆单元上逐

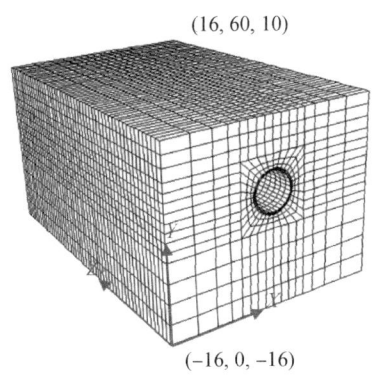

图 8-28 数值计算模型

步施加"虚拟"膨胀压力,知道单元体积应变达到注浆土体体积应变位置,采用该方法是考虑到土体浆液扩散是一个十分复杂的过程,从上海地铁隧道沉降注浆加固经验来看,双液注浆扩散过程主要表现为压密注浆的过程。另外,土体体积应变还可以模拟注浆量的影响。

注浆对横向变形的作用模拟过程如下:首先通过加载实现隧道的变形发展,在隧道变形发展到一定程度时停止加载,进行侧向注浆加固,以注浆引起的隧道水平直径收敛值、竖向直径收敛值、接缝张开量、错台量为指标,研究注浆对隧道变形的影响规律。

1. 加载变形阶段

通过地面加载的方式使隧道发生横向变形,将其作为隧道初始变形,加载方式为:在地表 $(-3 < x < 3, 20 < y < 30)$ 范围内施加 120 kPa,$(-3 < x < 3, 15 < y < 20)$、$(-3 < x < 3, 30 < y < 35)$ 范围内施加 80 kPa 的竖向荷载,使隧道发生初始变形。

2. 注浆加固阶段

通过对注浆区域的单元施加膨胀应力的方式,使注浆后的土体产生与注浆效果等效的体积应变。

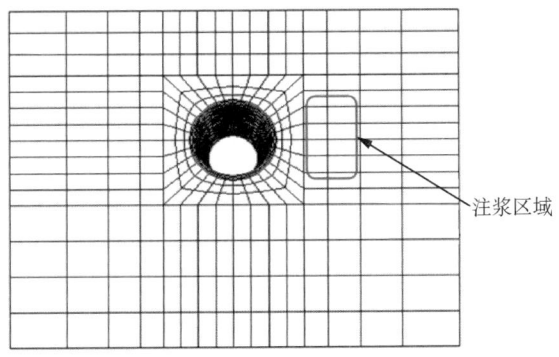

图 8-29 模型横断面注浆区域

8.3.2.2 注浆对隧道横向变形作用机理分析

通过地面加载实现隧道初始变形,得到隧道水平直径收敛值、竖向直径收敛值、接缝张开量和错台量作为注浆加固过程中隧道变形的初始值,与注浆后隧道的变形特性进行比较,揭示注浆加固的作用机理。注浆引起的土体体积应变取为3%。计算中注浆区域为:纵向上在第 23~28 环共 6 环范围、水平方向上距离隧道外侧 2.0~5.3 m,竖直方向为隧道顶以上 1 m 至隧道底以下 1 m 之间的土体进行注浆。

为了分析注浆后隧道的变形机理,以隧道第 25 环为例,得到如图 8-30 所示的隧道变形。在下述分析中,以封顶块右侧接头为第 1 号接头,顺时针旋转依次为 2~6 号接头。

由图 8-30 可以发现,对隧道右侧采用注浆加固以后,隧道衬砌变形发生了明显的变化。以下将从隧道水平直径、竖向直径、接缝张开量和错台量对注浆加固机理展开分析。

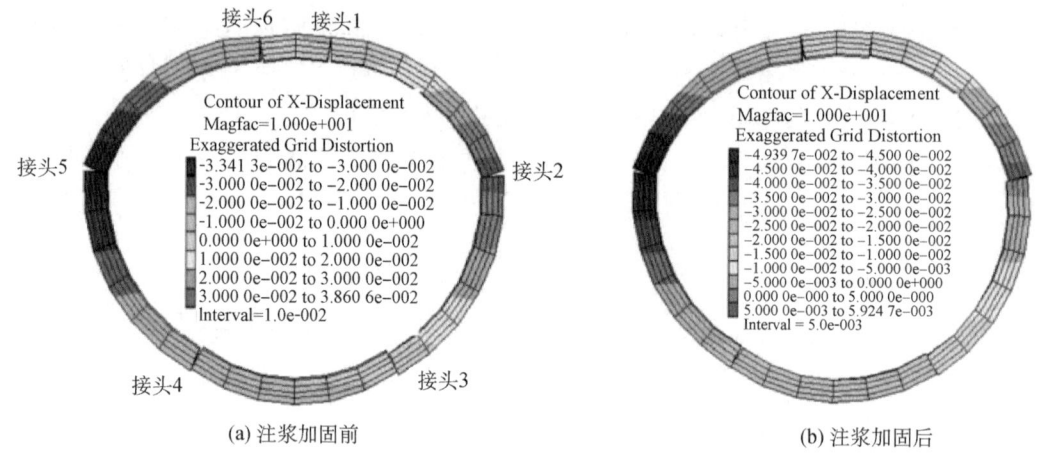

图 8-30 注浆加固前后管片变形对比

1. 隧道直径收敛值

注浆对隧道横向直径和竖向直径的影响如图 8-31 所示,图中直径的变化为注浆前变形量减注浆后变形量所得,因此,由图 8-31 可以看出,注浆能有效改善隧道直径的收敛变形。而且离注浆区域越近,水平直径收敛变化量越大,注浆加固区域中第 23~28 环的隧道水平直径变形分别减小了 18 mm、20.5 mm、22 mm、21.9 mm、19.1 mm、16.3 mm,隧道竖向直径变形分别减小了 13.1 mm、15.4 mm、16.1 mm、15.6 mm、13.7 mm、11.5 mm,而且沿隧道纵向呈现相同的规律。随着距注浆中心距离的增大,直径收敛值的变化呈明显减小趋势,在小于 17 环和大于 23 环的区段直径收敛值基本没有变化,说明注浆加固在纵向上对隧道直径收敛值的影响范围非常有限,在注浆区域 5 环之外的范围,注浆影响基本消失。

2. 隧道接缝张开量

尽管注浆能有效改善隧道横向变形,然而由于隧道由不同管片拼装而成,在注浆过程

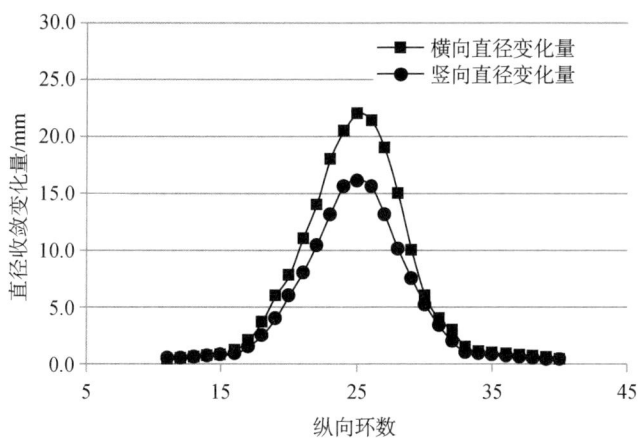

图 8-31 注浆对隧道直径收敛的影响

中,除了隧道直径发生明显变化之外,其接头变形的发展规律对隧道结构的性态也会产生重要的影响。而且从图 8-30 中还可以发现,在注浆过程中由于各管片的位移特性不同,由此产生的隧道接头变形也不同。

以注浆区中间管片即模型中第 25 环管片为例,对注浆引起的纵缝张开量变化进行分析,注浆前后隧道纵缝张开量的变化如图 8-32 所示。由图 8-32 可以看出,注浆使隧道各接头的张开量显著减小,接头 1~6 的减小量分别为 1.38 mm、3.4 mm、2.69 mm、1.8 mm、2.3 mm、1.35 mm,接头张开量分别减小了 25%、39%、42%、34%、21%、21%。然而,由于注浆位置的影响,对处于对称位置的隧道接头,注浆侧隧道接头张开量的减小较为显著。沿隧道环向,注浆侧接头 2 张开量的减小最为显著。而且从图 8-30 中可以看出,注浆加固前的隧道变形中,接头 2 的张开量最为显著,且为外侧张开,这对隧道的防水带来严重威胁。而注浆则有效减小了接头张开量,降低了隧道防水失效的风险。

注浆对接头张开量的变化表明,注浆引起了管片之间的相对转动,根据隧道接头张开量的变化特点,注浆过程中管片的相对转动如图 8-33 所示。

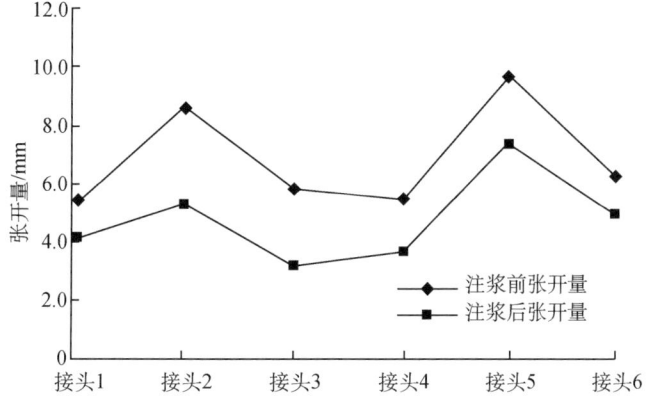

图 8-32 注浆前后隧道第 25 环纵缝张开量

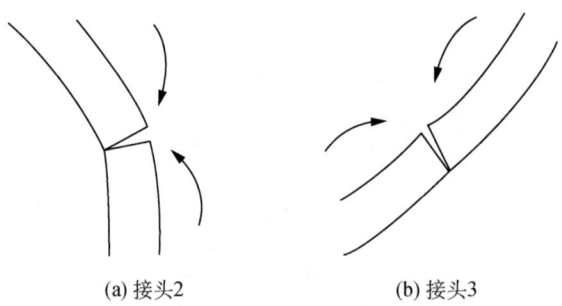

(a) 接头2　　　　　　　(b) 接头3

图 8-33　注浆引起的接头相对转动形式

3. 隧道接头错台量

在注浆发展过程中,伴随着接头张开量的变化,隧道接头之间的错台量也发生了变化,图 8-34 为注浆对第 25 环管片各接头错台量的影响。

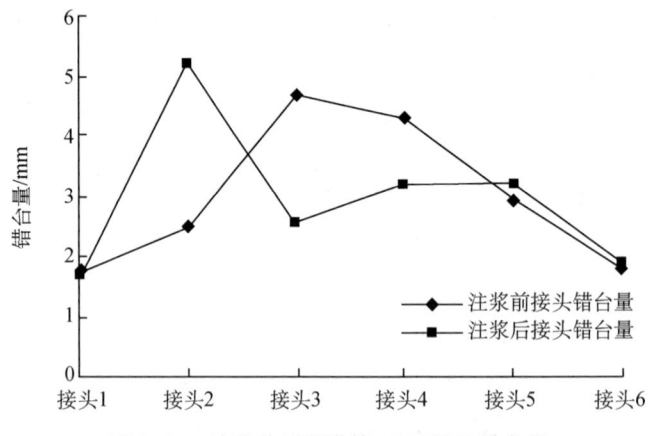

图 8-34　注浆前后隧道第 25 环接头错台量

由图 8-34 可以看出,接头 1 和接头 6 的错台量基本没有变化,可见在注浆作用下,封顶块和邻接块之间的相对刚体位移基本可以忽略。然而接头 2 的错台量由 2.5 mm 增大至 5.1 mm,接头 3 和接头 4 的错台量明显减小,分别从注浆前的 4.7 mm 和 4.3 mm 减小为 2.6 mm 和 3.2 mm。注浆明显改善了接头 3 和接头 4 的错台位移,但也显著增加了接头 2 的错台量。注浆对接头错台发展的影响表明,注浆使标准块产生了显著的相对连接块和封底块的侧向平动位移,从而增加了接头的错台量。

根据隧道注浆对接头变形的影响可以看出,注浆对隧道横向变形的调整以注浆引起的管片侧向相对平动和相对转动来实现。通过管片间的相对运动改善隧道横向变形,减小接头的张开量,尤其是张开量较大的接头 2 得到最为显著的改善;同时也引起接头错台量发生较为复杂的变化,注浆既可以减小注浆前错台较大的接头变形,但也会增加接头 2 的错台量,因此,注浆对隧道接头的影响特点给注浆参数的优化提出了要求。

8.3.2.3 注浆对隧道横向变形作用的参数分析

根据注浆对隧道横向变形的影响机理以及注浆工艺特性,对隧道变形产生重要影响的注浆参数主要为注浆量和注浆范围,通过对注浆参数影响进行分析,可为隧道注浆参数优化提出建议。在参数影响分析中,计算模型同 8.2 节,隧道的初始收敛仍采用加载方法实现,注浆加固所对应的隧道初始水平直径收敛值为 76.5 mm。

1. 注浆量的影响

注浆量采用注浆引起的土体体积应变 $\Delta\varepsilon_V$ 表示,参数分析中注浆引起的土体体积应变为 0.5%、0.6%、0.7%、0.8%、0.9%、1.0%、1.2%、1.4%、1.6%、1.8%、2.0%、2.5%、3.0%、3.5%、4.0%、4.5%、5.0% 共 17 个工况。

注浆量对隧道水平直径收敛变化、隧道水平位移的影响如图 8-35 所示,图中隧道水平位移分别采用隧道水平直径两端点的水平位移表示。而由前述分析可知,注浆对竖直直径收敛的影响与水平直径收敛规律相同,因此,图中注浆量隧道直径收敛变化的影响仅以水平直径变化为对象展开研究。从图 8-35 可以看出,当 $\Delta\varepsilon_V$ 小于 2.0% 时,水平直径收敛减小量随注浆量变化较平缓;当 $\Delta\varepsilon_V$ 大于 2.0% 时,水平直径收敛减小量随注浆量的增加显著增加,并呈线性关系。

图 8-35 同时也表明,随着注浆量的不断增加,隧道发生了较为显著的水平向侧移,且隧道水平直径右端的侧移量显著大于其左端的侧移量,这一方面带来了隧道水平直径收敛的减小,改善了隧道的横向变形,另一方面也带来了隧道的附加侧向位移。由此也可发现,隧道直径收敛的改善主要由注浆引起的注浆侧管片平动位移所致。

通过对比水平直径收敛的减小量与隧道水平直径右端点之间的差异可以发现,当 $\Delta\varepsilon_V$ 大于 2.0% 以后,二者的差异逐渐增加,这说明隧道的侧向水平位移不断增加。当注浆量超过 4% 时,因注浆引起的隧道侧向水平位移超过 5 mm。因隧道注浆沿隧道纵向是区域性的,注浆引起的隧道侧向水平位移表现为隧道纵向不均匀变形,影响隧道纵向稳定。基于注浆对隧道横向变形和侧向位移的影响特点,注浆量宜控制在 2%~4%。

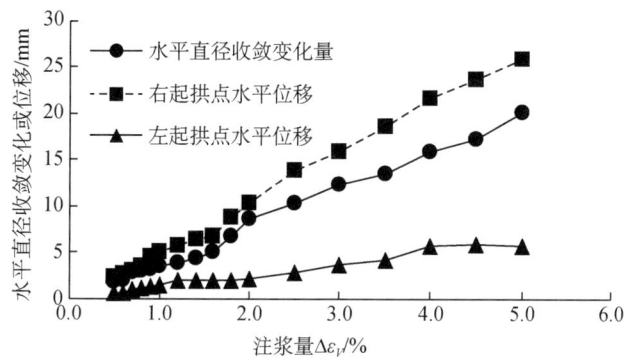

图 8-35 注浆量对隧道水平直径收敛及隧道水平位移的影响

注浆能有效减小隧道接头张开,但会增加接头错台量,以受注浆影响较大的接头 2 为例,分析注浆对接头变形的影响。不同注浆量对接头 2 的张开量和错台量的影响如图 8-36 所示。

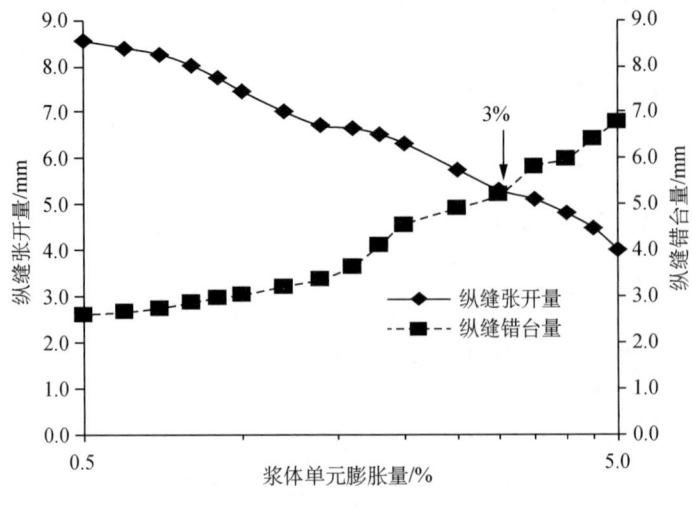

图 8-36 注浆量对接头 2 变形的影响

图 8-36 表明,随着注浆量的增加,纵缝张开量呈下降趋势,而纵缝错台量却呈增加趋势。当注浆量 $\Delta\varepsilon_V$ 小于 1.5% 时,纵缝张开量的减小显著,而错台量的变化则相对缓慢,对比图 8-35 和图 8-36 可以发现,在注浆量较小时,注浆对隧道的调整以接头张开量的闭合为主,随着注浆量不断增加,注浆对隧道的影响主要表现为直径收敛的减小,并随之带来接头错台量的发展。这就表明,在注浆初期,注浆对隧道变形的调整以邻接块与标准块的转动为主;随着注浆量的增加,注浆对隧道变形的调整以管片的平动为主。

虽然隧道注浆量能有效减小隧道接头张开,但在注浆量超过 3% 以后,接头错台量的增加速率急剧增大,考虑到接头张开量和错台量的发展规律,注浆量控制在 3% 既能有效减小隧道接头的张开,又能有效控制由于注浆而引起的接头错台量。

2. 注浆范围

工程实践上,竖向上注浆范围一般为隧道顶到隧道底之间的土体;考虑到注浆对隧道的扰动,水平方向上一般离开隧道外侧 3 m 左右开始布置注浆管,考虑上述因素并结合计算模型特点,选取 8 个不同注浆区域进行分析,如表 8-8 和图 8-37 所示。注浆量仍采用注浆引起的土体体积应变 $\Delta\varepsilon_V$ 来表示,值仍取为 3%,注浆对应的隧道初始变形为 76.5 mm。

8 隧道横向和纵向变形及控制技术机理

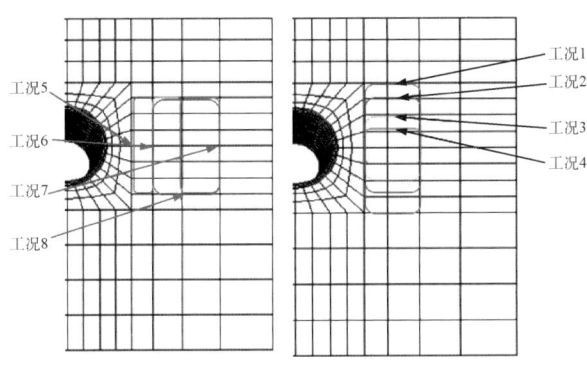

图 8-37 注浆区域

表 8-8 注浆范围

工况	水平方向	竖直方向
1	隧道外侧 1.8~5.3 m	隧道顶以上 2 m 至隧道底以下 2 m
2	隧道外侧 1.8~5.3 m	隧道顶至隧道底
3	隧道外侧 1.8~5.3 m	隧道顶以下 1 m 至隧道底以上 1 m
4	隧道外侧 1.8~5.3 m	隧道顶以下 2 m 至隧道底以上 2 m
5	隧道外侧 1.8~3.4 m	隧道顶至隧道底
6	隧道外侧 3.4~5.3 m	隧道顶至隧道底
7	隧道外侧 5.3~8.8 m	隧道顶至隧道底
8	隧道外侧 3.4~8.8 m	隧道顶至隧道底

（1）竖向注浆范围对注浆效果的影响。

注浆离开隧道外侧距离一定的条件下，竖向注浆区域对隧道直径收敛的影响如图 8-38 所示。

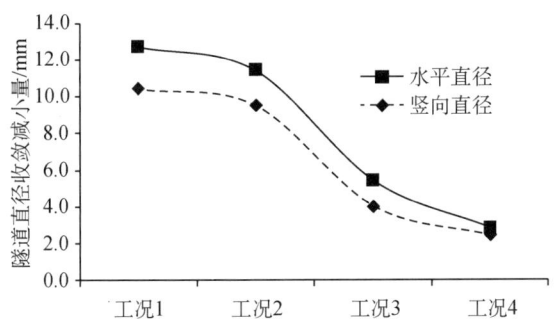

图 8-38 竖向注浆区域对隧道直径收敛的影响

总而言之，在离开隧道相同距离条件下，竖向注浆区域越大，对隧道直径收敛的调整幅度越大。然而,当加固区域从工况 1 变化到工况 2 时,尽管加固区域在竖向范围上减少了 40%,但是对隧道直径收敛调整量只减小了 10%。而在加固区域从工况 2 减小到工况 3、加固区域减小了 30% 的情况下,隧道水平直径收敛的减小量下降了 52.6%。而继续减小竖向注浆范围,注浆对隧道直径收敛的调整幅度也明显变缓。由此可以发现,竖向上隧道变形对隧道顶至隧道底之间的土体加固区域最为敏感,对该区域进行加固能有效改善隧道横向变形。

(2) 注浆体和隧道间距对注浆效果的影响。

注浆体和隧道之间的水平距离对加固效果的影响如图 8-39 所示。该图表明,注浆体和隧道之间的间距对注浆效果影响显著,二者之间的距离越小,注浆加固效果越明显。从工况 5 到工况 7,随着注浆体和隧道之间距离的增加,注浆对隧道变形的调整效果呈线性减小的趋势。通过对比工况 6 和工况 8 也发现,在注浆体和隧道之间的距离相同的情况下,注浆宽度增加了 66%,而对隧道横向变形的调整仅增加了 15% 左右。从这个意义上讲,注浆距离对注浆效果起着决定性的影响,而且注浆体与隧道之间的距离越近,加固效果越好。然而考虑到注浆过程对隧道周围土体的扰动、注浆设备的安放空间等问题,实践上以离开隧道外侧 2 m 为宜。根据注浆区域对隧道变形影响和调整规律,隧道外侧 2~5 m 是对注浆加固效果的核心影响区域。

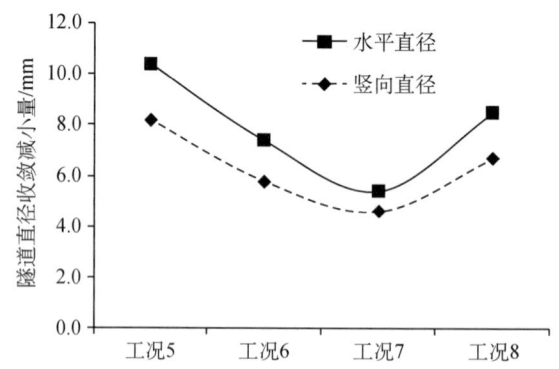

图 8-39 注浆体和隧道之间的水平距离对注浆效果的影响

8.3.2.4 结论

利用数值模拟方法,基于隧道侧向注浆引起的土体体积应变,本节分析了隧道侧向注浆对隧道横向大变形的影响规律,揭示了侧向注浆的作用机理,分析了注浆参数对隧道变形调整的影响规律。得到的主要结论如下:

(1) 侧向注浆加固能显著减小隧道横向变形和纵向接头张开量,降低隧道渗漏水风险。注浆对隧道水平直径变形的调整量大于对隧道竖向直径变形的调整量;沿隧道环向,注浆对隧道肩部接头张开量(接头 2,也即连接块和标准块之间的接头)的减小最为显著。

(2) 侧向注浆对隧道变形和接头张开量的调整主要通过管片转动和刚体移动来实现。在注浆初期,注浆引起的管片运动主要以转动为主,因此,该阶段隧道接头张开量的减小显著,而收敛变形的减小相对缓慢;随着注浆量的增加,注浆引起的管片刚体移动增加,隧道收敛迅速减小,而注浆引起的接头错台量也显著增加,并引起较大的隧道侧向位移。

(3) 以上海地铁隧道为背景,综合注浆对隧道直径收敛、接头张开量、接头错台量和隧道刚体位移的影响规律,提出最优注浆量($\Delta\varepsilon_V$)为 3‰。

(4) 基于注浆对隧道收敛变形的影响和调整规律,发现最优注浆范围为:竖向上为隧道顶至隧道底、水平方向上为距离隧道 2~5 m 的注浆区域。

必须指出的是,由于隧道注浆会引发土体中超孔隙水压力的发展,因此,注浆对隧道变形的长期效果也是工程中必须关注的问题,目前对该问题的研究正在进行中。

8.3.3 芳纶布加固变形控制机理

对于发生横向收敛变形的盾构隧道,粘贴芳纶布加固是常用的控制横向收敛变形的加固措施。相比于注浆加固、内张钢圈加固等方法,粘贴芳纶布加固具有经济性良好、施工方便快捷、不影响地铁正常运营等诸多优点。目前,该加固工法的使用主要依据工程经验进行。目前,针对直径 6.2 m 的典型通缝拼装盾构隧道,上海地铁维护经验是在隧道横向收敛变形达到 8~9 cm 时于隧道顶部封顶块受拉区域粘贴芳纶布加固,粘贴区域为 2.2 m 弧长左右,如图 8-40 所示。

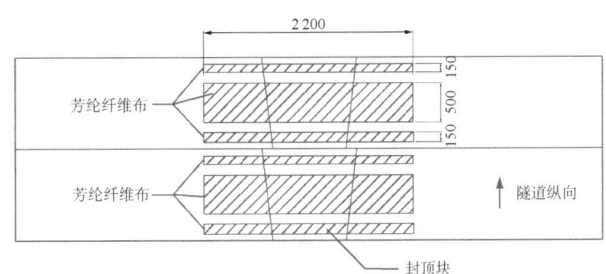

图 8-40　芳纶布粘贴加固示意(单位:mm)

目前,针对芳纶布加固工法的效果和机理研究尚比较少见。刘梓圣和张冬梅采用数值模拟的方法,以隧道横向收敛变形和接缝张开量为指标,探讨了芳纶布对隧道横向变形的加固机理和加固效果;对芳纶布粘贴时机与粘贴层数对加固效果的影响进行了参数影响分析。本节予以简要介绍。

8.3.3.1 计算模型及材料参数

将研究对象作为平面应变问题考虑,建立有限元计算模型如图 8-41 所示。模型外径 6.2 m,内径 5.5 m。

隧道管片采用 C55 级混凝土,其本构模型为 Saenz 双折线随动硬化模型,其材料参数如表 8-9 所示。为了模拟接头对隧道刚度的影响,对管片螺栓孔之间的混凝土弹性模量进行弱化,弱化范围为螺栓孔的距离,即 400 mm。上海软土条件下的通缝拼装盾构隧道横向刚度有效率 η 为 0.67 左右,接头混凝土弹性模量通过试算确定,与横向刚度有效率 η 为

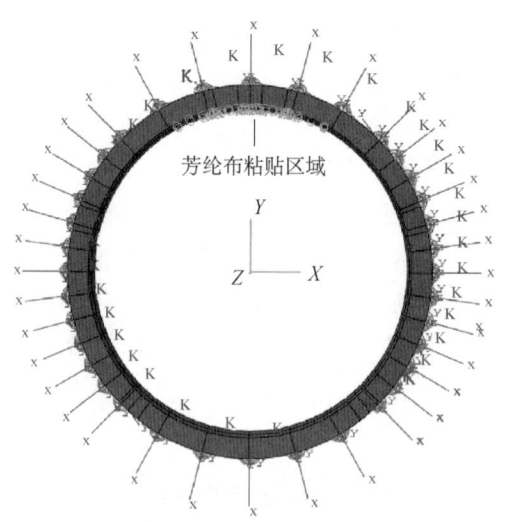

图 8-41 隧道结构数值计算模型

0.67 的普通均质圆环对比,确保在荷载条件、侧压力系数以及地层抗力相同的条件下,二者具有相同的收敛变形值,试算结果表明接头部位混凝土弱化模量取值为 4 875 MPa。

表 8-9 管片及接头部位混凝土材料本构参数

材料位置	弹性模量/MPa	硬化模量/MPa	弹性极限/MPa	泊松比
管片部位	35 495	592	25.3	0.167
接头部位	4 875	592	25.3	0.167

由于芳纶布抗拉强度较高,不考虑加固材料的破坏,因此芳纶布采用线弹性本构模型,其材料参数如表 8-10 所示。

表 8-10 芳纶纤维布材料本构参数

材料名称	厚度/mm	抗拉强度值/MPa	弹性模量/GPa	极限拉伸率/%
芳纶布	0.286	2 780	119	2.1

采用荷载-结构法通过施加超载的方式实现隧道的变形发展,在隧道变形发展到一定程度时通过单元生死功能激活芳纶布单元,通过对比分析粘贴芳纶布前后模型横向收敛值的变化来探究芳纶布的加固效果。

8.3.3.2 芳纶布控制横向收敛变形的效果

对结构施加外部超载,在结构横向收敛值达到 $5‰D$(D 为隧道外径)倍外径的变形控制限值时激活芳纶布单元,得到在外部荷载相同的条件下粘贴芳纶布与否两种工况下横向收敛的变化值,如图 8-42 所示。

可以发现,粘贴芳纶布确实能够减小隧道横向收敛程度。为了对芳纶布加固效果进行

8 隧道横向和纵向变形及控制技术机理

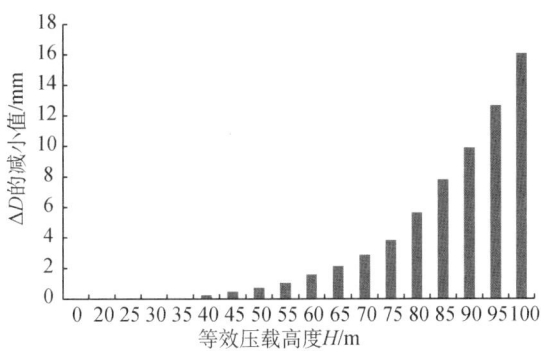

图 8-42 粘贴芳纶布后收敛的减小值随超载变化情况

综合评价,定义粘贴芳纶布后隧道结构横向变形量相对于未粘贴芳纶布时的横向变形量的减小百分比 λ 作为评价加固效率的标准。

$$\lambda = \frac{\Delta D - \Delta D'}{\Delta D} \tag{8-43}$$

式中,λ 为芳纶布加固效率(%);ΔD 为未粘贴芳纶布的隧道在特定荷载条件下的横向变形量;$\Delta D'$ 为粘贴芳纶布的隧道在同一荷载条件下的横向变形量。

随着荷载水平的增加,隧道自身横向变形率 $\Delta D/D$ 不断增大,下面探讨芳纶布的加固效率同隧道横向变形率 $\Delta D/D$ 之间的关系。

图 8-43 表明,当横向直径变形率 $\Delta D/D$ 小于 1.6% 时,加固效率 λ 基本呈线性增加,加固效果随横向变形的发展越来越明显;然而,当 $\Delta D/D$ 大于 1.6% 之后,加固效率 λ 增速变缓,隧道横向收敛达到 3.0% 时,芳纶布加固效率为 9%。

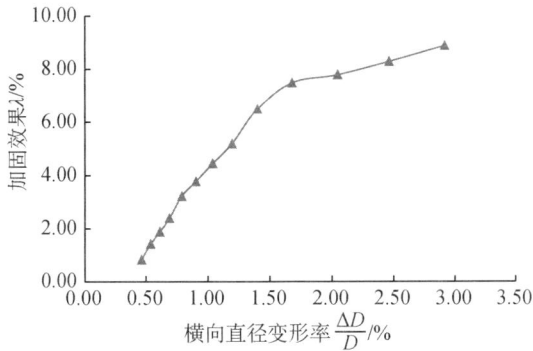

图 8-43 加固效率与隧道变形率之间的关系

下面针对芳纶布对横向收敛的加固效果进行针对粘贴时机和粘贴层数的参数分析。

1. 芳纶布粘贴时机的影响

依据目前的工程经验,一般在隧道横向收敛达到 80 mm(1.3%D)时采取粘贴芳纶布的方式。在隧道不同的变形程度下粘贴芳纶布,加固效果也必然有所差异。下面以粘贴时机为参数,探究加固效率 λ 的变化情况。

以荷载水平 H 达到 100 m 时为例,如图 8-44 所示,在隧道发生 0.5%D 的变形量时粘贴芳纶布,其加固效率为 8.88%,而若在发生了 2.5%D 的大变形之后再进行粘贴,加固效率仅有 4.10%,加固效率减小了 50%。粘贴芳纶布时隧道已发生的横向变形量越大,芳纶布的加固效率越低,二者基本上呈现良好的线性关系。也就是说,粘贴时机越早,加固效率越大,加固效果越好。若期望芳纶布发挥更好的作用,就应该在已发生的横向变形较小时进行加固施工。

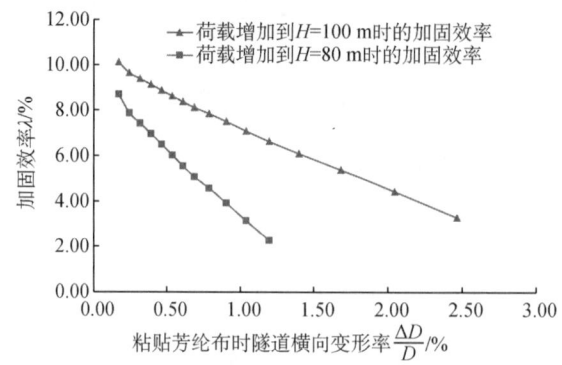

图 8-44 不同加固时机对芳纶布加固效率的影响

2. 芳纶布粘贴层数的影响

现阶段工程上采用的芳纶布产品厚度仅为 0.286 mm,是一种很薄的片材,通常仅粘贴单层。为了取得更佳的加固效果,本节对粘贴 1~5 层芳纶布、超载水平为 100 m 的不同工况下的加固效率进行对比分析,结果如图 8-45 所示。

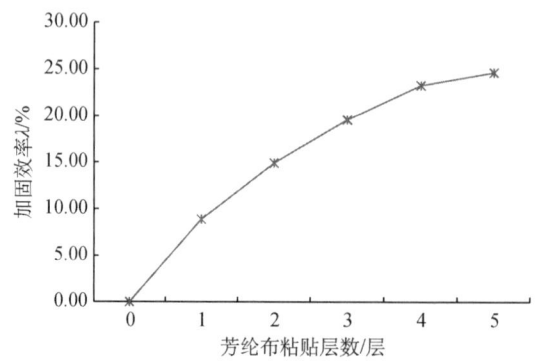

图 8-45 不同粘贴层数对加固效率的影响

随着粘贴层数的增加,ΔD 逐渐减小,粘贴 1~5 层芳纶布时 ΔD 值分别降低了 16.07 mm、26.98 mm、35.41 mm、42.12 mm、44.58 mm,加固效率分别为 8.88%,14.91%,19.57%,23.28%,24.64%。

总体而言,加固效率随粘贴层数增加而增加,但是曲线斜率趋于平缓。当层数由 1 层增加到 2 层时,加固效率 λ 增加了 6.03%,而当层数由 4 层增加到 5 层时,加固效率 λ 仅增加了1.36%,随着层数的增加,粘贴芳纶布对隧道直径收敛的调整幅度在逐渐减弱。故而建议粘贴2~3层芳纶布,或者选择粘贴厚度较大、弹性模量更大的材料是综合效益最佳的方案。

8.3.3.3 芳纶布控制接头张开的效果

采用第8.1节中介绍的隧道变形几何简易分析方法,可以根据上述计算结果换算芳纶布加固工法控制隧道接头张开的效果。

根据模型计算得到的直径变化值和几何简易分析法的换算公式,发现当横向收敛值达到5‰D时,腰部接头率先达到6 mm的防水控制限值,故而在横向直径变形率$\Delta D/D$达到5‰时粘贴芳纶布。此处定义接头张开量的减小百分比为对接头张开的加固效率κ。

粘贴单层芳纶布对三处接头张开量的加固效果是类似的。当横向直径变形率$\Delta D/D$小于1.6%时,加固效率κ基本呈线性增加,加固效果越来越好;当$\Delta D/D$大于1.6%时,加固效率κ稳定在12%左右,如图8-46所示。

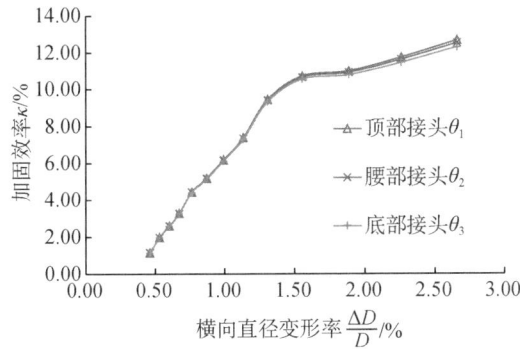

图8-46 粘贴芳纶布对各接头加固效率的影响

对比分析1~4层粘贴层数对张开量最大的腰部接头张开量的加固效率的影响。加固效率随粘贴层数增加而增加,当隧道横向变形率$\Delta D/D$发展至2.67%时(对应超载水平$H=100$ m),粘贴1~4层芳纶布将效率分别为12.52%、18.37%、21.85%和24.68%。同时可以发现,在粘贴层数较多时,增加层数对加固效率的贡献逐渐减小。

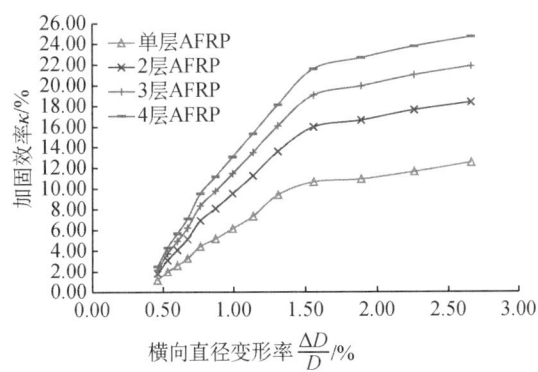

图8-47 粘贴层数对腰部接头加固效率的影响

8.3.3.4 结论

本节利用数值模拟方法,分析了粘贴芳纶布对隧道直径收敛和接头张开的加固效果,并分析了粘贴时机和粘贴层数对加固效果的影响,可以得到如下结论:

(1) 粘贴芳纶布能有效地限制隧道横向收敛和接头变形。当横向直径变形率 $\Delta D/D$ 小于 1.6% 时,加固效率基本呈线性增加;当 $\Delta D/D$ 大于 1.6% 时,单层粘贴的芳纶布对横向收敛变形的最大加固效率为 9%,对接头张开的最大加固效率为 12%。

(2) 芳纶布加固效率与粘贴时隧道已发生的变形大小呈现良好的线性关系,粘贴时机越早,加固效果越好。

(3) 增加芳纶布粘贴层数能够显著提升加固效率,然而随着层数的上升,粘贴芳纶布对隧道直径收敛的调整幅度在逐渐减弱。本书建议粘贴层数为 2~3 层,或者采取增大单层芳纶布厚度的方法,可以取得良好的综合效益。

(4) 试验表明,当管片发生大的变形时,采用粘贴芳纶布的方式效果不是特别理想。由于管片环带有内弧面,而不是一个平面,受拉时往往只有局部可以受力。

9

隧道病害的运维管理

9.1 隧道病害分类、特征及产生原因
9.2 隧道病害的检查与监测
9.3 隧道病害的安全状态评估
9.4 隧道病害的分级检修
9.5 隧道重大病害的治理技术
9.6 隧道病害治理案例

9.1 隧道病害分类、特征及产生原因

隧道结构病害可以归为三大类：渗漏水、结构损伤以及纵、横向结构变形。这三类病害一般同时存在，相互影响，尤其是渗漏水与纵、横向结构变形关系密切。发生水土流失就会引起隧道接缝间隙变大，继而加剧水土流失，从而形成恶性循环，最终导致隧道结构失稳破坏。

根据上海历年隧道检查情况，隧道内最为常见的病害是渗漏水，此外还存在一定数量的管片损伤和管片错台现象，在小转弯半径和差异沉降较大的区段，可能还存在管片与道床脱开现象。隧道结构变形类病害主要体现在隧道纵向不均匀沉降和隧道横向水平直径收敛变形方面。

隧道病害集中分布的区段归结如下：①车站端头井位置；②区间连通通道或泵站位置；③小半径弯道区段；④引导段和出入库线；⑤地质条件差的区段；⑥邻近地铁各类工程施工影响区段；⑦建设遗留段及差异沉降较大处。

9.1.1 渗漏水

渗漏水病害是隧道最常见的病害，也是对隧道危害较为明显的一种病害。其与隧道结构变形相互影响，互为恶化，尤其是埋置于砂性土层中的隧道，一旦发生漏泥漏砂，隧道变形会急剧变化，将危及结构安全。

盾构法隧道是由预制管片通过压紧装配连接而成的，管片均是在工厂预制的，其本身的防水质量可以保证。因此，盾构隧道渗漏水总体上是以"缝"和"孔"为途径的。盾构隧道的显著特点就是存在大量的接缝，1 km 长的单圆地铁盾构隧道需要 5 000～6 000 块管片拼装而成，接缝总长度是隧道长度的 20 余倍，盾构隧道接缝长度远超过其他施工方法建成的隧道接缝长度。因此，盾构隧道的多缝特点已成为隧道发生渗漏水的最直接或潜在因素之一。

渗漏水最常见的部位集中在环缝、纵缝及新产生的裂缝位置，还有少数发生在注浆孔、手栓孔、螺栓孔以及新开孔部位，纵缝、环缝、注浆孔及少数新产生的裂缝的渗漏水路径直接与隧道外部土层接触；而螺栓孔、手孔等渗漏水是由于隧道构造原因（与接缝相连）而产生的；其他部位发生的渗漏水及漏泥漏砂均是由于与这些缝连通而发生的。

根据隧道渗漏水程度和特征，渗漏水主要包括湿迹、渗水及滴漏等。当隧道所处深度存在第⑤$_2$层粉砂性土层时，在环纵缝位置可能发生漏泥漏砂现象（图 9-1）。

隧道渗漏水部位和途径主要包括以下四种：

（1）管片接缝。管片纵、环缝是隧道内渗漏水最常见的通道，根据对上海地铁隧道的 30 余环统计分析，90% 以上的渗漏水是从纵向或环向接缝处发生的，如图 9-2—图 9-4 所示。

9 隧道病害的运维管理

图 9-1 漏泥漏砂

图 9-2 环缝渗漏水

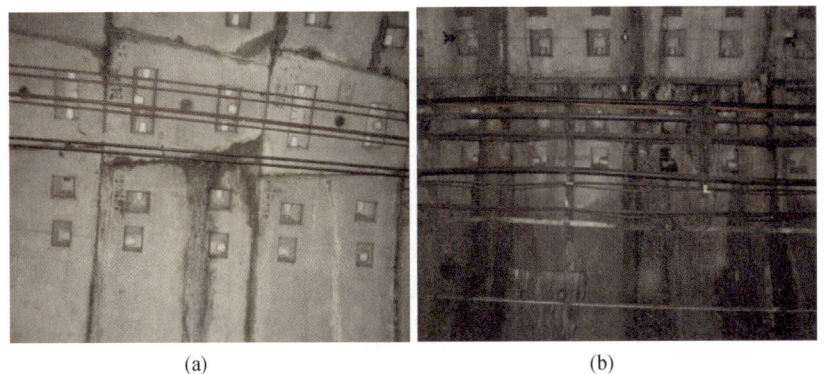

图 9-3 纵缝渗漏水

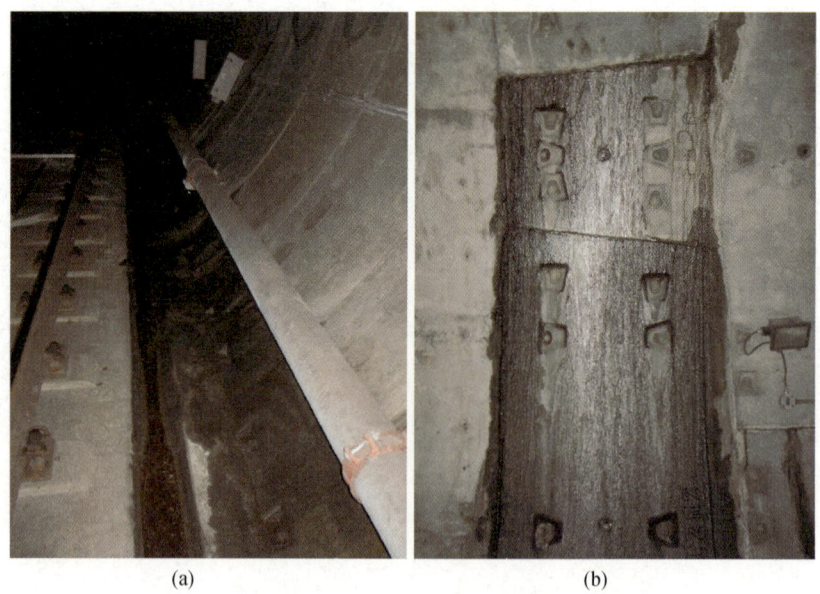

图 9-4 大面积纵缝渗漏水

（2）注浆孔。在隧道施工阶段，利用注浆孔进行壁后注浆是控制地层损失的必要措施，使用之后通常采用闷头封闭处理，但封闭质量往往存在问题，导致注浆孔成为后期渗漏水通道之一，如图 9-5 所示。

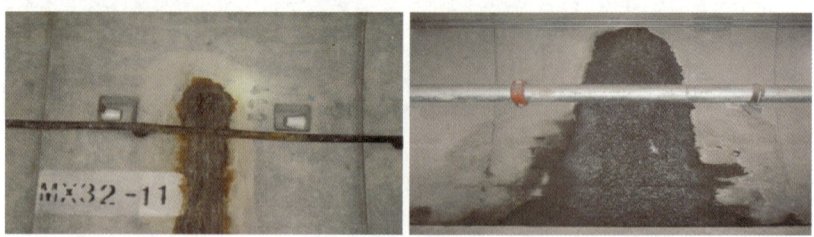

图 9-5 注浆孔渗漏水

（3）螺栓孔。在环纵缝防水一定程度失效后，螺栓孔可能发生渗漏水现象，如图 9-6 所示。

图 9-6 螺栓孔渗漏水

（4）管片裂缝。管片裂缝渗漏现象相对较少见。

9.1.2 结构损伤

在隧道不均匀沉降作用下，特别是隧道施工质量存在缺陷的区段，管片可能发生损伤现象，目前常见的管片损伤病害主要有裂缝和管片缺角两大类。管片上的裂缝和缺角掉块几乎全部在施工过程中产生，主要由盾构推进施工时受力不均匀所致。顶部管片存在裂缝的环数比例低于总环数的 2%，一般因施工单位经验不足呈集中发生。

1. 裂缝

混凝土的裂缝是不可避免的，其微观裂缝是本身物理力学性质决定的，但它的有害程度是可以控制的，有害程度的标准是根据使用条件决定的。如图 9-7 和图 9-8 所示分别为环向裂缝和纵向裂缝实例。

图 9-7 环向裂缝

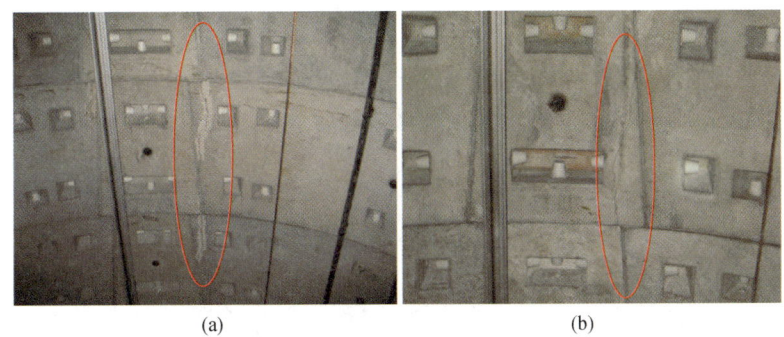

(a)   (b)

图 9-8 纵向裂缝（封顶块）

2. 掉块

对于短期荷载造成的管片掉块一般位于管片边的某一单一位置，一般是在盾构推进过程中产生，主要是由千斤顶顶力不均匀造成的。其风险相对比较小，其危害程度从耐久性方面考虑，多根据其是否有漏筋现象来判定。如图 9-9 和图 9-10 所示分别为单边掉块和双边掉块实例。

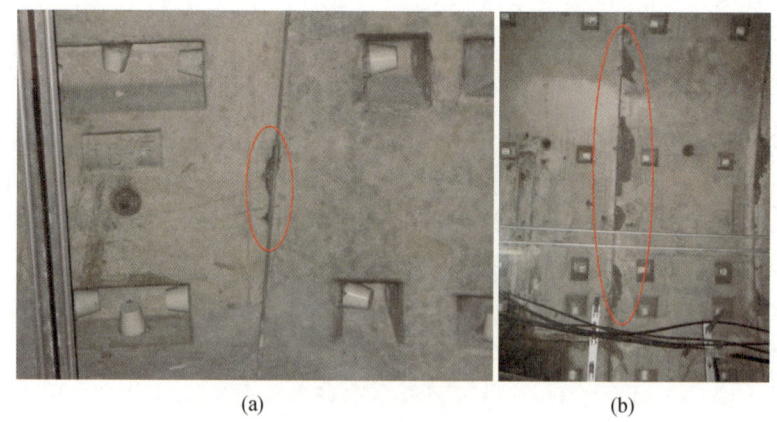

图 9-9 单边掉块

图 9-10 双边掉块

3. 缺角

缺角位于管片的角部,一般多在混凝土管片运输、拼装等过程中磕碰掉落。根据对管片耐久性的影响程度不同,缺角可分为漏筋和不漏筋两种情况,分别如图 9-11 和图 9-12 所示。

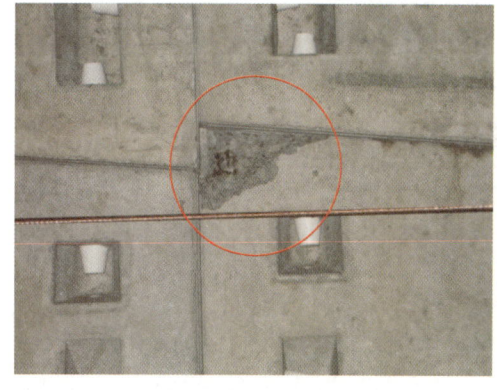

图 9-11 缺角(漏筋)

图 9-12 缺角(不漏筋)

9.1.3 结构变形

1. 沉降

隧道沉降病害一般范围大,对保证行车平顺性影响大,治理难度大、周期长,病害严重处如不及时整治容易发生地铁中断运营等恶性事件。对照上海地铁1号线、2号线自运营开始至今的累计沉降曲线来看,多个区段存在较大范围的不均匀沉降,如图9-13、图9-14所示。

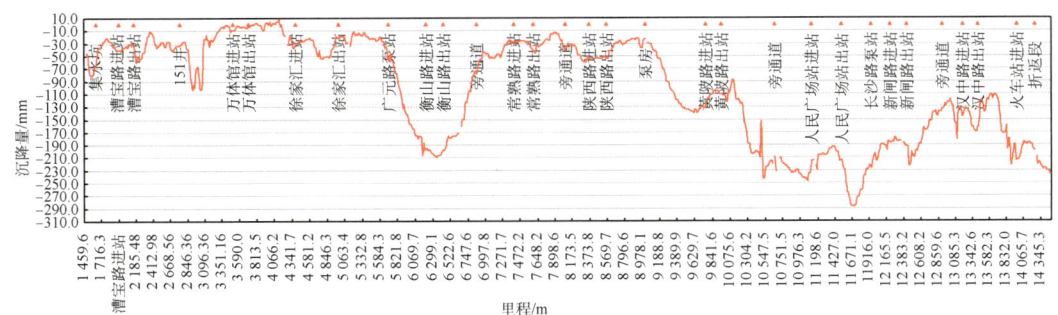

图9-13 上海地铁1号线上行线累计沉降量曲线(1995年6月—2017年12月老点)

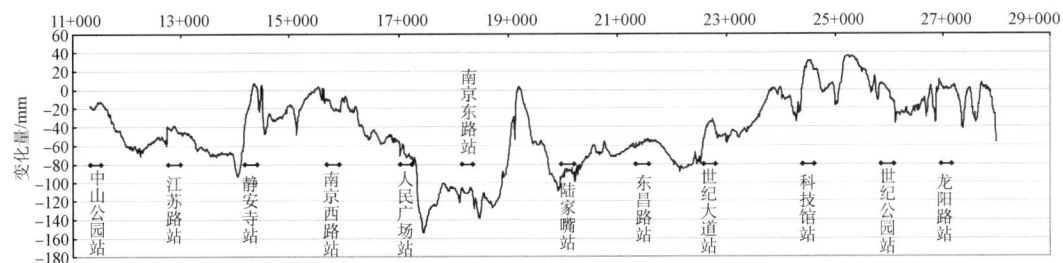

图9-14 上海地铁2号线上行线第39期累计沉降曲线(1999年11月—2017年10月)

根据监测数据来看,上海典型的高压缩性、高灵敏度软土地质条件是隧道长期沉降的根本原因,根据典型沉降点的历时沉降曲线来看,其变形可描述为三个阶段。

1号线:第一阶段(1995—2000年)总体沉降较快;第二阶段(2000—2005年)沉降有稍微减缓的趋势;第三阶段(2005—2011年)沉降进一步减缓,接近于平稳阶段。以1号线人民广场站—新闸路站区间累计沉降最低点,即新世界站所在处最低点的历年累计沉降值为例,该区间上、下行线最低点历时沉降曲线如图9-15、图9-16所示。其沉降速率分别如下:上行第一阶段沉降速率约为−3.2 cm/年,第二阶段约为−2.2 cm/年,第三阶段约为−0.2 cm/年;下行第一阶段沉降速率约为−3.4 cm/年,第二阶段约为−1.9 cm/年,第三阶段约为−0.2 cm/年。

2号线:第一阶段(2000—2004年)沉降较快;第二阶段(2004—2008年)沉降速率放缓;第三阶段(2008—2012年)沉降速率进一步放缓甚至收敛。以2号线人民广场站—南京东路站上下行累计沉降最低点为例,该区间上下行最低点历时沉降曲线如图9-17、图9-18所示。其沉降速率分别如下:上行第一阶段沉降速率约为-3.1 cm/年,第二阶段约为-0.9 cm/年,第三阶段约为 0.1 cm/年;下行第一阶段沉降速率约为-2.9 cm/年,第二阶段约为-0.7 cm/年,第三阶段约为 0.1 cm/年。

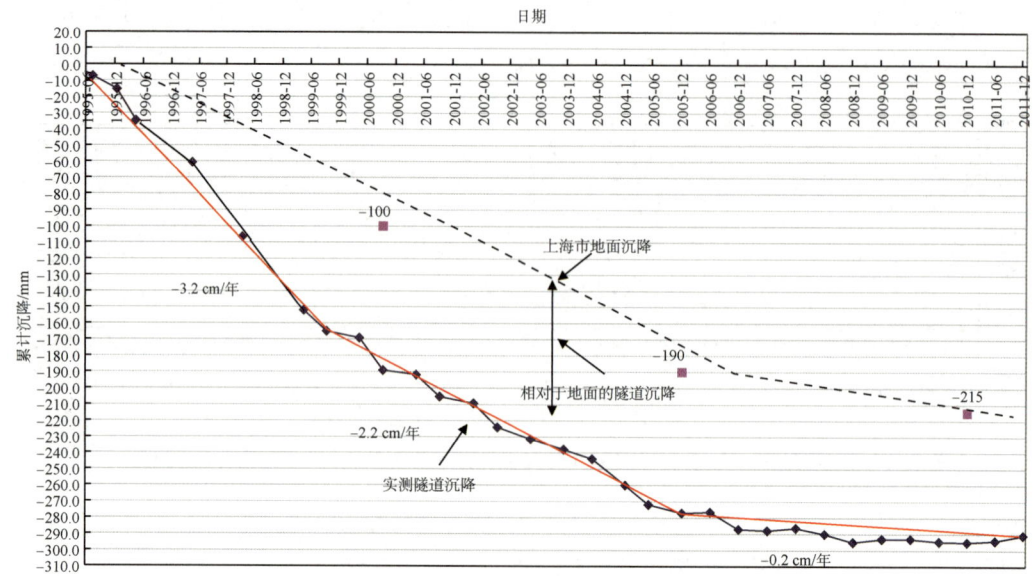

图 9-15　1 号线新世界最低点(R713)上行历时沉降曲线

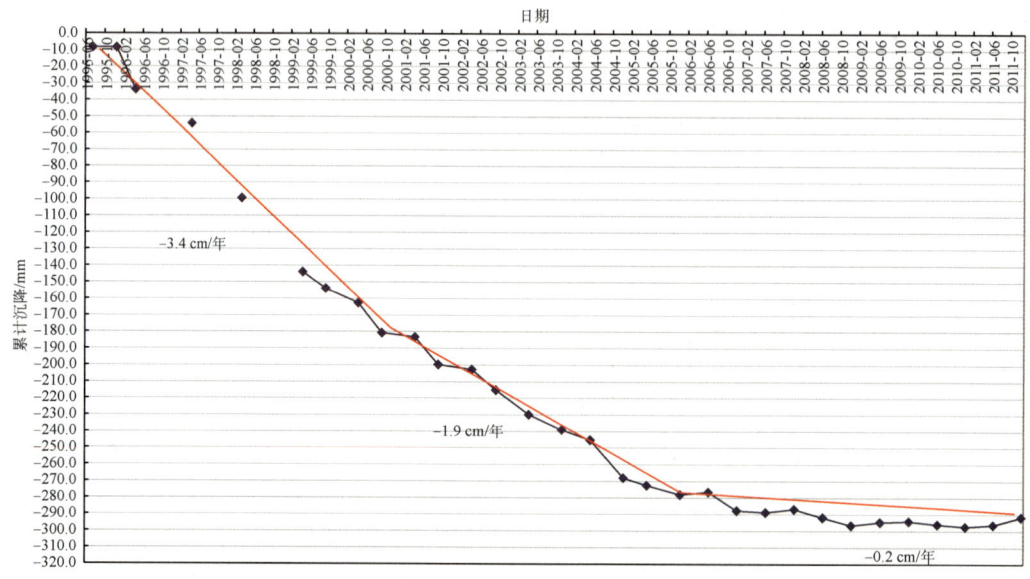

图 9-16　1 号线新世界最低点(L710)下行历时沉降曲线

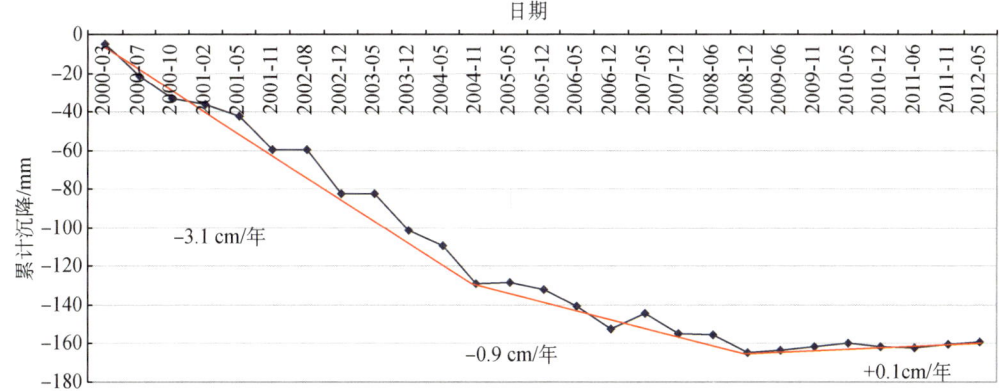

图 9-17　人民广场站—南京东路站上行 S1516 点历时沉降曲线

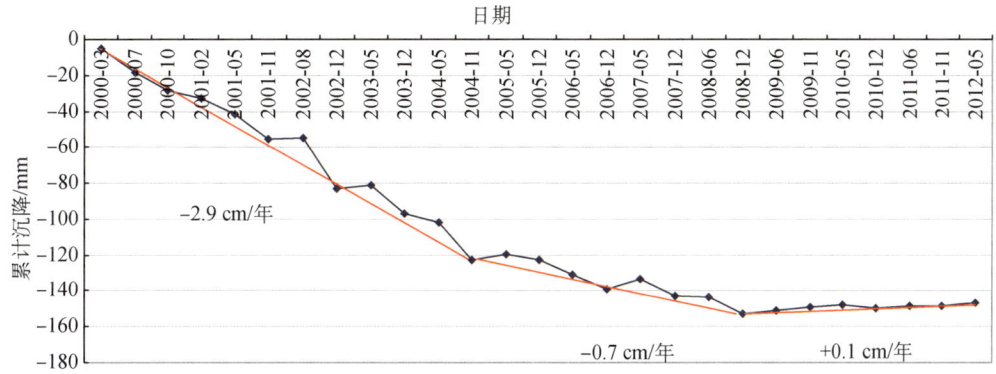

图 9-18　人民广场站—南京东路站下行 X1477 点历时沉降曲线

由上述地铁 1 号、2 号线的沉降案例可以看出，它们的初期沉降较为明显（1 号线实例表明其沉降略大于区域地面沉降），而后表现为沉降逐步收敛的态势。地铁 1 号、2 号线长期沉降历时三个阶段：第一阶段（历时 3~5 年）沉降比例为 50%~70%，以施工后主固结沉降为主；第二阶段（历时 3~5 年）沉降比例为 35%~55%，以次固结沉降为主；第三阶段沉降比例为 0%~10%，以区域性地层沉降为主。隧道盾构推进过程中对周围土体的扰动明显，产生的初期沉降较明显，随着周围土体的逐步稳定，隧道沉降的趋势也逐步收敛稳定。由此可见，软土地基下的盾构隧道沉降是可以稳定的。

通过对全路网沉降数据的统计分析可知，引起局部沉降的主要原因如下：

（1）区域性地面沉降引起埋设其中的隧道同步变形。

（2）特殊结构区段的设计先天不足，例如"倒滤层车站"、引导段等。

（3）建设质量或事故遗留的质量问题，例如连通通道、施工期发生险情或渗漏水区段等。

（4）邻近施工活动影响，如邻近深大基坑施工、盾构近距离穿越等。

2. 横向收敛

外部荷载的改变或水土流失等都会引起隧道周围土层应力场的改变和重新分布，进而影响隧道周围土层的稳定性，引起隧道横向收敛变形的发展或增加。

运营隧道发生收敛变形的直接原因如下：

（1）地质条件、设计与施工质量等是隧道变形"先天性"和长期重要影响因素。

（2）在隧道上部进行大面积堆载。

（3）邻近隧道进行大量的深大基坑施工作业。

（4）对隧道病害的养护维修（发现和处置）不及时、不到位。

近年来，上海对地铁隧道横向变形的研究较多，通过对4种研究方法的结果进行对比分析，总结横向收敛变形的机理和变化特征如下：

（1）从几何角度出发，进行以下假定后分析隧道横向变形过程中管片接缝变化与横向收敛的关联。不考虑隧道管片本身的变形，即管片在隧道变形过程中为刚性块体，只有刚体位移和转动，没有管片结构本身的变形；对于通缝拼装隧道，其在隧道变形过程中保持对称；在隧道变形过程中，考虑土体的约束，认为封底块不发生任何刚体位移和转动，计算结果如图9-19所示。

（2）采用ABAQUS有限元程序，对单环隧道建模分析。全周除隧道顶部约20°区域不设置弹簧外，其余区域全布置弹簧，模拟地层抗力；管片与管片之间为硬接触，接触方式为面面接触。重点分析隧道变形和受力的发展特点以及隧道接头对隧道变形的影响，计算结果如图9-20所示。

（3）对近些年发生横向收敛大变形的实测数据进行分析统计，全断面变形示意如图9-21所示。

（4）进行足尺寸整环盾构管片极限承载力试验，采用的试件参照上海地铁中埋通缝拼装盾构隧道制作，外径6 200 mm，内径5 500 mm，管片厚350 mm，环宽1 200 mm，混凝土强度等级为C55。管片内配筋及构造均参照实际工程施工图设置，管片采用平接头，块间用2根5.8级M30直螺栓连接。通过24点的集中荷载来模拟实际盾构隧道结构所承受的地层抗力、水土压力和地面超载等荷载。试验过程中采用先荷载控制后位移控制的混合加载模式，试验结果如图9-22所示。

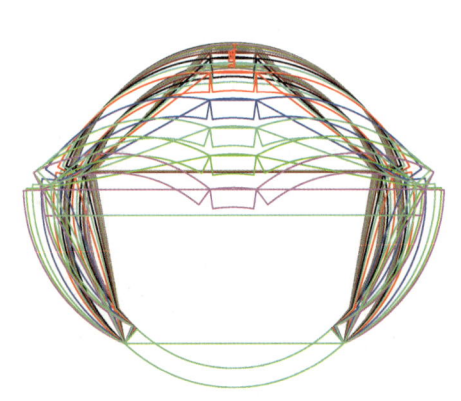

图9-19 几何解析法

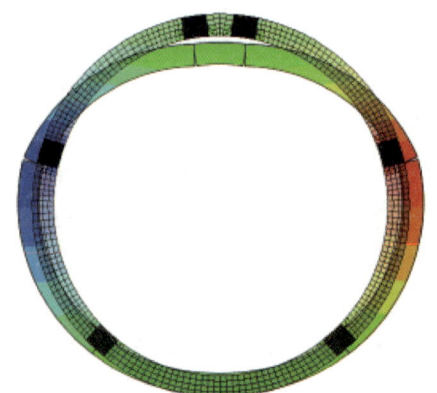

图9-20 数值模拟法

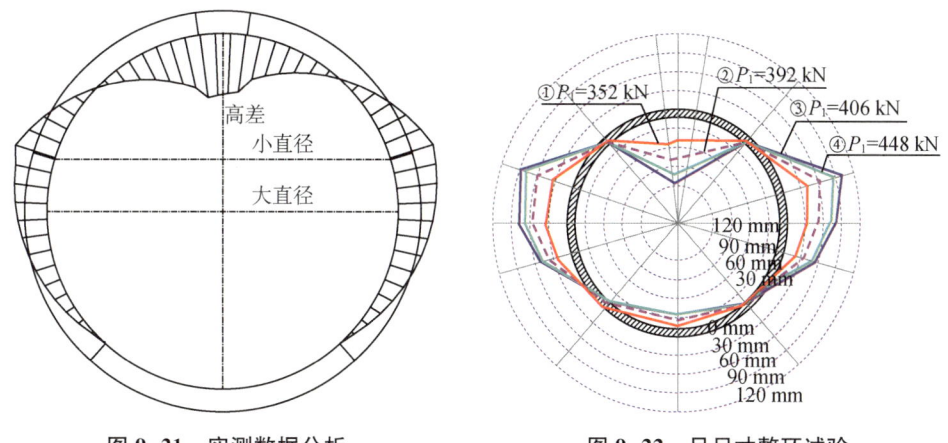

图 9-21 实测数据分析　　　　　图 9-22 足尺寸整环试验

通过对上述 4 种隧道横向收敛变形的分析比较,可以很明确地得出以下一致性的结论:

(1) 假设隧道管片为刚性,从几何分析的角度,分析隧道各纵缝的张开量及隧道各管片间距离变化量之间的关系,这种假定与现场足尺寸整环试验结果相一致。

(2) 根据有限元计算结果,封顶块与邻接块接缝处(θ_1)内侧张开;邻接块与标准块接缝处(θ_2)外侧张开;标准块与底块接缝处(θ_3)内侧张开;且以 θ_2 为最大,θ_1 和 θ_3 次之。数值模拟和解析方法都揭示了在变形比较小时,隧道横向直径变化量和邻接块与标准块接缝处张开量呈线性关系。同时,有限单元法也证明了几何分析的合理性和正确性。

(3) 试验隧道结构的破坏由不同部位的接缝先后受压破坏及拱底块受弯裂缝稳定发展形成;破坏截面先后形成塑性铰,结构破坏属梁铰机制。试验结束时,8°与352°接缝处的螺栓均出现了螺帽脱落的现象,其余各螺栓端头螺纹存在塑性变形或滑丝现象;各连接螺栓均未达到其极限拉应变,也没有断裂现象发生。这一试验结论与现场实际观测情况及有限元模拟计算结果相一致。

(4) 数值模拟计算结果显示直径变化量在 47.8 mm(7.7‰D)左右时,螺栓出现屈服(640 MPa);当直径变化量达到 86.4 mm(13.9‰D)时,混凝土达到其强度标准值。这与现场足尺寸试验过程基本一致。

(5) 足尺寸整环试验结构的极限变形为 15~18 cm[(25‰~30‰)D]。结构在允许变形范围内[隧道收敛变形(2‰~5‰)D]可满足正常使用条件下的承载能力要求;当隧道收敛变形超过 20‰D 时,隧道对周边环境的扰动较为敏感。这一试验结果与历年观测到的隧道横向直径收敛现场实测发展趋势相一致。一般当隧道变形超过 8 cm 时,隧道对外界因素的影响越加敏感;当隧道变形超过 12 cm 时,其变形趋势难以遏制,发展极快。

9.1.4 其他病害

1. 错台

隧道差异沉降的发展主要通过管片发生错台进行。管片错台指相邻环在垂直于隧道轴线平面内发生相对位移,或单环内相邻管片沿径向产生相对位移。管片错台发展到一定程度时,会引起接缝防水条失效,甚至管片开裂,如图9-23、图9-24所示。

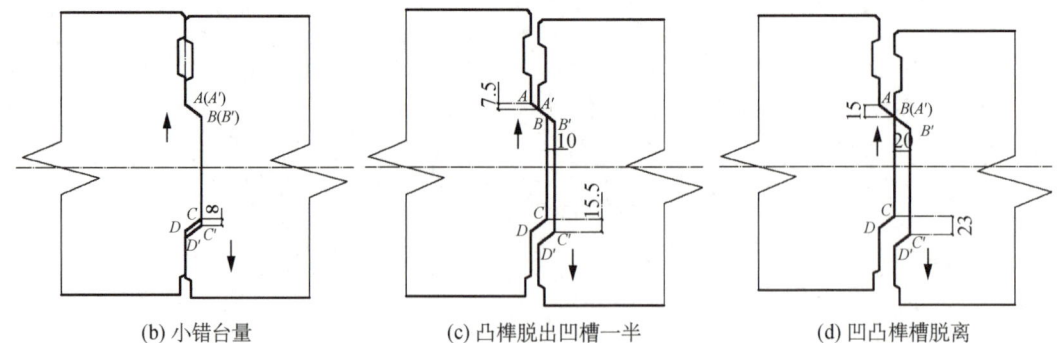

图 9-23 环与环之间发生不同错台量(单位:mm)

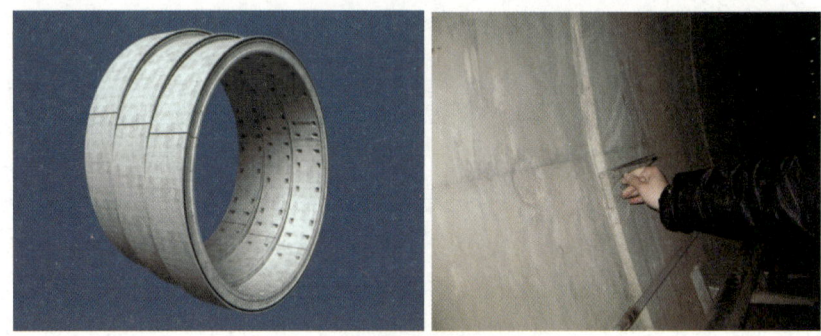

图 9-24 错台示意及现场照片

2. 管片与道床脱开

目前上海地铁隧道多数采用整体式道床,道床混凝土在区间隧道贯通后浇筑。在隧道后期差异沉降以及循环振动荷载作用下,道床混凝土尤其在小转弯半径区段,可能会发生与管片脱离的现象(图9-25)。管片与道床脱开将会给运营安全带来隐患。

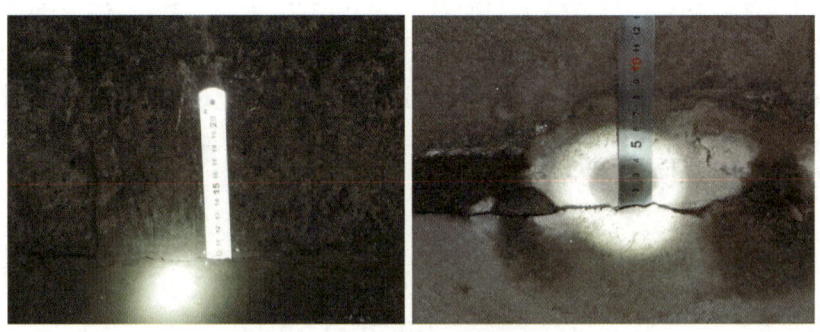

图 9-25 典型管片与道床脱开

道床与管片的脱开由纵向不均匀沉降和衬砌环变形引起(图 9-26)。道床与管片脱开后,在列车运营过程中脱开段的道床与管片会发生不断碰撞,造成管片和道床的破坏,同时也会进一步加剧管片的差异沉降。当道床与管片脱开的间隙大到一定程度时,在列车行驶过程中,局部道床下沉导致局部钢轨的高低偏差超过容许值从而影响列车行驶安全。

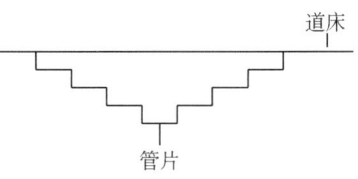

图 9-26 管片与道床脱开纵向示意

管片与道床脱开的位置可能位于单幅道床范围内,也可能位于两幅道床之间,其简化示意如图 9-27 所示。

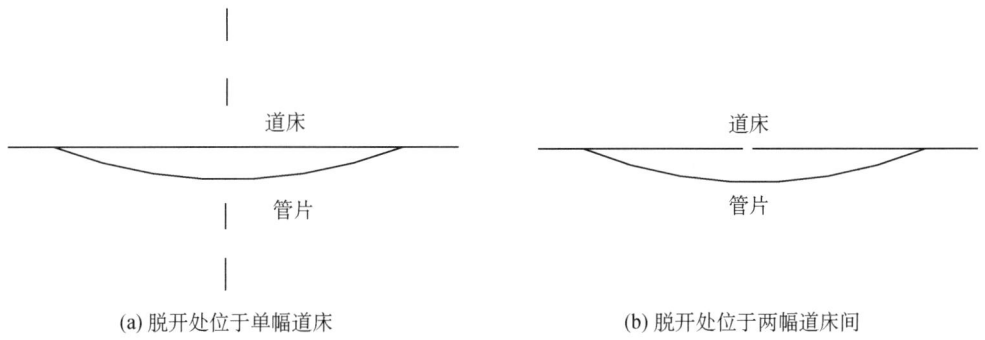

(a) 脱开处位于单幅道床　　　　　　　　(b) 脱开处位于两幅道床间

图 9-27　管片与道床脱开简化示意

管片与道床脱开横断面示意如图 9-28 所示。

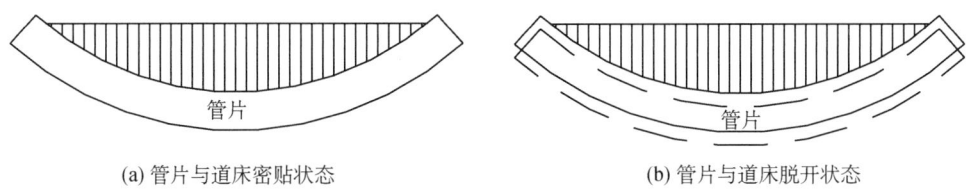

(a) 管片与道床密贴状态　　　　　　　　(b) 管片与道床脱开状态

图 9-28　管片与道床脱开横断面示意

管片与道床脱开间隙的大小可通过测量两侧裂缝的宽度推算取得,不同的脱开宽度所对应的两侧裂缝的宽度不同,如图 9-29、图 9-30 所示。

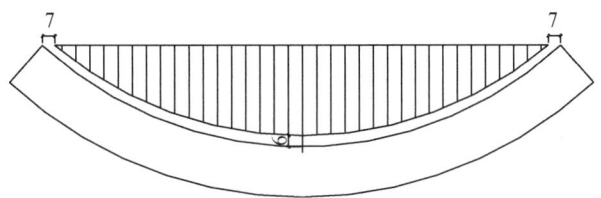

图 9-29　当脱开宽度为 6 mm 时两边间隙尺寸(单位:mm)

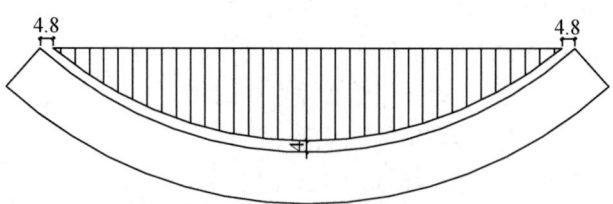

图 9-30　当脱开宽度为 4 mm 时两边间隙尺寸(单位:mm)

地铁车辆型号较多,列车荷载选用如图 9-31 所示形式。

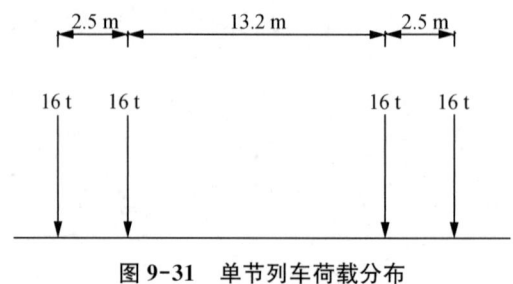

图 9-31　单节列车荷载分布

情况 A,跨中一个集中荷载下的简支梁最大挠度在跨中,计算公式为

$$Y_{max} = \frac{pl^3}{48EI}$$

情况 B,悬臂自由端一个集中荷载下的最大挠度在自由端,计算公式为

$$Y_{max} = \frac{pl^3}{3EI}$$

取最不利情况 B 计算,如图 9-32 所示,道床为 C30 钢筋混凝土,弹性模量为 $E = 30 \text{ kN/mm}^2$,经计算道床 $I = 4.15 \times 10^{10} \text{ mm}^4$。

当 $Y_{max} = 6$ mm 时, $l = 5$ m;当 $Y_{max} = 4$ mm 时, $l = 4$ m。

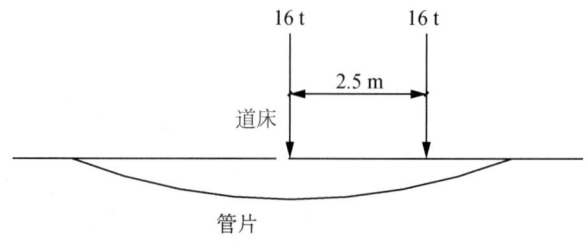

图 9-32　计算简图

管片与道床的脱开宽度也可通过在道床上钻孔打穿道床测取。

对于转动脱开,道床的局部转动会导致局部钢轨的水平偏差超过容许值(钢轨水平容许偏差验收标准为 4 mm,经常保养标准为 6 mm),影响列车的运营安全。

管片与道床转动脱开的情况如图 9-33、图 9-44 所示。

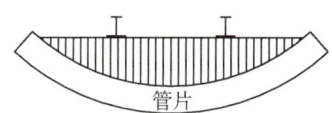

图 9-33　管片与道床转动脱开前　　　图 9-34　管片与道床转动脱开后

将管片与道床转动脱开的位移量记为 W，W 与钢轨的水平偏差关系如图 9-35、图 9-36 所示。

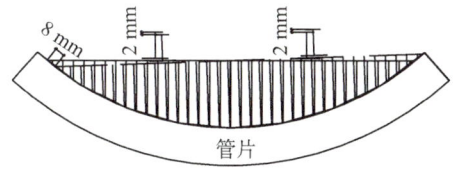
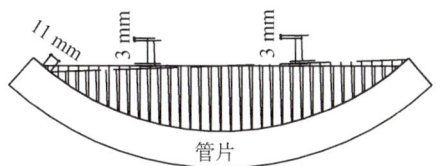

图 9-35　水平偏差为 4 mm 时的转动位移量　　　图 9-36　水平偏差为 6 mm 时的转动位移量

3. 螺栓拉流

当由于外力作用或土体位移使相邻两管片之间产生相背离的趋势时，螺栓受拉；当拉应力超过螺栓自身的强度或螺接强度时，螺栓的连接作用失效，管片间的相对位移不可控。图 9-37 所示为螺栓拉流实例。

图 9-37　螺栓拉流

4. 道床开裂

道床开裂的原因一般有温度裂缝、列车动载冲击破坏作用等，如道床环向上全幅开裂，可能是由于道床与管片脱开，在列车荷载反复作用下产生断板，风险相对比较高。图 9-38 所示为道床开裂实例。

图 9-38　道床开裂

5. 其他

上述病害为隧道内主要病害,但在地质条件复杂区域、特殊结构,特别是隧道施工质量或结构设计存在缺陷的区段,可能出现较为特殊或罕见的病害,如连通通道或泵站对应处钢管片及注浆孔闷头锈蚀(图 9-39、图 9-40)。

图 9-39　钢管片锈蚀　　　　　　　　　　图 9-40　注浆孔闷头锈蚀

9.2　隧道病害的检查与监测

9.2.1　隧道渗漏水及结构损伤检查

9.2.1.1　检查制度

根据隧道结构设施情况,隧道结构设施检查分为年度检查、季度检查、双周检、周检、专项检查和特殊检查。

(1)年度检查:即年检,是指每年秋季对隧道设备定期进行全面、全方位检查的工作。年检对本年度设备进行全面鉴定、评估并为编制次年设备维修计划提供依据。

(2)季度检查:即对结构耐久性或设施功能存在影响、但不直接影响结构和运营安全的病害进行检查。

盾构法隧道季检项目如表 9-1 所列。

表 9-1　　　　　　　　　　　盾构法隧道季检项目

检查对象	检查内容	频率	备注
混凝土管片	缺角、裂缝、掉块	1次/季度	
井接头	混凝土开裂、掉块、破损	1次/季度	
连通通道、泵站及集水井	集水井进水暗管堵塞	1次/季度	
	混凝土开裂、掉块、破损	不定期	防汛检查
中间风井	混凝土开裂、掉块、破损	1次/季度	
整体道床	道床混凝土裂缝、破损；管片与排水沟	1次/季度	

非盾构法隧道季检项目如表 9-2 所列。

表 9-2　　　　　　　　　　　非盾构法隧道季检项目

检查对象	检查内容	频率	备注
顶板	混凝土开裂、掉块、破损	1次/季度	
侧墙	混凝土开裂、掉块、破损	1次/季度	
整体道床	混凝土开裂、掉块、破损	1次/季度	
泵站及集水井	混凝土开裂、掉块、破损	1次/季度	
	集水井进水暗管堵塞	不定期	防汛检查

(3) 隧道区间日常检查：按固定频率进行，检查结果作为预警及确定下一周期生产计划工作内容的依据。地下区间结构日常检查频率为每 2 周 1 次，对于存在砂性土区段、监测数据超标段以及结构受损段的区间，检查频率为每周 1 次。

(4) 专项检查：指某段隧道发生突发事故，或表观检查达到 A 级及以上，或监测数据超标时，在隧道外观检查的基础上，根据病害特征针对一些重点部位采用监测、探测、取芯、耐久性检查相结合等方式所做的全面的、深度的检查。专项检查的内容和频率根据相关专题会议的要求而定。

(5) 特殊检查：指对特殊建（构）筑物的检查，具体为井接头、连通通道或泵站等。检查时要特别注意端头井井圈及进出洞 10 环管片、连通通道左右各 10 环管片的病害情况及连通通道薄弱部位的检查。特殊检查在周检和双周检中完成。

9.2.1.2 人工检查方法

1. 隧道结构展开图

隧道内表观病害最为常见的是渗漏水现象，此外还存在一定数量的管片损伤及管片错台现象，在小转弯半径及差异沉降较大的区段，可能还存在管片与道床脱开现象。因此，需对大量隧道管片进行日常检查，其病害种类多样，发生位置和分布特征多样。如何准确地发现并描述这些病害是第一步需要考虑的工作,如表 9-3 为需检查发现的表观病害状态。

表 9-3　　　　　　　　　　　　需检查发现的表观病害状态

表观病害		详细情况
渗漏水		渗漏水位置、分布、状态、面积
结构损伤	裂缝	位置、长度、宽度、深度、密度、方向等,是否渗水
	破损	缺角、掉块的位置、分布、状态
其他病害	错台	错台量、分布
	接头张开	接头张开量、分布

为此,制定标准化的表观病害检查方法、制定检查作业标准是必需的。首先根据隧道单圆通缝、错缝、双圆隧道的不同结构形式,绘制隧道全部管片的展开图,标准化结构表观形态。

隧道检查以表观检查为主,只记录现象,如图 9-41—图 9-43 所示。由于隧道检查作业时间相对较短,不在现场深究原因,检查记录供事后分析研究。对渗漏水、结构损伤和其他病害规定标准化的表达图形和记录方法,根据现场观察到的实际位置和分布情况标示在隧道管片展开图中,即可获得隧道的全面表观病害特征。

图 9-41　盾构隧道病害检查记录单(单圆通缝)

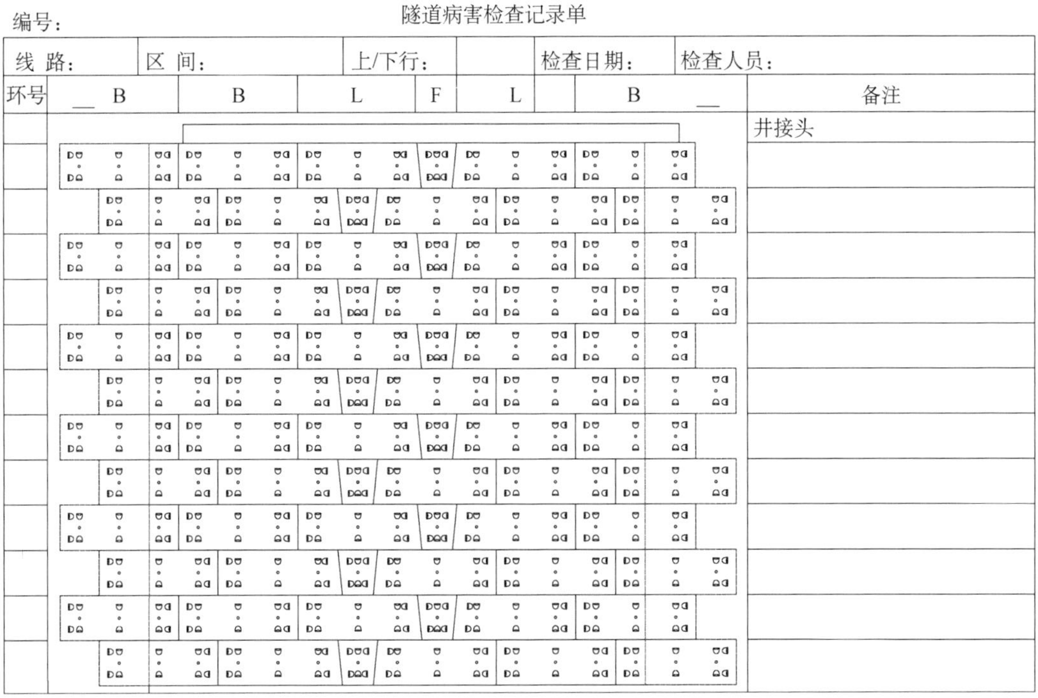

图 9-42 盾构隧道病害检查记录单(单圆错缝)

图 9-43 盾构隧道病害检查记录单(双圆隧道)

2. 渗漏水的检查记录

渗漏水的检查记录应区分出渗漏水病害类型,明确渗漏水位置(接缝、注浆孔、手孔或裂缝)、范围(结合展开图要素加以确定)及特征(具体量化指标),对于滴漏应通过秒表确定滴水频率。

(1) 渗漏水的分类。

隧道渗漏水病害可根据渗漏水程度、特征等进行分类,根据目前隧道内巡检所掌握的情况,隧道渗漏水病害主要包括湿迹、渗水及滴漏等类型。当隧道所处深度存在第⑤$_2$层粉砂性土层时,在环纵缝位置可能发生漏泥漏砂现象,其各自定义如表 9-4 所示。

表 9-4 渗漏水病害分类及定义

渗漏水病害	定 义
湿迹	隧道管片内表面,呈现明显色泽变化的潮湿斑
渗水	水渗入管片,导致管片内表面水分浸润
滴漏	水量达到一定程度时,从上方滴落
漏泥砂	因渗水通道扩大或防水失效,渗水量增加,同时夹带泥砂

在隧道检查过程中,应注意勿将假象视为病害现象,隧道内常见渗漏水假象主要包括以下两类:

① 因消防水管接头处漏水而导致管片表面湿润时,会造成管片渗水假象,注意此时不应将此现象判定为管片渗水。

② 因隧道内列车运营活塞风所带动的灰尘,在相当部分渗水处会黏附一部分尘土,甚至积累至一层泥皮,在检查时应注意区别这种现象与漏泥的区别。

(2) 不同种类渗漏水的判别方法。

① 湿迹。对于湿迹现象,水分蒸发速度快于渗入量,用干手触摸有潮湿感,但无水分浸润感觉,在隧道内常规通风条件下,潮湿现象可能会消失。管片腰部以上区域无法用手触摸,仅能依靠目测判断。

② 渗水。渗水现象在加强人工通风的条件下也不会消失,用干手触摸,明显沾有水分,如用废报纸贴于渗水处,废报纸将会被浸湿变色。对于腰部以上区域,可通过灯光照射,观察有无反光,以辅助判断是否为渗水。某些情况下,病害可能介于湿迹与渗水之间,较难区别,此时应多种检查方法并用,只要有一种检查结果为渗水,则应按不利原则考虑归为渗水病害。

③ 滴漏。滴水现象与其他渗漏水病害较容易区分,但由于滴漏速度有快慢,当检查速度较快时,容易漏检。在检查过程中,可注意道床表面是否有水迹或少量积水,如存在,极有可能是隧道顶部滴漏的结果。

④ 漏泥砂。漏泥现象较易判断,通常漏泥时,渗水量相对较大,且夹带新鲜泥砂,导致渗出物浑浊。

(3) 渗漏水病害的标识方法。

渗漏水病害的标识方法如表 9-5 所示。

表 9-5 渗漏水病害标识方法

病害		标志符号	符号解释	记录要求
渗漏水	湿迹		虚线填充的闭合曲线	曲线边界依据实际湿迹分布确定
	渗水		斜线填充的闭合曲线	曲线边界由实际渗水分布确定
	滴漏		由竖线、椭圆以及数字三部分组成,数字表示滴水频率(滴水数/min)	(1) 当滴水频率小于 1 滴/min 时,椭圆内应标注<1; (2) 当滴水频率大于 60 滴/min 时,可认为滴漏已形成线流,此时应按照渗流标注∞
	漏泥		点及小三角填充的闭合曲线	曲线边界依据实际漏泥边界确定

注:① 对于湿迹仅局限于裂缝、呈窄条状分布时,为提高检查效率,可不予以记录;
② 如渗水现象明显,肉眼能观察到明显水流,则应在备注栏予以补充说明。

3. 管片损伤的检查记录

管片裂缝与缺角主要通过目测进行检查,明确隧道结构损伤的类型、位置和程度等信息。

当管片裂缝发展到一定程度、与管片接缝贯通形成三维封闭体系时,会出现较罕见的混凝土成块碎裂现象,检查中如发现此现象,应准确记录碎裂的三维尺寸(面积与深度),并留存全面的影像资料。

因管片损伤病害较为直观,管片裂缝与缺角、掉块等主要通过目测进行检查。管片裂缝通常表现为颜色略深于管片内表面本色的细缝。管片缺角部位因表层混凝土缺失,缺角颜色同样会深于管片表面本色。管片损伤病害标识方法如表 9-6 所示。

表 9-6 管片损伤病害标识方法

病害		定义	标志符号	解释
管片损伤	裂缝	表层混凝土裂开		(1) 曲线或折线,以裂缝实际线形为依据,当裂缝宽度可量测时,应予以备注; (2) 当裂缝较为严重,甚至出现混凝土碎裂的现象时,应特别予以备注,并留存详细的影像资料

续表

病害		定义	标志符号	解释
管片损伤	缺角	管片端部混凝土缺失	▼	将实际缺角范围填实,当管片缺角深度可量测时,同样予以备注
	缺损	管片纵缝两侧混凝土片状缺失	⨯⨯	竖线代表发生缺损的纵缝,交叉线代表区域与发生缺损区域一致

4. 其他表观病害的检查记录

(1) 错台。

隧道差异沉降的发展主要源自管片发生错台。管片错台指相邻环在垂直于隧道轴线平面内发生相对位移,或单环内相邻管片沿径向产生相对位移。管片错台发展到一定程度时,会引起接缝防水条失效,甚至管片开裂,应明确错台位置及错台量。管片错台初步判断通过目测进行,对疑似处可通过手触确认,也可将探照灯平贴于管片朝疑似错台处照明,如存在错台现象,则光束在错台处会出现明显的明暗对比。错台量可通过钢尺垂直于管片进行量测。错台标识方法如表 9-7 所示。

表 9-7 错台标识方法

病害	定义	标志符号	解释
管片错台	管片间在环面或纵向接触面内发生相对错动的现象	6⊥	直线与错台处接缝垂直并交叉,数字表示错台量

注:错台量标识于相对朝隧道内的分块。对于环间错台情况,道床一侧可找出错台量最大处予以标注,无需连续标注。

根据地铁盾构隧道纵向变形分析,当错台量超过 4~8 mm 时,将会影响止水条防水性能。为提高检查效率,当错台量小于 4 mm 时,不予记录。

对于单环相邻管片间错台情况,可在对应纵缝位置中部量测错台量。因检查条件的限制,通常只能检查到落底块(D)与标准块(B)间的错台情况。

(2) 管片接缝张开。

在附加竖向荷载作用下,隧道受力状态发生变化,横断面出现"横鸭蛋"等现象,顶部纵缝两侧管片未密贴,纵缝张开,严重处能目测到环向螺栓,出现倒 V 形空隙,即纵缝张开。应明确管片张开所在接缝,如张开处可目测出螺栓,应在备注栏予以明确说明。管片接缝张开初步判断通过目测进行,对于张开幅度较大处,灯光照射后能发现螺栓。具体接缝张开幅度大小,需采用登高车实地量测。目前,接缝张开基本发生在顶部纵缝位置。接缝张开标识方法如表 9-8 所示。

表 9-8　　　　　　　　　　　　　接缝张开标识方法

病害	定义	标志符号	解释
管片接缝张开	顶部纵缝两侧管片未密贴，局部应力集中，出现倒 V 形空隙，即接缝张开	∧	受外界影响，导致隧道受力状态发生变化，进而出现"横鸭蛋"等现象，严重处能目测到环向螺栓，导致顶部纵缝张开

注：交点位置标于管片张开所在接缝处。

（3）道床与管片脱开。

对于整体式道床，由于两侧排水沟混凝土后于轨枕区域道床浇筑，管片脱开通常表现为两种形式：①排水沟混凝土与管片脱开；②轨枕区域道床与管片脱开。在脱开现象较为明显的区域，道床混凝土可能会出现横向裂缝，对于此类情况，应在备注栏予以说明，必要时拍摄影像。道床与管片脱开检查应明确脱开位置。

道床与管片脱开主要通过目测进行检查，对于疑似处，可通过插硬卡片的方式确认二者是否脱开。道床与管片脱开标识方法如表 9-9 所示。

表 9-9　　　　　　　　　　　道床与管片脱开标识方法

病害	定义	标志符号	解释
道床与管片脱开	道床与管片间存在间隙，纵向上明显存在	⌣	标志符号记录于道床与管片连接处

将道床与管片脱开病害现象记录于管片平面展开图中，符号标记于脱开位置，并要求在道床与管片脱开位置进行拍照存档。

隧道检查后需对上述病害等级进行汇总并评估，单个区间按照表 9-10 所示对区间单行线隧道检查状态评定细目进行统计，判定相应病害的劣化等级。由汇总好的区间状态评定表进一步汇总出整条线隧道的状态评定表，每条线根据病害等级汇总分析，如表 9-11 所示。

表 9-10　　　　　　____号线____区间上行隧道检查状态评定细目表

里程（管片编号）	位置	劣化项目	数量	照片	劣化等级
		损伤			
		渗水			

表 9-11　　　　　　　　　____号线隧道检查状态评定汇总表

劣化项目	劣化等级	数量（环或米）	占隧道总数百分比
渗水			
损伤			

隧道的日常综合维修主要针对盾构法隧道及明挖法隧道进行,不同的隧道结构形式有不同的维修内容,本节将不详细展开介绍。

9.2.1.3 自动识别方法

随着隧道总里程的增加、地铁运营时间的延长,隧道结构病害检查的工作量越来越大,可用于巡检的窗口时间越来越短,传统人工巡查的方式难以满足实际需求,激光扫描检测、视觉病害检测和结构无损检测等方法近年来逐渐投入使用。

1. 激光扫描仪

激光扫描仪主动发射的激光不受环境光线的影响,获取的点云数据中不仅包括扫描点的三维坐标信息,还有扫描点的反射率信息,根据激光反射率信息可以生成隧道管壁的正射灰度影像。隧道管壁影像的生成主要包括隧道管壁影像坐标投影、圆柱等角正切投影、扫描数据生成 Las 文件、Las 文件转换为 Raster 文件 4 个关键步骤。图 9-44 为隧道环片按圆柱等角正切投影示意及隧道影像提取结果。通过该方法获得的高清隧道影像可快速识别漏水、开裂以及附属装置等关键信息。

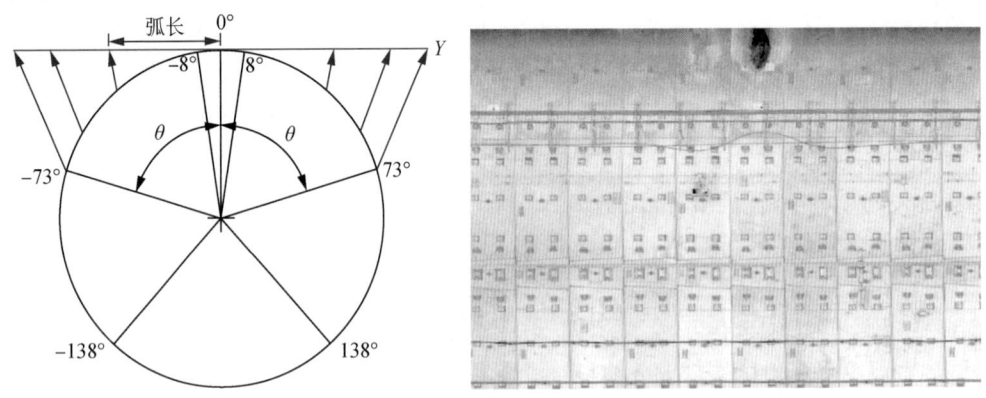

图 9-44 隧道环片按圆柱等角正切投影及影像生成示意

2. 线阵相机

线阵相机是基于高速相机的运营地铁隧道结构安全状态移动式综合检测装备(图 9-45),可用于隧道表观病害的现场采集、提取、识别和分析。系统包括基于工业相机、配合专业照明配光设计的隧道表观病害信息采集系统,以及根据隧道结构管片衬砌图像特征差异识别表观病害(如结构渗漏水、混凝土破损等)的配套后处理软件,是一种基于图像处理的隧道表观病害检测方法。设备现场测试工作速度达 5 km/h,工作效率较人工检测提高 200 倍以上,危险结构变形捕获率和识别率均为 100%,主要表观病害捕获率和识别率均在 95% 以上。

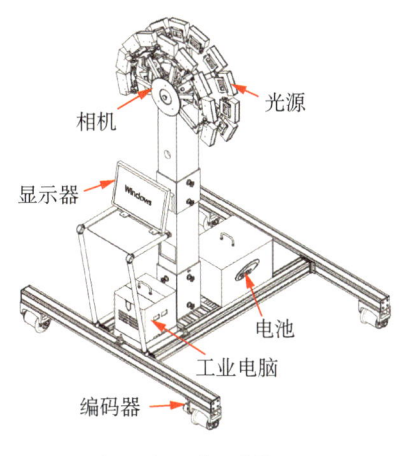
(a) 线阵相机检测装置结构

(b) 线阵相机检测实景

图 9-45　快速移动式地铁隧道结构病害检测装置

3. 探地雷达和超声波

基于阵列式超声波技术的运营地铁隧道结构病害检测方法，通过高分辨率数据处理与成像算法及相应软件，可建立道床脱空病害的实体模型（图 9-46）、阵列式超声波检测异常响应特征（图 9-47）及识别准则。经现场测试验证，实现了对道床脱空病害的有效检测，检测效率相对于单点超声波提高 20 余倍，分辨率较商用算法提高了 10 余倍。

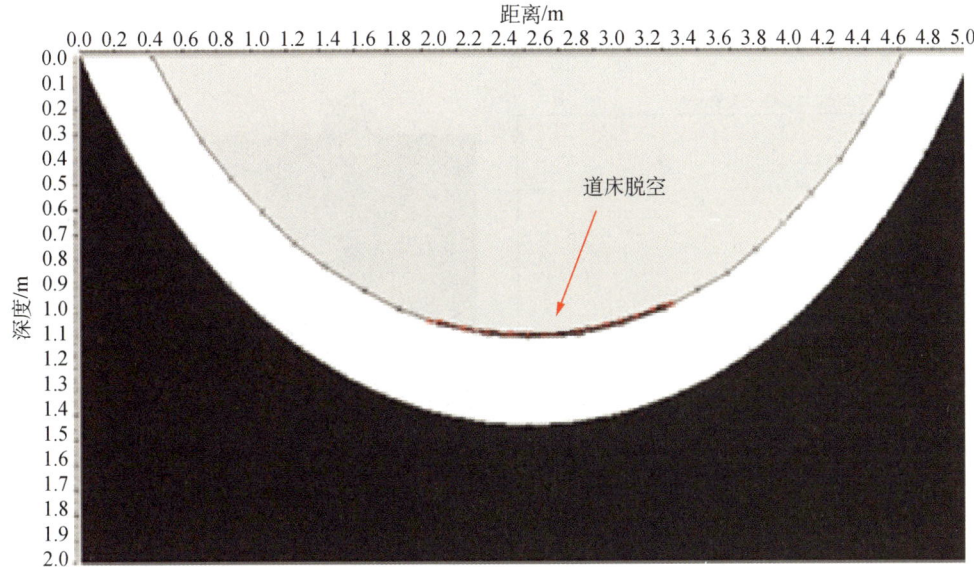

图 9-46　道床脱空数值模型

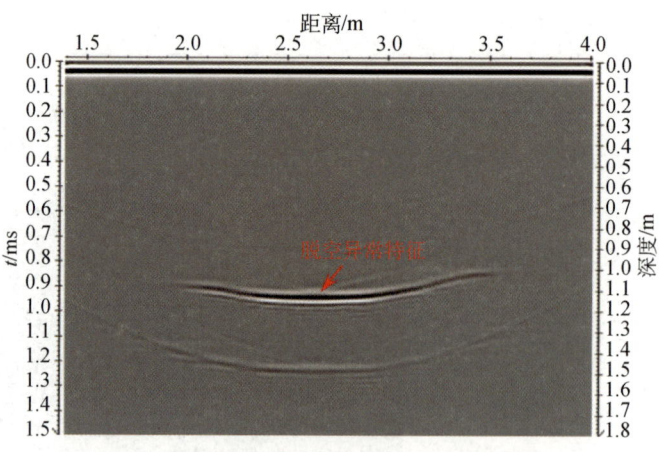

图 9-47　道床脱空超声横波模拟检测剖面图

大、小锤组合震源激发冲击回波脉冲的检测方法，建立了基于冲击回波法检测隧道管片病害理论模型特征，可以对隧道壁后注浆层空洞和不密实病害进行相当精度的检测（图 9-48）。

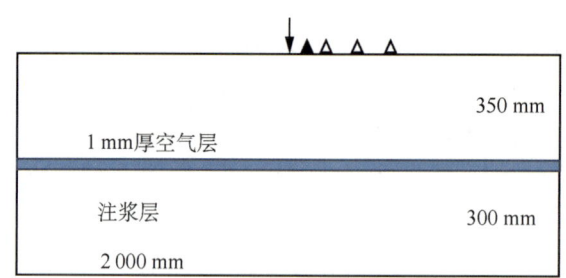

(a) 管片注浆脱空模型示意

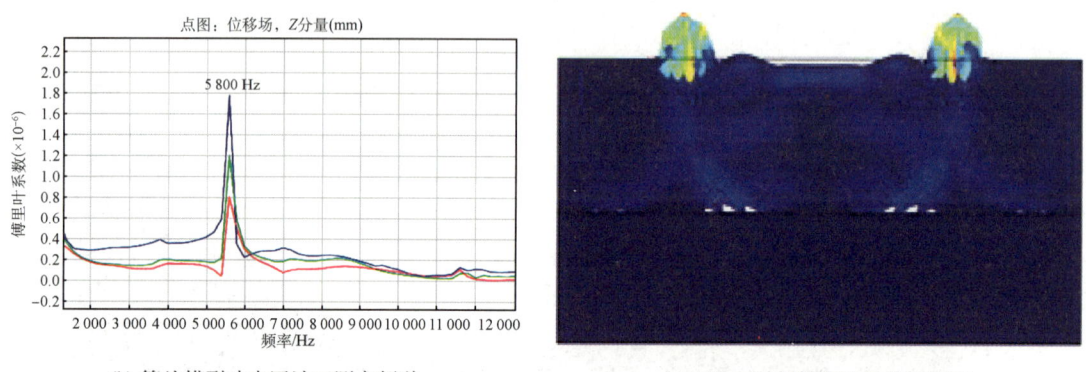

(b) 管片模型冲击回波三测点频谱　　　　(c) 170 μs 时刻超声波场传播轨迹

图 9-48　管片注浆脱空模型冲击回波时域信号及频谱

9.2.2　隧道变形监测

上海地铁发生的主要变形是垂直位移、隧道收敛变形和水平位移等。结构安全监测按监测周期可分为长期监测、监护监测和重点区段监测三大类。

9.2.2.1 监测制度

1. 长期监测

长期监测主要采用"定期体检"的方式,监测主体结构随所在地层变化而引起的隆沉和地铁运营而引起的结构变形,主要监测内容为垂直位移监测和隧道收敛变形监测。

长期沉降监测对象包括车站、隧道和高架桥部分,内容主要有隧道道床沉降监测、高架道床沉降监测和立柱沉降监测。隧道道床和地下车站沉降监测频率为2次/年;高架段和地面开挖段为1次/年;隧道收敛监测频率为1次/年。

2. 监护监测

监护监测是在地铁保护区范围内进行各种工程施工时,为了及时了解施工对地铁结构的影响程度、确保地铁结构安全,而依法进行的地铁结构的监护监测。主要监测内容有垂直位移监测、水平位移监测和隧道收敛变形监测,针对需重点监护的项目采用自动化监测手段。

3. 重点区段监测

按照要求,针对隧道定期监测中出现的异常区段需要进行加密监测,符合下列条件的需结合隧道实际情况将该范围纳入重点区段管理,按照重点区段的频率进行加密监测,具体频率需根据隧道实际情况制定,一般人工监测的频率为2次/周~1次/季度。

(1) 年度长期沉降、收敛测量过程中发现变形速率较大或出现明显差异沉降。

(2) 地面或邻近有加载、减载、开挖、降水及其他工程影响施工但未进行工程影响监护测量,或高频次工程影响监护测量结束后需实施短期跟踪观测。

(3) 隧道、道床等结构出现异常或隧道出现大面积渗漏、管片损伤、结构形变。

(4) 轨道交通结构采取注浆、钢环加固等施工措施后尚未完全稳定的期间内。

(5) 其他需要进行加密测量的区段。

连续一年以上的加密监护测量数据表明,当区段变形已趋于平稳时,可逐渐降低观测频次,直至结束重点段加密测量。

9.2.2.2 纵向沉降监测

1. 地面基准网与沉降点

(1) 高程基准及地面基准网测量。

上海轨道交通隧道沉降观测高程控制网依附于上海城市地面沉降控制网,纳入地面沉降观测系统,形成二级控制。首级为地面沉降网,次级为地铁网,二级网主要形式为附合网。

(2) 长期沉降点的布设规定与要求。

① 长期沉降观测点应统一编号,并具备唯一性,应确定观测点里程、所在环号、观测点

里程应取位到 0.1 m。观测点布设位置应能够反映结构的变形特征。标志稳固、明显,结构合理,不易被破坏,并便于观测,且不妨碍轨道交通的运营安全。标志万一被破坏或松动后能便于及时恢复。

② 观测点宜选用不锈钢或铜制材料制作,顶部立尺部位呈半球形。

③ 年度观测主要采用已有沉降监测点。

④ 隧道段的观测点按 5 环或 6 m 左右间距布设,并应在每副道床结构块两端各埋设一个观测点(距伸缩缝间隔约 0.3 m)。隧道的洞口、连通通道对应位置应布设沉降观测点。观测点布设于轨枕中间,顶部略高于道床面。

⑤ 高架段每跨梁应沿上下行线中心、呈跨中心对称等距设 5 个观测点,连续梁每跨应沿上下行线中心、按 5 m 间距、呈跨中对称布设观测点。高架段每个墩柱应布设 1~2 个观测点,观测点宜埋设于离地面 0.5 m 左右高度的柱身上。

⑥ 地下车站沿上、下行每 5 m 左右布设一个观测点。

⑦ 浮置板道床区段的观测点宜布设于盾构法隧道段管片、高架段的梁板和明挖区段的底板等结构上,碎石道床段的观测点宜根据现场结构状况合理布设。

⑧ 连通通道/引道段等结构特殊区段、结构存在缺陷、使用状况恶化区段以及地质条件复杂区段的观测点,宜结合现场特点布设。

2. 外业测量方法

外业测量时,利用深桩水准点作为高程起算点,沿地铁线路分别在地面(地面线路已由甲方委托地调院进行测量)、上行线、下行线布设三条平行的二等水准路线:在车站中心的上行线道床中间位置设置一个水准结点,上行线、下行线的两条水准路线附合于结点间,从而构成每区间上、下行线的水准环;地面水准线路附合于相邻车站的深式水准点;为确保精度,每座车站站厅的水准线路结点与地面深式水准点联测,构成空间上的闭合水准路线;上、下行道床水准线路在连通通道的位置进行联测;这样就形成了较多的多余观测,能有效提高沉降观测的精度。测量线路示意如图 9-49 所示。

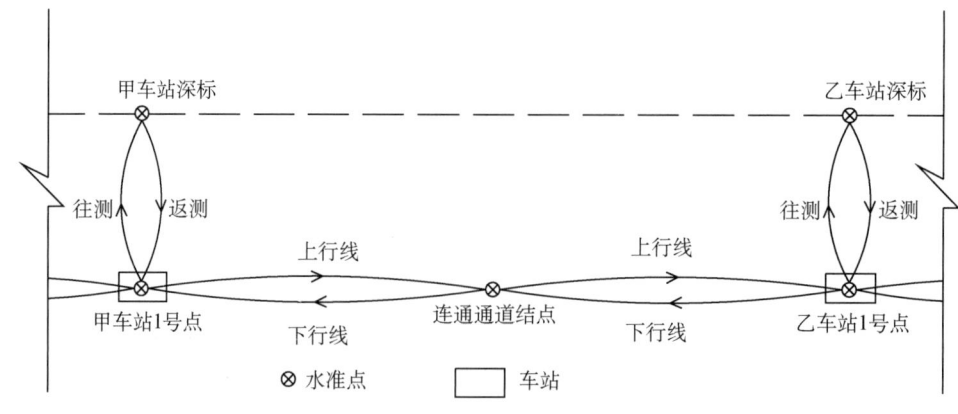

图 9-49 测量线路示意

水准测量按照《城市轨道交通工程监测技术规范》(GB 50911—2013)的技术要求进行施测。由于隧道内作业时间较短,因此作业时沉降测量点与水准线路同时测量。观测采用 Leica DNA03 电子水准仪进行测量的作业要求见表 9-12,技术要求见表 9-13。

表 9-12　作业要求

等级	视距/m	前后视距差/m	前后视距累积差/m	检测间歇点高差之差/mm
二等	≤50	≤1.5	≤6.0	≤1.0

注:表中前后视距累积差是指由测段开始至每测站的前后视距累积差。

表 9-13　技术要求

等级	每千米水准测量高差中数中误差/mm		不符值、闭合差限差/mm		
	偶然中误差 M_Δ	全中误差 M_w	往返测高差不符值	附合路线、环线闭合差	检测已测测段高差之差
二等	±1.0	±2.0	$±4.0\sqrt{R}$	$±4.0\sqrt{L}$	$±6.0\sqrt{K}$

注:表中 R 为测段的长度;L 为附合路线或环线的长度;K 为已测测段的长度;均以 km 为单位。

为确保高程控制网观测精度,外业观测严格按规范要求的二等精密水准测量的技术要求执行,在使用仪器、观测方法、内业处理上采取以下措施:

(1) 应将部分观测点纳入水准路线进行往返观测,其余观测点作为中视点同步观测。历次观测时,应固定测站设置,纳入水准路线的观测点相对稳定。

(2) 观测前宜编制观测点点位分布图。

(3) 中视点应进行因视距差、仪器 i 角引起的高差改正。

(4) 扶尺时应借助尺撑,使标尺上的气泡居中,标尺竖直。

(5) 在隧道内进行水准观测时,水准仪视场内的尺面应光照均匀。

(6) 由往测转向返测时,互换前、后水准尺。

(7) 长期沉降测量外业结束时,应及时进行外业数据检查,对超过限差要求的测段及时重测。

3. 数据处理与成果整理

(1) 数据处理。

首先,对所有外业观测记录进行检查、复核,对水准环闭合差、附合水准路线闭合差进行全面核查,对核查情况进行综合分析,对不满足二等水准技术要求的测段进行补测或重测。其次,对于沉降测量成果,每个区间测量结束后应及时计算整理,对于变形较大的区域应了解其历史变形及周边施工等情况,并及时速报相关方。

水准点的高程采用正常高,高程基准为吴淞高程系。当各项指标满足规范限差要求后,采用 NASEW 平差软件对水准测量数据进行整体平差,在测线闭合差或附合差计算完毕后,按测站平差计算地铁沉降点的高程值。计算公式如式(9-1)和式(9-2)所示:

$$W = \sum_{i=1}^{n} h_i - (H_B - H_A) \tag{9-1}$$

$$H_{E(A)} = H_A + \sum_{i=1}^{n} h_k - \frac{k}{n}w \tag{9-2}$$

式中，W 为测线闭合差或附合差；h 为测段高差；k 为主待求点的测段数；n 为测线总测段数；$H_{E(A)}$ 为由点 A 起算的待求点 E 的高程。

沉降量的计算是根据同名点的本次高程减去上一次的高程而得。计算公式如下：

$$BC_i = H_i - H_{i-1} \tag{9-3}$$

$$LJ_i = LJ_{i-1} + BC_i \tag{9-4}$$

式中，BC 为本次沉降量；LJ 为累计沉降量；H 为各次平差高程；i 为第 i 次观测。新补测点的本次沉降量参考相邻点的变化进行判断，与相应点的累计量相加构成累计沉降量。本次沉降量和累计沉降量的计算工作采用 Excel 计算完成。

曲率半径计算由相邻三点的累计沉降值拟合成圆弧，在相邻两点间距$\leqslant$1.5 m 时（如道床伸缩缝两侧），则取两点平均值作为一个点参加计算，计算过程如下。

模型建立：假设三个相邻点点号分别为 A，B，C，其里程分别为 L_A，L_B，L_C，其累计变化量分别为 δH_A，δH_B，δH_C，以里程为 X 轴，累计沉降量为 Y 轴建立坐标系，则三点的坐标分别为 $A(L_A, \delta H_A)$，$B(L_B, \delta H_B)$，$C(L_C, \delta H_C)$。

计算曲率半径，即计算由这三个点构成的三角形的外接圆的半径，采用累计变化量计算的曲率半径公式为

$$R = \frac{abc}{\sqrt{(a+b+c)(a+b-c)(a-b+c)(-a+b+c)}} \tag{9-5}$$

式中，R 为曲率半径（m）；a，b，c 分别为 BC，AC，AB 的距离（m），

$a = \sqrt{(L_B - L_C)^2 + (\delta H_B - \delta H_C)^2}$，

$b = \sqrt{(L_A - L_C)^2 + (\delta H_A - \delta H_C)^2}$，

$c = \sqrt{(L_A - L_B)^2 + (\delta H_A - \delta H_B)^2}$。

（2）沉降测量成果报告整理。

沉降观测应计算每千米偶然中误差、全中误差和最弱点高程中误差，计算并提交监测点高程值、本次沉降量、累计沉降和沉降速率，并分区间统计平均沉降量、平均沉降速率、差异沉降情况和沉降特性变化情况，绘制沉降曲线图。对进出站、连通通道、矩形段、浮置板道床等特殊区段标明位置。沉降报告中列出使用的城市控制点高程数据、各线路闭合差等精度统计及平差指标。

对于沉降测量成果，每个区间测量结束后应及时计算整理，对于变形较大的区域应了解其历史变形及周边施工等情况，并及时速报相关方。

9.2.2.3 隧道横向收敛变形监测

1. 收敛监测点布设

圆形隧道设计拼接形状主要包括单圆通缝、双圆隧道和大直径三种形式,需根据不同的拼接状态进行环片上的直径端点设置。其中,直径端点与接缝之间的弦长采用钢尺量距,精确至 1 mm。

隧道管片直径端点取左右侧对称管片中间位置,即沿环片接缝中间位置按照环片设计的几何关系分别往上或下量取固定数值至 a、b 两点,再取 a、b 的中点即为直径一端的端点 B,画上明显的十字标记,另一侧管片壁参照此方法选择直径另一端点 B',详见图 9-50、图 9-51。

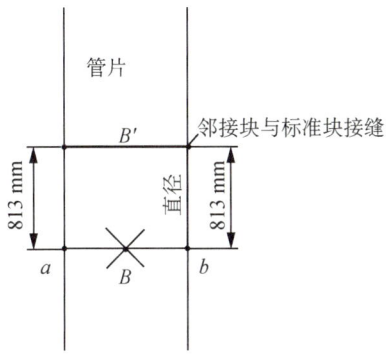

图 9-50 直径端点取点示意

图 9-51 管片直径端点标记

(1) 单圆通缝隧道测点设置。

从两侧直径上方接缝中间位置 A 或 A' 向下量取 813 mm 的弦长即为水平直径一端的位置 B 和 B',详见图 9-52。

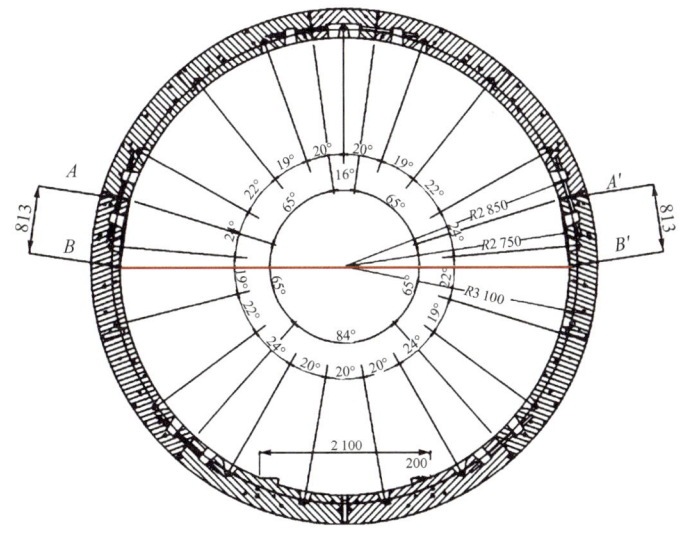

图 9-52 通缝拼装管片直径端点点位示意(单位:mm)

(2) 双圆隧道测点设置。

从 B 点往上量取 1 750 mm 的距离至 A 点,水平附近的接缝中间位置 C 往上或往下量取 306 mm 至 A',AA' 即为水平直径。其中水平直径 AA' 的设计理论值为 4.975 m,详见图 9-53。

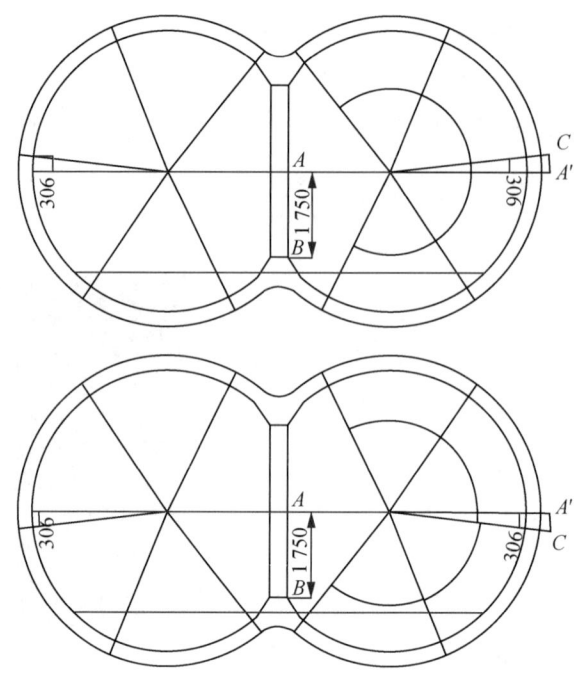

图 9-53　双圆管片特征点点位示意(单位:mm)

(3) 大盾构隧道测点布置。

A,A',B,B' 均为环片上的点,其中 A,A' 为环片接缝处的位置,C,C',D,D' 均为中隔墙上的点。上述 8 个点均在同一横断面内。

确定直径端点位置的方法:从 A 点往上量取 1.526 m 的弦长至 B 点,从 A' 点往下量取 1.526 m 的弦长至 B' 点,从逃生平台上两侧的底部 $C(C')$ 点往上量取 1.160 m 至 $D(D')$ 点。由于中隔墙的遮挡 BB' 无法通视,实际测量值为 BD',DB',则 $BB'=BD'+DB'+DD'$,设计理论值为 10.400 m,详见图 9-54。

实际布点时,可以利用全站仪和钢卷尺共同确定 B,D,B',D' 的位置。

(4) 特殊情况处理。

① 对于有障碍物阻挡、直径端点无法布设在相应位置的点,采取水平平移的方式,避开障碍物。

② 在平移无法解决的情况下,可根据实际情况将点的点位向上或者向下移动 30~50 cm,对侧点则相应往下或者往上(与点方向相反)移动同等的距离。如图 9-55 所示,在直径 $AB(A'B')$ 处被管线或其他设备遮挡的情况下,可根据实际情况将 B 点向上或者向下移动 30~50 cm,对侧 B' 点则向相反方向,相应往下或者往上移动同等的距离。

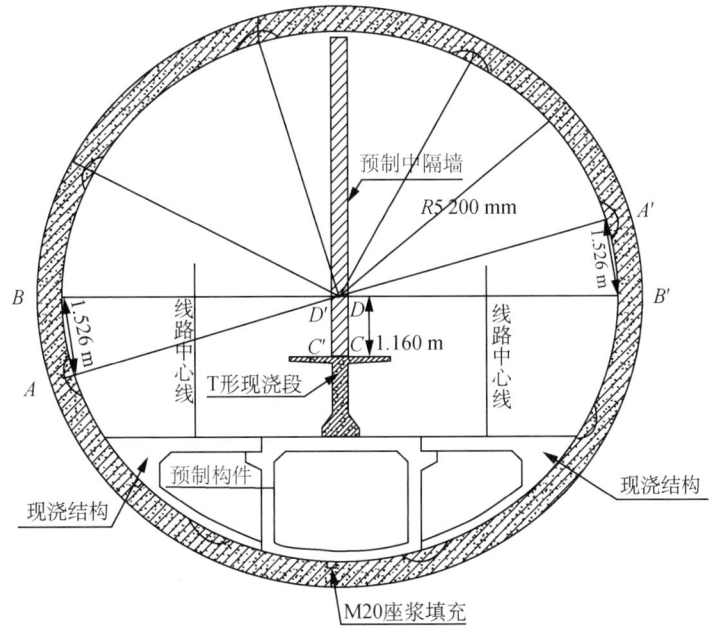

图 9-54 大盾构直径端点标记示意

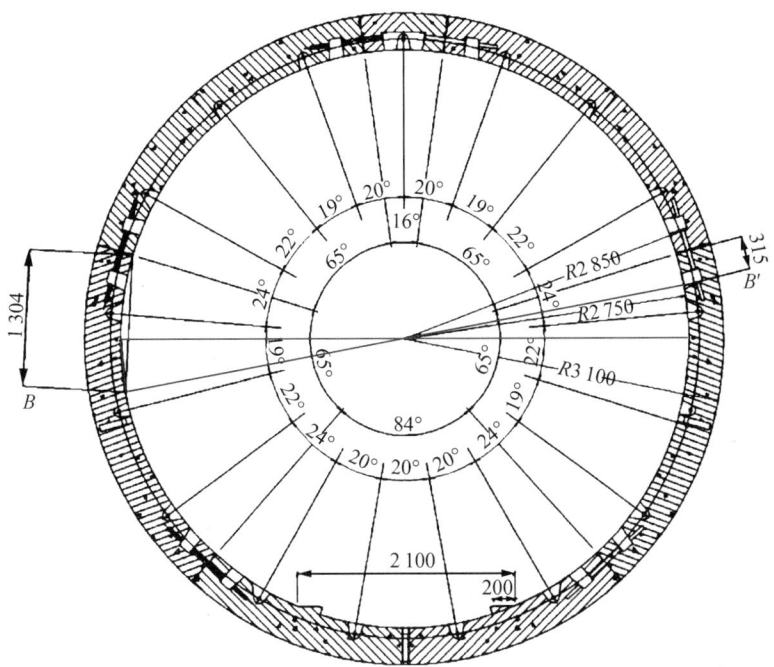

图 9-55 调整后的直径位置示意(单位:mm)

③ 在有钢管片包裹的情况下,应根据实际情况从环片接缝中间处向下取 813 mm 至 a 点。由 a 点向 b 点方向量取合适的距离,则为直径的一个端点 B,直径另一端点 B' 相应标出,如图 9-56 所示。

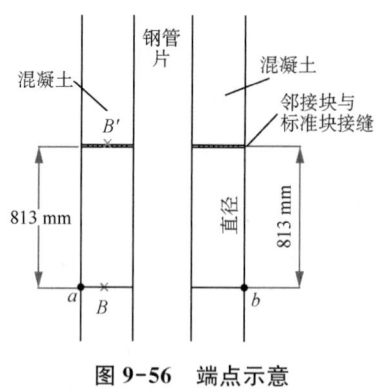

图 9-56 端点示意

④ 凡是收敛点采取上下左右平移重新布设的点位需要记录,后续按条线区间环号汇总 Excel 备案。

⑤ 其他影响常规量测直径位置的情况经监测技术人员讨论后报业主同意后实施。

2. 收敛点形式

收敛点采用统一的"田"字形,如图 9-57、图 9-58 所示。

图 9-57 收敛点模板示意

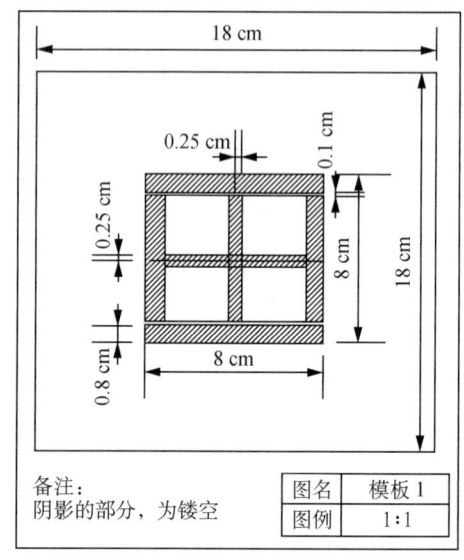

图 9-58 模板尺寸

3. 收敛测量方法

采用全站仪无棱镜极坐标法测量,分别获取直径端点的坐标,以两点的空间直线距离作为实测管片横径。

(1) 坐标系统:所测管片直径统一以米(m)为单位计量,全站仪极坐标测量采用假定空间直角坐标系。

(2) 仪器:使用徕卡系列全站仪,全站仪无棱镜测距标称精度 2 mm+2 ppm(1 ppm=10^{-6}),测角精度不低于 $2''$。

(3) 测量作业要求如下:

① 仪器检定。

投入的测量仪器在使用前均已按相关要求进行了检验或检定,并在有效期内,仪器检定资料装订成册。另外,虽然徕卡型全站仪同一台仪器的内附合精度较高,但通过比对同型号但不同仪器的测量结果发现,无棱镜测量时会有 2~3 mm 的加常数误差,这个误差对收敛测量成果会带来系统性误差。因此,测量仪器必须定期在 6 m 左右的标准长度比对场进行比对试验。

将多台不同的仪器通过反射片测量模式对一固定距离进行测量,求出两反射片之间固定距离的近似真值数据,然后再利用免棱镜测量模式对这个距离进行测量,可求出各台仪器在免棱镜模式下测量值与真值的差值,对仪器进行常数改正。为使求解出的修正常数更趋于真值,仪器常数对比检测试验可分成若干组分别进行,取其平均值。仪器常数求出后,应置于仪器内,再利用免棱镜模式对隧道内的反射片进行测量,与真值对比,检验仪器常数的修正效果。

② 测站设置。

采用自由设站,各环观测独立设站,且将仪器严格整平。

为保证测量数据的连续性和成果精度,在直径收敛测量时应在每一测量管片所对应的道床中间与直径同一断面位置处设置仪器对中点,以保证无棱镜测距时尽量垂直于目标面。

③ 测量实施。

直径量测采用全站仪无棱镜极坐标法(图 9-59),瞄准直径上的点 A、点 B,一测回盘左坐标 (X'_A, Y'_A, Z'_A), (X'_B, Y'_B, Z'_B),盘右坐标 (X''_A, Y''_A, Z''_A), (X''_B, Y''_B, Z''_B),盘左、盘右分别计算 A, B 两点的空间直线距离 R_L, R_R,取二者平均值作为实测管片横径 R。

$$\left.\begin{array}{l} R_L=\sqrt{(X'_A-X'_B)^2+(Y'_A-Y'_B)^2+(Z'_A-Z'_B)^2} \\ R_R=\sqrt{(X''_A-X''_B)^2+(Y''_A-Y''_B)^2+(Z''_A-Z''_B)^2} \end{array}\right\}$$

(9-6)

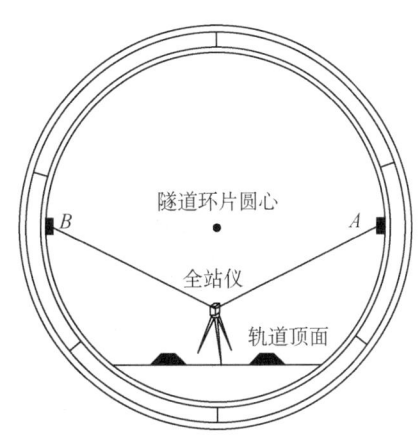

图 9-59 收敛监测示意

盘左和盘右两组空间直线距离取平均值,即本次横径实测值。

$$R_{本次实测}=(R_L+R_R)/2 \tag{9-7}$$

隧道管片直径与设计值变化量等于实测直径减去设计直径 $R_{设计}$（单圆隧道直径为 5.5 m，双圆隧道直径为 4.975 m，大圆隧道直径为 10.4 m）。

$$\Delta R = R_{本次实测} - R_{设计} \tag{9-8}$$

本年度收敛本次变形量为本次实测直径减去上一年实测直径。

$$\Delta R_{本次} = R_{本次实测} - R_{上一年} \tag{9-9}$$

收敛累计变形量为本次实测直径减去第一年实测直径。

$$\Delta R_{累计} = R_{本次实测} - R_{第一年} \tag{9-10}$$

④ 计算取位。

A. 直径端点与接缝之间的弦长采用钢尺量距，精确至 1 mm；

B. 极坐标法坐标取位精确至 0.1 mm，直径计算取位至 0.1 mm。

(5) 测点登记及其他信息说明。

① 测量时，应逐环登记直径收敛断面所在区间、环号、拼接类型和施测时间等。

② 当测点因被破坏或其他原因无法施测时，应备注说明原因，如能对测点进行补设，则应及时布设，并记录在案。

4. 三维激光扫描收敛监测

激光扫描技术又称为"实景复制技术"，突破了传统测量"瞄准—测量—记录"的基本流程，可以全视场、精确和高效地获取测量目标的三维坐标及影像数据，具有测量效率高（100 万点/s）、测量信息丰富（坐标＋激光反射率）、测量精度高（mm 级）等优势。利用激光扫描采集得到的点云的几何信息，可解算结构收敛、错台等变形。移动激光扫描技术是以专用移动平台为载体，搭载激光扫描仪进行断面式扫描，获取隧道内连续的几何坐标和激光反射率信息，同步精确记录检测车的里程信息，通过软件解算获取结构变形和内壁激光影像，实现隧道病害的定量量化和定性判读，其工作原理及实物如图 9-60 所示，移动检测小车可根据分辨率要求，作业速度从 0.9～5.4 km/h 中选取。

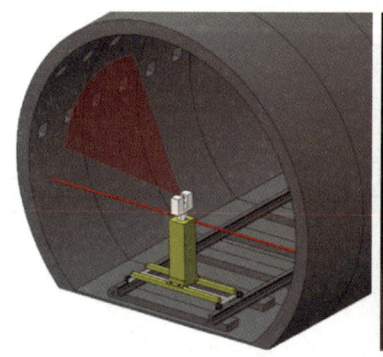

图 9-60 隧道移动扫描测量车工作原理和实物

大量观测数据表明,隧道变形集中体现在管片拼接裂缝处,截面变形后并不完全是标准椭圆,利用分段圆弧拟合的方法对隧道截面点云进行拟合更接近真实情况。隧道分段圆弧拟合法主要利用圆心、半径、起始终止角度来对拟合后的各个圆弧的空间位置和相互关系进行描述。

由于每段隧道各圆弧的接缝处点相对位置是固定的,因此圆弧的起始角度 α 和终止角度 β 可根据实际情况预先设定,所以该隧道圆方程可写为

$$F=\begin{cases}(x-X_1)^2+(y-Y_1)^2=R_1^2, \alpha_1<\theta<\alpha_2\\(x-X_2)^2+(y-Y_2)^2=R_2^2, \alpha_2<\theta<\alpha_3\\(x-X_3)^2+(y-Y_3)^2=R_3^2, \alpha_3<\theta<\alpha_4\\(x-X_4)^2+(y-Y_4)^2=R_4^2, \alpha_4<\theta<\alpha_5\\(x-X_5)^2+(y-Y_5)^2=R_5^2, \alpha_5<\theta<\alpha_6\end{cases} \quad (9\text{-}11)$$

其中,$\theta=\arctan\dfrac{x-X_0}{y-Y_0}$。

该圆上一点到隧道圆拟合中心 $C(X_0,Y_0)$ 的距离 d 就可以表示为

$$d=\sqrt{(x-X_0)^2+(y-Y_0)^2} \quad (9\text{-}12)$$

9.3 隧道病害的安全状态评估

9.3.1 国内外隧道病害评估指标现状

现阶段国内外关于地铁结构安全评估问题的研究主要针对地铁结构渗漏水、管片开裂、管片混凝土材料老化和结构变形等某一单方面的安全性问题进行研究。

9.3.1.1 渗漏水的分级

日本《道路隧道维持管理便览》将隧道渗漏水程度定性地分为渗出、滴水、流出和喷出 4 个等级,并且根据渗漏水的程度和渗漏水部位(拱部和边墙两个部位)将渗漏水对隧道的影响也分为 4 个等级,见表 9-14。

表 9-14　　　　　　　　　　　　日本道路隧道渗漏水分级

部位	漏水程度			
	喷出	流下	滴水	湿润
拱部	3A	2A	A	B
边墙	2A	A	A	B

美国《公路和铁路交通隧道检查手册》对这个分级标准进行了量化,即轻度的(混凝土表面潮湿但无滴水)、中度的(流量小于30滴/s)、重度的(流量大于30滴/s)。

美国《铁路交通隧道和地下建筑物检查方法和程序》从定性的角度将渗漏水分为轻度的、中度的和重度的3个等级。

英国给水工程协会将隧道渗漏水分为0~U级,见表9-15。

表9-15　　　　　　　　　　　英国给水工程协会对隧道渗漏水分级

级别	最大允许渗漏量/[L·(m²·d)⁻¹]
0级	无漏水或无明显渗漏水
A级	1
B级	3
C级	10
D级	30
E级	100
U级	无限量

我国的铁路隧道养护工作,根据渗漏水程度将渗漏水定性地分为润湿、渗水、滴水、漏水、射水和涌水6个等级,将环境水对衬砌混凝土的侵蚀程度定量地分为3个等级。

我国《铁路工务技术手册　隧道(修订版)》,针对隧道漏水,按其发生的部位和流量定性地将其分为拱顶渗水、滴水、漏水成线和成股射流4种。

我国《铁路桥隧建筑物劣化评定标准　隧道》(TB/T 2820.2—1997),从定性的角度将隧道渗漏水对隧道功能的影响程度分为5个等级,并将渗漏水的pH与隧道衬砌的腐蚀程度定量地分为4个等级,见表9-16。

表9-16　　　　　　　　　　　pH与隧道衬砌腐蚀程度分级

腐蚀程度	pH	对混凝土的作用
A_1	<4.0	水泥被溶解,混凝土可能会崩裂
B	4.1~5.0	短时间内混凝土表面凹凸不平
C	5.1~6.0	混凝土表面容易变酥、起毛
D	6.1~7.9	混凝土表面有轻微腐蚀现象

我国《地下工程防水技术规范》(GB 50108—2001),用定性描述和定量分级相结合的方法将地下工程防水等级分为4个等级,见表9-17。

表 9-17　　　　　　　　　　　　　　地下工程防水等级标准

防水等级	标　准
1级	不允许渗水,结构表面无湿渍
2级	不允许渗水,结构表面有少量湿渍。 工业与民用建筑:总湿渍面积不应大于总防水面积(包括顶板、墙面、地面)的1/1 000;任意100 m² 防水面积上的湿渍不超过1处,单个湿渍的最大面积不大于0.1 m²
3级	有少量漏水点,不得有线流和漏泥砂。 任意100 m² 防水面积上的漏水点数不超过7处,单个漏水点的最大漏水量不大于2.5 L/d,单个湿渍的最大面积不大于0.3 m²
4级	有漏水点,不得有线流和漏泥砂。 整个工程平均漏水量不大于2 L/(m² · d);任意100 m² 防水面积的平均漏水量不大于4 L/(m² · d)

9.3.1.2　裂缝的分级

由于地层压力(含原始地应力场和地下水)作用、温度和收缩应力作用、围岩膨胀性或冻胀性压力作用、腐蚀性介质作用和施工中人为因素的影响等,隧道衬砌结构物会开裂变形。现有的衬砌开裂分级方法包括以下几类。

(1) 根据裂缝宽度分级。

裂缝对隧道稳定性的影响比较复杂,它涉及裂缝位置、方向、长度、宽度、深度和密度等诸多方面,为了便于实际工作中的操作,参照国内有关规范的规定,可根据裂缝宽度进行判断,如果裂缝位置、方向、密度等对结构稳定十分不利,则相应的影响程度应考虑提高一个级别。

美国《铁路交通隧道和地下建筑物检查方法和程序》从定性的角度将隧道裂缝分为轻度的、中度的、重度的3个等级。

在美国《公路和铁路交通隧道检查手册》中:对于非预应力混凝土衬砌,裂缝分为轻度的(≤0.8 mm)、中度的(0.8~3.2 mm)、重度的(≥3.2 mm)3个等级;对于预应力混凝土衬砌,裂缝宽度超过0.1 mm就认为是重度的,不超过0.1 mm认为是中度的。

我国《混凝土结构设计规范》(GBJ 10—89)第三章规定,钢筋混凝土结构的一般构件的最大裂缝宽度为0.4 mm。

我国《铁路隧道设计规范》(TB 10003—2001)第10章规定,钢筋混凝土衬砌结构构件按荷载基本组合所求得的最大裂缝宽度 W_{max} 不应大于0.2 mm。

我国《民用建筑可靠鉴定标准》(GB 50292—1999)规定,混凝土构件不适于继续承载的裂缝宽度评定标准如表9-18所示。

表 9-18　混凝土构件不适于继续承载的裂缝宽度评定标准

检查项目	环境	构件类别		C_u 级或 d_u 级/mm
受力主筋初的弯曲（含一般弯剪）裂缝和横向或斜向拉裂缝宽度/mm	正常湿度环境	钢筋混凝土	主要构件	>0.50
			一般构件	>0.70
		预应力混凝土	主要构件	>0.20(0.30)
			一般构件	>0.30(0.50)
	高湿度环境	钢筋混凝土	任何构件	>0.40
		预应力混凝土		>0.10(0.20)
剪切裂缝	任何湿度环境	钢筋混凝土或预应力混凝土		出现裂缝

注：表中括号内限值适用于冷拉、Ⅱ、Ⅲ、Ⅳ级钢筋的预应力混凝土构件。

我国《铁路工务技术手册　隧道（修订版）》，针对裂缝的宽度将其分为 4 个等级，即毛裂纹（≤0.3 mm）、小裂纹（0.3～2 mm）、中裂缝（2～20 mm）、大裂缝（≥20 mm）。

（2）根据裂缝宽度和长度分级。

日本铁路隧道在评定时，根据开裂的宽度和长度对衬砌开裂进行综合分级，见表 9-19。日本《道路隧道维持管理便览》将开裂分为有发展性的开裂和不能确认有无发展性的开裂两类，然后根据开裂的宽度和宽度对这两种情况下的开裂进行了分级，见表 9-20 和表 9-21。我国《铁路桥隧建筑物劣化评定标准　隧道》（TB/T 2820.2—1997）采用定量和定性相结合的方法将隧道开裂分为 5 个等级，定量时综合考虑开裂的长度和宽度，见表 9-22。这类分级方法考虑了隧道衬砌开裂的宽度、长度对隧道衬砌结构的综合影响，与第一类方法相比，该类分级方法更全面。

表 9-19　日本铁路隧道衬砌开裂分级

开裂宽度/mm	长度/m		
	>10	5～10	<5
>5	AA—A_1	A_1	A_1
3～5	A_1	A_1	A_2

注：AA 级代表危险，A_1 级代表迟早有危险，A_2 级代表以后有危险。

表 9-20　有发展性的衬砌开裂分级

开裂宽度/mm	长度/m	
	>5	<5
>3	3A—2A	2A—A
<3	A	A

注：3A 级代表危险，2A 级代表早晚有危险，A 级代表将来有危险。

表 9-21　　　　　　　　　不能确定有无发展性的衬砌开裂分级

开裂宽度/mm	长度/m		
	>10	5～10	<5
>5	3A—2A	2A—A	2A—A
3～5	2A	2A—A	A
<3	A—B	A—B	A—B

注：B级代表无影响。

表 9-22　　　　　　　　　我国铁路隧道衬砌裂缝分级

等级	裂缝状态
AA(极严重)	长度 $L>10$ m，宽度 $a>5$ mm，且变形继续发展，拱部开裂呈块状，有可能掉落
A1(严重)	L 为 5～10 m，但 $a>5$ mm；开裂使衬砌呈块状，在外力作用下有可能崩塌和剥落
B(较重)	$L<5$ m 且 3 mm≤a≤5 mm；裂缝有发展，但速度不快
C(中等)	$L<5$ m 且 $a<3$ mm
D(轻微)	一般龟裂或无发展状态

9.3.1.3　衬砌剥落、剥离的分级

日本铁路隧道根据落下的块体大小将剥落、剥离分为 3 个等级，判定时还应根据预计频率和线区列车密度来修正等级，见表 9-23。日本《道路隧道维持管理便览》根据衬砌有无落下的可能和部位对剥落定性分级，见表 9-24。

表 9-23　　　　　　　　　日本铁路隧道衬砌剥落分级

落下的块体	大于砖块	接近砖块	接近集料
剥落等级	AA	A_1	A_2

表 9-24　　　　　　　　　日本道路隧道衬砌剥落分级

部位	有落下的可能	无落下的可能
拱部	3A	B
边墙	2A	B

美国《公路和铁路交通隧道检查手册》，根据混凝土剥离的厚度（h）和剥落直径（d）将剥落定量地分为 3 个等级，见表 9-25。

表 9-25　　　　　　　　　　　　美国公路和铁路隧道衬砌剥离分级

剥落直径 d/mm	剥离厚度 h/mm		
	$h<12$	$12≤h≤25$	$h>25$
$75≤d<150$	轻度	中度	中度
$d=150$	中度	中度	中度
$d>150$	中度	中度	重度

美国《公路和铁路交通隧道检查手册》根据表面砂浆流失的深度将剥落定量地分为3个等级，即轻度的(表面砂浆流失深度小于6 mm，可见到粗骨料)、中度的(表面砂浆流失深度达6~12 mm，粗骨料间的砂浆也有流失)、重度的(砂浆和粗骨料均有流失，且深度达25 mm以上)。

9.3.1.4　衬砌材料劣化和变形的分级

日本铁路隧道和日本《道路隧道维持管理便览》采用衬砌有效厚度(有效厚度指抗压强度大15 MPa 的部分)与设计厚度的比值作为衬砌材料劣化程度的分级划分指标，见表9-26。日本铁路隧道的分级为：当比值小于1/2时，定为危险级；当比值为1/2~2/3时，定为迟早有危险级；当劣化范围是极小部分时，可降低一级。

表 9-26　　　　　　　　　　　　日本隧道衬砌劣化分级

隧道类型	有效厚度/设计厚度		
	$<1/2$	$1/2~2/3$	$>2/3$
铁路隧道	AA	A_1	B
公路隧道	2A	A	B

日本铁路隧道以净空位移量测的变形速度为衬砌变形的判断指标，将衬砌变形分为3个等级，当发展趋势是加速时，要提高一级。日本《道路隧道维持管理便览》的分级类似日本铁路隧道，但日本道路隧道分为4个等级，增加了小于1 mm/a 这一级，见表9-27。

表 9-27　　　　　　　　　　　　日本隧道衬砌变形分级

隧道类型	变形速度/(mm·a^{-1})			
	<1	$1~3$	$3~10$	>10
铁路隧道	—	A_2	A_1	AA
公路隧道	A~B	A	2A	3A

我国《铁路桥隧建筑物劣化评定标准　隧道》(TB/T 2820.2—1997)的分级也类似于日本铁路隧道，但分为5个等级，增加了定性描述的极危险级，其他4个等级同日本道路隧道分级。

9.3.2 上海地铁隧道的病害控制指标

9.3.2.1 渗漏水

盾构隧道在运营阶段其渗漏水状况的检查、分类和分级是渗漏水分层次、分次序进行治理的前提和基础,不仅对隧道的耐久性具有重要意义,而且对地铁的安全运营具有重要意义。

1. 国家标准

国家标准《地下工程防水技术规范》(GB 50108—2008)中,第 3.1.4、3.2.1、3.2.2、4.1.22、4.1.26(1、2)、5.1.3 条(款)为强制性条文,必须严格执行。

根据《地下工程防水技术规范》(GB 50108—2008)规定,我国隧道与地下工程防水等级标准为:①1 级——不允许渗水,结构表面无湿渍;②2 级——不允许漏水结构表面可有少量湿渍。工业与民用建筑总湿渍面积不应大于总防水面积(包括顶板、墙面、地面)的 1/1 000;任意 100 m² 防水面积上的湿渍不超过 2 处,单个湿渍最大面积≤0.1 m²;其他地下工程总湿渍面积不应大于总防水面积的 2/1 000;任意 100 m² 防水面积上的湿渍不超过 3 处,单个湿渍最大面积≤0.2 m²;其中,隧道工程还要求平均渗漏水量≤0.05 L/(m²·d),任意 100 m² 防水面积上的渗漏水量≤0.15 L/(m²·d)。

盾构隧道工程防水设计等级为 2 级,即其防水要求为:不允许漏水结构表面可有少量湿渍。总湿渍面积不应大于总防水面积的 2/1 000;任意 100 m² 防水面积上的湿渍不超过 3 处,单个湿渍最大面积≤0.2 m²;其中,隧道工程还要求平均渗漏水量≤0.05 L/(m²·d),任意 100 m² 防水面积上的渗漏水量≤0.15 L/(m²·d)。

2. 渗漏水量

隧道的渗漏水量是衡量隧道渗漏水状态是否满足设计要求的重要指标,因此,渗漏水量实测方法对评价运营隧道的渗漏水具有重要意义。

3. 渗漏水量确定方法

工程实践中渗漏水量确定方法有如下三种:

(1) 有流动水的隧道内(多为最低处)设集水井积水量检测。其计量方式是积水池中水位升高部分的水量,即漏水体积量。

(2) 有流动水的隧道内设贮水堰积水量检测。

对于渗漏水量较多的隧道,在明显漏水的范围(如图 9-61 所示严重漏水的 6 环地铁区间隧道管片,相当于标准中的任意 100 m²)设贮水堰量测渗漏水量是可取的方法。贮水堰中开始的水是人工蓄放的,待达到出水管高度开始出水时计量,以消除干的管片吸水造成的误差。24 h 后,测得出水量 Q_1;与此同时,邻近贮水堰处放设一个面积为 1 m² 的金属(或混凝土)盘,同样经 24 h 后,测得蒸发的水量 Q_2。该范围内的实际漏水量 $Q_3 = Q_1 + Q_2$。

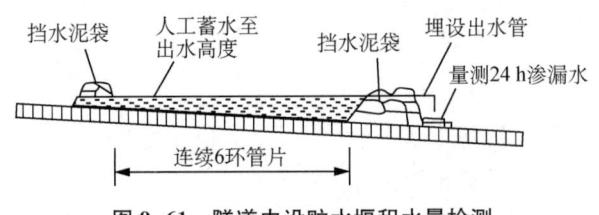

图 9-61　隧道内设贮水堰积水量检测

（3）湿迹与漏点的检测与换算。

湿迹与漏点的检测与换算具体如下。

① 检测：对整条隧道湿迹进行普查量测，统计总湿迹面积，再除以隧道总内表面积，可得出隧道总湿迹比例。还可通过换算，得到设计要求检测的隧道整体平均渗漏水量及任意 100 m² 的平均渗漏水量。

② 换算：隧道内每平方米湿迹、每天的相当渗漏水量，可以用洒水造湿方法近似换算，即通过洒水形成 10 m² 湿迹，而后 24 h 始终通过洒水维持总的洒水量，再除以 10 所得值即为换算结果。

③ 点漏的检测与换算：点漏用玻璃容器，如量杯、量筒量测漏点每分钟滴水量，难以用容器测量的，通常以 6 滴/mL 估算。

4. 隧道渗漏水表象

根据上海地铁对隧道渗漏水检查的实践，一般将渗漏水表象分为四种。

（1）湿迹：指隧道管片内表面呈现明显色泽变化的潮湿斑。

（2）渗水：指水渗入管片，导致管片内表面水分浸润。

（3）滴漏：指水渗入管片，当水量达到一定程度时，水从上方滴落。

（4）漏泥砂：指因渗水通道扩大或防水失效，导致渗水量增加，同时夹带泥砂。

5. 渗漏水维护

渗漏水检查的最终目的是在渗漏水风险等级划分的基础上（表 9-28），组织实施渗漏水维修与治理。

表 9-28　　　　　　　　　　渗漏水建议维修表

风险等级	维修要求	
AA	及时维修	即刻抢修
A		2~5 个工作日
BB	限时维修	5~10 个工作日
B		20~40 个工作日
C	只检不修	

6. 渗漏水评估方法

根据渗漏水表象检查表单记录的渗漏水情况,确定总湿迹面积、任意 5 环管片内表面上的湿迹,或渗水量经验公式或实测确定各种渗水表象的渗水量,并据此和表 9-29 的标准[依据《地下工程防水技术规范》(GB 50108—2008)制定]对各个渗漏水表象进行分级。

表 9-29　　　　　　　　　　盾构隧道结构渗漏水表象分级表

类型	渗漏水指标与特殊环境条件标准	风险等级
湿迹	总湿迹面积/总防水面积>2/1 000;任意 5 环管片内表面上的湿迹≥4 处,单个湿迹的最大面积>0.2 m^2;平均渗漏量>0.05 L/(m^2·d);任意 5 环管片内表面上的渗漏量>0.15 L/(m^2·d)	B
湿迹	总湿迹面积/总防水面积≤2/1 000;任意 5 环管片内表面上的湿迹≤3 处,单个湿迹的最大面积≤0.2 m^2;平均渗漏量≤0.05 L/(m^2·d);任意 5 环管片内表面上的渗漏量≤0.15 L/(m^2·d)	C
渗水	总湿迹面积/总防水面积>2.3/1 000;任意 5 环管片内表面上的湿迹>4 处,单个湿迹的最大面积>0.23 m^2;平均渗漏量>0.09 L/(m^2·d);任意 5 环管片内表面上的渗漏量>0.19 L/(m^2·d);且隧道位于砂性土层或下穿大型河流区段	AA
渗水	总湿迹面积/总防水面积>2.3/1 000;任意 5 环管片内表面上的湿迹>4 处,单个湿迹的最大面积>0.23 m^2;平均渗漏量>0.09 L/(m^2·d);任意 5 环管片内表面上的渗漏量>0.19 L/(m^2·d)	A
渗水	2/1 000<总湿迹面积/总防水面积≤2.3/1 000;任意 5 环管片内表面上的湿迹 4 处,0.2 m^2<单个湿迹的最大面积≤0.23 m^2;0.05 L/(m^2·d)<平均渗漏量≤0.09 L/(m^2·d);0.15 L/(m^2·d)<任意 5 环管片内表面上的渗漏量≤0.19 L/(m^2·d);且隧道位于砂性土层或下穿大型河流区段	BB
渗水	2/1 000<总湿迹面积/总防水面积≤2.3/1 000;任意 5 环管片内表面上的湿迹 4 处,0.2 m^2<单个湿迹的最大面积≤0.23 m^2;0.05 L/(m^2·d)<平均渗漏量≤0.09 L/(m^2·d);0.15 L/(m^2·d)<任意 5 环管片内表面上的渗漏量≤0.19 L/(m^2·d)	B
渗水	总湿迹面积/总防水面积≤2/1 000;任意 5 环管片内表面上的湿迹≤3 处,单个湿迹的最大面积≤0.2 m^2;平均渗漏量≤0.05 L/(m^2·d);任意 5 环管片内表面上的渗漏量≤0.15 L/(m^2·d)	C
滴漏	总湿迹面积/总防水面积>2.3/1 000;任意 5 环管片内表面上的湿迹>4 处,单个湿迹的最大面积>0.23 m^2;平均渗漏量>0.09 L/(m^2·d);任意 5 环管片内表面上的渗漏量>0.19 L/(m^2·d);且隧道位于砂性土层、下穿大型河流区段或滴漏直接滴到触网上	AA
滴漏	总湿迹面积/总防水面积>2.3/1 000;任意 5 环管片内表面上的湿迹>4 处,单个湿迹的最大面积>0.23 m^2;平均渗漏量>0.09 L/(m^2·d);任意 5 环管片内表面上的渗漏量>0.19 L/(m^2·d)	A

续表

类型	渗漏水指标与特殊环境条件标准	风险等级
滴漏	$2/1\,000<$总湿迹面积/总防水面积$\leq2.3/1\,000$；任意 5 环管片内表面上的湿迹 4 处，$0.2\,m^2<$单个湿迹的最大面积$\leq0.23\,m^2$；$0.05\,L/(m^2\cdot d)<$平均渗漏量$\leq0.09\,L/(m^2\cdot d)$；$0.15\,L/(m^2\cdot d)<$任意 5 环管片内表面上的渗漏量$\leq0.19\,L/(m^2\cdot d)$且隧道位于砂性土层、下穿大型河流区段或滴漏直接滴到触网上	BB
滴漏	$2/1\,000<$总湿迹面积/总防水面积$\leq2.3/1\,000$；任意 5 环管片内表面上的湿迹 4 处，$0.2\,m^2<$单个湿迹的最大面积$\leq0.23\,m^2$；$0.05\,L/(m^2\cdot d)<$平均渗漏量$\leq0.09\,L/(m^2\cdot d)$；$0.15\,L/(m^2\cdot d)<$任意 5 环管片内表面上的渗漏量$\leq0.19\,L/(m^2\cdot d)$	B
滴漏	总湿迹面积/总防水面积$\leq2/1\,000$；任意 5 环管片内表面上的湿迹≤3处，单个湿迹的最大面积$\leq0.2\,m^2$；平均渗漏量$\leq0.05\,L/(m^2\cdot d)$；任意 5 环管片内表面上的渗漏量$\leq0.15\,L/(m^2\cdot d)$	C
漏泥砂	总湿迹面积/总防水面积$>2.0/1\,000$；任意 5 环管片内表面上的湿迹≥4处，单个湿迹的最大面积$>0.2\,m^2$；平均渗漏量$>0.05\,L/(m^2\cdot d)$；任意 5 环管片内表面上的渗漏量$>0.15\,L/(m^2\cdot d)$；且隧道位于砂性土层或下穿大型河流区段	AA
漏泥砂	总湿迹面积/总防水面积$>2.0/1\,000$；任意 5 环管片内表面上的湿迹≥4处，单个湿迹的最大面积$>0.2\,m^2$；平均渗漏量$>0.05\,L/(m^2\cdot d)$；任意 5 环管片内表面上的渗漏量$>0.15\,L/(m^2\cdot d)$	A
漏泥砂	总湿迹面积/总防水面积$\leq2/1\,000$；任意 5 环管片内表面上的湿迹≤3处，单个湿迹的最大面积$\leq0.2\,m^2$；平均渗漏量$\leq0.05\,L/(m^2\cdot d)$；任意 5 环管片内表面上的渗漏量$\leq0.15\,L/(m^2\cdot d)$；且隧道位于砂性土层或下穿大型河流区段	BB
漏泥砂	总湿迹面积/总防水面积$\leq2/1\,000$；任意 5 环管片内表面上的湿迹≤3处，单个湿迹的最大面积$\leq0.2\,m^2$；平均渗漏量$\leq0.05\,L/(m^2\cdot d)$；任意 5 环管片内表面上的渗漏量$\leq0.15\,L/(m^2\cdot d)$	B

注：各表象渗漏水风险等级由高风险至低风险等级依次判断，以最先满足渗漏水指标与特殊环境条件标准者为准。判断中任一单项指标和特殊环境条件满足控制标准即可确认相应渗漏水风险等级。

9.3.2.2 结构损伤

1. 裂缝

混凝土的裂缝是不可避免的，其微观裂缝由本身物理力学性质决定，但它的有害程度是可以控制的，有害程度的标准是根据使用条件决定的。目前世界各国的规定不完全一致，但大致相同。如按结构耐久性要求、承载力要求及正常使用要求，最严格的允许裂缝宽度为 0.1 mm。近年来，许多国家已根据大量试验与泵送混凝土的经验将其放宽到 0.2 mm。

目前，隧道内管片裂缝，尤其封顶块与邻接块拼接部位的裂缝大多为拼装期间产生，拼装期间产生的裂缝与运营期间产生的裂缝本质不同。从产生裂缝的原因看，拼装期间的裂缝可认为是非受力裂缝，运营期间产生的裂缝可认为是受力裂缝。拼装期间产生的裂缝可能会成为隐患；而运营期间产生了裂缝说明管片受力较大，风险相对比较高。但判定是受力裂缝还是非受力裂缝难度比较大,初步判定以裂缝严重程度和裂缝数量为依据,进一步可通过隧道变形、渗漏水以及保护区内是否有加卸载等情况来确定。

从走向上看,斜向裂缝的出现往往意味着应力集中出现,不利于结构的受力,风险高于环向裂缝[图 9-62(a)]和纵向裂缝[图 9-62(b)]。

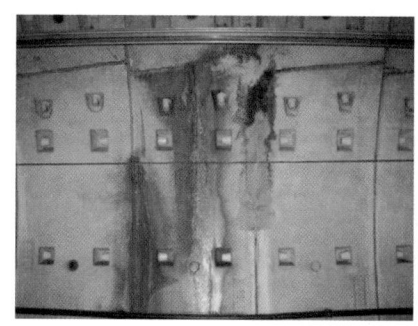 

(a) 环向裂缝　　　　　　　　　(b) 纵向裂缝

图 9-62　裂缝走向示意

从部位上看,裂缝一般出现在管片位置,如位于螺栓孔附近的,则可能为螺栓受拉,对其周围管片混凝土产生拉应力。根据《混凝土结构试验方法标准》(GB 50152—1992)第 8.0.1 条规定,当受拉主钢筋处最大垂直裂缝宽度达到 1.5 mm 时,即认为该结构构件已达到或超过承载能力极限状态。

另外,对于单条裂缝,处于受力主筋区裂缝的风险要高于处于边角的裂缝。裂缝深度的危害程度从耐久性方面考虑,深度大于钢筋保护层厚度(3 cm)时会导致钢筋的锈蚀严重,影响构件的承载能力。

2. 掉边

由短期荷载造成的管片掉块一般位于管片边的某一单一位置,风险相对比较小,其危害程度从耐久性方面考虑,根据是否有漏筋现象来判定。

由于压损造成的管片掉块一般沿着管片的某一边连续发展(也叫"掉边",如图 9-63 所示),一般由长期荷载造成,如连续若干环存在掉边现象则表明此段管片仍存在承受不利荷载的可能,管片破坏程度有进一步扩大的可能,风险相对比较大。另外,可从掉边的深度判断管片的破坏程度。一般管片内弧面接缝处凹槽深度为 2.15 cm,当接缝采用砂浆填缝时,管片间相互挤压变形产生的压应力通过砂浆传递,会将内弧面管片边压损导致掉边,深度一般不超过 2.15 cm。当管片接缝内无砂浆时或砂浆被压碎脱落时,管片间直接相互挤压变形,内弧面管片边压损掉边深度将超过 2.15 cm。

3. 缺角

缺角位于管片的角部,一般多为混凝土管片运输、拼装等过程中磕碰掉落而产生。根据对管片耐久性影响程度的不同可分为漏筋和不漏筋两种情况。

图 9-63 掉边示意

4. 道床开裂

道床开裂的原因一般有温度裂缝、列车动载冲击破坏作用等,如道床环向上全幅开裂,可能由于道床下与管片脱开,在列车荷载反复作用下产生断板,风险相对比较高。

9.3.2.3 结构变形

1. 沉降变形

在上海地铁长期的监护管理实践中,通过对大量的长期监测数据进行整理分析,找出变形的规律并作出变形预测,结合实际结构病害及整治情况得出了如下变形控制指标:

(1) 曲率半径 R 不小于 3 000 m。轨道专业人员在考虑列车运营平顺度的时候,轨道高低容许偏差应小于 4 mm/10 m,所对应的曲率半径为 3 000 m。假设钢轨与道床及隧道管片紧密连接,对隧道结构控制选取曲率半径 3 000 m 作为临界指标。

(2) 差异沉降坡度不大于 0.16%。对于连续大范围的差异沉降,可选取差异沉降坡度作为衡量结构变形的指标。

(3) 1 年不均匀沉降速率不大于 0.6 mm/月。当不均匀沉降持续发展至累积沉降曲线曲率半径超标或差异沉降坡度超标时,则采取治理措施。

(4) 运营初期 3 年内受盾构推进后土体扰动固结及列车动荷载的影响,沉降变形会比较大,实际发现,当年度沉降大于 2 cm 时,可以认为隧道是在加速沉降的,这时候必须通过人为干涉来控制沉降的加剧。

表 9-30 表明星级评价指标及相应的处理措施。

表 9-30 星级评价指标

评级	情形描述	变形指标情况	应对处理措施
☆	由于历史原因、沉降数据延续,如由运营初期的连通通道差异沉降引起的	曲率半径或差异沉降坡度超标,近 2 年变形速率稳定	常规监测,每 3 月结构检查 1 次

续表

评级	情形描述	变形指标情况	应对处理措施
★	曾经发生过险情或工况,如穿越后期段、越江段等	单项指标超标或结构有过损伤。变形速率<0.6 mm/月,但有持续的变化趋势,结构渗漏水或损伤无明显变化	每月监测1次、结构检查1次
★★	受周边工况影响,变形持续半年不稳定	至少单项以上指标超标,近半年变形速率>0.6 mm/月,伴有轻微结构损伤或渗漏水现象	每月监测2次,结构检查2次,并视条件纳入计划整治
★★★	有未完周边工况或持续一年变形不稳定	至少单项以上指标超标,近一年变形速率>0.6 mm/月,伴有结构损伤或渗漏水现象	每周结构检查1次,每2周监测一次,并立即组织实施整治

如图9-64所示,曲率半径按照A,B,C三点定圆计算R,也可参照近似计算公式$R = L^2/2d^2$计算,对于存在反弯点的则应选取点B及反弯点S_1,S_2三点计算。

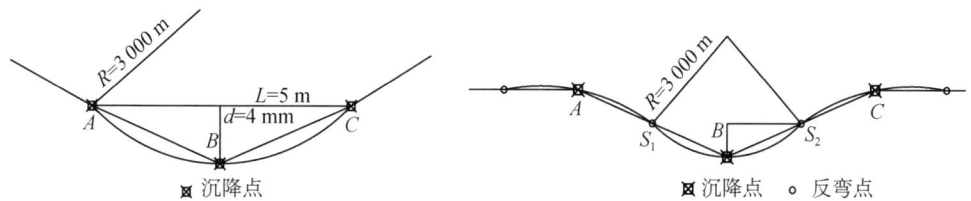

图 9-64 曲率半径计算

2. 收敛变形

根据全尺寸盾构管片整环极限承载力试验结果表明:

(1) 当直径为6.2 m的单圆通缝拼装隧道水平直径收敛值为80~100 mm时,采用粘贴芳纶布及堵漏处置,当收敛值大于100 mm时加钢环;当错缝拼装隧道水平直径收敛值大于或等于50 mm时,采用粘贴芳纶布及堵漏处置,当收敛值大于80 mm时加钢环。

(2) 收敛增大值每年超过10 mm,结合实际情况进行处置。

9.4 隧道病害的分级检修

隧道的"养护"即隧道的"保养"和"维护"。"养"是指日常计划内的保养,"护"即"维护"或"治理"。根据隧道的养护指标,及时掌握隧道的状态,对隧道进行维护、维修,及时、主动消除病害,进一步确保隧道使用安全。

9.4.1 隧道的日常维养

隧道的"检"是指对隧道的检查、检测、监测,根据隧道病害发现情况结合隧道病害特点,有计划地对综合维修计划外的隧道设施进行维修;掌握隧道技术状态,及时、主动地消除病害,以防止病害扩大,按期做好季节性工作,确保使用安全。

1. 养护维修体系

(1) 负责管辖内隧道设施的露筋破损处理。
(2) 掌握隧道设施的质量状态,当发现影像结构安全的病害时应及时处理和上报。
(3) 做好季节性工作的应急处理和观测工作。
(4) 做好人防门、防淹门、连通通道廊门、侧向平台零小病害的及时处理和上报工作。
(5) 隧道内管片编号的标识。
(6) 处理各类临时报修。

隧道的日常综合养护、维修主要针对盾构法隧道及明挖法隧道进行,不同隧道的结构形式有不同的维修内容。

2. 盾构法隧道的日常维养

(1) 混凝土管片综合维修内容:
① 混凝土管片开裂、掉块、露筋的治理;
② 渗泥砂的治理;
③ 环纵缝、注浆孔、螺栓孔漏水的治理;
④ 注浆闷头缺失的修补;
⑤ 螺栓脱落、缺失现象修补;
⑥ 双圆隧道钢保护壳除锈补漆;
⑦ 嵌缝条脱落的治理。

(2) 钢管片综合维修内容:
① 钢管片除锈补漆;
② 渗漏水、渗泥砂治理;
③ 内格腔混凝土掉块修补;
④ 注浆闷头缺失的修补。

(3) 端头井综合维修内容:
① 渗漏水、渗泥砂治理;
② 混凝土开裂、掉块、露筋的治理。

(4) 连通通道、泵站及集水井维修内容:
① 渗漏水、渗泥砂治理;
② 混凝土开裂、掉块、露筋的治理;
③ 集水井暗管的治理。

(5) 中间风井综合维修内容:
① 渗漏水、渗泥砂治理;

② 混凝土开裂、掉块、露筋的治理。

（6）整体道床综合维修内容：

① 道床与管片、管片与排水沟间产生脱离现象整治，整体道床的开裂，轨枕与道床间裂隙现象整治；

② 注浆闷头缺失的修补；

③ 注浆孔渗水、渗泥砂。

（7）侧向平台综合维修内容：

① 支架松动的紧固；

② 复合板材破损的更换；

③ 防火涂层的修补；

④ 金属部件除锈补漆。

（8）中间隔墙（双圆、大盾构）综合维修内容：

① 防火隔板松动、破损的治理；

② 中隔墙开裂、破损的修补；

③ 大盾构中隔墙限位角钢的除锈处理；

④ 大盾构中隔墙防火密封胶的修补。

（9）人防门综合维修内容：

① 门体、门框的除锈上漆；

② 密封条的更换；

③ 传动机构除油；

④ 链条等紧固件松动的治理。

（10）防淹门（不含电气部分）综合维修内容：

① 门体、门槽及其部件的除锈上漆；

② 密封条的更换；

③ 添加或更换润滑油脂；

④ 对变形、腐蚀、损坏的部位及零件进行整修、更换。

（11）方通道隔断门综合维修内容：

① 锁头、门铰链轴承等及其转动部位添加润滑油；

② 五金件的更换；

③ 紧固各类松动构件；

④ 除锈补漆。

（12）其他综合维修内容：

① 隧道内碳素纤维等补强材料的脱落抽丝现象整治；

② 其他附属物缺损的维护。

注：若发现管片螺栓崩裂、环纵缝张开和错台错缝超过技术规定，应及时报上级部门，委托设计部门做出综合治理方案，委托有资质的单位实施。

3. 明挖法隧道的日常维养

（1）顶板综合维修内容：

① 渗漏水、渗泥砂的治理；

② 混凝土开裂、掉块、露筋的治理；

③ 引水管、槽松动的治理；

④ 变形缝渗漏水，止水带破损、脱落的治理。

（2）侧墙综合维修内容：

① 渗漏水、渗泥砂的治理；

② 混凝土开裂、破损、露筋的治理；

③ 引水管松动的治理；

④ 变形缝渗漏水，止水带破损、脱落的治理；

⑤ 侧墙倾斜的治理。

（3）整体道床综合维修内容：

① 道床与排水沟间产生脱离现象整治、整体道床的开裂、轨枕与道床间裂缝现象的整治；

② 转辙机坑渗漏水的治理。

（4）泵房、集水井综合维修内容：

① 渗漏水、渗泥砂的治理；

② 混凝土开裂、破损、露筋的治理；

③ 集水井暗管的疏通。

（5）其他综合维修内容：

① 隧道内纤维类等补强材料的脱落抽丝现象整治；

② 拆除遗留施工木模板；

③ 车站站线风道板开裂、松动的治理；

④ 紧固其他附属物的脱落松动；

⑤ 其他附属物缺损的维护。

9.4.2 隧道病害的大修整治

隧道的"护"即"维护""治理"，需根据隧道的病害情况及等级对隧道进行维护。

9.4.2.1 隧道表观检查预警及控制

目前，隧道的预报预警主要是根据隧道病害情况进行病害的分类，可分为 AA，A，BB，B，C 级病害。其中 AA 级病害需要即刻上报，并当天启动响应，其余等级的病害分类及相应启动时间见表 9-31。

表 9-31　　　　　　　　　　　　　　　检查预警指标内容

病害等级	病害内容	报警时间	响应时间
AA	涌水;严重的或有堆积的渗泥砂;隧道内成水膜状的连续渗流;线漏（每分钟 300 滴以上）;顶部纤维加固件及防排水设备破损等有侵限风险;顶部嵌缝条悬垂有侵限风险（或悬垂大于 20 cm）;连通通道隔断门及人防门松动等有侵限风险	即刻上报	当天启动
A	管片腰部渗水每 10 环大于 3 环;腰部同侧 5 环以上连续湿迹;整体道床排水沟与管片脱离;道床开裂、排水沟开裂等病害;轨枕与整体道床离缝;底部环纵缝渗水每 10 环大于 5 环;管片顶部张开可见螺栓;腰部严重压损;轻微渗泥砂（无堆积）;纵缝嵌缝条翘头 10 环大于 3 环;连通通道处渗漏水	次日上报	10 个工作日
BB	除 AA 级、A 级以外的日常检查发现的其他渗水;人防门、防淹门门体结构病害;顶部灌浆浆液固结体悬垂;嵌缝条轻微翘头	定期上报	20 个工作日
B	专项检查所发现的顶部开裂有掉块风险;掉块露筋等病害;达不到国家二级防水要求的湿迹		30 个工作日
C	满足国家二级防水要求的湿迹;面积小于 0.01 m² 且不露筋的轻微病害	只检不修	

注:对于砂性土地段,任何类型的渗漏水均作为 A 类处理。

9.4.2.2　隧道综合病害维修治理体系

1. 大修评估指标

隧道结构大修的评估范围宜按单个区间为单位,隧道结构及单体建筑符合表 9-32 条件中任意一项的应进行大修。

表 9-32　　　　　　　　　　　　　　区间隧道大修评估指标

病害类型	评估指标	病害范围（单个评估范围以内）
沉降变形	累计沉降曲线曲率半径＜3 000 m	单个区间
	沉降曲线斜率＞0.16%	单个区间
	沉降速率＞0.6 mm/月（差异沉降速率）	单个区间
收敛变形	内径 5.5 m（外径 6.2 m）单圆通缝:水平直径收敛＞10 cm	单个区间
	内径 5.5 m（外径 6.2 m）单圆错缝:水平直径收敛＞7 cm	单个区间
	内径 5.9 m（外径 6.6 m）单圆通缝:水平直径收敛＞10 cm	单个区间
	内径 5.9 m（外径 6.6 m）单圆错缝:水平直径收敛＞7 cm	单个区间
	内径 10.4 m（外径 11.4 m）单圆错缝:水平直径收敛＞12 cm	单个区间
	双圆:水平直径收敛＞5 cm	单个区间

2. 大修整治措施

隧道纵向变形(表9-33):隧道差异沉降坡度大于0.16%或差异沉降速率大于0.6 mm/月,单个评估范围大于40 m的,应列入大修计划,宜采用双液微扰动注浆改善沉降变形。发现上述沉降后,核实测量数据并进行轨道坡度调整,同时对病害采取整治措施。

表9-33　　　　　　　　　　　　　隧道纵向沉降整治

序号	病害描述	治理措施
1	道床与管片脱开	道床与管片之间填充水泥浆或刚性环氧浆液进行填充补强
2	渗漏水	壁后注浆结合壁内接缝注浆
3	沉降发展迅速不稳定	双液微扰动注浆

隧道横向变形:隧道水平直径收敛符合表9-34条件的,应启动大修程序,于隧道外部上方进行卸载、在隧道两侧同步微扰动注浆纠偏,于隧道内部存在渗漏水区域实施壁后注浆结合壁内接缝注浆堵漏施工,最终加装钢内衬或复合内衬结构。发现上述收敛后,进行测量数据的核实并对病害采取整治措施。

表9-34　　　　　　　　　　　　　隧道横向收敛整治

序号	病害描述	治理措施
1	地面堆载	地面卸载或换填
2	渗漏水	壁后注浆结合壁内接缝注浆
3	收敛超标	地面注浆纠偏、隧道内安装钢内衬

9.5 隧道重大病害的治理技术

9.5.1 双液微扰动注浆技术

9.5.1.1 技术原理

1. 不均匀沉降治理

隧道发生纵向不均匀沉降的直接原因是隧道下卧土层较软弱,承载能力较低,在荷载作用下变形不均匀且变形量大。要控制隧道沉降,就必须设法改善隧道下卧土层的物理力学性能,提高隧道下卧土层强度。

而隧道是拼装结构,存在大量接缝,在接缝处的刚度有所降低,接缝犹如人的"关节",可允许环与环之间发生少量的移动或错台。隧道纵向不均匀沉降治理基本上是以环缝发生错台方式进行微扰动注浆的方法,该方法恰恰是利用隧道环缝可允许发生少量错台的特点,对管片产生挤压作用使其发生位移,而又不破坏隧道结构,不断小位移地叠加调整线形,从而达到控制沉降的目的。每一次的注浆都是微扰动,但微扰动的叠加对一段隧道位移的影响效果是显著的,犹如对无穷小进行积分一样。

微扰动注浆治理具体方法如下:沿隧道治理段纵向以合理间距布设注浆孔,对每个注浆孔分阶段、少量、多次地自隧道底部向下分层叠加注浆,每次注浆量控制适当,并采取减少注浆对地层扰动的措施,以使每次注浆引起的隧道上抬量 $\Delta S_1 \geqslant$ 在 2 次注浆的间隔时间内隧道自然沉降与地基由于注浆引起的土体结构扰动和超孔隙水压力部分消散而产生的固结沉降量之和 ΔS_2,如图 9-65 和图 9-66 所示。

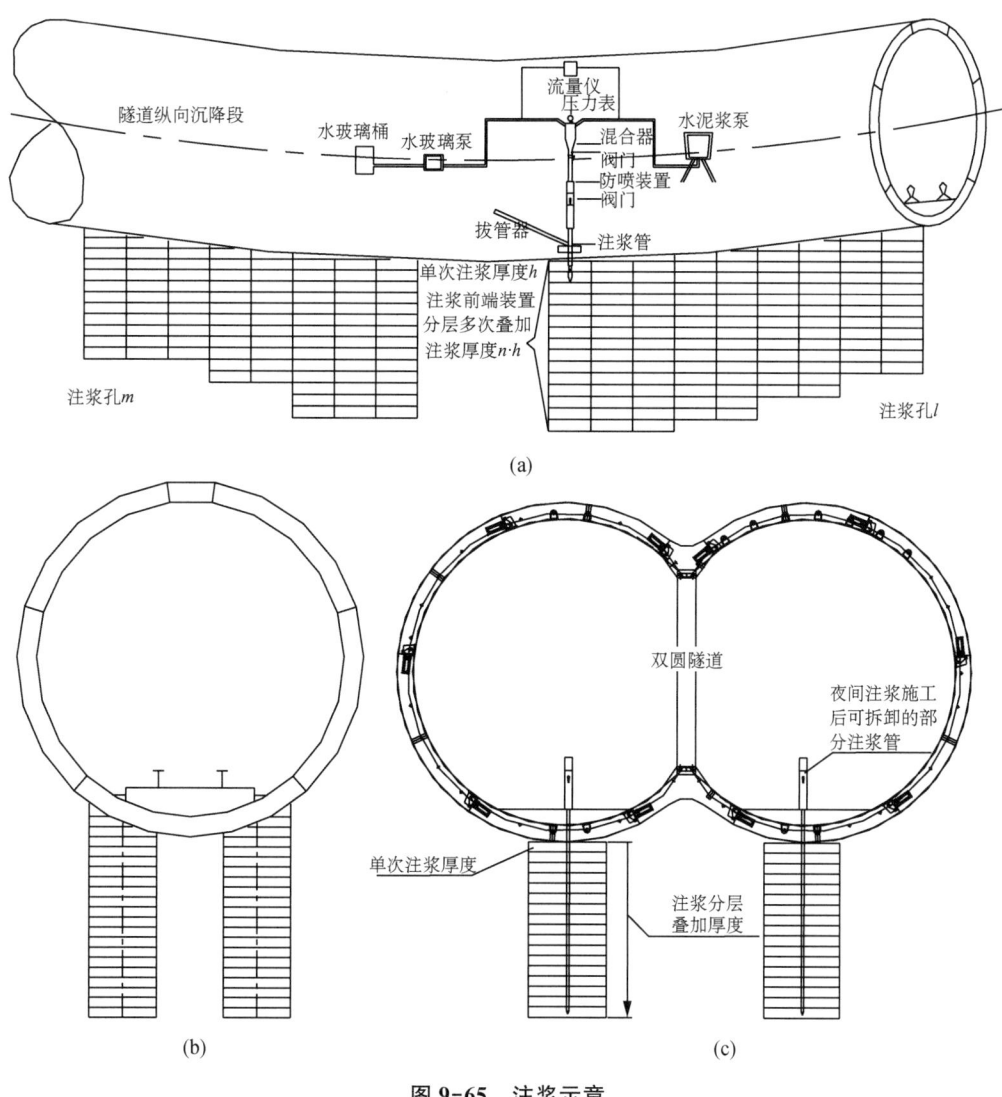

图 9-65 注浆示意

每个注浆孔的注浆过程都是分阶段进行的,大致将注浆周期分为 3 个阶段:抬升注浆阶段、间断注浆阶段和固结稳定补浆阶段。

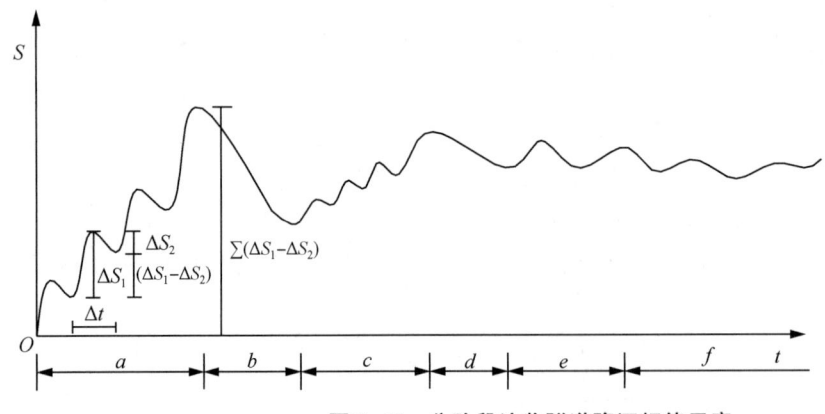

图 9-66 分阶段注浆隧道隆沉规律示意

一般地,在初始注浆阶段,必须使治理段隧道抬升至一定的预期值。为此,在初始阶段的抬升注浆过程中,应适当减少单次注浆的间隔时间 Δt,以增大每次注浆的有效抬升量 $(\Delta S_1 - \Delta S_2)$。当初始阶段各次注浆所引起的隧道总抬升量为

$$R = \sum (\Delta S_1 - \Delta S_2) \tag{9-13}$$

达到预期值时,应使注浆暂停一段时间,以使隧道下卧土层因注浆引起的超孔隙水压消散殆尽,隧道地基得到一定的固结沉降。经试验测试,在淤泥质黏性地层中超孔隙水压完全消散需要约1周。如果有必要再提高隧道总抬升量,则开始进行第2阶段的抬升注浆,当注浆抬升量达到预期值时,则停止第2阶段的抬升注浆。经过土层再次固结沉降,隧道沉降速率开始降低,当沉降速率>0.02 mm/d 时,进行第3阶段旨在维持隧道沉降相对稳定的间断注浆,此阶段各次注浆的间断时间可适当延长,但各次注浆深度仍处于隧道下卧待加固的土层中。当注浆深度已伸入隧道下卧相对稳定的地层且隧道沉降速率减小至 0.02~0.01 mm/d 时,则进行第4阶段即次固结阶段的间断补浆,补浆是在隧道与下卧注浆加固体接触面之间的空隙中进行的。当隧道沉降速率<0.01 mm/d 时,结束补浆。

在各注浆阶段中,每次注浆的间隔时间因地质条件各异而不同。在淤泥质软黏土中:初始阶段,$\Delta t = 2 \sim 3$ d;第2阶段,$\Delta t = 5 \sim 7$ d;第3阶段,$\Delta t = 2 \sim 3$ 周;而在次固结沉降阶段,Δt 可延长至1个月以上。

2. 收敛变形不均匀沉降治理

在发生横向收敛大变形的隧道外侧,应视现场施工条件,选择单侧或双侧布置注浆孔(图 9-67—图 9-69)。一般布置 2~4 排,根据实际注浆效果确定注浆总量。其基本原理与竖向加固一致,通过管片侧向注入一定体积的水泥浆液,增加侧向土体刚度,提高侧向水平抗力,并依靠一定压力的水泥浆液注入,挤压侧向的隧道管片向内收敛变形,减小收敛大变形,减小接缝张开,遏制收敛变形的发展,且从一定程度上改善管片环向受力条件。

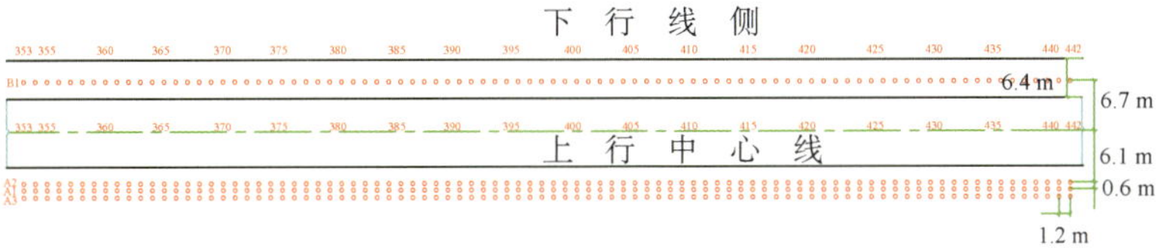

图 9-67 注浆孔位示意

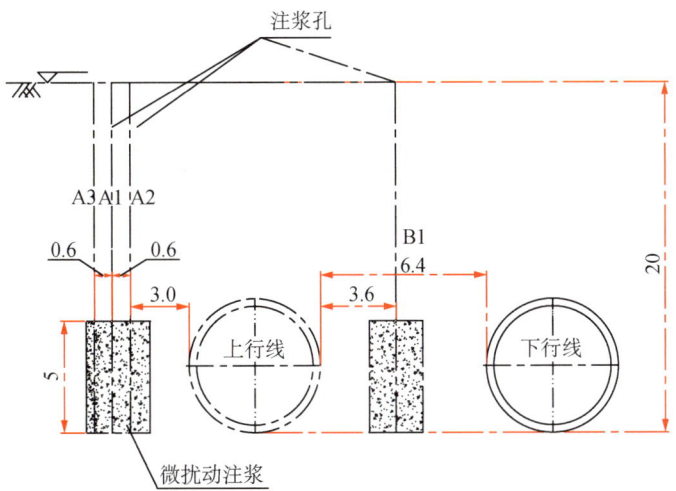

图 9-68 注浆孔位剖面图(单位:m)

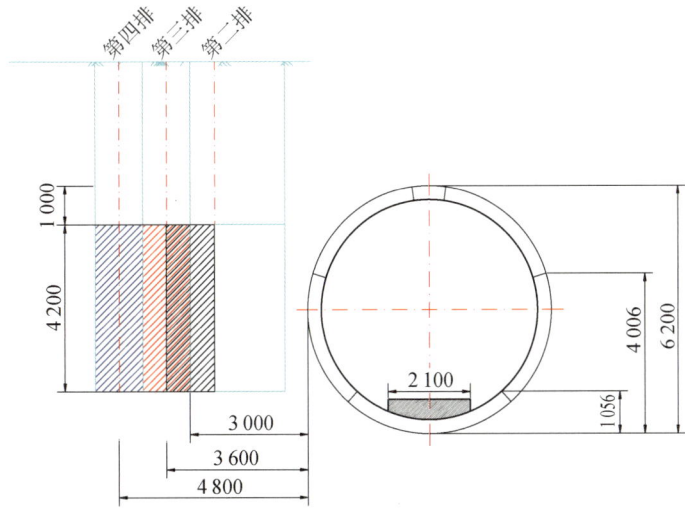

图 9-69 注浆范围桩体剖面图(单位:mm)

注浆孔布置方式如下：

（1）平面上平行于隧道轴线，单侧或双侧布置 2~4 排，一般距离最近不小于 3 m，注浆孔孔距 1.2 m，如图 9-67 所示。

(2) 每孔注浆深度对应为隧道顶到隧道底之间的土体,高度为 5.2~6.2 m,视土质条件情况及隧道变形情况决定,如图 9-69 所示。

9.5.1.2 注浆工艺

由于 ΔS_1 和 ΔS_2 在很大程度上与注入土层的材料性能有关,微扰动注浆要求浆液注入土层后能够产生适量 ΔS_1 且 ΔS_2 应尽量小,要求注入土层中的浆液必须具有高密度、快速凝结、体积收缩小且高强度等特点。所以,本书选用具有良好速凝效果和高强度的水泥浆/水玻璃双液浆体为注浆材料。根据浆液泵送畅通且增大 ΔS_1 的要求,经过多次试验,水泥浆的水灰比选为 0.6~0.7,水泥浆与水玻璃的比例控制在 2.5∶1~3∶1。

在各孔每次注浆过程中,严格掌握注浆参数是注浆成败的关键,也是该工艺的技术核心。技术参数由隧道所处地质条件、隧道沉降特点、地面与现场试验来确定,根据多次试验和工程实践结果,上海流塑淤泥质黏土层中所采用的技术参数见表 9-35、表 9-36。

表 9-35　　纵向不均匀沉降注浆参数

项目	具体参数
注浆材料	水泥浆水灰比为 0.6~0.7,水玻璃波美度为 35°~42°,模数为 2.85~3.2,水泥浆与水玻璃比例宜控制在 2.5∶1~3∶1,双液浆初凝时间约为 20 s
单次注浆长度	单次注浆长度不应过大,一般单次注浆长度为 8.8~35.2 cm
单次注浆量	单次注浆量应配合单次注浆长度和掺入量确定,单次注浆量不应大于 80 L
注浆流量	一般双液浆流量为 20 L/min,其中水泥浆泵流量为 14~16 L/min,水玻璃泵流量为 4~6 L/min
拔管速度	拔管速度根据单次注浆量、单次注浆长度和双液浆流量计算确定
跳孔要求	隧道纵向采用间隔跳孔施工的原则,间隔不宜少于 2 环管片
单孔各次注浆时间间隔	在淤泥质软黏土中,抬升注浆阶段的单孔各次注浆时间间隔一般为 1~3 d,间隔注浆阶段一般为 2~3 周,固结稳定补浆阶段一般在 1 个月以上

表 9-36　　横向收敛大变形侧向注浆参数

项目	具体参数
注浆材料	水泥浆水灰比为 0.6~0.7,水玻璃波美度为 35°~42°,模数为 2.85~3.2,水泥浆与水玻璃比例宜控制在 2∶1~3∶1,双液浆初凝时间约为 20 s
单孔注浆量	按照掺入比 20% 计算,每延米注浆约 226 L,注浆时间 10 min,水泥浆流量 15 L/min,水玻璃流量 7.5 L/min,合计流量 22.5 L/min
注浆流量	一般双液浆流量为 20 L/min,其中水泥浆泵流量为 14~16 L/min,水玻璃泵流量为 4~6 L/min。
拔管速度	每 30 s 一次拔管 5 cm
跳孔要求	同一排内按照做一跳二施工,相邻孔注浆间隔不少于 2 d

9.5.1.3 注浆设备

图 9-70 所示为微扰动注浆实施过程所用的设备,其中最主要的有:

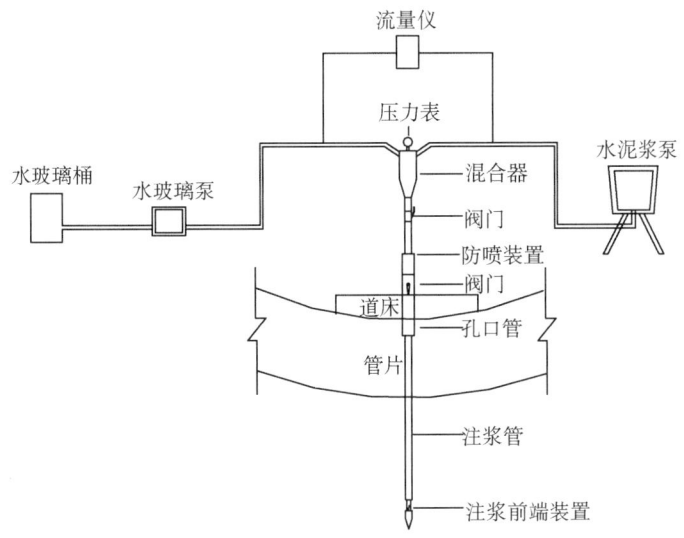

图 9-70 微扰动注浆实施装置示意

(1) 注浆泵。包括水泥浆泵和水玻璃泵,二者都需要同时满足注浆可控性良好、流量较小且稳定、可调节、能够连续均匀输送浆体、体积小且质量轻、适合于狭小空间内搬运和施工等条件。

(2) 混合器。可均匀混合 2 种浆液,一端连接水泥浆和水玻璃送浆管,另一端连接注浆管。混合器外接压力表,以便及时反映双液浆压力,保持混合器内和各管路中无残留凝结浆体,从而保证进出浆液通畅且混合均匀。

由于双液浆初凝时间通常为 16~24 s,混合器的作用是使浆液在进入土层中之前充分混合均匀但未凝固,浆液进入土层后很快达到初凝效果,从而实现了隧道的适当上抬和对土体的微扰动。

(3) 流量仪。外接送浆管路,用于记录和监测浆液的即时流量,统计累计浆量,并准确控制单次注入土层的浆液体积。

(4) 拔管装置。图 9-71 为简易拔管装置结构示意图。该装置在运营隧道内搬运方便,施工过程辅以皮尺测量,可以实现均匀拔管。

(5) 注浆前端装置。如图 9-72 所示,注浆前端装置上布置 2 排梅花形喷浆孔,孔径为 4 mm,每排均匀分布 4 个。在未注浆之前,用保护套保护喷浆孔,以免下管过程中喷浆孔被泥土堵塞。在注浆时,脱开保护套管,同时打开 8 个喷浆孔,以实现同时均匀地注入浆液。

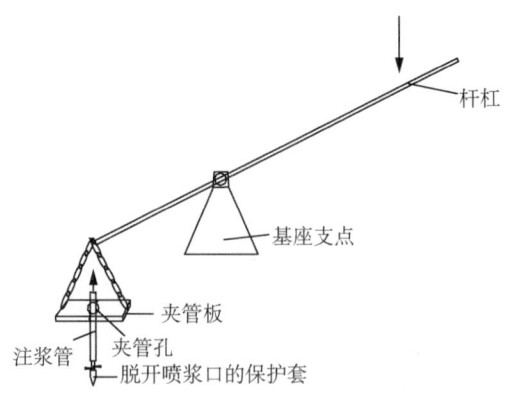

图 9-71 拔管装置结构示意

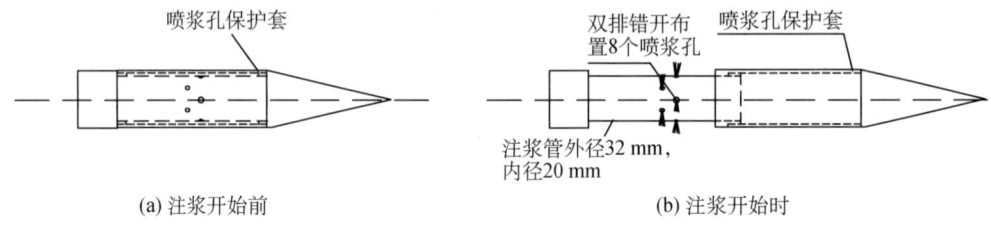

图 9-72 前端装置结构示意

9.5.2 内张钢圈衬砌加固技术

近年来,随着轨道交通网络的不断延伸和市政配套建设及地下空间开发的逐步扩展,多次出现地铁隧道发生横向大收敛变形的情况。隧道发生横向大收敛变形会伴生一系列重大病害,主要表现为混凝土管片的封顶块两侧纵缝张开(通缝)、顶部贯穿裂缝(错缝)、两腰渗漏水以及衬砌环、纵缝张开、分离,甚至会出现轨道道床破损或轨道不顺,往往还会伴随着混凝土管片的破损碎裂。这种受损情况会随着时间的推移而进一步恶化,最终导致隧道结构完全破坏,危及地铁运营安全,因此必须采取一定的技术措施对受损隧道进行防水以及补强加固综合治理。

9.5.2.1 技术原理

变形隧道的内张钢圈衬砌结构加固技术是一项系统工作,其基本原理是通过对变形隧道受损部位采取环形钢板支护和向管片外围压注环氧树脂的手段,即内部补强和外部补强相结合的方式,使变形隧道结构的整体性和安全性得到改善和增强,提升隧道的强度和刚度,从而为隧道能够长期安全地使用提供强有力的保障。

内张钢圈衬砌结构加固技术首次实现了隧道变形加固的机械化、高效化和批量专业化施工,开创了在隧道狭小的空间内高效快速加固的先河。该技术采用自主研发的机械手等专业设备,采用先进的防水堵水材料和先进技术,结合结构钢环的安设,在隧道内弧形成一道新的环形结构支撑,对已破损隧道进行结构补强加固综合治理,最终提高隧道结构承载力和使用寿命。根据横向收敛变形情况可采用钢环的骑环缝或非骑环缝安装加固,快速遏制隧道收敛变形的继续恶化,进而改善和稳定收敛变形。

在钢圈衬砌加固技术得到普遍应用前,国内外一般常采用混凝土加固或者粘贴纤维复合片材的方式进行加固,抑或通过管片外注浆来控制隧道的收敛变形。但上述方法都存在不可避免的缺陷:混凝土加固的施工极度占用空间,在地下隧道狭小的空间内实施困难较大,尤其在运营隧道有着复杂的限界要求下操作性更不强;粘贴纤维复合片材虽说施工相对简单且成本较低,但其刚度较差,对提高管片的承载力作用不明显;而管片外土体注浆对于变形收敛不大的隧道效果较好,但对于变形收敛较大的隧道其控制作用不明显。

内张钢圈衬砌加固技术则极大地避免了上述工法的缺陷:

(1) 利用专业设备机械手,可在有限的隧道空间内完成钢圈拼装,同时不触碰隧道内既有管线及设备,保证地铁次日安全运营。

(2) 钢圈板材厚度2～3 cm,强度高刚度大,可极大提高破损管片承载力并遏制其继续变形,试验表明提高30%的承载力。

(3) 该技术综合了现有其他技术的优点,包括粘贴纤维芳纶布、管片壁后注浆加固等,使其加固效果更加明显。

内张钢圈衬砌加固技术成功攻克了复杂困难条件下地铁隧道的变形损伤治理难题,包括各种原因引起的隧道横向大收敛变形,可广泛应用于运营隧道和施工隧道,控制隧道变形效果极为显著,可有效遏制其变形恶化趋势,提高受损隧道承载力。隧道管片受损加固情况汇总见表9-37。

表9-37 隧道管片受损加固情况汇总

受损原因	受损形式	采取主要措施	
		施工隧道	运营隧道
隧道周边其他施工	横鸭蛋变形	钢圈安装(满环环板)	钢圈安装(牛腿加环板,保留道床)
	不均匀沉降	骑环缝钢圈安装(满环环板)	骑环缝钢圈安装(牛腿加环板)
隧道上方覆土超载	横鸭蛋变形	钢圈安装(满环环板)	钢圈安装(牛腿加环板,保留道床)或钢圈安装(满环环板,道床凿除)
其他施工意外直接损害隧道	隧道管片被击穿	—	连续钢圈安装(牛腿加环板)
连通通道冰冻管施工	隧道管片主筋部分受损	钢圈安装(满环环板)	—

9.5.2.2 施工工艺

1. 施工步续流程

内张钢圈衬砌加固技术主要作业步骤如下：先对渗漏水部位堵漏，加固脱开道床，处理破损管片，补强裂缝，稳定变形，最后加装钢内衬，形成一个补强的新的受力体系，图9-73 所示为其施工流程。

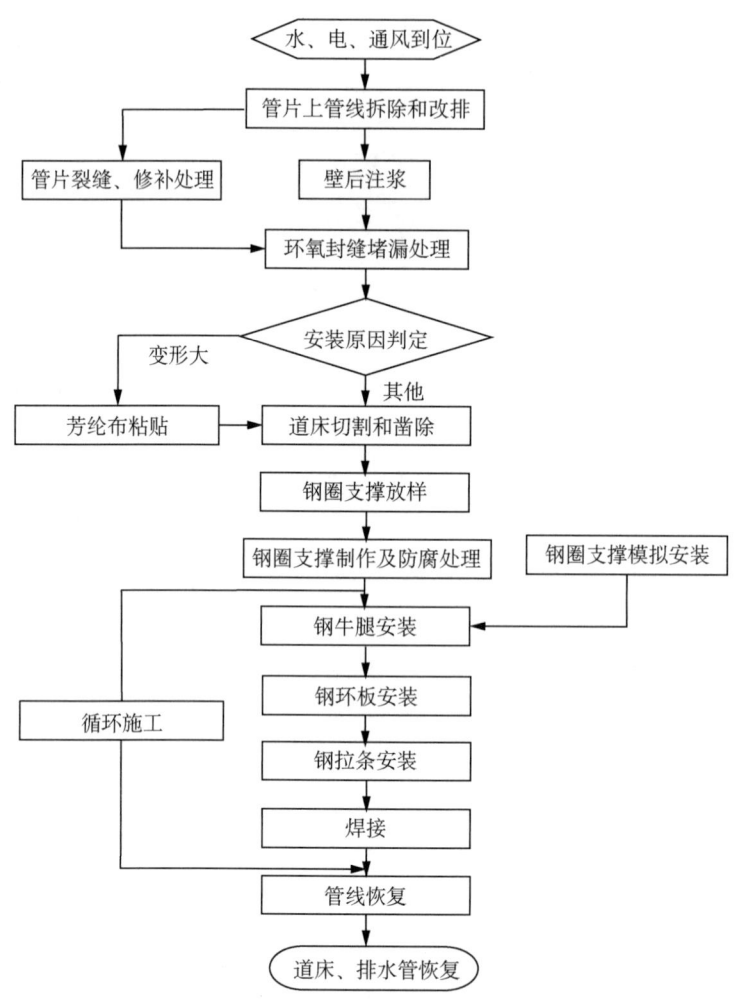

图 9-73 内张钢圈衬砌加固施工流程

结构防水：以原有钢筋混凝土结构自防水及管片弹性密封垫防水为基础，在管片外通过浆液（聚氨酯浆液等）的压注改良土体，而在环、纵缝内采用灌注环氧浆液，形成多道防水防线，确保渗漏水封堵的效果。

结构补强：以原有钢筋混凝土结构，辅助以管片内弧安装一圈2～3 cm 的钢板形成钢圈支撑（施工隧道为满环钢板，运营隧道由于道床的存在，在环板的基础上增加钢牛腿和钢拉条的特殊处理,形成整体),钢圈与混凝土管片之间通过充填灌注刚性环氧浆液连成整体,形成一个新的圆形受力结构。另外,考虑应急处理的特点,结构补强加固通常包括两个内容:一是为防止隧道变形进一步加剧,通过粘贴芳纶布对隧道进行临时加固;二是通过隧道内部给部分管片进行钢圈支护,补强管片内侧安装环形钢圈作为隧道永久加固补强。

2. 施工机械设备

施工使用专用机械设备,其中包括1台机械手、2台摆臂吊、1座可移动的施工平台。上述设备根据施工流程被布置在地铁平板车上,为方便钢板衬拼装施工,另外在平板车上配备3台松下二氧化碳气体保护焊机。为提高工效,另外设计制造一座可在地铁轨道上移动的操作平台,用于安装钢板衬上的膨胀螺栓。为便于机械手分块安装,把整环的钢板内衬分割为左钢道板、左衬板、上衬板、右上衬板、右下衬板和右钢道板,分割后的钢板内衬再定位安装在隧道内壁后进行电焊连接。

机械手主要功能:能在直径为5 500 mm的隧道空间内钳住弧长3 300 mm、宽850 mm、厚30 mm、R为2 750 mm的弧形钢环板,并能将该钢环板穿越隧道内管线,拼装到直径为5 500 mm的隧道内壁上。由上述机构、液压系统和电器系统构成的机械手可以完成支撑移动、回转、动臂、摆臂、钳体伸缩及钳体的摆动,如图9-74所示。

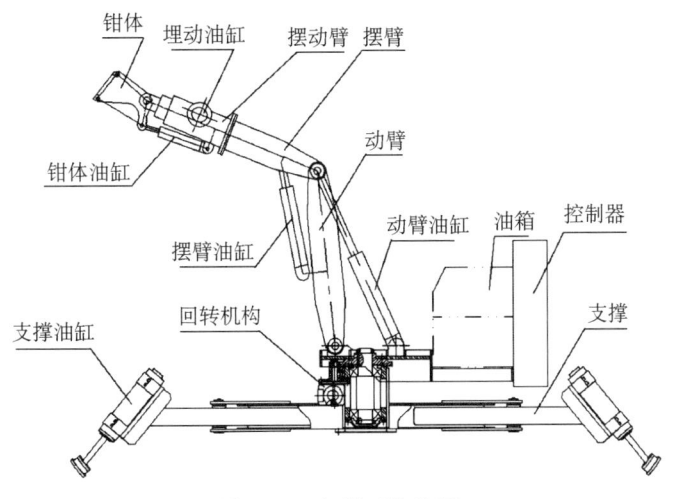

图 9-74 机械手构件图

钢板宽度70 cm,沿隧道环向基本一周,钢板通过膨胀螺栓固定在隧道管片上,在道床部位的两侧,环向钢板与钢牛腿连接形成一个整体,两牛腿通过一根拉条8×2钢板相连,对拉条实施预拉,使得底部封底块管片内缘处于受压状态。将一环的钢板分成6块,最大一块的钢板重达350多千克。机械手分幅及施工设备如图9-75所示。

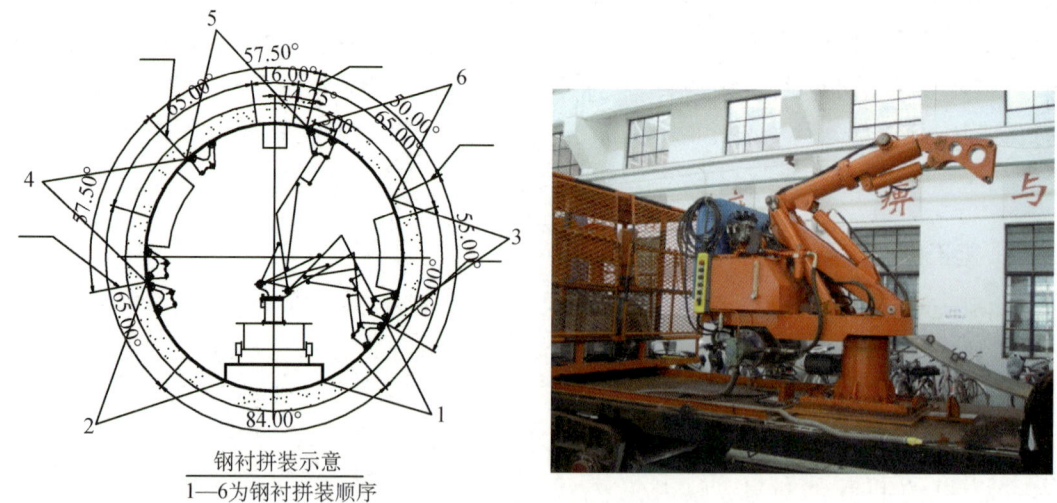

图 9-75　隧道内机械手及分幅施工图

钢环施工结束后,可在钢环外部粘贴芳纶布。芳纶布具有质量轻、强度高、模量大、耐腐蚀性好、电性能优异、材料来源广泛和工艺性好的特点,所以可被广泛应用,如图 9-76 所示。

图 9-76　隧道整改后内部结构

9.5.3　渗漏水注浆堵漏技术

地下工程防水堵漏方法一般包括注浆堵漏、涂抹(结晶材料)、粘贴和电极法等。地铁隧道渗漏水治理目前使用最多的仍是注浆堵漏方法。

9.5.3.1　隧道内部堵漏

注浆液充填拼缝,浆液延长渗流水的路径。虽不能从根本上消除渗漏水,但可在一定程度上减少或减缓渗漏水。一般多采用斜孔注浆方式,也可以采用骑缝注浆方式。视渗漏水大小,选择采用聚氨酯或环氧注浆。图 9-77 所示为隧道内部注浆堵漏效果。

图 9-77 隧道内部注浆堵漏效果

9.5.3.2 隧道壁后注浆堵漏

隧道壁后注浆利用原有预留注浆孔或新开注浆孔(图 9-78),向隧道外壁注入堵漏浆液材料,浆液分布在管片外壁迎水面,浆液阻断渗漏水路径,从根本上消除渗漏水。

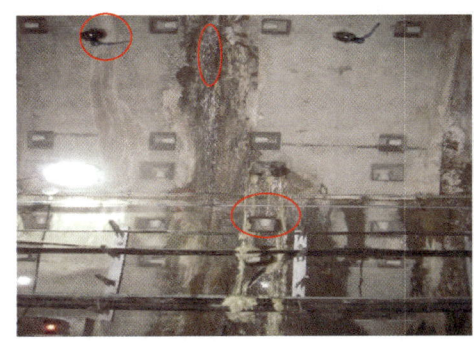

图 9-78 注浆孔示意

注浆材料的选择除需注意浆液材料的物理力学性能外,还需注意浆液的可灌性、收缩性以及其对环境的影响等。目前常用的注浆材料有聚氨酯、亲水环氧、丙烯酸盐、水泥、水玻璃及超细水泥等。其他辅助材料有注浆管材、孔口管、球阀、防喷装置、生胶带、注浆咀及开孔器等。各种注浆设备和管材如图 9-79,图 9-80 所示。

注浆孔选用时应注意,首先应考虑优先利用原来的注浆孔注浆,在效果不佳时,再考虑新开注浆孔注浆。新开孔时必须避开钢筋,在靠近拼缝处设置注浆孔,不破坏或尽可能少破

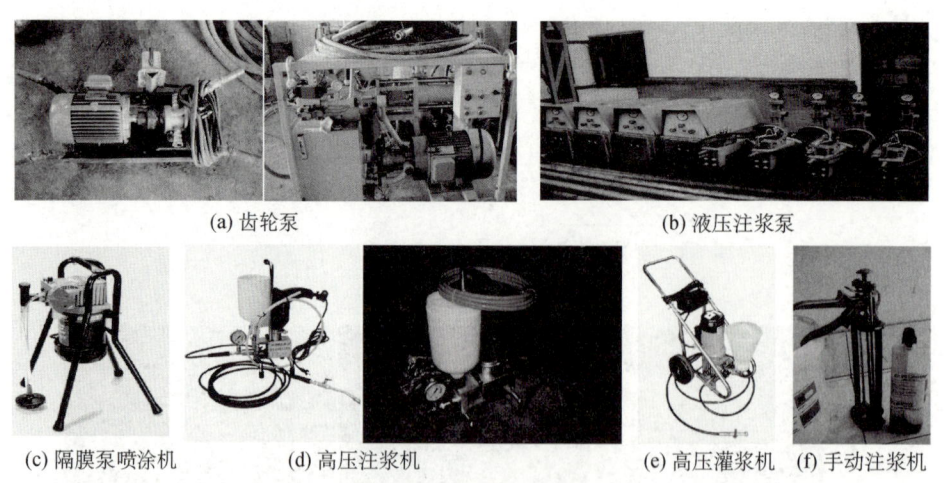

图 9-79 各种注浆设备

图 9-80 各类注浆管材

坏隧道结构或构造,需在对不同管片新开注浆孔的位置、孔径和深度均进行预判分析后方可实施,埋设注浆管与管片黏结需固定牢靠,球阀安装应满足安全要求。新开注浆孔在管片上的位置选择很关键,但其开孔位置的安全性往往与效果相矛盾。以图 9-81 的标准块和图 9-82 的封底块配筋展开图为例:白色区域的注浆效果一般;绿色区域开孔安全效果好一些;黄色区域开孔安全性最差,但注浆效果最好。

注浆实施的具体要求:应特别注意当天注浆、当天开孔;控制注浆顺序、注浆量、注浆压力和注浆阈值;当全部注浆完成后,注意注浆孔的永久封闭可靠。

注浆顺序的基本原则是:在同环或相邻环的下一块管片上进行有效注浆,即下方注浆规则;但当底部发生漏水线流时,也可以从标准块的注浆孔注浆,效果亦能满足要求。

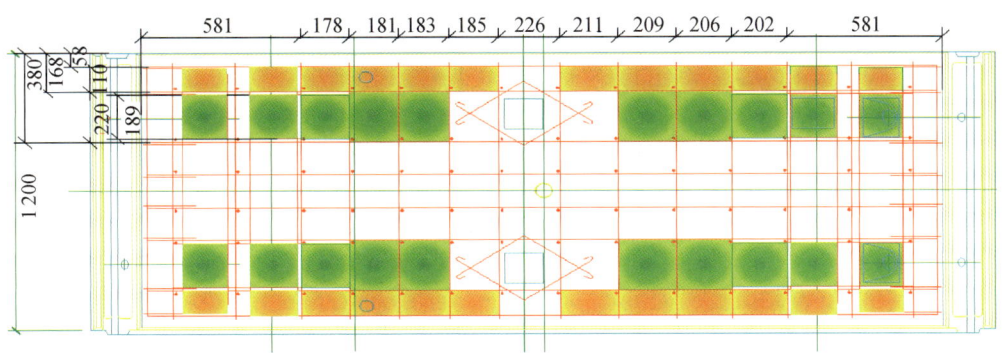

图 9-81　1.2 m 标准块配筋图,可新开注浆孔区域(单位:mm)

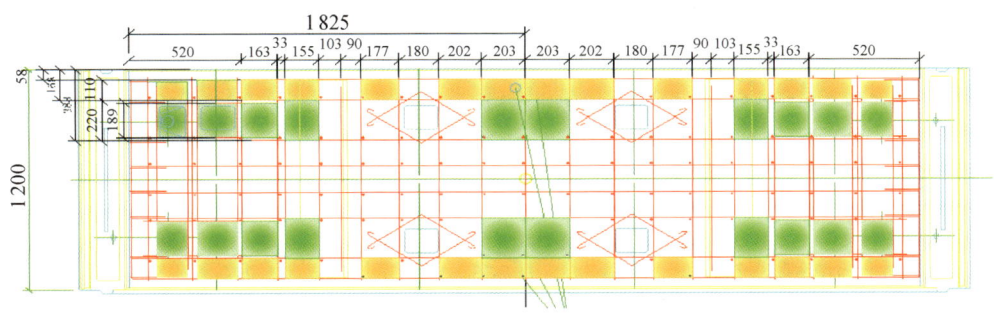

图 9-82　1.2 m 封底块配筋图,可新开注浆孔区域(单位:mm)

9.5.3.3　道床改造、加固技术

当基础整体沉降变形大、差异沉降变大和局部结构破坏等情况发生时,需要对道床进行改造、加固。道床改造、加固可分为整体道床改为碎石道床、整体道床重新浇筑等措施。

道床改造、加固可以加强线路的道床整体强度和稳定性。在进行结构下沉病害整治、结构沉降稳定时,对既有线路进行调线调坡后,可对原有轨道结构进行改造。目前,进行过道床改造的区段主要为隧道与地面线路的接驳段,典型工程包括石龙路道床改造、海伦路道床改造。主要加固方法如图 9-83、图 9-84 所示。

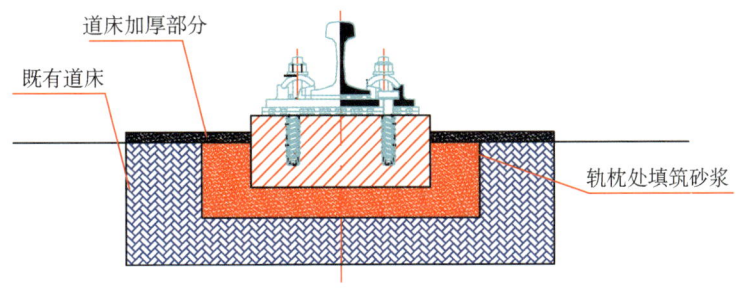

图 9-83　有枕式结构示意

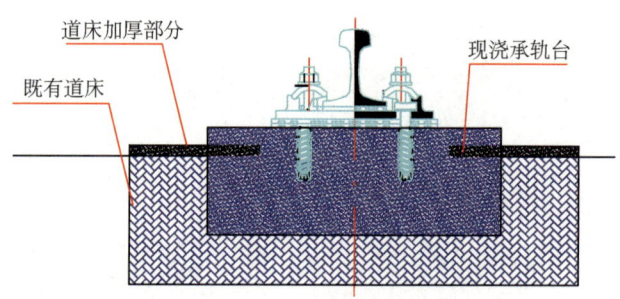

图 9-84 无枕式现浇承轨台结构示意

9.6 隧道病害治理案例

9.6.1 不均匀沉降治理

9.6.1.1 上海地铁 2 号线东延伸双圆区间沉降治理

1. 工程概况

上海地铁 2 号线某区间隧道为水平外径为 10.9 m、竖向外径为 6.3 m 的双圆盾构隧道,于 2009 年底建成并试运营通车,2010 年 2 月发现产生较大不均匀沉降,平均沉降速率为 0.3~0.4 mm/d,导致洞口附近和泵站附近隧道局部斜率较大,为 0.16% 左右。产生沉降的区段隧道底部最大埋深为 −14.58 m,隧道位置所处的土层为④层淤泥质黏土和⑤$_1$ 层黏土,这类土层较软弱,尤其是④层土极其软弱,土层一经扰动,其强度明显降低,且在长达数年时间内进行较大的固结和次固结沉降。根据隧道 2010 年 2 月、4 月和 5 月沉降曲线和隧道下卧土层情况可知,除泵站位置处,其他区段隧道上下行线沉降情况基本相同,主要是由于双圆盾构推进过程下卧④层淤泥质黏土扰动过大造成通车后的长期沉降。而泵站附近下行线沉降明显大于上行线,因为该处隧道沉降是由于下行线外侧泵站冰冻法施工造成的泵站后期沉降,从而引起下行线隧道沉降,并同时造成上行线隧道沉降,其二者之间的差异沉降约为 20 mm。

受到局部过大不均匀沉降的影响,该区段隧道多处出现渗漏水情况,并且其泵站最大沉降位置处出现严重道床与管片脱开现象,如对其沉降的发展不能较好地预测和及时控制,任其发展,将严重影响地铁的运营安全。

2. 预测

上海地铁隧道一般敷设在④层淤泥质黏土和⑤$_1$ 层黏土,根据经验隧道因下卧土层扰动而引起的沉降可采用双曲线型的经验公式,结合已有的沉降数据(表 9-38)推算隧道沉降曲线中某点任一时刻的 S_t:

$$S_t = \frac{S_{\max}}{1+\dfrac{\alpha}{t}} \tag{9-14}$$

式中,S_{max} 为隧道在不采用任何措施情况下的最终沉降量;α 为计算系数,t 为沉降至 S_t 时的时间。

式(9-14)可以写成如下形式:

$$t = S_{max}\left(\frac{t}{S_t}\right) - \alpha \tag{9-15}$$

式(9-15)为线性方程,可根据表9-38中的已有监测数据采用最小二乘法回归计算:

$$S_{max} = \frac{\sum\left[\frac{t_i}{S_i} - \overline{\left(\frac{t}{S_t}\right)}\right](t_i - \overline{t})}{\sum\left[\frac{t_i}{S_i} - \overline{\left(\frac{t}{S_t}\right)}\right]^2} \tag{9-16}$$

$$\alpha = S_{max}\overline{\left(\frac{t}{S_t}\right)} - \overline{t} \tag{9-17}$$

表 9-38　　　　　　　　　最大沉降点的不同时间段的沉降情况

编号(i)	t/d	S/mm	$\frac{t}{S}$
1	30	12.9	1.94
2	90	34.9	3.30
3	120	43.2	3.36
4	157	51.2	3.75

将表9-38中的数据代入式(9-16)和式(9-17)中就可得出:

$$S_{max} = \frac{\sum\left[\frac{t_i}{S_i} - \overline{\left(\frac{t}{S_t}\right)}\right](t_i - \overline{t})}{\sum\left[\frac{t_i}{S_i} - \overline{\left(\frac{t}{S_t}\right)}\right]^2} = 113.2$$

$$\alpha = S_{max}\overline{\left(\frac{t}{S_t}\right)} - \overline{t} = 195$$

然后将 S_{max} 和 α 代入式(9-14)中,便可以计算出任何时刻最大沉降点的沉降量 S_t。该区段其他位置处隧道沉降预测可参考最大沉降点的计算方法得出,其结果如图9-85所示。

3. 施工及整治情况

根据预测,离洞口第47～192环之间,隧道沉降稳定需要的时间较长,并且往后一年内累计沉降量较大,至2011年6月其预测最大沉降量将达-82.5mm,此时不均匀沉降达到对隧道结构十分不利的程度,需根据隧道沉降发展趋势制定控制和调整隧道线形的注浆治理方案。总体治理方案为:采用双液微扰动注浆工艺,在注浆区段内沿隧道纵向每环布置

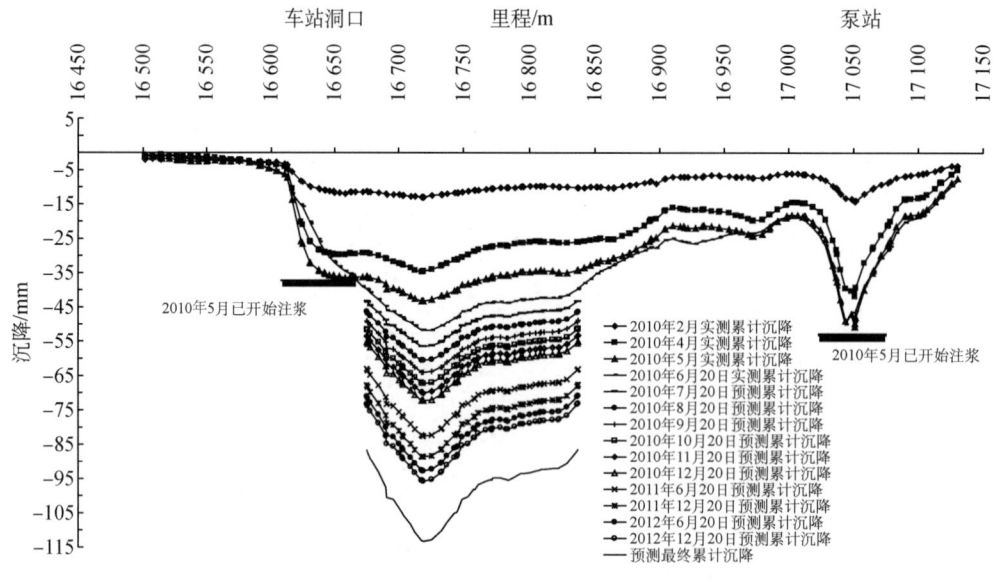

图 9-85 预测沉降曲线

2 个注浆孔,上下行线各布置 1 个,注浆孔纵向间距为 1 环,针对这种注浆孔设置方案,采用连续介质有限元分析并验证隧道底部注浆压力对隧道结构受力影响在可控范围之内,经多次前期试验测试,各孔注浆深度应穿过④层土达到相对稳定的⑤$_1$层土,单次注浆长度为 17.6 cm,单次注浆量定为 80 L,水泥浆流量为 15 L/min,水玻璃流量为 5 L/min,拔管速度为 4.4 cm/min,初始阶段抬升注浆过程单孔注浆时间间隔为 3 d。包括靠近洞口 37 环和泵站附近 40 环在内的总共 225 环的总体注浆部署如下:

第一区段为上下行线离车站洞口第 8~46 环(Ⅰ)(第 1~7 环为盾构进洞加固区)及下行线泵站附近 40 环(Ⅰ′),该区段于 2010 年 5 月优先进行注浆,其主要目的是控制隧道局部线形斜率,以防斜率过大,其余区段先不注浆,通过注浆区段的抬升和暂不注浆区段的自然沉降调整隧道线形。

第二区段为上下行线离车站洞口第 47~66 环(Ⅱ),第二区段注浆可在 2010 年 9 月开始进行注浆,此时第一区段只需要进行适当频率的间隔注浆工作。

第三区段为上下行线离车站洞口第 67~96 环(Ⅲ),第三区段注浆可在 2010 年 11 月开始进行注浆,同时兼顾第一区段间隔注浆和第二区段间隔注浆工作,通过上述三个区段注浆进一步调整隧道线形。

第四区段为上下行线离车站洞口第 97~192 环(Ⅳ),其中第 97~136 环考虑在 2010 年 12 月开始进行注浆,第 137~192 环在 2011 年 3 月开始进行注浆,结合前三区段的注浆施工,最终将隧道线形调整成如图 9-86 中虚线所示,该虚线是按各区段注浆开始时的隧道沉降量加上通过注浆预期的抬升量 15 mm 得到,并通过较长时间的固结稳定补浆来保证前期注浆效果。整个施工过程中要密切注意局部区段沉降过快,并及时进行治理。

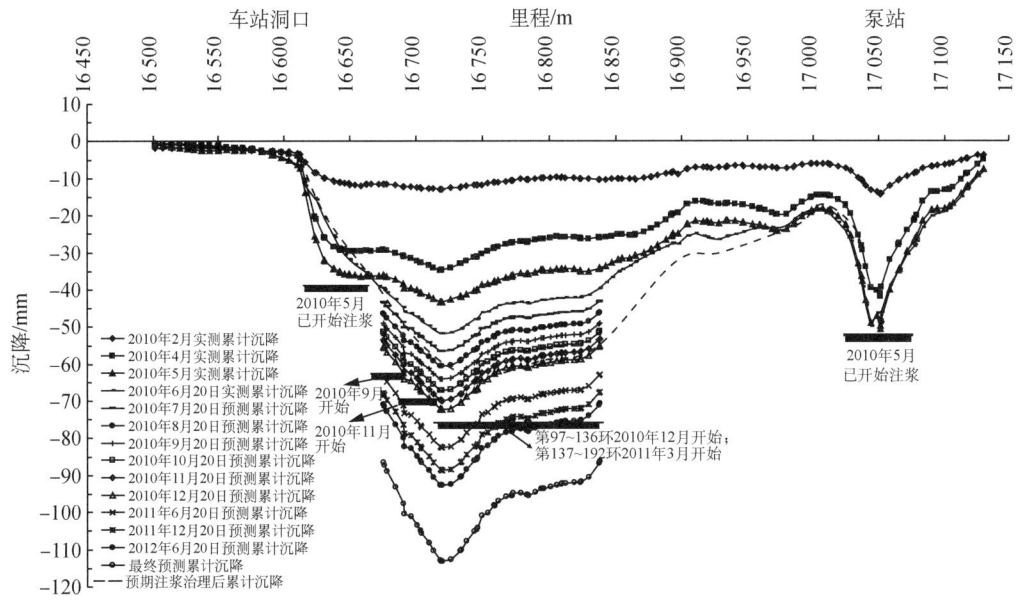

图 9-86 隧道沉降预测分析及沉降治理总体方案

4. 隧道监测结果

通过合理安排进行微扰动注浆治理施工,注浆范围内隧道普遍抬升达到 15 mm,其余未注浆的区段隧道沉降发展与预测比较接近,通过注浆区段的抬升和暂不注浆区段的自然沉降调整隧道线形,隧道沉降坡度比较平均,其最大曲线坡度由 0.16‰ 变为 0.10‰ 左右,较好地减少了隧道管片环间错台和改善了结构受力状况,且通过对泵站底部土层和下行线隧道下卧土层注浆,泵站处下行线已不再下沉,而且泵站处上行线也不再继续下沉,这说明上行线隧道沉降主要是由于下行线外侧泵站沉降引起,与之前的分析结果一致。

(1) 沉降监测。

图 9-87 为注浆治理后隧道实测沉降与预期注浆治理后隧道沉降的对比情况,图中虚线为预期注浆治理后隧道沉降曲线,实线为通过长达 1 年的注浆治理后实测的隧道沉降曲线,其他的为不同时间段实测的和预测的沉降曲线。由图可知,注浆治理后隧道实测沉降曲线与预期注浆治理后隧道沉降曲线比较接近,且隧道沉降线形得到了明显的控制和调整,这说明在掌握微扰动注浆对隧道隆沉影响规律和隧道沉降预测分析的基础上,可以较好地对隧道沉降进行治理。

(2) 收敛监测。

注浆过程中,对隧道洞口至泵站的整个范围内的隧道管片的收敛变形进行了监测,隧道的收敛变形直接反映了结构的受力状况。双圆隧道管片的收敛变形监测方法如图 9-88 所示。监测结果显示,隧道收敛变形普遍表现为水平直径(±270°附近)增加、竖向直径(±180°附近)减少。治理期间管片收敛变形最小的为里程 16 968 m 的管片(图 9-89),该管片所在的位置由于沉降量不大,没有进行注浆。收敛变形最大的管片为里程 16 637 m 的管片(图 9-90),该管片所在的位置为洞口,为整个治理范围内最先开始注浆的位置,也是注浆次数最多的位置。

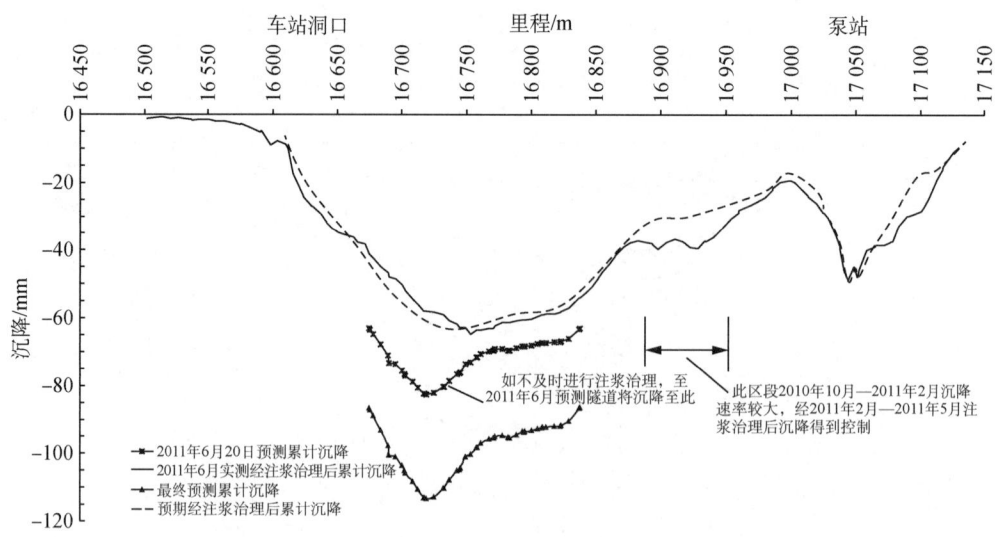

图 9-87 注浆治理后隧道沉降情况对比分析

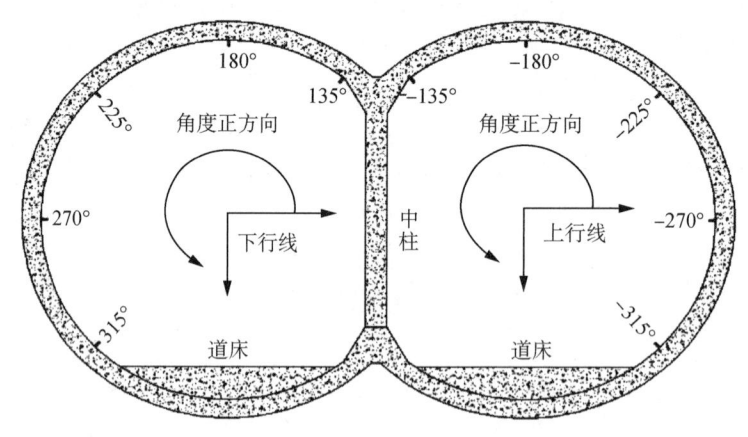

说明:正值表示直径增加,负值表示直径减少

图 9-88 监测示意

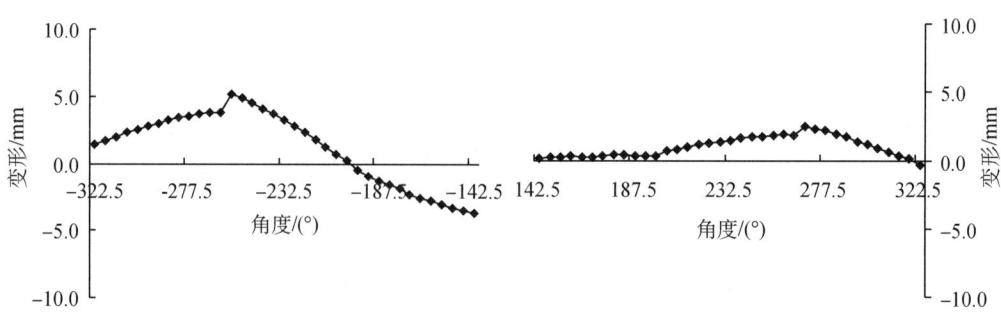

图 9-89 收敛变形最小的一环双圆管片(里程 16 968 m)

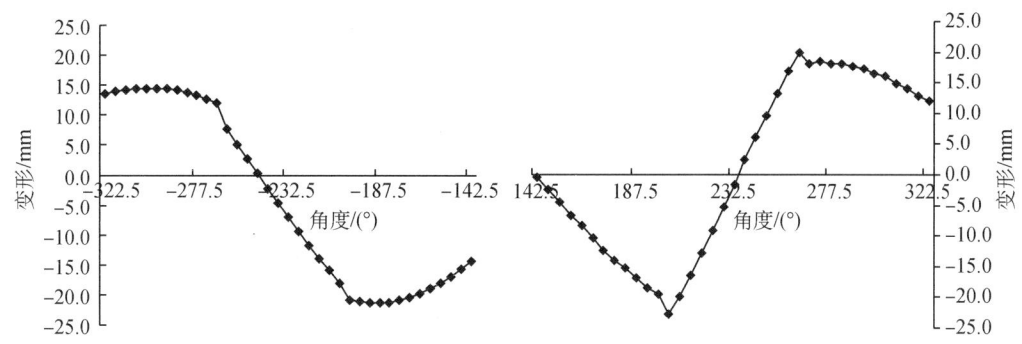

图 9-90 收敛变形最小的一环双圆管片(里程 16 637 m)

5. 小结

鉴于上海地铁隧道特殊埋设环境和地质条件,探索适合于治理软土运营隧道不均匀沉降的技术是盼望已久的大事,经过4年多的不懈探索,上海地铁创新性攻克了微扰动双液注浆关键技术,探索出一套控制隧道不均匀沉降十分有效的方法,成功解决了软弱土层和复杂困难条件下运营隧道的"大范围、大曲率、大幅度、大沉降速率"沉降段的治理难题,在连通通道、泵站、端头井和穿越段等位置的控制效果显著,并在数十个区段中得到了应用。注浆过程中对隧道的沉降和收敛变形监测十分关键,应根据隧道沉降变形预判和现场注浆控制相结合,实施即时的信息化施工,避免注浆引起隧道结构应力和横向收敛变形过大。

与传统注浆方法相比,微扰动注浆治理方法主要以调整隧道纵向线形为主的"托底和控差"为其控制思路,有鲜明的技术特点:

(1) 以保持隧道纵向平顺为目标。
(2) 以注浆均匀、少量、可控为标准。
(3) 以沉降预测和信息化施工为指导。
(4) 以设备、工艺和参数为技术核心。
(5) 以按沉降预测分析、分区、分期、分阶段减缓或控制不均匀沉降为其全过程。

9.6.1.2 上海地铁2号线龙阳路单圆盾构叠交段隧道不均匀沉降治理

由于地铁建设发展的需求,新建上海地铁7号线盾构需要在2号线龙阳路站—世纪公园站区间隧道下方穿越推进施工,二者最小净距为1.40 m。在穿越完成后,由于7号线盾构施工土体扰动导致2号线叠交段产生较大不均匀沉降,最大沉降量达10 mm,并且仍有继续发展的趋势。图 9-91 为新建7号线隧道与已运营的2号线隧道的位置关系。

2号线龙阳路站—世纪公园站区间隧道为外径为6.2 m的地铁盾构隧道,该叠交段2号线隧道位置所处的土层为④层淤泥质黏土和⑤$_1$层黏土,通过大约6个月的集中注浆整治后,最终在保证地铁运营安全的前提下达到了良好的沉降控制效果。注浆孔布置如图 9-92—图 9-94 所示。

图 9-91 新建 7 号线与 2 号线平面位置

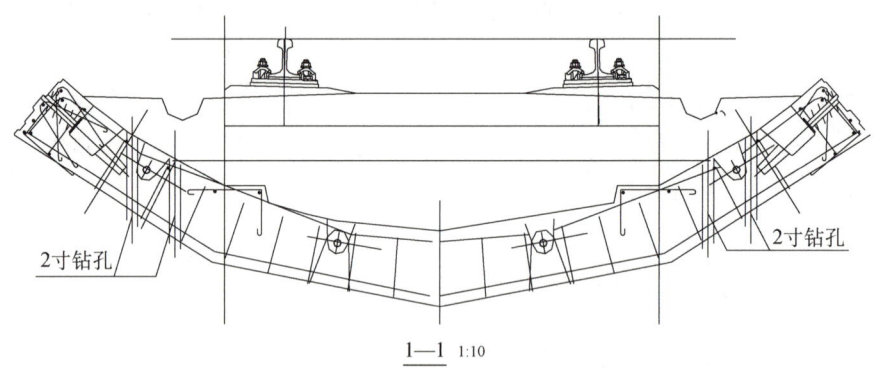

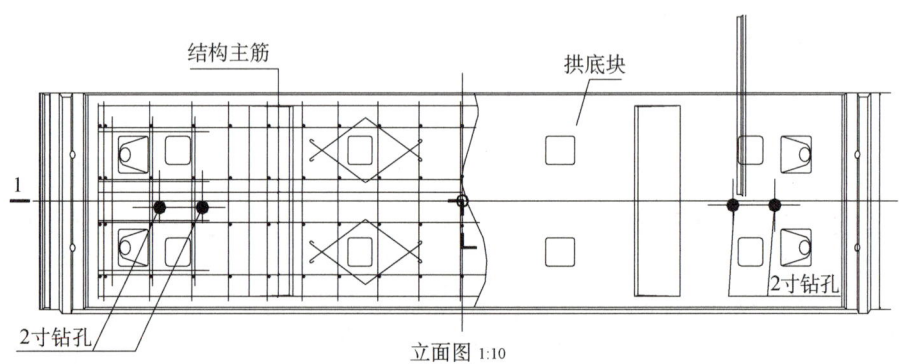

图 9-92 注浆孔布置

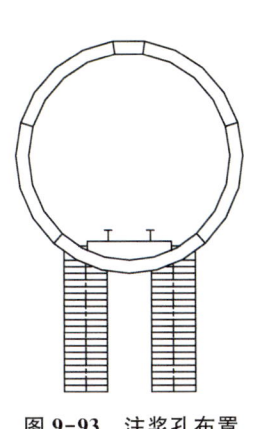

图 9-93 注浆孔布置

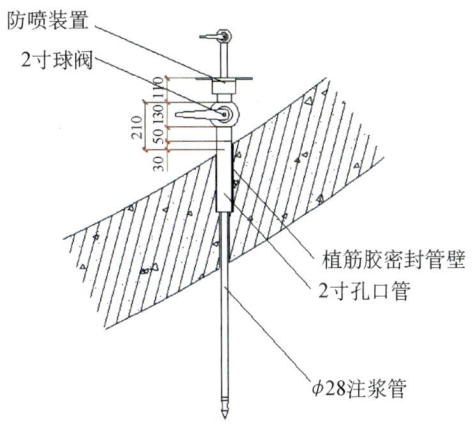

图 9-94 注浆孔安装示意(单位:mm)

注浆过程中隧道沉降抬升变化情况:注浆后 2 号线下行线隧道沉降控制在 −5 mm 左右,注浆最大抬升约为 7 mm;注浆效果如图 9-95 所示。

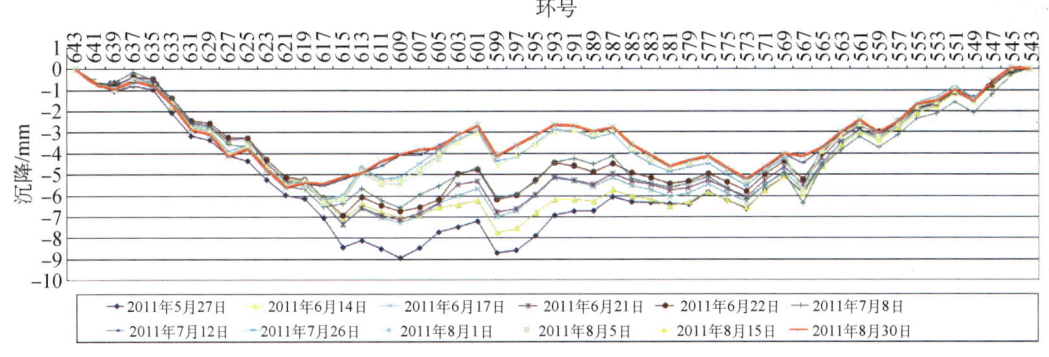

图 9-95 注浆效果

9.6.1.3 上海地铁 2 号线静安寺站—南京西路站区间(静安嘉里商务中心)注浆加固

2011 年 1 月中旬开始,受静安嘉里商务中心北区的基坑开挖影响,对应 2 号线静安寺站—南京西路站区间出现较大下沉。至整治施工前,2 号线上行累变最大为 −24.34 mm,点号 Sc13,下行累变最大为 −9.29 mm,点号 XC14。

针对此沉降病害,在 2 号线静安寺站—南京西路站区间隧道内进行微扰动注浆施工工作,解决线路上的差异沉降问题。项目自 2012 年 3 月开始实施,注浆施工开始一段时期内,注浆抬升效果并不明显,隧道整体沉降变化趋于稳定,局部还出现一定量的下沉,随着注浆施工进行,注浆效果逐步体现,施工影响区段隧道整体抬升明显,至当年 12 月该区段隧道变化逐步趋于平稳,如图 9-96 所示。

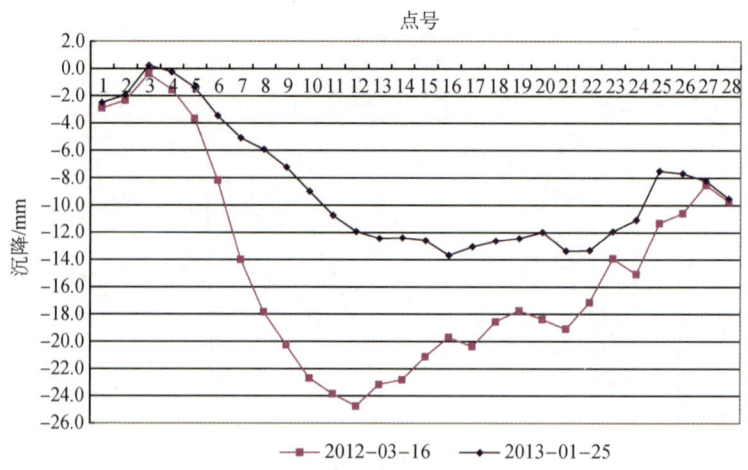

图 9-96 沉降区段注浆效果

9.6.1.4 杭州地铁 1 号线湘湖站—滨康站区间沉降病害治理

杭州地铁 1 号线湘湖站—滨康站区间隧道,洞径外径 6.2 m。自 2012 年 8 月,此区间在运营开始阶段出现了 6 处较大的不均匀差异沉降,在两期监测中,最大沉降速率竟高达 -0.11 mm/d。从地质条件分析,该区间盾构隧道所处的土层为④$_2$ 淤泥质黏土和⑥$_1$ 淤泥质粉质黏土,这类土层较软弱,一经扰动,土层强度降低,对盾构隧道沉降及沉降控制影响较大。隧道纵向不均匀沉降发展到一定程度时会影响地铁结构的安全,在检查过程中,沉降区域有少许的渗漏、管片与道床脱开及管片上出现微量裂缝等现象。

由于此区间管片为错缝拼装,且有部分管片为不规则错缝拼装,在注浆孔的开设过程中,考虑在轨道两边垂直于下卧土层的管片上进行钻孔,一个孔位于标准块管片,一个孔位于拱底块管片(图 9-97),注浆孔安装完成后,再进行微扰动注浆施工。

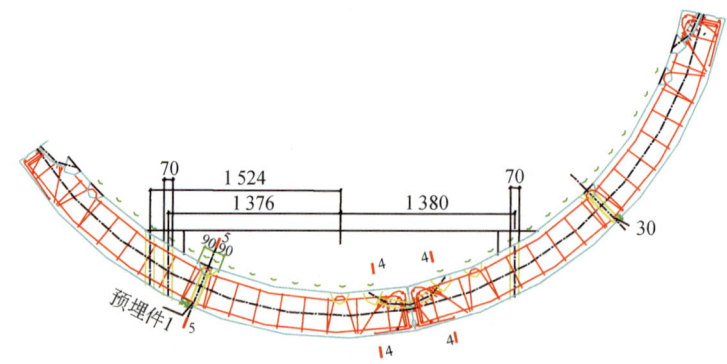

图 9-97 错缝隧道注浆布孔(单位:mm)

经过微扰动注浆整治后:上行线 1 215～1 245 环监测范围,从 2013 年 1 月开始注浆到 6 月 16 日累计最大抬升量 12.2 mm(图 9-98);下行线 91～120 环监测范围,从 2013 年 1 月开始注浆到 6 月 16 日累计最大抬升量 9.3 mm(图 9-99)。

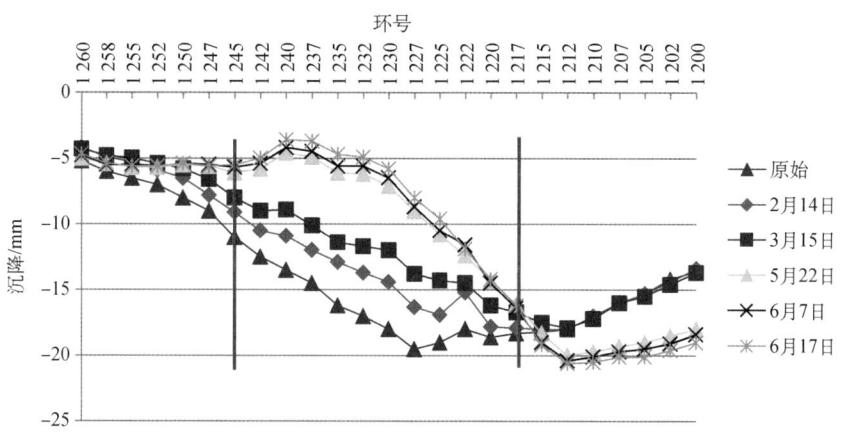

图 9-98 上行注浆效果(红线范围内)

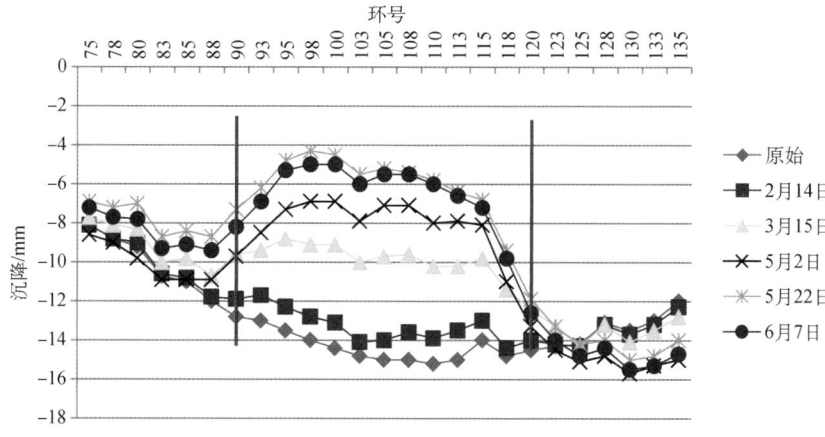

图 9-99 下行注浆效果(红线范围内)

9.6.1.5 宁波地铁 2 号线丽园南路站—云霞路站区间注浆抬升加固工程

宁波地铁 2 号线丽园南路站—云霞路站区间隧道为错缝管片拼装,推进过程中,下行线隧道轴线 160~180 环高程偏差较大,偏差最大达—214 mm。此段范围线路调坡较为困难,为了尽量减少隧道轴线偏差,隧道轴线偏差调整量见表 9-39。拟采用对管片底部注浆措施进行局部抬升。

表 9-39　　　　　　　　　　设计调整量

环号	轨面设计高程/m	设计与实测标高差值/m	轨道结构高度/mm	接触网高度/mm	需调整量/mm
166	−13.271	−0.151	1 041	419	−1
167	−13.271	−0.159	1 049	411	−9
168	−13.27	−0.161	1 051	409	−11
169	−13.269	−0.173	1 063	397	−23

续表

环号	轨面设计高程/m	设计与实测标高差值/m	轨道结构高度/mm	接触网高度/mm	需调整量/mm
170	−13.268	−0.184	1 074	386	−34
171	−13.266	−0.174	1 064	396	−24
172	−13.264	−0.158	1 048	412	−8

注浆工程范围:最大沉降范围为166～172环,注浆范围为160～175环,总计为16环。针对其下卧层1～1.5 m区域进行由远至近的微扰动注浆加固、抬升,如图9-100所示,注浆前后抬升对比如图9-101所示。

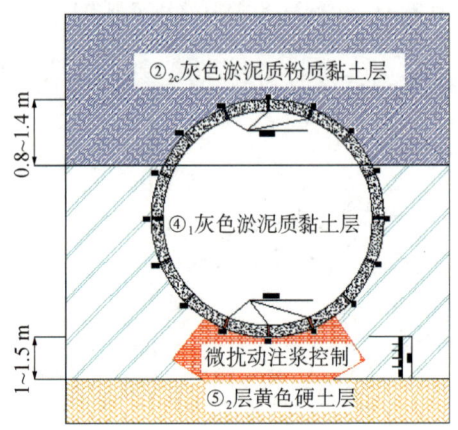

图9-100 注浆区域示意

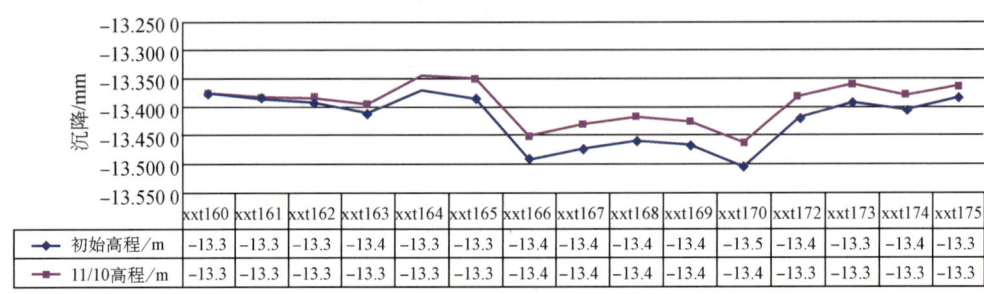

图9-101 注浆前后抬升对比

整个项目在进行了微扰动抬升注浆后,最大抬升量达42.5 mm,达到了调坡的设计要求。

9.6.2 收敛大变形治理

9.6.2.1 上海地铁10号线新江湾城隧道侧向注浆

2009年11月,位于上海地铁10号线地铁结构附近的上海新江湾城D1地块项目(淞沪路、殷行路路口,如图 9-102 所示),由于基坑开挖施工造成地铁区间隧道变形较大,累计最大收敛接近 15 cm,对隧道安全构成巨大威胁。于 2009 年 11 月中旬进行了第一次抢险作业,又于 2011 年 3 月进行了第二次注浆加固作业。

2009 年第一次注浆范围:平面上在 315～355 环范围内平行于隧道轴线布置,共计三排,第一排桩中心距隧道轴线 4.3 m,如图 9-103(a)所示。

2011 年第二次注浆范围:新江湾城站至殷高东路站上行区间隧道外(315～355 环)共计 50 m 左右,设孔 41 个。

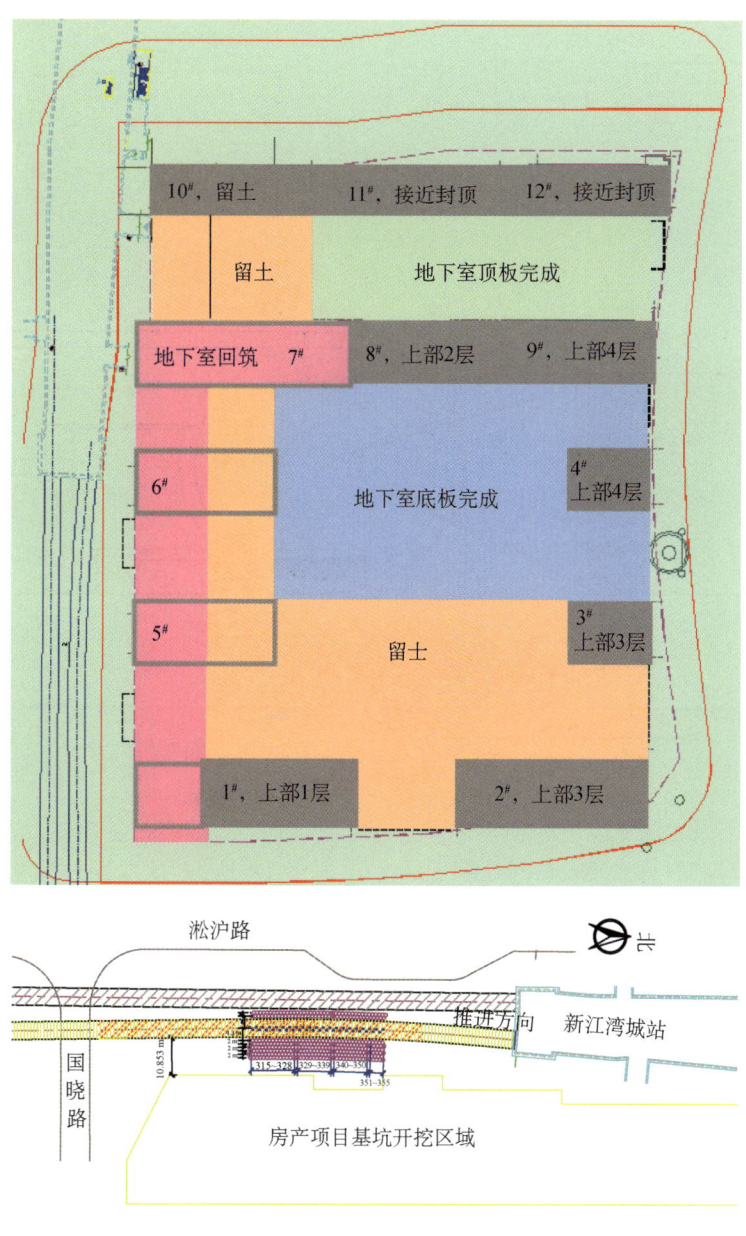

图 9-102 项目对应平面图

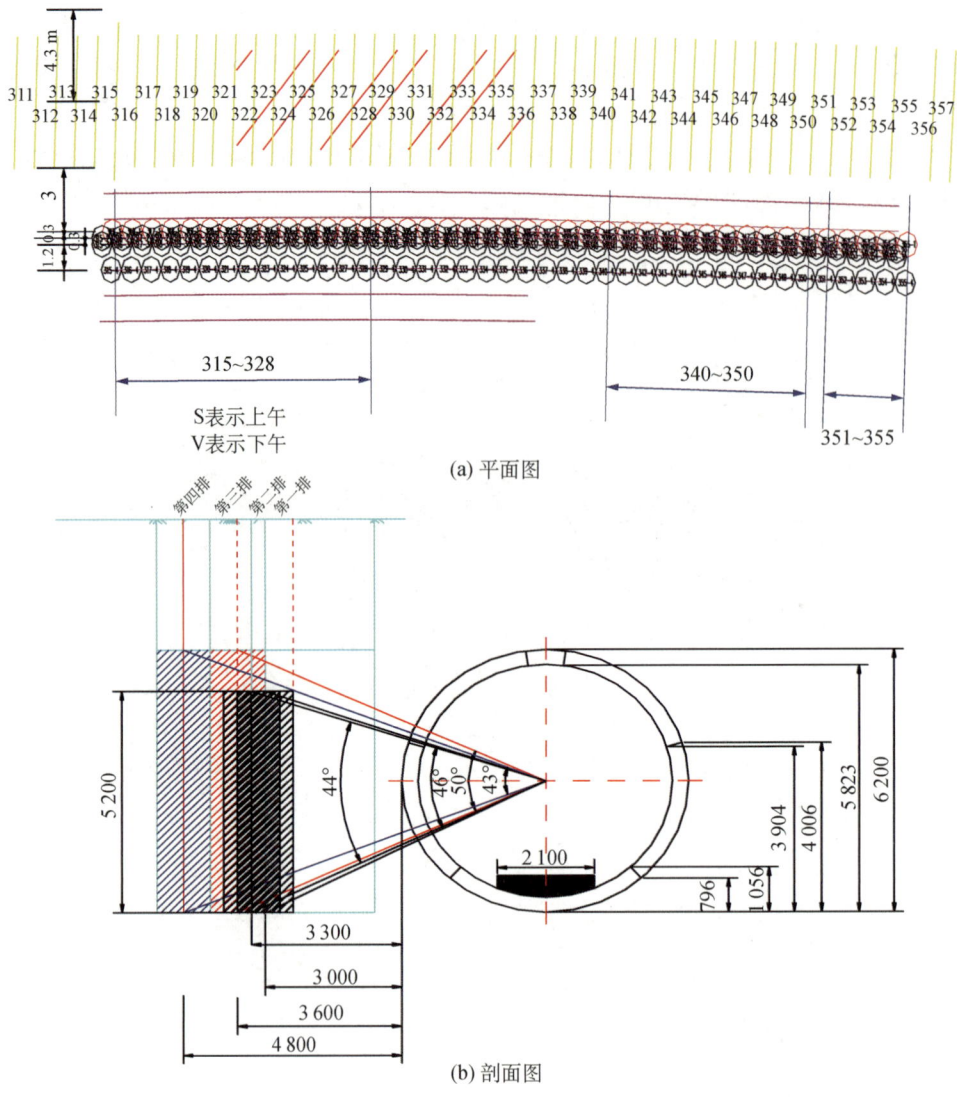

图 9-103 注浆平、剖面图(单位:mm)

第一次抢险期间(即 2009 年 11 月 18 日—2009 年 12 月 11 日),经过注浆加固,分别完成了对应 4.8 m、3.6 m 范围的双液注浆加固;第二次加固期间(即 2011 年 2 月 21 日—2011 年 4 月 10 日),经过注浆加固,分别完成了对应 3.0 m、3.3 m 范围的双液注浆加固。

于 2009 年 11 月 16 日测了隧道直径初始值,在 3.6 m、4.8 m 排注浆结束后即 2009 年 12 月 11 日测得的隧道收敛变形量减小范围在 2.7～26 mm,2011 年 2 月 21 日测得的隧道收敛变形量减小范围在 −4.97～14.78 mm。2011 年 4 月 10 日测得的隧道收敛变形量减小范围在 7.43～29.78 mm,2012 年 2 月 27 日测得的隧道收敛变形量减小范围在 1.1～27.9 mm。

2011 年第二次注浆后,各环收敛变形减小量比较均匀,对隧道的影响比较小,隧道收敛变形稳定状况须待时间验证,需要继续跟踪观测,如收敛变形变化较大,仍需要考虑进一步注浆加固以控制隧道收敛变形发展,确保隧道结构安全。

两次注浆加固对隧道收敛的恢复效果如图 9-104—图 9-106 所示。

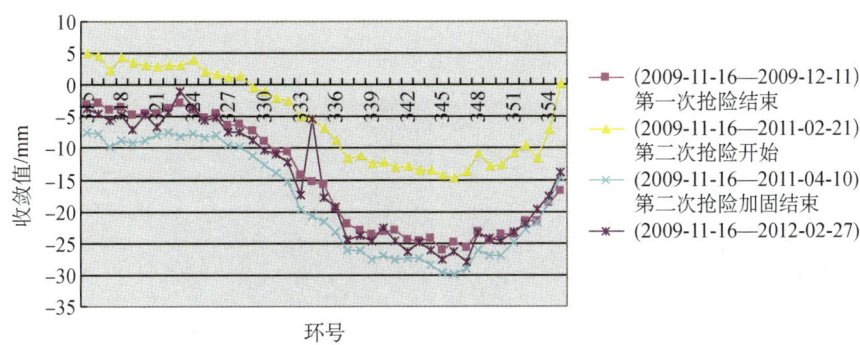

图 9-104 隧道收敛变化量曲线

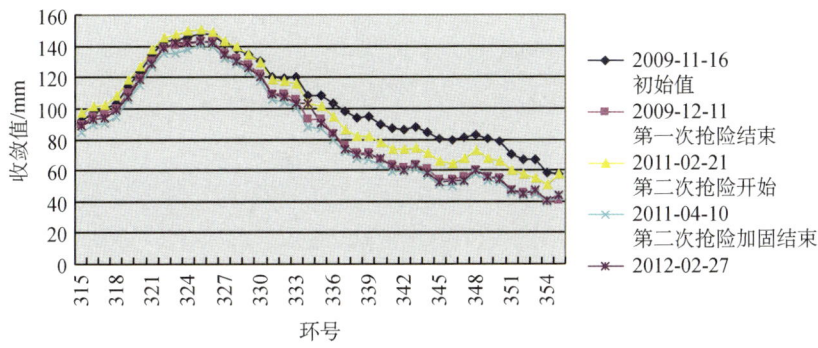

图 9-105 隧道累计收敛曲线

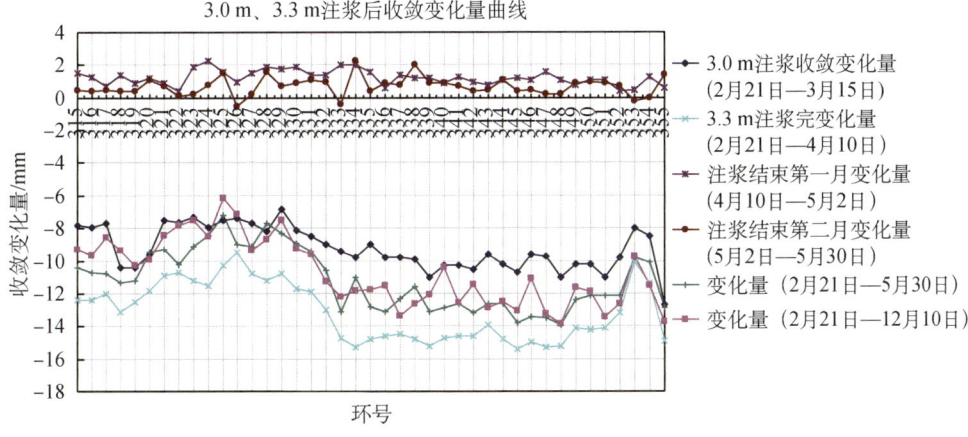

图 9-106 第二次注浆加固效果

9.6.2.2 上海地铁 7 号线顾村公园站—祁华路站区间隧道侧向注浆

顾村公园位于宝山区顾村镇境内,北到沙浦,南至蕰藻浜,并与外环线环北大道相邻,东抵沪太路,西达陈广路,为上海市最大的郊野公园,相当于 3 个世纪公园大小。由于此区间部分隧道上方荷载过大,顾村公园站—祁华路站区间隧道内漏水漏泥严重(图 9-107),并且上行线最大收敛变化达 14.6 cm,下行线最大收敛变化达 14.8 cm(图 9-108)。如果不及时对隧道进行修复施工,将造成恶性事故发生。

图 9-107　隧道渗漏

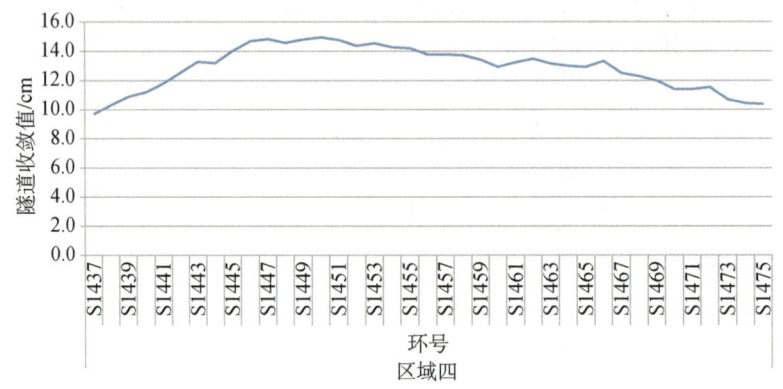

图 9-108　区域四注浆整治前变形数据

修复工程主要任务为:首先对渗漏进行及时整治,再针对收敛变形超过 9 cm 的隧道管片上方进行卸土及微扰动注浆,后期再进行钢环加固。

微扰动注浆主要是在隧道外土层打设注浆管至对隧道底标高,对底标高及以上 5.2 m 范围内进行注浆,注浆深度 16~20 m。详细的注浆平面、剖面及重点区域四的注浆效果如图 9-109—图 9-114 所示。

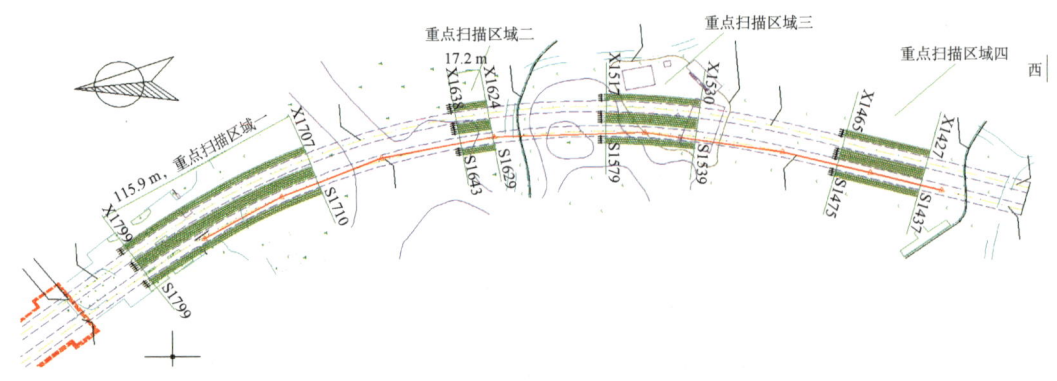

图 9-109　隧道变形区段注浆示意(分四个区域)

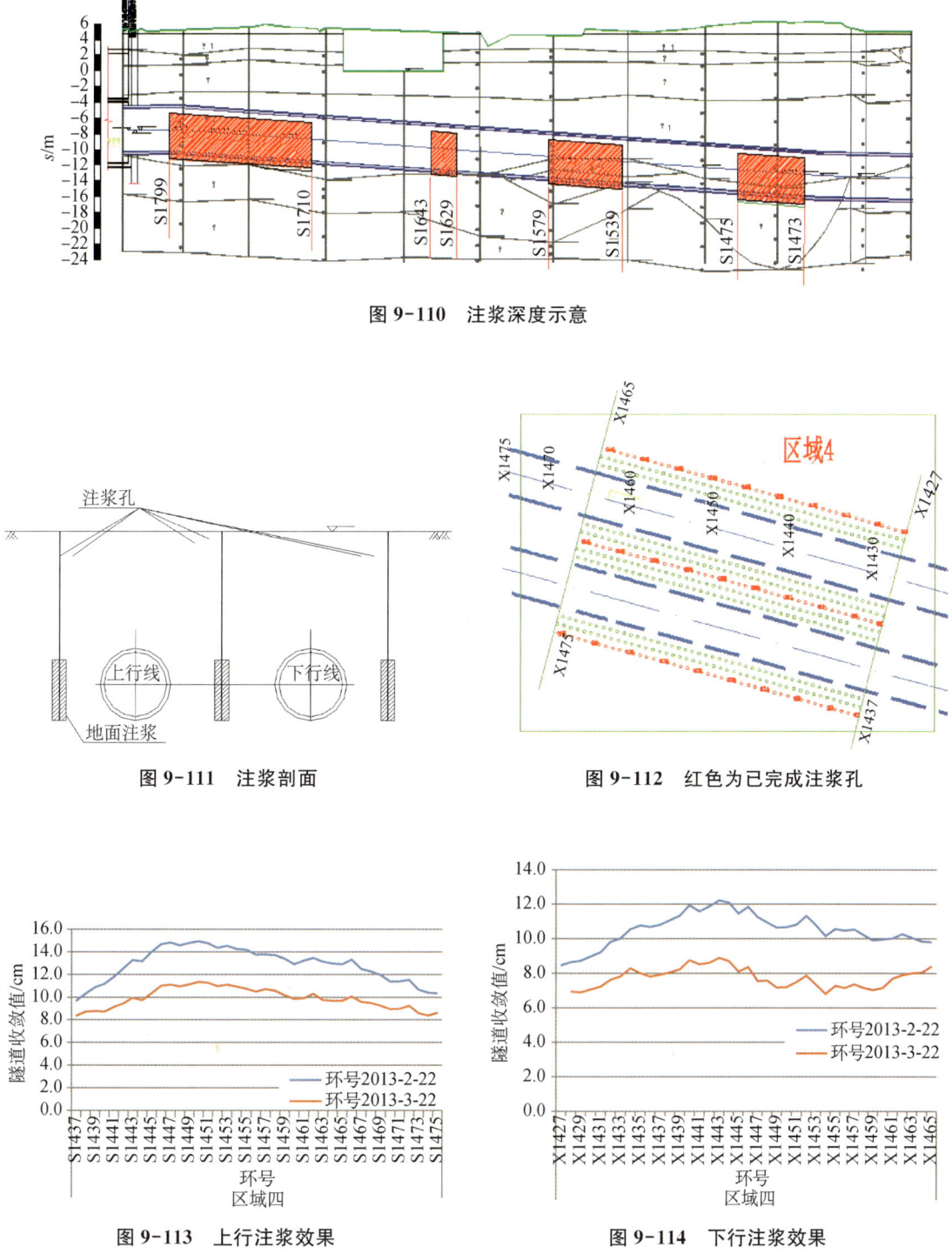

图 9-110 注浆深度示意

图 9-111 注浆剖面

图 9-112 红色为已完成注浆孔

图 9-113 上行注浆效果

图 9-114 下行注浆效果

区域四完成注浆后,上行最大收敛变化量为 -38 mm,下行最大收敛变化量为 -37 mm,注浆效果明显。

9.6.2.3 广州地铁1号线黄沙站—长寿路站区间加装钢内衬

广州地铁1号线黄沙站—长寿路站为盾构隧道区间,管片采用错缝安装,运营区间隧道受地面施工影响,部分隧道管片有较大横向变形(大于8 cm),并存在贯穿裂缝现象。

为长远保证该区间隧道的结构安全特别是地铁的正常运营,进行管片结构加固。一是通过粘贴芳纶布进行临时加固;二是采取隧道内安装钢环的技术措施,使钢板与盾构管片结合形成叠合结构,提高隧道承载力和结构耐久性。

隧道内钢圈支撑安装位置为:上下行线 K5+400—K5+500 范围内,上行线 18 环、下行线 27 环,共计 45 环。所采用的钢环宽度为 850 mm,钢环共分为 5 块,底部 2 块牛腿和上部 3 块环板。牛腿所用钢板厚度为 30 mm,弧长约为 2.83 m;为避开各种排架管线,隧道上半环分为 3 块(其中 2 块约 2.97 m,顶部 1 块约 2.83 m),钢板厚度采用 20 mm。通过一年的时间完成了隧道内上下行线合计 45 环的钢环安装工作,施工完成后的隧道稳定,未出现变形情况。

图 9-115 牛腿安装

图 9-116 侧板安装

图 9-117 顶板安装

图 9-118 完成后效果

9.6.2.4 上海地铁1号线人民广场站—黄陂南路站区间

上海地铁1号线圆隧道采用直径为 6.34 m 的土压平衡盾构掘进施工。由 6 块高精度混凝土管片拼装而成的上、下行线外径为 6.2 m,内径为 5.5 m,管片采用通缝安装。监测过程中发现人民广场站—黄陂南路站区间隧道上行线在宁海西路泵站附近有异常情况:横向最大变形量达 10 cm,远超过了运营阶段设计最大变形量 3 cm。同时,该区域隧道最大沉降也已达到 20 cm,且有增加趋势(其他区间段平均沉降一般在 7～8 cm)。鉴于上述情况,为保证该区间隧道的结构安全和地铁 1 号线的正常运营,通过采取措施对泵房附近衬砌进行加固支护。

钢圈支护范围以地铁 1 号线上行线宁海西路泵站处(里程约为上行线 SK10＋660.000)为中心,向南、北两侧各 25 m。在此 50 m 范围内共制作 50 环钢圈进行加固。钢环采用环宽 800 mm、厚度 30 mm 的钢板,底部通过两个特殊制作的钢牛腿连接成一个整体。同时地面进行绿化带 EPS 泡沫板置换土体的卸载施工。通过两年多的施工,隧道内完成 14 环满环钢环施工和 36 环的牛腿半环施工,地面上进行了 1 700 多 m³ 的土体置换(图 9-119—图 9-121)。施工后的隧道稳定,未发生一场变形情况。

图 9-119 土体加固和基坑开挖后进行结构施工

图 9-120 铺设 EPS 泡沫板

图 9-121 施工过程

9.6.2.5 上海地铁 7 号线祁华路站—顾村公园站区间

地铁 7 号线是上海轨道交通重要的涉博线路,2011 年在运行过程中锦秋路站(祁华路站)—顾村公园站区间发生钻孔灌注桩打穿隧道的突发事件。经专家讨论决定为长远保证这些区间隧道的结构安全,特别是地铁 7 号线的正常运营,须采取一定的技术措施对该范围隧道进行补强修复加固。

补强修复主要包括以下内容:对受损隧道管片连同前后两环,即 141～144 环合计 4 环隧道内(4×1 200 mm)进行 5 环环宽 900 mm、厚度 30 mm 的钢圈支护补强,5 环采用骑缝方式全部连接。进行先期各项准备工作之后,管片加固工作于 2012 年 2 月顺利完成,消除了由于隧道打穿对地铁运营造成的影响,保证了地铁的安全运行。钢管片的安装现场照片如图 9-122—图 9-124 所示。

图 9-122　拼装顶板

图 9-123　拼装侧板

图 9-124　拼装牛腿

9.6.3　其他病害治理

9.6.3.1　哈尔滨地铁 1 号线太平桥站—交通学院站—桦树街站渗漏及环氧加固

两区间道床脱空严重,道床边与排水沟拉开裂缝宽度最大达 180 mm。桦树街站—交通学院站区间管片底部渗漏严重,从道床脱空处漏出且水量较大。交通学院站—太平桥站区间管片环纵缝有大面积连续渗漏,管片底部渗漏严重且水量较大(图 9-130)。

图 9-125　注浆前渗漏水情况

桦树街站水沟与道床分离,道床与管片脱空严重,水沟是干的,水都从道床底部流入集水井,而太平桥站侧向和底部管片都有渗漏水现象,水沟边脱开。两个区间漏水都比较严重,道床和管片都存在不同程度的脱空现象。

鉴于桦树街站漏水情况是隧道底部管片接缝出现了渗漏水,而且渗漏水情况相对比较严重,因此考虑采用在隧道侧底部迎水面的位置进行注浆堵漏。首先,利用水沟上方的原有管片注浆孔进行注浆堵漏,假设此孔注浆无法完全将渗漏堵住,则必须垂直于隧道底部;其次,在避开管片钢筋的情况下,开设新的注浆孔,进行聚氨酯壁后注浆堵漏施工,使得隧道底部形成一道防水层,从而达到止水堵漏的目的。注浆完成后的效果如图 9-126 所示。

图 9-126 注浆完成效果

9.6.3.2 连通通道结构及钢环堵漏防腐治理工程

根据连通通道检查资料,部分连通通道存在以下病害:①连通通道处钢管片原防腐材料脱落,连通通道处钢管片接缝处、混凝土隔舱有渗漏水现象,引起钢管片锈蚀,导致钢管片防腐失效(图 9-127);②连通通道本体侧墙、顶部、底部和台阶处有多处渗漏水现象,导致连通通道本体结构破坏;③连通通道处周围道床有裂缝,排水沟与道床有裂缝,引起道床渗漏水现象,导致道床积水的问题。

图 9-127 注浆前渗漏水及腐蚀情况

对连通通道钢管片进行堵漏除锈和防腐处理是首次尝试。其最大难点就在于如何对钢管片堵漏。钢管片内是由许多隔舱焊接组成,再由素混凝土或水泥填实。当对某一块隔舱堵漏后,隔舱内的水会沿着隔舱内的空隙到处流动,就会形成"一点湿一面"的情况。

(1) 钢管片环缝堵漏、钢管片定位点堵漏。

钢管片接缝处及钢管片定位点渗漏水处理方法：若钢管片与混凝土管片环缝渗漏严重则可考虑利用在混凝土管片上的预留注浆孔进行壁后注浆的方式堵漏。若渗漏不严重则采用骑缝堵漏的方式堵漏。

(2) 连通通道堵漏。

连通通道主体侧墙、顶部渗漏水处理方法：在连通通道本体侧墙、顶部渗漏水处打眼，埋设注浆嘴。采用电动泵注浆，使浆液充填整个渗漏水部位，注浆压力控制在 0.4 MPa 力以下，注浆结束后适当屏浆 1~2 min。注浆结束后，去除注浆嘴，进行封闭。清理现场废弃物。

(3) 集水井内开孔及注聚氨酯。

连通通道台阶及台阶旁渗漏水处理方法：采用在集水井侧墙钻 4 孔（正对上下行隧道方向），每孔灌注聚氨酯浆液的方式堵漏。放样定位—安装钻机—钻孔开孔—安装孔口管—依次安装 2 寸变丝接头、2 寸球阀—安装带阀门的注浆管—二次开孔—注浆。浆液采用油溶性聚氨酯。施工过程中需全封闭施工；水平注浆的注浆范围有限，但多增设注浆孔可弥补。

(4) 道床加固。

在道床上进行开小孔的方式进行开孔，孔位形成后，用注浆设备将亲水环氧灌入间隙之中。

(5) 钢管片除锈、除漆、表面防腐处理。

处理破损的原有钢板防腐层，钢板及拉条进场前表面采用 SPUR（喷涂型聚脲弹性体）涂层作防腐蚀处理。涂层厚度均匀，分两层进行喷涂，总厚度不少于 2.05 mm；背部不作防腐处理，仅除锈。

在钢管片堵漏施工时用聚氨酯对渗漏的隔舱堵漏，但之后会产生"堵一点湿一面"的情况。经过多方讨论决定采用聚氨酯结合丙凝进行堵漏施工，由于丙凝能渗透进细小裂缝内，所以先用丙凝对隔舱进行大范围堵漏以形成"以点盖面"的效果，最后针对某些丙凝未到达且还渗漏的隔舱用聚氨酯进行堵漏。其施工效果达到验收标准。注浆完成效果如图 9-128 所示。

图 9-128　注浆完成效果

10

上海地铁盾构隧道结构耐久性及其防治技术

10.1 盾构隧道结构耐久性影响因素
10.2 上海地铁盾构隧道使用环境
10.3 上海地铁盾构隧道结构耐久性评估
10.4 上海地铁维护与保障技术对策

隧道是一切附属设备敷设的基础，是地铁运营安全的前提，是地铁安全运行的命脉。隧道结构耐久性对于安全运营可用"皮之不存，毛将焉附"来形容。上海大多数地铁隧道是采用盾构法一次推进完成的，隧道结构多位于地下，相对封闭，更换或翻修在目前设备和技术条件下是十分困难的。因此，必须对结构耐久性进行研究，以达到百年大计之目标。

结构的耐久性是指在环境作用和正常维护、使用条件下，结构或构件在设计使用年限内保持其适用性、安全性的能力。地铁盾构隧道作为一种特殊的地下敷设的拼装结构，其耐久性是由环境、材料、结构本体及运营维修等因素共同决定的，影响因素分类如图10-1所示。

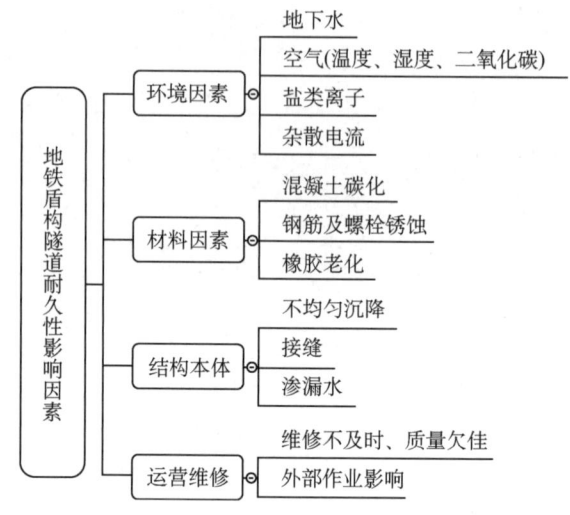

图 10-1 地铁盾构隧道结构耐久性影响因素

10.1 盾构隧道结构耐久性影响因素

10.1.1 环境因素

1. 地下水

地铁盾构隧道长期埋在地下水位以下，地下水对盾构隧道结构耐久性的影响主要包括：CO_2在地下水条件下对地下结构的碳化速率的影响，地下水中的腐蚀性酸根离子对钢筋混凝土产生的腐蚀影响；地下水对地下结构产生的外水压力影响；等等。

碳化作用的实质是混凝土失去碱性，当钢筋表面的pH降到10以下时，钢筋的钝化膜被破坏，混凝土也就失去了对钢筋的保护作用，在水与空气存在的条件下，钢筋开始锈蚀，锈蚀引起体积膨胀而使混凝土保护层遭到破坏，从而界面出现裂缝及保护层剥落等现象，这又进一步促进钢筋的锈蚀，造成钢筋混凝土结构使用寿命的降低。

地下水对钢筋混凝土结构的侵蚀破坏主要分为：①腐蚀混凝土材料本身而导致结构的破坏，如氢离子与氢氧化钙起反应或碳酸钙在侵蚀性二氧化碳的作用下使混凝土溶解破坏；②混凝土本身并未受到严重破坏，但由于外部介质的作用，钢筋表面的钝化膜被破坏，引起钢筋的锈蚀损伤,从而导致混凝土结构的破坏。

同时地下水也会在水头和渗流的共同作用下对结构产生力的作用。如果地下水位不断变化,则作用在结构上的力也会不断变化,这会导致混凝土的疲劳损伤。此外,在地下水的压力作用下,结构外侧的腐蚀性离子会加速扩散到混凝土内部,直接或间接地促进钢筋的腐蚀,造成结构的耐久性能下降。

2. 空气

空气中 CO_2 浓度、相对湿度及温度也会影响管片的耐久性。CO_2 的影响主要是指混凝土的碳化,混凝土的碳化是指混凝土结构内渗透了空气中的 CO_2 气体,与碱性物质发生反应生成碳酸钙和水,从而降低混凝土的碱度。而空气的相对湿度决定着混凝土孔隙水饱和度。当空气中的湿度高时,混凝土含水率也较高,能阻碍 CO_2 的扩散,碳化反应速率也相对较慢。另外,温度对碳化反应速率与扩散速度有很大影响,温度升高会导致碳化反应速率与扩散速度都加快。相对于恒温、恒湿状态,干湿交替也会提高混凝土的腐蚀破坏。

3. 盐类离子(氯离子、硫酸盐)

埋设于地下的盾构管片在服役期间与土壤和地下水接触,水中的有害腐蚀分子,如氯离子、硫酸根离子和碳酸氢根离子等,渗透通过极细小的裂隙,与混凝土中的化学物质发生物理化学反应,最终导致胶凝材料失去性能,混凝土发生劣化,混凝土强度降低。

氯离子主要是通过混凝土表面的微裂缝和内部的孔隙向混凝土内部渗透,氯离子渗入混凝土的主要方式有:①扩散作用;②毛细管作用;③渗透作用;④电化学迁移。随着氯离子渗透进入混凝土内部,当钢筋表面的氯离子浓度超过临界值时,会引起钢筋脱钝,进一步导致钢筋锈蚀。

混凝土发生硫酸盐侵蚀破坏的主要机理可以分为膨胀破坏和溶析破坏。硫酸盐之所以能够使混凝土结构劣化,主要原因是水泥水化物会与硫酸盐反应生成膨胀性物质,其中钙矾石是难溶性物质,而石膏是易溶性物质,这些膨胀物质会产生膨胀应力,当混凝土中的膨胀应力达到一定程度时就会开裂、崩坏;同时硫酸盐也可使混凝土产生溶析破坏,使水泥中的水化产物 CH 和 C—S—H 等溶出分解,导致混凝土强度溃散。此外,裂缝又会导致其他侵蚀性介质进入混凝土内部,使混凝土结构劣化,丧失部分承载力。

4. 杂散电流

杂散电流主要是指采用直流供电牵引方式的地铁列车在地下铁道运行时泄漏到道床及其周围土壤介质中的电流。杂散电流对隧道衬砌耐久性的影响,主要是通过对隧道主体结构中的钢筋产生电化学腐蚀,而引起混凝土的开裂破坏。这种腐蚀属于局部腐蚀,其原理与金属在大气条件下或水溶液及土壤电解质中发生的自然腐蚀一样,都是具有阳极过程和阴极过程的氧化还原反应,不仅会缩短隧道衬砌的使用寿命,而且还会降低地铁钢筋混凝土体结构的强度和耐久性,甚至酿成灾难性事故。

目前,地铁迷流造成钢筋混凝土主体结构的强度和耐久性降低的实例不多,但从其对金属管道的腐蚀实例来看,地铁迷流造成钢筋混凝土主体结构强度和耐久性的降低是隧道的事故隐患。金属管道的腐蚀实例较多,例如:香港曾因地铁迷流引起煤气管道的腐蚀穿孔而发生煤气泄漏事故;北京地铁第一期工程投入运营数年后,其隧道内水管腐蚀穿孔,仅东段部分区段就更换穿孔水管54处;天津地铁也存在水管被迷流迅速蚀穿的情况。

10.1.2 材料因素

1. 混凝土碳化

目前,盾构隧道管片均为预制,材料的配比、现场浇捣及养护条件标准规范,管片质量较好,但水灰比、水泥品种、用量及外加剂等的不同,对管片耐久性也会造成一定影响。一般情况下,水泥所含熟料越多,混凝土的抗碳化性能就越好。级配好的骨料混凝土由于密实性较好,内部孔隙结构较小,故碳化的速度也比较慢。此外,水灰比越大,混凝土的孔隙率就越大,也会增加其渗透性,空气中的水分、有害物质会更多地侵入混凝土内部,也会导致混凝土碳化。

2. 钢筋及螺栓的锈蚀

混凝土中的高碱性环境能够使钢筋表面迅速形成一层钝化膜,它是致密的、稳定的,水和氧气都不能渗透进去,同时也能阻挡铁离子的溢出,避免电化学反应的发生。但当混凝土内钢筋表面的氯离子达到一定浓度时,钢筋表面的钝化膜就会被破坏,从而导致钢筋的锈蚀,引起混凝土保护层的胀裂,进而加快氯离子等侵蚀性介质进入混凝土内部,使混凝土结构进一步劣化。

而螺栓表面一般采用锌基铬酸盐涂层进行防腐处理。为提高外露螺栓的耐久性和隧道防水效果,管片手孔一般采用微膨胀水泥进行封堵。但管片接头一旦发生渗漏水,带有侵蚀离子的地下水将腐蚀接头螺栓,造成螺栓锈蚀,承载能力下降。加上地铁隧道布有大量电缆线,在杂散电流作用下,接头螺栓在水环境下的锈蚀将进一步加剧。

3. 橡胶的老化

密封垫按功能可分为三类:弹性密封垫、遇水膨胀橡胶密封垫、弹性密封垫与遇水膨胀橡胶复合密封垫。目前,上海盾构隧道采用的接缝防水材料主要为三元乙丙橡胶(EPDM)密封垫。由于橡胶的老化、蠕变的发生,处于压缩状态的橡胶止水条会造成密封压力减小、抗渗能力降低,严重时将发生橡胶止水条性能失效,接头产生渗漏水,从而加速侵蚀性离子的腐蚀。

10.1.3 结构本体

1. 不均匀沉降

正如上文所述,上海地铁盾构隧道多以单圆通缝的形式埋设于淤泥质软土地层中,软土地层本就具有强度低、灵敏度高、变形大等特点,并且盾构隧道作为特长线形结构,其纵向刚度较差,因此对纵向不均匀沉降的影响极为敏感。

车辆震动荷载、大地不均匀沉降、大面积降承压水以及加卸载作用均会使隧道产生不均匀沉降,较大的不均匀沉降会使隧道结构应力重新分配,应力较大的情况下会造成管片环间剪切变形及隧道纵向接头张角增大,从而影响结构承载能力。从耐久性的角度来看,次生内力的产生会导致管片产生裂缝,构成渗透通道,加大土体中侵蚀性介质向管片内的渗透程度,过大的变形还会造成渗漏水或结构损伤,从而缩短结构的使用寿命。

2. 管片接头损伤

盾构隧道在施工时,盾构依靠千斤顶给管片施加的反力实现掘进。当顶进压力过大或者千斤顶压力不均匀时,易造成管片间形成接触缺陷,从而造成接头混凝土开裂、崩边等损伤。这些损伤不仅严重降低结构承载能力,同时也对接头抗渗能力乃至整个结构的耐久性产生不利影响。

3. 接头渗漏水

盾构隧道在服役过程中,会受到列车循环荷载、地表荷载与围岩压力等综合作用的影响,隧道结构受力在这些综合作用的长期影响下会发生改变,引起管片接头之间应力水平下降,接触状态劣化。当劣化达到一定程度时,就会产生接头渗漏水现象。尤其在一些土质松软、水位较高的沿海地区,容易产生渗漏水现象。

10.1.4 运营维修

盾构隧道随使用年限的增加,在内、外各种环境影响下,结构性能会慢慢降低,如不能及时维修,结构性能历时变化可如图10-2所示。特别是在外部作业的影响下,比如深、大基坑或加卸载,如保护措施不到位或维修整治不及时,往往会对盾构隧道结构产生灾难性的影响。

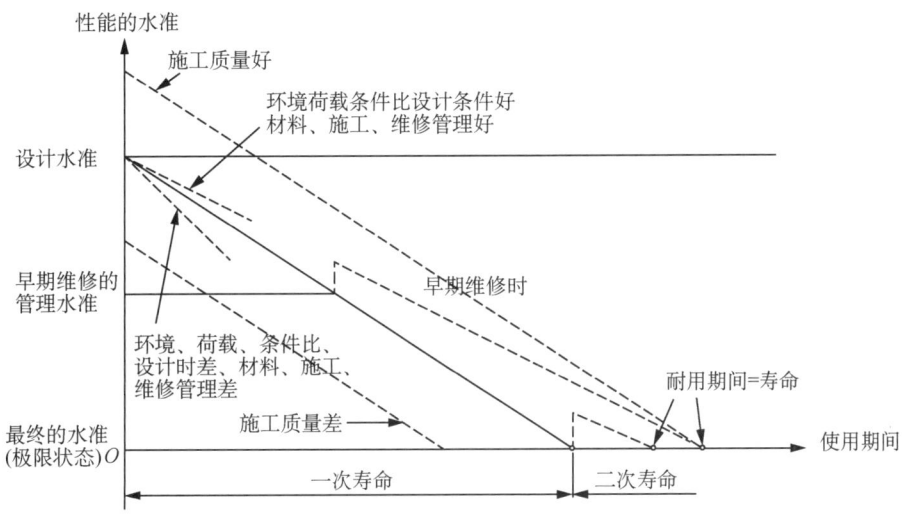

图 10-2 盾构结构性能劣化曲线

10.2 上海地铁盾构隧道使用环境

上海地处长江河口三角洲,地势低平、河渠纵横,除西部跨太湖堆积平原,其地貌主要属于长江三角洲平原(河口海岛、滨海平原和河流冲积平原),其中滨海平原所占面积最大。上海地铁盾构隧道多位于地下30 m深度范围内的土层中,属于流塑或软塑的黏性土,土的空隙比大、压缩性高、含水率高、灵敏度高、抗剪强度低,软土中的地铁结构在运营过程中不仅遭受着比地面更严重的碳化环境和地下水的压力(包括超静孔隙水压力)渗透作用,而且还受到地下水中存在的各种腐蚀性介质的侵蚀,以及杂散电流对钢筋混凝土管片的锈蚀,加剧了对地铁结构的破坏。因此,本节重点针对隧道所处的环境,对大气环境、地下水环境、盐类离子以及杂散电流的锈蚀进行分析。

10.2.1 大气环境

地铁隧道结构大多处于地下环境,隧道管片结构外侧与含地下水的岩土层接触,内侧则与隧道内的空气直接接触。因此,隧道管片内侧结构与构件的内表面含水率、温度高低受隧道内大气环境的直接影响。此外,地铁列车进出隧道时,活塞风作用会带动隧道内外空气的流动交换,因此隧道内大气环境与地面大气环境息息相关。

1. 上海地面大气环境

上海气候温和湿润,极端高温超过40 ℃,极端低温达-12 ℃。上海一年典型温度和相对湿度如图10-3所示。可见上海夏天温度高,相对湿度变化较小,平均相对湿度相对高;冬

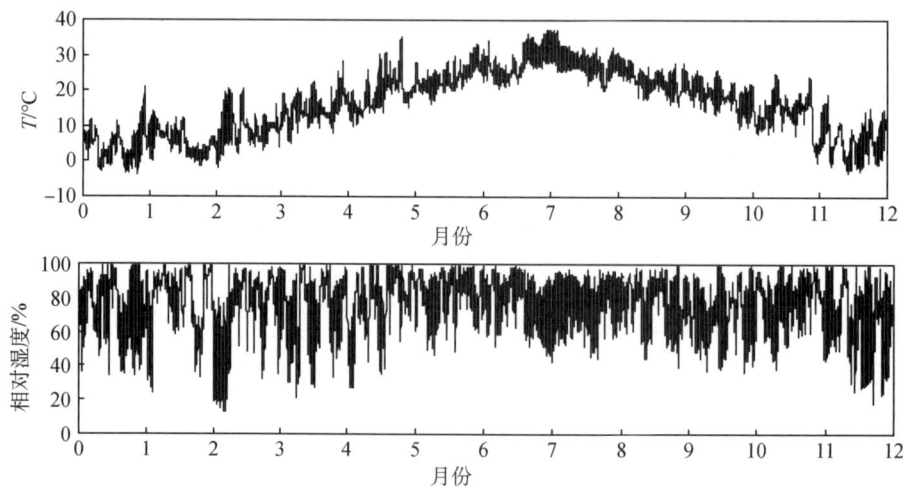

图10-3 上海2014年典型温度和相对湿度年变化

天温度低,相对湿度变化较大,平均相对湿度相对低。由于气候变化,上海每年的温度和湿度均有所变化,如图10-4所示,从1994年以来,上海年平均温度约以0.02 ℃逐渐上升,主要是由于CO_2气体浓度的增加引起的温室效应。同时,相对湿度则有降低的趋势,但影响相对湿度变化的因素较多,一般年变化规律不稳定。

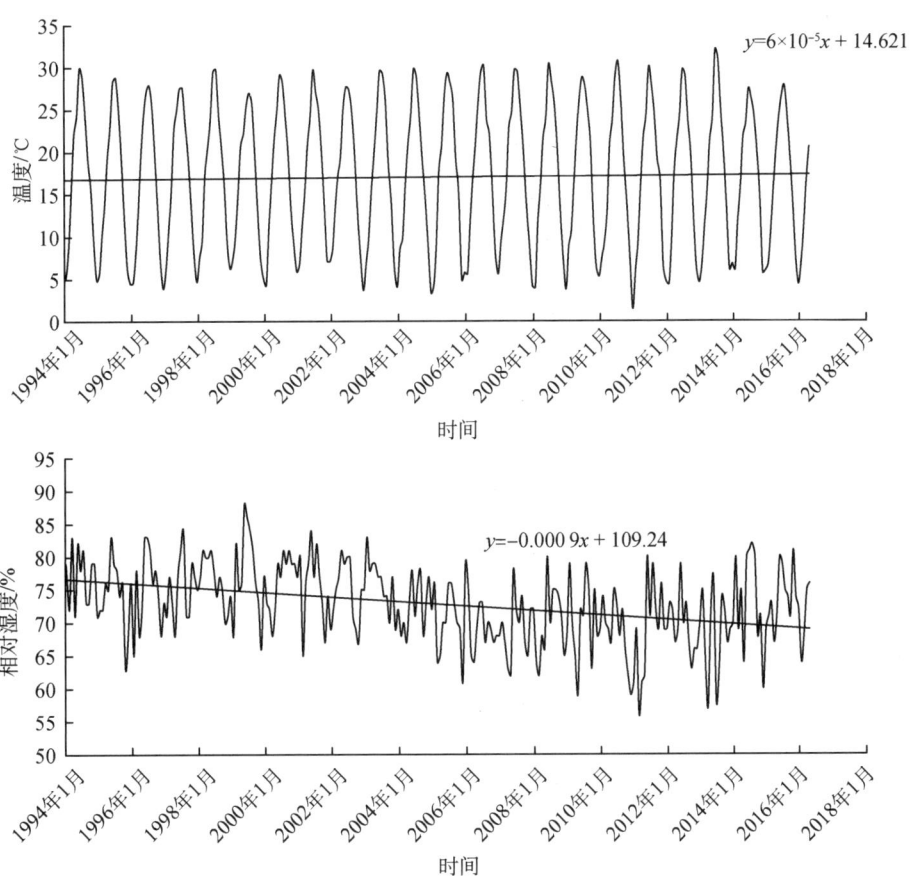

图10-4 上海宝山观测站温度和湿度年变化趋势(逐月数据)

2. 上海地铁隧道内大气环境调查

源于对大人流公共空间的舒适度和安全性考量,车站、站台内的大气环境受到较多关注,地铁运营维护在多处站台进行了温度、相对湿度和CO_2气体浓度等大气环境参数测量和监测。由于上海地铁车站在运行时进行通风、温度控制,故温度和湿度相对稳定,温度基本在20.6~26 ℃,相对湿度相对较低,可处于39%~66.2%。受大人流量的呼吸作用影响及由于空气流通相对不畅,车站内空气中的CO_2气体浓度较高。人流量越大的车站,空气中CO_2气体浓度越高。如叶晓江等在2009年左右的调查表明,人民广场站和徐家汇站空气中的CO_2气体浓度分别为1 205 ppm和1 031 ppm,上海体育馆站、衡山路站、常熟路站、陕西南路站、黄陂南路站、新闸路站、上海南站站、漕宝路站、汉中路站、上海火车站站、中山北路站、延长路站和上海马戏城站空气中的CO_2气体浓度则处于726~1 011 ppm。乔婷等在夏季的调查表明,地铁车站及附近区间隧道的温度较高,2013年8月底连续4 d的调查显示,靠近车站的区间隧道温度为29.2~35.0 ℃,平均值和标准差为31.5 ℃±0.9 ℃,相对湿度为35.1%~77.3%。平均值和标准差为47.4%±6.5%,典型的温湿度为(29.2 ℃,77.3%)、(35.0 ℃,35.1%)。

隧道区间的大气温度则相对站台高,已有监测数据表明其处于31.5~34.0 ℃,相对湿度处于35.1%~77.3%。调查同时表明,在一天之内,隧道内温度的变化具有周期性,通常在列车运行时较高,达到32.3 ℃,而当列车停运后则回落到30.0 ℃左右,总体上波动不大;相对湿度则有较大程度的波动(35.1%~77.3%)。

10.2.2 地下水环境

上海地铁混凝土结构一边接触地下水、一边暴露在大气中,水可通过渗透作用或毛细作用蒸发。根据《岩土工程勘察规范》(GB 50021—2009)规定,地下水中可能对混凝土结构产生腐蚀的离子及其对应浓度和危害如表10-1—表10-3所示。

表10-1 不同环境类型中的地下水对混凝土结构的腐蚀性评价　　　　单位:mg/L

腐蚀等级	腐蚀介质	环境类型 Ⅰ	Ⅱ	Ⅲ
微	硫酸盐(SO_4^{2-})含量	<200	<300	<500
弱		200~500	300~1 500	500~3 000
中		500~1 500	1 500~3 000	3 000~6 000
强		>1 500	>3 000	>6 000
微	镁盐(Mg^{2+})含量	<1 000	<2 000	<3 000
弱		1 000~2 000	2 000~3 000	3 000~4 000
中		2 000~3 000	3 000~4 000	4 000~5 000
强		>3 000	>4 000	>5 000
微	铵盐(MH_4^+)含量	<100	<500	<800
弱		100~500	500~800	800~1 000
中		500~800	800~1 000	1 000~1 500
强		>800	>1 000	>1 500
微	苛性碱(OH^-)含量	<35 000	<43 000	<57 000
弱		35 000~43 000	43 000~57 000	57 000~70 000
中		43 000~57 000	57 000~70 000	70 000~100 000
强		>57 000	>70 000	>100 000
微	总矿化度	<10 000	<20 000	<50 000
弱		10 000~20 000	20 000~50 000	50 000~60 000
中		20 000~50 000	50 000~60 000	60 000~70 000
强		>50 000	>60 000	>70 000

表 10-2　不同地层渗透性地下水对混凝土结构的腐蚀性评价

腐蚀等级	pH		侵蚀性 CO_2/(mg·L^{-1})		HCO_3^-/(mmol·L^{-1})
	A	B	A	B	A
微	>6.5	>5.0	<15	<30	>1.0
弱	6.5~5.0	5.0~4.0	15~30	30~60	1.0~0.5
中	5.0~4.0	4.0~3.5	30~60	60~100	<0.5
强	<4.0	<3.5	>60	—	—

表 10-3　地下水对钢筋混凝土结构中钢筋的锈蚀性评价

腐蚀等级	水中的 Cl^- 含量/(mg·L^{-1})	
	长期浸水	干湿交替
微	<10 000	<100
弱	10 000~20 000	100~500
中	—	500~5 000
强	—	>5 000

根据以上标准,须考虑的侵蚀因素包括 SO_4^{2-}、Mg^{2+}、MH_4^+、苛性碱(Na^+ 与 K^+ 结合的 OH^-)、矿化度、pH、侵蚀性 CO_2、HCO_3^- 以及 Cl^- 含量。

根据 2010—2014 年《上海市地质环境公报》数据,2014 年上海市承压地下水水位情况如表 10-4 所示。其中,第Ⅱ层、第Ⅲ层承压地下水在 10 年范围内水位变化不明显,而第Ⅳ层与第Ⅴ层承压地下水水位稳步抬升,10 年内抬升幅度为 10~20 m。结合地铁隧道的实际埋深,可判断地铁隧道处于第Ⅳ层至第Ⅴ层承压地下水范围内,因此主要考虑这两个含水层的地下水水质。

表 10-4　2014 年上海市承压地下水水位　　　　　　单位:m

区域	第Ⅱ层承压水	第Ⅲ层承压水	第Ⅳ层承压水	第Ⅴ层承压水
中心城区	1.28~−4.52	1.91~−4.08	−5.80~−19.68	−11.08~−23.86
陆域北部	−1.08~−5.62	−1.02~−7.68	−11.24~−15.86	−12.30~−25.62
陆域南部	−1.03~−5.60	−2.00~−5.85	−7.06~−15.86	缺失区
岛域	1.38~−0.86	1.25~−2.06	−0.60~−16.80	−15.65~−26.38

5 年内上海市第Ⅳ层、第Ⅴ层承压水水质如表 10-5 所示。

表 10-5　　2010—2014 年上海市第Ⅳ层、第Ⅴ层地下水水质　　单位：mg/L

项目	第Ⅳ层承压水					第Ⅴ层承压水				
	2010年	2011年	2012年	2013年	2014年	2010年	2011年	2012年	2013年	2014年
Cl^-	185.7	127.1	100.9	148.9	132.4	164.9	153.1	183.5	144	173.3
SO_4^{2-}	25.9	26.9	18.7	17.2	11	19.4	17.1	15.8	23.7	7.9
HCO_3^-	432.4	438.1	432.9	427.6	411.6	439.0	391	452.4	400.6	407
NO_3^-	1.40	1.3	0.9	1	1.2	<0.5	1.6	0.6	0.8	0.78
NO_2^-	0.176	0.012	0.133	0.016	0.259	0.042	0.222	0.663	0.038	2.496
NH_4^+	0.07	0.28	0.27	0.14	0.38	0.04	0.04	0.22	0.15	0.4
TFe	0.846	0.57	0.934	1.113	1.156	0.709	0.821	0.399	0.89	0.936
Mn	0.136	0.087	0.091	0.138	0.086	0.048	0.217	0.12	0.059	0.141
矿化度	713	609	556	617	607	661	583	533	597	657
硬度	276.0	199.8	187.3	246	177.2	202.8	189.1	182.7	130.5	278.7
COD	2.19	1.71	1.18	1.8	1.9	1.88	2.31	1.29	1.6	2.8

10.2.3　盐类离子

在复杂的土、水条件下，混凝土结构性能受到盐类离子的侵蚀，已成为混凝土耐久性失效的主要原因之一。区间隧道沉积物包括：NaCl，方解石，石英、云母等硅酸盐矿物，纤铁矿或无定型铁氧化物，二水石膏、硫酸钠等硫酸盐矿物等五类，其对盾构隧道耐久性的影响论述如下：

（1）NaCl。NaCl呈无色晶体，当其与其他沉积物伴生存在时，可能使沉积物呈现一定的晶体光泽，但若沉积物含水率较高，则很难直接判断出NaCl的存在。NaCl广泛分布于各区间，仅地铁1号线上海南站至锦江乐园站（南洞口）区间未发现明显的氯盐富集，该区间距离地面较近，面临的水环境与盾构区间差异较大。NaCl可能引起钢筋锈蚀及混凝土的耐久性破坏，是区间隧道最主要的有害物质。

（2）方解石。方解石呈乳白色，可能附着于管片上，呈现坚硬的片状，也可能伴生于其他沉积物中，使沉积物呈现乳白色小颗粒状。方解石对于钢筋混凝土的耐久性不具有明显的危害。

（3）硅酸盐矿物。当石英、云母等硅酸盐矿物大量存在时，沉积物会呈现棕色或黑色的泥浆状，表明该处出现了冒泥砂现象。这类物质同样不会危害钢筋混凝土的耐久性。

（4）含铁氧化物。纤铁矿或无定型铁氧化物会使沉积物呈现黄色至褐色，表明该处有钢筋、螺栓等金属件发生锈蚀。

（5）硫酸盐矿物。二水石膏、硫酸钠等硫酸盐矿物较为少见。其中，二水石膏不会使样品具有典型特征。硫酸钠会呈现白色晶体状，使沉积物发生"长白毛"现象。硫酸盐矿物的产生表明混凝土可能发生了硫酸盐侵蚀现象,但目前并未发现明显的混凝土受硫酸盐侵蚀而产生的耐久性破坏。

盐结晶病害形成特征与机理如下:

(1) 低流量渗漏与 NaCl 的结晶。

区间隧道内部的 NaCl 主要来自地下水。当管片注浆孔、预埋件等结构上的薄弱环节发生防水功能失效,或由于现浇混凝土结构收缩开裂等原因,在地下水环境与隧道内部环境形成物质传输通道时,地下水会进入区间隧道内部,形成渗漏。根据渗漏流量的不同,一般将渗漏分为湿迹、明水、滴漏等不同等级,而不同的渗漏流量往往与不同的盐结晶成分相关。

当渗漏流量较小时,渗漏水蒸发作用较快,渗漏水难以在道床排水沟内汇聚并排出,而是全部蒸发到空气中。在此情况下,地下水中的成分直接在管片上形成结晶,难以随着渗漏水被正常排出。由于上海地下水中 NaCl 的含量相对其他成分高得多,因此,此时主要体现为 NaCl 的沉积与结晶。对于管片接缝来说,其防水失效是一个缓慢的过程,且防水结构失效程度往往较低,形成的物质传输通道较小,即渗漏流量较小。这就是 NaCl 常常出现在管片接缝、注浆孔等部位的原因。

(2) 高流量渗漏与方解石的形成。

当渗漏流量较高时,渗漏水的蒸发作用不明显,渗漏水可以以水滴或水流的形式流入排水沟内,进而从区间隧道内部排出。此时,NaCl 等易溶成分不易达到饱和点而结晶析出,因此不会出现明显的 NaCl 结晶。然而,渗漏水中的 Ca^{2+} 离子容易与区间隧道内的 CO_2 结合,生成难溶性的方解石沉积。也可以说,渗漏水在碱性环境下,其中的 $Ca(OH)_2$ 溶解度较低,容易达到饱和点而结晶出来,进而与区间隧道中的 CO_2 结合,生成难溶性的方解石沉积。因此,在高流量的渗漏作用下,其沉积物的表现形式往往是方解石。

方解石沉积容易发生在现浇结构出现竖向开裂的情况下,或发生在区间隧道的端头井、连通通道等结构部位。对于前者来说,一方面,现浇结构竖向开裂形成的缝隙往往略大,容易形成较高的渗漏流量;另一方面,现浇结构大量应用于隧道的出口处,其所处的地表水环境中的 NaCl 浓度相对略低于地下水环境中的。对于后者来说,端头井、连通通道等结构部位往往是钢筋混凝土管片与现浇混凝土结构或钢管片的连接处,材料之间物理性质的差异或结构设计上的天然劣势使这些部位容易出现较大流量的渗漏,因此容易出现方解石类沉积。

(3) 漏泥砂与硅酸盐矿物的出现。

当渗漏形成的物质通道更大时,地下土环境直接通过渗漏通道进入区间隧道内部,即形成漏泥砂现象,使沉积物中包含硅酸盐类矿物。也就是说,硅酸盐类矿物的出现往往与较为严重的结构损伤有直接联系。例如,当注浆孔部位渗漏产生的沉积物质中检测出硅酸盐类矿物时,若对注浆孔进行仔细检查,一般可以发现较为严重的锈蚀,或混凝土的缺损现象。因此,尽管硅酸盐类矿物并不对混凝土耐久性造成直接影响,但其出现应引起足够的重视。

(4) 预埋件锈蚀与铁氧化物的出现。

与硅酸盐矿物相似,铁的氧化物同样不会对混凝土的耐久性造成直接影响,但其出现说明渗漏部位附近的钢筋或铁质预埋件已经开始出现明显的锈蚀情况,因此同样应该引起足够的重视。

(5) 混凝土化学侵蚀与硫酸盐结晶。

硫酸盐类结晶在区间隧道内出现较少,这是因为在上海的地下水环境中,硫酸根离子的含量明显低于氯离子。然而,地下水中的离子分布在空间范围内具有一定的差异性,若个别地区的地下水体中富含硫酸根离子,则可能会在盐结晶成分中检测出硫酸盐。

一般认为,硫酸盐会对混凝土产生明显的腐蚀破坏作用,因此应注意监测区间隧道沉积物中出现的硫酸盐成分,防止其大量富集而对混凝土造成直接的耐久性破坏。

10.2.4 杂散电流

上海轨道交通的牵引供电系统采用 1 500 V 直流电源供电。电流的路径由牵引变电站的整流器正极经过直流高速断路器、接触网隔离开关、接触网线路向轨道交通的电力机车提供直流电能。电力机车的受电弓从架空的接触网获取直流电能,直流电通过车载电力设备、钢轨、回流电缆流回整流器的负极。轨道交通的牵引供电采取分区、双边供电(一个供电区段由 2 座牵引变电站同时供电)的形式提供电能,以提高供电的效率,减少设备故障时的停电范围。牵引供电系统和双边供电如图 10-5 所示。

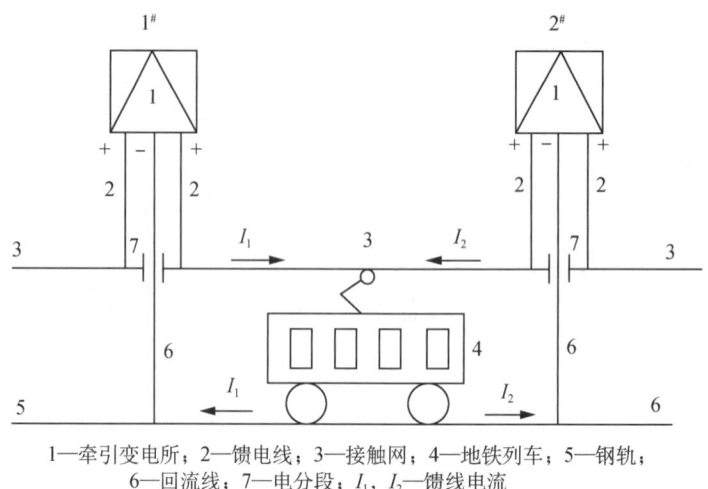

1—牵引变电所;2—馈电线;3—接触网;4—地铁列车;5—钢轨;
6—回流线;7—电分段;I_1,I_2—馈线电流

图 10-5 牵引供电系统示意

由于钢轨与道床之间不能完全绝缘,在回流时,会有一部分电流脱离钢轨,泄漏到道床和隧道结构中去。这部分流失的电流被称为杂散电流。

在杂散电流流经不同区域时,会对道床和隧道结构钢筋产生电腐蚀。杂散电流的路径如图 10-6 所示,图 10-7 所示为杂散电流腐蚀部位。

电流流出钢轨的区域 A 和流出道床、结构钢筋的区域 D,会受到杂散电流的电化学作用,从而产生电腐蚀。而电流流入钢轨的区域 F 和流入道床、结构钢筋的区域 C,就不会产生电腐蚀。所以,在容易受到杂散电流腐蚀的区域进行极化电位的测试,通过测试数据,可对该区域内受杂散电流的腐蚀情况进行评估。根据实测,上海地铁 2 号线电位差一般为 0.2～0.4 V,小于标准值 0.5 V。值得注意的是,不同设计对杂散电流的处理方式是不同的。

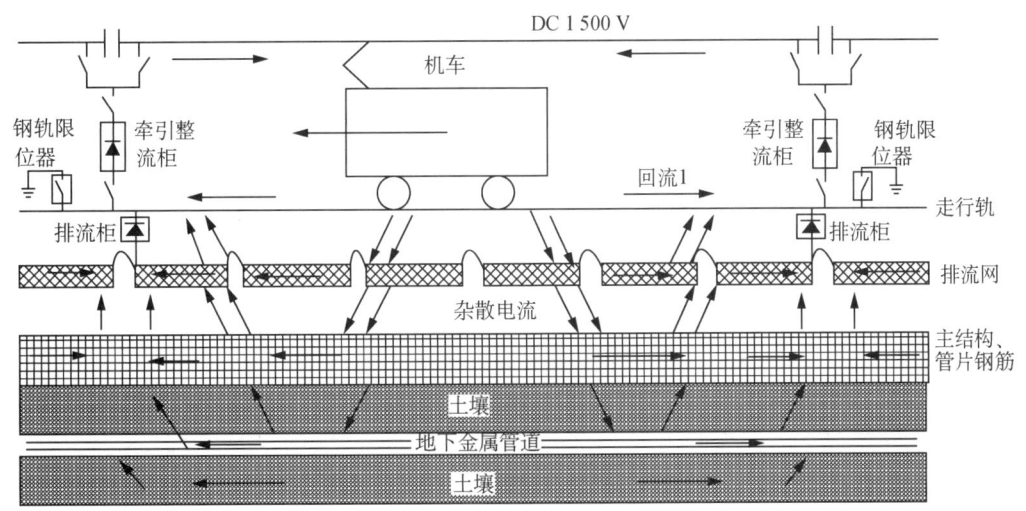

图 10-6　杂散电流路径示意

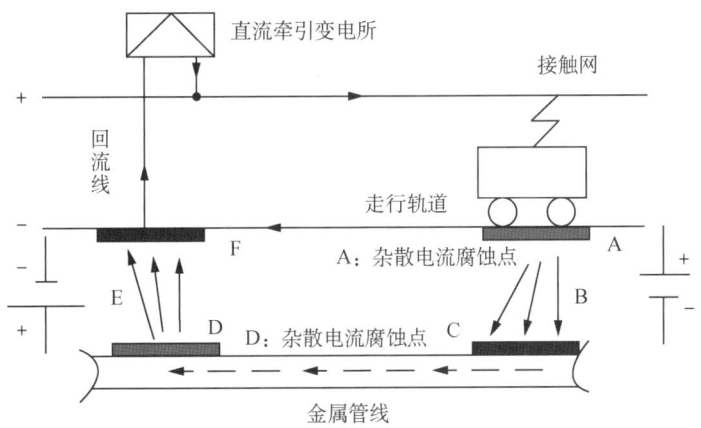

图 10-7　由杂散电流引起的金属电腐蚀部位

10.3　上海地铁盾构隧道结构耐久性评估

10.3.1　混凝土性能检测与评估标准

1. 内部缺陷

混凝土内部缺陷的检测,一般是指采用超声法对混凝土结构的浅裂缝、深裂缝、不密实区和空洞、混凝土结合面质量、表面损伤层以及匀质性等性能或特征进行测试。

超声法检测混凝土缺陷是一种检测混凝土强度和缺陷的非破损检验方法,在我国已被较为广泛地应用。超声法是指采用带示波器的低频超声仪,测量超声脉冲纵波在结构混凝土中的传播速度(以下简称声速)、首波幅度(以下简称波幅)和接收信号频率等声学参数,并根据这些参数的相对变化,判定混凝土中的缺陷情况。

对于地铁盾构隧道所应用的混凝土管片,一方面由于其预制时质量控制相对较为严格,从混凝土原材料、成型工艺和养护方法等角度看,均不会出现大的质量问题;另一方面,盾构管片的服役方式较为特殊,也很难进行超声法测试。因此,对于盾构隧道混凝土结构,该项测试应重点作为管片出场后的性能抽检,在服役过程中若无特殊工程需要,可不进行该项测试。

对于地下连续墙等现浇结构,由于混凝土一般体积较大或单一维度上尺寸较长,且现浇施工的质量控制难以达到预制管片的水平,因此应进行内部缺陷的测试,尤其应关注裂缝深度的检测。

2. 抗压强度

抗压强度测试可以采用回弹法、超声法或钻芯法。由于钻芯法对混凝土基体有一定的破坏作用,因此一般不建议选用该方法。

抗压强度测试除了定期的监测外,应着重对有表观病害的部位进行检测,如有湿迹的管片、有盐结晶附着的管片及有一定破损变化的管片。在抗压强度测试时,应注意清除测试面上附着的盐结晶物质及保护涂层,在露出干净且较为平整的混凝土表面后再进行测试。

3. 抗渗性

当对混凝土抗渗性测试有要求时,应通过现场取芯测试混凝土抗渗性,但该项测试不建议作为盾构管片混凝土的常规检测指标,只在有相应需求时进行。

4. 化学侵蚀风险

当混凝土与侵蚀性介质长期接触,存在潜在的化学侵蚀风险,或从外观上已经可以看到发生一定的化学变化时,应取样并判断其化学侵蚀的类型及程度。

(1) 硫酸盐侵蚀的判断。

发生硫酸盐侵蚀的混凝土,其表面可能泛出白色絮状的无色结晶物质。

硫酸盐侵蚀的判断可以采用 X 射线衍射仪进行:取混凝土样品,去除其中的粗骨料并尽可能地去掉细骨料,得到水泥基体样品;将样品烘干、研细,并进行 X 射线衍射测试,当衍射峰中有明显的二水石膏出现时,可以判断混凝土发生了硫酸盐侵蚀。

硫酸盐侵蚀也可以通过扫描电子显微镜的背散射电子像进行判断:取大小约为 1 cm³ 的小块样品,将样品一端磨平、抛光,用环氧树脂镶嵌于指定的制样模具中,脱模后进一步抛光,获得样品;将样品放置于扫描电子显微镜的背散射电子像下进行观察,一般受到硫酸盐侵蚀的样品,在其骨料界面处可以发现有明显的延迟钙矾石生成,同时浆体中存在明显的裂缝,裂缝中有钙矾石或二水石膏。在二次电子像下进行观察时,可看到大量针状的钙矾石晶体，也可能看到整齐排列的棒状二水石膏晶体。

(2) 镁盐侵蚀的判断。

受到镁盐侵蚀的混凝土，外观多呈现白色，当侵蚀较为严重时，混凝土表层可能失去胶凝性，呈现疏松的渣状。

受到镁盐侵蚀的混凝土，当采用 X 射线衍射仪进行判断时，可能出现 $Mg(OH)_2$ 的衍射峰，也可能在氯盐的共同作用下出现 $Mg_2(OH)_3Cl \cdot 4H_2O$ 等形态的复盐。

当采用扫描电子显微镜的背散射电子像进行判断时，水泥浆体衬度明显变暗，通过能谱分析可观察到明显的 Ca/Si 下降，而 Ca/Mg 升高。

镁盐侵蚀现象也可以结合 X 射线荧光光谱进行分析：取疑似受到镁盐侵蚀的混凝土中的水泥浆体，并取相同批次确定不会受到镁盐侵蚀的样品（如混凝土距离表面有一定深度的芯样），分别烘干并用玛瑙研钵研细至可通过 200 目筛，采用熔片法定量测试其元素组成，若镁元素含量有明显提高，可判断混凝土受到镁盐侵蚀。

5. 混凝土性能评价标准

(1) 内部缺陷。

混凝土内部缺陷对于钢筋混凝土性能的影响判断，主要从缺陷(裂缝)的深度、渗漏状态及缺陷(裂缝)是否直接造成钢筋与外部环境连通的角度进行评价，具体标准可参照表 10-6 执行。

表 10-6　　　　　　　混凝土内部缺陷对混凝土耐久性影响评价标准

缺陷状态	轻度危害	中度危害	严重危害
渗漏状态	无渗漏	无渗漏/有渗漏	无渗漏/有渗漏
保护层厚度余量	>10 mm	5~10 mm/>10 mm	<5 mm/<10 mm

(2) 抗压强度。

混凝土抗压强度下降会引起混凝土结构承载力不足，结构可靠性下降。一般情况下，混凝土抗压强度下降至低于设计指标的情况发生概率较低。

抗压强度的判断标准应以是否满足结构安全性设计指标为准，在此不作直接规定。但当某处混凝土抗压强度下降超过同批次混凝土强度的 15% 时，应引起足够的重视，分析相关原因，并制定相应的措施。

(3) 抗渗性。

混凝土抗渗性下降会引起混凝土抗氯离子及化学侵蚀性能不足，耐久性下降。

抗渗性的判断标准同样应以是否满足抗氯离子及化学侵蚀设计指标为准，在此不作直接规定。但当某处混凝土抗压强度下降超过同批次混凝土强度的 15% 时，应引起足够的重视，分析相关原因，并制定相应的措施。

(4) 化学侵蚀风险。

混凝土的化学侵蚀风险属于半定量测试，其测试结果可以预测混凝土在服役期间是否会发生潜在的化学侵蚀现象,其判断标准可参照表 10-7 执行。

表 10-7　　化学侵蚀风险对混凝土耐久性影响评价标准

测试方法	轻度危害	中度危害	严重危害
BSE	化学侵蚀深度低于 300 μm/20 年服役	化学侵蚀深度低于 1 500 μm/20 年服役	化学侵蚀深度高于 1 500 μm/20 年服役
XRD	未明显可见侵蚀产物	表层 5 mm 样品可见微量二水石膏或 $Mg(OH)_2$	表层 5 mm 样品明显可见二水石膏或 $Mg(OH)_2$

10.3.2　盾构隧道管片性能检测与评估标准

1. 碳化深度

混凝土碳化深度可采用酚酞滴定法。在测试混凝土碳化深度过程中,一般需要钻取直径为 15 mm 左右的孔洞,属于微破损检测,若测试后能够进行适当的封堵,不会影响结构的承载力与耐久性。

一般来说,对于盾构管片混凝土,其设计强度较高,密实性好,碳化速率极为缓慢,碳化深度的测试可不必大规模进行。而对于现浇混凝土结构,建议针对不同的使用环境进行碳化深度的测试。

2. 钢筋保护层厚度

钢筋保护层厚度一般采用钢筋探测仪或钢筋保护层厚度测试仪进行测试。尽管钢筋保护层厚度无论对于预制管片还是现浇混凝土结构,都应该是一个设计好的指标,但由于生产、施工工艺的限制,实际的钢筋保护层厚度往往与设计值存在一定的偏差。

对于预制管片,钢筋保护层厚度应该在管片出场前或进场施工前即进行抽检,以评价该批管片保护层厚度是否合格。但对于已建成的区间隧道,由于多数管片保护层厚度未进行过相关检测,因此应在测试评估中进行该项目的检测。

3. 钢筋锈蚀状态

钢筋锈蚀状态的无损检测方法主要包括半电池电位法、混凝土电阻率法及锈蚀电流法。

半电池电位法的理论依据是:将钢筋看作浸泡在混凝土孔溶液中而形成的一个半电池,将其与另一个半电池——参比电极(一般为 $Cu/CuSO_4$ 电极)相连接,继而形成一个原电池组。采用电压表测试该原电池的电动势,即可得出钢筋在混凝土孔溶液中形成的半电池组相对于标准参比电极的电势。这一电势可以表征钢筋失电子的热力学环境,因此即表征了钢筋是趋向于钝化还是活化的状态。

混凝土电阻率法的理论依据是:钢筋锈蚀一般是以电化学腐蚀为主的,包括以微电池腐蚀为主要特征的全面腐蚀以及以宏电池腐蚀为特征的局部腐蚀。而这两种腐蚀情况中,微电池腐蚀与宏电池腐蚀发生的条件均为在钢筋表面不同区域形成了不同的电位,电流通过混凝土导通,形成腐蚀原电池。在这一原理下,混凝土的电阻率决定了钢筋锈蚀的速率。而由于微电池腐蚀一般是较易发生的,因此,当混凝土电阻率较低时,一般可以判断钢筋正处于较高的腐蚀速率中。

钢筋的锈蚀电流指的是钢筋发生宏电池腐蚀或微电池腐蚀时原电池反应形成的电流,依此可以评价钢筋的锈蚀速率。测试时,通过对钢筋施加外加电势,使钢筋发生极化,通过监测极化反应,计算钢筋的极化电阻,转换得出钢筋混凝土界面处的电子转移电阻,再根据 Stem-Geary 经验公式折算为锈蚀电流。

半电池电位法的测试结果是以钢筋锈蚀概率来展示的。从这个意义上来说,之所以在一定电位区间内存在很大的"不确定"范围,是因为混凝土的温湿度、氯离子含量等会显著影响钢筋半电池电位,即在钢筋周围环境不同时,相同的钢筋的半电池电位并不相同,因此只有在钢筋电位极高或极低时可以做出较准确的判断。但相对于一个试件的不同区域,由于混凝土内部条件相似,因此半电池电位的差异能够较好地反映钢筋锈蚀概率,即当一个试件某一部位电位明显低于周边时,基本可以判断此处发生了局部锈蚀。研究表明,当一条钢筋或一个形成通路的钢筋网某个部位的半电池电位明显低于其他部位时,会形成宏电池腐蚀的现象,钢筋锈蚀速率会有一个明显的提高;也有研究表明,对于这种局部锈蚀的情形,半电池电位测试结果往往又会高于实际值,即锈蚀情况容易被低估。因此,当一个试件上的半电池电位测试结果出现较大差异时,一方面基本可以推测出局部腐蚀的发生,另一方面意味着锈蚀速率很高。

而从电化学含义来讲,半电池电位实际上是表征钢筋的失电子倾向。在假设测试值(即混凝土表面实测电位)与实际值(钢筋表面实际电位)相等的情况下,半电池电位实际可以反映钢筋锈蚀反应的进行方向,即在温湿度、氧含量及氯离子存在的情况下,半电池电位的变化实际上是反映了化学侵蚀问题。例如,研究表明,当氯离子到达钢筋表面时,半电池电位会显著降低,即钢筋趋向于去钝化。因此,半电池电位绝对值的高低实际上能够反映化学腐蚀的速率(钝化速率或腐蚀速率)。当然,由于测试出的半电池电位往往是一个小区域的平均值,因此测试值很难直接反映某个点的实际锈蚀速率,这一问题在混凝土较厚时表现得更加严重。从这一意义上来说,若认为实测值与实际值相差不大,半电池电位的绝对值是有实际意义的。

相比两个问题,第一个是电化学侵蚀问题,而第二个是化学侵蚀问题。当在一个较大范围内半电池电位波动不大时,发生的是全面腐蚀、化学腐蚀,这属于第二个问题。半电池电位可以衡量化学腐蚀的速率(钝化速率或腐蚀速率),但不能判断化学腐蚀的严重程度。即使半电池电位较低,但由于化学腐蚀速率本身就很慢,可能也无法形成肉眼可见的腐蚀。而当在一个较大范围内半电池电位波动很大时,发生的是局部腐蚀、电化学腐蚀,这属于第一个问题。此时,腐蚀速率(宏电流)决定于半电池电势差与混凝土电阻率,而在混凝土内部环境相同的情况下,基本可以判断电位低的部位已经锈蚀,因为生成铁锈也会引起半电池电位降低。这种情况同样也可能是由于混凝土内部的微小环境变化引起(如局部氯离子含量很高),并非锈蚀引起。但这种条件下由于宏电池的形成,锈蚀速率往往很快,因此判断锈蚀发生也未尝不可。

总的来说,半电池电位法判断钢筋锈蚀概率方法如下:当某一构件上有某一区域存在明显的电位下降时,基本可以判断其发生了锈蚀;当某一构件整体电位很低时,也可以判断其发生了锈蚀。

相比来讲,混凝土电阻率实际测试的并不是钢筋锈蚀状况,而是钢筋可能的锈蚀速率。若某一区域内,钢筋形成了宏电池腐蚀或微电池腐蚀,混凝土电阻率较高即意味着钢筋锈蚀速率较快。值得注意的是,微电池腐蚀是极容易发生的,即使从半电池电位的角度看,钢筋整体处于钝化状态,在局部也可能已形成微电池腐蚀,当然这一情况在钢筋整体钝化程度较高时危害较低或不易发生。因此,在半电池电位很低或同一区域半电池电位差异较大时,混凝土电阻率低意味着钢筋锈蚀速率较快。若某一区域半电池电位整体处于较高的水平,则较低的混凝土电阻率并不会直接引起钢筋快速锈蚀。

锈蚀电流法测试的实际是钢筋失电子的难易程度,其表征的物理意义与混凝土电阻率相似,因此具体应用方法也与混凝土电阻率类似,建议结合半电池电位法进行综合判断。

4. 混凝土氯离子含量

氯离子是钢筋锈蚀的主要原因之一,因此须对混凝土氯离子含量进行测试。

一般来说,钢筋锈蚀的临界氯离子含量有两种判断依据:第一种,是以钢筋发生去钝化行为的氯离子浓度作为判断标准。这一标准认为,该浓度即意味着钢筋开始发生锈蚀,无论锈蚀速率如何,锈蚀反应已经很难避免。第二种,是以钢筋发生肉眼可见的混凝土开裂或承载力严重下降为判断依据。这一标准认为,只要钢筋锈蚀未引起直接的事故,即可认为其能够继续服役。

相比来讲,一般认为第一种依据是从科学研究的角度出发,具有一定的定量性。而第二种依据是从工程应用的角度出发,虽然具有实际含义,但难以定量确定。然而,对于不同的钢筋、混凝土及使用条件,其实际的临界氯离子浓度都不尽相同,很难以统一的标准进行钢筋锈蚀的判断。因此,本书只给出经验性的评价标准,具体评价标准须以实际试验结果为准。

5. 盾构隧道钢筋锈蚀状况评价标准

钢筋锈蚀状态是由混凝土碳化深度、钢筋保护层厚度、钢筋电位、混凝土电阻率与混凝土氯离子含量共同决定的,因此在评价钢筋锈蚀状况时,应综合考虑以上指标,并取这些指标中的最高风险作为钢筋锈蚀状态的评价标准。

(1) 混凝土碳化深度。

一般来说,混凝土碳化深度只要不超过钢筋保护层厚度,对钢筋锈蚀的影响就相对较小。同时,对于盾构管片这类高强混凝土,其碳化速率极慢,现场测试显示其几乎不存在明显的碳化情况。

碳化对钢筋锈蚀的影响可根据表 10-8 进行判断。

10 上海地铁盾构隧道结构耐久性及其防治技术

表 10-8　　碳化对钢筋锈蚀影响评价标准

服役时间	轻度危害	中度危害	严重危害
10 年	碳化深度低于 0.15 倍保护层厚度	碳化深度低于 0.3 倍保护层厚度	碳化深度高于 0.3 倍保护层厚度
20 年	碳化深度低于 0.2 倍保护层厚度	碳化深度低于 0.4 倍保护层厚度	碳化深度高于 0.4 倍保护层厚度

（2）钢筋保护层厚度。

钢筋保护层厚度受到实际生产工艺的影响，当发生保护层厚度不足时，混凝土中的钢筋就会有一定的锈蚀风险。判断钢筋保护层厚度对锈蚀的影响时，应综合考虑混凝土强度等级（成型工艺），并应分为主结构钢筋与箍筋进行判断，其判断标准可参照表 10-9 执行。

表 10-9　　钢筋保护层厚度对钢筋锈蚀影响评价标准

混凝土强度等级	轻度危害	中度危害	严重危害
高于 C55（预制管片结构）	主钢筋：25～30 mm 箍筋：20～25 mm	主钢筋：20～25 mm 箍筋：15～20 mm	主钢筋：低于 20 mm 箍筋：低于 15 mm
C40～C50（现浇结构）	主钢筋：40～45 mm	主钢筋：35～40 mm	主钢筋：低于 35 mm

（3）钢筋锈蚀状态。

钢筋锈蚀状态评价标准在《混凝土中钢筋检测技术规程》（JGJ/T 152—2008）中有详细规定，根据前期调研结果，盾构管片中混凝土碳化现象很微弱，氯离子为钢筋锈蚀的主要诱因。结合前期调研结果，建议对钢筋半电池电位的评价进行补充，如表 10-10 所示。

表 10-10　　钢筋半电池电位对钢筋锈蚀影响评价标准

电位水平/mV	钢筋锈蚀性状	
	JGJ/T 152—2008 规定	补充规定
>−200	不发生锈蚀的概率>90%	基本可判断不发生锈蚀
−350～−200	锈蚀性状不确定	当电位高于−300 mV 时，实际锈蚀概率较低
		当电位低于−300 mV 时，实际锈蚀概率已经很高
<−350	发生锈蚀的概率>90%	当电位低于−400 mV 时，基本可判断已开始发生锈蚀

混凝土电阻率下降会导致钢筋锈蚀概率的提高。《建筑结构检测技术标准》（GB/T 50344—2004）规定了混凝土电阻率对钢筋锈蚀的影响。根据现场调研结果，该评判标准下，混凝土电阻率与钢筋半电池电位指标相关性很好，因此可直接根据该标准判断混凝土电阻率对钢筋锈蚀的影响。具体评价标准如表 10-11 所示。

表 10-11　　　　　　　　混凝土电阻率对钢筋锈蚀影响评价标准

序号	混凝土电阻率 /(kΩ·cm)	钢筋锈蚀状态判别	
		GB/T 50344—2004 规定	实际执行情况
1	>100	钢筋不会锈蚀	在混凝土电阻率接近 100~150 指标时仍有一定的钢筋锈蚀风险
2	50~100	低锈蚀速率	基本可判断钢筋开始发生点蚀
3	10~50	钢筋活化时,可能出现中高锈蚀速率	基本可判断钢筋会发生锈蚀
4	<10	电阻率不是锈蚀的控制因素	未见该情况

《建筑结构检测技术标准》(GB/T 50344—2004)规定了混凝土电阻率对钢筋锈蚀的影响,如表 10-12 所示。

表 10-12　　　　　　　　　　钢筋锈蚀电流评价标准

序号	锈蚀电流 /(μA·cm^{-2})	锈蚀速率	保护层出现损伤年限
1	<0.2	钝化状态	—
2	0.2~0.5	低锈蚀速率	>15 年
3	0.5~1.0	中等锈蚀速率	10~15 年
4	1.0~10	高锈蚀速率	2~10 年
5	>10	极高锈蚀速率	<2 年

然而,根据第(3)条的分析,本书实际建议以半电池电位法为主要方法,结合混凝土电阻率法、锈蚀电流法进行协同判断,其判断标准如表 10-13 所示。

表 10-13　　　　　　　　　　钢筋锈蚀综合评价标准

序号	半电池电位 /mV	混凝土电阻率 /(kΩ·cm)	锈蚀电流 /(μA·cm^{-2})	评价结果
1	>−200	>100	<0.5	基本无锈蚀风险
2		<100	>0.5	未发生明显锈蚀,但锈蚀倾向很明显
3	−350~−200	>100	<0.5	须进行剔凿判断,可能已发生锈蚀,但锈蚀反应暂时由于环境改变而停止
4		<100	>0.5	已经发生锈蚀或未发生锈蚀但有明显锈蚀倾向
5	<−350	>100	<0.5	须进行剔凿判断,可能已发生锈蚀,但锈蚀反应暂时由于环境改变而停止
6		<100	>0.5	已发生锈蚀,且锈蚀反应速率较快

(4) 混凝土氯离子含量。

混凝土氯离子含量是引起钢筋锈蚀的直接因素,在判断该因素对钢筋锈蚀的影响时,应综合考虑两个方面:第一,表层 10 mm 范围内的氯离子含量,能够反映氯离子的实际传输速率;第二,钢筋实际埋深的氯离子含量,能够直接反映钢筋锈蚀风险。

混凝土氯离子含量对钢筋锈蚀的影响可根据表 10-14 进行判断。

表 10-14　　　　　　　混凝土氯离子含量对于钢筋锈蚀的影响评价标准

测试深度	轻度危害	中度危害	严重危害
表层 10 mm	1‰~4‰	4‰~8‰	高于 8‰
钢筋实际埋深	0.2‰~0.4‰	0.4‰~0.6‰	高于 0.6‰

6. 盾构隧道管片构件力学性能检测与评估

当工程档案资料中有钢筋品质记录资料时,可按原资料确定力学性能指标。力学性能检测采用在结构中取试样直接试验的方法效果最佳,若处于保护结构需要和受其他条件限制时,无法切取试样也可采用表面硬度法等非破损或微破损法进行检测。

钢筋性能检测应包括强度、变形性能及其他必要力学性能的检测。

在已有结构构件上切取试样时,应保证所取试样具有代表性,并不应危及结构安全和正常使用。应保证所切取试样的原始自然状态避免受到扰动,防止塑性变形、硬化等作用改变其性能。用焰切取样时,切口距试件成型边线宜大于 20 mm,并大于钢筋或直径。

采用切取试样法检测时,应测定钢筋屈服点、抗拉强度和伸长率(均匀伸长率),若结构可靠性鉴定分析需要,可增加钢筋冷弯和冲击功测试项目。取样方法、力学性能试验和评定标准可参考《金属材料　拉伸试验　第 1 部分:室温试验方法》(GB/T 2281—2010)、《金属材料　弯曲试验方法》(GB/T 232—2010)、《金属材料　夏比摆锤冲击试验方法》(GB/T 229—2020)、《碳素结构钢》(GBT/ 700—2006)、《低合金高强度结构钢》(GB/T 1591—2018)、《钢及钢产品　力学性能试验取样位置及试样制备》(GB/T 2975—2018)和其他钢材产品标准。

(1) 钢筋硬度。

采用表面硬度法推定混凝土中钢筋强度时,每个检测单元应取 3 个检测单体,每个检测单体上可取 1 个测区。最后以 3 个检测单体中测区的最小值作为钢筋硬度的代表值。测得钢筋的里氏硬度值后,推算钢筋的抗拉强度,并评估盾构隧道管片的受力状态。

(2) 管片构件受力状态与耐久性评定。

既有管片构件的力学性能分析方法可采用验算、模型试验、现场试验或计算机仿真等方法。在获得构件力学性能后,确定构件耐久性极限状态,确定其在目标使用周期内的可靠性,并进行管片耐久性综合评定。

10.3.3 隧道病害的检测与评估

1. 渗漏水

（1）渗漏水的调查。

地铁线路在地下结构日常维护保障过程中，须进行渗漏水情况的调查，并及时记录相关情况。调查时应注意标示下列内容：发现的裂缝位置、宽度、长度和渗漏水现象；经堵漏及补强的原渗漏水部位；符合防水等级标准的渗漏水位置。

渗漏水现象的定义，可参考表 10-15。

表 10-15　　　　　　　　渗漏水现象的定义

渗透水现象	定　义
湿渍	地下混凝土结构背水面，呈现明显色泽变化的潮湿斑
渗水	地下混凝土结构背水面有水渗出，墙壁上可观察到明显的流挂水迹
水珠	地下混凝土结构背水面的顶板或拱顶，可观察到悬垂的水珠，其滴落间隔时间超过 1 min
滴漏	地下混凝土结构背水面的顶板（拱顶），渗漏水的滴落速度至少为 1 滴/min
线漏	地下混凝土结构背水面，呈渗漏成线或喷水状态

当道床等部位有长期难以治理的积水时，应及时寻找其渗漏点，并采取相应的堵漏措施。

（2）渗漏水的取样。

对于渗漏水情况较为严重（通常为滴漏或线漏）的部位，以及道床积水或有涌水的部位，应对渗漏水样品进行取样，并进行成分分析。

对于滴漏或线漏产生的部位，应采用容积为 20～100 mL 的专用塑料样品瓶，对渗漏水进行取样。取样时，应首先用渗漏水对样品瓶进行润洗，再进行取样。取样量应超过样品瓶容积的 2/3，且总体积不低于 20 mL。

对于道床积水或涌水的部位，应采用洁净的塑料滴管或洗耳球，吸取水样品并保存在容积为 20～100 mL 的专用塑料样品瓶中。当积水量允许时，应首先用渗漏水对样品瓶进行润洗，再进行取样。取样量应超过样品瓶容积的 2/3，且总体积不低于 20 mL。当积水有分层现象时，在有条件的情况下应分别对不同层的样品进行取样。

（3）渗漏水成分的分析。

对于渗漏水成分的分析，应着重测试其 pH，Cl^-，SO_4^{2-}，Mg^{2+} 等指标。测试前，应对渗漏水样品进行静置、离心处理，以得到澄清的液体。渗漏水成分的分析可以采用传统的化学滴定方法，也可以采用现代仪器测试方法进行测试。

2. 盐结晶

（1）盐结晶的调查。

盐结晶指混凝土由于内部泛碱、开裂渗漏或渗漏水滴落而产生的无机盐类沉积。一般来说，上海地铁地下结构常出现的盐结晶病害按照其产生原因，可分为以下几种类型：

① 管片接缝、预埋件等部位由于防水失效而产生缓慢渗漏，渗漏水蒸发后而产生的结晶物质。这一类结晶物质常常包含一定量的 NaCl，会引起钢筋锈蚀的风险增大。其典型特征为：结晶物常常与灰尘伴生，呈现黑褐色，但在干燥后，有明显的颗粒状无色晶体产生。

② 渗漏水滴落而产生的钙质沉积。这一类结晶物质主要由方解石组成，方解石中的 Ca 大多来自地下水，不会对混凝土结构造成直接的破坏。其典型特征为：沉积物呈现乳白色钟乳石状，大面积覆盖在混凝土上；也可能呈现白色渣状或小块状。

③ 管片预埋件防水失效而发生轻微冒泥所引起的泥砂类沉积。这一类沉积物质为石英或硅酸盐矿物，为地下土质，外观呈现黑色或褐色泥土状，不会对混凝土结构造成明显的破坏。但这类物质常常与地下水的渗入、结晶伴随而生，多与①类盐结晶伴随而生。

④ 预埋件、钢筋等发生锈蚀而产生的铁锈类物质。这一类盐结晶亦多与①类盐结晶伴随而生。在含水率较高时，盐结晶物质呈现黄色；而在含水率较低时，盐结晶物质呈现褐色。

当发现有盐结晶现象时，应首先对其外观进行分类，初步判断其可能的组成及危害。当从外观上不能直接判断时，或盐结晶现象在某一区间大量出现时，应该进行取样分析。

(2) 盐结晶的取样。

在对盐结晶进行取样分析前，应首先对盐结晶现象进行系统的调查与分类，取样点应具有代表性。同时，应确认取样位置在一个月内未进行过冲洗等可能改变盐结晶组成的作业。

取样时，应用铲刀将盐结晶刮下，并盛装于塑料样品瓶中，密封保存。当铲刀无法直接将盐结晶刮下时，应用锤子、凿子辅助取样，但应注意操作幅度，不可对混凝土结构造成直接的破坏。取样量应不低于 5 g。

(3) 盐结晶成分分析。

盐结晶物质的元素组成可以用 X 射线荧光光谱分析，晶体组成可以用 X 射线衍射仪进行分析。

3. 混凝土表观病害

(1) 溶蚀。

混凝土的溶蚀主要是混凝土在软水的长期作用下发生的耐久性破坏，主要表现为混凝土表层的砂浆层变得松散，甚至在冲刷作用下消失，露出骨料。一般来说，溶蚀现象容易在长期存在滴漏的部位发生。相比之下，强度等级较低的混凝土更易发生溶蚀现象，即道床部位最易发生溶蚀，现浇连续墙结构次之，管片混凝土发生溶蚀现象的概率最低。

(2) 顺钢筋开裂。

顺钢筋发生开裂时，有很高的概率可以判断是由钢筋锈蚀造成的。这种情况一般不会出现，但一旦发生，就意味着钢筋已经发生了严重的锈蚀，应对钢筋锈蚀状况进行剥凿检验，并及时进行修复。

(3) 白色、疏松、失去胶凝性。

混凝土出现白色疏松状有两种可能的原因：第一，可能是混凝土发生了以镁盐为主的侵蚀现象,这种情况一般在有长期积水、盐结晶发生的混凝土中出现;第二,可能是混凝土发生了碳酸盐型硫酸盐侵蚀,这种情况发生的条件一般需要有较低的温度,在上海地铁环境中一般难以出现。在判断混凝土呈现白色疏松状劣化时,须注意分清白色物质是混凝土体本身发生的变化,还是混凝土上方沉积了方解石类物质。对于方解石类沉积,一般不会直接影响混凝土的性能。

(4) 网状裂纹。

当混凝土呈现明显的网状开裂时,一般是由混凝土发生了碱骨料反应造成的。这一耐久性问题较为严重,且几乎无法进行预防与修复,一旦发现,必须及时进行判断,并采取相应的措施。判断时,应注意这一耐久性破坏发生的条件:混凝土必须与水直接接触,或处于较高的湿度环境中。

(5) 其他开裂。

现浇地下连续墙结构,容易出现与长度方向垂直的裂缝,一般是由混凝土收缩造成的。当发现这一问题时,应进行灌浆修补。

当混凝土与渗漏水长期接触时,也可能发生硫酸盐侵蚀而产生开裂,其特点是开裂较为集中,呈现出由内向外的开裂形式,并容易出现逐层剥离的现象。

4. 隧道病害评价标准

(1) 渗漏水。

渗漏水量对于钢筋混凝土来说一般影响不大,而其化学成分应该引起足够的重视。

对于明显的滴漏水,可在几个地质结构相类似的区间取具有代表性的样品进行成分测试。对于道床内部长期难以根治的积水,应及时取样进行调查,跟踪观测其中的离子浓度,判断是否有明显的富集情况发生。

渗漏水成分对于钢筋混凝土耐久性的影响可以根据表10-16进行判断。一般来说,当危害程度达到"轻度危害"时,即应该引起足够的重视。当危害程度达到或超过中度危害时,必须及时根治渗漏水来源。

表10-16　　　　　　　　渗漏水成分对于钢筋混凝土耐久性的影响

指标	轻度危害	中度危害	主要影响因素
pH	6.5～5.0	5.0～4.0	混凝土
Cl^- 浓度/($mg \cdot L^{-1}$)	100～500	500～5 000	钢筋
SO_4^{2-} 浓度/($mg \cdot L^{-1}$)	200～500	500～1 500	混凝土
Mg^{2+} 浓度/($mg \cdot L^{-1}$)	1 000～2 000	2 000～3 000	混凝土

(2) 盐结晶。

盐结晶成分中,铁的氧化物或相关成分一般与金属件锈蚀有关,而硅酸盐类矿物一般与结构冒泥砂有关,其判断标准可参照表10-17。

表 10-17　　　　　　　　　盐结晶中与结构病害有关因素的判断

指标(元素总含量)	轻度危害	中度危害	相关病害
Fe_2O_3(w.t.%)	10～20	20～40	金属件锈蚀
SiO_2(w.t.%)	5～10	10～20	冒泥砂

而盐结晶中的氯化物、硫酸盐及镁盐则与钢筋混凝土耐久性有关,在判断其危害时,应结合盐结晶的实际干湿情况,判断标准可参照表 10-18。

表 10-18　　　　　　　　盐结晶成分对于钢筋混凝土耐久性的影响

指标 (元素总含量)	轻度危害			中度危害			主要影响因素
	干燥	循环	含水	干燥	循环	含水	
Cl(w.t.%)	6～12	0～3	3～6	12～24	3～6	6～12	钢筋
SO_3(w.t.%)	6～12	0～3	3～6	12～24	3～6	6～12	混凝土
MgO(w.t.%)	8～16	0～4	4～8	16～32	4～8	8～16	混凝土

(3) 混凝土表观病害。

一般来说,当混凝土外观发生明显的破坏时,都意味着钢筋混凝土结构发生了较为严重的破坏,需要及时进行治理与修复。对于混凝土表观病害的判断标准可参照表 10-19。

表 10-19　　　　　　　混凝土表观病害对应的钢筋混凝土结构耐久性

外观状态	轻度危害	中度危害	严重危害	主要问题
溶蚀	小于 2 mm	2～7 mm	大于 7 mm	软水腐蚀
顺钢筋开裂	—	—	发现	钢筋锈蚀
白色、疏松、失去胶凝性	小于 2 mm	2～7 mm	大于 7 mm	可能是镁盐侵蚀
网状裂纹	—	—	发现	碱骨料反应
垂直于长度方向开裂	少量,可治理	大量,易治理	难以治理	现浇连续墙收缩
逐层剥落	小于 2 mm	2～7 mm	大于 7 mm	可能是硫酸盐

5. 渗漏引起的盐结晶、道床积水处理方法

渗漏是上海地铁区间隧道内最常见的病害形式,往往会直接引起盐结晶与道床积水。根据现场调研结果、钢筋混凝土结构耐久性现场测试数据及混凝土基体耐久性实验室研究结果,存在渗漏、盐结晶的部位不仅会加剧钢筋锈蚀风险,更会引起混凝土的化学侵蚀现象,因此应采取相应对策,及时解决相关病害,防止钢筋混凝土结构耐久性下降,引起区间隧道服役风险的提高。

(1) 渗漏引起的盐结晶。

对于渗漏引起的盐结晶现象,首先应根据本书 10.3.3 节"2. 盐结晶"所提出的方法,分析盐结晶所对应的物质。当盐结晶中的主要成分是 NaCl 时,则有必要采取应对措施,防止氯盐侵入混凝土基体,提高钢筋锈蚀的风险。

现场调研显示,NaCl 一类的盐结晶主要存在于管片接缝、注浆孔等部位,由这些结构部位防水失效所引起。目前所采用的主要处理方法为冲洗法,即在特定时间周期内,对管片表面进行冲洗,将这类盐结晶溶解并排走。这一方法在短期内确实有一定的效果,因为现场调研结果显示 NaCl 盐结晶的产生会直接引起钢筋半电池电位的下降,将 NaCl 晶体冲洗干净确实有利于防止盐结晶部位的氯盐侵蚀现象。

然而,从更长的使用周期上来看,冲洗法也会产生一定的不利效果。第一,冲洗过程造成了 NaCl 结晶物的溶解,产生一定量低浓度的 NaCl 溶液。这些低浓度溶液中的氯离子尽管侵入混凝土的速率较慢,但在长期的累积作用下,同样会侵入混凝土中,引起更大范围的氯盐侵蚀现象。第二,若 NaCl 盐结晶处于十分干燥的环境中,由于水分的缺乏,其向混凝土内部的传输会受到一定的阻碍作用。而在冲洗过程中,反而提供了大量的溶剂水,若 NaCl 晶体冲洗不干净,会对氯盐的侵蚀传输起到较强的加速作用。第三,区间隧道内部湿度较低,混凝土处于干燥失水的状态。而周期性的冲洗会造成一种干湿循环作用,使混凝土对侵蚀性离子产生一定的毛细吸附作用,加快侵蚀性离子的传输。第四,冲洗过程中产生大量的 NaCl 稀溶液,这些溶液若不能在排水沟内及时排出,或溅落、积存在道床上,会再次蒸发、富集,产生新的盐结晶,对道床混凝土及排流网等结构产生一定的侵蚀性作用。尽管目前尚不能确定以上四种情况发生的概率,但这些问题都说明了冲洗法在长期使用上可能存在一定的缺点。

总的来说,冲洗法的缺点在于水的引入,为侵蚀性离子的传输与扩散提供了良好的介质。因此,在今后的工作中,有必要开发相应的设备与方法,在干燥条件下对 NaCl 盐结晶进行清除。本书认为,潜在的方法主要有两种:第一,开发真空抽吸装置,借鉴"吸尘器"的原理直接将盐结晶物质吸走;第二,开发物理铲除装置,将盐结晶物质铲掉。

鉴于以上分析,本书建议,在后续的科研与日常保障过程中,有针对性地对盐结晶物质的清除方法进行科学的探索,提出合理的解决方法。

(2) 渗漏引起的道床积水。

正常情况下,道床内部的积水可随着区间隧道的自然倾斜角度,通过排水沟汇聚到制定的排水地点排出隧道,不会产生明显的破坏作用。但在个别情况下,由于隧道倾斜角度不够、排水沟被尘土堵塞或排水沟处冒泥浆堵塞排水沟,道床部位会产生一定量的积水。前期现场调研及实验室研究表明,排水沟内的水分随着隧道内部的干燥空气不断蒸发,造成排水沟内侵蚀性离子浓度急剧升高,甚至引起大量的盐结晶现象与混凝土的化学侵蚀。道床积水、盐结晶的产生还会显著降低钢轨与道床之间的电阻,使二者之间的绝缘性下降,存在杂散电流泄露的风险。最典型的案例为上海地铁 2 号线南京东路站至陆家嘴站下行区间 745 环处的道床积水、盐结晶与混凝土化学侵蚀,参见第 2 章与第 3 章内容。

尽管这一问题发生后引起的后果较为严重,但由于该现象实际发生较少,且区间隧道内部尘土的覆盖使盐结晶与混凝土化学侵蚀不易被发现,该问题并未引起足够的重视。这一问题初步的解决方法较为容易:第一,在区间隧道的日常维护过程中,应注意保持排水沟的畅通,及时清除堵塞排水沟的冒泥砂等病害,并对排水沟进行及时维修,避免积水的产生,做到防患于未然;第二,在已经发生大量积水的部位,应及时清除混凝土结构表面的沉积物,观察沉积物中是否有盐结晶产生,并及时测试混凝土的化学侵蚀危害,做到早发现、早解决。

10.4 上海地铁维护与保障技术对策

10.4.1 混凝土耐久性维护与保障技术对策

上海地铁盾构隧道混凝土耐久性维护与保障,应从区间隧道病害出发,关注特定病害条件下的耐久性问题与发展趋势,建立典型的材料性质、结构特点、环境特征与混凝土耐久性之间的关联关系,并综合分析混凝土材料的耐久性与管片构件的耐久性。

(1) 在日常维护与保障过程中,应注意关注区间隧道渗漏与盐结晶病害的发生,记录病害的特征与发展趋势。相比来说,盐结晶病害对于混凝土材料的耐久性影响显著,应注意观察盐结晶病害外观,并结合实验室测试分析,掌握盐结晶的成分与侵蚀性。

(2) 当区间隧道渗漏、盐结晶病害在特定区间或管片特定部位集中发生时,应将其作为特定条件下的典型病害,并从材料性质、结构特点与环境特征的角度,分析典型病害的成因,并对具有相似条件下的区间或管片部位进行重点关注与排查。

(3) 对于区间隧道内出现的渗漏及盐结晶病害,应及时予以清除,并采取必要的修复措施。在道床出现积水的部位,应及时对排水沟进行疏通,避免病害引起环境侵蚀性的提高。在这样的前提条件下,上海地铁隧道混凝土材料的耐久性一般不会发生严重的退化问题。

(4) 对于区间隧道内部现有的、难以治理的渗漏与盐结晶病害,应进行逐一筛查,重点关注盐结晶病害覆盖下的混凝土耐久性。对于已经发生耐久性退化的混凝土材料,应及时评估其对隧道结构的影响,采取必要的修复措施。对于可能发生耐久性退化的混凝土材料,应采用合理的方法进行耐久性评估,重点关注氯盐侵蚀问题,同时对化学侵蚀潜在风险进行评估。

(5) 对于盾构隧道以外的现浇混凝土结构,由于本书研究样本有限,暂时不能做确定性结论。但从目前的研究结果来看,现浇混凝土的抗侵蚀性能远低于盾构隧道混凝土,应在后续研究与维护保障过程中给予一定的重视。

(6) 在目前的耐久性修复中,修复材料与修复工艺存在不能满足实际修复要求的现象,建议推广磷酸盐基快速修复材料。在实际的耐久性修复过程中,修复工艺、工法是实际修复效果的重要决定性因素,应该在后续维护保障过程中进行相应的技术强化与监督。

10.4.2 构件耐久性维护与保障技术对策

上海地铁盾构隧道构件耐久性维护与保障,一方面,应注意渗漏、盐结晶等病害引起的混凝土氯盐侵蚀现象,另一方面,从管片构件本身来讲,还应注意以下几点问题。

(1) 当管片接缝部位发生盐结晶病害时,混凝土表面氯离子浓度急剧提高,氯离子侵入混凝土引起的钢筋锈蚀风险加剧。目前,管片接缝处的盐结晶病害主要采用冲洗法进行处理,这一方法变相地提供了一定的干湿循环条件,可能对氯盐的侵蚀产生不利影响。为最大化地缓解这一问题,建议开发其他盐结晶清除手段。

(2) 在现场调研过程中,发现了地铁1号线个别管片钢筋保护层厚度严重不足的问题。建议对地铁1号线最早建成的线路管片进行一次清查,摸清管片钢筋保护层厚度不足问题是否具有普遍性。

(3) 当环缝处发生渗漏时,对于环缝附近的环向连接螺栓,渗漏水将会积聚在其端部的保护罩内,螺栓表面的氯离子将会累积,从而增加螺栓锈蚀的概率。当这一病害发生时,应采取相应的措施,及时清除。在后续维护保障过程中,应对这一问题进行持续监测,以确定这一问题出现时是否需要取下螺栓保护罩。

(4) 对于隧道洞口的现浇混凝土,容易受到外界大气环境条件的影响,并且混凝土本身密实性低于盾构隧道现浇混凝土,抗侵蚀能力较差,钢筋锈蚀风险较高。在日常维护与保障中,应对现浇混凝土结构的收缩开裂、钢筋锈蚀开裂等问题进行重点关注。

10.4.3 地铁盾构隧道结构耐久性维护与保障技术对策

定期观测盾构隧道结构的变形量,并根据隧道结构不同的荷载工况,确定盾构隧道结构的维护与加固技术方案。

(1) 在周边卸载工况下,针对螺栓锈蚀后的结构,当顶底位移达到16 mm时,顶部接缝核心区混凝土达到峰值应力,此后结构荷载位移曲线出现拐点,此时应加强关注接缝混凝土的情况;当顶底位移达到114 mm时,顶部接缝外弧面混凝土受压破碎,此后结构进入塑性平台,此时需对结构进行维护加固,建议注浆加强接缝并进行钢板加固。

(2) 在顶部超载工况下,针对螺栓锈蚀后的结构,当顶底位移达到16 mm时,顶部接缝核心区混凝土达到峰值应力,此后结构荷载位移曲线出现拐点,此时应加强关注接缝混凝土的情况;当顶底位移达到68 mm时,顶部接缝外弧面和腰部接缝内弧面混凝土相继受压破碎,此后结构进入塑性平台,此时需对结构进行维护加固,建议注浆加强接缝并进行钢板加固。

(3) 在正常运营工况下,接缝螺栓受力不明显,环向螺栓耐久性损伤对管片结构的受力基本没有影响。在顶部超载和周边卸载工况下,顶部接缝核心区混凝土达到峰值应力是结构达到弹性极限的标志,结构达到弹性极限后,接缝变形突然增加,螺栓应力迅速增长,此时接缝螺栓的弹性模量决定接缝的抗弯刚度,进而决定结构的整体刚度。因此,为了提高结构弹塑性阶段的整体刚度,必须维持接缝螺栓的弹性模量,建议螺栓和螺帽须作防腐处理。

(4) 结构进入塑性平台的标志体现在接缝边缘混凝土的受压破坏。相同荷载下,锈蚀螺栓结构变形大于未锈蚀螺栓结构,因此提前进入塑性平台。建议须控制结构变形。

(5) 针对存在耐久性损伤问题的盾构隧道衬砌结构,内张钢圈加固法可以有效地提高结构极限承载能力与结构整体刚度。卸载工况下,顶部加宽加固对受损结构极限承载能力的提高率为78%,对受损结构的整体刚度提高倍数为26.73倍;取消牛腿加固,取消牛腿构造,简化了施工,在超载工况下,其对受损结构极限承载能力的提高率为22%,对受损结构的整体刚度提高倍数为17.00倍。以上两种加固方法均能有效地提高受损结构的承载力安全储备并限制结构的整体变形。

参考文献
REFERENCES

[1] 刘建航,侯学渊.盾构法隧道[M].北京:中国铁道出版社,1991.

[2] 张凤祥,傅德明,杨国祥,等.盾构隧道施工手册[M].北京:人民交通出版社,2005.

[3] [日]小泉淳.盾构隧道管片设计[M].官林星,译.北京:中国建筑工业出版社,2012.

[4] [日]地盘工学会.盾构法的调查·设计·施工[M].牛清山,陈凤英,徐华,译.北京:中国建筑工业出版社,2008.

[5] [日]土木学会.隧道标准规范(盾构篇)及解说[M].朱伟,译.北京:中国建筑工业出版社,2011.

[6] [日]土木学会.トソネル標準示方書[M].日本,2016.

[7] [日]日本下水道協会.シールド工事標準ヒゲメント[M].日本,2001.

[8] 周文波.盾构法隧道施工技术及应用[M].北京:中国建筑工业出版社,2004.

[9] 上海申通地铁集团有限公司,上海申通轨道交通研究咨询有限公司.地铁隧道工程盾构施工技术规程:STB/DQ—010001—2007[S].上海:上海城市轨道交通工程建设标准,2007.

[10] 周文波,吴慧明.大直径盾构法技术[M].北京:人民交通出版社,2020.

[11] 王吉云.近十年来中国超大直径盾构施工经验[J].隧道建设,2017,37(3):330-335.

[12] 陈韶章,洪开荣.复合地层盾构设计概论[M].北京:人民交通出版社,2010.

[13] 乐贵平,贺少辉,罗富荣.北京地铁盾构隧道技术[M].北京:人民交通出版社,2012.

[14] 吴巧玲.盾构构造及应用[M].北京:人民交通出版社,2011.

[15] 何川,曾东洋.盾构隧道结构设计及施工对环境影响[M].成都:西南交通大学出版社,2007.

[16] 张义同.隧道盾构掘进土力学[M].天津:天津大学出版社,2010.

[17] 何川,张建刚.大断面水下盾构隧道结构力学特性[M].北京:科学出版社,2010.

[18] 魏林春,张冠军,张露根.GPST工法盾构地面始发反力架设计与验算[J].中国市政工程,2013,5:78-79.

[19] 张弛,蔡亚宁.隧道盾构混凝土管片预制与磨具[M].北京:中国建筑工业出版社,2010.

[20] 陈韶章,洪开荣.复合地层盾构设计概论[M].北京:人民交通出版社,2010.

[21] 张冰.地铁盾构施工[M].北京:人民交通出版社,2011.

[22] 华东建筑设计研究院有限公司.地基基础设计规范:DGJ 08-11—2018[S].上海:同济大学出版社,2019.

[23] 中华人民共和国住房和城乡建设部.盾构法隧道施工及验收规范:GB 50446—2017[S].北京:中国建筑出版社,2017.
[24] 盾构进出洞冻结法土体加固建设指导意见[R].上海申通地铁标准化文件,2016.
[25] 陈湘生.地层冻结法[M].北京:人民交通出版社,2013.
[26] 同济大学.盾构法隧道结构服役性能鉴定规范:DG/TJ 08-2123—2013[S].上海:上海市工程建设规范,2013.
[27] 中华人民共和国铁道部.铁路桥隧建筑物劣化评定标准 隧道:TB/T 2820.2—1997[S].中华人民共和国铁道行业标准,1998.
[28] 北京市质量技术监督局.城市轨道交通设施养护维修技术规范:DB11/T 718—2016[S].北京市地方标准,2017.
[29] 中华人民共和国住房和城乡建设部.盾构法隧道施工与验收规范:GB 50446—2017[S].北京:中国建筑工业出版社,2017.
[30] 裴利华.盾构隧道管片结构设计研究[J].铁道标准设计,2009(12):86-91.
[31] 薛备芳.我国盾构掘进机的现状和发展策略[J].世界隧道,1999(6):26-31.